Florian M. Schmid
Die Fassung *C des ›Nibelungenlieds‹ und der ›Klage‹

Hermaea

Germanistische Forschungen
Neue Folge

Herausgegeben von
Christine Lubkoll und Stephan Müller

Band 147

Florian M. Schmid

Die Fassung *C des ›Nibelungenlieds‹ und der ›Klage‹

Strategien der Retextualisierung

DE GRUYTER

ISBN 978-3-11-125375-6
e-ISBN (PDF) 978-3-11-059302-0
e-ISBN (EPUB) 978-3-11-059227-6
ISSN 0440-7164

Library of Congress Control Number: 2018936212.

Bibliografische Information der Deutschen Nationalbibliothek
Die Deutsche Nationalbibliothek verzeichnet diese Publikation in der Deutschen Nationalbibliografie; detaillierte bibliografische Daten sind im Internet über http://dnb.dnb.de abrufbar.

© 2023 Walter de Gruyter GmbH, Berlin/Boston
Dieser Band ist text- und seitenidentisch mit der 2018 erschienenen gebundenen Ausgabe.
Druck und Bindung: CPI books GmbH, Leck

www.degruyter.com

Elisabeth Emilie

Vorwort

Diese Arbeit wurde im Jahr 2013 als Dissertation an der Fakultät für Geisteswissenschaften, Fachbereiche ‚Sprache, Literatur, Medien & Europäische Sprachen und Literaturen I und II' der Universität Hamburg angenommen. Für den Druck wurde sie – im Detail präzisierend sowie die Literatur aktualisierend – auch anhand der Anregungen seitens der Gutachter und der Prüfungskommission überarbeitet.

Größter Dank gilt Professor Dr. Nikolaus Henkel, der das Thema dieser Arbeit angeregt und sie betreut hat. Er hat mich nicht nur grundsätzlich für die Mediävistik begeistert, sondern ebenso während der Themenfindung und Ausarbeitung der Dissertation mit Anregungen wie Hinweisen gefordert und gefördert. Zu danken habe ich in besonderem Maß ebenfalls Professor Dr. Bernhard Jahn, Zweitgutachter der Arbeit, und Professor Dr. Monika Unzeitig. Sie haben mir den Blick geweitet und zugleich geschärft; damit haben sie nicht unwesentlich zum Gelingen der vorliegenden Arbeit beigetragen. Ebenso danke ich Professor Dr. Christine Lubkoll und Professor Dr. Stephan Müller für die Aufnahme der Dissertation in die Reihe ‚Hermaea'. Gedankt sei außerdem Manuela Dittmann für die umsichtige Hilfe bei der Drucklegung.

Wertschätzung wie konstruktive Kritik habe ich stets auch durch meine Familie erfahren und danke Lisa, Ralph und Till. Großer Dank auszusprechen ist ebenfalls Tatjana Kurbangulova, die mich in vielerlei Hinsicht hervorragend unterstützte, bei Abfassung wie Überarbeitung der Arbeit, und nicht zuletzt Lara-Emilie, meiner Ablenkung, Freude und Inspiration.

Inhalt

1	Einleitung: Thema, Zielsetzung und Vorgehensweise —— 1	
2	Grundlagen —— 11	
2.1	Nibelungen-Erzählen in der Mündlichkeit —— 11	
2.2	Nibelungen-Erzählen in der Schriftlichkeit —— 14	
2.3	Das ‚Passauer Nibelungenlied' als Grundtext —— 22	
2.4	Die Fassungen des ‚Nibelungenlieds' —— 25	
2.4.1	Exkurs: Die Fassungen des ‚Nibelungenlieds' in der Forschung —— 27	
2.5	Die Fassungen der ‚Klage' —— 30	
2.6	Die Entstehung der Fassungen in einer Passauer Werkstatt —— 33	
2.7	Die Parallelfassungen von ‚Lied' und ‚Klage' —— 38	
2.8	Der Begriff der ‚Fassung' —— 41	
2.9	Die handschriftliche Überlieferung und Einrichtung —— 45	
2.9.1	Die Handschrift B —— 46	
2.9.2	Die Handschrift C —— 51	
2.9.2.1	Die Handschrift a —— 54	
2.9.3	Die Fassung *C als ‚Vulgata' —— 57	
2.9.4	Konsequenzen des handschriftlichen Befunds für den Fassungsvergleich —— 62	
3	Mittelalterliches (Wieder-)Erzählen —— 65	
3.1	‚Quellen' als Grundlage des Erzählens —— 72	
3.1.1	‚Quellenberufung' im ‚Nibelungenlied' —— 73	
3.1.2	‚Quellenberufung' in der ‚Klage' —— 75	
3.1.3	Verbindlichkeit der ‚Quellen' im Nibelungenkomplex —— 78	
3.2	Das Modell von *materia* und *artificium* —— 79	
3.2.1	Der Begriff der *materia* —— 80	
3.2.2	Der Begriff des *artificium* —— 82	
3.3	Der mittelalterliche *artifex* —— 84	
3.3.1	Der Wiedererzähler und die Bearbeiter des ‚Nibelungenlieds' —— 86	
3.3.2	Der Wiedererzähler und die Bearbeiter der ‚Klage' —— 90	
3.4	Modifikationen des Modells des Wiedererzählens —— 97	
4	‚Nibelungenlied' und ‚Klage' als Erzählkomplex —— 99	
4.1	Die Entstehung der ‚Klage' —— 103	

4.2	Das Verhältnis von ‚Klage' und Fassung *C des ‚Nibelungenlieds' —— 106	
4.2.1	Ergebnisse —— 109	
4.3	Die ‚Klage' als Inszenierung von Geschichtsdichtung —— 111	
4.4	Die Leistungen der ‚Klage' —— 114	
4.5	Das Erzählkonzept von ‚Lied' und ‚Klage' —— 117	
4.5.1	Die Texteinrichtung in den Handschriften A, B und C beim Übergang vom ‚Lied' zur ‚Klage' —— 117	
4.5.2	Der intentionale Zusammenhang von ‚Lied' und ‚Klage' —— 125	
4.6	Zusammenfassung —— 131	

5 Variation in der Überlieferung des Nibelungenkomplexes —— 133
5.1 Interessen und Instanzen der Epenbearbeitung —— 135
5.2 Kategorien und Begriffe zur Erfassung von Variation —— 139
5.3 Variation zwischen den Fassungen *B und *C des ‚Nibelungenlieds' —— 141
5.3.1 Variation in der ersten Aventiure des ‚Nibelungenlieds' —— 141
5.4 Variation zwischen den Fassungen *B und *C der ‚Klage' —— 152
5.5 Zusammenfassung —— 155

6 Vergleich der Fassungen *B und *C des ‚Nibelungenlieds' —— 157
6.1 Verstechnisch-formale Verbesserungen innerhalb der Textgestalt —— 159
6.1.1 Metrische Glättung und Tilgung beschwerter Hebungen —— 159
6.1.2 Funktionaler Einsatz von Zäsurreimen —— 162
6.2 Inhaltliche und erzähltechnische Variation —— 164
6.2.1 Minderung von Zahlenangaben —— 164
6.2.2 Präzisierungen und Korrekturen —— 165
6.2.3 Klärungen und Vereindeutigungen —— 167
6.2.4 Betonung höfischer Merkmale —— 169
6.2.5 Absetzung vom Mythisch-Wunderbaren —— 170
6.2.6 Plausibilisierung über Innensichten —— 178
6.2.7 Syntagmatische Verknüpfungsweise —— 185
6.3 Unterschiede im Strophenbestand —— 192
6.3.1 Minusstrophen —— 194
6.3.1.1 Vermeidung von Redundanzen und retardierenden Momenten —— 195
6.3.1.2 Streichungen aus inhaltlichen Gründen —— 199
6.3.1.3 Zusammenfassung —— 201

6.4	Plusstrophen —— 202	
6.4.1	Verbesserung von Überleitung, Verklammerung, Motivierung —— 203	
6.4.2	Intensivierung der Kommunikation zwischen Erzähler und Publikum —— 206	
6.4.3	Weitergehende Begründung und Erklärungen —— 207	
6.4.4	Verschärfung der Drastik —— 209	
6.4.5	Deutlichere Bewertung der Figuren —— 210	
6.4.6	Verstärkung der Integration in die Adelskultur um 1200 —— 213	
6.4.7	Verstärkung christlich-religiöser Bezüge —— 213	
6.4.8	Position und Anzahl der Plusstrophen —— 217	
6.5	Aventiureeinteilung —— 219	
7	**Vergleich der Fassungen *B und *C der ‚Klage' —— 229**	
7.1	Aventiureeinteilung —— 229	
7.2	Die Gliederung der ‚Klage' in der Forschung —— 233	
7.3	Position und Anzahl der Plusverse —— 236	
7.4	Metrische Glättung —— 237	
7.5	Fehlerhafte Überlieferung oder Erzählweise —— 238	
7.6	Präzisierungen, Konkretisierungen und Vereindeutigungen —— 239	
7.7	Strukturierung —— 245	
7.8	Verstärkung des Klagegestus —— 249	
7.9	Gestaltung des Zusammenhangs von ‚Lied' und ‚Klage' *C —— 250	
7.10	Zusammenfassung —— 252	
8	**Die Figurenwertung im Nibelungenkomplex *C —— 255**	
8.1	Siegfried —— 259	
8.2	Brünhild —— 262	
8.3	Dietrich von Bern und Rüdiger —— 265	
8.4	Etzel —— 268	
8.5	Die burgondischen Könige —— 273	
8.6	Hagen versus Kriemhild: *untriuwe* versus *triuwe* —— 280	
8.6.1	Hagen im ‚Nibelungenlied' *C —— 281	
8.6.2	Hagen in der ‚Klage' *C —— 287	
8.6.3	Kriemhild im ‚Nibelungenlied' *C —— 295	
8.6.4	Kriemhild in der ‚Klage' *C —— 302	
8.7	Zusammenfassung —— 312	

9	Schuldzuweisung und Erklärung des Geschehens im Nibelungenkomplex *C —— 319
9.1	Standpunkt des ‚Nibelungenlieds': Wertung der Figuren —— 319
9.2	Schuldfrage und Erklärung des Geschehens in der ‚Klage' —— 322
9.3	Betrachtungsweise der Schuldfrage in ‚Nibelungenlied' und ‚Klage' —— 328
9.4	Zusammenfassung: Intention und Deutungsleistung des Bearbeiters des ‚Nibelungenlieds' *C —— 329
10	Status und Medialität der Fassung *C – Funktionen des Erzählens in ‚Nibelungenlied' und ‚Nibelungenklage' —— 333
10.1	Die Fassung *C als buchliterarische Fassung —— 333
10.2	Der Nibelungenkomplex als ‚historische' Überlieferung —— 337
10.2.1	Aura historischer Verbindlichkeit —— 338
10.2.2	Referenzialität und Authentizität —— 349
10.3	Herkommen als Funktion —— 353
10.4	Wirkung der Fassung *C innerhalb der Nibelungenkomplex-Überlieferung —— 361
10.5	Zusammenfassung: Das weitererzählte wiedererzählende *liet* —— 364

Literaturverzeichnis —— 369

Abbildungsverzeichnis —— 401

Orts-, Personen-, Sach- und Werkregister —— 402

1 Einleitung: Thema, Zielsetzung und Vorgehensweise

Die Breite der handschriftlichen Überlieferung des ‚Nibelungenlieds' weist auf seine große Beliebtheit und hohe kulturelle Relevanz im Mittelalter hin. Noch heute ist es eines der bekanntesten deutschsprachigen Werke dieser Zeit. Sein Verständnis ist jedoch in zweierlei Hinsicht durch Entscheidungen in der Forschungsgeschichte geprägt. Zum einen setzte sich die Forschung im Kontext eines neuzeitlichen Autorverständnisses und/oder einer vermeintlich höheren Komplexität im Erzählen gegenüber anderen Fassungen mehrheitlich mit der Fassung *B des ‚Lieds' auseinander, die einem ursprünglichen Textzustand am nächsten scheint. Zum anderen wurde in Untersuchungen oftmals der handschriftliche Befund der gemeinsamen Überlieferung von ‚Lied' und ‚Nibelungenklage' ignoriert respektive nicht für die Deutung des ‚Lieds' herangezogen.[1]

Zwei gewichtige Argumente sprechen gegen einen solchen Umgang mit den überlieferten Textzeugen von ‚Lied' und ‚Klage'. Erstens indizieren die Überlieferungszahlen von Nibelungenhandschriften bei aller Unsicherheit und Zufälligkeit des Tradierungsprozesses,[2] dass das *C-‚Lied' die erfolgreichste der

---

[1] Dies ist unter anderem in der editorischen Trennung von ‚Lied' und ‚Klage' im 19. Jahrhundert begründet; vgl. Henkel 1999, S. 83–85. Durch die Trennung stand die ‚Klage' einerseits nicht im Fokus der Aufmerksamkeit, andererseits wurde ihr oftmals ein minderwertiger Status im Verhältnis zum ‚Lied' zugesprochen, so dass eine intensive Auseinandersetzung oft unterblieb; vgl. Henkel 2003a, S. 130. Noch in den 1990er Jahren formulierte Heinzle (1995, S. 93): „Die Forschung läßt es sich bis auf den heutigen Tag angelegen sein, die beiden Texte [die ‚Klage' sowie die Fassung *C; Anmerkung des Verfassers] abzuqualifizieren." Das Zuschreiben einer minderen Qualität und ein daraus resultierendes geringes Forschungsinteresse betrifft nicht nur die ‚Klage', sondern auch das ‚Lied', wie es der Fall der Handschrift b erweist; vgl. Eser 2015, S. 8f. Nach der Ausgabe (1859) von Lachmann auf Grundlage der Handschrift A gab es etwa 150 Jahre lang keine Edition einer der Hauptfassungen, die sowohl den Text des ‚Lieds' als auch den der ‚Klage' bot. Eine gemeinsame Ausgabe von ‚Lied' und ‚Klage' hat erst Heinzle (2013a) auf Grundlage der Handschrift B vorgelegt. Eine solche Edition der Redaktion I bietet Kofler 2011a, eine von b Eser 2015.

[2] Dies wird besonders deutlich an der rätselhaften Überlieferung des ‚Erec' Hartmanns von Aue, der zwar nur spärlich in einer weitgehend vollständigen, aber späten Handschrift (Wien, Österreichische Nationalbibliothek, Cod. Ser. nova 2663, fol. 30^r–50^v [,Ambraser Heldenbuch' (A) von 1504–1516/17]) sowie in drei Fragmenten aus der ersten Hälfte des 13. (K, W II) beziehungsweise aus dem Ende des 14. Jahrhunderts (V) überliefert ist (http://www.handschriftencensus.de/werke/148 [letzter Zugriff am 07.02.2018]), aber im 13. und 14. Jahrhundert eine breite Wirkung entfaltet hat. Auch passt die geringe Zahl der Überlieferungsträger nicht zu der

Hauptfassungen *A, *B und *C respektive *AB und *C aus mittelalterlicher Perspektive darstellt.[3] Nicht nur sind die meisten frühen Überlieferungszeugen neben der Handschrift C aus dem 2. Viertel des 13. Jahrhunderts der *C-Fassung zuzuordnen, sondern das ihr eigene Plusmaterial gewinnt auch Einfluss auf spätere Handschriften, die zu anderen Fassungen gehören. Zweitens schließt sich in fast allen Handschriften an den Text des ‚Lieds' derjenige der ‚Klage' an, so dass eine Verknüpfung der beiden Werke für das Mittelalter als selbstverständlich anzunehmen ist.[4] ‚Lied' und ‚Klage' sind aus diesem Grund als Textverbund zu analysieren und zu deuten. Dabei sind beide aufgrund ihrer Konzeption und Eigenheiten einerseits als jeweils eigenständiges Werk zu betrachten, andererseits aber ebenso als integrale Bestandteile eines ‚Lied' und ‚Klage' umgreifenden Nibelungenkomplexes zu werten. Die ausgeführten Überlegungen begründen die Relevanz des Untersuchungsgegenstands, der mit der Fassung *C von ‚Lied' und ‚Klage' aus der möglichen ‚Vulgatfassung' besteht.

Die Verschriftlichung und Literarisierung der mündlich tradierten Stoffe um 1200 fällt in eine Zeit, die sich durch einen „innovatorischen Schub"[5] auszeichnet und in der „ein komplexes System nahezu sämtlicher Gattungen in der

---

von Hartmanns ‚Iwein' (33 Handschriften und Fragmente; http://www.handschriftencensus.de/werke/150 [letzter Zugriff am 07.02.2018]).

3 Die Hauptfassungen des ‚Lieds' werden aufgrund deutlicher Variation in Textbestand, Textfolge und Textformulierung sowie inhaltlicher und erzählstrategischer Aspekte als selbstständige Textfassungen betrachtet und sind in jeweils einer Referenzhandschrift manifestiert (A, B, C). Die Einteilung in die Fassungen sowie die Siglen A, B und C gehen auf Lachmanns (1793–1851) Einschätzung des textkritischen Werts der drei Handschriften zurück; vgl. Heinzle 2003a, S. 191. Die Forschung schwankt in der Annahme von zwei (*AB; *C) beziehungsweise drei (*A, *B, *C) Hauptfassungen des ‚Lieds', weil einerseits *A und *B besonders im ersten Teil mitunter eigene Wege gehen, gegenüber *C jedoch ein relativ übereinstimmendes Profil aufweisen. Henkel (1993, S. 51) setzt beim ‚Lied' nur zwei Fassungen an. Bumke (1996c, S. 260) geht dagegen bei *A und *B für das ‚Lied' von zwei selbstständigen Fassungen aus, während das eigene Profil von *A in der ‚Klage' deutlich geringer ausgeprägt sei, so dass er mit *B und *C nur zwei ‚Klage'-Fassungen ansetzt; siehe Abschnitt 2.5. Hinsichtlich zahlreicher Aspekte in Bezug auf die Figurenkennzeichnung sowie die Bewertung des Geschehens und des Handelns der Figuren stehen *A und *B der Fassung *C des ‚Lieds' gegenüber, so dass ich im Folgenden von zwei Fassungen ausgehe; vgl. Müller 1998, S. 70. Zur Unterscheidung weiterer Versionen des ‚Lieds' siehe Heinzle 1998a; 2000, S. 219. Zu weiteren Fassungen der ‚Klage' siehe Bumke 1996c, S. 282–339; 1999a; Klein 2003, S. 213–238; Kofler 2011b. Zum Begriff der ‚Fassung' siehe Abschnitt 2.8.
4 Vgl. Müller 2007b, S. 461.
5 Henkel 1991, S. 334.

Volkssprache"⁶ entsteht. Für die Fassungen *C des ‚Lieds' und der ‚Klage' gilt, dass sie im Vergleich zu den anderen Fassungen keine grundsätzlich neue Konzeption des Nibelungenstoffs aufweisen, sondern dass sie ihr Erzählen des bereits erzählten und bekannten Stoffs als ein erneutes markieren. Für dieses typische Phänomen mittelalterlichen Erzählens prägte Worstbrock den Begriff des ‚Wiedererzählens',⁷ vor allem in Bezug auf den höfischen Roman. Anders als bei den deutschen Übertragungen ihrer französischen Vorlagen ist weder vom ‚Lied' noch von der ‚Klage' ein Prä-Text überliefert, jedoch weist die Fassungsbildung mit einem gemeinsamen Kern alle Überlieferungsfunde als Re-Texte aus.⁸ Die Fassungsbildung ist in der vorliegenden Arbeit aus diesem Grund auf Schriftlichkeit, nicht auf eine variierende Tradition in der Mündlichkeit zurückgeführt. Anzunehmen ist, dass die mittelalterliche Rezeptionssituation Impulse dazu gab, einen Text verändernd weiterzuschreiben.⁹ Die Fassungen von ‚Lied' und ‚Klage' sind daher Ergebnis eines im Einzelnen verborgen bleibenden Arbeitsprozesses einer produktiven literarischen Reformulierung, bei dem an ein Wunsch- und Bedürfnispotenzial des Publikums um 1200 angeknüpft wird,¹⁰ und/oder eines „Gesprächs"¹¹ darüber, wie man den Nibelungenstoff um 1200 am besten erzählt. Im Kontext der besonderen geschichtlichen Situation zwischen Mündlichkeit und Schriftlichkeit mittelalterlicher Werke sowie des Mediensprungs von der Mündlichkeit in die Schriftlichkeit des Erzählens von den Nibelungen ist möglicherweise von einem spezifisch heldenepischen Verständnis vom Verfasser der ersten schriftlichen Textversion wie von den Bearbeitern der Fassungen auszugehen.¹² Mit dem Begriff des Bearbeiters ist im Folgenden

---

6 Henkel 2005, S. 96f.
7 Worstbrock 1999.
8 Zu einer möglichen Unterscheidung zwischen ‚Lied' und ‚Klage' in Bezug auf Prä- und Re-Texte vgl. Bumke 1996c, S. 259; vgl. Abschnitt 2.8.
9 Vgl. Curschmann 1987, Sp. 927–929; Müller 1998, S. 3; Henkel 2003a, S. 113.
10 Vgl. Henkel 1993, S. 59; Müller 1998, S. 47.
11 Vgl. Henkel 2003a, S. 130.
12 Schriftlichkeit ist nicht im heutigen Sinn, Mündlichkeit und Schriftlichkeit nicht als Opposition zu verstehen. Zumthor weist dezidiert für das Mittelalter darauf hin, dass „[d]ie Schrift [...] niemals völlig autonom [ist], vor allem nicht, wenn sie volkssprachlich notiert ist" (Zumthor 1994, S. 49), weil die Gesamtheit der Texte des 10. bis 12., zum Teil auch des 13. bis 16. Jahrhunderts „durch die Stimme hindurchgegangen ist" (ebd., S. 35). Zur Genese eines mittelalterlichen Œuvre – auch zwischen Mündlichkeit und Schriftlichkeit – als Gesamtheit aller zur *performance* gehörenden Faktoren wie „Worte und Sätze, Klänge, Rhythmen, visuelle Elemente" (ebd., S. 36) über fünf Vorgänge – Produktion, Übermittlung, Rezeption, Bewahrung, Repetition – siehe ebd., besonders S. 37. Müller (1998, S. 30) weist ebenfalls darauf hin, dass das ‚Lied' „im Zeichen der ‚Vokalität'" stehe und „sowohl an Schriftlichkeit wie an Mündlichkeit

auf die einen Text produktiv mit- und weitergestaltende Instanz verwiesen, die eine Fassung redaktionell zu verantworten hat.[13] Zugrunde zu legen ist ebenfalls ein Konzept einer dynamischen Textualität verbunden mit einem historisch eigenen Verständnis von ‚Text' und ‚Werk'. Modelle der „Retextualisierung"[14] sind aus diesem Grund hinsichtlich ihrer Gültigkeit für die Gattung der Heldenepik zu überprüfen und gegebenenfalls zu modifizieren.

Das Ziel der folgenden Untersuchung ist es, die Vermittlungs- und Konstitutionsleistung der Fassung *C von ‚Lied' und ‚Klage', also ihr eigenständiges Profil und damit Aspekte ihres Eigen- und Mehrwerts im Erzählen herauszuarbeiten. Es geht um die Frage, wie, mit welchen Zielsetzungen und mit welchen Mitteln das Erzählen von den Nibelungen in Bezug auf kulturelle, intellektuelle und textuelle Bezugsfelder erfolgt und welche Funktionen der Fassung *C zukommen. Auf diese Weise sind Faktoren zu bestimmen, die diese Fassung des Nibelungenerzählens erfolgreich werden lassen. Dem philologisch-narratologischen Anliegen entsprechend ist die Arbeit aufgebaut: Argumentiert wird hinsichtlich des materialen Befunds, d.h. der Überlieferungssituation wie der Einrichtung der Haupthandschriften A, B und C; der Bedingungen einer Literarisierung des Nibelungenstoffs; der Merkmale eines ‚Lied' und ‚Klage' umfassenden Erzählkomplexes und nicht nur Überlieferungsverbunds; des Plus- und Minusmaterials der Fassung *C von ‚Lied' und ‚Klage' in Bezug auf formale, inhaltliche und erzähltechnische Aspekte; der Medialität des Nibelungenkomplexes.

Das Profil einer Fassung ist am besten durch einen Fassungsvergleich zu bestimmen. Im Rückbezug auf mittelalterliche Bezugsfelder sind Fassungsdifferenzen detailliert sowie behutsam zu kontextualisieren, zu gewichten und in den größeren Erzählzusammenhang einzuordnen, weil in einer vergleichenden Untersuchung mitunter Differenzen unverhältnismäßig betont hervortreten können. Ein Großteil der beobachtbaren Variation macht in den „vergangenen Kommunikationssituationen oft wohl kaum einen Unterschied"[15] aus, sondern wird erst aus philologischer Perspektive auffällig.[16] Fassungsunterschiede sind

---

teil[hat]". Nach Fludernik (1996, S. 93) kann ein rein schriftliches Erzählen nach heutigen Maßstäben erst für das 17. Jahrhundert festgestellt werden.
13 Zur begrifflichen Bestimmung von Autor, Bearbeiter, Redaktor und Schreiber siehe Abschnitt 5.1.
14 Zu Erzählmodellen und Begriff der Retextualisierung siehe Bumke/Peters 2005.
15 Strohschneider 1998, S. 107f.
16 Dies bedeutet nicht, dass zum Beispiel iterierende Varianten grundsätzlich bei der Interpretation zu vernachlässigen seien. Sie sind aber wohl in vielen Fällen nicht aussagekräftig für einen Fassungsvergleich; vgl. Bumke 1996b, S. 83.

in dieser Arbeit gesammelt und systematisiert; jeweilige Sinnstiftungspotenziale sind sowohl für die Bedeutung im unmittelbaren textlichen Kontext, als auch in Bezug auf den Gesamttext und den Überlieferungsverbund aus ‚Lied' und ‚Klage' herausgearbeitet. Die Bestrebungen einer Systematisierung und Typologisierung von Fassungsunterschieden beziehungsweise -eigenheiten erfolgen in dem Bewusstsein, dass sie den mittelalterlichen Gegenstand nur näherungsweise erfassen können. Die Eigenheiten der Fassung *C sind mittels hochmittelalterlicher Deutungs- und Wahrnehmungsmuster unterschiedlichen Erzählstrategien zugeordnet, die für fassungsspezifische Intentionen und Deutungsleistungen stehen. Als Erzählstrategie ist eine Schwerpunktsetzung in der Textgestaltung auf formaler, inhaltlicher und erzähltechnischer Ebene zu verstehen. Es ist davon auszugehen, dass an den Beobachtungen deutlich wird, welcher Freiraum für das Dichten von ‚Lied' und ‚Klage' in der narrativen Ausgestaltung gegenüber konventionellen Erzähltechniken und Stoffvorgaben besteht, mit welchem Wissen und welchen Wahrnehmungs- und Deutungsmustern gearbeitet, was bei den Rezipienten vorausgesetzt und womit auf das Publikum gewirkt wird.

Diese Arbeit soll einen Beitrag zur Erforschung von historischer und kultureller Variabilität narrativer Texte und Erzählformen unter historisch jeweils eigenen Verstehensbedingungen leisten.[17] Dies ist nur möglich über ein dem historischen Gegenstand möglichst adäquates Untersuchungsinstrumentarium. Den allgemeinen Rahmen für das Erzählen in der Volkssprache um 1200 bilden die im lateinischen Schulunterricht erworbenen Kompetenzen der Rhetorik in ihrer Prägung durch die Antike. Anliegen des Dichtens ist jedoch weniger das Argumentieren wie in einer Gerichtsrede, sondern das Erzählen als Darstellen einer interessanten und als erinnerungswürdig empfundenen Geschichte, so dass die Dichter über das Instrumentarium der rhetorischen *narratio*-Lehre hinausgingen. Das Heranziehen eines erzähltheoretisch geprägten Instrumentariums heutiger Zeit ist für eine Rekonstruktion eines mittelalterlichen Werkverständnisses zwar unabdingbar, aufgrund der mangelnden Historisierbarkeit aber nur eingeschränkt hilfreich. Aus diesem Grund sind die rhetorischen und poetischen Kriterien und Kategorien des Textverfassens und Textbearbeitens aus den mittelalterlichen Rhetoriken, vor allem jedoch aus den überlieferten Texten selbst – zumindest zum großen Teil –, also aus dem Gegenstand zu gewinnen (vgl. Abschnitt 2.2 sowie Kapitel 3). Zu überlegen ist, wie die Beobachtungen zur Variation zwischen den Fassungen zu beschreiben, zu systematisieren und zu

---

17 Vgl. Müller 1998, S. 9.

deuten sind. Für das ‚Lied' sind als Vergleichsfolie besonders Erzähltechniken und Erzählstrategien des höfischen Romans relevant, für die ‚Klage' zum Teil die der Chronistik und Geschichtsdichtung. Aufgrund der Hybridität mittelhochdeutscher Heldendichtung sind Gattungsmerkmale nur „relativ und annäherungsweise in Abgrenzung zu anderen epischen Gattungen der mittelhochdeutschen Literatur zu bestimmen".[18] Aus Ähnlichkeiten und Unterschieden in der narrativen Gestaltung zu den genannten Gattungen wird das Profil des Erzählens von den Nibelungen in der Fassung *C des Nibelungenkomplexes bestimmt. Zum Teil sind deutliche Inkongruenzen von rhetorischen Techniken und Forderungen an eine Ausgestaltung einerseits und dem Erzählen in den Texten von ‚Lied' und ‚Klage' andererseits zu beobachten. Augenmerk ist darauf zu richten, inwiefern rhetorische Bildung, Vorprägung und literarischer Sozialisation der Dichter beziehungsweise Bearbeiter konkret in der Erzählweise des ‚Lieds' wie der ‚Klage' erkennbar sind. In Ciceros Jugendschrift ‚De oratione' wird „eine kausale Darstellung der Ereignisse, ein Bezug auf Absichten und Ziele, Fähigkeiten und moralische Haltungen der Handelnden und eine wertende Beurteilung dieser moralischen Aspekte gefordert".[19] Zwei Kriterien gelten für eine rhetorisch orientierte Formung als maßgebend: das Verstehen der Darstellung und die Akzeptanz der Darstellungsweise durch die Rezipienten.[20] Die Darstellung soll den gültigen gesellschaftlichen, stofflichen und literarischen Vorstellungen der intendierten Rezipienten um 1200 angepasst sein. Dies bedeutet für die Interpretation des Nibelungenkomplexes, dass Kategorien zu berücksichtigen sind, in denen die Rezipienten ein Erzählen von den Nibelungen dachten, zu verstehen vermochten und was sie auch in der Schriftlichkeit als ein Erzählen von den Nibelungen akzeptierten. Auszugehen ist also von einer doppelten Konstitutionsleistung der *narratio*:[21] Zum einen sind die Geschehnisse des Nibelungenstoffs als Ergebnis eines verstehbaren menschlichen Handelns zu rekonstruieren; zum anderen ist dieses Handeln in das Wertesystem der Rezipienten zu integrieren.

Die Forschung hat in Vergleichen der ‚Lied'-Versionen *AB und *C erkannt, dass sich der Bearbeiter *C in der Gestaltung des Texts nicht frei, sondern an einen ihm vorliegenden Text gebunden fühlte. Oftmals stimmen beide Fassungen in ihrer Wörtlichkeit überein. Für die Fassungen der ‚Klage' liegt ein ähnlicher Befund vor: In weiten Teilen erzählen die beiden Hauptfassungen *B und

---

18 Ebd.
19 Keßler 1982, S. 45.
20 Vgl. ebd., besonders S. 62.
21 Vgl. zu dieser grundsätzlichen Konstitutionsleistung ebd., S. 57.

*C nahezu identisch, in anderen Passagen entwickeln sie ein eigenständiges Profil.[22] Forschungskonsens ist, dass die Fassung *B als relativ verlässliche Repräsentation eines ‚ursprünglichen' ‚Lieds' anzusehen ist. Ihr Text dient in der vorliegenden Arbeit aus diesem Grund als Kontrastfolie für die Fassung *C, um sinnkonstituierende Varianten zu bestimmen, die die *C-Fassung von der Überlieferung nach *AB abgrenzen. Ein inhaltlicher Schwerpunkt liegt auf den Figurenkonzeptionen (Kapitel 8), der Frage nach der Verantwortlichkeit für das Untergangsgeschehen (Kapitel 9) sowie dem schriftsprachlichen Status (Kapitel 10), weil bei diesen Aspekten Fassungsunterschiede besonders deutlich hervortreten.

Um das Ziel dieser Arbeit zu erreichen, bietet sich das folgende Vorgehen an: Zunächst werden Rahmenbedingungen für ein Erzählen von den Nibelungen um 1200 abgesteckt, der Forschungsstand zur Bewertung der einzelnen Fassungen zusammengefasst und die materiale Überlieferung in Form der Haupthandschriften B und C – sowie die Handschrift a – als relativ verlässliche Stellvertreter für die Fassung *B respektive *C mit ihren Besonderheiten vergleichend dargestellt (Kapitel 2). In einem zweiten Schritt werden grundsätzliche und spezifische Produktions- und Rezeptionsbedingungen geklärt, indem die Konzepte von Autor, Erzähler, Stoff, ‚Quelle', Text und Werk in Rückbezug auf das von Worstbrock vorgestellte Modell des Wiedererzählens reflektiert und bestimmt werden (Kapitel 3). Dies erfolgt, um das historische Verständnis des Nibelungenkomplexes zu (re-)konstruieren und das Erzählen von den Nibelungen, wie es sich in den Fassungen spiegelt, in Erzählformen des Mittelalters einzuordnen. Es werden sich Überlegungen zum Erzählverbund von ‚Lied' und ‚Klage' (Kapitel 4) sowie zum grundsätzlichen Befund der Variation zwischen den ‚Lied'- und ‚Klage'-Fassungen mit einer Darstellung des Beschreibungs- und Analysemodells von Variation (Kapitel 5) anschließen. Der Fassungsvergleich wird methodisch in drei Schritten (Kapitel 6 bis 9) erfolgen: Zuerst werden signifikante Unterschiede in den Fassungen *B und *C des ‚Lieds' einander gegenüber gestellt und ausgewertet. In einem zweiten Schritt werden die Differenzen zwischen den Fassungen *B und *C der ‚Klage' herausgearbeitet. Anschließend werden die Spezifika des *C-‚Lieds' mit denen der *C-‚Klage' verknüpft, um erkennen zu können, ob und gegebenenfalls inwiefern die Eigenheiten der *C-‚Klage' ein besonderes Licht auf die Charakteristika des *C-‚Lieds' werfen. Auf diese Weise sollen grundlegende Erzählstrategien, Motivationen und textinterne Handlungsführungen identifiziert und dargestellt sowie ein Zugang zum zeitgenössischen Verständnis des Nibelungenkomplexes um

---

22 Bumke 1996c, S. 533.

1200 eröffnet werden. Das Vorgehen gründet auf der methodologischen Überlegung, dass es nicht zwingend ist, dass ‚Lied' und ‚Klage' denselben Bearbeitungsstrategien unterliegen, so dass beide Werke zunächst separat wie auch nach zum Teil unterschiedlichen Kategorien zu analysieren sind: Für ‚Lied' und ‚Klage' ist nicht nur von graduell unterschiedlichen Textsorten, Gattungsorientierungen und Funktionen auszugehen, sondern bei beiden Werken können unterschiedliche Verfasser und/oder Bearbeiter tätig gewesen sein. Selbst wenn dieselbe Person an beiden Texten gearbeitet hat, müssen nicht für beide Texte dieselben Erzählstrategien angewendet worden sein. Beim Fassungsvergleich des ‚Lieds' knüpfe ich vor allem an Arbeiten von Heinzle, Henkel, Hoffmann und Müller,[23] insbesondere bei der ‚Klage' ebenfalls von Bernreuther, Bumke und Lienert an.[24] Abschließend werden Status und Medialität der Fassung *C als Schriftwerk in einer mündlich geprägten Kultur analysiert und interpretiert, stellt das schriftlich verfasste ‚Lied' doch zunächst nur eine Zwischenstufe auf dem Weg in erneute Mündlichkeit dar, da es in der Regel hörend rezipiert wurde.[25] In diesem Kapitel (10) wird die Fassung *C hinsichtlich ihrer Verschriftlichungsprozesse, Erzählstrategien, Funktionen und Wirkungen in ihrem kulturellen Umfeld verortet.

Textstellen sind für die Fassung *AB nach der Handschrift B in der Textausgabe von Reichert und für die Fassung *C nach der Handschrift C in der Ausgabe von Hennig zitiert.[26] Die Kennzeichnung der Strophen beziehungsweise Strophenteile erfolgt jeweils durch ein vorangestelltes ‚B' beziehungsweise ‚C'. Ein kritischer Fassungstext liegt nicht für das ‚Lied', nur für die ‚Klage' vor. Für letztere beziehe ich mich auf die Ausgabe von Bumke.[27] Dem Fassungscharakter entsprechend sind die Verse respektive Versteile der ‚Klage' durch einen Asterisk, also mit vorangestelltem ‚*B' beziehungsweise ‚*C' markiert.[28] Wörtliche

---

23 Besonders Heinzle 1995; 2000; Henkel 1993; 1999; 2003; Hoffmann 1967; Müller 1998.
24 Besonders Bernreuther 1994; Bumke 1996c; Lienert 2000.
25 Vgl. Müller 1999, S. 150; Grubmüller 2005, S. 38.
26 Textausgaben: Reichert 2005; Hennig 1977. In der Forschung wird oftmals anhand der Ausgabe von Bartsch/de Boor (1996) zitiert, die aufgrund ihrer editorischen Eingriffe mitunter nicht nur Handschriften-, sondern zugleich Fassungsaspekte aufwirft, diese jedoch gelegentlich auch verschleiert. Ich werde im Folgenden für die Fassung *B die Zählung der Textstellen nach Bartsch/de Boor in eckigen Klammern hinzusetzen, um eine Vergleichbarkeit mit anderen Untersuchungen zu gewährleisten.
27 Bumke 1999a.
28 In der Forschungsliteratur ist nicht immer konsequent mittels des Asterisk zwischen der gedachten Fassung *B respektive *C und der manifestierten Handschrift B respektive C unterschieden. Bei Zitaten aus der Forschung verzichte ich im Folgenden auf eine entsprechende

Zitate der ‚Klage' erfolgen nach der Fassung *C. Varianten der Fassung *B sind nur angegeben, wenn sie bedeutungsunterscheidend wirken und über das übliche Maß an Variation in mittelalterlichen Texten hinausgehen. Plusstrophen beziehungsweise Plusverse sind durch ein ‚+' gekennzeichnet.

Es wird zu zeigen sein, dass Überlieferungsverbund, handschriftliche Einrichtung sowie Merkmale und Funktionen von ‚Klage' und ‚Lied' einen konzeptionellen, d.h. intentionalen Erzählkomplex indizieren, dass die Fassungen von ‚Lied' und ‚Klage' als Manifestationen einer Reflexion von Erzählweisen unter dem Einfluss von Sage sowie von Literatur und Kultur um 1200 zu verstehen sind, dass die Fassung *C von ‚Lied' und ‚Klage' ein Weitererzählen des wiedererzählenden ‚Lieds' dokumentiert und dass das Modell des Wiedererzählens aufgrund des mündlichen Stoffs wie der schriftlichen Vorlage und daraus resultierenden Bearbeitungsweisen hinsichtlich eines Retextualisierungsprozesses zu modifizieren ist.

Korrektur, da in der Regel aus dem Kontext geschlossen werden kann, ob auf Ebene der Fassung oder der Handschrift argumentiert wird.

2 Grundlagen

Das Erzählen von den Nibelungen um 1200 unterliegt historisch spezifischen Bedingungen, die Produktion wie Rezeption maßgeblich prägen. Im Folgenden werden die Bedingungen anhand markanter Beispiele, da vieles durch die Forschung bereits herausgearbeitet ist,[1] sowie beständig im Hinblick auf Besonderheiten und die mögliche Rolle der Fassung *C von ‚Lied' und ‚Klage' in der Überlieferung und Rezeption dieser Werke betrachtet.

2.1 Nibelungen-Erzählen in der Mündlichkeit

Das mündliche Erzählen von den Nibelungen hat um 1200 eine über Jahrhunderte währende und unfeste, d.h. variierte und variierende Tradition, die nicht nur über Multiplikation, Diffusion und Repetition eine breite Wirkung entfaltet, sondern auch in ihrer Vielfältigkeit das schriftlich Überlieferte überschreitet. Fassen lässt sich die mündliche Tradition in verschiedenen Angaben unterschiedlicher schriftlicher Werke wie ‚Lied', ‚Klage', ‚Kudrun'[2] (um 1230/1240) oder ‚Thidrekssaga'[3] (13. Jahrhundert) und über die Nennung einzelner Handlungsstränge und Motive in weiteren Werken wie die verräterische Einladung Kriemhilds. Sie ist unter anderem belegt im *speciosissimum carmen* über *notissimam Grimildæ erga fratres perfidiam* des Saxo Grammaticus in den ‚Gesta Danorum' (um 1200),[4] im Satz *dicitur quod crimhilt omnino mala fuerit, sed nichil est* in einer Predigt des Bruder Bertholds von Regensburg (1210–1272),[5] in der Aussage des Marners (Anfang/Mitte des 13. Jahrhunderts), der zufolge das Publikum immer wieder gern hören wolle, *wen Kriemhilt verriet*,[6] im ‚Rosengarten'[7] (13. Jahrhundert) im Bereich der Dietrichepik, im Verweis auf die Tötungstat

---

1 Verwiesen sei auf die entsprechenden Kapitel der grundlegenden Einführungen zu ‚Lied' und ‚Klage' von Schulze 2013 und Müller 2015.
2 Textausgabe: Stackmann 2000.
3 Textausgabe: Bertelsen 1908–1911; Übersetzung: Voigt 1967.
4 Olrik/Raeder 1931, S. 355, Buch 13, Kap. 6, Abschnitt 7.
5 Grimm 1957, S. 181, Nr. 61b.
6 Strauch 1965, XV,14, V. 7. Masser (1980, S. 301) interpretiert die Aussage plausibel dahingehend, dass die Nibelungenvorträge zwar als „in sich abgerundete[] Erzählungen", als „dichterisch geformte Episoden aus dem Umkreis dessen, was wir das ‚Nibelungenlied' nennen", nicht aber als Aventiuren des ‚Lieds' zu deuten sind. Insofern sind wohl zeitgleich weitere mündlich tradierte Erzählungen neben dem schriftlichen Epos präsent.
7 Vgl. Heinzle 1978, S. 244–263.

Kriemhilds im ‚Renner' (um 1300) Hugos von Trimberg[8] und in der Anrede „*du übliu Chriemhilt*" des Vaters an die widerspenstige Tochter in Sibotes ‚Zornbraten' (13. Jahrhundert).[9] Die Zeugnisse erweisen nicht nur den hohen Bekanntheitsgrad des Nibelungenerzählens, sondern vermitteln mehrheitlich ein negatives Kriemhildbild, von dem sich die Figurengestaltung im *C-‚Lied' abzusetzen scheint (siehe Abschnitte 8.6.3 und 10.2.1). Hinzu kommen Belege in lateinischen und deutschsprachigen Chroniken, in denen besonders die in allen Nibelungenerzählungen postulierte gleichzeitige Lebenszeit von Theoderich dem Großen/Dietrich von Bern und Attila/Etzel als historisch falsch kritisiert wird.[10] Sobald es schriftliche Texte wie das ‚Lied' gegeben hat, werden neben der mündlichen Tradition auch sie als ‚Quellen' für ein Erzählen von den Nibelungen genutzt.[11] Noch zum Ende des Mittelalters lassen sich Reflexe einer mündlichen Tradition nachweisen:[12] Das ‚Darmstädter Aventiureverzeichnis' m (Mitte bis zweiten Hälfte des 14. Jahrhunderts)[13] und die ‚Nibelungen'-Handschrift n (15. Jahrhundert) bieten Motive, die in den Hauptfassungen des ‚Lieds' nicht vorkommen.[14] Offenbar existiert parallel zur schriftlichen Überlie-

---

8 Textausgabe: Ehrismann 1970, V. 16194.
9 Grimm 1957, S. 187, Nr. 69.
10 Siehe Schmid 2017a. Zur literarischen Gestaltung historischer Personen wie Theoderich den Großen/Dietrich von Bern siehe Masser 1984; McLintock 1987; Marold 1988.
11 So nutzt zum Beispiel Heinrich von München im 14. Jahrhundert vermutlich unter anderem das ‚Lied' als ‚Quelle' für seine Weltchronik-Kompilation; Grimm 1957, S. 226f., Nr. 84/8; vgl. Millet 2007, S. 60. Sein Kriemhildbild ist relativ moderat; Grimm 1957, S. 226f., Nr. 84/8.
12 Vgl. Heinzle 1995, S. 81, 89.
13 Darmstadt, Universitäts- und Landesbibliothek, Hs. 3249, ein Pergamentblatt; http://www.handschriftencensus.de/2182 [letzter Zugriff am 07.02.2018]. Das ‚Darmstädter Aventiureverzeichnis' m ist abgedruckt bei de Boor 1959, S. 176–178; Batts 1971, S. 799f. Zur Datierung siehe Klein 2003, S. 233.
14 Darmstadt, Universitäts- und Landesbibliothek, Hs. 4257, Papier; http://www.handschriftencensus.de/3520 [letzter Zugriff am 07.02.2018]. In der Handschrift n, die 1449 geschrieben oder abgeschrieben wurde, sind die Aventiuren 1 bis 25 als eine Art Vorgeschichte zu 20 Strophen zusammengefasst, so dass der Untergang der Burgonden im primären, wenn nicht ausschließlichen Interesse des Texts liegt; vgl. Henkel 1993, S. 51. Außerdem ist die ‚Klage' weggelassen. Schulze (2007a, S. 171) deutet dies als eine „zumindest aus heutiger Sicht Beschränkung auf historisch gesicherte Vorzeitkunde"; Textausgaben: Göhler 1999; Vorderstemann 2000. An der Handschrift n weist Heinzle (2005b, S. 158) besonders im Vergleich zur ‚Thidrekssaga' nach, dass Heldendichtung grundsätzlich in einem umfassenden Erzählzusammenhang mit der Sage steht: „Die einzelnen Texte lassen sich nicht ‚aus sich selbst' verstehen. In einer umfassenden Erzählwelt verankert, sind sie Manifestationen einer überindividuellen Gedächtniskultur, die die Erzähler ebenso wie die Hörer und Leser zugleich bindet und orientiert."

ferung eine mündliche Sagentradition.[15] Aufgrund des Befunds ist für das Nibelungen-Erzählen von einem mündlichen Kontinuum bis zum Ende des Mittelalters auszugehen; auch neben einer schriftlichen Überlieferung.[16] Die verbreitete Kenntnis des Stoffs dient für das mündliche Erzählen als Deutungsfolie, vor der überkommene und individuelle Akzentuierungen und Gestaltungsweisen erkennbar und zu deuten sind.

Der Beginn der mündlichen Erzähltradition ist mit dem fünften Jahrhundert anzusetzen; verarbeitet sind Ereignisse und Personen der Völkerwanderungszeit.[17] Das Erzählen der Heldensage beruht auf historischen Ereigniskernen (siehe Abschnitt 10.2). Sie werden anhand traditioneller Erzählschemata und -motive narrativ gestaltet, um Erfahrungen mit diesen Ereignissen zu bewältigen und zugleich für die Gemeinschaft erinnernd zu bewahren.[18] In der weiteren Tradierung werden die Erzählungen im Rahmen historisch jeweils spezifischer Kontinuitätserwartungen aktualisiert, d.h. durch Bezüge zu weiteren Ereignissen, Institutionen, Orten, Personen usw. neu funktionalisiert und damit modifiziert. Die diachrone Stoffgeschichte verbindet sich also mit einer jeweils synchronen Funktionalisierung. Zu erklären ist dies über Assmanns Konzept des ‚Kulturellen Gedächtnisses': Es ist davon auszugehen, dass mündlich nur weitergegeben wird, was aktuelle, d.h. auch aktualisierte Bedeutung besitzt.[19] Ohne eine wiederholte Anpassung an historisch spezifische Kommunikationssituationen ist ein fortwährendes mündliches Erzählen von den Nibelungen demnach nicht möglich. Das Erzählen wird an Erfahrungs- und Vorstellungszusammenhänge einer jeweils neuen Zeit und Gruppe mit ihren je eigenen Interessen und Bedürfnissen angepasst und diese Aufgabe oftmals an Experten delegiert.[20] In

---

15 Vgl. Brackert 1963, S. 165–173; Müller 1998, S. 31; Heinzle 2003c, S. 28f. In Überlegungen zur Fassung n des ‚Lieds' verweist Heinzle (2005b, S. 146) auf eine Erzählung von Siegfrieds Tod, die „[m]it an Sicherheit grenzender Wahrscheinlichkeit [...] aus einer mündlichen Tradition" stamme, die älter als das ‚Lied' sei.
16 Mit dem schriftlichen Fixieren eines Nibelungentexts kam die mündliche Überlieferung keinesfalls zum Stillstand, sondern es muss von einem lange währenden „Nebeneinander von schriftlich fixierten und [...] mündlich zirkulierenden Fassungen" ausgegangen werden; Voorwinden 1995, S. 14.
17 Vgl. Müller 1993, S. 146f.; Heinzle 1995, S. 81, 89; Lienert 2015, S. 9.
18 Heinzle 1999, S. 6f.; vgl. Lienert 2015, S. 9–12. Heinzle (1999, S. 6f.) deutet die heroische Überlieferung der Germanen, dazu zählt er sowohl die Dietrich- als auch die Nibelungensage, „in ihrer blutigen Düsterheit als Produkt der Abarbeitung kollektiver Traumata", die durch das Geschehen der Völkerwanderungszeit provoziert wurden.
19 Assmann 2007, besonders S. 48–56; vgl. Burkerts (1981) Konzept von der Funktion antiker Mythen.
20 Vgl. Schulze 2007a, S. 160.

der langen und variantenreichen mündlichen Überlieferung liegt wohl der Grund für die Anonymität der einzelnen Erzähler im Rahmen der überindividuellen Erzähltradition, in der Althergebrachtes neu respektive wieder erzählt wird. Pointiert hat dies Grubmüller formuliert, der im „Sänger des Epos [ein] Sprachrohr eines überpersönlichen Wertekosmos"[21] als Stimme eines Kollektivs sieht (siehe Abschnitt 3.3.1).

Kennzeichen der mündlichen Überlieferung sind somit historische Ereigniskerne als Ausgangspunkte und Anlässe, eine Traditionsverhaftetheit, eine Orientierung an Erzählschemata, eine breite Variation, eine große Beliebtheit, ein Kontinuum, eine Aktualisierung und Funktionalisierung des Erzählens sowie zumindest zum Teil tradierte Perspektivierungen von Ereignissen, Handlungen und/oder Figuren wie beim negativen Kriemhildbild, eine Gleichzeitigkeit von Unzeitgleichen, eine zumindest ursprüngliche Verortung in der Sphäre der illiteraten Sippen- und weltlichen Adelsgemeinschaft sowie eine Anonymität der einzelnen Erzähler. Diese Aspekte beeinflussen wesentlich die Gestaltung und die Gestalten des ‚Lieds', wie wir sie (noch) heute kennen.

2.2 Nibelungen-Erzählen in der Schriftlichkeit

Eine literarische Verschriftlichung und damit einen Medienwechsel erfuhr die mündliche Überlieferung erst im 12. Jahrhundert.[22] Am Anfang der schriftlich fixierten, produktiven Rezeptionsgeschichte der Nibelungensage stehen die Texte des ‚Lieds' und der ‚Klage', die einen perspektivierten Ausschnitt in die Welt der germanischen Heldensage bieten,[23] deren Ereignisse zeitlich in einer unbestimmten Vorzeit eingeordnet bleiben. Anliegen scheint es zu sein, Geschichten zu erzählen, die alt und gut sind und immer wieder gehört werden sollen; ein Interesse an Historie ist höchstens in der ‚Klage', aber nicht im ‚Lied' ausgedrückt (vgl. Kapitel 10). Sowohl das ‚Lied' als auch die ‚Klage' zeugen von einer Hybridität aufgrund der erzählerischen Aufbereitung des über Jahrhunderte tradierten und stetig aktualisierten ‚Wissens' für ein Publikum um 1200 und des Einflusses des Mediensprungs von der Mündlichkeit in die Schriftlich-

---

21 Grubmüller 2005, S. 38, vgl. 39.
22 Schriftliche Zeugnisse germanischer Geschichte sind zuvor bereits in spätrömischer Darstellung überliefert wie die Gotengeschichte (‚Historia Gothorum') Cassiodors (um 485– um 580), die zwar selbst verlorenen ist, aber wohl als Quelle des Jordanes († nach 552) für ‚De origine actibusque Getarum' vorgelegen hat, wie es dort heißt; Weißensteiner 1994.
23 Vgl. Kropik 2005, S. 153.

keit auf die Textgestalt,[24] auch wenn etwa im ‚Lied' „Strategien der Kohärenzbildung, der Zeit- und Raumgestaltung"[25] mündlich geprägter Erzählweisen übernommen werden. Das ‚Lied' weist weitere Aspekte einer mündlichen, wie die Strophenform, ebenso einer schriftlichen Dichtung auf, etwa als Großform des Erzählens.[26] Es wird vermutlich vorwiegend primär mündlich rezipiert,[27] wobei sich in der Performanz Schriftlichkeit und Mündlichkeit, die Kommunikation der Distanz und die der Nähe miteinander verbinden.[28] Insofern steht das ‚Lied' „in einer schwer faßbaren Kontaktzone zwischen Mündlichkeit und Schriftlichkeit".[29] Es ist „textuell" weniger geschlossen, als es für ein mittelalterliches Schriftwerk zu erwarten ist, aber stärker als ein mündlich fixierter Text.[30] Mündlichkeit und Schriftlichkeit sind nicht als zwei separate, strikt getrennte ‚Räume' zu verstehen, sondern ineinander verschränkt.[31] Gerade diese „einzigartige Stellung zwischen Schriftlichkeit und Mündlichkeit" macht den „historischen Zeugniswert" des ‚Lieds' aus.[32] Der konkrete Einfluss der mündlichen Sagentradition auf die Textgestalt kann zu weiten Teilen nicht oder nur vermittelt über andere Werke bestimmt werden; er bleibt aber nach dem Abfassen eines „Grundtextes"[33] und der Entstehung der Hauptfassungen des Nibelungenkomplexes weiter erkennbar.[34] Die Konfiguration des ‚Lieds' vollzieht sich vor dem Hintergrund und in Abhängigkeit von der Tradition, zumal gattungsspezi-

---

24 Vgl. Grubmüller 2005, S. 32.
25 Müller 2017, S. 144.
26 Vgl. grundsätzlich Bäuml 1980; 1986; speziell zum Nibelungenkomplex Curschmann 1979; 1989.
27 Zur mündlichen Performanz vgl. etwa Brunner 1970; 1979; Kornrumpf 1984; Haferland 2004.
28 Müller 1998, S. 31; vgl. grundlegend zur Re-Oralisierung, sekundären Oralität beziehungsweise Vokalität Zumthor 1994.
29 Müller 1998, S. 31.
30 Ebd., S. 35.
31 Im Vergleich zum heutigen Buch ist ein Kodex daher „[i]n gewisser Weise [...] durchaus eher ein Medium der Nah- als der Fernkommunikation"; Müller/Saurma-Jeltsch/Strohschneider 2009, S. 8.
32 Heinzle 1994, S. 66.
33 Heinzle 2003a, S. 194. In den Strophen des ‚Lieds', die in allen beziehungsweise den beiden Hauptfassungen *B und *C mehr oder weniger identisch sind, können wir eine Ahnung vom „Grundtext" erhalten, der damit als Ausgangspunkt weiterer Textgestaltung zu bestimmen ist. Der Grundtext wurde in der älteren Forschung als ‚Ältere Nôt' bezeichnet. Heinzle (1995, S. 83) gibt zu bedenken, dass niemand sagen könne, „ob es eine ‚Ältere Nôt' wirklich gegeben hat (und es ist eher unwahrscheinlich) [...]"; vgl. Abschnitt 2.3 zur Vorstellung eines ‚Passauer Lieds' als Ausgangspunkt der Fassungsbildung.
34 Vgl. Brackert 1963, S. 165–173; Müller 1998, S. 31; 2005, S. 160.

fische Erzählstrukturen und -strategien immer auch an bestimmte Erzählinhalte gebunden sind. Neben Heinzle hebt besonders Millet die Bedeutung der Sage für die Rezeption des Nibelungenkomplexes hervor.[35] Sie sei als „die Erinnerung des Publikums an alle bisher von ihm gehörten Rezitationen, Zusammenfassungen oder Kommentare, mit ihren Konstanten und Variablen, [...] die Folie, vor der die neue Erzählung gesehen und mit der sie verglichen wird",[36] zu deuten. Wie für mündliches so ist ebenso für schriftliches Wiedererzählen eines bekannten Stoffs nicht nur seitens des Produzenten, sondern auch seitens des Rezipienten Sagenkenntnis vorauszusetzen. Perspektivierungen des Stoffs, Um- und Neuformulierungen, vermeintliche oder tatsächliche Leerstellen des Texts – nicht nur aus neuzeitlicher Perspektive – werden vermutlich zur Kenntnis genommen, überbrückt, kontrastiert, vervollständigt usw.[37] Jede (Neu-)Gestaltung muss sich mit dieser Tradition auseinandersetzen und findet eine eigene ‚Antwort' auf Vorgaben und Erwartungen in der je spezifischen historischen Konstellation. Lienert betont, dass „angesichts der Koexistenz verschiedener Erzählvarianten in der Mündlichkeit freilich meistens [unklar ist], auf welches Publikumswissen genau rekurriert wird".[38] Sofern keine Parallelen zur altnordischen Überlieferung bestehen, wie im Fall von Siegfrieds Drachenkampf und Horterwerb oder Dietrichs Exil, lässt sich Sagenwissen kaum fassen; dies gilt etwa für Siegfrieds Hornhaut und verwundbare Stelle, die in den altnordischen Texten nicht enthalten sind.[39] Doch selbst wenn das Sagenwissen „[m]eistens [...] nur unbestimmt aufgerufen [wird]", etwa als „Aura, bestenfalls als Fama des Helden", und die Art und Weise der Integration sekundär bleibt, ist der „Anschluss an die Heldensagenwelt und die Erzähltradition" offenbar „unverzichtbar".[40]

Spätestens seit Curschmanns These zur fingierten Mündlichkeit aufgrund seiner Analyse des Formelgebrauchs im ‚Lied' geht die Forschung nicht nur für die ‚Klage', sondern auch für das ‚Lied' von einem in der Schriftlichkeit konzi-

---

35 Heinzle 2005b.
36 Millet 2007, S. 59.
37 Vgl. ebd., S. 58f.
38 Lienert 2016, S. 59.
39 Ebd.
40 Ebd. Lienert (ebd., S. 59f.) verweist hinsichtlich der Bedeutung des Sagenwissens ausdrücklich auf das „Rollenbewusstsein, das Sagenfiguren, die Diegesegrenze überschreitend, immer wieder artikulieren" – etwa wenn Hagen Ortlieb als vom Tode gezeichnet bezeichnet (B 1915,3 [1918,3]/C 1969,3), ohne vom Überfall Bloedelins auf die burgundischen Knappen zu wissen: „[D]er Hagenfigur [ist] das Wissen um ihre Rolle als Töter Ortliebs gleichsam selbstverständlich eingeschrieben".

pierten Werk aus.[41] Die Art der Literarisierung unterscheidet sich deutlich von einem reinen Sammelinteresse, wie es der ‚Edda' abzulesen ist, in der einzelne Texte notiert sind, nicht aber ein übergreifendes Gestaltungskonzept zu beobachten ist.[42] Die Fassungen des Nibelungenkomplexes zeugen daher nicht von einer reinen Verschriftung mündlicher Erzähltraditionen; auszugehen ist vielmehr von einer durch eine Konzeption geleitete Verschriftlichung.[43] Forschungskonsens ist, dass vermutlich erst der Nibelungenepiker, d.h. der Verfasser des Grundtexts des ‚Lieds', die beiden Stoffkomplexe, Siegfriedgeschichte und Brünhildwerbung sowie den Burgondenuntergang, die jeweils in sich geschlossenen Handlungs- und Motivationsabläufen aufweisen, zusammenfügt.[44] Die Stoffkomplexe sind vormals vermutlich über lange Zeiträume hinweg selbstständig tradiert worden.[45] Kunstgriffe und -fertigkeit dieses Dichters bleiben in den unterschiedlichen Fassungen weitgehend erhalten. Besonders die Fassung *C zeugt entweder davon, dass er trotz seines Geschicks nicht frei genug war, eine konsequente „buchgemäße Motivationsstruktur" für den überkommenden Stoff aufzubauen, so dass „sein Werk durchsetzt von Ungereimtheiten und Widersprüchen"[46] ist; oder er intendierte dies aus Gründen der Simulation von ‚Authentizität' und/oder der Erzeugung einer gattungsspezifischen Ästhetik gar nicht (siehe Abschnitt 4.5.2). Der Sagenstoff ist bereits in den mündlichen Erzählungen personalisiert und ‚dramatisiert' und damit auf Wirksamkeit bedacht und an den intendierten Rezipienten orientiert aufbereitet. Dies ist in der Schriftlichkeit fortgeführt und ausgebaut, indem unterschiedliche

---

41 Curschmann 1979, besonders S. 93f.; vgl. grundsätzlich Goetsch 1985; vgl. zur Heldenepik und insbesondere zum ‚Lied' im Spannungsfeld von Mündlichkeit und Schriftlichkeit unter anderem Hoffmann 1974, besonders S. 53–59; Heinzle 1978, besonders S. 67–79; Bäuml 1993; Schaefer 1994; Haug 1994. Curschmann (1977; 1979) zeigt, dass die Formeln im ‚Lied' nicht festgefügt sind, sondern dass sie als Sprachmuster immer wieder variiert werden. Er deutete dies als eine Literarisierungsstrategie, wobei das „Nibelungisch" einen mündlichen Erzählstil nachahme; 1979, S. 94; vgl. Goetsch 1985. Kritisch dagegen Ebenbauer 2001; Haferland 2002; Knapp 2008. Vermittelnd Müller 2005, S. 180: „Kopier- wie Memorierpraxis geben gleichermaßen Lizenzen zur Verbesserung und Plausibilisierung des Textes."
42 Vgl. Wolf 1987, S. 178; Stange 2004.
43 Zur begrifflichen Unterscheidung zwischen einer archivierenden Verschriftung als bloße Umsetzung von Äußerungen vom phonischen ins graphische Medium gegenüber einer konzeptionellen Verschriftlichung siehe Koch/Oesterreicher 1985; 1994; Oesterreicher 1993, S. 271f.; Schaefer 1994. Zur Weiterentwicklung des Ansatzes von Koch/Oesterreicher vgl. Dürscheid 2003.
44 Schulze 2005, S. 782.
45 Henkel 2003a, S. 115.
46 Heinzle 2003a, S. 195.

Erzählschemata, Motivsequenzen und Einzelmotive miteinander kombiniert sind, um ein neues Sinngefüge zu entwerfen. Allen Fassungen des ‚Lieds' sind die Elemente des epischen Stils gemein: Strophenform, Formelhaftigkeit der Sprache, Vorausdeutungen, Aventiure als Großgliederung. Aus der Rhetorik übernommen ist ein der Gattung angemessener Stil, der sich auf die sprachliche Realisierung und Ästhetik bezieht,[47] sowie eine Orientierung an Glaubwürdigkeit und Plausibilität, wie sie die *evidentia*-Lehre als eine Simulation von Augenschein fordert.[48]

Der Weg des Nibelungen-Erzählens in die Schriftlichkeit erfolgt nicht nur unter dem Einfluss der Sage, sondern auch unter dem des höfischen Romans, der sich zur Entstehungszeit des schriftlichen ‚Lieds' um 1200 zur führenden Erzählform entwickelt hat.[49] Sein Einfluss ist deutlich am ‚Lied' zu erkennen und aus diesem Grund für die Kategorienbildung der vorliegenden Arbeit wichtig. Als Untersuchungskategorien sind für den Fassungsvergleich das Verhältnis von heroischen und höfischen Elementen (inklusive der *minne*-Thematik), die Ausprägung der Erzählerrolle, Beschreibungstechniken sowie Introspektionen zu berücksichtigen:[50] Das ‚Lied' ist durchzogen von *descriptiones*[51] und Verweisen auf die adlig-höfische Kultur, sei es in der Figurengestaltung von Kriemhild und Siegfried als höfische Dame respektive höfischen Ritter, sei es in Habitus und Gesten, sei es in Elementen der höfischen Sachkultur. Zu beobachten ist, dass sich die Handlung überwiegend an den Höfen Worms und Etzelburg abspielt. Brüggen bezeichnet die Welt des ‚Lieds' daher pointiert als „eine Welt der Höfe",[52] da auch Xanten, Isenstein, Siegfrieds Burg und Herrschaftssitz im Nibelungenland, Passau, Bechelaren, Wien und weitere genannt sind. Des Weiteren sind Feste, Kleider und Ausrüstungen, höfisches Zeremonialhandeln wie Begrüßungen und Abschiede, Kirchgänge, eine Jagd, Kämpfe und Reisen sowie

---

47 Müller 2013.
48 Zur *evidentia*-Lehre bezogen auf das ‚Lied' siehe Kropik 2008, besonders S. 49–57. Auch die ‚Klage' weist ein Erzählen von Augenzeugenschaft auf, was besonders an der Figur Swämmel deutlich wird; vgl. Müller 1996, S. 87, 92, 97f.; 1998, S. 62f.; Kropik 2008, S. 171, 176. Swämmel ist als Augenzeuge, Bote Etzels sowie als die laikal-mündliche Kultur repräsentierender Dichter mehrfach qualifiziert; vgl. Müller 1996, S. 87, 92; 1998, S. 62; Wenzel 2001, S. 65; S. Müller 2002. In seinem Bericht an die Burgonden wird das, was zuvor bereits in der ‚Klage' erzählt wird, wiederholt und demonstriert damit seine Augenzeugenschaft.
49 Vgl. Henkel 2003a, S. 113. Zum Vergleich von Epos und Roman siehe grundlegend Kuhn 1956/1969, S. 41–61; Jauss 1977b; Wolf 1987; Heinzle 2000a.
50 Vgl. Lienert 1998, S. 284.
51 Zu Begriff, Verwendung und Funktion von *descriptiones* in mittelalterlicher Literatur siehe Henkel 1997.
52 Brüggen 2003, S. 164.

die *minne*-Beziehung zwischen Siegfried und Kriemhild geschildert.[53] Derartige Elemente sind selbstverständlich für die höfische Kultur des hohen Mittelalters. Anzunehmen ist, dass die aktualisierende ‚Höfisierung' des Stoffs einen nicht unerheblichen Faktor für den Erfolg des ‚Lieds' darstellt, ohne die die Geschichte Siegfrieds und die der Burgonden um 1200 nicht zeitgemäß erzählbar ist (siehe Abschnitt 6.2.4).[54] Der Einfluss des höfischen Romans ist an vielen weiteren Details bis hin zur Ebene des Wortschatzes nachweisbar. Das einmalige Vorkommen des Wortes *âventiure* (C 343,4b) im ‚Lied'-Text, und dies nur in der *C-Fassung, ist etwa in dieser Hinsicht zu vermerken, das als Gliederungsterminus dem höfischen Roman entspringt und ansonsten in den Haupthandschriften nur in den Aventiureüberschriften von A und C vorkommt. Forschungskonsens ist daher, dass der Nibelungendichter das ‚Lied' als gattungstypologisch ‚späte' Heldendichtung formal und inhaltlich dem höfischen Roman annähert.[55] Eine verstärkte Annäherung ist an der Fassung *C des ‚Lieds' zu beobachten.

Allerdings sind auch deutliche Unterschiede zwischen höfischem Roman und ‚Lied' festzustellen. Müller weist darauf hin, dass es sich im Vergleich zum höfischen Roman im ‚Lied', wie typischerweise in den mittelalterlichen Heldenepen, um ein „reduzierte[s] Konzept von Hof" handelt:[56] „Hof ist weder ein ausgezeichneter Ort noch eine ausgezeichnete Lebensform, sondern vor allem Anhäufung und verschwenderische Verausgabung von Reichtümern."[57] Ebenfalls unterscheiden sich zum Teil Kompositionsverfahren des ‚Lieds', die oftmals eher auf im unmittelbaren Kontext bezogene Plausibilität zielen, als auf eine durchgehende Kohärenz, von denen höfischer Romane (siehe Abschnitt 6.2.6). In Anbetracht der höfischen Literatur dieser Zeit, die aufgrund des Kulturgefälles vieles aus Frankreich übernahm, ist auffällig, dass die Anzahl französischer Lehnwörter im ‚Lied' relativ gering ist, so dass sich der Wortschatz des ‚Lieds' von dem des höfischen Romans zum Teil unterscheidet (siehe Abschnitt 10.2.1). Außerdem sind kaum Figuren der Erzählwelten von Heldendichtung und höfischem Roman in den jeweils anderen Erzählkreis eingebunden, was eine deutliche Trennung beider Erzählgattungen belegt (siehe Abschnitt 10.2.2).[58]

---

53 Vgl. Henkel 1999, S. 98; Schulze 2005, S. 787.
54 Vgl. Brüggen 2003, S. 185.
55 Vgl. Lienert 2003, S. 94.
56 Müller 1998, S. 391.
57 Ebd., S. 391f.
58 Vgl. Lienert 2008, S. 15. Wenn Figuren der Heldensage in höfischen Romanen auftauchen, dann in der Regel als Exempelfiguren (ebd.). Eine Ausnahme bildet Wolfram von Eschenbach, der sowohl im ‚Parzival' als auch im ‚Willehalm' heldenepische Bezüge aufweist; ebd., S. 19;

Da mittelalterliche Literatur Auftragsliteratur ist, muss es einen Mäzen gegeben haben, der eine Überführung der mündlichen Erzähltradition in eine konzeptionelle Schriftlichkeit veranlasst. Eine sichere Zuordnung dieser Rolle zu einer bestimmten Person ist mangels Zeugnissen nicht möglich, so dass textinterne und -externe Indizien heranzuziehen sind. Angeführt seien zunächst die textinternen Hinweise: Vor allem die ‚Klage' weist präzise Lokalkenntnisse über die Lage der Stadt Passau auf: *zwischen der* [+*C] *Tuonouwe und dem In / dâ* [+*C] *noch diu selbe stat* [*B: *ein altiu burc*] *stât: / Pazzouwe si den namen hât* (*B 3292–94/*C 3418–20). In einer der *B-‚Klage' eigenen Formulierung (*B 3305: *Die boten riten über daz In*) ist auf die Inn-Brücke verwiesen, die seit dem Jahr 1143 existiert.[59] Zu diesen auffallend genauen Angaben über die Lage der Stadt Passau kommen die besondere Rolle des Passauer Bischofs Pilgrim in ‚Lied' (B 1293 [1296]/C 1322 und öfter) und ‚Klage' (*B 4295–4313/*C 4401–4419) hinzu, die aus der Stofftradition nicht zu erklären ist, sowie die Aussagen in der ‚Klage' über den von diesem Bischof mit der Niederschrift beauftragten *meister Kuonrât* (*B 4315/*C 4421). Die Verwobenheit mit der Welt der Geistlichkeit ist kein Alleinstellungsmerkmal von ‚Lied' und ‚Klage', sondern ist ebenfalls an weiteren Werken wie dem ‚Herzog Ernst', dem ‚Waltharius' oder dem ‚Wolfdietrich' C zu beobachten.[60] Textinterne Hinweise deuten offenbar auf ein Bedürfnis hin, „gerade auch literarische Überlieferungen außerhalb der Klerikerkultur an deren Institutionen anzubinden".[61] In der ‚Klage' und im ‚Herzog Ernst' findet sich die Anbindung an einen Bischofssitz,[62] im ‚Wolfdietrich' C an ein Kloster (Str. 1):

---

siehe Abschnitt 10.2.2. Als Exempeltyp finden sich Figuren der Heldenepik auch im ‚Tristrant' (um 1175/1180) Eilharts von Oberg, im ‚Eneasroman' (um 1170/1174–1185) Heinrichs von Veldeke, im ‚Alexander' (um 1240/1254) Rudolfs von Ems, im ‚Jüngeren Titurel' (vermutlich vor 1272) Albrechts sowie im ‚Lohengrin' (nach 1283/um 1285) (vgl. ebd.). Des Weiteren finden sich auch nur selten Figuren der Artusepik in heldenepischen Texten wie in ‚Dietrichs Flucht' (Ausgabe: Lienert/Beck 2003, V. 491–495), in der Heidelberger ‚Virginal' (Ausgabe: Zupitza 1870, V. 1045,10–13) oder im ‚Wunderer' (*Konick Artus was auch reiche wol zu der selben zait*: (Textausgabe: Kofler 2006, S. 296, Str. 3; vgl. Kerth 2008, S. 15).
59 Heuwieser 1943, S. 17f. *C 3429 formuliert dagegen ohne Verweis auf die Brücke: *Die boten riten balde dan.*
60 Textausgaben: Sowinski 1972; Vogt-Spira 1994; Amelung/Jänicke 1871–1873. Vgl. Wolf 2008a, S. 229.
61 Müller 1998, S. 65. Im ‚Herzog Ernst' B (V. 6004–6007) ist der Kaiser Otto als Auftraggeber benannt; vgl. Wolf 2008a, S. 228.
62 Im ‚Herzog Ernst' B (V. 4466–4474) wird mittels der *noch*-Formel ein Bezug zur außerliterarischen Wirklichkeit der Rezipienten hergestellt, indem erzählt wird, dass das lateinisch verfasste *buoch* noch in Bamberg zu finden sei; vgl. Knapp 1980, S. 598.

Hie mügent ir gerne hœren singen unde sagen
von kluoger âventiure, sô müezent ir gedagen.
ez wart ein buoch funden, daz sage ich iu für wâr,
ze Tagemunt in dem klôster. dâ lac ez manic jâr.

Textextern sind Mäzene höherer Geistlichkeit wie Gunther von Bamberg und Wolfger von Erla auch von Dichtern respektive Werken mit einem weltlichen Inhalt nachgewiesen,[63] so dass in diesen Fällen ein großes Interesse an lateinischer und volkssprachiger weltlicher Literatur zu konstatieren ist.[64] Für ‚Lied' und ‚Klage' kommt Bischof Wolfger von Erla als Mäzen in Frage, der zur Entstehungszeit des ‚Lieds' in Passau wirkte (1191–1204), bevor er das Patriarchat Aquileia übernahm.[65] Es sind viele Gründe für einen Auftrag zur Verschriftlichung von Nibelungen-Erzählen denkbar, die sich vor allem an der textinternen Rolle des Bischofs Pilgrim plausibilisieren lassen (siehe Abschnitt 10.3).

Eine Verortung der Entstehung des Nibelungenkomplexes in Passau als wahrscheinlichsten Umsetzungspunkt eines schriftlichen Erzählens von den Nibelungen im Auftrag des Bischofs Wolfger von Erla liegt nahe. Als Hinweise dienen neben der textintern dargestellten Detailkenntnis von Passau und der Rolle des Bischofs und ihrer möglichen Funktionen die Verortung der meisten überlieferten Handschriften in den (größeren) geographischen Raum (siehe Abschnitt 2.4) und die ‚Klage', die vermutlich von einem Kleriker verfasst und in der ein christlicher Deutungsrahmen für das ‚Lied' entworfen ist (siehe Abschnitt 4.3). Der handschriftliche Befund der ältesten Haupthandschrift C, die in der Einrichtung möglicherweise ihrer Vorlage folgt, ergibt Merkmale, die sowohl für, als auch gegen einen geistlichen Interessenten sprechen (siehe Abschnitt 2.9.2). Doch kommt der Fassung *C hinsichtlich der Datierung und Entstehung des Komplexes eine gewichtige Rolle zu, wie es im folgenden Abschnitt dargelegt wird.

Die bisherigen Überlegungen zu einem Erzählen von den Nibelungen, worunter sowohl Siegfried als Eroberer des Nibelungenlandes wie auch die Burgonden nach der dortigen Herrschaftsübernahme zu verstehen sind, in der Mündlichkeit und in der Schriftlichkeit haben zahlreiche ‚Rahmungen' offen

---

[63] Vgl. Bumke 1979, S. 257. Zu den Verbindungen zu Passau wie auch zum Bischof Pilgrim siehe Meves 1980; Frenz 1994; Henkel 1999.
[64] Zur Bedeutung geistlicher Förderung weltlicher Dichtung siehe Bumke 1979, S. 256–265; vgl. Henkel 1991, S. 344.
[65] Vgl. Voorwinden 1990.

gelegt,[66] unter denen die Unterschiede zwischen den Fassungen des ‚Lieds' und der ‚Klage' zu perspektivieren sind: Auf der Ebene der handschriftlichen Überlieferung rahmt das ‚Lied' die ‚Klage' und die ‚Klage' das ‚Lied' durch die gemeinsame Überlieferung. Als Schrifttexte sind ‚Lied' und ‚Klage' sowohl durch den Stoff als auch durch ihnen vorausgehende wie parallele Erzählungen in der Mündlichkeit gerahmt; zugleich sind ‚Lied' und ‚Klage' in einer bimedialen Kultur im Spannungsfeld von Mündlichkeit und Schriftlichkeit verortet. Ihre Produktions- wie Rezeptionsbedingungen sind geprägt durch die rhetorisch-poetische Ausbildung der Dichter und Bearbeiter, durch Großformen des Erzählens wie höfischer Roman und Chronistik sowie durch Erwartungen, Altes neu beziehungsweise erneut und zugleich als Alt(bewährt)es zu erzählen. Das Erzählen in ‚Lied' und ‚Klage' ist nicht nur ein Erzählen mit einem Unterhaltungswert, sondern auch eines für die Erinnerung, das in der Schriftlichkeit zu legitimieren und zu beglaubigen ist. Sein Kontext ist durch ein heilsgeschichtliches Weltbild ebenso wie durch christlich-höfische Ordnungskategorien mitbestimmt.

2.3 Das ‚Passauer Nibelungenlied' als Grundtext

Aus den Bedingungen und Beobachtungen der Entstehung und Überlieferung des Nibelungenkomplexes ergibt sich, dass ein sogenanntes ‚Passauer Nibelungenlied' als Ausgangspunkt für alle weiteren Fassungen und Versionen (hypothetisch) anzusetzen ist.[67] Die angenommene älteste schriftlich fixierte Form des ‚Lieds' steht für das verlorene Werk eines Dichters, auf das die gesamte erhaltene Überlieferung zurückgeht. Es kann mit Methoden der traditionellen Textkritik nicht als Ganzes rekonstruiert werden.[68] Doch scheint die Wörtlichkeit dieser verlorenen ersten Dichtung in der gemeinsamen Formulierung aller erhaltenen Texte durch.[69] Diese relative Festigkeit des Texts ist deutlich „größer als die

---

66 Zum Konzept des Rahmens beziehungsweise *frames* als Deutungsmuster siehe Goffman 1977.
67 Bumke 1996c, S. 560–572. Nur vereinzelnd finden sich jüngere, jedoch wenig überzeugende Gegenstimmen: Breuer (2006, S. 14, 35f., 40) verwirft aufgrund eines Initialenvergleichs sowie paläographischer und schreibsprachlicher Analysen grundsätzlich die Annahme eines Passauer Dichters, bringt als Schreibort den pfalzgräflichen Hof Ludwigs I. von Bayern ins Spiel und schlägt als Dichter Bligger von Steinach vor. Dieser Interpretation widerspricht Wolf (2008b) in einer Besprechung des Sammelbands.
68 Vgl. Bumke 1997, S. 113.
69 Steer 1993, S. 116.

Abweichungen".[70] Für die Eingrenzung der Entstehungszeit dieses Grundtexts stützt sich die Forschung hauptsächlich auf den Entwicklungsstand der literarischen Technik sowie auf Erwägungen zur relativen Chronologie:[71] So bezeugen „der Grad der Reimtechnik im ‚Lied' und die Einschränkung der alten Füllungsfreiheiten ein technisches Niveau der Metrik", „wie es in der Epik noch nicht bei Heinrich von Veldeke, sondern erst bei Hartmann von Aue, und in der Lyrik noch nicht in der Hausen-Schule, sondern erst bei Johansdorf und Reinmar dem Alten erreicht ist".[72] Das ‚Lied' kann kaum vor 1190 gedichtet worden sein. Die Reimtechnik der ‚Klage' gilt als kaum fortgeschrittener.[73]

Das Ende des Entstehungszeitraums wurde in der Forschung besonders kontrovers diskutiert. Anhaltspunkt zur Datierung ist die Verbindung zwischen der *C eigenen Strophe +C 1497 über *Rûmoldes rât* und einer Stelle im achten Buch des ‚Parzival' (um 1200–1210) Wolframs von Eschenbach, an der dieser Rat verarbeitet ist.[74] In zwei der *C-Fassung eigenen Plusstrophen (+C 1497f.) ist der Rat des Küchenmeisters Rumold im Vergleich zum *B-‚Lied' ausgebaut. Rumold empfiehlt, die Einladung Kriemhilds nach Etzelburg abzulehnen und verspricht Gunther, wenn er in Worms bleibe:

> „ich wolde iu eine spîse   den vollen immer geben,
> sniten in öl gebrouwen: deist Rûmoldes rât" (+C 1497,2–3).

Im ‚Parzival' beruft sich Fürst Liddamus auf diesen Rat, um seine mangelnde Verlässlichkeit rechtzufertigen:

> „ich tæte ê als Rûmolt,
> der künec Gunthere riet,
> do er von Wormz gein Hiunen schiet:
> er bat in lange sniten bæn
> und inme kezzel umbe dræn." (‚Parzival', VIII, 420,26–30)[75]

---

70 Müller 1999, S. 162.
71 Vgl. Panzer 1955, S. 470–474.
72 Bumke 1996c, S. 565.
73 Vgl. ebd., S. 361–365.
74 Als weiteres Datierungsindiz im Sinn einer relativen Chronologie werden die Erwähnung und der Umgang mit den Ländern *Zazamanc* und *Azagouc* in ‚Parzival' und ‚Lied' (B 360,2a [362,2a]/C 370,2 beziehungsweise B 437,2a [439,2a]/C 448,2a) herangezogen; Panzer 1955, S. 473; Schröder 1957/1958, S. 55f. *Zazamanc* wird im *B-‚Lied' als Stadt aufgefasst, wofür nach Heinzle (2013a, S. 1133) die Fügung *von Zazamanc der guoten* spreche, da Städtenamen üblicherweise weiblich seien und *guot* ein typisches Attribut für Städte sei; in C 370,2 ist eindeutig ein Land gemeint: *von Zazamanc dem lande*.
75 Textausgabe: Schirok 2003.

Beide Textstellen stehen offenbar zueinander in Beziehung; es fragt sich nur in welcher, da eine „Markierung oder Nicht-Markierung [...] relativ zum Rezipientenwissen"[76] und aus heutiger Perspektive schwierig nachzuvollziehen ist. Erschwerend kommt hinzu, dass sich eine eindeutig markierte Intertextualität im ‚Lied' nirgends findet, „außer wo sich über Figurennamen stoffliche Zusammenhänge ergeben".[77] Ein plausibler Grund spricht dafür, dass die Fassung *C zeitlich früher als der ‚Parzival' vorlag und daher als Quelle für die benannte Stelle fungierte. Der ‚Parzival'-Text ist für jeden unverständlich, der nicht den Text des *C-‚Liedsʻ kennt.[78] Nur vereinzelt wurde aufgeworfen, dass die Dichter beider Werke möglicherweise auf Sagenwissen etwa in Form anderer Lieder oder ‚geflügelter Worte' zurückgriffen und beide Stellen somit keinen direkten zitathaften Bezug zueinander hätten, was sich aber nicht nachweisen lässt.[79] Da das achte Buch des ‚Parzival' vermutlich spätestens um 1205 vorlag,[80] muss die Fassung *C bereits vor 1205 entstanden sein, was zeitlich zum Weggang Wolfgers aus Passau passt. Grundtext und Hauptfassungen wurden demnach innerhalb der Zeitspanne zwischen circa 1190 und circa 1205 abgefasst.[81]

---

[76] Lienert 1998, S. 280.
[77] Ebd., S. 281. Dort auch zu grundsätzlichen Arten der Bezugnahme auf andere Texte und Traditionen; ebd., S. 281–298. Grundsätzlich zu literarischen Anspielungen in mittelhochdeutschen Werken siehe Panzer 1950; vgl. Gillespie 1989; Fromm 1990.
[78] Vgl. Panzer 1955, S. 472. Theoretisch ist ebenso die umgekehrte Reihenfolge denkbar, wie etwa Schröder (1989, S. 22–31) sie vertrat, während er zuvor noch Panzers Perspektive unterstützte (1957/1958, S. 54ff.).
[79] Für einen Überblick über die Forschungsdiskussion hinsichtlich der Datierung vgl. Hoffmann 1967, S. 137–141; Bumke 1996c, S. 572–582. Eine weitere Grundlage dieses Motivs wird diskutiert: Chronikberichten zufolge gab es im 10. Jahrhundert einen Bischof Rumoldus von Münster, der sich nach einer Hungersnot um das Wohlergehen seiner Kleriker sorgte. Während Fichtner (1967) dies als Motivvorlage betrachtet, sieht Heinzle (2013a, S. 1348) keinen Zusammenhang.
[80] Vgl. Panzer 1955, S. 474.
[81] Bumke 1996c, S. 651.

2.4 Die Fassungen des ‚Nibelungenlieds'

Die Überlieferung von ‚Lied' und ‚Klage' mit insgesamt 37 teils vollständigen, teils fragmentarisch überkommenen Handschriften ist als reich anzusehen.[82] Alle Handschriften sind in der Zeit vom 13. bis zum beginnenden 16. Jahrhundert entstanden und werden mehrheitlich in den „alpenländischen", aber auch in den „ostfränkisch-böhmischen" Raum lokalisiert.[83] Mit 26 Textzeugen stammt die Überlieferung im Schwerpunkt aus dem 13. und 14. Jahrhundert.[84] In dieser Zeitspanne ist der Nibelungenkomplex relativ isoliert von anderen Texten überliefert.[85] Anders als das ‚Passauer Lied' sind die Fassungen des ‚Lieds' in den Handschriften greifbarer: Die überkommenen Textzeugen des ‚Lieds' sind in der Forschung in fünf beziehungsweise sechs Gruppen sowie weitere Redaktionen gegliedert. Ich folge Bumke mit einer Fünfteilung,[86] die sich in der Forschung weitgehend durchgesetzt hat:

---

[82] Zur Übersicht der Überlieferung siehe Batts 1971; Bumke 1996c, S. 139–253; Heinzle 2000b, S. 219; Klein 2003 sowie die Übersicht im Handschriftencensus: http://www.handschriftencensus.de/werke/271 [letzter Zugriff am 07.02.2018]. In den Angaben folge ich Klein. Vorauszusetzen ist, dass auch die ‚Klage'-Fragmente G, P und AA wegen der gemeinsamen Überlieferungstradition von ‚Lied' und ‚Klage' Handschriften entstammen, die ursprünglich ebenfalls einen Text des ‚Lieds' boten, und dass die Fragmente S_1 bis S_3 Teile einer einzigen Handschrift sind. Mitgezählt ist auch die verschollene Handschrift c. Ergänzt habe ich die Angaben bei Klein durch die Aufnahme eines ‚Klage'-Fragments der Handschrift K nach Brommer 2006, S. 324–335.
[83] Lienert 2000, S. 12.
[84] Mit Göhler (1995, S. 68f.) ist möglicherweise davon auszugehen, dass die Handschriftenzahl in diesem Zeitraum noch anstieg, was für ein anhaltendes Interesse spräche. Daher setzt er den Höhepunkt der Nibelungenrezeption in das 14. Jahrhundert; er gibt aber selbst zu bedenken, dass die Verluste von Handschriften aus dem 13. Jahrhundert wohl höher liegen dürften und nicht unbedingt eine gleichbleibende oder zunehmende Nachfrage der Dichtung belegt werden könne.
[85] Bumke 1996c, S. 212f.; vgl. ebd. auch zu den Überlieferungsverbünden der Handschriften J (um 1300) und h (um 1450-55) mit den ‚Winsbekischen Gedichten' sowie den Heldenbüchern des späten 15. und des frühen 16. Jahrhunderts (Handschriften k und d).
[86] Bumke 1996c, S. 215. Ich folge der Einteilung Bumkes auch aus dem Grund, weil sie Grundlage für den Fassungstext der ‚Klage' ist, den ich in der vorliegenden Untersuchung analysiere. Bumke berücksichtigt jedoch „[a]us unterschiedlichen Gründen" nicht die Handschriften T, c, k, m und n; ebd., S. 215, Anm. 297. Dagegen ordnet Kofler die Handschriften zu sechs Gruppen, indem er die Handschriften der *nôt*-Fassungen anders aufteilt und zusätzlich die *d-Fassung einführt; Kofler 2011b, besonders S. 54f. Dies führt in der Deutung des Befunds zu erheblichen Unterschieden. Kofler (ebd., vgl. 2013, S. 19f., wo er allerdings J als I bezeichnet) unterscheidet als „Hauptredaktionen" *A (A, L, g), *B (B, M) und *C (C, a, E, F, G, R, U, X, Z); als „Mischredaktionen", die jeweils Textpassagen aus zwei der beiden Hauptfassungen *A beziehungswei-

- Gruppe *A: A (2316 Strophen), L, M, g;
- Gruppe *B: B (2376 Strophen), H, O, d, i;
- Gruppe *C: C (2440 Strophen), E, F, G, R, U, X, Z, a;
- Gruppe *D: D, N, P, S$_{1,3}$, S$_2$, V, b;
- Gruppe *J: J, K, Q, Y, h, l.

Die Gruppen *A, *B und *J bilden zusammen die *nôt*-Fassung; die Gruppe *C ist die *liet*-Fassung.[87] Die Gruppe *D gehört in der Anfangspartie zur *liet*-Fassung, später zur *nôt*-Fassung.[88] Auch später entstandene Handschriften sind weitgehend den alten Fassungen *A, *B, *C oder *J zuzuordnen, so dass zu konstatieren ist, dass alle Fassungen über Jahrhunderte hinweg weitgehend stabil bleiben.[89] Im Folgenden sind die drei Hauptfassungen forschungsgeschichtlich eingeordnet.

---

se *B und *C enthalten (vgl. Heinzle 2008, S. 331–334), die Fassungen *D (D, b, N, P, S, V, AA), *J (J, h, K, Q, W, Y, l) und *d (d, H, O, c, i) sowie als vier „Sonderredaktionen" die durch jeweils eine Handschrift repräsentierte Redaktion T (T), Redaktion k (k), Redaktion m (m) und Redaktion n (n).

87 Die Zuordnung der Handschriften zur *nôt*- beziehungsweise *liet*-Fassung erfolgt durch den Wortlaut des letzten Verses: *dâ hât daz mære ein ende. diz ist der Nibelunge NÔT* (B 2376,4 [2379,4]) beziehungsweise *daz ist der Nibelunge liet* (+C 2440,4b). Im *B-,Lied' findet sich eine, im *C-,Lied' zwei Schlussstrophen. Der Vers in *C ist Teil der Plusstrophe, aber als Formulierung kein Plusmaterial. Während *nôt* auch den Gegenstand bezeichnet, drückt die Bezeichnung *liet* deutlicher eine Werkbezeichnung aus; vgl. Müller 1998, S. 117. Zugleich ist der mediale Status des Texts näher bestimmt und eine Ausdifferenzierung von Gegenstand und Form vorgenommen: „Im ersten Fall sind der Gegenstand (*nôt*) und die Sage von ihm (*mære*) identisch; beide enden zugleich. Im zweiten tritt an die Stelle des Gegenstandes die besondere literarische Form (*liet*), in die das *mære* gefasst ist. Das eine Mal endet eine Kunde, das andere Mal ein literarischer Text. Das ,Nibelungenlied' steht zwischen beiden"; Müller 2017, S. 152. Entsprechend zum ,Lied' ist ebenso in der ,Klage' am Ende eine Werkbezeichnung genannt: *Dizze* [*B: *diz*] *liet heizet diu Klage* (*B 4322/*C 4428); siehe Abschnitt 7.8.

88 Die Mischfassung *Db bietet im ersten Teil von ,Lied' (bis Str. 267,1) und ,Klage' (bis V. 681) jeweils Text der Fassung *C, folgt jedoch im größeren Teil einer *B-Handschrift; vgl. Bumke 1996c, S. 21, 215; vgl. Heinzle 2003a, S. 198; Kofler 2011b, S. 54f. Der Grund der Fassungsmischung kann nicht abschließend geklärt werden. Es ist wohl davon auszugehen, dass der Schreiber der Stammhandschrift zwei verschiedene Vorlagen benutzte; vgl. Bumke 1996c, S. 21.

89 Vgl. Bumke 2005, S. 27.

2.4.1 Exkurs: Die Fassungen des ‚Nibelungenlieds' in der Forschung

Am 29.06.1755 wurde die Handschrift C durch den Lindauer Arzt Jakob Hermann Obereit (1725–1798) in der Schlossbibliothek des Reichsgrafen von Hohenems wiederentdeckt und steht am Beginn der neuzeitlichen ‚Lied'-Rezeption,[90] nachdem das Epos bis auf einzelne Nennungen in historischen Werken praktisch vergessen war.[91] Über das Verhältnis der überlieferten Handschriften zueinander wurden im Lauf der Forschungsgeschichte viele und auch gegensätzliche Meinungen vertreten.[92] Grundlegende Positionen in der Forschungsgeschichte in Bezug auf die Fassung *C seien im Folgenden kurz skizziert:

Über einhundert Jahre lang ist ein Bestreben zu erkennen, auf der Grundlage einer Handschrift und mithilfe eines Handschriftenstemmas einen Text zu gewinnen, der dem Original beziehungsweise Archetypus möglichst nahe kommt.[93] Im sogenannten ‚Nibelungenstreit' des 19. Jahrhunderts wurden unterschiedliche Positionen in Bezug auf die größere Ursprünglichkeit der Fassungen *A, *B beziehungsweise *C des ‚Lieds' vertreten. Während etwa Lachmann (1816)[94] von einem Original ausging, das erst zur Version *A, daraufhin zur Version *B und anschließend zur Fassung *C umgearbeitet wurde, setzten Forscher wie Holtzmann (1854)[95] und Zarncke (1854)[96] die Fassung *C dem Original am nächsten, da diese Version den ‚besseren' Text biete.[97] Als zentraler Kritikpunkt an ihrer Position war stets auszumachen, dass eine Zurücknahme der ‚besseren' formalen, inhaltlichen und motivationstechnischen Eigenheiten

---

[90] Nach der Handschrift C wurden auch die Handschriften A und B im 18. Jahrhundert wiedergefunden; sie entstammen ebenfalls dem 13. Jahrhundert. Zur Beschreibung der Handschriften siehe Abschnitt 2.9.
[91] Vgl. Obhof 2003, S. 239.
[92] Für einen Überblick siehe Steer 1993; Müller 1999, S. 147–166; Heinzle 2003a.
[93] Eine Übersicht über die ersten Textausgaben mit Angabe der jeweils zugrunde liegenden Handschrift bieten Krogmann/Pretzel 1966, S. 22–27.
[94] Lachmann 1816. Seine Textausgabe auf Grundlage der Handschrift A erfolgte zehn Jahre später (1826/1859). Sie ist, und das ist forschungsgeschichtlich interessant, lange die einzige Textausgabe, die sowohl den Text vom ‚Lied' als auch den der ‚Klage' bietet; siehe Kapitel 1.
[95] Holtzmann 1854. Seine Textausgabe erfolgte kurz darauf auf Grundlage der Handschrift C (1857).
[96] Zarncke 1854. Seine Ausgabe von 1887 hat als Grundlage die Handschrift C.
[97] So argumentiert erneut Breuer (2006, S. 32), der C als ursprünglicher betrachtet und für B ein Bestreben einer „Archaisierung" erkennt: „Das ‚Nibelungenlied' präsentiert sich in seiner ältesten uns überlieferten Handschrift als ein Epos, das in Inhalt und Form höchsten höfischen Ansprüchen der ‚staufischen Klassik' gerecht wird"; ebd., S. 34.

der *C-Fassung als unwahrscheinlich abzulehnen sei.[98] Vor allem die spezifische *C-Bewertung der Schuldfrage am Untergang gilt noch heute als das stärkste Argument für den sekundären Charakter dieser Fassung, weil ein nachträgliches Zurücknehmen der dezidierten Deutung hin zur Offenheit der *nôt*-Fassung als undenkbar erscheint.[99] Bereits von Liliencron (1856)[100] plädierte aufgrund spezifischer Textformulierungen sowie der Plusstrophen von *C dafür, sie als eine Bearbeitung des ‚Lieds' anzusehen.

Bartsch (1865)[101] legte einen Grundstein für das heutige Abhängigkeitsverständnis der Fassungen: Vor allem aufgrund einer Untersuchung von Reimtechnik und Versrhythmik ging er von einem ursprünglichen ‚Lied'-Text aus, der später in die zwei Bearbeitungen *AB sowie *C weiterentwickelt wurde, wobei für beide Versionen „Gleichberechtigung"[102] gelte. Als Intention der Bearbeitung bestimmte er das Bestreben, den veränderten Zeitgeschmack der Rezipienten besser treffen zu wollen.[103]

Zur Jahrhundertwende bestätigte und modifizierte Braune (1900)[104] das Modell von Bartsch, der zugunsten der Fassung *B argumentierte und sie als Vorlage von *C betrachtete.

Erst über ein halbes Jahrhundert später falsifizierte Brackert (1963) Braunes Modell anhand einer neuen Bewertung von Reimabweichungen sowie Divergenzen in den Textformulierungen zwischen den Redaktionen *A, *B und *C.[105] Er ging von einem schriftlichen, jedoch noch unfesten Grundtext im Kontext einer mündlichen Überlieferung und von dem Urheber als eine Art ‚Redaktor' aus. Damit unterscheidet er nicht prinzipiell, sondern nur graduell zwischen

---

98 Vgl. Bumke 1996c, S. 532.
99 Ebd., S. 258.
100 Von Liliencron 1856.
101 Bartsch 1865/1968. Seine Ausgabe (1870–1880) folgt der Handschrift B.
102 Bartsch 1865/1968, S. 384.
103 Die Abfassung der ersten schriftlichen Version des ‚Lieds' setzte Bartsch um 1140–1150 an, die ersten Bearbeitungen um 1170–1180. Die Datierung machte er im Wesentlichen an der Reimtechnik fest, die zwar in beiden Bearbeitungen *B und *C grundsätzlich dem Standard des frühen 13. Jahrhunderts entsprächen (ebd., S. 371–385), gelegentlich seien jedoch unter anderem „stumpfe Reime" zu finden (ebd., S. 2), bei denen die Betonung auf die drittletzte Silbe fällt, wie in dem Beispiel *Hágene : dágene* (C 1838). Derartige Reime stünden für eine Reimtechnik, die im 13. Jahrhundert nicht mehr Standard war, und verwiesen auf eine frühere Textstufe aus dem 12. Jahrhundert; ebd.
104 Braune 1900.
105 Brackert 1963. Er fordert synoptische Ausgaben der verschiedenen Fassungen (ebd., S. 173), gibt aber selbst nur eine Studienausgabe nach B heraus (1970/71). In die Richtung seiner Forderung geht die synoptische Ausgabe von Batts (1971).

Autor und Redaktor als Urheber.[106] Die einzelnen Redaktionen des Texts sind jeweils durch eine Referenzhandschrift (A, B, C) repräsentiert und seiner Ansicht nach Produkte, die sowohl auf mündlichen Überlieferungen als auch auf schriftlich fixierten Versionen des Stoffs basieren.[107] Diese Handschriften unterscheiden sich nach Brackert stilistisch, metrisch und inhaltlich in solch einem Maß voneinander, dass man von verschiedenen Redaktionen sprechen könne.[108] Allerdings geht die spätere Forschung davon aus, dass diese Referenzhandschriften bereits einem Verarbeitungsprozess unterliegen, so dass es zum Beispiel zum Austausch von Strophen gekommen ist, da sich C 1 ebenfalls in A (A 1), nicht jedoch in B befindet.[109] Brackert ersetzte die klassische Stammbaumtheorie durch eine Redaktorentheorie und bezweifelte für das ‚Lied' prinzipiell die Sinnhaftigkeit der Suche nach einem Archetypus mittels textkritischer ‚Leitfehler'.[110]

Obwohl Brackerts Thesen nicht vollständig akzeptiert wurden, ergab die Diskussion einen Konsens, der noch heute Bestand hat: Die überlieferten Textzeugen lassen sich zu Fassungen ordnen, die grundsätzlich gleichberechtigt nebeneinander stehen. Alle drei (*A, *B, *C) beziehungsweise zwei Fassungen (*AB, *C) gehen auf einen gemeinsamen ‚ursprünglichen' Text des ‚Lieds' zurück. Als selbstständige und gleichwertige Parallelfassungen sind sie nicht auseinander ableitbar. Das Interesse der Forschung hat sich von der traditionellen Textkritik mit der Suche nach dem Archetypus auf die Würdigung textlicher Eigenarten von Fassungen und auch einzelner Handschriften verschoben. Gewissermaßen erhalten damit, aus der traditionellen textkritischen Perspektive, die gedachten Stammhandschriften der Fassungen den Status von Originalen;[111] auch sind die Fassungen zum größten Teil mit den Handschriftengruppen identisch, die die traditionelle Textkritik nachgewiesen hat. Doch durch die neue Perspektivierung sind Fassungen „nicht negativ, durch Fehler, sondern positiv, durch ihre eigenen Gestaltungsmittel, definiert".[112]

---

106 Brackert 1963, S. 170. Zur Diskussion des Begriffs ‚Redaktion' und seiner Verwendung siehe Steinmetz 2005, besonders S. 45, 52.
107 Brackert 1963, S. 170–173.
108 Ebd.
109 Zur Zuordnung dieser Strophe zum *C-Bearbeiter siehe Braune 1900, S. 157; Brackert 1963, S. 146–153.
110 Vgl. ebd., S. 46, 51; vgl. Steer 1993, S. 117.
111 Vgl. Bumke 1996c, S. 48.
112 Ebd., S. 49. Handschriftenverbindungen lassen sich, statt in einem Stemma, wertneutraler durch an Tiefenstrukturen orientierte Wurzeldiagramme ohne einen konkreten Ausgangspunkt darstellen, wie es für die Überlieferung des ‚Perceval' Chrétiens de Troyes vorgeschlagen wird;

Konsens besteht weitgehend darin, dass die gemeinsame Vorlage in *B deutlicher wiederzuerkennen ist, während der *C-Bearbeiter die Vorlage stärker veränderte.[113] Eine Ahnung des Grundtexts erhalten wir zwar durch die Strophen und Verse, die in beiden Fassungen identisch sind. Aus diesem Bestand lässt sich jedoch textkritisch kein Grundtext generieren.[114] Plusmaterial und Textformulierungen, die nur in der einen oder anderen Fassung auftreten, können Bestandteile des ursprünglichen Texts sein und sind aus diesem Grund nicht notwendigerweise als spätere Zusätze respektive Streichungen zu werten.

Statt der Annäherung an einen Archetypus des Grundtexts werden nach dem Leithandschriftenprinzip entweder edierte Handschriftentexte oder aufgrund einer kritischen Auswertung der Überlieferung Fassungen in einer von Einzelhandschriften abstrahierten Gestalt erstellt.[115] Auch aus den in diesem Exkurs dargelegten Positionen heraus erscheint es konsequent, die Fassung *C, die im 13. Jahrhundert die Überlieferung „dominiert",[116] als wahrscheinliche ‚Vulgata' in den Vordergrund der Untersuchung zu rücken.

2.5 Die Fassungen der ‚Klage'

In allen vollständigen Handschriften folgt auf den Text des ‚Lieds' der der ‚Klage'. Ausnahmen von der regelhaften Mitüberlieferung stellen das ‚Darmstädter Aventiureverzeichnis' m aus der Mitte bis zweiten Hälfte des 14. Jahrhunderts und die späten Handschriften aus dem 15. Jahrhundert, die Wiener Piaristenhandschrift k[117] und die Darmstädter Handschrift n dar. Ansonsten gibt es keine Anhaltspunkte, dass einer der beiden Texte jemals separat verbreitet wurde,[118]

---

van Mulken 1993. Die aus der Biologie stammende diagrammatische Darstellungsweise stellt keine chronologischen Abhängigkeiten dar, sondern zeigt durch Verzweigungen Verbindung auf, ohne dass sie implizit bewertet werden.
113 Bumke 1996c, S. 537.
114 Vgl. Hennig 1977, S. VIII.
115 Vgl. Strohschneider 1998, S. 114; Stackmann 2001, S. 393. Die Diskussion zu Fragen der Edition kann an dieser Stelle nicht zusammengefasst werden. Ich verweise auf eine knappe, aber klare Übersicht zur Diskussion der ‚alten' Philologie und New Philology bei Stackmann (2001, besonders S. 389–391).
116 Curschmann 1987, Sp. 929.
117 In der Handschrift k wechseln *nôt-* und *liet-*Passagen: „Auf eine *nôt-*Passage (k_1: 1–458) folgt eine *liet-*Passage (k_2: 459–849) und nach einem kurzen zweiten *nôt-*Stück (k_3: 850–910/911) folgt der Text schließlich bis zum Ende der *liet-*Fassung (k_4: 911/912–2442); der Text der ‚Klage' ist weggelassen" (Kofler 2011b, S. 55; Textausgabe: Springeth 2007).
118 Vgl. Bumke 1996b, S. 75.

auch wenn den überkommenen Fragmenten entsprechend ihrem Charakter ein geringerer Zeugniswert zuzusprechen ist. Anders als beim ‚Lied' ist davon auszugehen, dass die ‚Klage' keine mündliche Tradition aufweist und nur im Medium der Schriftlichkeit existiert (siehe Abschnitt 4.2).

Wertet man die 16 ‚Klage'-Handschriften, davon neun Vollhandschriften (A, B, C, D, J, a, b, d, h) und vier Fragmente mit (K,[119] N, S, U) sowie zwei ohne das ‚Lied' (G, P, AA), aus, dann ergibt sich gegenüber dem ‚Lied' ein leicht verändertes Bild mit nur vier Handschriftengruppen beziehungsweise Fassungen, da die Gruppen *A und *B zusammenfallen:[120] Mit Bumke unterscheide ich die beiden Hauptfassungen *B (4360 Verse; Handschriften A, B, d)[121] und *C (4468 Verse; Handschriften C, G, U, a). Hinzu kommen zwei Nebenfassungen, die textgeschichtlich vermutlich später entstanden sind: die zu *B gehörende, auf etwa ein Viertel gekürzte Fassung *J[122] (944 Verse; Handschriften J, K, h) und die Fassung *D[123] (737 Verse; Handschriften D, N, P, S, b), die *C zuzuordnen ist.[124] Diese vier Fassungen bleiben bis in das 15. Jahrhundert erhalten, ohne dass

---

119 Bumkes Einteilung habe ich durch den Einbezug des Fragments K mit Text der ‚Klage' ergänzt, das erst 2006 publiziert wurde; Brommer 2006.
120 Mit Bumke (1996c, S. 260) ist „[i]n der ‚Klage' [...] der Eigencharakter von *A weit weniger ausgeprägt. A teilt hier alle Kennzeichen der *B-Fassung, nimmt allerdings innerhalb dieser Fassung eine selbständige Position ein". Nach Lienert (2000, S. 14) sind vorgängige Arbeiten zu den Handschriftenverhältnissen der ‚Klage' durch die Untersuchung Bumkes weitgehend obsolet geworden. Eine Zusammenfassung der älteren Forschung bietet Bumke 1996c, S. 257–260.
121 In der Handschrift B sind die letzten Verse 4354–4360 nur teilweise erhalten; vgl. Bumke 1999a, S. 508.
122 Die Kurzfassung *J ist in der Umgebung der *B-‚Klage' entstanden (Bumke 1996c, S. 296) und zeugt von einem eigenen Gestaltungs- und Formulierungswillen. Zur Beschreibung des Bearbeitungsprofils siehe Sommermeier 1905, besonders S. 5–29. Nach Henkel (1993, S. 51) „[gewinnt] das Verfahren kürzender Redaktion [[m]arkantes Profil]", wenn „die für die Nibelungen-‚Klage' kennzeichnende breite Darstellung von Trauer, Klage und Consolatio-Argumentation fast ganz weg[fallen]" (ebd., S. 52): „[Z]um vorherrschenden Anliegen der Kurzfassung [werden] Vereindeutigung und Entlastung der im Lied ambivalenten Kriemhilt-Gestalt und Weiterführung beziehungsweise Abschluß des Nibelungen-Geschehens"; ebd.
123 Von *D ist nur die Anfangspartie bis Vers *D 737 erhalten. *D stimmt als Mischfassung in den 699 ersten Versen weitgehend mit *C überein; Textbestand und Textformulierung zeugen aber von einer Eigenständigkeit, die nicht direkt aus *C ableitbar ist; vgl. Bumke 1996c, S. 306. Sie ist im längeren Teil aus einer *B-Vorlage abgeschrieben (ebd.). Ein ähnliches Bild ergibt sich beim Text des ‚Lieds'; vgl. Bumke 1999a, S. 10.
124 Bumke 1996c, S. 389. Wann die beiden Fassungen *D und *J entstanden sind, ist nicht genau festzustellen. Sie sind den beiden Hauptfassungen textgeschichtlich nachgeordnet; es gibt keinen Hinweis darauf, dass sie deutlich später entstanden sind; ebd.

neue Fassungen entstehen.[125] In der Überlieferung entspricht die Verbindung von ‚Lied' und ‚Klage' jeweils einer Fassung, also ist zum Beispiel das ‚Lied' *C nur mit der ‚Klage' *C überliefert.[126]

Das Zusammenfallen der Gruppen *A und *B der ‚Klage' lässt sich nicht nur am Erzähltext nachweisen, sondern ist ebenfalls durch die Überschriften indiziert: Fünf (A, C, a, b, d) der neun mehr oder weniger vollständigen Textzeugen der ‚Klage' weisen eine Anfangs-Überschrift auf: In A und d lautet die Überschrift *Ditze bvch haeizet div chlage* (A) beziehungsweise *Ditz puech haysset klagen* (d). Möglicherweise deutet die Übereinstimmung zwischen den Handschriften A und d darauf hin, dass auch die Stammhandschrift der Fassung *B eine solche Überschrift aufwies, die in der Handschrift B ausgefallen ist.[127] In C und a lautet die Überschrift dagegen *Auenture von der klage* (C) beziehungsweise *abentewer von der Klag* (a).[128] Gänzlich anders ist die Überschrift in der Handschrift b formuliert: *Hie hebt sich die austragung vnd die clag der doten.*[129] Die unterschiedlichen Formulierungen entsprechen den einzelnen Fassungen: Die Handschriften A und d gehören zur Fassung *B, C und a zur Fassung *C, b steht für die Fassung *D.[130]

Die beiden Hauptfassungen der ‚Klage' *B und *C zeigen in der Überlieferung einen deutlichen Unterschied: Aufgrund des handschriftlichen Befunds gliedert Bumke die Fassung *B der ‚Klage' in drei Gruppen (A; B, d; D, b, N, P, S) und nimmt für *B von Anfang an mehrere Unterfassungen (*B1, *B2, *B3) an.[131] Diese These begründet er mit dem Argument, dass *B häufig mit *C übereinstimme, so dass es keinen einheitlichen Text als Ausgangspunkt der *B-Überlieferung gegeben haben könne.[132] So sei es auch grundsätzlich nicht mög-

---

125 Vgl. ebd. Auffällig ist, dass nur in vier (A, B, C, a) der neun Vollhandschriften, also weniger als der Hälfte, die Schlusspartie der ‚Klage' überliefert ist: „Die Handschrift D bricht mit Vers 3140 ab, b reicht bis Vers 3957, d bis Vers 4206. J und h bezeugen eine Kurzfassung, in der der Schluss, bis auf die Verse 4295–4322, fehlt"; ebd., S. 63, Anm. 268.
126 Vgl. Henkel 1999, S. 78.
127 Vgl. Bumke 1999a, S. 219. Die Formulierung steht parallel zur Überschrift des ‚Lieds' in der Handschrift d (*Ditz Puech heysset Chrimhilt*) der *B-Gruppe; ebd., S. 513.
128 Bumke 1996c, S. 219. Die Parallele zeigt sich ebenfalls in der *C-Gruppe, in der dem ‚Lied' die Überschrift *Aventiure von den Nibelungen* vorangestellt ist; vgl. ebd., S. 513.
129 Ebd.
130 Vgl. ebd., S. 220.
131 Bumke 1999a, S. 10. Bei der Untersuchung der ‚Klage' stütze ich mich auf den Fassungstext Bumkes, so dass fassungsinterne Variation – vor allem der *B-Fassung – weitgehend unberücksichtigt bleiben kann.
132 Ebd.

lich, eine Fassung durchgängig als Bearbeitung der anderen zu erweisen.[133] Anders sieht die Situation für die ‚Klage'-Fassung *C aus, die in sich sehr geschlossen wirkt.[134] Die größere Variation in der *B-Fassung ist möglicherweise auf einen erhöhten Bearbeitungsbedarf zurückzuführen. In jedem Fall wirkt die ‚Klage' *C ausgereifter (siehe Kapitel 7). Die Verbindungen unter den ‚Lied'- und ‚Klage'-Fassungen weisen auf ihre zeitlich und örtlich dichte Entstehung hin.

2.6 Die Entstehung der Fassungen in einer Passauer Werkstatt

Zu beobachten ist an den Überlieferungsträgern, dass es offensichtlich bereits während der Ausarbeitung Textkontakte zwischen den drei Hauptfassungen *A, *B und *C sowie den ‚Klage'-Fassungen *B und *C gegeben hat (siehe Abschnitt 4.2).[135] Dies legt nahe, dass sie nahezu gleichzeitig entstehen.[136] Von Anfang an muss von einer Pluralität von Fassungen und Querverbindungen in unmittelbarer Nähe zu einer ersten Textversion ausgegangen werden. Bumke schlägt ein Erklärungsmodell für die erste Phase der Textgeschichte vor, bei dem er fünf oder sechs verschiedene Textfassungen ansetzt. Zu diesen zählt er das ‚Passauer Lied', die Stammhandschriften der *A-, *B- und *C-Fassung des ‚Lieds' sowie die beiden ‚Klage'-Hauptfassungen *B und *C, die er, anders als im Fall des ‚Lieds', nicht auf eine gemeinsame „Ur-‚Klage'" zurückführt.[137] Die enge Überlieferungsgemeinschaft von ‚Lied' und ‚Klage' legt darüber hinaus nahe, dass ihre Verbindung bereits besteht, bevor es zur Bildung der unterschiedlichen Fassungen kommt.[138]

Curschmann vermutet als Produktionsort des Grundtexts eine ‚Nibelungenwerkstatt'.[139] Ähnlich einer Kunstwerkstatt habe am Passauer Bischofshof

---

133 Ebd., S. 9. Im Vergleich zum ‚Lied' wirken für Knapp (2015, S. 32) in der ‚Klage' „die Formulierungen [...] viel freier und überlegter"; „[w]ahrscheinlich haben wir es mit schriftlicher Produktion und Variation zu tun".
134 Vgl. Bumke 1999a, S. 9.
135 Zur Diskussion der Querverbindungen siehe Bumke 1996c, S. 541–559.
136 Ebd., S. 590–594; vgl. Henkel 2003a, S. 129f.
137 Bumke 1996c, S. 591.
138 Vgl. Henkel 2003a, S. 125.
139 Curschmann 1979, S. 109–112, 117. Einen knappen Forschungsbericht über die Thesen zum Nibelungendichter stellt Haymes (2006) zusammen.

eine Autorengruppe unter Leitung eines Meisters gewirkt.[140] Bekannt ist eine solche Werkstattsituation aus dem ‚Lucidarius'-Prolog A,[141] der auf circa 1190 zu datieren ist, was zeitlich zur Entstehung des ‚Lieds' passt.[142] Haymes bezweifelt diese Annahme für den Grundtext des ‚Lieds', weil er ihn als „subtile Arbeit eines Einzelnen" einstuft,[143] hält eine Werkstattsituation aber für die Entstehung der Fassungen für überzeugend. Durch Bumkes Studie über die Fassungen zur ‚Klage' gilt der Werkstattcharakter der Nibelungenüberlieferung in der Forschung weithin als akzeptiert.[144] Problematisch für die Annahme einer Nibelungenwerkstatt im damaligen Passau ist vor allem der Umstand, dass eine größere

---

140 Curschmann 1987, S. 933. Innerhalb des Entstehungszeitraums des Nibelungenkomplexes lässt sich die prinzipielle Möglichkeit eines solchen Skriptoriums wenig später, um die Mitte des 13. Jahrhunderts, auch mit einem Belegfall im Bereich der Literatur konkretisieren: Die Parzivalhandschrift Cgm 19 ist mit hoher Wahrscheinlichkeit in einem Skriptorium mit einer höheren Anzahl an Schreibern entstanden. Mindestens neun verschiedenen Schreibern lassen sich vier Handschriften und Fragmente zuordnen. Daher kommt Klein (1992, S. 33) zu dem Schluss, dass „[e]s [...] sich also um ein sehr großes Skriptorium gehandelt haben [muss], wohl das größte mit der Herstellung deutschsprachiger Handschriften befaßte, das aus mhd. Zeit bekannt ist". Zur Möglichkeit einer weiteren Werkstattsituation bei der Entstehung der ‚Weltchronik' Heinrichs von München siehe Klein 1998, S. 602f.

141 Auftraggeber ist der Herzog Heinrich der Löwe, der seine Kaplane die lateinische Vorlage recherchieren und ins Deutsche übertragen heißt. Der Wahrheitsanspruch dürfe nicht beeinträchtigt werden, so dass der *meister* (V. 24) seine Neigung zu reimen unterdrücken muss; Textausgabe: Gottschall/Steer 1994, V. 10–25.

142 Die Seltenheit von Skriptorien wertet Knapp (2015, S. 29) als Argument gegen die Annahme einer ‚Literaturwerkstatt'; sie kann jedoch ebenso gut als Argument dafür dienen. Er (ebd., S. 33) attestiert dem Prolog A des ‚Lucidarius' gegenüber dem Prolog B wenig Zeugniswert. Zu späterer Zeit wird eine Zusammenarbeit unterschiedlicher Personen für eine Handschrift auch thematisiert im Epilog des ‚Rappoltsteiner Parzival' (Auftraggeber, zwei Dichter, ein Schreiber und ein Übersetzer; Zusammenarbeit in den Jahren 1331–1336) und im Prolog von Konrads von Würzburg ‚Partonopier und Meliur' (Zusammenarbeit Konrads mit zwei Basler Herren, Handschrift von 1471); Bumke 1996c, S. 66f. Knapp (2015, S. 35–47) diskutiert des Weiteren in Bezug auf das Hochmittelalter den ohne Verfasserangabe überlieferten altfranzösischen ‚Prosa-Lancelot'.

143 Haymes 2006, S. 12.

144 Vgl. ebd., S. 7. Kritisch gegen die Annahme einer Werkstatt argumentieren Knapp (2015) und Müller (2016, S. 235). Nach Knapp (2015, S. 47) gehöre die Existenz einer solchen Werkstatt jedoch „weiterhin zu den erwägenswerten, aber unbeweisbaren Hypothesen"; die Annahme einer Werkstatt sei „nicht erforderlich", zugleich „nicht rundweg auszuschließen". Er (ebd., S. 29) unterscheidet zwischen der eher schriftlichen Entstehung eines höfischen Romans und der eines gesungenen Heldenepos, konzentriert sich neben wenigen Beispielen zum ‚Lied' jedoch in erster Linie auf die ‚Klage', die aufgrund ihrer Reimpaarverse nicht gesungen wurde; ihre Entstehung und ihr Vortrag gleichen wohl eher der beziehungsweise dem eines Romans.

Anzahl von literarisch versierten Bearbeitern dort nicht nachweisbar ist.[145] Voorwinden rückt den Entstehungsort der Handschrift C nach Lorsch, wo es eine große Bibliothek mit lateinischen Texten und entsprechendes Personal gab.[146] Außer zu Passau finden sich ebenso zur Reichsabtei Lorsch in ‚Lied' und ‚Klage' markante Referenzen: Davon zeugen acht Plusstrophen im *C-‚Lied' (+C 1158–1165) zur Königin Ute in Lorsch sowie die Angaben in den ‚Klage'-Fassungen zu Utes Begräbnis in *B 3986f., ausführlicher und detaillierter in *C 4046–4051, der zufolge Ute *noch hiute* (*C 4048) *in eime sarcsteine* (+*C 4050) in Lorsch liege.[147] Die textinterne Darstellung ist plausibel dahingehend zu deuten, dass die eigene lokale Situation der Verfasser beziehungsweise Bearbeiter zum Beispiel aus Gründen einer Lokalanbindung verstärkt in die Texte eingebracht wird (siehe Abschnitt 10.3). Die Ausweitung lokaler Angaben in Plusmaterial der Fassung *C von ‚Lied' und ‚Klage' im Vergleich zu *B ist ein Spezifikum dieser Fassung.

Henkel gibt zu bedenken, dass die einzelnen Fassungen von ‚Lied' und ‚Klage' nicht notwendigerweise von unterschiedlichen Personen konzipiert sein müssen, sondern dass möglicherweise derselbe Bearbeiter aus einem Nibelungen-,Gespräch' heraus unterschiedliche Akzentuierungen des Erzählens entwickelt, die sich in den Fassungen manifestieren.[148] Thema eines solchen Gesprächs sei die beste Art, diese *mæren* zu erzählen. Ein solcher Prozess kommt offenbar mit der Fassung *C zu einem Ende.[149] Über den Grund des Abschlusses können nur Hypothesen aufgestellt werden, sei es, dass die Fassung *C so überzeugend ist, dass es keiner weiteren größeren Änderungen bedarf, sei es dass der mögliche Mäzen Bischof Wolfger von Erla Passau verlässt.[150] Es scheint naheliegend, dass die Entstehung der Fassung *C auf eine Interpretationsbedürftigkeit des Grundtexts und damit auch der ihm nahen *B-Fassung in den Augen der Zeitgenossen zurückzuführen und möglicherweise als ein weiterer konzeptionell orientierter Schritt in das Medium der Schriftlichkeit zu werten ist. Besonders dezidiert vertritt Heinzle diese Position. Seines Erachtens verkennen diejenigen Interpreten, die der Fassung *B den Status einer ‚Vulgatfassung' zuerkennen wollen, dass eine „aufs Podest gestellte ‚Not'-Fassung in ihrer ur-

---

145 Vgl. Meves 1980; Bumke 1996, S. 592, Anm. 430; Henkel 1999, S. 78, Anm. 18.
146 Voorwinden 1978, S. 291–293.
147 Vgl. Vogt 1913, S. 154ff.; Bumke 1996c, S. 502–513.
148 Henkel 2003a, S. 130.
149 Vgl. ebd. Dies bedeutet nicht, dass es im weiteren Verlauf der Nibelungenüberlieferung keine weitere produktive Auseinandersetzung gäbe.
150 Vgl. ebd.

sprünglichen Form vom zeitgenössischen Publikum nicht akzeptiert wurde".[151] Wegen der weiterlaufenden Überlieferung von Handschriften der *B- und Mischfassungen, die *B-Passagen aufweisen, ist die Aussage Heinzles jedoch zu relativieren (siehe Abschnitt 10.4).

Die Hauptfassungen des ‚Lieds' sind demnach als literarisch gestaltende Reaktionen auf das ‚Passauer Lied' deutbar. Diese Argumentation bietet den Vorteil, dass man für eine Nibelungenwerkstatt am bischöflichen Hof in Passau nicht von einer größeren Ansammlung von Bearbeitern ausgehen muss.[152] Ebenso zieht Haferland die Möglichkeit von nur einem Dichter als Verfasser der Fassungen in Betracht, erwägt aber auch einen oder mehrere Sänger.[153] Dagegen hatte sich Panzer aufgrund der Unterschiedlichkeit im Wortschatz und der verschiedenen Perspektiven, aus denen die Handlung in den verschiedenen Fassungen betrachtet wird, gegen die Annahme einer einzigen Person als Verfasser der Fassungen ausgesprochen.[154] Müller plädiert gegen einen „simultane[n] und institutionell homogene[n]" Arbeitsprozess.[155] Stattdessen argumentiert er für „eine sukzessive, längere Zeiten und weitere Räume übergreifende Bearbeitung", „bei dem an vorausliegenden Lösungen weitergearbeitet wurde, so daß zwar unterschiedliche, doch eng miteinander verwandte Ergebnisse entstanden".[156] Erst durch das Zusammenwirken vieler habe der „anspruchsvolle[] Gegenstand [...] im Zusammenwirken [...] in Umschriften und Bearbeitungen Gestalt oder besser: Gestalten" gewonnen.[157] Anders als die anderen Forscher geht Müller davon aus, dass die Bearbeitung *C nicht „eine frühere ‚Werkstatt'-Fassung zu Ende" führe, „sondern sich an ihre Stelle" setze.[158] Er bezeichnet die Plusstrophen der Fassung *C des ‚Lieds' als „Wucherungen";[159] ebenso sieht Kropik über die im *C-‚Lied' vermehrt eingefügten Introspektionen „erste Abstriche am in *B realisierten Konzept der Sageninszenierung".[160] Dies könnte, muss jedoch nicht für verschiedene ‚Lied'-Bearbeiter mit unterschiedlichen Erzählintentionen sprechen.

---

151 Heinzle 1995, S. 94.
152 Henkel 2003a, S. 130.
153 Haferland 2004, S. 17.
154 Panzer 1955, S. 98.
155 Müller 1998, S. 69.
156 Ebd.
157 Ebd., S. 70.
158 Ebd., S. 69f.; vgl. Müller 2016, S. 253.
159 Müller 1998, S. 97.
160 Kropik 2008, S. 148, Anm. 331. Wegen spezifischer Unterschiede zwischen den Fassungen geht ebenso Schulze (2007b, S. 8) von verschiedenen Bearbeitern aus.

Die einzelnen Fassungen zeugen, soviel scheint sicher, von einer prozesshaften Auseinandersetzung und Arbeit am Text mit einer Verständigung über ein angemessenes Erzählen der alten Stoffe um 1200 in der Schriftlichkeit. Bereits in der Überführung von der Mündlichkeit in die Schriftlichkeit wird der Wortlaut zum Problem,[161] so dass auf Grundlage eines (gedachten) Grundtexts unterschiedliche Textfassungen entstehen, die überliefert werden, weil sie als gut betrachtet werden.[162] Gestützt wird die Annahme durch eine These Zumthors, der zufolge im Mittelalter „[d]ie Funktion der Schrift [darin] besteht [...], das kollektive Wort einem Klärungsproze0 zu unterwerfen".[163] Die Fassungen zeugen aus diesem Grund nicht von spezifischen Vortragssituationen oder fehlerhafter Erinnerung,[164] sondern von allgemeinen Gebrauchssituationen, für die Vorstellungen wichtig sind, nicht jedoch ein genauer Wortlaut.[165] Sie spiegeln eine ‚literarische'[166] Verarbeitung bestimmter Kommunikations- und Lebenssituationen, was sich unter anderem an den problematisierten gesellschaftlichen ‚Spielregeln' zeigt,[167] die im Nibelungenkomplex oftmals den außerliterarischen gesellschaftlichen Regeln im 12. Jahrhundert entsprechen.[168]

Festzuhalten ist, dass frühe Parallelfassungen nicht von einer einzigen Person oder Personengruppe stammen müssen, sondern auch das Ergebnis einer frühen Weitergabe des Texts sein können.[169] Letztendlich muss offen bleiben, wie viele Personen an welchen Orten und zu welchen Zeiten an der Abfassung der Texte beteiligt sind.[170] Mir erscheint der Gedanke des Gesprächs über eine Nibelungenerzählung als besonders überzeugend, der die unterschiedlichen Querverbindungen zwischen den einzelnen ‚Lied'- und ‚Klage'-Texten innerhalb und über eine Fassung hinweg, zum Teil auch fassungskreuzend (siehe Abschnitt 4.2) plausibel erklärt und von einer örtlichen und zeitlichen Nähe der Fassungsentstehung ausgeht. Gegen ein Ersetzen der Fassung *B durch *C spricht, dass die Fassung *B weiterhin überliefert wird und eigene Qualitäten

---

161 Vgl. grundsätzlich Grubmüller 2005, S. 36f.
162 Es ist denkbar, dass es noch weitere Fassungen gegeben hat, die sich aber nicht durchsetzen konnten.
163 Zumthor 1994, S. 49.
164 So Ebenbauer 2001; Haferland 2002; 2004.
165 Vgl. Grubmüller 2005, S. 36.
166 Zumthor (1994, S. 35) klassifiziert mittelalterliche Texte wegen ihrer Einbindung in die Vokalität nicht als „literarisch", sondern als „poetisch".
167 Müller 1998.
168 Althoff 2007, S. 98.
169 Vgl. Bumke 1996a, S. 123.
170 Vgl. Bumke 1996c, S. 45, 592f.; Heinzle 2003a, S. 197; Henkel 2003a, S. 130.

aufweist. Den Gedanken des Gesprächs werde ich im Folgenden weiter diskutieren. Unabhängig davon, wie viele Personen für Grundtext und Fassungen des ‚Lieds' verantwortlich zeichnen, sind zwei Arbeitsstufen zu unterscheiden – die des Dichtens des Grundtexts und die seiner Bearbeitung(en). Die Ergebnisse dieser Arbeitsprozesse deuten darauf hin, dass der Dichter als ein Wiedererzähler und die Bearbeiter als Weitererzähler zu verstehen sind (siehe Abschnitt 3.3.1). Dies schließt nicht aus, dass der Dichter auch als Bearbeiter fungiert.

2.7 Die Parallelfassungen von ‚Lied' und ‚Klage'

Der bereits erläuterte Konsens in der neueren Forschung besteht darin, dass das nicht erhaltene ‚Passauer Lied' weitgehend in den Handschriften der *nôt*-Fassung (*AB) bewahrt ist, während die Handschriften der *liet*-Fassung die Spuren einer stärkeren Überarbeitung aufweisen. Offen bleiben muss die Frage, ob *A oder *B dem Grundtext näher steht.[171] Der wichtigste Unterschied zwischen dem Grundtext und der *nôt*-Fassung besteht nach Bumke vermutlich darin, dass erst letztere die ‚Klage' enthält.[172] Dies lässt sich nicht belegen, würde aber die Bedeutsamkeit der ‚Klage' für den Nibelungenkomplex herausstellen: Aus mittelalterlicher Perspektive ist eine Überlieferung des ‚Lieds' ohne die ‚Klage' offenbar nicht denkbar. Möglich ist allerdings nicht nur ein nachträglicher Überlieferungsverbund, sondern auch eine mehr oder weniger von Anfang an intendierte Einheit von ‚Lied' und ‚Klage' als Erzählkomplex (siehe Abschnitt 4.5).[173] Während das *B-‚Lied' in der Bewertung der Schuldfrage relativ offen ist, tritt sie im *C-‚Lied' und vor allem in den ‚Klage'-Fassungen dezidierter hervor (siehe Kapitel 9). In der Forschung wurde der Fassung *C des ‚Lieds' sowie den ‚Klage'-Fassungen *B und *C aus diesem Grund ein sekundärer Status zugesprochen,[174] da sie einen weiteren Bearbeitungsschritt aufweisen. Allerdings bedeutet dies nicht, dass der Text des *C-‚Lieds' grundsätzlich sekundär ist. Weil das *B-‚Lied' ebenfalls bearbeitet ist, kann der Text des Grundtexts oftmals auch nur im *C-‚Lied' bewahrt sein.[175] Wenn Bumkes Annahme richtig ist, dass der *B-Bearbeiter nicht nur das ‚Passauer Lied', sondern zugleich die *C-Fassung vor sich liegen hat,[176] dann sind das *B- und *C-‚Lied' als selbstständige

---

[171] Vgl. Bumke 1996c, S. 533; Heinzle 2003a, S. 194f.
[172] Bumke 1996c, S. 567.
[173] Vgl. Kropik 2008, S. 141.
[174] Vgl. Bumke 1996c, S. 532.
[175] Vgl. ebd., S. 537.
[176] Ebd., S. 590–594.

und gleichwertige Parallelfassungen zu betrachten, die nicht auseinander ableitbar sind.[177] Bumke stützt sich unter anderem auf die These Braunes, nach der mehrere Strophen der ersten Aventiure der *B-Fassung vom *C-Bearbeiter gedichtet und erst nachträglich in *B übernommen sind.[178] Folgt man Braune, dann ist es so gut wie sicher, dass der ‚Lied'-Text, der dem *C-Bearbeiter vorlag, nicht identisch mit dem in den *B-Handschriften überlieferten nôt-Text ist.[179] Im Folgenden ist von gleichwertigen Parallelfassungen auszugehen, die als Ergebnis eines Aneignungs- und Deutungsprozesses um 1200 zu werten sind.[180] Mit Müller zeigen „Paralleltexte [...] das Spektrum möglicher Aneignung, nicht ‚wie die Geschichte eigentlich lauten müßte'".[181] Parallelfassungen zeigen aber nicht nur unterschiedliche Prozesse an, sondern steigern möglicherweise ebenso das Sinnstiftungspotenzial. Der Befund von „frühen Mehrfachfassungen"[182] als „gleichwertige[] Parallelversionen"[183] ist kein Spezifikum der Nibelungenüberlieferung, sondern ein typisches Phänomen der Zeit um 1200.[184] Bumke hat dies für die höfische Epik am ‚Eneasroman' Heinrichs von Veldeke, den Werken Hartmanns von Aue und Wolframs von Eschenbach, für Gottfrieds von Straßburg ‚Tristan' sowie für weitere Epen des 13. Jahrhunderts aufgezeigt.[185] Es scheint als relativ gesichert, dass der Befund von Parallelfassungen nicht auf Überlieferungszufälle zurückzuführen ist,[186] auch wenn über die Entstehungsgeschichte und -bedingungen des Nibelungenkomplexes und ebenso der meisten höfischen Epen kaum etwas bekannt ist und sich der Grund des Entstehens von Mehrfachfassungen nur vermuten lässt.[187]

‚Lied'- und ‚Klage'-Fassungen stimmen weitgehend in der Stoffauffassung und der künstlerischen Gesamtkonzeption überein, was Bumke als typisches Merkmal höfischer Epik herausgearbeitet hat.[188] Dass aber auch viele inhaltlich bedeutsamere Unterschiede zwischen den beiden Hauptfassungen punktuell

---

177 Ebd., S. 389.
178 Braune 1900, S. 155–185.
179 Vgl. Bumke 1996c, S. 461.
180 Vgl. Henkel 1993, S. 58; Bernreuther 1994, S. 5; Müller 1998, S. 22, 47.
181 Müller 1998, S. 22; vgl. Bernreuther 1994, S. 5.
182 Bumke 1996c, S. 42.
183 Stackmann 2001, S. 264.
184 Zu berücksichtigen ist, dass Parallelfassungen in den verschiedenen Gattungen in unterschiedlicher Form auftreten, so dass jeweils die entsprechenden Überlieferungsbedingungen bedacht werden müssen. Grundlegend für das ‚Lied': Brackert 1963.
185 Bumke 1996c, S. 30–42; 2005, S. 26f.
186 Vgl. Bumke 1996c, S. 60.
187 Vgl. Bumke 1997, S. 112.
188 Bumke 1996b, S. 83.

bleiben, scheint zunächst für eine mündliche Entstehung zu sprechen: Während bei einem konsequent schriftsprachlich konzipierten Text die Durchführung einer interpretationsrelevanten Veränderung über weite Strecken homogenisiert und durch Hin- und Herblättern überprüft werden kann, fehlt diese Möglichkeit beim memorierten Text. Wer ihn auswendig gelernt hat, kann an Stellen, die ihm anstößig scheinen, eine Neuformulierung versuchen. Er kann eine Zeit lang an seiner Neubewertung festhalten, doch ist es unwahrscheinlich, dass er auf die ganze Textlänge das, was er gelernt hat, zugunsten eigener Formulierungen aufgibt.[189]

Die Forschung hat die Entstehung der Fassungen unter anderem als Ausweis einer prinzipiellen Variabilität und Dynamik der mittelalterlichen Textualität, hinsichtlich einer Verschriftung unterschiedlicher mündlich tradierter Existenzweisen[190] und hinsichtlich eines primär schriftlich orientierten Weiterarbeitens gedeutet, zum Beispiel um einen formal und/oder inhaltlich besseren Text zu erhalten oder um ihn neuen Gebrauchszusammenhängen anzupassen. Steer führte die Variation darauf zurück, dass die Texte „in offenen Gebrauchsformen existierten" und deutet die Überlieferungszeugen aus diesem Grund als „Vortrags- oder Leseformen",[191] so dass er bei der Analyse eine verstärkte Berücksichtigung des „aktiv wie passiv rezipierenden Publikum[s] (Leser, Hörer, Auftraggeber, Schreiber, Drucker, Bearbeiter)"[192] vorschlägt. Mit Intentionalität

---

189 Müller 2005, S. 173.
190 Dezidiert vertritt diese These erneut Haferland, dessen Position sich in der Forschung aber nicht durchsetzen konnte: Demnach ist von einem Dichter ein Grundtext verfasst (Haferland 2004, S. 17f.), der durch Sänger auswendig gelernt und vorgetragen wird (ebd., S. 18). Die einzelnen Textfassungen deutet er daher als Gedächtnisstützen (ebd., S. 103) und beruft sich auf die Einrichtung der Handschriften, die für ein Vortragen nicht förderlich sei. Haferland geht damit in gewissem Sinn von einer bloßen Verschriftung aus; vgl. ebd., S. 79. Er erklärt die Varianz als unwillkürliches Ergebnis eines unvollständigen beziehungsweise ungenauen Memorierens des ‚Texts' aus dem Gedächtnis; Haferland 2002, S. 272–278; 2004, S. 17, 108–121, 254–271. Allerdings sei die konkrete Formulierung dann bewusst gewählt. Haferland beruft sich auf Forschungsergebnisse, denen zufolge mündliche Dichtung nicht grundsätzlich durch Varianz gekennzeichnet sei; vgl. Ehlich 1983; 1989, besonders S. 90; 1994, besonders S. 18f. Knapp (2008, S. 77) weist darauf hin, dass die Varianz genauso gut schriftsprachlich erklärbar ist. Millet (2007, S. 65, Anm. 31) bemerkt ebenso methodische Schwierigkeiten, weil Haferland nicht erkläre, „mit welchen philologischen Mitteln wir eine schriftliche Abwandlung eines Textes von einer Version unterscheiden können, die durch ungenaue Memorierung entstanden ist". Zu Lücken in der Argumentation Haferlands siehe auch die Rezension von Sahm (2008); zur Problematik einiger Zusatzthesen Haferlands siehe Müller 2016, S. 257f.
191 Steer 1979, S. 107f.
192 Ebd., S. 114.

wird Variation ebenfalls von Bumke begründet.[193] Allerdings deutet sein Untersuchungsbefund – dass früh, d.h. dicht am Entstehungszeitpunkt gleichwertige Parallelfassungen eines Werks entstehen,[194] die dann über Jahrhunderte stabil bleiben – auf eine primär schriftliche Entstehung der einzelnen Fassungen hin. Die Hauptfassungen als „Zeugnisse eines frühen Zustands volkssprachlicher Schriftlichkeit"[195] sind dann nicht auf spezifische Vortragssituationen zurückzuführen, sondern zeigen einen bestimmten Zugriff auf den Erzählstoff an. Sie sind als Parallelfassungen mit eigenständigem Formulierungswillen als Zeugnis und Ausdruck einer bestimmten Art und Weise der geistigen Verarbeitung zu betrachten.[196] Im Folgenden wird für die überlieferten Fassungen primär von einer Entstehung von Schrift aus Schrift ausgegangen,[197] worauf die Mehrheit der Indizien deutet. Variation wird damit als Ergebnis einer produktiven Auseinandersetzung mit einem schriftlich gefassten Text verstanden; dies schließt nicht aus, dass Änderungen durch die Reflexion eines mündlichen Vortrags motiviert sind.[198]

2.8 Der Begriff der ‚Fassung'

Der unterschiedliche Gebrauch des Begriffs der ‚Fassung' in der Forschung bringt zum Ausdruck, dass er oder auch ähnliche Begriffe wie ‚Redaktion', ‚Version' und ‚Bearbeitung' oft wenig trennscharf verwendet werden.[199] Sinnvoll erscheint es, den Bedeutungsumfang des Begriffs der ‚Fassung' anhand der Materialbasis zu gewinnen, um einen gattungsspezifischen Begriff zu entwickeln. Auch wenn Varianz und Variabilität im Sinn einer „prinzipielle[n] Unfestigkeit der volkssprachigen Texte"[200] ein grundsätzliches Merkmal mittelalterlicher Textüberlieferung ist,[201] können Phänomene, die in einer Gattung auftreten, nicht unmittelbar auf eine andere Gattung übertragen werden:

---

193 Bumke 1996c, S. 32.
194 Ebd., S. 32, 43f.; vgl. Stackmann 1964, S. 264.
195 Bumke 1996c, S. 389 – hier zu den ‚Klage'-Fassungen.
196 Vgl. Stackmann 1993; 1994.
197 Vgl. Heinzle 1987, S. 267.
198 Vgl. Müller 2016, S. 257.
199 Einen Überblick über die Verwendung des Begriffs der ‚Fassung' in der Forschung bietet Schöller 2009, S. 1–30. Wichtige Ansätze der Forschung mit einem eigenen Vorschlag diskutiert Steinmetz 2005, besonders S. 42.
200 Bumke 1996c, S. 60. Zur prinzipiellen Unfestigkeit der Texte höfischer Romane vgl. Bumke 1991; Strohschneider 1991; Henkel 1993.
201 Bumke 1996b, S. 83; Lienert 2000, S. 18; Stackmann 2001, S. 382.

> Nähe zu Mündlichkeit, Formelhaftigkeit, Stoffbetontheit, Anonymität und Überlieferungseigenheiten der heldenepischen Dichtungen lassen die Vermutung aufkommen, daß ihre divergierenden Textfassungen von anderer Art sind als die in den Handschriften der höfischen Literatur feststellbaren.[202]

Allerdings herrscht in der Forschung seit den 1970er Jahren die Meinung vor, dass es sich im Bereich der erzählenden Literatur bei Formen von Textvariation in heldenepischen und höfischen Werken nur um „graduelle Unterschied[e]"[203] handelt (siehe Kapitel 3).

In der vorliegenden Arbeit stütze ich mich im Wesentlichen auf den Fassungsbegriff Bumkes, dessen Studie zur ‚Klage' als Meilenstein der Forschung gilt und vorherige Ansätze zum Teil obsolet erscheinen lässt. In Rückbezug auf Stackmann bestimmt Bumke mit Intentionalität und mangelnder Ableitbarkeit zwei wesentliche Merkmale einer Fassung:[204] Erstens müssten die einzelnen Versionen eines Texts „in solchem Ausmaß wörtlich übereinstimmen, daß man von ein und demselben Werk sprechen" könne.[205] Zugleich müssten sie „sich jedoch im Textbestand und/oder in der Textfolge und/oder in den Formulierungen so stark unterscheiden, daß die Unterschiede nicht zufällig entstanden sein können".[206] Es müsse also ein unterschiedlicher Formulierungs- und Gestaltungswille erkennbar werden.[207] Zweitens dürften die Textversionen, die als Fassungen gewertet werden oder denen der Status einer solchen zugesprochen wird, stemmatologisch nicht auseinander ableitbar sein. Stattdessen müsse der Überlieferungsbefund indizieren, dass es sich um gleichwertige Parallelversionen handelt.[208] Wenn eines der beiden Kriterien nicht gegeben sei, dann handle es sich um eine Bearbeitung eines anderen Texts, nicht aber um eine eigenständige Fassung.[209]

Bumke vermutet, wie erwähnt, dass der erste Grundtext des ‚Lieds' noch ohne eine ‚Klage' auskam, dass sowohl beide Hauptfassungen der ‚Klage' wie auch das *C-‚Lied' der nôt-Fassung des ‚Lieds' gegenüberstehen[210] und dass aufgrund des hohen Grads an Variation zwischen den ‚Klage'-Hauptfassungen eine Ableitbarkeit nicht erkennbar sei. Daher stuft er die ‚Klage'-Versionen *B

---

202 Steer 1979, S. 107.
203 Hoffmann 1974, S. 58.
204 Stackmann 1964, S. 264; Bumke 1996c, S. 32.
205 Bumke 1996c, S. 32.
206 Ebd.
207 Ebd.
208 Ebd.
209 Ebd., S. 32, 42–53.
210 Ebd., S. 259.

und *C als Fassungen ein.²¹¹ Aufgrund des klarer erkennbaren gemeinsamen Bestands und der vermutlich oftmals nachträglichen Bearbeitung erscheinen Bumke die ‚Lied'-Versionen *B und *C dagegen vertikal als Bearbeitungen des Grundtexts, aber zugleich horizontal als Parallelfassungen, weil sie nicht auseinander ableitbar sind. Bei Bumke nehmen die Fassungen den Platz der ‚Originale' ein.²¹² Strohschneider weist darauf hin, dass mit Bumkes Fassungskonzept „Kategorien wie ‚Autor' und ‚Originalität' […] nicht eigentlich als historisch kontingente, klassizistische Konzepte verabschiedet", wohl aber kommunikations- und mediengeschichtlich relativiert sind.²¹³

Es ist daher naheliegend, den vermutlichen Archetypus aus mittelalterlicher Perspektive gar nicht als eine Art ‚Original' einzustufen, sondern nur als eine erste ‚Fassung' eines Werks, die immer schon die Möglichkeit der Variation impliziert, so dass der ersten Textversion von Vornherein gar nicht der Status eines vollendeten ‚Originals' zuzusprechen ist. Die überkommenen Fassungen sind zwar chronologisch sekundär, haben aber von ihrer Intention her keinen solchen Charakter. Fassungen zeugen von einem Weiterarbeiten; sie sind weniger als intentional gegeneinander gesetzte Konkurrenzformen zu verstehen. Dies wird unter anderem an den Mischfassungen deutlich. Festzustellen ist, dass die Variation trotz aller Unterschiede zwischen den Fassungen hinsichtlich einer Sinnkonstituierung oftmals relativ gering ist, so dass wegen des gemeinsamen Textbestands doch so etwas wie ein Autorbewusstsein, im Fall des ‚Lieds' möglicherweise auch eine spezifische Form der ‚Quellentreue' anzunehmen ist. Die ‚Originale' der nur gedachten Fassungen sind ebenso wenig greifbar wie das ‚Original' des ‚Lieds', manifestieren sich in den verschiedenen Textzeugen auf jeweils andere Weise. Trotz der beobachteten Formen der Variation, die sich vor allem aus einer philologischen Perspektive ergeben, scheinen die einzelnen Textzeugen nach mittelalterlichem Verständnis ‚den' Nibelungenkomplex zu repräsentieren. Daraus ist ein „(medien-)historisch fremde[r] Status von Text" abzuleiten, „der die Identität eines Texts nicht an die Identität seines Wortlautes bindet".²¹⁴ Wiedererkennbar wird ein Text durch invariante Komponenten wie

---

211 Die Nähe der Texte äußert sich auch in Bumkes Vorgehen, in seiner Edition die *C-‚Klage' nach der *B-Fassung an sieben Stellen zu verbessern; vgl. Bumke 1999a, S. 29f.
212 Bumke 1996c, S. 48.
213 Strohschneider 1998, S. 115; vgl. Bumke 1996c, S. 55–60.
214 Strohschneider 1998, S. 107f.

für die Epik zum Beispiel topische Rede, Traditionsanbindung, Inszenierungen der eigenen Maßgeblichkeit für die höfische Kommunikationsgemeinschaft, Reflexionen auf die Regeln der Verbreitung und Rezeption der Texte, Rollenhaftigkeit, ritualisierte Interaktionsformen, Erzählmodelle usf.[215]

Dass insbesondere auch die Handlung zwischen den Fassungen des Nibelungenkomplexes kaum variiert, ist kein besonderer Befund, sondern ein grundsätzlich beobachtetes Phänomen im Mittelalter.[216] Allerdings ist einschränkend festzustellen, dass der Gestaltungswille im Bereich der Heldenepik oft „vor allem kurze Erzählabschnitte, Szenen, Episoden" erfasst und dass „übergreifende Fassungstendenzen [...] dagegen nur in gröbsten Umrissen erkennbar [sind]", wie es Dinkelacker für die ‚Ortnit'-Überlieferung feststellt.[217] Eine ähnliche Deutung des Befunds wurde in der Forschung wiederholt für die Fassungen des Nibelungenkomplexes angeboten. Daher ist aufgrund der unterschiedlichen Phänomene der Variation häufig nicht ein alle Einzelheiten des Texts durchdringender Gestaltungswille anzunehmen und auch nicht herauszuarbeiten. Das Fehlen eines durchgehenden Gestaltungswillens kann auf ein mangelndes Interesse an einer systematischen Überarbeitung, auf uns fremde Erzählverfahren, aber ebenso auf unterschiedliche Instanzen beziehungsweise Zwischenstufen der Bearbeitung zurückzuführen sein. Es ist durchaus naheliegend, dass einzelne Überlieferungszeugen, aber auch Fassungen konkurrierenden Gestaltungsprinzipien unterworfen sind. Aufgrund der Überlieferungslage ist in der Regel kaum zu entscheiden, auf welche konkrete Instanz wie Auftraggeber, Dichter, Bearbeiter, Redaktor, Schreiber, Rezipienten usw. die jeweilige konkrete Ausformung von Variation zurückgeht (siehe Abschnitt 5.1).

Als Konsequenz verwende ich in der vorliegenden Arbeit sowohl für das ‚Lied' als auch die ‚Klage' den Begriff der Fassung, da ich auf der horizontalen Ebene von Parallelfassungen unter besonderer Berücksichtigung einer Intentionalität arbeite. Den Begriff der Fassung verwende ich als „pragmatische Arbeitshilfe"[218] und ohne ausgeprägte Tiefenschärfe, weil ein zu systematisierender Fassungsbegriff der mittelalterlichen Auffassung von Text und Textualität offenbar nicht entspricht und den Textzeugen nicht gerecht werden würde.

---

215 Wenzel 2005, S. 353f.; vgl. Strohschneider 1997b, S. 82f.
216 Vgl. Lienert 1998, S. 286.
217 Dinkelacker 1972, S. 304; Textausgabe: Kofler 2001.
218 Heinzle 1978, S. 17.

2.9 Die handschriftliche Überlieferung und Einrichtung

Ausgangspunkt jedweder wissenschaftlichen Auseinandersetzung mit Texten des Mittelalters im Kontext einer literatur- und kulturhistorischen Analyse und Interpretation ist die materiale Überlieferung.[219] Dies gilt nicht nur wegen der prinzipiellen Varianz und Variabilität in der Überlieferung mittelalterlicher Werke.[220] Sondern mittelalterliche Texte sind immer auch durch ihre Überlieferungsträger beeinflusst, wenn nicht geprägt beziehungsweise bedingt. Die Materialität des Überlieferungsträgers eröffnet weitere Sinnpotenziale, sei es aufgrund der Gestaltung der Handschrift, der Überlieferung eines Texts als separatem Kodex oder innerhalb einer Sammelhandschrift, durch Relation zu anderen Textfassungen oder weiteren Texten usw. Mittelalterliche Texte sind folglich stets im Zusammenhang mit ihren Überlieferungsträgern zu betrachten,[221] denn nicht nur die Schrift, sondern bereits das Material fungiert als Medium. Im Folgenden ist Materialität nicht hinsichtlich einer haptischen, visuellen und/oder olfaktorischen Wahrnehmbarkeit der faktischen Überlieferungsträger[222] und auch nicht als Medium, Körper oder physischer Träger von Texten[223] etwa hinsichtlich einer „Vergegenwärtigung von Abwesenden/Abwesendem, der Herstellung von Aura, der Übertragung von Heil"[224] berücksichtigt. Im Vordergrund der vorliegenden Arbeit mit ihrem Fassungsvergleich steht der Text, so dass die Materialität vor allem hinsichtlich einer möglichen fassungsspezifischen Textgestaltung berücksichtigt wird.[225] Über die Beschreibung der Gestaltungselemente können Hinweise auf die den Texten zugrundeliegenden Ordnungssysteme erhalten werden. Im Rahmen der in der vorliegenden Arbeit verfolgten Fragestellungen sind ästhetische und semiotische Funktionen nicht berücksichtigt; sondern gefragt wird, inwiefern durch die Textgestaltung Strukturen des Texts sichtbar und damit intellektuell erfassbar gemacht werden.[226] Derartige Gestaltungselemente sind in den für diese Untersuchung herangezogenen Editionen oftmals nicht oder nur bedingt berücksichtigt, so dass unmit-

---

[219] Dies gilt nicht nur für philologische Ansätze (vgl. Wolf 2008a, S. 3), sondern wird auch für kulturwissenschaftliche Herangehensweisen gefordert; vgl. Baisch 2006, besonders S. 4–96; Peters 2007; Baisch 2010, S. 253.
[220] Vgl. Bumke 1996b, S. 83; Stackmann 2001, S. 382.
[221] Vgl. Baisch 2010, S. 265f.
[222] Vgl. ebd., S. 253.
[223] Vgl. Lüdecke 2003, S. 459.
[224] Kiening 2006, S. 25.
[225] Vgl. zur ‚Klage' Bumke 1996c, S. 80–84.
[226] Vgl. Gumbert 1992.

telbar vom handschriftlichen Befund auszugehen ist. Die Beobachtungen wurden anhand der Faksimile-Ausgaben und entsprechender Digitalisate der Leithandschriften B und C für die Fassungen *B und *C gewonnen.[227] Im Folgenden stelle ich diejenigen Aspekte beider Handschriften einander gegenüber, die für die Fragestellung eines Fassungsunterschieds relevant sind.[228] Von der Handschrift C sind nur 114 von ursprünglich 120 Blättern erhalten. Die Lücke wird in den Textausgaben anhand von Strophen der Handschrift a gefüllt, weshalb dieser Kodex ebenfalls kurz vorzustellen ist. Zu prüfen ist, inwiefern die Leithandschriften repräsentativ für ihre jeweilige Fassung sind und möglicherweise die Textgestaltung ihrer Vorlage weitertradieren sowie welche Hinweise auf Auftraggeber und Schreib- beziehungsweise Bearbeitungsweisen der Texte zu beobachten sind. Zu bedenken ist, dass und gegebenenfalls inwiefern verschiedene Interessen und Vorgaben seitens Auftraggeber und Besteller, Unterschiede in der materiellen Erscheinungsform der jeweiligen Vorlage, eigene Gepflogenheiten der Schreibstuben sowie Gestaltungsspielräume von Bearbeitern und Schreibern die Gestaltung der Handschriften beeinflussen.[229] Wegen der einheitlichen Systematik in der vorliegenden Arbeit wird zunächst die Handschrift B behandelt, wenngleich die Handschrift C die ältere ist.

2.9.1 Die Handschrift B

Die Handschrift B von ‚Lied' und ‚Klage' ist Teil eines Sammelkodex (fol. 117ʳ–196ᵛ; Lagen 16–25),[230] dessen größter Teil in der Stiftsbibliothek von St. Gallen

---

[227] Faksimile-Ausgaben und Digitalisate der Handschriften B und C: Bischoff/Heinrichs/Schröder 1962; Stolz 2005; Engels 1968; https://digital.blb-karlsruhe.de/blbhs/content/titleinfo/737536 [letzter Zugriff am 07.02.2018].
[228] Grundsätzlich verweise ich für die Handschriftenbeschreibung auf Schneider (1987, S. 130–145), deren Arbeit von der aktuellen Forschung herangezogen wird; vgl. Bumke 1996c; Heinzle 2003a; Obhof 2003. Zu Literatur zur Handschrift B siehe Schneider 1987, S. 133, Anm. 54; zur Handschrift C siehe ebd., S. 142, Anm. 101.
[229] Vgl. Bumke 1996c, S. 238.
[230] Zu Überlegungen, inwiefern diese Handschrift von Anfang an als Sammelhandschrift konzipiert oder eher als Ergebnis einer Versammlung von einzelnen ‚Booklets' zu denken ist, siehe Stolz 2005, S. 19–22. Unter den älteren Handschriften ist B die einzige, in der ‚Lied' und ‚Klage' gemeinsam mit anderen Epen überliefert sind. Eine Überlieferung im Verbund mit anderen Epen ist erst wieder im 15./16. Jahrhundert zu beobachten: ‚Lienhart Scheubels Heldenbuch' (k) und ‚Ambraser Heldenbuch' (d).

als Cod. 857 aufbewahrt wird.[231] Ihre Pergamentblätter (31,5 cm x 21,5 cm) sind etwas größer als die der meisten ‚Nibelungen'-Handschriften;[232] diese sind in der Regel 20–30 cm hoch und 10–20 cm breit.[233] Die Handschrift zeigt

> [t]rotz der kostbaren Initialen und der intensiven Textbetreuung [...] Aspekte eines nicht zu hohen Status. Dazu gehören die extrem dichte, platzsparende Beschriftung und vor allem das wechselnde Schriftbild bzw. Schriftniveau der Schreiber. Insgesamt kommen Buchschriften auf gutem kalligraphischen Niveau zur Anwendung, die jedoch nie an die Textura heranreichen.[234]

Auf diesen Status weisen nach Breuer ebenfalls die Anzahl sowie die Art und Weise der Korrekturen hin: Während er für die Handschrift C im ‚Lied'-Text circa 130 Korrekturen zählt, indem meistens einzelne Buchstaben eingefügt sind oder etwas durchgestrichen ist, sind es in B mit circa 300 mehr als doppelt so viele.[235] In der Handschrift B sind Buchstaben, Wörter und auch Halbzeilen ausgelassen, die zwischen den Zeilen, auf Rasuren oder am Rand nachträglich notiert wurden.[236] Die Korrekturen zeigen einen zweiten Arbeitsschritt an.

Die gesamte Sammelhandschrift B ist zweispaltig geschrieben, wobei die Abgrenzung des Schriftspiegels (26 cm x 16,5 cm) über Zeilenlinierung und Spaltenbegrenzung wegen der verwendeten Tinte deutlich sichtbar sind. Die Strophen, nicht aber die Langzeilen des ‚Lieds' sind in B zum größten Teil abgesetzt,[237] die Reimpaarverse der ‚Klage' fortlaufend notiert. Auch wenn Langzeilen und Verse nicht abgesetzt sind, sind sie doch durch Reimpunkte abge-

---

231 Im Cod. 857 sind auf den 318 Blättern in der folgenden Reihenfolge enthalten: Wolfram von Eschenbach, ‚Parzival' (D); ‚Lied' (B); ‚Klage' (B); Stricker, ‚Karl der Große' (C); Wolfram von Eschenbach, ‚Willehalm' (G); als Nachtrag Sangspruchstrophen (G) von Friedrich von Sonnenburg. In einem fünf Blätter umfassenden Fragment ist etwa ein Drittel des Texts enthalten, der ursprünglich vermutlich einem anderen Sammelband angehörte (vgl. Schneider 1987, S. 136): Konrad von Fußesbrunnen, ‚Kindheit Jesu' (L), das als mgf 1021 in der Staatsbibliothek zu Berlin verwahrt wird, sowie Konrad von Heimesfurt, ‚Unser vrouwen hinvart' (E) auf der Innenspalte eines Blattes als Cod. K 2037 in der Badischen Landesbibliothek in Karlsruhe; http://www.handschriftencensus.de/1211 [letzter Zugriff am 07.02.2018].
232 Dasselbe gilt für die Handschriften N und h; siehe Bumke 1996c, S. 215.
233 Diese Maße weisen die Handschriften A, C, D, E , F, G, H, J, M, P, Q, R, S, U, V, X, a, b, g, k und m auf; vgl. Bumke 1996c, S. 215.
234 Wolf 2008a, S. 133, Anm. 170; vgl. Schneider 1987, S. 137.
235 Breuer 2006, S. 18.
236 Ebd. Breuer (ebd., S. 19) wertet die Korrekturen nicht nur im ästhetischen Sinn negativ, sondern sieht in den meisten Fällen auch deutliche Parallelen zum Wortlaut der Handschrift C.
237 Fassungsübergreifend ist in der Regel eine fortlaufende Schreibung der Strophen des ‚Lieds' zu beobachten; vgl. Schneider 1987, S. 134.

schlossen. Da in B die Verse von ‚Parzival', ‚Karl' und ‚Willehalm' abgesetzt sind,[238] fallen ‚Lied' und ‚Klage' aus der Notierungsweise der Sammelhandschrift heraus.[239] Ein fortlaufendes Schreiben wird für die Entstehungszeit der Handschrift in der Forschung „häufig als altertümliches Kriterium gewertet".[240] Möglicherweise ist es auf die Vorlage oder auf Schreibergepflogenheiten zurückzuführen oder als Ausweis der Schaffung einer ‚archaisierenden Aura' zu bewerten. Der Text von ‚Lied' und ‚Klage' ist in B in 42 bis 55 beziehungsweise 45 bis 54 Zeilen je Spalte von drei unterschiedlichen Händen (3, 4 und 5) notiert,[241] die – bis auf die Hand 4 der Strophen 2 bis 19,1 – auch an der Niederschrift anderer Texte der Sammelhandschrift beteiligt sind.[242] Die Handschrift entspricht damit nicht dem üblichen Format der meisten Nibelungenhandschriften, die jeweils 24 bis 40 Zeilen pro Seite aufweisen.[243] Der Kodex ist trotz separater Werk-Lagen offenbar von Vornherein als Sammelhandschrift angelegt worden.[244] Dabei ist der Schreiber 5 fast für den gesamten Text von ‚Lied' und ‚Klage' verantwortlich, denn der Text von der Strophe 381,1 des ‚Lieds' bis zum Ende der ‚Klage' ist von seiner Hand.[245] Schneider charakterisiert seine Schrift als wenig kalligraphische, altertümliche „steile vertikalbetonte Buchschrift von eher bayerischem Typ", die aufgrund des Schwankens in Bezug auf „Richtung, Größe und Zeilenabstand" und im Wechsel von „etwas sorgfältigere[n] Passagen" mit „eilig und flüchtig geschriebenen Abschnitten" grundsätzlich unregelmäßig wirkt.[246] Sie schließt aufgrund des Vergleichs mit den anderen Händen der Handschrift B auf ein höheres Lebensalter des Schreibers 5: Seine Schreibweise zeugt von Gewohnheiten des ersten Jahrhundertviertels, ist aber auch durch einige modernere Schriftelemente durchsetzt.[247] De Boor und Unzeitig machen den Schreiber unter anderem für zahlreiche Texteigenheiten gegenüber

---

238 Vgl. ebd., S. 133; Stolz 2005, S. 43.
239 Allerdings sind die Verse der beiden religiösen Epen ebenfalls nicht abgesetzt; vgl. Stolz 2005, S. 43.
240 Schneider 1987, S. 142; vgl. Stolz 2005, S. 38.
241 Bumke 1996c, S. 216. Eine Ausnahme bildet die 19. Lage, die wohl wegen eines Linierungsfehlers in 42 bis 44 Zeilen beschrieben ist; vgl. Bumke 1996c, S. 157; Stolz 2005, S. 36.
242 Eine Übersicht über die Hände und ihre Anteile an der Niederschrift bietet Schneider 1987, S. 134; vgl. Stolz 2005, S. 33, 37.
243 Bumke 1996c, S. 216.
244 Vgl. Schneider 1987, S. 133.
245 Ebd., S. 134.
246 Ebd., S. 137.
247 Ebd., S. 138.

den weiteren *B-Zeugen verantwortlich und ziehen daraus den Schluss, dass für den Schreiber eine Weiterarbeit am Text selbstverständlich ist.[248]

Zu datieren ist die Handschrift B in das zweite Viertel des 13. Jahrhunderts.[249] Dem Schreiber 4 wurde ebenfalls das Nibelungenfragment mgf 1021 zugeschrieben,[250] die Handschrift E aus dem zweiten Drittel des 13. Jahrhunderts,[251] so dass eine gewisse Vertrautheit mit dem Schreiben des Nibelungenkomplex vorauszusetzen ist. Da das Fragment E der Fassung *C zugeordnet wird, war der Schreiber offenbar in die Abschrift von Texten beider Fassungen eingebunden. Allerdings ist sich die Forschung uneinig, ob die Textpassagen tatsächlich von der gleichen Hand geschrieben wurden.[252] Wenn dies der Fall ist, dann ist es ein Nachweis dafür, dass innerhalb eines, wenn auch unbekannten, Skriptoriums Handschriften beider Fassungen beziehungsweise derselben Epen vorlagen und abgeschrieben wurden, „und zwar in Handschriften unterschiedlicher Größe, [...] Einrichtung und [...] Ausstattung",[253] „[sich] die beiden Hauptüberlieferungszweige des ‚Nibelungenlieds' [...] auch sekundär wiederbegegnet sind",[254] der Schreiber 4 an unterschiedlichen Orten seiner Beschäftigung nachging oder das Skriptorium wechselte. In Anbetracht der Eigenheiten der Handschrift B in Bezug auf ihre *mise en page* kommt der Handschrift E potentiell ein weiterer Zeugniswert zu:

---

248 De Boor 1972, S. 83; Unzeitig 2010, S. 39. Mit Bumke (1996c, S. 215; vgl. Haymes 2006, S. 8; Kofler 2011b, S. 54f.) interpretiere ich derartige Schreibereingriffe dahingehend, dass das Interesse eines typischen mittelalterlichen Schreibers im 13. Jahrhundert weniger in einer exakten Reproduktion eines Texts liegt, als vielmehr darin, einen verständlichen und wirkungsvollen Text zu erzeugen. Allerdings sind auch immer wieder detailgetreue Abschriften zu finden. In der spätmittelalterlichen Heldenepik zeugt davon die letzte Strophe der Handschrift n: In ihr ist zu lesen, dass der Schreiber Johann Lang die Abschrift am Samstag vor Palmsonntag des Jahres 1449 beendet habe (siehe Abschnitt 2.5); eine Wasserzeichenanalyse indiziert jedoch die Jahre zwischen circa 1470 und 1480. Offenbar entstammt die Schreiberstrophe der früheren Handschrift und ist detailgetreu abgeschrieben worden; Staub/Weimann-Hilberg 1987, S. 265f.; Heinzle 2005b, S. 140.
249 Schneider 1987, S. 142.
250 Ebd., S. 138, 140. Zu Pro- und Kontraargumenten siehe Heinzle 2013b.
251 Klein 2003, S. 218.
252 Zur Übersicht über die Diskussion um die Frage der Schreiberidentität und einer eigenen zweifelnden Stellungnahme aufgrund der Beurteilung von Abbreviaturen, Kürzeln und der Form waagerechter Striche zur Kennzeichnung von *n*, *en* und *m* sowie über *vn* in beiden Textpassagen siehe Nellmann 2009; dagegen argumentiert Heinzle 2013b.
253 Bumke 1996c, S. 155.
254 Ebd.

Die ‚Nibelungenlied'-Hs. E [...] vermittelt einen Eindruck davon, wie die Vorlage der ‚Nibelungenlied'-Kopie im Sangallensis möglicherweise ausgesehen hat: einspaltig geschrieben; Strophen und Verse nicht abgesetzt; Strophen durch Zwischenräume, Verse (hier Halbverse) durch Punkte getrennt; Strophenanfänge durch (hier rot gestrichelte) Majuskeln oder farbige – abwechselnd rote und grüne (ursprünglich blaue?) – Lombarden markiert; Majuskeln ausgerückt, wenn der Strophenbeginn auf den Beginn der Zeile fällt.[255]

Die Einrichtung der Seiten entspricht weitgehend der der Handschrift C (siehe Abschnitt 2.9.2).[256] Die Handschrift B ist nach Schneider

in einem Skriptorium entstanden [...], in dem mehrere zusammenarbeitende Schreiber vielleicht auf die Herstellung deutschsprachiger Handschriften spezialisiert waren; vom verwendeten Schrifttyp her können sie [anders als der Schreiber in C, Anmerkung Florian Schmid] weder als Ordensleute noch als Kanzlisten bezeichnet werden, ihre Schriften sind überwiegend konservativ-altertümlich, im 2. Jahrhundertviertel schon fast rückständig zu nennen. Italienische Einflüsse zeigen sich in der buchmalerischen Ausstattung, die sich übereinstimmend auch in österreichischen Codices findet.[257]

In der Handschrift B ist im ‚Lied'-Teil bei den Aventiureanfängen unregelmäßig eine Zeile freigelassen worden, um Platz für die in der Regel vier Zeilen hohe Initiale zu lassen, wobei die weiteren drei Zeilen eingerückt sind.

Für die ‚Klage' ist unter Berücksichtigung von Syntaxstruktur und angewendetem Prinzip der Reimbrechung zu beobachten, dass die Abschnittseinteilung auch mit der Textgliederung zusammenhängt.[258] Die Texteinrichtung ist daher wohl nicht auf den Schreiber der Handschrift, sondern mindestens auf seine Vorlage, höchst wahrscheinlich auf den Verfasser des Texts der *B-‚Klage' zurückzuführen.[259] Möglicherweise hat dann „die erhaltene Handschrift B in wichtigen Einzelheiten die Einrichtung der Stammhandschrift *B bewahrt"[260] und wäre in diesen Details repräsentativ für die Fassung. Kennzeichnend für die Sammelhandschrift ist darüber hinaus, dass jeder der in ihr überlieferten Texte

---

255 Heinzle 2013b, S. 10.
256 Obhof 2003, S. 242f.; vgl. zu Gemeinsamkeiten und Unterschieden zusammenfassend Heinzle 2013b, S. 11.
257 Schneider 1987, S. 141. Glier (1992, S. 12) vermutet mit Bezug auf Schneider, dass die Handschrift in einem weltlichen Skriptorium entstanden ist.
258 Vgl. Bumke 1996c, S. 248. Zum Vergleich von Abschnittsmarkierungen in der *B-‚Klage' und der Aventiureeinteilung in der *C-‚Klage' siehe Abschnitt 7.1.
259 Bumke 1996c, S. 248.
260 Ebd.

mit einer neuen Lage beginnt. Dies gilt nicht für die ‚Klage', was eine enge Zuordnung von ‚Lied' und ‚Klage' indiziert (siehe Abschnitt 4.5.1).[261]

Über die Provenienz der Handschrift B hat die Forschung bisher wenig ermitteln können: Die Handschrift B weist einen Besitzvermerk des Glarner Geschichtsschreibers und Politikers Aegidius Tschudi aus dem 16. Jahrhundert auf; sie wurde als Teil seiner Bibliothek im Jahre 1768 an das Kloster St. Gallen verkauft.[262]

Zusammenfassend ist festzuhalten, dass Überlieferungskontext und Anzahl der Schreiberhände auf ein Sammelinteresse schließen lassen, dass Änderungen im Text nicht nur auf einen Bearbeiter, sondern auch auf die Instanz des Schreibers zurückzuführen sind, dass ‚Lied' und ‚Klage' als Schreibeinheit betrachtet werden, dass trotz übergreifender Gestaltungsprinzipien der Sammelhandschrift einige Elemente der unmittelbaren Vorlage, wenn nicht gar der Stammhandschrift der Fassung *B erhalten geblieben sind.

2.9.2 Die Handschrift C

Der Cod. Donaueschingen 63 beinhaltet nur den Text von ‚Lied' und ‚Klage',[263] so dass er auch als „Nibelungenkodex oder -buch"[264] bezeichnet wird. Er liegt seit 2001 in der Badischen Landesbibliothek Karlsruhe.[265] Seine gute Pergament- und Ausstattungsqualität ist nach Wolf auffällig, weil die meisten volkssprachigen Handschriften dieser Zeit, die aufwändiger gestaltet sind, erhebliche Pergamentmängel aufweisen. Er vermutet, dass sie für ein Publikum an einem weltlichen Hof geschrieben wurde, das wegen einiger auffälliger Gestaltungsmerkmale mit Büchern nicht übermäßen vertraut ist.[266] Für Obhof weist die gute Qualität des Pergaments dagegen auf einen geistlichen Interessenten hin.[267] Die Handschrift C entspricht mit ihrer Blattgröße (circa 24,5 cm x 16,5 cm) den meisten ‚Nibelungen'-Handschriften. In der einspaltig geschriebenen Handschrift

---

[261] Stolz 2005, S. 23. Weitere Ausnahmen sind Strophen Friedrichs von Sonnenburg sowie Konrads von Heimesfurt ‚Unser vrouwen hinvart', was wohl mit der Kürze der Texte zu begründen ist.
[262] Duft 1979, besonders S. 95ff.; vgl. Schneider 1987, S. 141; Stolz 2005, S. 11–22.
[263] Engels 1968.
[264] Obhof 2003, S. 241.
[265] Nibelungenhandschrift C: http://www.handschriftencensus.de/1482 [letzter Zugriff am 07.02.2018].
[266] Wolf 2008a, S. 69f.
[267] Obhof 2003, S. 241.

sind die Strophen des ‚Lieds' und die Reimpaarverse der ‚Klage' fortlaufend notiert; über mit Bleistift vorgezeichnete Zeilenlinierung und Spaltenbegrenzung ist der Schriftspiegel (18,7 cm x 11,8 cm) definiert. In der Notierungsweise erscheint die Handschrift C weniger modern als B. Anders als die Handschrift B weist die Handschrift C (Aventiure-)Überschriften für ‚Lied' und ‚Klage' auf.[268] Der Text von ‚Lied' und ‚Klage' ist von einer einzigen Hand in 33 Zeilen notiert.[269] Damit bleibt C innerhalb des üblichen Formats der meisten Nibelungenhandschriften im Quartformat. In Bezug auf die Schrift ergibt sich für die Handschrift C ein gegensätzliches Bild im Vergleich zur späteren Handschrift B:

> Die relativ kleine, absolut gleichmäßige, ganz leicht nach links geneigte Buchschrift [...] von C [steht] auf hohem kalligraphischen Niveau; vereinzelte Elemente aus der Urkundenschrift verwendet der Schreiber offenbar nicht wegen eines eiligeren Schreibtempos, sondern, wie bei kalligraphischen Repräsentationsurkunden, in dekorativer Absicht.[270]

Auffällig ist, dass die Schrift in C „im Typ so gut vergleichbar den Schriften der Hände 1 und 3 der St. Galler Handschrift [ist], daß man auf eine gewisse Nähe zu deren Schriftheimat schließen könnte".[271] Während der Schreiber 5 in B kaum Abbreviaturen verwendet, kürzt der Schreiber in C dagegen relativ häufig.[272] Die Schrift in C weist im Vergleich deutlich moderne Elemente auf.[273] Schneider zählt dazu die Häufigkeit und Formen von Verzierungen bei Majuskeln und einigen Initialen.[274] Aufgrund der modernen Kriterien datiert Schneider C in das zweite Viertel des 13. Jahrhunderts[275] und vermutet wegen der Elemente der Urkundenschrift, dass der Schreiber ein Kanzlist gewesen sei.[276]

Sowohl Layout als auch der reiche Initialschmuck der Handschrift C weisen deutliche Entsprechungen zur üblichen Gestaltung geistlich-lateinischer Kodizes auf.[277] Dies ist auffällig, da es sich nicht an vielen volkssprachigen Epen-

---

268 Vgl. Bumke 1996c, S. 102–104. Allerdings weisen die *B-Handschriften A und d ebenfalls Überschriften auf, so dass möglicherweise bereits die Stammhandschrift der Fassung *B Überschriften enthielt, die in der Handschrift B ausgefallen sind; vgl. Bumke 1999a, S. 513. Möglich ist ebenso eine Beeinflussung durch die *C-Stammhandschrift. Nachzuweisen sind beide Deutungen allerdings nicht.
269 Bumke 1996c, S. 216.
270 Schneider 1987, S. 143.
271 Ebd.
272 Ebd.
273 Ebd.
274 Ebd., S. 144.
275 Ebd.; vgl. Bumke 1996c, S. 164; Heinzle 2003a, S. 191.
276 Schneider 1987, S. 144; vgl. Obhof 2003, S. 244.
277 Wolf 2008a, S. 69.

handschriften der Zeit beobachten lässt. Nach Wolf weisen die Ausführungen der Spaltleisteninitiale zu Beginn des ‚Lieds' wie der ‚Klage' sowie die abwechselnd roten und blauen Majuskeln zu Beginn des ‚Lieds' Parallelen zu zeitgenössischen lateinischen Bibel- beziehungsweise Psalterhandschriften auf.[278] Allerdings sind im Detail deutliche Unterschiede zu erkennen, die indizieren könnten, dass die Handschrift nicht im Auftrag einer klerikalen Klientel entstand.[279] Während Schneider unterschiedliche Elemente der Initialen als zum Teil archaisch als auch modern interpretiert,[280] sieht Wolf sie „als typisch für **Klosterskriptorien** beziehungsweise **geistliche Handschriften** (Bibel, Graduale, Sermones, Heiligenleben)"[281] an. Grundsätzlich sind für die Handschrift C zwei Typen von Initialen zu beobachten. Die zwei großen Spaltleisteninitialen in Rot und Blau am Beginn von ‚Lied' und ‚Klage' sind „altertümlich" und „weisen stilgeschichtlich in die Zeit um 1200".[282] Dagegen sind die ebenfalls rot-blauen Silhouetteninitialen mit ihrem Fleuronnéschmuck an den Aventiureanfängen für die Entstehungszeit „modern".[283] Einigkeit herrscht in der Frage, dass Schrift und Eigentümlichkeiten des Buchschmucks den Eindruck vermitteln, „daß die Handschrift alt und repräsentativ wirken sollte".[284] Für eine ‚altertümliche Aura' spricht sich ebenfalls Heinzle aus:[285] Er sieht eine Korrelation von Text und Initiale, indem die Botschaft der Prologstrophe +C 1 visuell übersetzt werde. Auf diese Weise rücken sowohl Text als auch Buchschmuck „das Erzählte gleichermaßen in die Distanz alter, und d.h.: ehrwürdiger Überlieferung".[286]

Zusammenfassend ist zu konstatieren, dass die Forschung die Merkmale dieser Handschrift zum Teil unterschiedlich deutet und Indizien gesammelt hat, die auf verschiedene Schreiborte und auf einen weltlichen oder aber auf einen geistlichen Auftraggeber beziehungsweise Empfänger verweisen. Im Vergleich zur Handschrift B zeugt die Schrift von einer größeren Sorgfalt und der Arbeit

---

278 Ebd.
279 Ebd., S. 70.
280 Schneider 1987, S. 144; vgl. Obhof 2003, S. 243f.
281 Wolf 2008a, S. 69 (Hervorhebung im Original).
282 Heinzle 2013b, S. 12f.; vgl. Obhof 2003, S. 243.
283 Ebd. Heinzle (2013b, S. 13) weist darauf hin, dass die Initialengestaltung möglicherweise nicht von einer einzelnen Werkstatt abhängig ist, sondern als werkstattübergreifend tradiertes Element der Textausstattung zu betrachten ist, da die Handschrift S „[d]ieselbe Kombination von Initialen in exakt der selben Farbstellung zeigt".
284 Obhof 2003, S. 244.
285 Heinzle 2004, S. 13.
286 Ebd.

eines Einzelnen, die vermutlich in der nicht mehr modernen Texteinrichtung ihrer Vorlage folgt. Möglicherweise ist die größere Sorgfalt nicht nur auf den intendierten Empfänger, sondern auch auf den Charakter der Handschrift als Nibelungenbuch zurückzuführen, indem dem einzelnen Text mehr Aufmerksamkeit gewidmet ist als in einer Sammelhandschrift mit mehreren Schreibern. Die Provenienz der Handschrift C ist etwas früher als die Handschrift B rekonstruierbar, ihr ursprünglicher Empfänger kann jedoch nicht näher bestimmt werden. Die offenbar hinsichtlich des Materials und der Ausstattung als repräsentatives Buch angelegte Handschrift weist deutliche Gebrauchsspuren wie Flecken und speckige Ränder auf, die von einer häufigen Benutzung zeugen. Die Spuren sind, das ist einschränkend anzumerken, allerdings nicht datierbar und können auch aus dem 19. Jahrhundert stammen. Das spätere Nachziehen einzelner verblasster Buchstaben im 15. Jahrhundert macht jedoch kenntlich, dass das Interesse an der Handschrift mindestens bis in diese Zeit reicht.[287] Aufgrund eines Vermerks auf dem Vorsatzblatt kann als Besitzer der Memminger Chorherr Hainrich Durricher identifiziert werden, der um 1458 in das niederbayerische Stift Rohr eintrat, bevor er dort 1474 verstarb.[288] Erst im Jahre 1755 findet sich eine neue Spur, als der Kodex in der Schlossbibliothek der Reichsgrafen zu Hohenems wiederentdeckt und im Jahr 1815 durch Joseph von Laßberg mit finanzieller Unterstützung der Fürstin von Fürstenberg erworben wird.[289]

2.9.2.1 Die Handschrift a

Die Papierhandschrift a verbürgt insgesamt etwa 150 Strophen des ‚Lieds', die in der Handschrift C aufgrund verlorener Pergamentblätter fehlen und rechnerisch die entsprechenden Lücken füllen.[290] Aufgrund von Unterschieden zur Handschrift C gibt sie – wie ebenso die Fragmente, die zur Gruppe *C gehören – weitere Auskunft über die Überlieferungsgeschichte der Fassung und zugleich über die des Nibelungenkomplexes.[291] Zu datieren ist die Handschrift in das

---

287 Ebd.
288 Schneider 1987, S. 145.
289 Tiefenthaler 1979. Je nach Besitzer und Aufbewahrungsort änderte sich ihr Name: Sie war zunächst als Hohenems-Laßbergische, anschließend als Donaueschinger und ist derzeit als Karlsruher Handschrift bekannt; vgl. Grosse 1999, S. 984.
290 Das sind die Strophen C 1478,3a–1503,3a; 1529,2a–1631,3a; 1657,2b–1682,3d. Dies bedeutet, dass nach den Blättern 56 und 58 je ein Blatt und nach 57 vier Blätter fehlen.
291 Vgl. Hennig 1972, S. 133.

zweite Viertel des 15. Jahrhunderts.[292] Die Schreibsprache zeigt am deutlichsten bairisch-österreichische Merkmale, so dass die Handschrift wahrscheinlich in Bayern entstanden ist, ohne dass ihr Schreibort genauer lokalisiert werden konnte.[293] Mittlerweile befindet sie sich in der Bibliotheca Bodmeriana in Cologny-Genf unter der Signatur Cod. Bodm. 117. Im Jahr 1823 wurde sie in Wallerstein im Ries gefunden und befand sich seit 1829 in der dortigen Bibliothek der Fürsten von Oettingen-Wallerstein. Um 1841 wurde sie in die Fürstlich Oettingen-Wallersteinsche Bibliothek in Maihingen überführt und war seit etwa 1870 (Katalog W. von Löffelholz, vgl. Cod. Bodmer 103) als Cod. I.3.4° 2 geführt.[294]

Wie C enthält die Handschrift a auf ihren 260 Blättern ausschließlich den Text von ‚Lied' (Bl. 1^r–191^v) und ‚Klage' (Bl. 191^v–260^r). Ebenfalls sind die Strophen und Verse des ‚Lieds' und die Reimpaarverse der ‚Klage' wie in C einspaltig und fortlaufend (Blattgröße: 26,8 cm x 19,5 cm; Schriftspiegel: circa 19 cm x 13 cm), jedoch nur in 17 bis 26 Zeilen und von mindestens zwei Schreibern geschrieben.[295] Die Initialen sind in roter Tinte ausgeführt. Die Handschrift a ist vermutlich in einer Gemeinschaftsarbeit von Angestellten einer Kanzlei oder Schreibstube angefertigt worden. Sie unterscheidet sich von den anderen *C-Handschriften C, E, X insofern, als dass sie keine Hervorhebung von Strophenbeginn oder Trennungspunkte zwischen Halb- und Langversen aufweist.[296] Auffällig ist, dass beide Schreiber tendenziell sehr unterschiedlich arbeiteten: Der Schreiber 1

(bis Str. C 1584,2) [...] hat beim Abschreiben offensichtlich an eine Lesehandschrift gedacht. Er vernachlässigt Reim und Metrum teilweise bis zur Auflösung von Vers und Strophe in Prosa, er verändert selbständig kleinere oder größere Satzabschnitte und Sätze, um schon unbekannte oder veraltete Wörter und Wendungen zu vermeiden.[297]

Henkel konstatiert daher ein Schwanken zwischen Vers und Prosa[298] als ein Kennzeichen des Überlieferungszeugen. Im Textabschnitt des Schreibers 1 weist a auffallende Eigenheiten auf: Der Text setzt zunächst mit einem ‚historiogra-

---

[292] Klein 2003, S. 229; vgl. Heinzle 2003a, S. 203f.; http://www.handschriftencensus.de/3625 [letzter Zugriff am 07.02.2018].
[293] Klein 2003, S. 229.
[294] Bumke 1996c, S. 177–181.
[295] Hennig 1972, S. 120; vgl. Digitalfaksimile der Handschrift a: http://www.e-codices.unifr.ch/en/cb/0117/1r [letzter Zugriff am 07.02.2018].
[296] Hennig 1972, S. 120.
[297] Ebd.
[298] Henkel 1993, S. 51.

phischen' beziehungsweise historisierenden Prosavorspann ein,[299] der das Geschehen in das 8. Jahrhundert datiert.[300] Unmittelbar darauf folgen Strophen der 6. Aventiure (C 329ff.), wobei eine hohe Anzahl an Strophen ausgefallen ist (C 352–401).[301] Damit fehlen die „anfängliche Perspektivierung [...] auf die Kriemhild-Figur und das Umfeld des Hofes", „die Einführung Siegfrieds am Hof von Xanten", „die Beschreibung seiner anderweltlichen Qualitäten, also sein mythisches Image", „Siegfrieds kämpferische Bewährung im Sachsenkrieg und die daran anschließende Schilderung der Minnebeziehung zwischen Siegfried und Kriemhild".[302] Es fügen sich nach einer Aventiureüberschrift Strophen der 7. Aventiure an (C 402ff.); die 12. Aventiure mit der Einladung und Vorbereitung zur Reise Siegfrieds und Kriemhilds nach Worms (C 729–783) fehlt mit Ausnahme der letzten Strophe (+C 784) vollständig,[303] zwischendurch sind wiederholt einzelne Strophen fortgelassen.[304] Ab der 13. Aventiure bieten die Handschriften C und a einen weitgehend übereinstimmenden Text:[305] Der Text des Schreibers 2, der ab der Strophe 1584,2 bis zum Schluss verantwortlich zeichnet, weist eine enge Übereinstimmung mit dem der Handschrift C auf, so dass die vermutliche Vorlage in beiden Handschriften relativ gut bewahrt ist.[306] Dabei scheint gesichert, dass a nicht von C abstammt, sondern dass beide Handschriften auf eine Vorlage zurückgehen, die allerdings in C sehr viel ‚besser' bewahrt ist als in a.[307]

Aus dem Befund ergeben sich einige offenbar bewusst gesetzte, jedoch schwierig zu deutende Akzentverschiebungen der Handschrift a: Die Werbungsfahrt der 6. Aventiure gilt nicht Brünhild, sondern Kriemhild. Der Name Brünhild ist an allen sechs Stellen der Handschrift C in a durch den Namen Kriemhild ersetzt.[308] Kriemhild ist damit nicht die Schwester Gunthers, sondern

---

299 Vgl. ebd.; Schulze 2007a, S. 170.
300 Für den Text der Einleitung der Handschrift a siehe Batts 1971, S. 795.
301 Henkel 1993, S. 51.
302 Schulze 2007a, S. 170.
303 Henkel 1993, S. 51.
304 Schulze 2007b, S. 16.
305 Hennig 1972, S. 114.
306 Ebd., S. 120.
307 Bumke 1996c, S. 340. Göhler (1995, S. 72f.) ist in dieser Hinsicht etwas vorsichtiger und sieht in der Handschrift a ein Bemühen um historische Fixiertheit. In dieser Handschrift folgt neben Bemerkungen in einem einleitenden Prosateil auch ein Einschub nach Strophe B 1519 [1522]/C 1558 (+C 1559: *In den selben zîten was noch der gloube kranc* ...), der sich nur in der Handschrift a findet und den man nicht ohne weiteres für die Fassung *C in Anspruch nehmen dürfe. Die Handschrift C weist an dieser Stelle eine Lücke auf, so dass sich die Annahme weder belegen noch widerlegen lässt.
308 Vgl. Hennig 1972, S. 117.

seine künftige Braut, wie es ebenfalls das Darmstädter Aventiureverzeichnis m nahelegt.[309] Dass das Ersetzen in a absichtsvoll geschieht, weist Hennig unter anderem am Vergleich der Texte von C und a nach:[310] Während in C 339,3a *die schœnen Kriemhilde* als Dank für seine Dienste für Gunther erwerben will, findet sich in a ein Zusatz: *dir [scil. Gunther] zewerbenn die schonenn chreimhildenn*. Die Trennung von der Braut Kriemhild und Gunthers Schwester ist anschließend auch in der Folgestrophe weitergeführt.

In der Handschrift a sind offenbar intentional Textpassagen ausgelassen, die den Text in der höfischen Adelskultur um 1200 verorten.[311] Mit Schulze ist zu vermuten, dass die Passagen zur Entstehungszeit der Handschrift obsolet geworden sind, was indirekt ihre historische Bedingtheit, Aktualität und Funktionalität ausweist.[312] Die a eigene Prosaeinleitung und die Kürzungen im Folgetext bezeugen damit zweierlei: Einerseits ist die Überlieferung retrospektiv ausgewertet, andererseits ist ein ‚historiographisches' Interesse am ‚Lied' offenbar.[313] Dies impliziert ein Verständnis des ‚Lieds' als aussagefähiges Zeugnis über die Vergangenheit (siehe Abschnitt 10.2).[314] Die Handschrift a ist damit nicht nur als Vervollständigung von Lücken der Handschrift C relevant, sondern belegt auch, dass Eigenheiten von C Kennzeichen der ganzen *C-Fassung und nicht bloß einer einzelnen Handschrift sind sowie die Langlebigkeit des Interesses an dieser Fassung. Darüber hinaus ist der Handschrift a als Kurzfassung des Nibelungenkomplexes mit eigenem Konzept ein eigener Wert zuzusprechen;[315] er kann im Kontext des in der vorliegenden Arbeit verfolgten Fassungsvergleichs jedoch nicht weiter berücksichtigt werden. Im Folgenden ist von der Ebene der Einzelhandschrift(en) zu abstrahieren und auf die Fassungen zu fokussieren.

2.9.3 Die Fassung *C als ‚Vulgata'

Neun Handschriften und Fragmente sind der *C-Fassung des Nibelungenkomplexes (C, E, F, G, R, U, X, Z, a) zuzuordnen.[316] Die neben C und a weiteren Über-

---

309 Vgl. ebd., S. 118f.
310 Vgl. ebd., S. 117f.
311 Schulze 2007a, S. 170.
312 Ebd.
313 Schulze 2007b, S. 16f. Für eine Übersicht über die gekürzten Stellen und ihre Bewertung siehe Henkel 1993, S. 51; Schulze 2007b, S. 16f.
314 Vgl. Heinzle 2003a, S. 203f.
315 Henkel 1993, S. 45, 51; Heinzle 2003a, S. 203f.; Schulze 2007a, S. 169–171.
316 Bumke 1996c, S. 215; Kofler 2011b, S. 54.

lieferungsträger der Gruppe stammen aus dem 13., 14. und 15. Jahrhundert.[317] Der traditionell-textkritische Vergleich der Textzeugen durch Hennig ergibt drei wesentliche Aspekte:
1. Die Überlieferungszeugen der Fassung *C lassen sich hinsichtlich der Strophenzahl und -folge sowie Plus- und Minustext von kleinen Unterschieden bis hin zu größeren Textpartien von anderen Fassungen deutlich abgrenzen.[318] Für einzelne Handschriften wie im Fall von C und F sind auch in der handschriftlichen Gestaltung Übereinstimmungen zu beobachten, die sich zeigen in der parallelen „Unterteilung der Aventiuren in kleinere Lese- und Vortragsabschnitte durch Initialen, die Strophenblöcke unterschiedlicher Länge markieren".[319] Der Vergleich der gemeinsamen Textpartien der Handschriften C, F und a ergibt, dass die Eigenheiten der Handschrift C als Kennzeichen der gesamten *liet*-Fassung bestimmbar sind;[320] sie sind in der Regel keine Spezifika nur einer oder zweier Handschriften.

Zu einem ähnlichen Ergebnis kommt Bumke durch einen Vergleich der Initialensetzung der *C-‚Klage'.[321] Die wesentliche Funktion der Zwischeninitialen respektive Lombarden ist es, den Beginn von Erzählabschnitten hervorzuheben oder die Handschriftenseite – etwa im Sinn einer Regelmäßigkeit[322] – zu gestalten.[323] Der Vergleich zwischen den Handschriften C, G, U und a ergibt, dass die Positionen der Initialen in der Handschrift C wohl der der verlorenen Stammhandschrift der Fassung *C entsprechen.[324]

---

317 Fragmente aus dem 13. Jahrhundert sind E (Mitte des 13. Jahrhunderts), Z (drittes Viertel), F, G [das nur Text aus der ‚Klage' bietet], X (letztes Viertel) und R (um 1300); das Fragment U stammt aus dem 14. Jahrhundert; Heinzle 2003a, S. 198, 202.
318 Vgl. Hennig 1972, S. 132.
319 Hennig 1977, S. IXf.
320 Hennig 1972, S. 129.
321 Bumke 1996c, S. 221–237. Da nur die Handschrift C innerhalb des ‚Klage'-Texts Überschriften aufweist und die Handschrift A nur eine Überschrift zu Beginn der ‚Klage' und sich bis auf den Beginn auch keine entsprechenden Aventiureinitialen in AB finden, kann ein Fassungsvergleich nur auf Ebene der Zwischeninitialen stattfinden.
322 Ebd., S. 223.
323 Ebd., S. 222.
324 Ebd., S. 226. Bumke (ebd.) zählt 114 Abschnittsinitialen; hinzu kommen fünf Großinitialen an den Aventiureanfängen. Die Initialensetzung unterscheidet sich signifikant von der in der Fassung *B beziehungsweise in einzelnen Handschriften dieser Gruppe, weil sich mit 50 fast die Hälfte der Initialen ausschließlich in den Handschriften der *C-Gruppe findet; ebd., S. 226f. Dagegen teilt die Handschrift C 61 Initialen mit einer oder mehreren *B-Handschriften (ebd., S. 227), weitere drei mit anderen Handschriftengruppen. Die Initialensetzung unterscheidet sich besonders im zweiten Teil der ‚Klage': In den ersten drei Aventiuren finden sich 19 und in den letzten beiden Aventiuren 31 Initialen, die nur in *C belegt sind; ebd. Die Übereinstim-

2. Anhand zahlreicher Details wie dem Auslassen kleinerer Wörter in der Handschrift C ist erwiesen, dass C keine direkte Vorlage von a gewesen sein kann.[325] Aufgrund gleicher ‚Fehler' in beiden Handschriften ist allerdings eine gemeinsame Vorlage für C und a vorauszusetzen.[326] Der Vergleich der Lesarten der drei Textzeugen C, F und a ergibt, dass jede denen der Vorlage entsprechen kann.[327] Außerdem bieten alle drei Handschriften mitunter eigene Lesarten, die sich ebenfalls in Handschriften einer anderen Fassung finden.[328] Dies bedeutet, dass der C-Text nicht immer der Fassungstext sein muss. Die Annahme wird dadurch gestützt, dass die Handschrift a in einigen Fällen zusammen mit der gesamten weiteren Überlieferung gegen C steht, C also selbstständig formuliert.[329]
3. Die Ausmaße und Formen der fassungsinternen Variation lassen die Erstellung eines Handschriftenstammbaums nicht zu.[330] Die Unterschiede in der Mikrostruktur zwischen den einzelnen *C-Handschriften sind mitunter so gravierend und die Befunde der Textformulierung so widersprüchlich, dass Hennig die Erstellung eines kritischen *C-Texts nicht möglich erscheint, so dass sie nur einen korrigierten C-Text vorlegt.[331] Variationsphänomene von Handschriften der beiden Hauptfassungen stimmen in einigen Fällen miteinander gegen andere Handschriften der jeweils eigenen Gruppe überein.[332] Diese Querverbindungen sind in den meisten Fällen textkritisch nicht

---

mung von Handschriften der *C-Fassung mit denen der *B-Fassung nimmt im Textverlauf ab: In den ersten drei Aventiuren sind es noch 40 gemeinsame Initialen, in den letzten beiden Aventiuren nur 21; ebd. Es ist bei der Handschrift C eine grundsätzlich relative Vorlagentreue der Schreiber zu konstatieren, die das Erscheinungsbild der Fassung tradiert; vgl. ebd., S. 222.
325 Hennig 1972, S. 122.
326 Ebd., S. 123.
327 Ebd., S. 130.
328 Ebd.
329 Ebd.; vgl. Müller 2016 zu Unterschieden und Gemeinsamkeiten zwischen Ca und den Fragmenten der *C-Gruppe wie der Mischhandschriften.
330 Hennig 1972, S. 132. Als Schwierigkeit stellt sich des Weiteren dar, dass sich die *liet*-Fassung „schon früh in (mindestens) zwei Versionen aufgespalten [hat]. Der E-Text gehört zu der Version, die ebenso in der Hs. C überliefert ist. Ihr steht eine Version gegenüber, die wesentlich durch die Hss. D und b aus dem 14. und 15. Jh. vertreten wird (daher *Db genannt), aber schon durch Fragmente einer Hs. bezeugt ist, die wie C im zweiten Viertel des 13. Jh.s geschrieben wurde (S). In dem leider nur sehr kleinen Strophenbereich, in dem der Lied-Text außer durch C und E noch durch D und b vertreten ist (Hennig [C] 252–268), geht E regelmäßig mit C gegen Db"; Heinzle 2013b, S. 10.
331 Ebd., S. 130; 1977, S. X.
332 Hennig 1972, S. 132.

aufzuarbeiten.³³³ Somit ist für das ‚Lied' ein typischer Befund im Rahmen der mittelalterlichen Epiküberlieferung festzustellen: Zum einen sind in der Regel die Stammhandschriften einzelner Fassungen nicht erhalten, zum anderen lassen sich je nach Überlieferungslage mitunter nicht einmal kritische Texte der Fassungen wissenschaftlich adäquat erarbeiten, sondern nur Editionen auf der Ebene der Einzelhandschrift.³³⁴

Anders sieht die Sachlage in Bezug auf die ‚Klage' aus: Auch Bumke ediert nach dem Leithandschriftenprinzip, im Gegensatz zu Hennig jedoch ausdrücklich Fassungstexte. Seines Erachtens müsse der kritische *C-Text der ‚Klage' „nur an den relativ wenigen Stellen von der Leithandschrift abgehen, wo die C-Lesarten fehlerhaft sind".³³⁵

Zusammenfassend ist festzustellen: Die Handschriften der *C-Gruppe gehen nicht aus der Handschrift C hervor, sondern vielmehr mit ihr auf eine nicht überlieferte *C-Handschrift zurück. Die Handschrift C spiegelt nicht in jedem Aspekt die ursprüngliche Version der *liet*-Fassung wider, ebenso wenig wie die Handschrift B zur Gänze die *nôt*-Version repräsentiert. Aber die Handschrift C ist die einzige weitgehend vollständige Handschrift, in der eine mögliche ursprüngliche *C-Version in vielerlei Hinsicht bewahrt zu sein scheint und die einem Fassungstext sehr nahesteht. Die Handschriftengruppen *B und *C stehen „gleichrangig"³³⁶ nebeneinander. Für die Beliebtheit der *C-Fassung – insbesondere im 13. Jahrhundert – ist als Indiz zu berücksichtigen, dass fast alle Nibelungenhandschriften bis zur Mitte des 13. Jahrhunderts Handschriften sind, die Eigenheiten dieser Fassung bezeugen.³³⁷ Die *nôt*-Version ist in diesem Zeitraum außerhalb zweier Hybridformen,³³⁸ Handschrift S der Mischfassung *Db und Handschrift W der Mischfassung *J/*d, nur mit den Haupthandschriften A

---

333 Ebd.
334 Steer 1993, S. 115.
335 Bumke 1999a, S. 29. Zur Edition der Fassung *B siehe ebd., S. 19–28; vgl. Stackmann 2001, S. 384.
336 Hennig 1972, S. 133.
337 So Henkel 2003a, S. 125. Besonders skeptisch ist hingegen Voorwinden (1995, S. 4), der darauf hinweist, dass die Zahl der erhaltenen Handschriften nur als ein Indiz für die Popularität eines Texts betrachtet werden könne und keine endgültigen Schlüsse über Breitenwirkung und Benutzung zulasse. Er räumt jedoch ein, dass die hohe Zahl der ‚Lied'-Handschriften wohl nicht zufällig sei.
338 In der jüngeren Überlieferung zeugen Hybridformen von einem sekundären Kontakt der verschiedenen Hauptfassungen; vgl. Heinzle 2000b, S. 213.

und B vertreten.³³⁹ Nach Heinzle indiziert die Überlieferungssituation, dass die *liet*-Fassung die Überlieferung von Anfang an dominierte. Er spricht ihr den Status der ‚Vulgata' zu. Demnach ist sie „die allgemein verbreitete Textform, in der das Werk im Mittelalter vor allem gelesen wurde".³⁴⁰ Ein weiteres Argument für diese These sieht er darin, dass die erhaltenen Überlieferungszeugen der *nôt*-Fassung durchweg unter dem Einfluss der Fassung *C gestanden haben, da jede heute bekannte Handschrift zu ihr eine Verbindung aufweist und auch der Schreiber 4 der Handschrift B vermutlich derjenige des Fragments E der *C-Gruppe ist.³⁴¹ Müller hingegen plädiert für einen nur punktuellen *C-Einfluss auf die Mehrheit der Handschriften, die anderen Gruppen als *C zugeordnet werden.³⁴² Aus diesem Grund sieht er in einem überwiegenden Teil der Überlieferung „Transformationen eines relativ homogenen Buchepos", der *B-Gruppe.³⁴³ Die Frage nach der ‚Vulgata' lässt sich nicht sicher entscheiden. Berücksichtigt man nicht nur die beiden Hauptfassungen, sondern weitere Fassungen und auch einzelne Handschriften, dann sind oftmals nur graduelle Unterschiede zu beobachten.³⁴⁴ Daher ist mit Müller zu recht darüber nachzudenken, ob der Ausdruck ‚Vulgata' für die Überlieferungssituation des ‚Lieds' grundsätzlich adäquat zu gebrauchen ist.³⁴⁵ Sicher ist jedoch, dass die Plusstrophen der *C-Fassung einen großen Einfluss auf die Überlieferung haben, wie es trotz seiner Bedenken auch Müller herausarbeitet. Zu berücksichtigen ist des Weiteren, dass die Favorisierung der *B-Fassung neuzeitlichen, autorzentrierten Vorstellungen entsprungen ist. Gerade auch die Mischfassungen beziehungsweise -formen bezeugen, dass die Konkurrenzsituation zwischen den Fassungen, wie sie vielleicht aus moderner philologischer Perspektive besteht, für das Mittelalter in dieser Form nicht bestand.³⁴⁶ Über lange Passagen bieten die *C- und die *AB-Fassung einen nahezu identischen Text, was indiziert, dass nur bestimmte Einzelheiten als revisionsbedürftig erkannt wurden.

---

339 Die Handschrift A ist in das letzte Viertel des 13. Jahrhunderts zu datieren; Klein 2003, S. 215.
340 Heinzle 2003a, S. 197; vgl. Lienert 2015, S. 34.
341 Heinzle 1994, S. 62f.
342 Müller 2016.
343 Müller 1998, S. 54.
344 Vgl. Müller 2016, S. 253.
345 Vgl. ebd., S. 262.
346 Vgl. jedoch Abschnitt 10.4 zum Bewusstsein textlicher Unterschiede in Bezug auf den Mischkomplex *J/*d.

2.9.4 Konsequenzen des handschriftlichen Befunds für den Fassungsvergleich

Wie lässt sich die Gegenüberstellung der Handschriften B und C (sowie a) für einen Vergleich der Fassungstexte fruchtbar machen?[347] Zu beobachten ist, dass sich beide Handschriften hinsichtlich der Schreibsprache kaum voneinander unterscheiden,[348] die als „nicht eindeutig alemannisch" mit „südbairisch[en]" Komponenten eingestuft wird.[349] Schneider lokalisiert die Handschriften aufgrund sprachlicher Indizien vorsichtig nach Südtirol oder in das westlich angrenzende Vorarlberg.[350] Beide Handschriften sind in dieselbe Region und damit Literaturlandschaft zu lokalisieren und ebenfalls zeitlich relativ dicht beieinander zu datieren. Wenn der Schreiber 4 von B an der Notierung von Texten beider Fassungen mitwirkte, dann dokumentiert dies eine enge Verbindung der Nibelungenüberlieferung über Fassungsgrenzen hinweg.

Anliegen scheint es für beide Handschriften gewesen zu sein, unter anderem über Schrift und Ausstattung eine ‚altertümliche Aura' zu konstruieren, die als Ausdruck von Traditionalität und Ehrwürdigkeit zu deuten ist. Einzelne Aspekte der Seitengestaltung und Textgliederung der Handschriften weisen auf eine Bewahrung von Merkmalen der jeweiligen Stammhandschrift der Fassung hin, so dass B und C in diesen Aspekten als plausible Repräsentanten die jeweilige Fassung widerspiegeln. In vielen Kennmalen unterscheiden sich beide Überlieferungsträger, wobei manchmal eher die eine oder die andere Handschrift als moderner erscheint. Insgesamt erscheint die Handschrift C in sich geschlossener, was ebenso für die gesamte *C-Gruppe gilt, wenn man die weiteren Handschriften der jeweiligen Gruppe einbezieht. Auffallend ist, dass die Handschrift C oftmals typische, d.h. gemeinsame Merkmale mit weiteren Handschriften der *C-Gruppe aufweist, während sich die Handschrift B oftmals von anderen *B-Handschriften unterscheidet. Insofern ist aufgrund der Texteinrichtung vor allem der Status der Handschrift C als Leithandschrift für die *C-Fassung zu bestätigen. Die Handschrift B erscheint in dieser Hinsicht oftmals als weniger repräsentativ für die Fassung *B. In den Fassungen *A und *B des ‚Lieds' und den drei *B-Untergruppen der ‚Klage' findet sich eine größere fassungsinterne Diversifizierung. Ein Weiterarbeiten innerhalb der *nôt*-Gruppe ist möglicherweise als Indiz zu werten, dass sie aus mittelalterlicher Sicht für ein

---

347 Für die Argumentation eines Zusammenhangs von Text- und Formtradierung siehe Batts 1971; Bumke 1996a; 1996c; Heinzle 2003a; Henkel 2003a.
348 Schneider 1987, S. 144.
349 Ebd., S. 140; vgl. Bumke 1996c, S. 164.
350 Schneider 1987, S. 141f., 144; vgl. Schulze 2005, S. 788.

Erzählen um 1200 noch nicht ausgereift erscheint. Die im Vergleich zu *B größere, jedoch im Detail nicht immer zu konstatierende Einheitlichkeit in der Fassung *C muss nicht auf einen zufriedenstellenden Text zurückzuführen sein, sondern eine weitergehende Arbeit an *C wurde möglicherweise durch den Weggang des Mäzen unterbunden.

Die beobachteten Aspekte verdeutlichen einmal mehr, dass Eigenheiten von Handschriften auf unterschiedliche Instanzen wie Auftraggeber, Bearbeiter und Schreiber zurückgehen, deren Einflüsse rückwirkend nicht immer separiert werden können. Da sich die Fassungen nur in den Überlieferungsträgern manifestieren, ist für das Entstehen der Fassungsunterschiede von einem mehrschichtigen Rezeptions- und Bearbeitungsmodell auszugehen. Das bedeutet für alle Formen der Variation, dass oftmals nicht intentional-durchgehende oder gar systematische Bearbeitungstendenzen anzunehmen sind, sondern dass viele Phänomene nur punktuell intendiert und damit erklärbar sind. Dies entund belastet den Interpreten gleichermaßen: Es entbindet von einer – vor allem für das ‚Lied' grundsätzlich bezweifelten – auf Kohärenz zielenden Interpretation, erfordert jedoch ein Abarbeiten am Detail. Da im Vordergrund der Untersuchung weniger ein Handschriften-, vielmehr ein Fassungsvergleich steht, kann Variation im üblichen Vorkommen mittelalterlicher Texte wie bezüglich iterierender Formulierungsvarianten in der Regel unberücksichtigt bleiben. Hinsichtlich der Bestimmung fassungsspezifischer und -konstituierender Strategien einer Retextualisierung ist vorrangig nach sinnkonstituierender, d.h. fassungsunterscheidender Variation zu fragen. Um zu einer Deutung zu gelangen, die über die Ebene einzelner Handschriften hinausgeht, wird im Folgenden auf der Ebene der Fassungen argumentiert.

3 Mittelalterliches (Wieder-)Erzählen

Die Anwendung neuzeitlicher Begriffe, Methoden und Perspektiven auf Texte des Mittelalters verweist immer auch auf die Grenzen eines tragfähigen Transfers. Zum einen ist das Handwerkszeug der Literaturwissenschaft durch seine eigene Geschichte beziehungsweise durch die der Literaturwissenschaft historisch bedingt. So wäre zum Beispiel die zu stark auf das Erzählen seit dem 18. Jahrhundert fixierte Narratologie historisch zu dimensionieren.[1] Zum anderen ist die Historizität des Untersuchungsgegenstands, der mittelalterlichen Texte zu berücksichtigen. Ein professioneller Blick auf die Literatur des Mittelalters muss daher stets im Bewusstsein der eigenen Standortgebundenheit und einer möglichen historischen und kulturellen Variabilität narrativer Texte und Erzählformen, ihrer Semantisierungen sowie unterschiedlicher kultureller Funktionen erfolgen.[2] Ein mittelalterlicher Text ist primär im Kontext seiner historischen, „authentischen Situierung"[3] zu betrachten. Die aus heutiger Perspektive historische Andersartigkeit vormoderner Texte und Textualität beruht auf unterschiedlichen Bedingungen und Formen erzählerischer Kommunikation und damit zugleich auf historisch verschiedenen Begriffen und Konzepten von Text, Werk, Quelle, Autor und Erzähler,[4] die in ihrer Zeitgebundenheit eine spezifische Epoche des Erzählens prägen und zugleich markieren.

Insbesondere seit den 1960er Jahren geht die Forschung von einem spezifisch mittelalterlichen Erzählen aus, bei dem ein Akt der Wiederholung beziehungsweise das Arbeiten mit bekanntem Material, sei es ein Erzählstoff oder eine mündliche beziehungsweise schriftlich fixierte Vorlage, und seine Gestaltung durch unterschiedliche und/oder neue Akzente im Vordergrund stehen. Die wertenden Oppositionen von Autor oder Dichter gegenüber Übersetzer,

---

[1] Ansätze der Forschung für eine Historische Narratologie, die sich als ein „Kompromiss zwischen dem systematisch-narratologischen Anspruch und dem literarhistorischen Erkenntnisinteresse" verstehen lässt, bündeln Benz und Dennerlein (2016, S. 4–6, hier S. 5): Sie unterscheiden als Ansätze „1. eine Theoriegeschichte der Narratologie, 2. eine Geschichte der narrativen Formen und ihrer Funktion, 3. deren Kontextualisierung im kulturgeschichtlichen Zusammenhang, 4. eine Reflexion über die Passung narratologischer Terminologie für die Erfassung der Spezifika vormodernen Erzählens und 5. eine komparatistische Geschichte von erzählender Literatur, die auf Erkenntnissen zu Gattungen, Einzelwerken und Erzählverfahren beruht".
[2] Grundsätzlich Zumthor 1972; Jauss 1977a. Zu einer derartigen Herangehensweise aus Sicht der Erzähltheorie siehe Nünning/Nünning 2002, S. 26, 28; Fludernik 1996.
[3] Lutz 2006, S. 13.
[4] Vgl. Worstbrock 1999, S. 128.

Bearbeiter oder Kompilator, von einem neuzeitlichen Verständnis von ästhetischer Originalität und Innovation geprägt,[5] wurden Anfang der 1990er Jahre perspektiviert, historisiert und damit obsolet,[6] wie es bereits in der Darstellung des Begriffs der Parallelfassungen herausgestellt worden ist (siehe Abschnitt 2.7).

Regelhaft ist für mittelalterliche Dichter, Bearbeiter und Schreiber bis zum Ausgang des 14. Jahrhunderts von einer einsprachig-lateinisch geprägten Schulbildung auszugehen.[7] Aus der im Mittelalter rezipierten antiken Rhetorik, aus lateinischen Poetiken sowie aus den literarischen Texten selbst lassen sich unterschiedliche Bezeichnungen wie *adaptatio, compilatio, dilatatio* oder *imitatio, erniuwen, reconter/recrire* für einen Umgang mit Texten extrahieren.[8] Die Liste der Bezeichnungen zeigt an, dass die mittelalterliche Literatur durch eine fortgesetzte Umschreibepraxis gekennzeichnet ist, die sich durch eine spezifische Akzentuierung und/oder qualitative Steigerung zur literarischen Sinnstiftung auszeichnet.[9] Vormoderne Textualität ist in dieser Weise durch eine konzeptionelle Eigengesetzlichkeit markiert. Variation zwischen einzelnen Textzeugen eines Werks ist nicht notwendig als Ausdruck eines jeweils spezifischen Konzepts zu bewerten, sondern als grundlegendes Phänomen mittelalterlicher Textualität zu beobachten.[10] Die Forschung hat für dieses Arbeiten am Text unterschiedliche Konzeptbegriffe geprägt wie ‚Wiedergebrauchsrede' durch Strohschneider in Anlehnung an Kittler und Turk, *réécriture/rewriting* durch Kelly in der romanistischen Philologie, ‚Wiedererzählen' durch Worstbrock und ‚Retextualisierung' durch Bumke.[11] Alle Benennungsversuche spiegeln das Bemühen, eine sowohl passgenaue als auch wertneutrale Begrifflichkeit für die Beschreibung mittelalterlicher Prozesse textlicher Bearbeitung zu entwickeln.[12]

---

5 Bumke/Peters 2005, S. 2.
6 Ebd.
7 Henkel 1991, S. 336; vgl. Müller 1998, S. 36. Zur grundsätzlichen Rolle lateinisch geprägter Bildung für mittelalterliche Autoren siehe Grundmann 1958; Henkel 1991. Zum bis in die Frühe Neuzeit bezeugten Verbot, die Volkssprache in der Lateinschule zu benutzen siehe Henkel 1988, S. 94–104. Zum Einfluss rhetorischer Prinzipien und Arbeitsschritte auf literarische Texte des Mittelalters siehe Worstbrock 1985.
8 Bumke/Peters 2005, S. 1. Beispiele für alle hier genannten Begriffe nennt Wolf (1999).
9 Vgl. Henkel 1993; 2005.
10 Vgl. Strohschneider 1998, S. 107f.; zu Eigenheiten mittelalterlicher Textualität Kiening 2007b.
11 Strohschneider 1997b, S. 82. Strohschneider (ebd., Anm. 73) hebt die Präzision des Begriffs hervor: „‚Gebrauch' impliziert Situationalität, ‚Wiedergebrauch' hingegen Situationsabstraktheit" (vgl. Kittler/Turk 1977, besonders S. 27–29); Kelly 1999; Worstbrock 1999; Bumke 2005.
12 Vgl. Bumke 2005, S. 10.

Als besonders wirkungsmächtig, weil stark rezipiert, hat sich das Modell des Wiedererzählens von Worstbrock erwiesen. Dieses steht im Folgenden im Zentrum der Untersuchung und wird auf seine Anwendbarkeit auf die Art des Erzählens geprüft, wie sie im ‚Lied' und in der ‚Klage', vor allem aber in der Fassung *C dieser Texte erkennbar ist. Die Kernaussage des Modells lässt sich folgendermaßen paraphrasieren: Die mittelalterlichen Verfasser lateinischer, romanischer und deutscher Texte beanspruchen entsprechend der mittelalterlichen Poetik weder eine ausschließliche Urheberschaft, noch beabsichtigen sie, etwas gänzlich Neues zu erzählen. Ziel ist vielmehr, eine vorgefundene *materia* aufzubereiten.[13] Worstbrock nimmt an, dass Wiedererzählen „die fundamentale allgemeinste Kategorie mittelalterlicher Erzählpoetik sein [könnte], eine, die noch die Unterscheidung von Mündlichkeit und Schriftlichkeit, mündlichem und schriftlichem Erzählen übergreift".[14] Diese Annahme ist im Folgenden zu prüfen.

Gemäß dem Modell ist zwischen ‚Wiedererzählen' und ‚Übersetzen' zu unterscheiden:[15] Unter ‚Wiedererzählen' ist eine spezifisch mittelalterliche Form der Wiederholung beziehungsweise ‚Übertragung' zu verstehen, das sich von einem ‚Übersetzen' im engeren Sinn unterscheidet. Grundlage für diese Annahme sind die Übersetzungen des Niklas von Wyle, mit denen um etwa 1460 erstmals in Deutschland übersetzte Erzählungen erscheinen und die er „1478 unter dem signifikanten erst- und einmaligen Titel ‚Translationen' gesammelt veröffentlicht".[16] Worstbrock sieht drei Konstituenten eines literarischen Systems ‚Übersetzung': 1. eine sprachliche und stilistische Äquivalenz von Ausgangs- und Zieltext; 2. eine unverletzliche Autorität des Ausgangstexts; 3. einen Autor des Ausgangstexts im exakten Sinn, einen verantwortlichen alleinigen Urheber der von ihm verfassten Texte.[17] Diese drei Faktoren sind nicht für das Wiedererzählen auszumachen. Das Aufkommen methodischen Übersetzens einerseits und genuiner Fiktionalität andererseits begrenzen nach Worstbrock die spezifische Epoche des Wiedererzählens, da beides mit dem Wiedererzählen historisch „inkompatibel" und „Positionen verschiedener Historizität" seien.[18]

---

13 Worstbrock 1999, S. 128; vgl. 1985.
14 Worstbrock 1999, S. 130.
15 Ebd., S. 130ff.
16 Ebd., S. 130.
17 Ebd., S. 130f.
18 Ebd., S, 130. Worstbrock (ebd., S. 141) plädiert dafür, dass im Mittelalter „Fiktion [...] immer als inhaltliche Fiktion" galt. Grundsätzlich begegne im Mittelalter kein „Begriff von Fiktionalität, die sich erst durch die Konstitution einer Sinnstruktur" ausweise, also freier Erfindung entspräche; ebd. Dichterische Wahrheit, die über der Wirklichkeit stehe, sei dem Mittelalter in

Deshalb bleiben beide Aspekte im Rahmen der vorliegenden Untersuchung weitgehend unberücksichtigt.

Das Aufbereiten beziehungsweise dichterische Gestalten der *materia* ist in den lateinischen Poetiken mit *materiam tractare* beziehungsweise *materiam dilatare* bezeichnet.[19] Die Poetiken des 12. und 13. Jahrhunderts stecken einen allgemeinen Rahmen für eine dichterische Produktion ab,[20] der zum Teil für volkssprachige Literatur gültig ist. Grubmüller geht im Kontext von Überlegungen zur Typenbildung literarischer Texte davon aus, dass Schrift immer „das klerikal-traditionelle Medium [...] geblieben ist" und damit „in die Sphäre der gelehrten Tradition mit ihren anderen Ansprüchen an Explizitheit und Begründbarkeit" gehört.[21] Entsprechend wirkt die lateinische Schriftkultur „über ihre Maßstäbe [...] in die volkssprachige literarische Typenbildung ein, nicht über irgendeine antike oder mittelalterliche Gattungspoetik".[22] Dies heißt, dass die Bedeutung der *litterati*[23] für die volkssprachige Literatur nicht zu unterschätzen ist,[24] selbst wenn „bildungsgeschichtliche Konturen" wie „Stilmittel, poetologische[] und ästhetische[] Prinzipien"[25] nicht unmittelbar in den volkssprachigen Werken evident werden. Lienert vertritt die Ansicht, dass eine lateinische Bildungstradition für das ‚Lied' keine große Rolle spiele, „vielleicht [...] weil durch gelehrt-schriftliterarische Exempelfiguren ein die Wucht der Faktizität mindernder Eindruck von Literarizität hervorgerufen würde, vielleicht weil heroische Figuren als ihr eigener Maßstab nicht an außerheroischen Ver-

---

dieser Zeit noch fremd gewesen, nimmt bereits Panzer (1955, S. 85) an. Eine sich ausprägende Trennung von *Historia* und Fiktion wird erst für das 16. Jahrhundert angenommen; vgl. grundsätzlich Knape 1984. Entsprechend findet sich in der Vorrede des deutschen ‚Amadis' (1569) erstmalig Fiktionalität als Programm; Ausgabe: von Keller 1857.

19 Vgl. Bumke 2005, S. 10 mit einem Verweis auf Galfrid von Vinsauf; Ausgabe: Faral 1962, S. 263–327, besonders II,2,99 (S. 302) und II,3,132 (S. 309); vgl. Bumke 2005, S. 10, Anm. 19.

20 Henkel 2005, S. 102 mit Verweise auf Galfrid von Vinsauf: ‚Poetria nova' (Ausgabe: Faral 1962, S. 197–262); ‚Documentum de arte versificandi' (Faral 1962, S. 263–320); Matthäus von Vendôme: ‚Ars versificatoria'; Ausgabe: Munari 1988; vgl. Bumke 2005, S. 10, Anm. 19.

21 Grubmüller 2005, S. 37.

22 Ebd.

23 Wolf (2008a, S. 2, Anm. 2) differenziert die Bezeichnung dahingehend, dass als *litteratus* primär ein in den *septem artes liberales* Gebildeter verstanden wird. Entsprechend könne auch ein *illitteratus* potenziell über eine Schreib- beziehungsweise Lesefähigkeit verfügen, nicht aber über eine *artes*-Bildung. Auch könne *litteratus* nicht nur einen *clericus*, sondern unter Umständen auch einen *artes*-gebildeten Laien bezeichnen.

24 Vgl. Green 1990, S. 274f.; Henkel 1991, S. 337.

25 Henkel 1991, S. 337.

gleichsgrößen zu messen sind".[26] Dennoch sei das ‚Lied' als Buchepos „ohne Kenntnis der antiken Großepik, insbesondere von Vergils ‚Aeneis', nicht denkbar".[27]

Festzuhalten ist zunächst, dass die volkssprachige Literatur Eigenheiten aufweist, die sie von der lateinischen unterscheidet; dass die Kenntnis lateinischer Werke und Poetiken bei ihren Verfassern und Bearbeitern jedoch vorauszusetzen ist; dass lateinische Literatur und ihre Kompositions- und Erzählverfahren sowie spezifische Ansprüche schriftlicher Texte zumindest mittelbar auch auf deutsche Texte Einfluss nehmen.[28] Spezifisch schriftsprachliche Verfahren sind zwar durch die lateinische Schriftlichkeit geprägt,[29] doch gehen die mittelalterlichen Dichter in ihrem Arbeiten über Praktiken des rhetorischen Schulunterrichts hinaus.[30] Eine grundsätzlich rhetorische Verortung volkssprachiger Literatur bedeutet mitnichten die Annahme einer Durchrhetorisierung, sondern zielt auf ein gerichtetes Nutzen rhetorischer Verfahren, um eine *materia* zu gestalten und auf diese Weise spezifische Interessen zu bedienen. Anzunehmen sind nicht der Ausweis eines rhetorischen *ornatus*, sondern eher auf der Makroebene liegende Aspekte wie Authentizität, Plausibilität und Identifikationsstiftung durch eine entsprechende Aktualisierung der *materia* für den jeweiligen Kommunikationszusammenhang. Anders als im lateinischen Bereich findet sich in deutschsprachiger Literatur des Mittelalters oftmals nur eine implizite Poetologie, die aus Pro- und Epilogen, Erzählerreflexionen und Ähnlichem, aber auch aus dem Nicht-Vorhandensein solcher Textpartien zu erschließen ist.[31] Als lateinisch gebildete Epiker mit Zugang zur lateinischen Literatur gelten nicht nur Dichter wie der Pfaffe Lamprecht, der Pfaffe Konrad, Heinrich von Veldeke oder Gottfried von Straßburg, sondern ebenfalls Hartmann von Aue, wie es aus seinem ‚Klagebüchlein' oder dem Prolog des ‚Gregorius' deutlich wird. Die Werke dieser Dichter sind in der Entstehungszeit des Nibelungenkomplexes für die literarische Landschaft nicht unwesentlich. Hübner weist darauf hin, dass eine Generalisierung der Rhetorik ihr ursprünglich auf die

---

26 Lienert 1998, S. 282.
27 Lienert 2015, S. 47.
28 Vgl. Knapp (1980, S. 582): „Glanz und Elend des europäischen Romans im Mittelalter läßt sich – so meine These – nur begreifen als Folge von mehr oder minder bewußten Versuchen der Emanzipation aus oder der Anpassung an Normen einer grundsätzlich theologisch orientierten Poetik, die benachbarten Gattungen aus einsichtigen Gründen den Vorzug und damit die Grundlage zu einer freieren Entfaltung gab."
29 Müller 1998, S. 36.
30 Hübner 2010, S. 139; Klein 2011, S. 61, 63, 83.
31 Vgl. grundsätzlich Haug 1992.

antike Gerichts- und Ratsversammlungspraxis bezogenes Kategoriensystem nicht wesentlich veränderte.[32] Für mittelalterliches Erzählen in der Volkssprache muss angenommen werden, dass „[d]ie persönliche Zurechenbarkeit von Handlungen und ihren Folgen das gesamte Profil der rhetorischen *narratio*-Lehre" bestimmt.[33]

Worstbrock bezieht sich im Modell des Wiedererzählens ausdrücklich auf sowohl volkssprachige als auch lateinische Epik, sogenannte *historiae antiquae*.[34] Für den deutschen Bereich konzentriert er sich im Wesentlichen auf höfische Romane, die auf einer französischen Vorlage beruhen.

In der vorliegenden Untersuchung soll geprüft werden, inwieweit ein solcher Ansatz auf ‚Lied' und ‚Klage' als erzählerische Großformen angewandt werden kann. Trotz bestehender Unterschiede und des Mediensprungs von der Mündlichkeit in die Schriftlichkeit weisen ‚Lied' und ‚Klage' Parallelen zu den genannten Formen der Epik auf. Insbesondere für das ‚Lied' gilt, dass es formal und inhaltlich dem höfischen Roman angenähert ist (siehe Abschnitt 2.2, Kapitel 8).

Bumke systematisiert verschiedene Formen der Weiterbearbeitung in Bezug auf die höfische Epik um 1200 und stellt eine Übersicht zusammen: *La mise en page*: die Arbeit der Redaktoren; Autorvarianten und Parallelfassungen; Kurzfassungen; Epenschlüsse; Fortsetzungen und Zudichtungen; Überarbeitungen; Formen der *imitatio*; Prosaauflösungen; Herauslösung einzelner Textteile; Zuordnungen – Sammelhandschriften und Zyklusbildungen; Gattungssprünge; Mediensprünge; außerliterarischer Gebrauch.[35] Die folgenden gelten nach Bumke für das ‚Lied' und/oder die ‚Klage': Autorvarianten und Parallelfassungen hinsichtlich der beiden Hauptfassungen des ‚Lieds' und der ‚Klage'; die Handschriften A und n als Kurzfassungen;[36] die ‚Klage' als Fortsetzung und Zudichtung; die Handschrift B sowie das ‚Ambraser Heldenbuch' (Handschrift d) fallen in den Bereich ‚Zuordnungen – Sammelhandschriften und Zyklusbildungen'.[37] Für verschiedene Textzeugen des Nibelungenkomplexes sind also unterschied-

---

[32] Hübner 2010, S. 142.
[33] Ebd.
[34] *Historiae antiquae* grenzt Worstbrock (1999, S. 128) von *historiae novellae* wie Mären und Fabliaux ab.
[35] Bumke 2005, S. 24–43.
[36] Inwiefern die Handschrift A als eine Kurzfassung zu deuten ist, wäre zu diskutieren. Verwiesen sei auf Überlegungen von Curschmann (1979, besonders S. 95–97) und Müller (2017, S. 381–387), die den Befund von Minusstrophen in A gegenüber B hinsichtlich eines Bemühens um lineare Kohärenz deuten.
[37] Ausgabe: Unterkircher 1973. Vgl. Bumke 2005, S. 24–43.

liche Weiterbearbeitungsformen zu erkennen. Heinzle hat am Beispiel der Handschrift n einen ersten Ansatz vorgelegt, nibelungisches Erzählen unter dem Modell des Wiedererzählens zu betrachten.[38] Im Folgenden wird geprüft, ob und inwiefern sich Worstbrocks Erzählmodell auf die Entstehung und Gestaltungsweisen der Fassungen das ‚Lieds' und die ‚Klage' anwenden lässt und als Verständnishilfe für die Vermittlungs- und Konstitutionsleistung der Fassung *C herangezogen werden kann. Zu berücksichtigen sind ein epochen-, ein gattungs-[39] und ein textspezifisches Erzählen und damit zugleich allgemeine wie spezifische Rahmenbedingungen.

Aufgrund der Angaben und Erzählweisen in ‚Lied' und ‚Klage' sowie des Modells des Wiedererzählens ist von einer Anpassung der *materia* an zeittypische Erfahrungs- und Vorstellungszusammenhänge und einer Einbindung in das literarische Umfeld der Zeit um 1200 auszugehen (siehe Abschnitt 2.1).[40] Anzunehmen ist, dass der oder die Nibelungenepiker sowie die Bearbeiter sich nicht auf eine Vermittlerrolle beschränkten, sondern dass die Verschriftlichung in die zeitgenössische Diskussion der höfischen Literatur eingebunden ist (siehe Abschnitt 2.2).[41] Trotz der vorauszusetzenden Schulbildung und entsprechend erworbener Kenntnisse über spezifische Bearbeitungsformen ist ein Erzählen von Heldenepik in der Volkssprache von einem im Lateinischen prinzipiell zu unterscheiden. Für das Lateinische ist davon auszugehen, dass antike Epen als Vorbilder wirkten, so dass wie beim heldenepischen ‚Waltharius' Stilmittel und Erzählweisen unmittelbar aus der antiken Erzähltradition übernommen werden können.[42] Bei einem Erzählen in der Volkssprache sind dagegen direkte Einflüsse der antiken Erzähltradition selten sicher nachzuweisen.[43] Das ‚Lied' weist ausdrücklich keine ‚Gelehrtheit' in diesem Sinn aus, wohl aber die ‚Klage'. Aus diesem Grund empfiehlt es sich für das ‚Lied', vorwiegend nach impliziten als nach expliziten Voraussetzungen für die Textgestaltung zu suchen.[44] Themati-

---

38 Heinzle 2005b.
39 Die Gattungsfrage von ‚Lied' und ‚Klage' wird in der Forschung vielfältig diskutiert. Grundsätzlich ist für das Mittelalter ein im Vergleich zur Neuzeit weniger ausdifferenziertreflektiertes Gattungsbewusstsein anzulegen; vgl. Strohschneider 2001; Peters 2007.
40 Schulze 2007a, S. 160; vgl. grundsätzlich Graus 1975, S. 1–28; Göhler 2006, S. 121.
41 Bernreuther 1994, S. 3; vgl. Müller 1998, S. 19. Für den Nachweis im Bereich der Dietrichepik siehe Heinzle 1978.
42 Müller 1998, S. 36; vgl. Wolf 1995, S. 315–342, 117–144 zum ‚Waltharius'. Nach einer umfangreichen Diskussion um den ‚Waltharius', die ihn als Quelle der ‚Klage' weitgehend ausschloss, plädiert Breuer (2006, S. 15) wieder dafür.
43 Müller 1998, S. 36.
44 Ebd., S. 39.

sche Ähnlichkeiten zwischen dem ‚Lied' und den zeitgenössischen lateinischen Chroniken Ottos von Freising und Ottos von St. Blasien indizieren die klerikale Bildung des ‚Lied'-Dichters:[45] Die Auseinandersetzung mit zeitgenössischen politischen Ereignissen ergibt, bei aller möglichen Fiktivität, einen entsprechenden Einblick:

> Sie zeigen, wie Ereignisse aus dem Leben von Fürsten wahrgenommen oder richtiger: wie sie ausgewählt und mit welchen Mustern sie beschrieben wurden. Dabei schlägt sich die klerikale Bildung des ‚Lied'-Verfassers nieder, und sein Konzept, zeitgenössische Fürsten, nicht Vorzeithelden, nachzubilden, wird deutlich.[46]

3.1 ‚Quellen' als Grundlage des Erzählens

Nicht originäre Erfindung, sondern die Bewahrung des Tradierten wird von mittelalterlichen Erzählern erwartet und beansprucht. Anders formuliert: Als Grundlage und Grenze des mittelalterlichen Erzählens gilt eine vorgängige Überlieferung. Sowohl textinterne Äußerungen der Dichter, ‚Quellenverweise' und die Gestaltung der Texte indizieren, dass literarisches Erzählen im Mittelalter als ein Wiedererzählen zu verstehen ist.[47] Den Hörern wird „versichert, eine Geschichte gehört zu haben, die unabhängig von ihrem gegenwärtigen Erzähler bestehe und ohne willkürliche Erfindungen von diesem weitergegeben worden sei".[48] Die *wârheit* des Erzählten begründen mittelalterliche Dichter aus ihren Vorlagen, so dass sie in dieser Hinsicht selbst keine Autorität für ihre Werke in Anspruch nehmen.[49] Von dieser Auffassung zeugt in der mittelalterlichen Epik ein grundsätzliches Bemühen um Authentizität und Glaubwürdigkeit, indem die Dichter immer wieder auf mündliche und/oder schriftliche ‚Quellen' ihrer Erzählungen verweisen, denen Folge zu leisten sei.

---

45 Vgl. Knapp 1987; Thomas 1990a; 1990b. Für eine Übersicht über entsprechende Interpretationen des ‚Lieds' siehe Hoffmann 1992, S. 32–34.
46 Schulze 2007a, S. 168.
47 Worstbrock 1999, S. 129f. Worstbrock verweist auf Konrad von Würzburg (um 1230–1287), der die Abfassung des ‚Engelhard' als *erniuwen* eines *wâren mære* und die Abfassung des ‚Trojanerkrieges' als *erniuwen* des alten Buchs von Troja bezeichnet. Gleiches stellt auch Bumke (1997, S. 100) für den Stricker fest, der keine Autorschaft für seinen ‚Karl' beanspruche, sondern sich als „Erneuerer" der älteren Dichtung, des ‚Rolandslieds', vorgestellt habe: „Strickers Technik des *erniuwens* war nicht prinzipiell anders als die der anonymen Bearbeiter."
48 Worstbrock 1999, S. 129. So sieht es ebenfalls Bumke (1997, S. 111), der als typisches Merkmal der mittelalterlichen Werkauffassung bestimmt, „daß man der erzählten Geschichte, unabhängig vom Verfasser, eine eigene Existenz zuerkannte".
49 Vgl. Bumke 1997, S. 106.

Nach Grubmüller ist anzunehmen, dass die ‚Quellenverweise' zum Teil als eine „nachträgliche Anpassung von Schriftliteratur an die Autoritäts- und Genauigkeitsansprüche der Oralität" zu verstehen sind.[50] Allerdings bestehen derartige Verfahren seit der Antike auch in der Schriftliteratur,[51] so dass ihre Kenntnis bei mittelalterlichen Dichtern vorauszusetzen ist. Die epischen ‚Quellenverweise' sind in mittelalterlichen Texten oftmals toposhaft gestaltet, so dass etwa die Realitätsnähe werkimmanenter Angaben je nach Werk, Gattung und Forschenden unterschiedlich bewertet wird. In den Übertragungen französischer Werke in das Deutsche wie durch Hartmann von Aue ist meist die Auseinandersetzung mit nur einer einzigen Quelle explizit gemacht; im ‚Parzival' Wolframs von Eschenbach ist als Produktionstechnik die literarische Kompilation thematisiert,[52] wie sie ebenfalls aus der mittelalterlichen Chronistik bekannt ist. Für den Nibelungenkomplex lässt sich die genaue Produktionstechnik mangels vorhandener Vorlagen kaum rekonstruieren. Ein Verweis auf eine schriftliche Vorlage ist nach Grubmüller für Heldendichtung eigentlich „unvorstellbar".[53] Das ‚Lied' „blendet das Buch als ‚Quelle' dessen, was es erzählt, vollständig aus, erhebt aber den gleichen Wahrheitsanspruch";[54] es inszeniert sich „als eine Tradition, hinter der kein Buchwissen steht".[55] Ein Verweis auf Schriftlichkeit findet sich jedoch ausdrücklich in der ‚Klage'. Anders als im Fall der meisten höfischen Romane ist für ‚Lied' und ‚Klage' keine Autorität eines Einzeltexts anzunehmen, sondern die Bindung an einen literarischen Traditionszusammenhang.

3.1.1 ‚Quellenberufung' im ‚Nibelungenlied'

Wenn man die ‚Lied'-Fassungen *B und *C des Nibelungenkomplexes in Bezug auf eine ‚Quellenberufung' einander gegenüberstellt,[56] dann fällt die Prologbeziehungsweise Programmstrophe +C 1 des ‚Lieds' auf, die in der Handschrift

---

50 Grubmüller 2005, S. 36.
51 Einführend zu derartigen Bestrebungen seit der Antike Assmann 1989.
52 Vgl. Schmid 2014b, S. 100–102.
53 Grubmüller 2005, S. 35.
54 Müller 2017, S. 145.
55 Ebd., S. 146.
56 Grundsätzlich ist zu bedenken, dass wohl nur die moderne Philologie bei ausreichender Textgrundlage zwischen übernommenen und neugedichteten Teilen eines Texts unterscheiden kann; vgl. Bumke 1997, S. 99. Eine Übersicht über die Diskussion zum Verhältnis von Bewahren und Verändern bietet Grubmüller 2001.

B fehlt. Sie ist hinreichend ausgedeutet worden,[57] so dass an dieser Stelle allgemeine Überlegungen ausreichen. Die punktuelle Variation zwischen den Fassungen markiert durch die Platzierung zu Beginn des Texts eine Perspektivierung des Nachfolgenden mit einem gravierenden Unterschied: Während in der Handschrift B das Erzählen unmittelbar einsetzt, knüpft die Prologstrophe in C ausdrücklich an *mæren* als ‚Quellen' an. Mündliche Herkunft und ‚Quellenlage' werden nicht näher erläutert, durch das Adjektiv *alt* jedoch situiert. Die an schriftlicher Verfasstheit orientierte Prologstrophe rückt das Erzählte in zeitliche Distanz,[58] bewirkt seine Historisierung[59] und verdeutlicht zugleich das aktualisierende Anliegen, Altbekanntes neu, also wieder zu erzählen;[60] sie hebt so „Erzählgegenstand und Erzählstil"[61] hervor. Die Strophe macht das Erzählen explizit wie auch die Vermittlungsleistung; sie markiert ausdrücklich eine Traditionsvermittlung, die jedoch die Hörer „über, nicht in"[62] die Tradition stellt. Als Programm der *C-Fassung ist daher eine graduelle Distanzierung, jedoch keine Ablösung von der Tradition sowie ihre buchepische Integration zu bestimmen.[63] Ausdrücklicher als das *B-‚Lied' ist *C als Ergebnis eines Aneignungs- und Deutungsprozesses um 1200 gekennzeichnet. Vertextet ist in *C, was in *B implizit vorausgesetzt ist. Anhand der Strophe +C 1 wird deutlich, dass eine punktuelle Differenz zu weitreichenden Unterschieden zwischen den beiden Textfassungen des ‚Lieds' führen kann, auch wenn die *materia* davon nicht oder kaum berührt ist.[64] Typisch für die ‚Quellenberufung' ist ihre Platzierung zu Beginn des Texts und eine Kennzeichnung der *mæren* als alt, damit als bewährt und möglicherweise auch als ‚wahr'. Die Autorität des Erzählten liegt nach Angabe des *C-‚Lieds', dem Modell des Wiedererzählens entsprechend, in den ihm vorausliegenden, in diesem Fall mündlichen ‚Quellen' beziehungsweise in ihrer Traditionalität. Nicht in den Text eingeschrieben, jedoch vorauszusetzen ist, dass dem Stoff mit seinen historischen Ereigniskernen eine ihm eigene Autorität zukommt. Das volle Sinnpotenzial der überlieferten Schrifttexte

---

57 Grundlegend Curschmann 1992.
58 Müller 1998, S. 99; vgl. 2017, S. 147: Wenn die Programmstrophe eine spätere Zutat ist, wofür etwa ihr Binnenreim spricht, dann würde sie durch die „Distanzierungsgeste" „den Rückgriff auf *alte maeren* ausdrücklich als Stilzitat markieren".
59 Vgl. Kropik 2008, S. 27.
60 Grubmüller 2005, S. 36; vgl. Heinzle 2003a, S. 200f.
61 Müller 2017, S. 147.
62 Kropik 2008, S. 27.
63 Vgl. Curschmann 1992, S. 62f.; Heinzle 1995, S. 93–95; Müller 1998, S. 69–72; Kropik 2008, S. 27.
64 Vgl. Bernreuther 1994, S. 5.

entfaltet sich aus diesem Grund nicht ausschließlich in der mündlichen mittelalterlichen Performanz in realen raum-zeitlichen (Gebrauchs-)Zusammenhängen, sondern im Fall des ‚Lieds' im Kontext einer weitläufigen, vielgestaltigen und weit verbreiteten mündlichen Sagentradition. Für die mittelalterliche Kommunikationssituation ist eine dem schriftlichen Text vorgängige Kenntnis der Erzähltradition vorauszusetzen, zugleich eine eingeschränkte Modulierbarkeit von Stoff und Form.

3.1.2 ‚Quellenberufung' in der ‚Klage'

Die textinternen Angaben zu ‚Quellen' und Abfassung in der ‚Klage' sind im Vergleich zum ‚Lied' ausführlicher und zum Teil unterschiedlich. Zurückzuführen ist dies auf den anderen Erzählduktus, das eigene Erzählanliegen und die spezifischen Textfunktionen der ‚Klage', die weit stärker in der Schriftlichkeit verortet ist als das ‚Lied' (siehe Kapitel 4). In der ‚Klage' sind ausdrücklich und fassungsübergreifend im Prolog mündliche und ebenso eine schriftliche Quelle genannt (*B/*C 17–19: *Dizze vil alte maere / het ein schrîbaere / wîlen an ein buoch geschriben* – in *C 20 mit dem Zusatz *latîne*), was die Forschung in der Regel als Wahrheitsbeteuerung[65] beziehungsweise Legitimationstopos[66] interpretiert: „Was die ‚Klage' erzählt, [...] ist in seinem Ursprung [...] schriftgestützte Wahrheitsrede".[67] Im Verlauf des Texts finden sich mehrfach ausdrückliche Verweise auf die *wârheit* des Erzählten,[68] für die sich die Erzählinstanz verbürgt,

---

65 Vgl. Wehrli 1972, S. 112; Szklenar 1977, S. 53; Bernreuther 1994, S. 180–182; Heinzle 1994, S. 50; Bumke 1996c, S. 464; Lienert 2000, S. 21.
66 Vgl. Curschmann 1979, S. 104–112; Deck 1996, S. 86; Lienert 2000, S. 20f., 39; Unzeitig 2010, S. 322–326.
67 Müller 2017, S. 145.
68 Bumke (2005, S. 44, Anm. 122) verweist auf den in Werken mitunter genannten ‚Quellenvergleich', wobei postuliert wird, dass die ‚richtige' Geschichte auch die ‚wahre' sei. Deshalb, so Bumke, dürfe man „[d]en Wahrheitsbegriff [...] nicht strapazieren", denn er meine „weder historische Wahrheit noch Echtheit im Sinn der Stoffgeschichte, sondern das, was dem Bearbeiter richtig und passend erschien". Selbst in Bezug auf mittelalterliche Geschichtsschreiber, die sich „der Wahrheit verpflichtet" fühlten (Kellner 2004, S. 303), betont Kellner, dass „[d]ie ‚Wahrheit', die von mittelalterlichen Autoren angesprochen wird, [...] weit eher Geschichtsdeutung als detailgenaue Faktographie" sei, die „kaum an der Elle neuzeitlicher Objektivität gemessen werden" könne (ebd., S. 305). Auszugehen ist von einem historisch anderem Wahrheitsbegriff. Erst im 15. Jahrhundert finden sich in der deutschsprachigen Literatur Zeugnisse, dass die Authentizität von Handschriften ‚philologisch' überprüft wird: Püterich von Reichertshausen behauptet im ‚Ehrenbrief' (1462), dass er 30 Versionen von Wolframs ‚Titurel'

auf ihr Wissen und auf schriftlich Fixiertes (*B 130/*C 156; *B 744ff./*C 762ff.; *B 2197ff./*C 2309ff.) sowie auf den *meister* des „Buchs" (wie in *B 44/*C 78; *B 569/*C 547; *B 1600/*C 1680) im Unterschied zum sprechenden Ich der Erzählinstanz (etwa *B/*C 9; *B 130/*C 156; *B 430/*C 404; *B 566f./*C 544f.; *B 4326/*C 4666). Als weitere Beglaubigungsstrategie erzählt sie darüber hinaus nicht, wovon sie nichts wisse (wie *jâne weiz ich nicht der mære*, *B 172; vgl. *B 4326ff./*C 4366ff. zur markierten Spekulation über Etzels Ende in *B 4331ff./ *C 4371ff.: *kan ich der lüge niht verdagen* [*B: *gedagen*] */ noch die wârheit* [+*C:] *wol gesagen, / wan* [*B: *wand*] *dâ hanget zwîvel bî. / Des* [*B: *des*] *wunders wirde* [*B: *wird*] *ich nimmer vrî, / weder er* […]; nur in Plusversen der *C-‚Klage' [+*C 4152–4155] sagt der Erzähler, dass er über die Regentschaft des jungen Königs, der als Nachfolger Gunthers eingesetzt wird, nichts Näheres berichten könne) sowie – als Topos – die Notwendigkeit der Weitergabe. In der Figurenrede des Bischofs Pilgrim ist als Anlass des Aufschreibens genannt: „*ez ist diu grôziste* [*B: *groezeste*] *geschiht, / diu zer werlde* [*B: *werld*] *ie geschach*" (*B 3480f./*C 3576f.). Im Epilog sind erneut Auftraggeber (*B 4295/*C 4401: *Von Pazzouwe der bischof Pilgerîn* [*B: *Pilgrîn*]) und sein Schreiber *meister Kuonrât* (*B 4315/*C 4421) genannt.

Diese ‚Quellenhinweise' sind zum einen besonders, denn „keine Dichtung der Stauferzeit spricht so oft und dabei mehrfach so konkret von einer Quelle, und doch ist es bei keiner so schwer, die verschiedenen Hinweise auf einen Nenner zu bringen".[69] Zum anderen sind sie durchaus konventionell: Mittelalterliche Epiker berufen sich häufig auf ein *buoch*, das ihnen vorgelegen habe. Dies wird „in der Regel als lateinisches oder als französisches Buch identifiziert; seine Autorität wird durch die Angabe des Verfassers oder des Übermittlers begründet".[70] Das *buoch* ist einerseits die konkrete Handschrift, die dem Dichter vorlag; andererseits bezeichnet *buoch* das Werk (oder auch seine Teile), das sich in einer Handschrift befindet.[71]

---

gesehen habe, *der kheiner nit was rechte* (Textausgabe: Behrend/Wolkan 1920, Str. 142); vgl. Bumke 2005, S. 27, Anm. 75.
69 Curschmann 1979, S. 102. Panzer (1955, S. 89) sieht eine mögliche Übernahme des Namens aus dem ‚Rolandslied' (V. 9078ff.), in dem sich der Verfasser selbst nennt: *ich haize der phaffe Chunrat*. Möglicherweise entspringt auch die Idee des Verklagens diesem Text, werden dort doch auf dem Schlachtfeld von Runezeval die unzähligen Leichen intensiv beklagt. Auch wird Kaiser Karl – wie Etzel in der ‚Klage' – gebeten, sein Klagen auf ein angemessenes Maß zu reduzieren (V. 6950ff., 7485ff.).
70 Bumke 1997, S. 107.
71 Vgl. ebd., S. 111f.

Offenbar ist es Intention der ‚Klage', sich „als Form wirklichkeitsnaher Geschichtsdichtung mit []einem Wahrheitsanspruch"⁷² zu inszenieren (siehe Abschnitt 4.3), wie es ebenfalls für andere Werke wie dem ‚Herzog Ernst' zu beobachten ist. Szklenar spricht denjenigen Deutungen nur periphere Relevanz zu, die als primäre Funktion der ‚Quellenberufung' eine Abwehr geistlicher Angriffe auf die Heldensage als verlässliche Geschichtsquelle bestimmen, wie sie in der Volkssprache auch in der ‚Kaiserchronik' zu finden sind.⁷³ Anders betrachtet Curschmann den Sachverhalt: Er geht davon aus, dass die erzählte Werkgenese der ‚Klage' nur den Gestus einer ‚Quellenfiktion' trage, aber gar „keine Quellenfiktion im engeren Sinn" sei,⁷⁴ ihr „Hauptanliegen" sei vielmehr, „das Werden eines Buchwerks als solches zu beschreiben";⁷⁵ ihre „diffusen und unspezifischen Quellenangaben" spiegeln eine solche Quellensituation.⁷⁶ Ebenso folgert Kropik, dass die ‚Klage' „weder eine größere Glaubwürdigkeit von Geschichtsschreibung noch deren besondere schriftlich-klerikale Deutungskompetenz herausstellen"⁷⁷ wolle, sondern dass die erzählte Werkgenese vorrangig „der Reflexion historiographischer Schriftlichkeit an sich"⁷⁸ diene. Müller vertritt die Ansicht, dass es zwar gleichgültig sei, ob die erzählte Werkgenese tatsächlich wahr sei, sie müsse vor allem plausibel sein, damit „dieses Buchepos seine Glaubwürdigkeit gegenüber der Schriftkultur [...] behaupten"⁷⁹ konnte.⁸⁰ Bumke verweist darauf, dass die Angaben der ‚Klage' als fiktive ‚Quellenverweise' topisch zu verstehen seien.⁸¹ Allerdings findet in der ‚Klage' keine Quellenkritik nach historiographischem Vorbild statt,⁸² wie sie zum Beispiel in Gottfrieds ‚Tristan' zu beobachten ist,⁸³ der allerdings den „am tiefsten in die lateinische Schriftkultur eingelassenen mittelhochdeutschen Roman" und aus diesem Grund einen ‚extremen' Fall darstellt.⁸⁴

---

72 Szklenar 1977, S. 53.
73 Ebd., S. 52; Ausgabe: Schröder 1984; vgl. Schmid 2017a.
74 Curschmann 1979, S. 111.
75 Ebd., S. 109.
76 Ebd., S. 107.
77 Kropik 2008, S. 169.
78 Ebd., S. 167.
79 Müller 1996, S. 85.
80 Vgl. Müller 1998, S. 64.
81 Bumke 1996c, S. 461.
82 Vgl. Bumke 2005, S. 19; Kropik 2008, S. 22.
83 Marold 2004, V. 147–162.
84 Müller 1998, S. 18f.

Die Deutungen der Forschung unterscheiden sich im Detail, belegen aber die grundsätzliche Relevanz von ‚Quellen' und ihrem Ausweis als Grundlage und Grenzen des Erzählens für die ‚Klage'. Dies ist für die im Rahmen der vorliegenden Untersuchung angestellten Überlegungen wichtig. Die in der ‚Klage' angeführten mündlichen und schriftlichen ‚Quellen' gelten textimmanent als beglaubigte Instanzen und bedürfen offenbar keiner weiteren Rechtfertigung.[85]

3.1.3 Verbindlichkeit der ‚Quellen' im Nibelungenkomplex

Auch wenn sowohl im ‚Lied' als auch in der ‚Klage' die Autorität des Erzählten vorrangig über die jeweils genannten ‚Quellen' und ihrer Traditionalität ausgewiesen ist, ist die Frage nach der Verbindlichkeit dieser ‚Quellen' noch nicht beantwortet. Stoff und Tradition kommen trotz der erwähnten Distanzierung aufgrund der historischen Verortbarkeit eine besondere Verbindlichkeit zu; ihre Relevanz erweist sich in ihren unmittelbaren Einflüssen, in ihrer direkten wie indirekten Vermittlung. Die unterschiedlichen Erzählstile von ‚Lied' und ‚Klage' weisen auf einen spezifischen Umgang mit ihren ‚Quellen' hin. Über die inhaltlichen wie erzähltechnischen Unterschiede zwischen ‚Lied' und ‚Klage' äußert sich eine divergente und zugleich selektierte sowie eigens gestaltete Sagenüberlieferung. In den Textpartien von ‚Lied' und ‚Klage', die inhaltlich Ähnliches zum Thema haben, sind zwischen den beiden Texten nur geringfügige Unterschiede zu verzeichnen. ‚Lied' und ‚Klage' unterliegen offenbar zum Teil den kontextuellen Vorgaben der mündlichen Sagentradition,[86] so dass der Nibelungenkomplex nicht nur aus sich selbst heraus zu verstehen ist:[87] Müller vermeint, „[i]n einigen Passagen des ‚Nibelungenliedes' [...] einen Dialog mit der Tradition zu hören; der Erzähler stößt sich von ihr ab, versucht, das Vorgegebene auszulöschen, zu verwischen, neu zu deuten oder besser zu fassen".[88] Nach Heinzle ist das ‚Lied' nicht als autonomes Werk zu begreifen, sondern als integraler Bestandteil der im mündlichen Erzählen präsenten Sage:[89] „In der Heldendichtung gibt die Sage dem Wiedererzählen seinen Raum und setzt ihm seine Grenzen".[90] Haymes unterstützt Heinzles Deutung insofern, als er den Stoffen und

---
85 Vgl. Kropik 2008, S. 22.
86 Vgl. Heinzle 2005b, S. 139, 158.
87 Vgl. ebd., S. 158.
88 Müller 1998, S. 23.
89 Heinzle 2003c, S. 25.
90 Ebd.

Techniken der mündlichen Dichtkunst einen ähnlichen Verbindlichkeitsanspruch zuspricht wie denjenigen ‚Quellen', die Dichter wie Hartmann und Wolfram ver- beziehungsweise bearbeitet haben.[91] In Vergleichen französischer Vorlagen mit ihren deutschen Wiedererzählungen sind trotz eines textinternen Betonens der ‚Quellentreue' große Gestaltungsfreiräume zwischen einer Stoffgebundenheit und einer eigenen Formgebung der Dichter im kulturellen Transfer zu beobachten.[92] Dies ist offenbar auf den Nibelungenkomplex übertragbar, auch wenn mangels Überlieferung ein direkter Vergleich mit dem den Fassungen Vorausliegenden nicht möglich ist. Bezüge zu Sage, Liedern und möglichen schriftlichen Texten lassen sich motiv- und stoffgeschichtlich nur teilweise und dann mitunter eher vage über andere Werke des Nibelungen-Erzählkreises verfolgen. Trotz bestehender Unterschiede zwischen höfischem Roman und Heldendichtung scheint die literarische Weiterbearbeitung des Erzählens von den Nibelungen den Prinzipien des Modells des Wiedererzählens zu entsprechen. Das Verhältnis von mündlicher Sagentradition und schriftlichem Text darf eng, jedoch nicht zu eng gedacht. Es muss dialogisch verstanden werden, indem der Dichter die Vorgaben der Tradition „um eigene Deutungen additiv erweiterte"[93] und akzentuierte.

3.2 Das Modell von *materia* und *artificium*

Die Wurzeln der in der Erzähltheorie üblichen Unterscheidung zwischen *histoire* und *discours* von Erzählwerken etwa nach Genette[94] sind nach Hübner bereits in der ‚Poetik' des Aristoteles zu erkennen: „Die moderne narratologische Differenzierung zwischen *histoire* und *discours* ist ein spätes Kind dieses Gedankens, der zu den Binsenweisheiten antiker, mittelalterlicher und frühneuzeitlicher Rhetorik gehört."[95] Anstelle von *histoire* und *discours* sind für mittelalterliches Erzählen die Begriffe *materia* und *artificium* zu verwenden, deren mittelalterliche Spezifik insbesondere Worstbrock im Modell des Wiedererzählens herausarbeitet.

---

91 Haymes 2006, S. 12.
92 Vgl. Bumke 1997, S. 107f.; Worstbrock 1999, S. 133; grundsätzlich Krohn 1992.
93 Müller 1993, S. 154; Millet 2007, S. 60.
94 Grundlegend Genette 1992; 1994.
95 Hübner 2010, S. 121.

3.2.1 Der Begriff der *materia*

An den Übertragungen höfischer Romane in das Deutsche beobachtet Worstbrock, dass – trotz der ‚Quellenverweise' – zwischen dem Ausgangs- und dem wiedererzählten Text keine übersetzungsgemäße Art von Äquivalenz vorliegt, da man vom ‚übersetzten' Text nicht zum Ausgangstext zurückfindet. Aus diesem Befund folgert er, dass es den mittelalterlichen Dichtern nicht um ein präzises Wiederholen mit einer sprachlichen und stilistischen Äquivalenz von Ausgangs- und Zieltext gehe, sondern die Bezugsgröße eines Texts sei bloß der Gegenstand, der Stoff einer Erzählung.[96] Der Stoff mit seinen grundlegenden Dispositionen, seiner Chronologie, seinen Schauplätzen und Akteuren ist in der rhetorischen Poetik mit dem Terminus *materia* bezeichnet. Die *materia* stellt nach Worstbrock eine Textschicht dar, „welche im Wiedererzählen bewahrt zu werden verlangt und welche die unangetastete Wahrheit des Wiedererzählens trägt".[97] Aus der Reduktion der Vorlage auf die *materia* folge eine „Disjunktion von Stoff und Form", was einen zentralen Aspekt mittelalterlichen Wiedererzählens ausmache.[98] Die Gültigkeit dieser These ist insofern einzuschränken, als Stoff und Form einander bedingen. Eine Disjunktion kann daher nicht als absolut, sondern nur als tendenziell angenommen werden.[99] Curschmann hebt hervor, dass das ‚Lied' zeigt, wie die Tradition „ins Literarische verlänger[t]" wird, indem „mit dem Stoff zugleich die Sprache und de[r] Baustil" übernommen und stilisiert wird.[100] Dagegen demonstriert die ‚Klage' eine deutlichere Disjunktion von Stoff und Form, indem sie „den alten Stoff ganz im modischen Formgewand und der Diktion einer neuen laikal orientierten Schriftkultur einzufangen" ver-

---

[96] Worstbrock 1999, S. 135; vgl. Panzer 1955, S. 84f., der für mittelalterliches Zitieren bestimmt, dass allein der Inhalt übereinstimmen müsse, nicht aber der Wortlaut.
[97] Worstbrock 1999, S. 135.
[98] Ebd. Der Blick auf Texte anderer Gattungen und Genres ergibt einen leicht anders gelagerten Befund. In der Überlieferung von Weltchroniken und Rechtsbüchern ist festzustellen, dass die meisten Handschriften „geradezu gattungstypisch" eine Kompilation aus verschiedenen Vorlagen zu einem neuen Text bieten; Bumke 1996c, S. 20.
[99] Vgl. zur „wechselseitige[n] Bedingtheit von Materia und Artificium" Lieb (2005, S. 362) in Bezug auf den ‚Erec': „Materia sind die längst vergangenen, aber als ‚wahr' aufgefassten Ereignisse um Erec und Enite. Sie erfahren in Chrétiens Roman mit Hilfe seines Artificiums eine Aktualisierung. Chrétien erschafft die Materia neu, indem er ihr eine spezifische Gestalt gibt. Doch lässt die Materia Gestaltungsmöglichkeiten, und Hartmann nutzt diese. Hartmann geht es nicht darum, einen ‚bloßen Stoff' wiederzuerzählen und mit kunstvollen Beigaben zu ‚verzieren', sondern es geht ihm darum, diese Materia unter Einsatz eines Artificiums neu zu fassen und zur Wirkung zu bringen."
[100] Curschmann 1979, S. 86.

sucht; dies impliziert zugleich, dass „nicht Heldendichtung, sondern nur über Heldendichtung" geschrieben werden kann.[101]

Worstbrock weist auf die Offenheit des Begriffs der *materia* hin:

> Sicherlich entbehrt der Begriff der Materia einer festen Kontur, geht keine grundsätzlichen Festlegungen hinsichtlich des Maßes von Dichte und Detailliertheit ein, ist insoweit unstetig von Fall zu Fall, ohne daß damit jedoch die Größe Materia im Einzelfalle an Bestimmtheit verlöre.[102]

Trotz einer grundsätzlichen Unschärfe in der Verwendung des Begriffs *materia* etwa in den mittellateinischen Poetiken, scheint er „oft eine konkrete sprachliche Entität zu meinen".[103] Die Poetiken beschreiben vorrangig die Bearbeitung bereits geformter Stoffe.[104] Die Offenheit beziehungsweise Unschärfe des *materia*-Begriffs ermöglicht eine unterschiedlichen Gegebenheiten angepasste Vorstellung von dem, was jeweils die *materia* ist. Lieb weist darauf hin, dass der Dichter die *materia* neu schafft, wenn er ihr erstmalig eine spezifische Gestalt gibt.[105] Die geformte *materia* eröffnet dann Gestaltungsmöglichkeiten für Weiterbearbeitungen, die die *materia* in ihrer „Potenz" neu „zur Wirkung [...] bringen"[106] sollen, um durch eine Aktualisierung „Erzählmöglichkeiten"[107] zu verwirklichen. Lieb schlägt eine Differenzierung in *prima* und *secuna materia* als ungeformten und bereits geformten Stoff vor,[108] die allerdings in den mittelalterlichen Texten nicht belegt ist. Für den Nibelungenkomplex ist aus dieser Perspektive anzunehmen, dass für den Grundtext der ungeformte Stoff die *prima materia* anzusetzen ist, sofern diese textliche ‚Urfassung' nicht auf mündlich tradierten, bereits geformten ‚Texte' fußt; für die überlieferten Fassungen bildet der Grundtext die *secuna materia*. Liebs Überlegungen weisen auf den Versuch einer gerichteten qualitativen Steigerung der Sinnstiftung hin, die Henkel mit der Kategorie des ‚Fortschritts' benennt.[109] Lieb kommt daher zu einem leicht modifizierten Bild des Worstbrockschen Modells:

---

101 Ebd. (Hervorhebung im Original).
102 Worstbrock 1999, S. 138.
103 Hübner 2010, S. 140; vgl. Schmitz 2007, besonders S. 249–253.
104 Hübner 2010, S. 140.
105 Lieb 2005, S. 362.
106 Ebd.; vgl. 368.
107 Ebd.
108 Ebd.
109 Henkel 2005, S. 97.

Die mittelalterlichen Erzähler sind nicht deswegen Wiedererzähler, weil ihnen verboten wäre, etwas Neues zu erzählen, sondern weil sie der Überzeugung sind, dass in den vorliegenden Geschichten eine Potenz des Wahren und Guten liegt, die es zu aktualisieren gilt.[110]

Diese Situation scheint ebenso im Fall des Nibelungenkomplexes vorzuliegen. Nach der Verschriftlichung des Grundtexts zeugen die Fassungen von unterschiedlichen Erzählmöglichkeiten beziehungsweise Potenzen.[111]

Die Überlegungen zusammenfassend sind für den Nibelungenkomplex und insbesondere das ‚Lied' hinsichtlich der *materia* und ihrer Bearbeitung zwei Ebenen voneinander zu unterscheiden: zum einen die Verschriftlichung mündlicher Sage und Lieder zum ‚Grundtext', zum anderen die Arbeit an diesem schriftlichen Text, als deren Ergebnis die überkommenen Fassungen zu betrachten sind. Bei letzteren ist eine Disjunktion von Stoff und Form wegen des engen Textanschlusses in den Fassungen nicht zu beobachten – und nur sie werden im Rahmen der vorliegenden Arbeit untersucht. Das Erzählen im ‚Grundtext' ist nach dem Modell des Wiedererzählens ein Wiedererzählen, in den Fassungen ist es ein Weitererzählen (siehe Abschnitt 3.3).

3.2.2 Der Begriff des *artificium*

Als zweite Ebene neben der *materia* ist die Form beziehungsweise Formung zu betrachten. Für Erzähltexte ist die Formgebung und Gestaltung entscheidend. Das sogenannte *artificium* „ist der schöpferische, eigenkünstlerische Bereich des Wiedererzählers, der ohne die Vorgabe überlieferter Materia nicht ins Spiel kommt".[112] Das *artificium* ist also nicht unabhängig von der *materia*; *materia* und *artificium* sind nicht immer klar voneinander zu trennen.[113] Hasebrink betont, dass mit der Aktualisierung eine „Inszenierung von Gegenwärtigkeit"[114] einhergeht: Im Wiederzählen wird die *materia* durch die spezifische Formgebung gesteigert; diese „Steigerung des Gedächtnisses" erzeugt eine „Intensivie-

---

110 Lieb 2005, S. 369.
111 So hat etwa Bernreuther (1994, S. 5) – wohl etwas zu dezidiert – die Fassungen als Ergebnis eines Interesses an „stets andersartigen Präsentation längst bekannt geglaubter Geschichten" gedeutet.
112 Worstbrock 1999, S. 141.
113 Vgl. Lieb 2005, S. 362.
114 Hasebrink 2009, S. 208.

rung der Anwesenheit des Vergangenen".[115] Neben der Hervorbringung von Präsenzeffekten wird zugleich die sprachliche Vermittlungsleistung offenbar.[116] Es ergibt sich eine weitere Unschärfe in der Begrifflichkeit: Das *artificium* ist nach Worstbrock einerseits Teil des Texts, Produkt der gestaltenden Fähigkeit des Dichters beziehungsweise Bearbeiters.[117] Andererseits ist es ein „rhetorisch instrumentierte[s] operationale[s] System", das „Verfahrensmöglichkeiten der Disposition, der Erweiterung und Kürzung und der Formulierung angibt".[118] Die Spielräume vom *artificium* seien generell „frei und ohne Regel", auch wenn sie sich im Einzelfall deutlich beschreiben ließen.[119] Auch die Gültigkeit dieser These Worstbrocks ist für das ‚Lied' einzuschränken: Nach allem, was wir wissen, ist das ‚Lied' auch in seiner Form und Formung wesentlich durch die Tradition (mit-)bestimmt. Wie der Begriff der *materia* ist auch der des *artificiums* in der Rhetorik verortet, so dass mit der Verwendung beider Begriffe und der dahinter stehenden Konzepte der entsprechenden Schulbildung der mittelalterlichen Dichter und Bearbeiter Rechnung getragen wird. Das rhetorische Vorgehen bei der Bearbeitung einer *materia* ist nicht als rein technisches Verfahren zu verstehen,[120] weil es so zu eng gefasst die Komplexität mittelalterlichen Dichtens reduzieren und daher nicht abbilden würde.[121]

Worstbrocks Modell des mittelalterlichen (Wieder-)Erzählens mit den beiden Konstituenten der vorgegebenen *materia* und des gestaltenden beziehungsweise gestalteten *artificium* bietet mit den genannten Ergänzungen und Nuancierungen eine adäquate Möglichkeit, das Erzählen des Nibelungenkomplexes zu beschreiben, zu analysieren und zu deuten. Die *materia* der Heldensage wird durch das *artificium* in die Fassungen des ‚Lieds' überführt. Das Modell impliziert einen historisch eigenen Text-, Werk- und Quellenbegriff.[122]

---

115 Ebd., S. 210.
116 Vgl. ebd., S. 212, 215.
117 Vgl. Worstbrock 1999, S. 135.
118 Ebd. So ebenfalls Bumke (1997, S. 111), der zwei Seiten des Werkbegriffs der höfischen Epik bestimmt: „die eine ist die vorgegebene Geschichte; die andere ist die Gestalt, in der das Werk sein Publikum erreicht".
119 Worstbrock 1999, S. 138.
120 Vgl. Hübner 2010, S. 139.
121 Vgl. Lieb 2005, S. 362; Hübner 2010, S. 140.
122 Ein ‚Werk' ist für das Mittelalter sowohl über die Vorlage als auch über die einzelnen Dichtungen zu definieren: „Die Geschichte des Helden ist [...] der übergeordnete Begriff, der die Werke mehrerer Autoren umfassen kann. Daher konnten auch spätere Dichter die Werke ihrer bewunderten Vorbilder weiterdichten und ‚vollenden', ohne sich an der Integrität dieser Werke zu vergehen"; Bumke 1997, S. 111. Der mittelalterliche Text als Produkt ist seinem Produzenten vorgeordnet: Es bleibt „nicht in der Verfügbarkeit seines Urhebers. Maßstab ist seine

3.3 Der mittelalterliche *artifex*

Die mittelalterliche Vorstellung von Text und Werk korrespondiert mit einer bestimmten Vorstellung von Verfasserschaft.[123] Wenn Worstbrock feststellt, dass ein mittelalterlicher Dichter sich nicht als der erste und ausschließliche Urheber seiner Erzählung versteht, wird deutlich, dass ein anderer als der heutige Begriff von Autorschaft anzusetzen ist.[124] Denn „der Wiedererzähler erzählt, was der Materia nach nicht sein ist, ihm vorausliegt, der Tradition angehört".[125] Der mittelalterliche Dichter verantwortet seinen Text in der Traditionslinie anderer Verfasser und ihrer Werke.

Diese Annahmen lassen sich stützen: Weder das Französische noch das Deutsche besitzt im Mittelalter ein Wort, das dem lateinischen *auctor* entspricht.[126] In einem deutschsprachigen Text ist das Wort *auctor* erstmals in Heinrich Steinhöwels Übersetzung von Boccaccios ‚De claris mulieribus' aus dem Jahr 1473 nachgewiesen und bezeichnet „den Gelehrten, der sein Wissen schriftlich weitergibt".[127] Nach Maas lässt sich die Bedeutung von Autor, das aus *auctor* abgeleitet ist, als Berufsbezeichnung eines Verfassers literarischer Werke erst im 18. Jahrhundert nachweisen.[128] Im mittelalterlichen Verständnis sind *auctores* diejenigen Autoren, denen *auctoritas* zugesprochen wird.[129] Es handelt sich um Autoren, die wegen ihres Ansehens und ihrer Bedeutung als nachahmenswerte Modelle anerkannt sind,[130] da das vornehmliche Ziel ist, überkom-

---

Vollendung und Brauchbarkeit, nicht aber die größtmögliche Nähe zu seinem Urheber"; Müller 1999, S. 157.
123 Eine Diskussion grundsätzlicher Zugriffe bei Schnell 1998; Unzeitig 2010.
124 Auf ein anderes Interesse am Autor innerhalb der Überlieferung weist auch der grundsätzliche Umstand hin, dass mittelalterliche Autoren deutschsprachiger Werke „teils namenlos, meist aber ohne historische und sozialgeschichtliche Relevanz geblieben" sind; Henkel 1991, S. 334.
125 Worstbrock 1999, S. 138.
126 Zum Bedeutungsspektrum des mittellateinischen *auctor* siehe MLW 1967, Bd. 1, Sp. 1167–1171, besonders Sp. 1167f. mit der Bedeutung von Schöpfer; Gründer, Begründer, Stifter; Schriftsteller, Verfasser; Täter, Vollbringer; vgl. Bumke 1997, S. 103.
127 Seng 1992, Sp. 1277; Textausgabe: Erfen 1995.
128 Maas 1907.
129 Zum Bedeutungsspektrum des mittellateinischen *auctoritas* siehe MLW 1967, Bd. 1, Sp. 1173–1182, besonders Sp. 1174–1176 mit der Bedeutung von maßgebliches Ansehen; Autorität. Zur Begriffsgeschichte des in der Antike ursprünglich im rechtlichen Kontext verwendeten *auctor* als Besitzer und *auctoritas* als Gewährleistung siehe Miethke 1980; Calboli Montefusco 1992; Seng 1992.
130 Vgl. Calboli Montefusco 1992, Sp. 1183.

mene Wahrheit zu rezipieren und weiterzugeben.[131] Zu diesen *auctores* zählen vor allem die Verfasser der Bibel, die Kirchenväter sowie die Dichter und Denker der römischen Antike und der christlichen Spätantike, deren Werke Grundlage und Gegenstand des Schulunterrichts bilden.[132] Die christliche Interpretation des *auctoritas*-Begriffs schränkt die *auctoritas* der Schulautoren ein:

> Wenn Gott die höchste Autorität ist, ist alle irdische Autorschaft nur abgeleitet denkbar. Das bedeutet, daß Autorschaft grundsätzlich nur graduell, als Teilhabe an *auctoritas*, vorhanden sein konnte. Ein Verfasser literarischer Werke war daher nur unter bestimmten Gesichtspunkten ein Autor; unter anderen Aspekten erschien er als *compilator* oder als *scriptor*.[133]

Mit Bumke ist aus dem mittelalterlichen *auctoritas*-Begriff zu folgern, dass es im Mittelalter keine volkssprachlichen Autoren gegeben haben kann.[134] Konsequenterweise ist zwischen einem *auctor* und einem mittelalterlichen Dichter zu unterscheiden. Letztere inszenieren sich in der Regel nicht als Schriftgelehrte im Hinblick auf die *auctoritas*, sondern als Erzähler.

Mittelalterliche Verfasser deutscher volkssprachiger Texte bezeichnen sich als *tihtære*,[135] dies und die Angabe des Verbs *tihten* erfolgen meist werkbezogen in Zusammenhang mit Werkbegriffen wir *rede* und *mære*, oder als *schrîbære*. Sie verstehen sich als diejenigen, die als kunstreiche Formgeber einen vorgegebenen Stoff neu gestalten.[136] Müller geht davon aus, dass man Urheberschaft im Mittelalter nur an wenigen Parametern festmachen könne, wenn man nicht die mittelalterliche Bedeutung von *auctor* zugrunde lege. Zu diesen Parametern zählt er „Reim und Metrik, die Bearbeitung eines bestimmten Stoffs, ein[en] Ton

---

131 Vgl. Miethke 1980, S. 26.
132 Vgl. Bumke 1997, S. 102; Henkel 1991, S. 337.
133 Bumke 1997, S. 102; vgl. Calboli Montefusco 1992, Sp. 1182.
134 Bumke 1997, S. 103.
135 Zur Semantik des Wortfeldes *tihten* mit einer Tendenz der Bedeutungsverengung im Mittelhochdeutschen hinsichtlich eines dichterischen Schaffens siehe Gärtner 1998; 2006; vgl. Unzeitig (2010, S. 292–326), die für das 13. Jahrhundert häufig eine Unterscheidung von *tihtære* für den Verfasser eines Werks und *schrîbære* für den Schreiber einer Handschrift erkennt.
136 Bumke 1997, S. 109. Dies entsprach nach Bumke der gelehrten Poetik. Er bezieht sich nicht wie Worstbrock auf Niklas von Wyle, sondern auf Isidor von Sevilla: „Da die Wahrheit und damit die *auctoritas* dessen, was der Dichter gestaltet, als *materia* vorgegeben war, wäre es geradezu falsch, den Dichter als *auctor* zu bezeichnen. Einer, der mit vorgegebenem Material arbeitet, wurde richtiger *compilator* genannt"; ebd. In diesem Zusammenhang ist anzumerken, dass „*compilatio* [...] im 12./13. Jahrhundert nicht nur das literarische Werk, sondern auch das Werk des Schreibers und Redaktors, das als redigierte Handschrift in Erscheinung trat", bezeichnet; ebd., S. 112f.

oder eine Strophenform, selten ein[en] stilistische[n] Gestus".[137] Der Begriff des Autors ist also in seiner historischen Bedeutung zu verwenden. Ein Autor im modernen Sinn ist im relevanten Zeitraum des späten 12. und frühen 13. Jahrhunderts nicht auszumachen, wohl aber ein formschaffender Wiedererzähler – mit gewissen Autorfunktionen. Darauf weisen ebenfalls konstruierte Werkgenesen in der mittelalterlichen Literatur hin, die mit Verfasser- und Werkzuordnungen operieren. Konzeptionell und begrifflich differenziert Worstbrock nicht zwischen einem Verfasser und einem (Wieder-)Erzähler. Er unterscheidet nicht zwischen dem Verfasser des Texts als realer Person und dem Erzähler beziehungsweise der Erzählinstanz innerhalb des Texts, der beziehungsweise die als Dichter in einer von ihm inszenierten Erzählerrolle zu bestimmen wäre. Damit ist ein wesentlicher Unterschied zu Verständnis und Trennung von Autor und Erzähler im Sinn der *discours*-Narratologie zu konstatieren:[138] Ihr zufolge ist der Erzähler eine fingierte Figur des Autors. Der Autor stellt dar, wie ein Erzähler erzählt.

Mit Worstbrock ist der Wiedererzähler als *artifex* „als neuernder Gestalter am stärksten gefordert, wenn er eine allbekannte, schon vieltraktierte Materia wählt".[139] Dies gilt in einem besonderen Maß für die Verschriftlichung der vielgestaltigen mündlichen Erzähltradition von den Nibelungen.

3.3.1 Der Wiedererzähler und die Bearbeiter des ‚Nibelungenlieds'

Der Dichter des ‚Lieds' nennt sich selbst nicht. Dies unterscheidet das ‚Lied' nicht nur vom höfischen Roman, sondern das Nichtvorhandensein einer Verfasserinszenierung erscheint markiert. Es ist auffällig, weil dem Verfasser des ‚Lieds' eine weitreichende Eigenleistung in der Gestaltung des überkommenen Stoffs zuzuschreiben ist. Seine eigenständige Vermittlungs- und Konstitutionsleistung steht derjenigen der namentlich bekannten und in der Regel textintern genannten Dichter der deutschen höfischen Romane nicht nach. Der Verfasser des Grundtexts des ‚Lieds' ist in Anbetracht der vielfältigen mündlich tradierten

---

137 Müller 1999, S. 161.
138 Unzeitig (2010, S. 350) arbeitet heraus, dass vor allem in namentlich gekennzeichneten mittelhochdeutschen erzählenden Texten Werkgenesen konstruiert werden, „die für die Texterzeugung Instanzen des Verfassens (Autor) und des Erzählens (Erzähler) sprachlich kennzeichnen, diese aber nicht als notwendig zu trennende und zu unterscheidende Instanzen vorstellen". Regelhaft werde der „Autor als Konstitutionsgrund der Geschichte im performativen Akt des Erzählens" vorgestellt.
139 Worstbrock 1999, S. 139.

Sage und Lieder als Wiedererzähler besonders stark gefordert. Er hat offenbar einen Spielraum, um eine für die Schriftlichkeit angemessene Erzählweise zu finden (siehe Abschnitt 4.5), so dass man nicht von einem bloßen ‚Nacherzählen' des Vorgefundenen ausgehen kann. Der Dichter des ‚Lieds' und die der höfischen Romane haben jedoch unterschiedliche Aufgaben zu bewältigen: Im ersten Fall ist die mündliche Sagen- und Liedtradition für die Schriftlichkeit aufzuarbeiten, im zweiten Fall geht es um eine aktualisierende und dem deutschen Publikum entsprechende Übertragung einer französischen, vor allem jedoch schriftlichen Vorlage. Grundlage des Schaffens ist also eine jeweils gänzlich unterschiedliche Art der *materia*, zugleich auch eine spezifisch vorgeprägte Form. Dies hat zur Folge, dass für das ‚Lied' zum Teil andere Bearbeitungsverfahren und -techniken als für einen höfischen Roman erforderlich sind. Die Eigenart und der Eigenwert des Stoffs sind es, die Weisen und Formen des Erzählens bedingen und die als solche im Erzählen wie im Erzählten kenntlich sein sollen (vgl. Kapitel 4). Aufgabe des Dichters des Nibelungenkomplexes ist es daher, eine schriftlich-epische Form für die mündlichen Traditionen zu finden, die die Tradition, die schriftliche Verfasstheit und zugleich die Kunstfertigkeit des Epikers widerspiegelt. Die ohne Verfasserangabe verschriftlichte Überlieferung ist wohl mit der mündlichen Tradition und ihren Eigenheiten zu begründen, nicht mit einem Verschweigenwollen des konkreten Verfassers. Die Nichtnennung des Verfassers zeigt sein Verhältnis zum von ihm verfassten Text an: Er, seine Kunstfertigkeit und vor allem seine Fähigkeit, über den Stoff zu verfügen, treten weit hinter die Autorität seiner *materia* zurück. Weniger sein erzählerisches Können und seine Rolle als Erzeuger des Texts, vielmehr das Erzählte mit seiner Tradition steht im Vordergrund. Fassungsübergreifend ist eine bewusste Inszenierung als (Wieder-)Erzähler zu beobachten, die ebenso für den Grundtext angenommen werden muss und die nicht den Aspekt des Verfassens thematisiert. Zu klären ist, ob und gegebenenfalls inwiefern für das ‚Lied' zwischen Verfasser und Erzähler zu unterscheiden ist.

Die im ‚Lied' nur geringfügig ausgestaltete Ich-Instanz steht im Kontrast zu Erzählerinszenierungen in höfischen Romanen.[140] Dem Sagenstoff kommt für das Publikum im deutschsprachigen Raum offenbar eine höhere Autorität und zugleich Verbindlichkeit zu, als es für die französischen Vorlagen der ins Deutsche übertragenen höfischen Romane gilt.[141] Wegen der (vormaligen) ‚historischen' Verbindlichkeit des Stoffs (siehe Kapitel 10), so ist anzunehmen, sind der

---

[140] Grundsätzlich zum Erzähler im ‚Lied' siehe Linke 1960; Wachinger 1960, S. 4–55; Mertens 1996b, S. 362–366; Schulze 2013, S. 113ff.
[141] Vgl. Müller 1998, S. 59; Haymes 2006, S. 9.

Verfasser des ‚Lieds' und sein Erzählen in besonders hohem Maß an die Tradition beziehungsweise an die *materia* gebunden. Hinzu kommt, dass das ‚Lied' im Vergleich zu höfischen Romanen stärker im Leben des Produzenten und der Rezipienten verankert ist, weil es in eine bekannte und umfassende Erzählwelt einzuordnen ist. Im Fall des ‚Lieds' ist der Verfasser in zweifachem Sinn nicht der ‚Urheber': Er ist es nicht wegen der Gattung und wegen seines Status als Wiedererzähler überkommener Erzählungen. Anders als im Fall der Artusepik wird mit dem ‚Lied' nicht grundsätzlich eine neue Erzähltradition im deutschen Sprachraum begründet, sondern ‚nur' eine in der Schriftlichkeit, so dass der Dichter des ‚Lieds' auch in dieser Hinsicht eine untergeordnete Rolle spielt. Im Vergleich zum höfischen Roman seit Hartmann von Aue ist die Instanz des Verfassers im ‚Lied' mangels Nennung und textintern nur schwacher Profilierung des Erzählers kaum ausgebildet; Autorschaft erreicht im ‚Lied' deutlich nicht den Status von Reflexivität wie im höfischen Roman. Aufgrund der Autorität des Stoffs, der Bekanntheit der mündlichen Erzähltradition und der, auch durch die nach dem ‚Lied' entstandene Heldenepik als Gattungsmerkmal bezeugte Anonymität ist das textinterne Sprecher-Ich im ‚Lied', so ist zu folgern, aus konzeptioneller Hinsicht in erster Linie Teil der *materia*, nicht des *artificium*: Es muss einen Erzähler geben; als Instanz ist das Sprecher-Ich jedoch offenbar nicht differenziert auszugestalten.

Verfasser und Erzähler als Instanzen lassen sich für das ‚Lied' nur schwierig begrifflich exakt fassen. Wenn man nur in den Fällen von einem Verfasser spricht, in denen sich ein solcher inszeniert oder über Werkrelationen bestimmt, dann wäre für das ‚Lied' nicht von einem Verfasser zu sprechen. Sein Verfassen ist nicht ausdrücklich in den Text eingeschrieben, es ist impliziert. Doch ist der Dichter des ‚Lieds' mehr als ein Bearbeiter. Wenn man den engen Textanschluss der unterschiedlichen Fassungen an den ihnen vorausgehenden Grundtext des ‚Lieds' betrachtet, dann ist festzustellen, dass der Verfasser des Grundtexts als eine wirkende Größe begriffen wird. Die Überlieferung ohne Verfasserangabe im ‚Lied' ist in dieser Hinsicht nur graduell, nicht kategorial unterschiedlich gegenüber namentlich gekennzeichneten Texten. Auf den Dichter des ‚Lieds' ist die grundsätzliche Komposition sowie der überwiegende Teil des Wortlauts des ‚Lieds' zurückzuführen, auf die Bearbeiter, deren Arbeitsergebnisse die verschiedenen Fassungen sind, unterschiedliche Akzentuierungen. Der Verfasser des ‚Lieds' ist ein Wiedererzähler, dem Kompetenzen des Verfassens wie des Erzählens zuzuordnen sind.

Zu klären ist, welche Kompetenzbereiche den Bearbeitern zuzuschreiben sind: Sind sie als Wiedererzähler des Grundtexts mit Kompetenzen des Verfassens, ähnlich den ‚Autoren' deutscher Artusepik mit einer schriftlichen Vorlage, zu verstehen oder als seine Weitererzähler mit primären Kompetenzen im Bereich des Erzählens? In der *C-Fassung des ‚Lieds' kennzeichnet das kollektivierende *uns* in der Prologstrophe +C 1,1a Erzähler und Publikum als Rezeptionsgemeinschaft; mit der direkten Publikumsanrede *ir* (+C 1,4b) setzt sich der Erzähler vom Publikum ab und positioniert sich als Wiedererzähler: „In diesem Spiel der Pronomina konstituiert sich ein Erzähler, ohne sich doch als Autor zu konstituieren".[142] Der *C-Erzähler verweist nicht ausdrücklich auf einen schriftlichen Vorlagentext, sondern simuliert, direkt an die mündliche Erzähltradition anzuknüpfen. Ein Verfassen ist nicht thematisiert. Vielmehr stellt der Erzähler seine eingeschränkte Verfügbarkeit über die *alten mæren* aus. Offenbar geht es weniger um eine Vermittlung von ‚Wissen', vielmehr um ein Darstellen beziehungsweise Erzählen. Die Prologstrophe ist im Vergleich zur Fassung *B des ‚Lieds' eine Besonderheit, sie erweist sich in ihrer Gestaltung zugleich insofern als typisch, als sie Parallelen zu einem der beiden „Diskurstypen zur Thematisierung von Autorschaft"[143] aufweist, die Unzeitig bereits für die frühmittelhochdeutsche Literatur herausgearbeitet hat: den „namentlich signierten" und den „nicht namentlich signierten Autordiskurs".[144] Sind Autornamen textintern, wie regelhaft bei epischen Texten, oder textextern, wie in der Regel bei lyrischen Texten, genannt,[145] dann erfolgt dies, eine bekannte Ausnahme stellt der ‚Parzival' Wolframs von Eschenbach dar, in der 3. Person Singular und im Präteritum oder Perfekt,[146] wobei ebenfalls der Abschluss des Werks und die Verfasserschaft thematisiert werden.[147] Ist der Verfasser dagegen nicht genannt, dann wird der Vortrag meist durch ein Sprecher-Ich zu Beginn des Werks ange-

---

142 Curschmann 1979, S. 94. Er (ebd., S. 95) beobachtet „in dieser Strophe die literarisch-poetische Metapher für den Akt des mündlichen Erzählens".
143 Unzeitig 2010, S. 117 in Bezug auf frühmittelhochdeutsche Literatur.
144 Ebd.
145 Vgl. ebd., S. 20–49.
146 Vgl. etwa die Angaben im ‚Eneasroman' (vor 1190) Heinrichs von Veldeke: *daz was von Veldeke Heinrîch* (V. 13433) oder im ‚Armen Heinrich' (um 1190–1200) Hartmanns von Aue: *der was Hartman genant, / dienstman was er ze Ouwe*; Textausgabe: Gärtner 2001, V. 4f. In der ersten Person Singular steht dagegen die Angabe im ‚Parzival': *ich bin Wolfram von Eschenbach* (V. 114,12); vgl. Schmid 2014b. Zur Datierung des ‚Eneasromans' siehe Wolff/Schröder 1981, Sp. 901, zu der des ‚Armen Heinrich' siehe Cormeau 1981, Sp. 502. Für Beispiele aus der Romania siehe Unzeitig 2010, S. 140–163, 206–210.
147 Eine Übersicht mit namentlichen Nennungen des Autors in der Er-Rede in Verbindung mit *tihten* bietet Unzeitig (2010, S. 174–181), ebenso eine Übersicht mit namentlichen Nennungen in der Ich-Rede vor Wolfram (ebd., S. 181–183); zur Textstellen in den Werken Wolframs siehe ebd., S. 244–263.

kündigt, wobei ebenfalls die Vortragssituation thematisiert werden kann.[148] Letzteres gilt für die *C-Prologstrophe. Insgesamt ist die Rolle des Erzählers auch in dieser Fassung gegenüber *B nur marginal ausgeweitet, baut Vorgefundenes aus (siehe Abschnitt 6.4.2). Die unterschiedlichen Fassungen dokumentieren zwar eine jeweils eigenständige Vermittlungs- und Konstitutionsleistung, ihr enger Textanschluss, die Punktualität von Fassungsspezifika und die Ausweitung vorgefundener Erzählverfahren sowie die Ergebnisse der Forschung, die in der vorliegenden Arbeit weitgehend bestätigt werden, deuten jedoch darauf hin, dass die Bearbeiter in erster Linie nicht als Wiedererzähler, sondern als Weitererzähler zu verstehen sind.

Unter Einbezug des Modells des Wiedererzählens ist zu folgern, dass der Bearbeiter *C den ihm vorliegenden (Grund-)Text erneuernd gestalten möchte, weil er, oder eine andere Instanz wie der Auftraggeber, ihn zwar als wahrheitsgetreu berichtende, aber nicht als befriedigende oder aus seiner Perspektive unzureichend geschriebene Fassung betrachtet. Er verfolgt Strategien, um die Potenz des Stoffs, d. h. den Wahrheitscharakter noch besser erzählen zu können und/oder den literarischen Interessen und Konventionen seiner Zeit gerechter zu werden, das ihm Vorliegende also zu aktualisieren.

3.3.2 Der Wiedererzähler und die Bearbeiter der ‚Klage'

Anders als im ‚Lied' ist in der ‚Klage' eine Art von Aufspaltung der Erzählerrolle in Erzähler und Figuren zu beobachten: Erzählinstanz und Figuren ergänzen sich in ihren Aussagen. Lienert führt dies auf die im Vergleich zum ‚Lied' geringe Diskrepanz zwischen Figuren- und Erzählerwissen in der ‚Klage' zurück.[149] Der Ausweis der nicht besonders großen Wissensdifferenz zwischen Erzähler und Figuren kann als Teil der Erzählstrategie der ‚Klage' gedeutet werden, durch vermeintliche Augenzeugenschaft zu überzeugen,[150] kann aber ebenso auf Gattungsaspekte zurückgeführt werden: Der Erzähler des ‚Lieds' ist – mit den genannten Abstrichen – im Vergleich zu dem der ‚Klage' eher ‚romanhaft', die Aufspaltung der Erzählerfigur in der ‚Klage' hat nach Lienert möglicher-

---

148 Ebd., S. 117.
149 Lienert 2000, S. 41.
150 Ebd., S. 21. Kellner (2004, S. 304) hebt hervor, dass in der Geschichtsschreibung des Mittelalters Augenzeugenberichten als Quelle „höchste Glaubwürdigkeit" gezollt wird; schriftliche Quellen gelten gemeinhin als zuverlässig, „während mündliche Nachrichten und insbesondere Gerüchte als durchaus unverläßlich eingestuft wurden".

weise „ein Vorbild im *alii dicunt*-Prinzip gelehrter Chronistik", ohne dass dies allerdings beweisbar ist.[151]

In den Hauptfassungen der ‚Klage' ist eine Differenz in Bezug auf die Kennzeichnung des Erzählers nicht zu beobachten. In beiden Fassungen beruft sich der Erzähler auf althergebrachte Geschichten (*B/*C 1–16)[152] und ist ausdrücklich als Wiedererzähler, nicht als Verfasser inszeniert (*B/*C 9–11: *Het* [*B *Hete*] *ich nû die sinne, / daz siz gar ze minne / heten, die ez ervunden!*). Anders als beim ‚Lied' ist am Beginn der ‚Klage' explizit die schriftliche Verfasstheit thematisiert, indem die Werkgenese erzählt wird:[153]

Diz alte maere
bat ein tihtaere
an ein buoch schrîben.
des enkundez niht belîben,
ez ensî ouch noch dâ von bekant,
wie die von Burgonden lant
bî ir zîten und bî ir tagen
mit êren heten sich betragen.
(*B 17–24)

Dizze vil alte maere
het ein schrîbaere
wîlen an ein buoch geschriben
latîne. desn ist ez niht beliben,
ez ensî ouch dâ von noch bekant,
wie die von Burgonden lant
mit vreude in ir gezîten
in manigen landen wîten
ze grôzem prîse wâren komen,
als ir vil dicke habt vernomen,
daz si vil êren mohten walten.
heten siz sît behalten!
Iu ist nâch sage wol bekant:
Burgonden hiez ir lant,
dâ von si herren hiezen.
die in diu erbe liezen,
die sol ich iu nennen,
daz ir si muget erkennen,
als uns daz buoch gesaget hât.
(*C 17–35)

Nur in der Fassung *B ist die Werkgenese ausdrücklich als zweiteiliger Arbeitsprozess von *tihten* und *schrîben* (*B 18f.) markiert.[154] In beiden Fassungen ist die

---

151 Lienert 2000, S. 42.
152 Vgl. Curschmann 1979, S. 94.
153 Vgl. Unzeitig 2010, S. 321.
154 Bumke 1996c, S. 467. Während Bumke (ebd.) „keinen nennenswerten Unterschied" zwischen *tihtære* und *schrîbaere* sieht, da Schreibkompetenz und Fähigkeit lateinisch zu *tihten* zusammengehören, will Müller (1998, S. 61f.) für die ‚Klage' *C in der Bezeichnung *schrîbaere* ein eindeutigeres Verschieben in das Schriftsprachliche erkennen. Da die Formulierung der *B-Handschrift d mit *C übereinstimmt (*Diss alte märe hat ain tichter in ein pūch geschriben*), ist wohl von unscharfen Grenzen zwischen den Fassungen *B und *C auszugehen; Bumke 1999a,

Bekanntheit des Erzählstoffs vor allem mit der Tradierung über die schriftliche Verfasstheit des Texts begründet (*B/*C 20f.).¹⁵⁵ Die Fassung *C weist elf Plusverse (25–35) auf – auch die Verse *B/*C 23f. sind unterschiedlich formuliert –, in denen die Bekanntheit und das häufige Erzählen – auch in der Mündlichkeit – des Stoffs ausgeführt, das Vorgehen beschrieben (und die Burgonden durch die doppelte Erwähnung akustisch hervorgehoben) sowie erneut auf ein *buoch* (*C 35) als Grundlage des im Folgenden Erzählten hingewiesen ist.

In Textpassagen, die sich in beiden Fassungen finden, fällt auf, dass *C das Aufschreiben explizit weiter in die Vergangenheit rückt (*wîlen*), eine Parallele zur Prologstrophe des *C-,Lieds', und ein Verweis auf das Lateinische (*latîne*) erfolgt.¹⁵⁶ Der Prolog in der *C-,Klage' weist ebenfalls eine Parallele zu den *lateinischen buochstaben* des Epilogs auf:¹⁵⁷ *Von Pazzouwe der bischof Pilgerîn* [*B: *Pilgrîn*], / *durch liebe der neven sîn* / *hiez er* [+*C] *schrîben dizze* [*B: *diz*] *maere,* / *wie ez ergangen waere,* / *in latînischen buochstaben* [...] (*B 4295–4299/*C 4401–4405).¹⁵⁸ Es ist für *C von einer intendierten und auch thematischen Verbindung von Pro- und Epilog auszugehen.¹⁵⁹ Dieser Verweis verleiht, so Müller,

> dem Text gelehrte Autorität. Allerdings ist auch diese lateinische Version nicht die endgültige, sondern wieder Durchgangsstation (*desn ist ez niht beliben*) für weitere Aneignungen (*bekant*), möglicherweise in der Volkssprache; ihnen käme dann autoritative Gel-

---

S. 514. Liegt Unzeitig (2010, S. 36–39) mit ihrer Beobachtung des sekundären Charakters des Wortes *tihtære* in der Handschrift B durch einen Schreiber richtig, erübrigt es sich, die Formulierungsvarianten text- beziehungsweise fassungsspezifisch auszudeuten.

155 Dies wird in der Forschung in der Regel als Legitimationstopos interpretiert; vgl. Curschmann 1979, S. 104–112; Deck 1996, S. 86; Lienert 2000, S. 20f., 39; Unzeitig 2010, S. 322–326.

156 In der Forschung werden eine lateinische Fassung des ‚Lieds', der ‚Klage' oder ein anderes lateinisches Werk des Nibelungenkreises wie der ‚Waltharius' diskutiert; ebenso die Möglichkeit, dass an dieser Stelle nur dezidiert auf Schriftlichkeit verwiesen oder aber ein Topos zur Legitimation eingefügt werde. Auch der Bezug von *buoch, schrîbaere* und mögliche Doppeldeutigkeiten sind nicht eindeutig bestimmbar; vgl. Curschmann 1979, S. 102–107. Die Forschung ist sich in der Bewertung des *buoches* uneinig – etwa ob damit eine lateinische oder eine volkssprachliche Version des ‚Lieds' oder der ‚Klage' bezeichnet werden soll; vgl. Bumke 1996c, S. 461. Eine Zusammenfassung der Diskussion bietet Bumke; ebd., S. 461–468.

157 Günzburger (1983, S. 42) und Lienert (2000, S. 21, 429f.) gehen dezidiert von der Übersetzung ‚in lateinischer Sprache' aus. Heinzle (2013a, S. 1515) versteht *buoch* als die erste Aufzeichnung durch Meister Konrad im Auftrag des Bischofs Pilgrim; Konrad sei der Dichter.

158 Zur Unterscheidung von *buoch* und *buochstaben* in mittelhochdeutscher Literatur siehe zum Beispiel ‚Parzival' (V. 115,25–30). Zu Parallelen zum ‚Herzog Ernst' vgl. Müller 1996; Bumke 1996c, S. 463. Eine direkte Bezugnahme ist jedoch nicht nachzuweisen; ebd.

159 Vgl. Günzburger 1983, S. 86, Anm. 44.

tung wegen ihrer schriftlich-lateinischen Quelle zu. Was man ‚jetzt' erzählt, ist durch mehrere Stationen mündlicher und schriftlicher, in *C auch: volkssprachlicher und lateinischer, Aneignung hindurchgegangen.¹⁶⁰

Unzeitig führt den Unterschied in den ‚Klage'-Fassungen von *tihtaere* (*B 18) und *schrîbaere* (*C 18) auf den Eingriff eines Schreibers zurück, so dass *schrîbaere* als ursprünglicher gelten könnte:¹⁶¹ In der Sammelhandschrift Codex St. Gallen 857 ist im Prolog zu Strickers ‚Karl' die Namensnennung *Strickære* (V. 116)¹⁶² radiert und mit *tihtære* überschrieben. Auch wenn Unzeitig zu bedenken gibt, dass die Änderung nicht notwendigerweise auf den Schreiber zurückzuführen ist, sind beide Texte doch vom Schreiber 5 notiert, so dass *tihtaere* in der ‚Klage' *B möglicherweise sekundär und auf einen Schreiber-, nicht auf einen Bearbeitereingriff zurückzuführen ist.¹⁶³ Allerdings geht die spätere Handschrift A an dieser Stelle mit B konform, hatte letztere aber wohl nicht als Vorlage, so dass dieser Fall vielleicht eine Eigenheit der Fassung darstellt. Die Bezeichnung für den Verfasser ist in *B inklusive der Handschriften AB jedenfalls einheitlicher als in *C.

Unzeitig versucht nachzuweisen, dass *C sich auf eine lateinische Fassung, *B dagegen nur auf eine volkssprachige beruft.¹⁶⁴ Ihrer Argumentation liegt eine Vorstellung von unterschiedlichen Produktionsphasen zugrunde, zunächst einer lateinischen, dann einer volkssprachigen Fassung, wie sie ebenso in altfranzösischen *chansons de geste* zum Ausdruck kommt.¹⁶⁵ Daraus leitet sie einen unterschiedlichen terminologischen Gebrauch von *schrîben* und *schrîber* für das Lateinische und *tihten* beziehungsweise *tihtaere* für die Volkssprache ab, wobei in *B das volkssprachliche *tihten* durch das *schrîben* ergänzt werden müsse, um für das Deutsche den gleichen Autoritätsgrad einer lateinischen Schrift zu erhalten.¹⁶⁶ Aus dieser Perspektive ergäbe sich eine deutliche Differenz in der dargestellten Werkgenese in den beiden Fassungen der ‚Klage'. Sie gründet auf der Prämisse, dass mit *latîne* tatsächlich eine lateinische Version gemeint ist.

---

160 Müller 1998, S. 62; vgl. 2017, S. 154–159.
161 Für eine Auflistung des Wortes *tihtaere* in unterschiedlichen Werken und Texten siehe Unzeitig 2010, S. 296.
162 Ausgabe: Bartsch 1965.
163 Unzeitig 2010, S. 39. De Boor (1972, S. 83) macht die Hand sowohl für zahlreiche Abschreibfehler als auch für eigene Textänderungen verantwortlich.
164 Unzeitig 2010, S. 325.
165 Ebd., S. 324. Unzeitig (ebd.) schränkt die Aussage dahingehend ein, dass kein kausaler Zusammenhang im Sinn eines unmittelbaren Produktionszusammenhanges hergestellt werden könne.
166 Ebd., S. 325.

Denkbar ist ebenso, dass durch den Lateinverweis die Verbindung zu einem klerikal geprägten, schriftliterarischen Kontext hergestellt werden soll, wie es mit dem Bischof Pilgrim als Auftraggeber in den Text eingeschrieben ist. Das Skriptorium der ursprünglichen Fassungen lässt sich nicht sicher nachweisen, auch nicht für die Handschrift C. B dagegen ist wohl in einem weltlichen Skriptorium entstanden (siehe Abschnitt 2.9.1). Für die überkommenen Handschriften lassen sich daher keine eindeutigen Schlüsse ziehen; sie weisen jedoch auf ein breites Interesse am Nibelungenkomplex hin. Ihre Entstehungszusammenhänge sind nur bedingt aussagekräftig, da sie nur sekundäre Reflexe der Fassungen darstellen und wesentlich später entstanden sind.

Das Wort *tihtaere* findet sich am Ende der ‚Klage' parallel in der Fassung *C, so dass auch diese Fassung auf die Volkssprache verweist:

uns seit der tihtaere,	*Uns seit der tihtaere,*
der uns tihte diz maere,	*der uns tihte diz maere,*
ez enwaere von im sus niht beliben,	*ezn waere von im sô niht beliben,*
er het ez gerne geschriben,	*ern hete ez gerne geschriben,*
daz man wiste diu maere,	*daz man wiste diu rehten maere,*
wie ez im ergan[...	*wie ez im ergangen waere,*
...	*waere ez im iender zuo komen*
...]	*oder het erz sus vernomen*
in der werlde von [...	*in spels wîse von iemen.*
...	*dâ von weiz noch niemen,*
...	*war der künec Ezel ie bequam*
...]	*oder wie [ez] umbe in ende nam.*
(*B 4349–4360)[167]	(*C 4389–4400)[168]

Die scheinbar unterschiedlich dargestellte Werkgenese zu Beginn der beiden ‚Klage'-Fassungen wird an ihren Enden nicht gespiegelt. Auch wenn eine einheitlich-systematische Arbeit am *C-Text vielleicht nicht zu erwarten ist, illustriert das Beispiel doch die Schwierigkeit einer sicheren Hypothesenbildung

---

167 In der Handschrift B sind die letzten beiden Zeilen weggeschnitten. Von der vorletzten Zeile ist nur noch das Ende, das dem ersten Teil von V. 4357 entspricht, sichtbar. Der sichtbare Versteil indiziert eine unterschiedliche Formulierung in beiden Fassungen. Das Ende der ‚Klage' fällt mit einem Lagenende zusammen, so dass der Schreiber (V) die Schlussverse „noch in einen breiten Block am unteren Rand ein[...]passt[e]", um wohl „nicht mit einem neuen Blatt beginnen zu müssen"; Stolz 2005, S. 36. Dies resultiert vermutlich aus einem Linierungsfehler, da die 19. Lage des ‚Lieds' „durchgehend mit etwa zehn Zeilen weniger als üblich (42 bis 44 statt 52 bis 54 Zeilen) beschrieben" ist; ebd., Anm. 50.

168 In *C folgt der Abschnitt über den Bischof Pilgrim als Auftragsgeber und Konrad als Schreiber (*C 4401–4428), der in *B früher steht (*B 4295–4322).

bereits auf Handschriftenebene; die Bearbeitungsinstanzen und -schichten sind nur bedingt rekonstruierbar.

Müller stellt fassungsübergreifend für die ‚Klage' fest, dass „[d]ie Erzählinstanzen [...] multipliziert" seien, „ohne dass ihr Verhältnis zueinander aufgeklärt [werden] würde".[169] Er verweist auf das *maere* (*B/*C 1), den „*tihtaere*, der es verschriftlichen lässt" (*B 18f.) – für *C wäre der *schrîbaere* (*C 18f.) anzuführen –, den *tihtaere, / der uns tihte diz maere* (*B 4349f./*C 4389f.) – der *tihtaere* beziehungsweise *schrîbaere*, der das *maere* niederschreiben lässt, ist möglicherweise ein anderer als der, der es verfasst –, den *des buoches meister* (*B 569/ *C 546), der „eindeutig ein individualisierbarer Autor", „analog zu der [Erzählinstanz] des höfischen Romans" sei, „über Schrift verfüg[e]" und „mit dem Erzähler der ‚Klage' offenbar nicht identisch" sei.[170] Als Funktion bestimmt er, dass „[a]ll diese Figuren [...] die Lücke zu füllen [haben], die die Autorität der Tradition hinterlassen hat. So findet sich in der ‚Klage' noch die Konkurrenz anonymer und verschieden personalisierter Erzählinstanzen, wie sie an Erzählungen des 12. Jahrhunderts beschrieben wurde".[171] Beiden Fassungen ist gemein, dass sie die Werkgenese als einen „zeitlich gestufte[n] Ablauf des Erzählens – Verfassens – Wiedererzählens kennzeichnen":[172] mündlicher Augenzeugenbericht Swämmels in der Volkssprache,[173] (lateinische) Niederschrift durch den *meister Kuonrât* (*B 4315/*C 4421) – auch aufgrund weiterer Augenzeugenberichte (+*B 3475f.: „*dar umbe sende ich* [scil. Bischof Pilgrim] *nû zehant / mîne boten in Hiunen lant.*") –, mehrfaches und vielgestaltiges Wiedererzählen in der Volkssprache – darunter schließlich schriftlich in Form der ‚Klage'. Die Werkgenese ist damit zugleich als ein arbeitsteiliger Prozess beschrieben, der Kleriker- und Laienkultur miteinander verbindet.[174] Anfangs wird sie auf die Instanzen des Auftraggebers, der Augenzeugen und des Schreibers zurückge-

---

169 Müller 2017, S. 155.
170 Ebd., S. 155f.
171 Ebd., S. 156.
172 Unzeitig 2010, S. 326.
173 Zur mehrfachen Qualifizierung Swämmels als Augenzeuge, Bote Etzels wie als die laikalmündliche Kultur repräsentierender *videlaere* vgl. Müller 1996, S. 87, 92; 1998, S. 62; Wenzel 2001, S. 65; S. Müller 2002.
174 Vgl. Wenzel 2001, S. 66. Wenzel (ebd., S. 67) deutet Swämmel als eine ausschließlich literarische Figur, so dass die Augenzeugenschaft fingiert sei und die ‚Klage' demonstriere, wie „das Muster des Zeitzeugen oder Histors, also dessen, der gesehen hat oder Zeitzeugen befragt hat, in die schriftliche Dichtung übertragen wird". Diese Deutung ist möglich, allerdings suggeriert die ‚Klage', dass die Figur Swämmel analog zu Dietrich, Etzel und den weiteren Figuren, ein außerliterarisches Pendent hat.

führt, in der weiteren Tradierung und Distribution schließt sie dann zahlreiche Wiedererzähler beziehungsweise Weitererzähler ein.[175] Dies unterscheidet die ‚Klage' in ihren Fassungen von namentlichen gekennzeichneten Werken, in denen die Vorgänge des Verfassens und Erzählens oft ausdrücklich parallelisiert sind.[176] Unzeitig deutet dies dahingehend, dass in der ‚Klage' „die Erzählerrolle, d.h. das Sprecher-Ich, deutlich getrennt von der Autorfunktion [ist]. Der Erzähler hat keinen Anteil an dem Verfassen des Werkes. Der Erzähler ist nur in der Performanz, als Übermittler des *maere* beschreibbar",[177] der die „von anderen verfasste Geschichte zum Vortrag bringen"[178] will. Unzeitig setzt also ein anderes Verständnis eines Wiedererzählers als Worstbrock voraus: Sie berücksichtigt den für die mittelalterliche Rezeptionssituation so wichtigen Aspekt der Performanz, der bei Worstbrock fehlt. Wenn man das Modell eines Wiedererzählens im Worstbrockschen Sinn anlegt, dann ist die Trennung von Autor und Erzähler für die ‚Klage' möglich, aber nicht zwingend. Zwar beruft sich der Wiedererzähler beziehungsweise Weitererzähler, vor allem in *C, auf ein seinem Text vorausliegendes lateinisches Werk, zugleich erzählt er es jedoch ins Deutsche übertragend wieder respektive weiter – möglicherweise von der Vorstellung her ähnlich wie die deutschen Dichter der höfischen Romane; wobei eine Anpassung an ein deutsches Publikum möglicherweise geringeren Raum einnehmen müsste als bei den französischen Vorlagen.

Weil für die ‚Klage' keine Vorlage vorhanden ist und die Forschung des Weiteren eine lateinische Fassung der ‚Klage' als Fiktion annimmt,[179] lassen sich weder das Konzept der Werkgenese noch die Bearbeitungsweisen und -formen unmittelbar wie beim höfischen Roman rekonstruieren. Stattdessen ist der Fall wie beim ‚Lied' gelagert und über den Vergleich zwischen den ‚Klage'-Fassungen und mit dem ‚Lied' ist die eigene Konstitutions- und Vermittlungs-

---

175 Curschmann (1979, S. 106) hebt hervor, dass das „Bild einer lebendigen und vielgestaltigen Erzähltradition" „genau das Denkschema [ist], das der Organisation des Stoffes in der ‚Klage' selbst zugrunde liegt – einer internen Diskussion um die Gründe und die Schuld an der Tragödie, die unter wechselnden Aspekten in den Klagereden erst der unmittelbar und später der mittelbar Beteiligten ausgetragen wird und die durchaus nicht in allem zu einheitlichen Ergebnissen kommt".
176 Vgl. Unzeitig 2010, S. 326. Anzumerken ist, dass Unzeitig (ebd., S. 197) auch für namenlose frühmittelhochdeutsche erzählende Texte herausgearbeitet hat, dass in ihnen oftmals die Autorschaft als Vorgang des Verfassens sowie die modale Vermittlung als Vorgang des Vortragens oder Schreibens thematisiert wird.
177 Ebd., S. 321.
178 Ebd., S. 326.
179 Vgl. Günzburger 1983, S. 35–41; Bumke 1996c, S. 461–468.

leistung der einzelnen Fassungen herauszuarbeiten. Für den Verfasser einer ‚Urklage', wenn es denn eine gegeben hat, war es Aufgabe, Vorliegendes und/oder Bekanntes neu zu formen; ihm ist dann eine Funktion des Verfassens zuzuschreiben. In den überlieferten Handschriften- beziehungsweise Fassungstexten ist eine Trennung von Autorfunktion und Erzählerrolle textintern zwar nachzuweisen, doch sind zwei unterschiedliche Bezugspunkte anzusetzen – ein lateinischer Text für die Vorlage sowie ein deutscher für das aktuelle (Weiter-)Erzählen in den Fassungen.

3.4 Modifikationen des Modells des Wiedererzählens

Die Überlegungen zu Worstbrocks Modell des Wiedererzählens und seiner Anwendbarkeit auf den Nibelungenkomplex haben Grundannahmen bestätigt, zugleich Unschärfen und Grenzen des Modells offenbart. Im Schwerpunkt wurden historisch eigene Konzepte von Text, Werk, ‚Quelle', Autor und Erzähler in Bezug auf den höfischen Roman wie den Nibelungenkomplex herausgearbeitet. Worstbrock unterscheidet zwischen einem Urheber und einem Erzähler, der seinen Text einer Traditionslinie einfügt; er differenziert jedoch nicht zwischen Autor und Erzähler beziehungsweise Autor- und Erzählerrolle, so dass in seinem Modell nicht zwischen Vorgängen des Verfassens und des Erzählens unterschieden wird. Unberücksichtigt bleibt des Weiteren der Aspekt der Performanz, der für die Konzeption wie Rezeption höfischer Romane und der ‚Klage', besonders jedoch für die des ‚Lieds' eine wichtige Rolle gespielt haben wird. Eine stärkere Ausrichtung auf den Vortragscharakter mittelalterlicher Dichtungen in Großform könnte Texte wie Kategorien und Konzepte weitergehend dimensionieren – dies trotz aller Schwierigkeiten der (Re-)Konstruktion historischer Rezeptionssituationen.[180] Dies gilt besonders für narratologische Fragestellungen und ihre Historisierung, da bei ihnen der Aspekt der Performanz in der Regel unberücksichtigt bleibt.

In Bezug auf Worstbrocks Konzept der *materia* ist festzustellen, dass die von ihm vorgeschlagene Disjunktion von Stoff und Form nur graduell zu denken ist. Vielmehr scheint der Stoff auch die Form zu bedingen beziehungsweise die Form, wie etwa die Strophe oder die Vorausdeutungen im ‚Lied', den Stoff gattungsspezifisch zu prägen. Die Untergliederung in *prima* und *secunda materia* durch Lieb hat in ihrer Anwendung auf den Nibelungenkomplex dazu geführt, die unterschiedlichen Aufgaben des Verfassers des Grundtexts sowie die

---

[180] Siehe einführend in diesen Problemkomplex Unzeitig/Schrott/Miedema 2017.

der Bearbeiter zu präzisieren und zu einer systematischen Unterscheidung zwischen einem Wiedererzähler und einem Weitererzähler beziehungsweise einem Wiedererzählen und einem Weitererzählen zu gelangen. Auf diese Weise kann zwischen verschiedenen Prozessen und Ebenen textlicher Bearbeitung und damit je eigenen Strategien der Retextualisierung unterschieden werden. Das Modell des Wiedererzählens ist des Weiteren um den Aspekt der Literarisierung beziehungsweise des Literarisierungsprozesses zu erweitern; zu verstehen ist dies als eine Reflexion über Formen und Möglichkeiten eines angemessenen Erzählens und damit zugleich über Retextualisierungsverfahren.

4 ‚Nibelungenlied' und ‚Klage' als Erzählkomplex

Der Überlieferungsbefund hat gezeigt, dass sich die beiden Fassungen *B und *C von ‚Lied' und ‚Klage' zumindest teilweise auch in ihrer handschriftlichen Gestalt unterscheiden. Fassungsübergreifend weisen die Merkmale der Texteinrichtung jedoch darauf hin, dass ‚Lied' und ‚Klage' nicht nur als Schreib-, sondern als Werkeinheit zu betrachten sind. ‚Lied' und ‚Klage' sind vermutlich gemeinsam entstanden sowie einander zugeordnet.[1] Zu klären ist, inwiefern ‚Lied' und ‚Klage' aufeinander bezogen sind und gegebenenfalls von einer intentionalen Erzähleinheit beider Texte auszugehen ist.

Die Nibelungenforschung setzte sich intensiv mit der Entstehungsgeschichte von ‚Lied' und ‚Klage' auseinander.[2] Die Deutungsansätze über einen Bezug zwischen ‚Lied' und ‚Klage' lassen sich im Wesentlichen zu drei unterschiedlichen Annahmen bündeln:

(a) beide Texte sind intentional weitgehend unabhängig voneinander entstanden;[3] (b) der eine Text ist zeitlich früher entstanden und zog die Produktion des zweiten als (notwendige) Ergänzung nach sich;[4] (c) grundsätzlich ist von

---

1 Die Forschung zusammenfassend Deck 1996, S. 156.
2 Grundlegend dazu Hoffmann 1967; Gillespie 1972; Wehrli 1972; Szklenar 1977; Curschmann 1979; 1987; Voorwinden 1980; Wachinger 1980; McConnell 1986; Knapp 1987; Zimmermann 1990; Bernreuther 1994; Bumke 1996c; Henkel 1999; Kropik 2008, besonders S. 136–186.
3 Vgl. Curschmann 1979; Voorwinden 1980. In diesem Sinn ließe sich die handschriftliche Überlieferung mechanisch als Zyklenbildung „stofflich zusammengehöriger Texte" deuten; Szklenar 1977, S. 48f. Aufgrund der deutlichen Schlussmarkierung des ‚Lieds' in Verbindung mit dem erneuten Erzählansatz bezweifelt auch Göhler (2006, S. 133) eine intendierte Einheit.
4 Die ‚Klage' ließe sich „als eine willkommene, vielleicht sogar als eine notwendige Ergänzung des ‚Liedes'" betrachten; Bumke 1996c, S. 105; vgl. Wehrli 1972, S. 104; Heinzle 1994, S. 92; Mertens 1996b, S. 377. Bumke (2005, S. 32) geht davon aus, dass der Schluss des ‚Lieds' „im Mittelalter offenbar auf Unverständnis gestoßen" sei und die Produktion der ‚Klage' anrege. Ähnlich argumentiert auch Müller (2009, S. 169), dem zufolge das ‚Lied' um 1200 „nicht ohne die Nibelungen-‚Klage' denkbar" gewesen sei. Er (1998, S. 60, Anm. 26) interpretiert „[d]ie deiktischen Signale am Anfang und die holprige Überleitung" dahingehend, dass ausgeschlossen werden könne, „daß die Symbiose von ‚Nibelungenlied' und ‚Klage' ursprünglich" sei: „Die ‚Klage' muß als selbständiges Werk konzipiert und dann dem Epos als dessen Korrektur und Kommentar angehängt worden sein". Dass die ‚Klage' sekundär sei, zeige sich darüber hinaus „weniger am Detailunterschied als an der konzeptionellen Differenz"; ebd., S. 57, Anm. 11. Aus poetologischer Sicht setzt auch Schmidt (2006, S. 69) die ‚Klage' zeitlich nach dem ‚Lied' an.

einem mehr oder weniger gleichzeitigen Entstehen hinsichtlich eines sinnstiftenden Konzepts, einer intentionalen Einheit auszugehen.⁵

Diametral entgegengesetzt stehen Deutungen des Verbunds als technisch-mechanische Koppelung und als sinnstiftender Konnex.⁶ Insbesondere letztere Deutung liegt im Fokus der aktuellen Forschung, um ein Textverständnis zu konstruieren, das dem mittelalterlichen möglichst nahe kommt. Im Folgenden konzentriere ich mich auf die Optionen (b) und (c), weil der dargestellte Überlieferungsbefund die Annahme von (a) unwahrscheinlich macht. Aber (b) und (c) sind ebenso wenig sicher nachzuweisen, weil die Textentstehung im Dunkeln liegt und nicht sicher festgestellt werden kann, ob und gegebenenfalls inwiefern die Überlieferungsgemeinschaft von Anfang an intendiert ist oder aber einen sekundären Charakter hat. Lienert stellt richtig fest, dass „nur das Ergebnis des Dialogs der Texte", nicht aber „ein Prozeß wechselseitiger Beeinflussung" zu greifen ist.⁷ Kropik gibt zu bedenken, dass die Gemeinschaft beider Texte und eine gewisse Intentionalität „ohne den Willen des ‚Meisters' nur schwer vorstellbar"⁸ sei, und plädiert für die Option (c).

Der Befund ergibt das folgende Bild: Mit Strophen beziehungsweise Reimpaarversen weisen beide Texte eine unterschiedliche Form auf, die auch eine jeweils unterschiedliche Aussageintention beziehungsweise Gestus nahelegt.⁹ Das Ende der Erzählung ist im ‚Lied' ausdrücklich als solches markiert (B 2376,4

---

5 Vgl. Henkel 1999, S. 81. ‚Lied' und ‚Klage' könnten mit Kropik (2008, S. 150) als unterschiedliche Reflexionen von Sage verstanden werden, wobei das ‚Lied' den inszenierten Sagentext darstellt und die ‚Klage' die Entstehung des Texts thematisiert; siehe Abschnitt 4.5.
6 Henkel 1999, S. 83.
7 Lienert 1998, S. 293.
8 Kropik 2008, S. 140.
9 Aus der Form ergibt sich ein wahrscheinlich unterschiedlicher Rezeptionsmodus – Sangvortrag versus (Vor-)Lesen; vgl. Henkel 1999, S. 79; Lienert 2000, S. 14. Mit den Reimpaarversen erscheint die ‚Klage' formal dem höfischen Roman, aber auch geistlichen Lehrgedichten sowie der Schriftlichkeit näher und indiziert dadurch zugleich eine aktuellere Perspektive; vgl. Wehrli 1972, S. 232; Curschmann 1979, S. 101, 104; Wachinger 1980, S. 264; Heinzle 1994, S. 92; die Forschung zusammenfassend Deck 1996, S. 155f.; Mertens 1996b, S. 360, 363; Göhler 2006, S. 135. Lienert (1998, S. 288; vgl. 2000, S. 21) weist darauf hin, dass anders als im ‚Lied' „Bezüge zu höfischen Traditionen", „Techniken höfischen Erzählens wie [...] descriptiones" in der ‚Klage' kaum eine Rolle spielen und kommt daher zu dem Schluss, dass die „Poetik des höfischen Romans [...] verworfen [scheint]". Bemerkenswert ist, dass die gültige Form der Heldendichtung seit dem ‚Lied' die Strophe (in unterschiedlicher Ausprägung) ist und dass die ‚Klage' damit in bewusster Absetzung zur Norm geformt scheint, wie es nur in wenigen Heldenepen im 13. Jahrhundert zu beobachten ist: ‚Biterolf und Dietleib', ‚Dietrich und Wenezlan', ‚Dietrichs Flucht' und ‚Laurin'; vgl. Kornrumpf 1984, S. 325; Ausgaben: Schnyder 1980; Lienert/Meyer 2007; Lienert/Beck 2003; Lienert/Kerth/Vollmer-Eicken 2011.

[2379,4]/+C 2440,4a: *hie* [*B: *dâ*] *hât das mære ein ende*) wie auch der neue Erzähleinsatz (*B 1/*C 1: *Hie hebt sich ein maere*) in der ‚Klage'.[10] Der Erzähler des ‚Lieds' weiß nicht mehr zu berichten: *Ine kan iu niht bescheiden, waz sider dâ geschach: / wan kristen unde heiden weinen man dô sach* [...] (B 2376,1f. [2379,1f.]/C 2439,1f.).[11] ‚Lied' und ‚Klage' verweisen nicht explizit aufeinander,[12] auch wenn zahlreiche Parallelen festzustellen sind. Beide Texte teilen Motive, decken sich in vielen inhaltlichen Aussagen und stimmen mitunter nahezu wörtlich überein; dies auch jenseits von Formeln. Allerdings unterscheiden sie sich in einzelnen Aspekten.[13] Unterschiede sind vor allem in Form von Detailan-

---

10 Das Ende wird in der Forschung unterschiedlich gedeutet – als Unsagbarkeitstopos, als primär intendiertes Ende einer Nibelungenerzählung (vgl. Göhler 2006, S. 133–135), als Auffangen des unerträglichen Ends des ‚Lieds' (vgl. Müller 1998, S. 117), denn auch in der ‚Klage' dürfe nur „Etzel, der Heidenkönig und seine Welt, sang- und klanglos zu Ende gehen" (ebd., S. 455), aber auch als Eröffnung für eine andere Art des Erzählens: „Gerade daß der Erzähler weitere Berichte verweigert [...][,] macht deutlich, daß nicht alles zu Ende ist, sondern daß etwas *sider da geschach*; was er selbst nicht *bescheiden* kann, wird die ‚Klage' leisten, auf die der ‚Nibelungenlied'-Erzähler somit geradezu hin erzählt"; Lienert 1998, S. 293.
11 In der Handschrift B weinen in den angegebenen Versen *ritter unde vrouwen*.
12 Müller 1998, S. 60.
13 In einigen, meist nebensächlichen Details unterscheidet sich die ‚Klage' inhaltlich vom ‚Lied'. Die Differenzen wurden in der Forschung verschieden bewertet, werden mittlerweile jedoch größtenteils als Nachlässigkeiten oder eigenständige Hinzufügungen – wie Namen, Figuren und einige kleinere Handlungszüge – betrachtet; vgl. Panzer 1955, S. 77–88. Zu Unterschieden von ‚Lied' und ‚Klage' mit jeweils verschiedener Bewertung siehe Sommer 1843; Rieger 1856; Grimm 1957; Schneider 1962, S. 93, 110, 218, 224, 235. Einige Eigenheiten der ‚Klage' stimmen mit anderen ‚Quellen' überein oder scheinen sie vorauszusetzen; Panzer 1955, S. 77–88; Kuhn 1965, S. 302; Günzburger 1983, S. 18f.; Bumke 1996c, S. 468–484, 545–559; Lienert 1998, S. 286–289. Zu beachten ist, dass die ‚Klage' des Öfteren auf Aspekte der Sagengeschichte verweist, die im Text des ‚Lieds' fehlen. Nur in der ‚Klage' ist der Name von Rüdigers Tochter, Dietlind, genannt (*B 2700/*C 2812). Da auch die Dietrichepik den Namen von Rüdigers Tochter nicht kennt, ist der Name möglicherweise eine Neubildung aus Dietrich und Gotelind, weil in der ‚Klage' gemäß Verfasserintention Figuren grundsätzlich benannt sein sollen; Gillespie 1973, S. 25. Auch der Name *Nitgêre* (*B 1543/*C 1623; *B 2205/*C 2317) ist in beiden Hauptfassungen des ‚Lieds' nicht erwähnt (vgl. ebd., S. 99) und die Namen der hunnischen Hofdamen Adelind, Herlind, Sigelind, Hildeburg und Goldrun (in *C *Winelint*) (*B 2204ff./*C 2316ff.) sind weder in das ‚Lied' noch in andere Texte eingeschrieben – nur Hildeburg ist später auch in ‚Biterolf und Dietleib' und ‚Kudrun' genannt; Bumke 1999a, S. 537. Der Name *Rînvranken* (*B 303/*C 281) für die Burgonden spiegelt möglicherweise eine ältere Sagentradition, da Gunther und Hagen im ‚Waltharius' Franken sind. Vielleicht haben die ‚Klage'-Bearbeiter den Namen aus dem ‚Rolandslied' des Pfaffen Konrad übernommen: *die küenen Rînfranken*; Textausgabe: Kartschoke 1993, V. 7851. Es finden sich wörtliche Parallelen zur Fassung *C (und *D 297) mit *den küenen* [*B: *stolzen*] *Rînfranken*; das in *B andere Adjektiv weist eventuell auf einen sekundären Charakter hin; vgl. Günzburger 1983, S. 24, 44; Bumke 1999a, S. 519.

gaben und Namen zu verzeichnen und fallen daher selten ins Gewicht.[14] Beim gemeinsamen Inhalt unterscheidet sich das Was der Erzählung nur im Detail,[15] während das Wie des Erzählens mit einer unterschiedlichen Sinnstiftung jeweils anders akzentuiert beziehungsweise wiedererzählt wird.[16] Beide Texte weisen

---

Curschmann (1989) erwägt, dass die Freigebigkeit Kriemhilds gegenüber Dietrich (*B 786f./ *C 806f.), die im ‚Lied' nicht erzählt wird, von Etzels erster Gemahlin Helche auf Kriemhild übertragen wurde; vgl. Bernreuther 1994, S. 145. Nur in der ‚Klage', und daraus vermutlich später auch im ‚Biterolf und Dietleib' übernommen, werden mit Hermann von Polen, Sigeher von Walachen und Walber von Türkie drei osteuropäische Fürsten in Etzels Dienst genannt (*B 345 ff./*C 321 ff./*D 339 ff.). Auffällig ist ebenfalls, dass zu den drei dänisch-thüringischen Helden Iring, Irnfrid und Hawart in der ‚Klage' weitere Details erzählt werden (*B 373ff./*C 351ff.) und über das ‚Lied' hinausgehende Kenntnisse der Iringsage bezeugt werden; vgl. Weddige 1989, S. 103–118; Bumke 1999a, S. 521. In der Klagerede Dietrichs auf Rüdiger (*B 1974–2037/ *C 2072–2137) sind weitere Details aus der Dietrich-Etzel-Sage aufgenommen, die sich im ‚Lied' nicht finden. Bumke (ebd., S. 535) verweist in dem Zusammenhang insbesondere auf „Rüdigers Mittlerrolle in dem Konflikt zwischen Dietrich und Etzel nach dem Tod der Etzelsöhne in der Rabenschlacht".
14 So bereits Rieger 1856, S. 247. Allerdings sind nicht alle von der Forschung zusammengetragenen ‚Uneinigkeiten' auch tatsächlich als solche zu interpretieren. Als Beispiel nenne ich die Interpretationen zu den Formulierungen von Kriemhilds Tod durch Hildebrand in ‚Lied' und ‚Klage': *ze stücken lac verhouwen* [B: *was gehouwen*] *dô daz edel* [B: *edele*] *wîp* (B 2374,2 [2377,2]/C 2437,2) erzählt das ‚Lied'; in der ‚Klage' heißt es, dass ihr der Kopf abgeschlagen wurde (+*B 796f.). Die Forschung hat die Stelle im ‚Lied' unterschiedlich gedeutet: Ist in diesem Fall von einem wörtlichen In-Stücke-hauen auszugehen (Kuhn 1965, S. 302; Schirok 2004, S. 287) oder ‚nur' von einer Enthauptung (Grimm 1957, S. 113; Bumke 1996c, S. 475), da Hildebrand ihr nur *einen grimmen swanc* (*C 2436,2b) respektive *einen swæren swertswanc* (*B 2373,2b [2376,2b]) versetzt (Lienert 2000, S. 389)? Und ist die Formulierung der ‚Klage' als ehrenvollerer Tod zu verstehen (Kuhn 1965, S. 302), als Abmilderung der Strafe (Gillespie 1972, S. 161; Müller 1998, S. 168; Schulze 2013, S. 271) oder nur als weniger drastischer Ausdruck des gleichen Sachverhalts (Grimm 1957, S. 113; Lienert 2000, S. 389)? Gerade der Fassungsvergleich ermöglicht Deutungsmöglichkeiten. Wurde die Formulierung in der ‚Klage' in der Forschung vornehmlich mit dem Ziel einer Aufwertung gedeutet, so fehlen in ‚Klage' *C die Verse +*B 798f., in denen erzählt wird, dass Hildebrand sein Opfer Kriemhild beklage. In *B ist eine deutliche Aufwertung Kriemhilds herauszulesen, dagegen erscheint *C mit Lienert (2000, S. 389) stimmiger: „Dass derjenige Kriemhild beklagt, der sie soeben selbst getötet hat, mag wenig glaubhaft scheinen".
15 Vgl. Henkel 2003a, S. 118.
16 Vgl. ebd., S. 113. Grundsätzlich sind mit Kerth (2008, S. 355) beide Werke als mittelhochdeutsche Heldendichtung zu bestimmen, da sie primär über stoffliche beziehungsweise sagengeschichtliche Charakteristika definiert wird. Eine Übersicht über die Diskussion zu Gemeinsamkeiten und Unterschieden bei Günzburger 1983, S. 12–24; Lienert 2000, S. 10f.; vgl. Hoffmann 1967; Wehrli 1972; Gillespie 1972; Szklenar 1977; McConnell 1986; Knapp 1987; Zimmermann 1990; Bernreuther 1994; vgl. zusammenfassend Deck 1996, S. 155–185; Bumke 1996c, S. 118–121; Henkel 1999.

eine unterschiedliche Art des Erzählens[17] sowie einen anderen „gestalterische[n] Schwerpunkt"[18] auf.

Wenn nach der Leistung des Bearbeiters *C gefragt wird, dann ist zu klären, ob und gegebenenfalls inwiefern die ‚Klage' oder aber die Fassung *C des ‚Lieds' Aspekte des jeweils anderen Texts übernommen und modifiziert hat und/oder, ob und gegebenenfalls inwiefern der eine Text die Produktion des anderen anregte.

4.1 Die Entstehung der ‚Klage'

Bei der Deutung des Überlieferungsbefunds sind zweierlei Fragen voneinander zu unterscheiden: Zum einen, ob die ‚Klage' vor oder nach dem ‚Lied' entstand; zum anderen, ob eine bestimmte ‚Klage'-Fassung vor oder nach einer bestimmten ‚Lied'-Fassung vorlag.

Wilhelm Grimm und Lachmann folgend ging die Forschung zunächst davon aus, dass die ‚Klage' älter als die überlieferten Fassungen des ‚Lieds' sei,[19] da die Hauptfassungen der ‚Klage' ohne die Kenntnis des ‚Lieds' verständlich seien, beide Texte separat voneinander stehen könnten und sich nicht aufeinander, sondern nur auf den gleichen Stoff bezögen.[20] Seit Vogt geht die Forschung weitgehend davon aus, dass zunächst eine schriftliche ‚Lied'-Fassung vorlag (Option b), bevor eine ‚Klage'-Fassung entstand.[21] Aus diesem Grund wird die ‚Klage' meist als zeitlich und intentional sekundärer Text gewertet, insbesondere auch aufgrund einer vermeintlich geringeren dichterischen Leistung.[22] Der eigene Gestus der ‚Klage' bezeugt jedoch meines Erachtens in erster Linie eine

---

17 Lienert (1998, S. 289) beobachtet bei der ‚Klage' eine größere Ausführlichkeit in Bezug auf „Gefallenenzahlen" und „Namenslisten von Nebenfiguren", die sie auf einen anderen Erzählduktus zurückführt: „Heldendichtung deutet Hintergründe an, Chroniken und andere historiographische Texte erzählen aus". Damit ließe sich eine größere Ausführlichkeit dann auch nicht mehr (notwendigerweise) als gebende Quelle interpretieren, wie es die Forschung etwa in Bezug auf die Figur Pilgrim diskutiert; eine Übersicht der Diskussion findet sich bei Bumke 1996c, S. 489–494.
18 So interpretiert etwa Göhler (2006, S. 137) das ‚Lied' als „Darstellung eines epischen Geschehens" und die ‚Klage' als „dessen Interpretation".
19 Vgl. Bumke 1999a, S. 12.
20 So wieder Curschmann 1979.
21 Vogt 1913; Wachinger 1980; vgl. Deck 1996, S. 129–154; Bumke 1996c, S. 111; Lienert 2000, S. 16. Dagegen führten Curschmann (1979) und Voorwinden (1980) die ‚Klage' wieder auf mündliche Traditionen jenseits des schriftlichen ‚Lieds' zurück.
22 So noch Müller 1998, S. 118, 454f.

andere Funktion und ein eigenes Erzählanliegen; die ‚Klage' soll deutlich vom ‚Lied' abgesetzt sein. Auch wenn die genaue Datierung der ‚Klage' weiterhin strittig bleibt, wird dies gemeinhin im Kontext der Frage nach der zeitlichen Priorität von ‚Klage' oder *C-Fassung des ‚Lieds' behandelt. Lange Zeit wurde mit Bartsch der *B-‚Klage' der Status des primären Texts vor dem *C-,Lied' zugebilligt: Die *B-‚Klage' kommentiere das *B-‚Lied' in einer bestimmten Perspektive und werde in dieser Weise von der *C-Fassung fortgeschrieben.[23] Als stärkstes Argument der zeitlichen Priorität der ‚Klage' vor dem *C-,Lied' wird in der Regel die feste Verkoppelung von ‚Klage' und ‚Lied' in der Überlieferung vorgebracht, was die Annahme nahelegt, dass beide Texte schon vor der Ausbildung der Fassungen zusammengefügt seien. Dann sind ‚Lied' und ‚Klage' „als integrale Bestandteile eines Werk-Komplexes [...], eines ‚Nibelungen-Buchs'" zu verstehen, das mit Heinzle „die Erzählung des heroischen Geschehens mit einer christlichen Sinndeutung im Geist des zeitgenössischen Weltbildes verband".[24]

Bumke plädiert dagegen für das *C-,Lied' als den primären Text, weil die Unterschiede zwischen den Fassungen *B und *C des ‚Lieds' nicht allein mit dem Einfluss der ‚Klage' zu erklären seien.[25] Er geht davon aus, dass die Bearbeiter beider ‚Klage'-Fassungen „zusammen und unabhängig voneinander – offenbar gleichzeitig die *C-Bearbeitung und das „Passauer" ‚Lied' benutzten".[26] Zumindest findet Bumke in den dem *C-,Lied' eigenen Plusstrophen keinen Anhaltspunkt dafür, dass die ‚Klage' die ‚Quelle' für den Bearbeiter des *C-,Lieds' gewesen sei.[27] Sicher klären lässt sich diese Frage nicht. Aufgrund der Querverbindungen zwischen den Fassungen von ‚Lied' und ‚Klage' ist von einer frühzeitigen Bindung beider Texte auszugehen. Die Entlehnungsrichtung ähnlicher Formulierungen und Motive zwischen ‚Lied'- und ‚Klage'-Texten kann nicht sicher bestimmt werden.[28] Wenn man bedenkt, dass die Gruppenbildung der ‚Klage' der des ‚Lieds' entspricht, und beide Texte nur in dieser Konstellation überliefert sind, dann ist mit Henkel eine nachträgliche „Filiation der ‚Klage' in der Gruppenbildung des ‚Nibelungenliedes' nicht mehr herstellbar gewesen".[29]

---

23 Vgl. Panzer 1955, S. 90–98; Schröder 1989, S. 12; Göhler 1995, S. 71.
24 Heinzle 2003a, S. 197.
25 Bumke 1996c, S. 558f.; vgl. Hoffmann 1967.
26 Bumke 1996c, S. 592.
27 Ebd., S. 525; vgl. Schröder 1989, S. 20f.
28 Vgl. Lienert 1998, S. 293.
29 Henkel 2003a, S. 125.

Aufgrund von wörtlichen Übereinstimmungen zwischen ‚Lied' und ‚Klage' folgt Bumke, dass die ‚Klage'-Fassungen auf schriftliche Textversionen des ‚Lieds', nicht aber auf mögliche Vorstufen des ‚Lieds' zurückgehen.[30] Heinzle argumentiert ähnlich, weil er davon ausgeht, dass das Kriemhild- und Hagenbild des ersten Teils des ‚Lieds' auf die ‚Klage' übertragen worden seien.[31] Ebenso vertritt Lienert die Ansicht, dass sowohl das *C-‚Lied' als auch die Hauptfassungen *B und *C der ‚Klage' als Bestandteile eines einzigen Rezeptionsvorgangs auf den „Skandal"[32] eines „ambivalent-provozierende[n]"[33] ‚Lieds' reagieren.[34] Sie stellt sich in eine lange Tradition der Auslegung der ‚Klage' und der Fassung *C des ‚Lieds' als Rezeptionsdokumente eines ursprünglicheren ‚Lied'-Texts.[35] Alle diese Überlegungen machen eine Datierung der ‚Klage' um 1200 wahrscheinlich.[36]

Auszugehen ist demnach von der Entstehung des Grundtexts des ‚Lieds', an diesen wird in einem weiteren Schritt die ‚Klage' angehängt und der Verbund aus ‚Lied' und ‚Klage' wird weiterbearbeitet und tradiert. Folgt man Curschmann und Bumke in der Annahme einer Nibelungenwerkstatt und damit der fast gleichzeitigen Entstehung und wechselseitigen Beeinflussung von ‚Lied'- und ‚Klage'-Fassungen,[37] dann wird die Frage nach der Priorität von ‚Klage' *B oder ‚Lied' *C bedeutungslos.[38] Denn wenn sich beide Texte in der Produktion in zeitlicher und räumlicher Nähe gegenseitig beeinflussten, dann ist die textgeschichtliche Entstehung nicht nur nicht rekonstruierbar, sondern für das Verständnis der einzelnen Texte nicht relevant. Bumke geht jedoch nur von der „Möglichkeit" aus, „daß es bereits während des Arbeitsprozesses Kontakte zwischen den verschiedenen Bearbeitern gegeben haben kann, sei es in Form von persönlichen Beziehungen oder in Form von Textkontakten".[39] Dies ist durch die verschiedenen Formen der Querbezüge stark indiziert (siehe Abschnitt 4.2).

---

30 Bumke 1996c, S. 559.
31 Heinzle 1987.
32 Müller 1998, S. 442; vgl. Heinzle 1994, S. 92.
33 Lienert 2000, S. 19.
34 Ebd.
35 Vgl. unter anderem Gillespie 1972, S. 155, 158; Heinzle 1994, S. 92; Göhler 2006, S. 134f.; Müller 2015, S. 177.
36 Für eine Zusammenfassung divergenter Datierungsauffassungen der ‚Klage' siehe Günzburger 1983, S. 4–11; Deck 1996, S. 113–127; Bumke 1996c, S. 361–365; Henkel 1999, S. 76–79; Lienert 2000, S. 19. Zu Argumenten für eine Spätdatierung nach Wolframs von Eschenbach ‚Willehalm' um 1220 siehe besonders Hoffmann 1967; Schröder 1989.
37 Bumke 1996c, S. 489–494, 527–531.
38 Vgl. Lienert 2000, S. 18.
39 Bumke 1996c, S. 535.

Auch wenn nur Möglichkeiten erwogen werden können, ist ein gemeinsames Konzept von ‚Lied' und ‚Klage' wahrscheinlich.[40] Zu überlegen ist, ob und gegebenenfalls inwiefern die ‚Klage' und/oder das *C-‚Lied' primär als Dokumente einer reagierenden Rezeption zu betrachten sind, oder ob ihnen vornehmlich nicht andere Funktionen zuzuschreiben sind (Option c). Unabhängig davon ist der der ‚Klage' eingeschriebene Deutungshorizont sicherlich für eine Konstruktion eines Nibelungenverständnis um 1200 maßgebend.[41] Zu klären ist, wie das Verhältnis von ‚Lied' und ‚Klage' zu deuten und welche Leistung und Funktion der ‚Klage' zuzuschreiben ist.

4.2 Das Verhältnis von ‚Klage' und Fassung *C des ‚Nibelungenlieds'

Ein Vergleich von ‚Lied'- und ‚Klage'-Fassungen ergibt vielfältige und unterschiedliche Typen von Parallelen:[42]

1. Viele wörtliche Übereinstimmungen finden sich fassungsübergreifend in ‚Lied' und ‚Klage'. Dies jedoch nicht immer in der gleichen Art und Weise. Mitunter ist eine andere Reihenfolge oder eine Zuschreibung an andere Figuren zu verzeichnen: Der ‚Lied'-Formulierung (C 2360,2f.)[43] *er [scil. Wolfhart] was ein teil ze swære. wider in daz bluot / enpfiel er im [scil. Hildebrand] ûz handen* [...] entspricht eine Formulierung in den ‚Klage'-Fassungen (*B 1834f./*C 1926f.: *er was ein teil ze swære; / er enpfiel in wider in daz wal*), wobei allerdings nicht von Wolfhart, sondern von Giselher die Rede ist.[44]

2. Wiederholt sind Gemeinsamkeiten zwischen den ‚Lied'-Fassungen und der *B-‚Klage' zu beobachten: Die Formulierung in den ‚Lied'-Fassungen (*B 1067,1/*C 1076,1) über Kriemhilds Klagen nach Siegfrieds Tod *Ez was ein michel wunder, daz si ie genas* hat nur eine Parallele in der *B-‚Klage', wenn der Erzähler über den klagenden Etzel berichtet (+*B 2315f.): *daz ez ein grôze wunder was, / daz er der klage ie genas*.[45]

---

40 Vgl. Kropik 2008, S. 139f.
41 Henkel 1999, S. 83.
42 Vgl. Bumke 1996c, S. 468–473, 545–559; Abschnitt 7.9. Verwiesen sei für weitere Beispiele auch auf die Kommentare der ‚Klage'-Ausgaben von Bumke (1999a) und Lienert (2000).
43 Das *B-‚Lied' formuliert anders: *er was ein teil ze swære. ermuose in ligen lân. / dô blicte ouch ûz dem bluote der rêwende man.* (B 2297,2f. [2300,2f.]).
44 Lienert 2000, S. 415f.
45 Vgl. ebd., S. 425.

In beiden ‚Lied'-Fassungen geleitet Rüdiger die Burgonden von Bechelaren zum Etzelhof (B 1705,2a [1708,2a]/C 1747,2a: „*ich wil iuch selbe leiten*"; B 2141,3 [2144,3]/C 2202,3: „*ich was ir geleite* [B: *jâ was ich ir geleite*] *in mînes herren lant*") wie ebenfalls in der *B-‚Klage' (*B 2696: *der geleite müez er sîn*), während die *C-‚Klage' gänzlich anders formuliert (*C 2807: *unz daz die liebe geste sîn*).[46]

Im *B-‚Lied' (1329,3a [1332,3a]; 1333,1a [1336,1a]) ist auf der Reiseroute nach Etzelburg geographisch falsch der Ort *Zeizenmûre* genannt.[47] In der ‚Klage' *B (2795) lautet der Ortsname dagegen korrekt *Treisenmûre* – eine entsprechende Angabe fehlt in der *C-‚Klage'. *Treysenmûre* steht anstelle von *Zeisenmûre* auch im *C-‚Lied' (C 1359,3; 1363,1),[48] so dass *C-‚Lied' und *B-‚Klage' gegenüber dem *B-‚Lied' enger zusammenstehen.

3. Mehrfach ist ein engerer Textanschluss zwischen *C-‚Lied' und den ‚Klage'-Fassungen zu verzeichnen. Formulierungen wie das auf Kriemhild bezogene *dô lac in unsinne* des *C-‚Lieds' (+C 1079,3a) finden sich ebenfalls in beiden ‚Klage'-Fassungen (*B 3962: *wande si lac in unsinne*/*C 4016: *si lac ouch in unsinne*). In der ‚Klage' ist dies allerdings auf Ute bezogen und beschreibt ihre Reaktion auf das Untergangsgeschehen.[49] Weniger die ähnliche Textrealisation ist auffällig, vielmehr, dass sie sich nicht im *B-‚Lied' befindet. Gemeinsam ist ebenso der programmatisch konzipierte Erzähleinsatz von *C-‚Lied' und den ‚Klage'-Fassungen. Das Erzählen ist jeweils durch das Schlüsselwort *alt* perspektiviert: Der *C-Bearbeiter setzt vor das Werk die Prologstrophe (+C 1,1 *Uns ist in alten mæren wunders vil geseit*). Und in der ‚Klage' heißt es: *Diz alte maere / bat ein tihtaere / an ein buoch schrîben* (*B 17–19) beziehungsweise *Dizze vil alte maere / het ein schrîbaere / wîlen an ein buoch geschriben* (*C 17–19). Diese Angaben sind inhaltlich und formal ebenfalls auf die Verse *B 4349ff./*C 4389ff. am Ende der ‚Klage' zu beziehen, in denen sowohl der *B-Reim *maere : tihtaere* als auch der *C-Reim *geschriben : beliben* vorliegt.[50] In den Prologen von *C-‚Lied' und ‚Klage'-Fassungen findet sich der Reim *klagen : sagen* (C 1,3f.; *B/*C 7f.) und die Wendung an ein Publikum, so dass von einer parallelen Konstruktion auszugehen ist: Welcher Text welchen Prolog angeregt hat, ist letztendlich

---

46 Vgl. ebd., S. 430; Bernreuther 1994, S. 161. Die *B-‚Klage' weist vor dem Vers zwei Plusverse auf.
47 Die Angaben zu *Zeisenmûre* finden sich in den Handschriften A und B (A 1272,3a; B 1276,1a nach Batts 1971, S. 404–406).
48 Bumke 1999a, S. 544; Lienert 2000, S. 432; Heinzle 2013a, S. 1327f.
49 Lienert 2000, S. 451.
50 Vgl. Bumke 1999a, S. 514.

nicht bestimmbar, ob die *C-Prologstrophe einen Prolog in der ‚Klage' in der vorhandenen Form anstieß oder der ‚Klage'-Prolog die Prologstrophe anregte.[51]

4. Zu verzeichnen sind ebenso Formulierungsanklänge im *C-‚Lied' und in der *B-‚Klage'.[52] Illustriert sei dies am Motiv der fehlgeschlagenen Isolierung Hagens: Der Formulierung im *C-‚Lied' *Sine het der grôzen slahte alsô niht gedâht. / si het ez in ir ahte vil gerne dar zuo brâht* (C 2143,1f.) entspricht eine in der *B-‚Klage': *Diu enhetes niht alsô gedâht. / si het ez gerne dar zu brâht* (*B 259f.). Dies gilt ebenfalls für Plusmaterial des *C-‚Lieds' wie im Fall von *daz niwan Hagene aleine den lîp dâ hete lân* (+C 2143,3) im Vergleich zu *daz niwan der eine man den lîp hete verlorn* (*B 262f.) in der *B-‚Klage'.

5. Des Weiteren sind fassungskreuzende Parallelen auszumachen: Wenn *C-‚Lied' und *B-‚Klage' übereinstimmen, dann mitunter gleichzeitig wie überkreuzt *B-‚Lied' und *C-‚Klage': So im Fall der Formulierung *Von liehten rîchen pfellen, verre ûz heiden lant* (C 580,1) und ‚Klage' *B (2330–2333: *ein pfellel von golde, / tiuwer und rîche, / geworht vil spaehelîche, / verre brâht ûz heidenlant*), während das *B-‚Lied' (571,1 [574,1]: *Si truogen rîchen pfellel, die besten die man vant*) mit der *C-‚Klage' (2423–2425: *in den besten pfellel, den man vant, / man si dô zuo ein ander want, / swaere und rîch von golde*) übereinstimmt.[53] Dies gilt auch für das Motiv von Etzels *vernôgieren*, das sich wörtlich nur in der Plusstrophe +C 1261 sowie in der *B-‚Klage' (+B 988) findet.

6. Darüber hinaus gibt es innerhalb einer Fassung Parallelen, die sich in der anderen Fassung nicht finden. Fassungseigen ist der wörtliche Bezug zum Nibelungenhort in einer Plusstrophe des *C-‚Lieds' und in Plusversen der *C-‚Klage', während sie in den *B-Texten fehlen:[54] In +C 519 heißt es:

Sîvrit was sô rîche, als ir wol habt gehôrt:
im diente daz künicrîche und Nibelunge hort.
des gaber sînen degenen vil vollecîîch genuoc,
wande sîn wart doch niht minre, swie vil man von dem schatze truoc.

---

51 Vgl. Lienert 1998, S. 285; vgl. 2000, S. 352.
52 Vgl. Lienert 2000, S. 367.
53 Bumke 1996c, S. 549; Lienert 2000, S. 425.
54 Vgl. Bumke 1999a, S. 530.

In der *C-‚Klage' findet sich eine entsprechende Erzählung Hildebrands vom Hort:

„ich meine der Nibelunge hort.
dâ von habt ir wol gehôrt.
sîn was âne mâze vil,
als ich iu nû sagen wil:
sîn wart nimmer deste min,
swie vil man sîn gaebe hin;
in kunde niemen erseigen." (+*C 1287–93)

Auch der folgende Fall illustriert die Gemeinsamkeit innerhalb der *C-Fassung von ‚Lied' und ‚Klage': Die *C eigene Formulierung in der Figurenrede Kriemhilds „engultes ander iemen, daz wær mir inneclîchen leit" (+C 1947,4), in der sie Dietrich und Hildebrand erzählt, dass sie sich ausschließlich an Hagen rächen wolle, hat eine Entsprechung in Plusversen der *C-‚Klage' (+*C 1320; 1324ff.) in der Figurenrede Hildebrands, die in *B fehlen.[55]

4.2.1 Ergebnisse

Als Fazit ist zu ziehen, dass die Querbezüge eine enge Verbindung von ‚Lied' und ‚Klage' auch über die Fassungen hinweg nachweisen.[56] Die einzelnen Typen demonstrieren vielfältige Parallelen zwischen ‚Lied' und ‚Klage'. Es finden sich fassungsunabhängige, fassungsspezifische und fassungskreuzende Parallelen zwischen den ‚Lied'- und den ‚Klage'-Fassungen. Hinzu kommen Parallelen zwischen einer ‚Lied'- und beiden ‚Klage'-Fassungen beziehungsweise zwischen einer ‚Klage'- und beiden ‚Lied'-Fassungen. Zieht man weitere Beispiele heran, dann fällt auf, dass das *C-‚Lied' und die beiden ‚Klage'-Fassungen *B und *C vermehrt einige wörtliche Anklänge, Motive sowie Motivierungen, Begründungen und Erklärungen teilen, die sich im *B-‚Lied' nicht finden.[57] Dies indiziert eine besonders enge Verbindung von *C-‚Lied' und den beiden ‚Klage'-Fassungen.[58]

---

55 Vgl. ebd.
56 Vgl. Bumke 1996c, S. 495–559.
57 Ebd., S. 496.
58 Ebd., S. 558.

Bei allen Parallelen ist die Entlehnungsrichtung offen. Es ist nicht sicher bestimmbar, ob eine ‚Lied'- oder eine ‚Klage'-Fassung den Anstoß für eine Übernahme gegeben hat. Ebenso ist theoretisch ein gemeinsamer Bezug auf andere ‚Quellen' möglich.[59] Kaum rekonstruierbar ist auch, ob selbst die mitunter wörtlichen Anklänge als Zufallsprodukte, etwa Erinnerungen an den einen oder anderen Text, zu werten, einzelnen Bearbeitungsschichten zuzuschreiben, nur als gut empfundene Formulierungen zu verstehen oder als bewusste Anspielungen an den jeweils anderen Text zu deuten sind. Der häufige Transfer von Aussagen und Bezügen von der Erzähler- zur Figurenrede, von einer Figurenrede zu einer anderen oder von einer Figur zur anderen zwischen den beiden Texten beziehungsweise Fassungen zeugen jedenfalls nicht von einer systematischen Bezugnahme.

Aus den quantitativ höheren Bezügen zwischen dem *C-‚Lied' und den ‚Klage'-Fassungen ergibt sich eine zeitliche Priorität des *B-‚Lieds'. Die meisten Forscher gehen ebenfalls von einem Vorliegen der *B-‚Klage' vor dem *C-‚Lied' aus,[60] weil sowohl *B-‚Lied' als auch *B-‚Klage' eine gewisse Ambivalenz aufweisen, während die *C-Fassungen dieser Werke eher vereindeutigend erzählen.[61] Allerdings sind die formalen, strukturellen und inhaltlichen Unterschiede zwischen den ‚Lied'-Fassungen größer als die zwischen den Fassungen der ‚Klage' (siehe Kapitel 6 bis 9).[62] Daher ist ebenso eine zeitliche Priorität des *C-‚Lieds' vor einer der ‚Klage'-Fassungen möglich. Bumke erklärt die Querverbindungen dadurch, dass die ‚Klage'-Bearbeiter „gemeinsam und unabhängig voneinander Zugang" zum *C-‚Lied' haben.[63] Dies würde bedeuten, dass es eine ‚Lied'-Fassung ohne ‚Klage' gab, was aber wohl nur für den Grundtext angenommen werden kann. Sicher entscheiden lässt sich diese Frage nicht (siehe Abschnitt 4.1). Die vielfältigen Querverbindungen demonstrieren jedenfalls, dass das *C-‚Lied' sicherlich nicht aus dem Grund entstand, um Widersprüche zwischen ‚Lied' und ‚Klage' zu beseitigen,[64] wie es die ältere Forschung annahm.

---

59 Lienert 1998, S. 286.
60 Heinzle 1995, S. 93.
61 Lienert 2000, S. 18; vgl. Schirok 2004; Göhler 2006; Schmidt 2006.
62 Bumke 1996c, S. 259; vgl. Lienert 2000, S. 18f.
63 Bumke 1996c, S. 508; vgl. 534.
64 Vgl. ebd., S. 538; Kropik 2008, S. 148.

4.3 Die ‚Klage' als Inszenierung von Geschichtsdichtung

Wichtig für diese Untersuchung sind die Funktion und das Erzählanliegen der ‚Klage', weil sich daraus womöglich Implikationen und Konsequenzen für die Interpretation des ‚Lieds', der ‚Klage' wie auch des gesamten Nibelungenkomplexes ableiten lassen. Dafür ist die Gattungsfrage der ‚Klage' zu streifen, weil daraus Ableitungen für das Verhältnis beider Texte zueinander gezogen werden und Gattungsaspekte für das Herausarbeiten fassungsspezifischer Strategien der Retextualisierung relevant sein können. Die Gattungsfrage der ‚Klage' ist strittig und hat in der Forschung zu unterschiedlichen Überlegungen geführt.[65] Exemplarisch für die vielfältigen Deutungen und funktionalen Zuschreibungen der ‚Klage' nennt Szklenar die Einstufung als Heldengedicht, Heldenepos, Epos, Totenklage, Betrachtung, Phantasie, Epilog, Ergänzungsgedicht, Kommentar,[66] Interpretation, Anhang, Anhängsel, Fortsetzung und Lehrdichtung.[67] Festzuhalten ist, dass die ‚Klage' als „Sonderfall"[68] „im 12./13. Jahrhundert ohne Parallele"[69] steht, „gattungsmäßig originell"[70] ist und sich damit „einer glatten Gattungszuordnung verweigert",[71] so dass sie als „Mischgattung"[72] beziehungsweise „Mischform"[73] – auch aufgrund ihrer unterschiedlichen Funktionen – mit verschiedenen Differenzierungen in der Forschung betrachtet wird.

Die Forschung hat für die ‚Klage' Parallelen zur Geschichtsdichtung herausgearbeitet und unter anderem aufgrund der inhaltlichen und überlieferungsgeschichtlichen Zuordnung zum ‚Lied' das Anliegen bestimmt, Heldendichtung in die Schriftlichkeit zu überführen, zu legitimieren und zu einem

---

65 Eine Übersicht über die Diskussion der Forschung bieten unter anderem Szklenar 1977; Knapp 1987; Deck 1996, besonders S. 187–197; Lienert 2000, S. 20–22; Kiehl 2008, S. 43–48.
66 Besonders dezidiert und in der Forschung rezipiert ist Gillespie 1972.
67 Szklenar 1977, S. 42f., Anm. 2.
68 Bumke 1996c, S. 89.
69 Ebd.
70 Wehrli 1972, S. 104.
71 Henkel 1999, S. 76; vgl. Lienert 1998, S. 289.
72 Wehrli 1972, S. 105; Szklenar 1977, S. 49f. Szklenar (ebd., S. 61) äußert die Vermutung, dass die Mischgattung möglicherweise darauf zurückzuführen ist, dass „Unvereinbares" – germanisch-deutsche Heldensage und christlich orientierte Geschichtsdichtung – vereinigt werden soll. Zu literarischen Beziehungen zwischen der ‚Klage' und anderen Werken siehe die Zusammenstellung der Forschung bei Günzburger 1983, S. 43–50.
73 Curschmann 1979, S. 119.

Buch zu machen.⁷⁴ Anders als höfische Romane kann sich der Nibelungenkomplex über den stofflichen Ursprung zum Teil durch einen direkten ‚historischen' Wahrheitsanspruch legitimieren (siehe Abschnitt 10.2), aber nicht durch eine (ehrwürdige) schriftlich-literarische Tradition.⁷⁵ Nach Szklenar ist ein wichtiges Anliegen der ‚Klage' die Einordnung in den Verlauf der Geschichte, so dass er Geschichtsdichtung als ein Vorbild ausmacht.⁷⁶ Curschmann deutete die Figurenreden der ‚Klage' als Nachvollzug einer „vielstimmigen"⁷⁷ mündlichen Tradition. Zu beobachten ist, dass die einzelnen Figuren der ‚Klage' die Position des Erzählers argumentativ ergänzen. Bumke entwickelt ein Modell, demzufolge zunächst von einzelnen Figuren innerhalb der ‚Klage' über das Geschehen berichtet werde, was Kommentare anderer Figuren bewirke und letztendlich zu einer Deutungsübernahme des Geschehens führe.⁷⁸ Müller deutet den *tihtaere* (*B 18; vgl. *C 18 *schrîbaere*) und das *buoch* (*B/*C 19) als zwei Stimmen, die „keineswegs Autoritäten für die eine, die authentische Version, die der Sprecher nur möglichst genau wiederzugeben hätte", aber dennoch als maßgeblich zu betrachten seien.⁷⁹ Dagegen zieht Lienert vom Nebeneinander der rekapitulierenden und kommentierenden Figurenreden eine Parallele zum *alii dicunt*-Prinzip der Chronistik⁸⁰ und stützt ihre Deutung auch mittels der genannten Berufungen auf „schriftliche, quasi-chronikalische Quellen" und „der trotz der Moralisierungen wenig ausgeprägten und gegenüber Figurenrede kaum ausdifferenzierten Erzählerrolle".⁸¹ Die ‚Klage' wurde in der Forschung unter anderem aufgrund ihrer Angaben zur eigenen Entstehung als „Buchwerk"⁸² und als Dichtung „ü b e r Heldendichtung"⁸³ betrachtet, die sich entweder auf das ‚Lied' als einem „Zeugnis der Tradition"⁸⁴ unter mehreren oder nur auf dasselbe Geschehen wie das ‚Lied' beziehe.⁸⁵ Die Annahme der Geschichtsdichtung als Vorbild

---

74 Szklenar 1977, besonders S. 61; Curschmann 1979, S. 119; Wachinger 1980, S. 273; Curschmann 1989, S. 382; Heinzle 1994, S. 92; Lienert 1998, S. 286–295; 2000, S. 38; Schirok 2004, S. 295f.
75 Zu beiden Legitimationskategorien siehe Bumke 2005, S. 19.
76 Szklenar 1977, S. 53f., 61.
77 Curschmann 1979, S. 107.
78 Bumke 1996b, S. 76.
79 Müller 1998, S. 61.
80 Lienert 1998, S. 289; 2000, S. 42.
81 Lienert 1998, S. 288.
82 Bumke 1996c, S. 90.
83 Curschmann 1979, S. 86 (Hervorhebung im Original).
84 Szklenar 1977, S. 58.
85 Curschmann 1989, S. 382.

erscheint plausibel, aber die ‚Klage' selbst ist keine, worauf ebenfalls Müller hinweist:

> Dagegen spricht ihr Erzählduktus: die mehrfach rekapitulierende, ergänzende, zeitversetzte, trotzdem unvollständige Darbietung des Geschehens folgt nicht der *via plana* der Historie. Dagegen spricht auch die Gewichtung der Vorgänge: die Epenhandlung wird nicht als sie selbst thematisiert, sondern als Vorgeschichte ihrer Nachgeschichte.[86]

Kropik präzisiert, dass man nur den ersten Teil der ‚Klage' (*B 1–586/*C 1–602), in dem die *res gestae* beschrieben und gedeutet werden und der nur ein Siebtel des gesamten Texts ausmacht, als ‚historiographisch' werten könne.[87] Im Zentrum des weit größeren Teils des Texts stehen dagegen die Reaktionen der Figuren. Primär bietet die ‚Klage' nicht Schilderung von Handlungsabläufen, sondern „Analyse, Reflexionen, Kommentare und Interpretationen".[88] Die ‚Klage' greift nur Elemente der Geschichtsdichtung auf:

> Ihr Ziel scheint es [...] zu sein, in historiographieähnlicher Manier zu beschreiben, wie die Katastrophe beklagt, gedeutet und weitererzählt wird und wie sie schließlich den Weg ins historiographische Buch findet. [...] Sie will nicht Geschichtsdichtung s e i n – sie will Geschichtsdichtung d a r s t e l l e n.[89]

Weder für das ‚Lied' noch für die ‚Klage' ist damit ein dezidiertes Interesse am Erzählen von einer Geschichtlichkeit festzustellen,[90] wohl aber an einer allgemeinen geschichtlichen Verortung, wie man es an vielen mittelalterlichen Texten erkennen kann.

---

86 Müller 1985, S. 76.
87 Kropik 2008, S. 168. Goetz (1993, S. 184–186, 189f., 208) verzeichnet als Merkmale historiographischen Erzählens verbürgte Augenzeugenberichte, schriftliche Überlieferung und einen *ordo naturalis/ordo temporis*. Dagegen deutet Lienert (1998, S. 293) den Beginn der ‚Klage' als „Erinnerung für das Publikum".
88 Bumke 1996c, S. 106; vgl. Müller 1985, S. 76; Kropik 2008, S. 122.
89 Kropik 2008, S. 144 (Hervorhebung im Original).
90 Vgl. Kragl 2010, S. 37.

4.4 Die Leistungen der ‚Klage'

Neben der Überführung und Legitimierung von Heldendichtung in der Schriftlichkeit hat die Forschung als weitere Ziele, Leistungen und Funktionen herausgearbeitet:[91] Die ‚Klage' knüpft inhaltlich an das Geschehen des Burgondenuntergangs – und damit an die Handlung des ‚Lieds' – an und führt über dieses hinaus. Die katastrophale Situation am Ende des ‚Lieds' wird mit Wehrli durch das Klagen überwunden und bewältigt[92] und eine Zukunftsperspektive mit einem versöhnenden Schluss eröffnet.[93] Dadurch wird nach Müller der nibelungische Untergang der Helden aufgefangen und nicht nur in eine Kontinuität und Normalität von Feudalgeschichte, sondern auch in den Zusammenhang der Weltgeschichte eingebunden.[94] Vor allem im Vergleich zum *B-‚Lied' mit seiner ambivalenten Kennzeichnung der Hauptakteure des Burgondenuntergangs, Kriemhild und Hagen, ist für die ‚Klage' eine Vereindeutigung zu verzeichnen,[95] jedoch keine prinzipielle Umdeutung,[96] wobei das Ziel ist, Kriemhild zu entschuldigen und Hagen zu belasten.[97] Dabei ordnet der ‚Klage'-Dichter das „schreckliche und unbegreifliche Geschehen [...] in die Kategorien von Schuld und Sühne, von Liebe und Vergebung und unter das unerfindliche Handeln Gottes mit den Menschen" ein.[98] Wegen der Bewertung der Figuren und ihrer Handlungen im Rahmen einer christlichen Beurteilung ist der Verfasser möglicherweise ein Kleriker.[99] Insbesondere durch den der ‚Klage' eingeschriebenen spezifischen Deutungsrahmen ist erkenntlich, dass ‚Lied' und ‚Klage' eine un-

---

91 Eine Zusammenfassung der Diskussion bieten Deck 1996, S. 155f.; Lienert 2000, S. 9–11; Kiehl 2008, S. 56–59.
92 Wehrli 1972, S. 104.
93 Ebd.; Szklenar 1977, S. 54; Bernreuther 1994, besonders S. 163; Henkel 1999, S. 98. Göhler (2006, S. 134) deutet die ‚Klage' als Ergebnis eines „Befremden[s] über den Schluss des Epos" mit der Intention die „Katastrophe des Burgundenuntergangs gedanklich zu bewältigen"; vgl. Bumke 2005, S. 32.
94 Wehrli 1972; Szklenar 1977, S. 61; Müller 1985, S. 76; McConnell 1986.
95 Von einer „Umwertung" mit dem Ziel, eine moralische Akzeptanz des ‚Lieds' zu erreichen, wird in der Forschung nur noch vereinzelt gesprochen; so etwa Schirok 2004, S. 295.
96 Lienert 1998, S. 294. Bumke (2005, S. 33) geht ebenfalls nicht von einer Umdeutung, sondern von einer Umakzentuierung aus.
97 Vgl. Bumke 1996b, S. 81.
98 Henkel 1999, S. 98; 2003a, S. 120.
99 Panzer (1955, S. 90) erkennt „Formen und Gedanken, wie sie nur einem Theologen naheliegen konnten"; vgl. Wehrli 1972, S. 105; Knapp 1987, S. 166; Curschmann 1987, Sp. 935.

terschiedliche Perspektive bieten.[100] Auf diese Weise ist der Burgondenuntergang nicht nur zeitgenössisch in den Rahmen des um 1200 maßgeblichen Geschichtsverständnisses eingebunden und bewältigt,[101] sondern im Rückbezug wird „das fassungslose Entsetzen [der Figuren] durch die Einsicht in das Wirken Gottes in der Geschichte ersetzt",[102] so dass der Burgondenuntergang auch zum Teil der Heilsgeschichte werden kann.[103] Mit Kropik spiegelt sich in den Deutungen der ‚Klage' „die Einsicht, daß Geschichte zwar *sub specie hominis* als ‚an sich sinnlos' erscheint, *sub specie dei* aber nicht".[104] Daher hat die Forschung zum Teil auch die Begründbarkeit der Katastrophe als ein Ziel der ‚Klage' bestimmt.[105] Allerdings geht es wohl weniger darum, die Katastrophe zu begründen, als die Verantwortlichen zu finden, wenn sie das Geschehen als Folge des Wirkens Gottes erklärt.[106] Die ‚Klage' ist jedoch kein religiöser Text oder eine heilsgeschichtlich orientierte Variante des ‚Lieds', sondern sie bleibt am Diesseits orientiert.[107] In ihr kommen Erzähler und Figuren zu Wort, die aus einer Diesseitsperspektive heraus klagen und handeln. Zwar wird erzählt, dass Kriemhild in den Himmel gekommen sei (siehe besonders Erzählerkommentar in *B 573: *sol si ze himele noch geleben*), aber ein Bild des Jenseits wird nicht entworfen, sondern es wird Trost im und für das Diesseits gesucht. Christliche Riten wie das Abhalten einer *messe* (*B 2345/*C 2435; *B 3383/*C 3479) und Vorstellungen wie das Geleiten der Seelen der Verstorbenen durch Engel (*B 1843f./*C 1936f.) sind nur beiläufig und als selbstverständlich erzählt. Auch zwischen Christen und Hunnen wird sowohl in Erzähler- (*B 874f./*C 892f.; *B 1849/*C 1941) als auch in Figurenrede (zum Beispiel durch Etzel, *B 836–839/*C 854–857) nur geringfügig unterschieden.

---

100 Vgl. Kropik 2008, S. 149. Mertens (1996b, S. 367) deutete die ‚Klage' als „parallele Neugestaltung des alten Stoffes aus dem Geist und mit den Mitteln der volkssprachlichen Buchepik"; vgl. Günzburger 1983; Curschmann 1992.
101 Kropik 2008, S. 183; vgl. Wehrli 1972, S. 111.
102 Kropik 2008, S. 183.
103 Vgl. Rupp 1969, S. 231.
104 Kropik 2008, S. 184.
105 Bernreuther 1994, S. 175.
106 Vgl. Kropik 2008, S. 149.
107 Vgl. die Forschung zusammenfassend Schmidt 2006, S. 67. Sie (ebd.) zählt für die ‚Klage' im Vergleich zum ‚Lied' weitere christliche Komponenten auf: „mehrfache Besuche beim Passauer Bischof (Geschehensebene), die christlich dominierte Argumentation über Schuld und Gnade, der Hinweis auf Etzels Bekehrung und Wiederbekehrung, die Betonung der unterschiedlichen Begräbnisrituale für Christen einerseits und Heiden andererseits, Brünhilds deutlich christliche Orientierung".

Als weitere wichtige Leistung ist mit Curschmann und Henkel die Einbindung des Nibelungenstoffs in den im Mittelalter beliebten Erzählkomplex um Dietrich von Bern,[108] „der wichtigsten Figur der germanischen Heldensage",[109] sowie seine Heimkehr als Ende des Dietrichlebens zu bestimmen. Die Erzählung vom Ende des Nibelungen-Geschehens ist aus diesem Grund erst mit dem Ende der ‚Klage' erreicht.[110]

Es sind weitere Leistungen der ‚Klage' zu erkennen: Nicht nur aus der Perspektive neuzeitlicher Kohärenzerwartung ist für das ‚Lied' wiederholt eine ‚Trümmerstruktur' festgestellt worden. Dieser Auffassung nach gelang es dem Nibelungendichter nicht immer, Motivierungslücken zu schließen und „ein um 1200 akzeptierbares, in allen Zügen eindeutig begründetes und widerspruchsfreies Handlungsgefüge"[111] entstehen zu lassen. Die Ansätze der Forschung ordnet Fasbender zwei Sichtweisen zum ‚Lied' zu – „Schalten" versus „Verwalten": Einige Interpreten gehen davon aus, dass der Nibelungenepiker souverän mit dem Stoff umging („Schalten") und möglicherweise nach anderen Prinzipien erzählte.[112] Die Forschung hat sich bemüht, nach einer eigenen Art von Kohärenz oder eigenen Erzählprinzipien zu suchen. Andere Forscher vertreten eine Perspektive von nicht gewollter beziehungsweise nicht möglicher Kohärenz, weil der Nibelungendichter weitgehend an die Vorgaben und die Eigengesetzlichkeiten der Sagen- und/oder Stofftradition gebunden ist („Verwalten").[113] Aus diesen Perspektiven ergeben sich ebenfalls unterschiedliche Anliegen beziehungsweise Funktionen der ‚Klage'. Müller geht davon aus, dass das ‚Lied' „seine eigenen Setzungen [dekonstruiert], und erst die ‚Klage' sucht einige von ihnen wieder zu retten".[114] Henkel vermutet, dass die ‚Klage' zur Erklärung der Fehlstellen und Widersprüchen in der Argumentation dienen könnte. Er nimmt an, dass unter anderem aufgrund der „blockhaft abgeschlossene[n] Form der gesungenen Strophe [...] ein Raisonnieren" im ‚Lied' nicht möglich war und dass das ‚Lied' „eine Sinnstiftung für das Nibelungengeschehen [...] selbst nicht leisten konnte".[115] Damit sei der ‚Klage' der Status einer „Leseanleitung" für das

---

108 Curschmann 1989, S. 394f.
109 Henkel 1999, S. 96.
110 Henkel 1993, S. 52.
111 Henkel 1999, S. 86.
112 Vgl. Müller 1998; Cavalié 2001; Schulz 2010.
113 Fasbender 2005.
114 Müller 1998, S. 435.
115 Henkel 1999, S. 93.

‚Lied' zuzuerkennen,[116] die das ‚Lied' ergänze.[117] Inwiefern können oder müssen wir prinzipiell von einer „geplanten Herstellung einer sinnstiftenden Einheit des Erzählkomplexes" ausgehen?[118]

4.5 Das Erzählkonzept von ‚Lied' und ‚Klage'

Die offensichtlich zeitlich und örtlich dicht beieinander liegende Entstehung von ‚Lied' und ‚Klage' sowie ihre gemeinsame wie auch von anderen Werken oftmals getrennte Überlieferung nicht nur in den ersten Handschriften, sondern auch über die Jahrhunderte hinweg, lassen vermuten, dass ‚Lied' und ‚Klage' nicht nur als Überlieferungsverbund, sondern zugleich als Erzählkomplex zu verstehen sind. Argumentiert wird im Folgenden auf der Ebene der Materialität, d.h. der handschriftlichen Texteinrichtung, sowie auf der inhaltlich-konzeptuellen Ebene.

4.5.1 Die Texteinrichtung in den Handschriften A, B und C beim Übergang vom ‚Lied' zur ‚Klage'

Der Einfluss der „materiale[n] und technische[n] Seite der Schrift- und Buchherstellung" wie von „skripturalen Praktiken des Ab-, Weiter-, und Neuschreibens" und die „Gestaltung der Manuskriptseite über Abschnitts- und Kapitelgliederungen" auf die Textkonstitution sind nicht zu unterschätzen.[119] Grubmüller weist darauf hin, dass Schrift als „ein systematisierendes Element" Sprache „nicht nur in der Zeit, sondern auch im Raum an[ordnet]": Durch die „Anordnung der Zeichen auf Pergament oder Papier, mit ihren zusätzlichen Systemgrößen wie Seite und Spalte, Überschrift, farbiger Auszeichnung, Illustration" ist sie zugleich eine „Ordnungsgröße" für Literatur.[120] Zwei Beispiele in Bezug auf den Nibelungenkomplex sollen an dieser Stelle genügen: Ehrismann beobachtet, dass die erste Aventiure des ‚Lieds' in der Handschrift C durch vier Initialen in ebenso viele inhaltliche Erzählabschnitte gegliedert wird: Die ersten

---

116 Heinzle 2003a, S. 196; vgl. Gillespie 1972; Szklenar 1977, S. 58; Curschmann 1979, S. 104–112, 114; Wachinger 1980, S. 273; Günzburger 1983, S. 79; Müller 1985, S. 76, Anm. 12; 1993, S. 147; Henkel 2003a, S. 125.
117 Bumke 1996c, S. 593; vgl. 2005, S. 33.
118 Henkel 2003a, S. 78; vgl. 1999, S. 82.
119 Vgl. Andersen/Eikelmann/Simon 2005, S. XIII.
120 Grubmüller 2005, S. 32.

sechs Strophen führen in das Epos und die Familie ein, die Strophen sieben bis elf sind der Vasallität beziehungsweise Ministerialität gewidmet, es schließt der Traum Kriemhilds an (Strophen 12–16), auf den ein Ausblick in den weiteren beiden Strophen folgt.[121] Für die ‚Klage' weist Bumke ein Korrespondieren von Einrichtungstypen sowie Initialen-Programme mit den Handschriftengruppen nach, so dass „Textgeschichte und Überlieferungsgeschichte" offensichtlich eng zusammenhängen.[122]

In den Handschriften, die sowohl Text des ‚Lieds' als auch der ‚Klage' bieten, beginnt die ‚Klage' regelmäßig auf derselben Seite, auf der das ‚Lied' endet. Exemplarisch analysiere ich die drei Haupthandschriften A, B und C anhand ihrer Faksimiles,[123] in denen der Text der ‚Klage' unmittelbar an den des ‚Lieds' und von derselben Hand geschrieben anschließt (siehe Abbildung 1 bis 3). Ich beginne aus Gründen der einheitlichen Systematik mit der Handschrift A, auch wenn sie den jüngsten der drei Überlieferungszeugen darstellt. Die Ergebnisse gelten – mit zum Teil unterschiedlichen Nuancierungen – prinzipiell ebenso für weitere Überlieferungszeugen.[124] Ziel ist es, über die Beschreibung der Gestaltungselemente Hinweise auf das ihnen zugrundeliegende Ordnungssystem zu erhalten.

Die Texteinrichtung in den Handschriften ist in mehrerlei Hinsicht auffällig. Auf eine Unabhängigkeit beider Texte deuten in formaler und inhaltlicher Hinsicht die Strophen gegenüber den Reimpaarversen, die Schlussformel des ‚Lieds' (B 2376,4a [2379,4a]/+C 2440,4a: *hie* [*B: *dâ*] *hât daz mære ein ende*) und der Erzählanfang der ‚Klage' (*B 1/*C 1: *Hie hebt sich ein maere*), der unter-

---

121 Ehrismann 2006, S. 227.
122 Bumke 1996c, S. 214.
123 Vgl. Schmid 2015, S. 163–166.
124 Es sind jedoch auch andere Befunde zu konstatieren. In der Handschrift J ist der Übergang vom ‚Lied' zur ‚Klage' deutlich markiert (Berlin, Staatsbibliothek, mgf 474, fol. 57ᵛ, um 1300): Der Text des ‚Lieds' ist zweispaltig, der der ‚Klage' dreispaltig geschrieben; zwischen der letzten Strophenzeile des ‚Lieds' und dem ersten Vers der ‚Klage' ist eine rote Linie gezogen; der Anfang der ‚Klage' ist mit einer dreizeiligen Initiale markiert, die durch Ausgestaltung und Größe von den zweizeiligen Kleininitialen abgesetzt ist; der ‚Klage'-Text beginnt ohne Leerzeile und Überschrift; vgl. Bumke 1999a, S. 3. In der durchgehend zweispaltig eingerichteten Handschrift D (München, Bayerische Staatsbibliothek, Cgm 31, fol. 144ʳ, Anfang 14. Jahrhundert) sind zwischen dem Text des ‚Lieds' und dem der ‚Klage' drei Zeilen frei gelassen, in zweien ist allerdings linksseitig die Oberlänge der *h*-Initiale ausgeführt; von Ober- bis Unterkante nimmt die Initiale sechs Zeilen ein (die *U*-Initiale zu Beginn des ‚Lieds' geht über insgesamt acht Zeilen); während zu Beginn des ‚Lieds' die erste Strophenzeile durch im Wechsel in blau und golden geschriebenen Buchstaben ausgezeichnet ist, ist der Textanfang der ‚Klage' mit normaler Tinte geschrieben; vgl. Bumke 1999a, S. 3.

schiedliche Erzählduktus und die Berufungen auf teilweise verschiedene ‚Quellenarten' – mündliche im ‚Lied' (+C 1,1: [...] *in alten mæren* [...] *geseit*), zumindest auch schriftliche in der ‚Klage' (*B 19/*C 19: *buoch*). Anzunehmen ist daher, dass die ‚Klage' auf einem neuen Blatt oder doch auf einer neuen Seite begonnen worden wäre, wie es für ein eigenständiges Werk üblich ist.[125] Umgesetzt ist dies, wie erwähnt, auch im Sammelkodex der Handschrift B, in der jeder der in ihm überlieferten Texte nicht nur mit einer neuen Seite, sondern sogar mit einer neuen Lage beginnt. Neben wenigen kurzen Texten bilden nur ‚Lied' und ‚Klage' eine Ausnahme.[126]

In der zweispaltig (49 bis 52 Zeilen) geschriebenen Pergamenthandschrift A (München, Staatsbibliothek, Cgm 34, 4. Viertel des 13. Jahrhunderts oder frühes 14. Jahrhundert, 60 Blätter, zwei Haupt- und vier Nebenschreiber, Blattgröße: 21 cm x 17,5 cm, Schriftspiegel: 20 cm x 15 cm)[127] sind die Strophenanfänge im ‚Lied' markiert, indem der Anfangsbuchstabe in einer Zusatz- beziehungsweise Versalienspalte ausgerückt ist (siehe Abbildung 1). Auf dieselbe Weise sind die Anfänge der Reimpaarverse der ‚Klage' markiert. Die Verse der Strophen und die Reimpaarverse sind abgesetzt. Diese Art der Texteinrichtung verdeutlicht die unterschiedliche Form von ‚Lied' und ‚Klage'. Der Übergang vom ‚Lied' zur ‚Klage' ist durch eine Überschrift (*Ditze bvch haeizet div chlage*) in roter Tinte sowie durch eine vierzeilig eingerückte, ebenfalls rote Initiale gestaltet und zugleich farblich abgesetzt. Diese Einrückung geht nicht über die Einrückung der Initialen an den Aventiureanfängen des ‚Lieds' hinaus und wird nur knapp durch die fünfzeilige der Initiale zu Beginn des ‚Lieds' übertroffen. Die Handschrift A weist im Bereich des ‚Lied'-Texts ebenfalls rote, ähnlich gestaltete Überschriften auf, im ‚Klage'-Text dagegen keine weiteren.

---

125 Vgl. Henkel 1999, S. 80.
126 Stolz 2005, S. 23.
127 Schneider 1987, S. 233; 2003, S. 277.

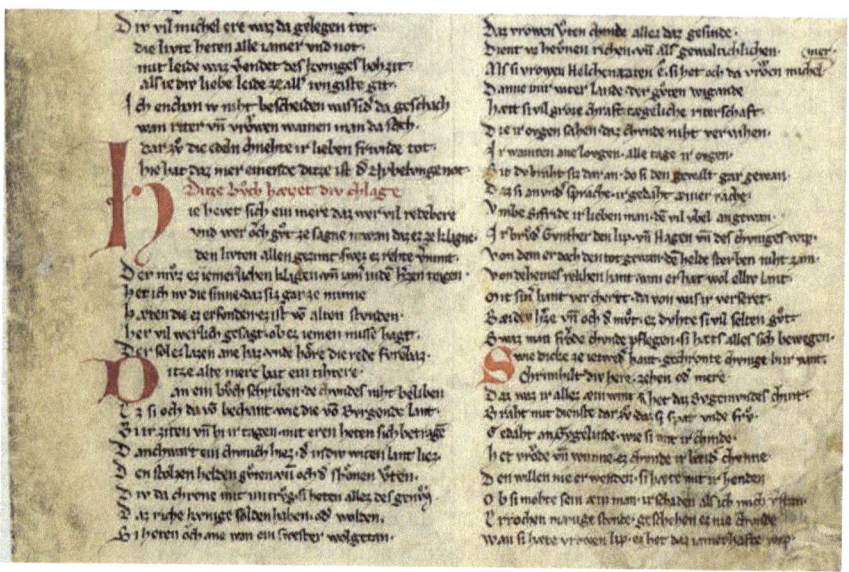

Abb. 1: Handschrift A, Übergang vom ‚Lied' zur ‚Klage' (fol. 94) [Ausschnitt][128]

In der Handschrift B sind die Verse der ‚Lied'-Strophen und der ‚Klage'-Reimpaare fortlaufend geschrieben (siehe Abbildung 2). Die Strophenanfänge sind entweder abgesetzt und/oder durch der Spalte vorgesetzte Minuskeln oder Majuskeln, zum Teil durch blaue und rote Lombarden gekennzeichnet. In der ‚Klage' sind längere Reimpaarverspartien durch Lombarden hervorgehoben, die in regelmäßigem Wechsel in blauer und roter, zum Teil in brauner Tinte ausgeführt sind, wobei nur die blauen und roten Lombarden einzeilig eingerückt sind. Vor allem durch die Absetzung ist der Unterschied von Strophen und Reimpaarversen visuell auffällig. Die kurze und unterstrichene Überschrift (*Div Chlage*) in brauner Tinte ist deutlich späteren Ursprungs und dürfte dem 18. Jahrhundert entstammen; sie ist für den Argumentationszusammenhang aus diesem Grund nicht relevant und insofern auffällig, als die Handschrift B ansonsten keine Aventiureüberschriften aufweist. Die Zeile mit der Überschrift, die bis auf die Initiale leer ist, ist regelmäßig bei Aventiureinitialen in der Handschrift zu beobachten. Diese Zeilen sind in der Regel zu kurz, als dass noch Platz für Überschriften gewesen wäre, wie sie die Handschrift A im ‚Lied'-Text auf-

---

[128] München, Bayerische Staatsbibliothek, Cgm 34, fol. 94; http://daten.digitale-sammlungen.de/bsb00035316/image_98 [letzter Zugriff am 07.02.2018].

weist. Die vier Zeilen hohe, eingerückte Initiale zu Beginn der ‚Klage' entspricht dem Regelfall der Initialengestaltung. Auffällig ist, dass in dieser Handschrift die Buchstaben des letzten Worts des ‚Lied'-Texts, *not*, auseinandergezogen sind beziehungsweise das Wort ‚gesperrt' geschrieben ist, was an keinem Ende einer anderen ‚Lied'-Aventiure oder am Schluss der ‚Klage' zu beobachten ist.

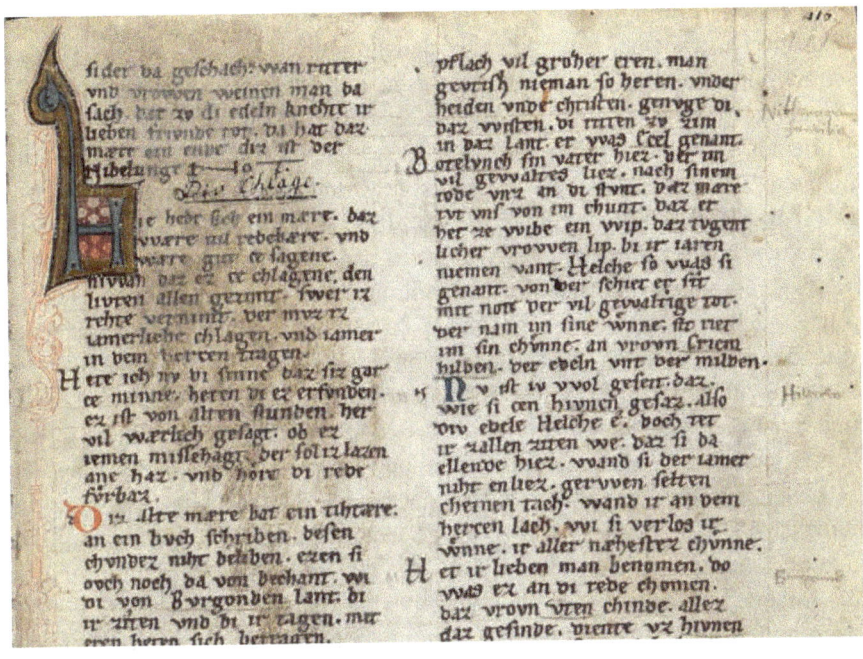

Abb. 2: Handschrift B, Übergang vom ‚Lied' zur ‚Klage' (fol. 179ra) [Ausschnitt][129]

In der Handschrift C sind die fortlaufend geschriebenen Verse der Strophen und der Reimpaare visuell nicht markant zu unterscheiden (siehe Abbildung 3). Die Strophenanfänge des ‚Lieds' sind regelmäßig mit rot gestrichelten Majuskeln, unregelmäßig mit roten Lombarden markiert. Im Text der ‚Klage' finden sich unregelmäßig rote Hervorhebungen durch Lombarden und rot gestrichelte Majuskeln bei Versanfängen; regelmäßig sind die Majuskeln von Eigennamen vertikal rot gestrichelt. Der Übergang vom ‚Lied' zur ‚Klage' ist durch eine eingerückte, blau und rot ausgeführte Initiale sowie eine rote Überschrift graphisch

---

[129] St. Gallen, Stiftsbibliothek, Cod. Sang. 857, fol. 179ra [S. 416]; http://www.e-codices.unifr.ch/de/csg/0857/416/ [letzter Zugriff am 07.02.2018].

als Einschnitt gestaltet. Diese Spaltleisteninitiale entspricht in der Gestaltung der am Beginn des ‚Lieds', unterscheidet sich jedoch von den Silhouetteninitialen mit ihrem Fleuronneéschmuck an den Aventiureanfängen.[130] In ihrer Größe wird die Initiale am Anfang der ‚Klage' nur von der mindestens zwölfzeiligen Initiale zu Beginn des ‚Lieds' übertroffen.[131] Die neunzeilige Einrückung übertrifft die der durchschnittlich fünfzeiligen Initialen der Aventiureanfänge.[132] Auch die Überschrift der ‚Klage' (*Auenture von der klage*), die vom Schreiber des Texts geschrieben ist, unterscheidet sich graphisch von den Aventiureüberschriften im ‚Lied'-Teil. Nach dem Wort *aventiure* sind die Buchstaben der Worte *von der klage* breit auseinandergezogen, wie auch zum Teil mit Majuskeln geschrieben, so dass sie die ganze Zeile ausfüllen. Der neue Erzählanfang der ‚Klage' (*C 1: *Hie hebt sich ein maere*) ist in C trotz der Angleichung graphisch deutlich.[133] Anders als die Handschriften A und B weist C Aventiureüberschriften in der ‚Klage' auf.[134] Die fünf Aventiuren der ‚Klage' könnten folglich wegen der graphischen Gemeinsamkeiten als die fünf letzten Aventiuren eines Nibelungenbuchs verstanden worden sein.[135] Bumke beobachtete, dass die Platzierung der „Kleininitialen" nach dem Prolog der ‚Klage' (*C 1–16) zu Beginn des neuen Erzählabschnitts, dem Bericht über die Burgondenkönige (*C 17–44), und am Anfang des Siegfried-Kriemhild-Berichtes (*C 45–72) ebenfalls inhaltlich gedeutet werden kann:[136] Die Abschnittsgliederung zu Beginn der ‚Klage' ist „ebensogut in der Textstruktur begründet [...] wie in der Seitengestaltung der Handschrift".[137] Möglicherweise ist – wie bei der Handschrift B – die Einrichtung und Gestaltung des ‚Klage'-Anfangs auf den *C-Bearbeiter zurückzuführen und die Handschrift bewahrt eventuell Einzelheiten der Stammhandschrift der *C-Fassung.[138] Handschriftenübergreifend wird deutlich, dass auch angesichts der

---

130 Vgl. Heinzle 2013b, S. 12.
131 Vgl. Bumke 1996c, S. 239.
132 Vgl. ebd.
133 Vgl. ebd.
134 Vgl. ebd., S. 102–104. Der Befund ist aber nicht repräsentativ für die Fassung *C. In der Handschrift a ist kein Unterschied in der Gestaltung der Überschriften im ‚Lied'- oder ‚Klage'-Text oder im Übergang vom ‚Lied' zum ‚Klage'-Text zu beobachten; http://www.e-codices.unifr.ch/en/fmb/cb-0117/191v/0/Sequence-862 [letzter Zugriff am 07.02.2018]. In a folgt unabhängig vom ‚Lied- oder ‚Klage'-Text, sofern vorhanden, nach einer roten Aventiureüberschrift eine rote, meist zweizeilige Initiale.
135 Vgl. Henkel 1999, S. 80; Obhof 2003, S. 244.
136 Bumke 1996c, S. 242.
137 Ebd., S. 241f.
138 Ebd., S. 243.

Unterschiede Seitengestaltung und Textgliederung eng zusammenhängen;[139] das Erscheinungsbild der Texte ist durch die Überlieferungsform mitgeprägt.[140]

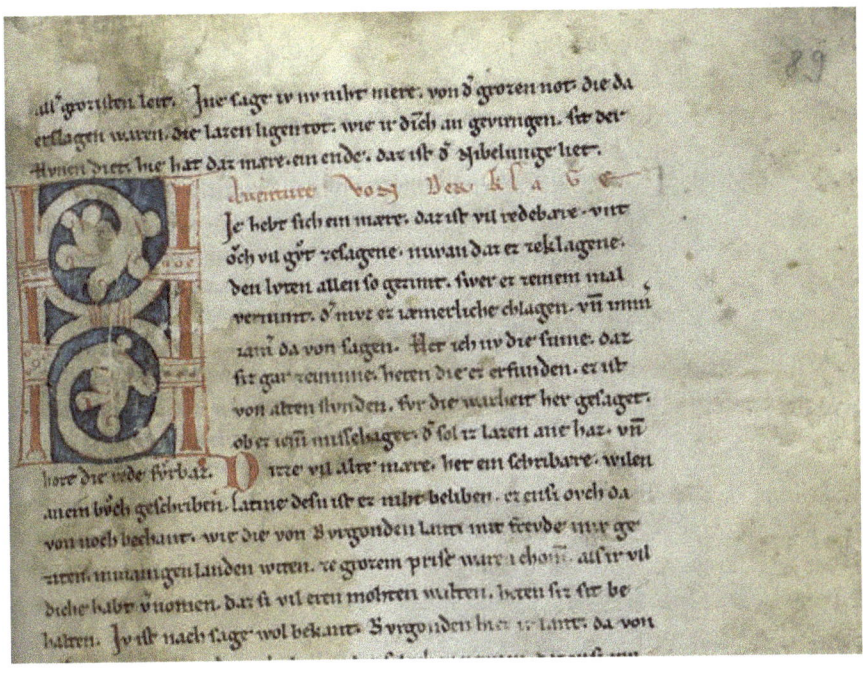

Abb. 3: Handschrift C, Übergang vom ‚Lied' zur ‚Klage' (fol. 89ʳ) [Ausschnitt][141]

Trotz der konstatierten Unterschiede in der handschriftlichen Texteinrichtung, worunter ebenfalls die bis auf wenige Ausnahmen verschieden gesetzten Lombarden fallen, ist die Initiale am Texteingang der ‚Klage' in allen Handschriften, und d.h. regelmäßig, kleiner als die am ‚Lied'-Anfang. Auf der Ebene der Handschrifteneinrichtung sind je nach Handschrift unterschiedliche graphische, visuell auffällige Unterscheidungsmerkmale zwischen den Texten von ‚Lied' und ‚Klage' zu beobachten, die in Bezug auf die Kennzeichnung von Strophen und Reimpaarversen in der ältesten Handschrift (C) am geringsten und in der jüngsten Handschrift (A) am größten ausfallen. Der umgekehrte Fall ist für die

---

139 Vgl. ebd., S. 248.
140 Vgl. ebd., S. 253.
141 Karlsruhe, Badische Landesbibliothek, Cod. Donaueschingen 63, fol. 89ʳ; https://digital.blb-karlsruhe.de/blbhs/content/pageview/739404 [letzter Zugriff am 07.02.2018].

Gestaltung der Initiale zu Beginn des ‚Klage'-Texts festzustellen. Besonders an der Handschrift B ist eine dezidierte graphische Angleichung zu erkennen. Der Übergang vom ‚Lied'-Text zu dem der ‚Klage' ist mehrfach und zum Teil je nach Handschrift mit unterschiedlichen Gestaltungsmitteln markiert (‚gesperrte' Schreibung; Buchstabengröße; Umfang der Einrückung, Größe und Ausführung der Initiale; freier Schriftraum beziehungsweise Zeilenabstand; Überschrift; Rubrizierung). Die Gemeinsamkeiten in der Gestaltung dieses Übergangs weisen auf ein grundsätzlich für alle Haupthandschriften – und damit zugleich für ihre Fassungen – gültiges Ordnungssystem hin: Beide Texte erscheinen, wie bereits die gemeinsame Überlieferung indiziert, als eine untrennbare Einheit. Initialen verdeutlichen die Gliederung eines Texts in Sinnabschnitte und visualisieren Hierarchien.[142] Die Größe der Initialen ist daher als Mittel der Hierarchisierung zu deuten,[143] der zu Folge die ‚Klage' dem gesamten ‚Lied' nachgeordnet ist und angeschlossen erscheint, zumindest in C den einzelnen Aventiuren des ‚Lieds' übergeordnet bleibt. Bumke hat die Gestaltungsweise dieser Übergänge als Hinweis auf einen Kopierprozess interpretiert, bei dem beide Texte als eine „Schreibeinheit"[144] anzusehen seien. Henkel deutet die graphisch-optische Angleichung dahingehend, dass ‚Lied' und ‚Klage' zugleich als Werkeinheit betrachtet werden könnten, wobei die ‚Klage'-Erzählabschnitte als Aventiuren eines Nibelungenkomplexes zu betrachten seien, der ‚Lied' und ‚Klage' umfasse.[145] Der Umstand, dass alle Handschriften – und damit Fassungen – sowohl einen ‚Lied'- als auch einen ‚Klage'-Text beinhalten, weist darauf hin, dass beiden Texten unterschiedliche Funktionen innerhalb dieses Werkkomplexes zukommen. Kropik vermutet, dass ‚Lied' und ‚Klage' „trotz ihrer Gegensätzlichkeit" beziehungsweise „als Gegensätze eine Einheit bilden".[146] Müller dagegen erwägt, dass die handschriftliche Gestaltung die Unterschiede zwischen ‚Lied' und ‚Klage' verwischen solle, was gegen eine ursprüngliche Einheit spreche.[147]

Um der Frage nach einer solchen Einheit weiter nachzugehen, wird im Folgenden nicht mehr auf der Ebene der handschriftlichen Überlieferung, sondern auf der der Narration beziehungsweise Konzeption argumentiert.

---

142 Zu Möglichkeiten und Prinzipien mittelalterlicher Textgliederung vgl. Palmer 1989; Parkes 1991; Gumbert 1992; Frank 1993.
143 Vgl. Henkel 1999, S. 80.
144 Ebd., S. 237. Curschmann (1979, S. 97) spricht von einem „Tandem" von ‚Lied' und ‚Klage'.
145 Henkel 1999, S. 81.
146 Kropik 2008, S. 146.
147 Müller 2016, S. 235.

4.5.2 Der intentionale Zusammenhang von ‚Lied' und ‚Klage'

Ein Bezug zwischen ‚Lied' und ‚Klage' ist in keinem der beiden Werke ausdrücklich markiert, auch wenn die ‚Klage' das ‚Lied' implizit vorauszusetzen scheint. Lienert erwägt, dass der Nibelungenkomplex auf Interessen unterschiedlicher Rezipientengruppen zurückzuführen sei: Das ‚Lied' ist als Inszenierung eines mündliches Erzählens für ein illiterates Adelspublikum selbstverständlich, während es für ein klerikal-litterates Publikum einer schriftsprachlichen Legitimation durch die ‚Klage' bedurft haben könnte.[148] Dezidiert hat Kropik einen intentionalen Zusammenhang für den Nibelungenkomplex postuliert, indem sie Positionen der Forschung präzisierend modifizierte. Da diese Positionen bereits referiert wurden (siehe Abschnitte 4.1 und 4.2), verzichte ich im Folgenden auf entsprechende Querverweise und gehe von Kropiks Modell aus: ‚Lied' und ‚Klage' seien zwar als zwei voneinander unabhängige, jedoch parallele Erinnerungszeugen zu verstehen. Ihre Verbindung liege in einem gemeinsamen Bezug auf dieselben historischen Ereignisse,[149] auf die sie in jeweils eigener Form eine jeweils andere Perspektive böten.[150] Beide Werke wiesen eine jeweils andere Art der Inszenierung des als historisch gedachten Geschehens auf: Das ‚Lied' bietet eine Perspektive mündlicher und die ‚Klage' eine aus schriftlicher Geschichtsüberlieferung.[151] Kropik unterscheidet für beide Texte „zwischen dem Text als literarischem Gebilde und der Selbstdarstellung dieses Textes".[152]

Das ‚Lied' inszeniere sich „von innen"[153] „kommentarlos"[154] als Sage, indem es simuliere, seiner eigenen schriftlichen Verfasstheit nicht bewusst[155] und an die Wahrnehmung von Augenzeugen gebunden zu sein.[156] Kropik führt dafür unter anderem das „brüchige[] und widersprüchliche[] Handlungsgefüge, die Erzählerfigur als umdeutendes Sprachrohr der Überlieferung" und auch die Prologstrophe +C 1 an, die einen „authentischen Vortrag mündlicher Geschichts-

---

148 Lienert 2000, S. 40.
149 Kropik 2008, S. 148; vgl. Szklenar 1977, S. 59.
150 Kropik 2008, S. 146, 148, 151; vgl. Szklenar 1977, S. 58.
151 Kropik 2008, S. 183.
152 Ebd., S. 141.
153 Ebd., S. 184.
154 Ebd., S. 147.
155 Ebd., S. 141.
156 Ebd., S. 184.

überlieferung" simuliere.[157] Entsprechend gehe es nicht darum, dass das ‚Lied' nicht deuten könne,[158] sondern dass es dies nicht wolle.[159]

Dagegen werde in der ‚Klage' „von außen"[160] beziehungsweise „aus einer neutralen Außenposition"[161] erzählt, wie das historische Geschehen des Burgondenuntergangs gedeutet werden könne,[162] wie Sage in der Form des ‚Lieds' entstehe und wie aus den Reden von Figuren über den Untergang sowohl mündliche als auch schriftliche Geschichtsüberlieferung werde.[163] Auf diese Weise mache die ‚Klage' „deutlich, daß ihre eigene historiographische Tradition nur ein Abzweig eines vielstimmigen mündlichen Erzählens ist, das, wenn es sich fortsetzt, zu Sage werden wird".[164]

Mit ihren Überlegungen begründet Kropik plausibel zum einen die Nach- und Zuordnung der ‚Klage' zum ‚Lied', wie sie durch den Überlieferungsbefund (gemeinsame handschriftliche Tradierung sowie *La mise en page* der Haupthandschriften) gedeckt ist, also die Reihenfolge von ‚Lied' und ‚Klage' sowie die Unterordnung der ‚Klage' unter das ‚Lied'. Zum anderen bestimmt sie drei wesentliche Funktionen der ‚Klage':

1. Anders als das ‚Lied' bildet die ‚Klage' das Geschehen nicht nach, sondern setzt es voraus.[165] Sie wolle das ‚Lied' nicht korrigieren,[166] sondern eine Deutung im Verständnisrahmen hochmittelalterlicher Geschichtsdeutung für das Geschehen anbieten,[167] die im ‚Lied' aufgrund des Erzählkonzepts ausbleiben müsse.[168]
2. Damit kommentiere die ‚Klage' das ‚Lied' indirekt „in seiner Eigenschaft als inszenierte Sage"[169] und reflektiere zugleich das Entstehen von Geschichts-

---

157 Ebd., S. 141.
158 So Henkel 1999, S. 93.
159 Kropik 2008, S. 151. Lienert (1998, S. 294) erwägt, dass das ‚Lied' möglicherweise im Sinn eines „Streben[s] nach Vereindeutigung" „auf die ‚Klage' als Fortsetzung hin erzähl[e]". „Dessen Brüche wären dann in der Tat nicht bewußt gesetzt, sondern allenfalls in Kauf genommen, um im Laufe des Verschriftlichungsprozesses zunehmend aufgelöst zu werden"; ebd.
160 Kropik 2008, S. 184.
161 Ebd., S. 174.
162 Ebd., S. 151.
163 Ebd., S. 141, 183, 184.
164 Ebd., S. 184.
165 Vgl. Szklenar 1977, S. 41.
166 Kropik 2008, S. 146.
167 Ebd., S. 185.
168 Ebd.
169 Ebd., S. 183.

überlieferung:[170] „Dabei geht es nicht um das Was, nicht um die inhaltliche Deutung des Nibelungengeschehen, sondern um das Wie seiner Darstellung."[171]
3. Außerdem biete sie für die Sage vom Burgondenuntergang einen schriftliterarischen Rahmen.[172]

Die Leistung des Nibelungenkomplexes sei es dann, zwei unterschiedliche Literarisierungsformen aufzuweisen, die einander komplementär ergänzen.[173] Die Literarisierung gehe

> mit einer reflektierenden Rückbesinnung auf die mündliche Tradition und deren historische Bedingtheit einher, und wie dort geht es dabei weniger um die Rechtfertigung eines tatsächlichen Wahrheitsanspruchs der Sage als vielmehr darum, dem Bewußtsein einer Geschichtlichkeit Ausdruck zu verleihen, die als integraler Bestandteil von Heldendichtung erscheint.[174]

Das ‚Lied' kann aufgrund seiner Erzählweise und der fehlenden Deutung offenbar nicht ohne die ‚Klage' stehen; und ebenso erschließt sich das volle Sinnpotenzial der ‚Klage' nur durch ihre Verbindung zum ‚Lied'.[175]

Ich knüpfe an diese Überlegungen an: Es ist davon auszugehen, dass der Mediensprung von der Mündlichkeit in die in eine orale Rezeptionssituation eingebettete Schriftlichkeit Texte und ihre Funktionen wie der einer kollektiven Erinnerung mehr oder weniger tiefgreifend verändern kann. Haferland und Meyer weisen darauf hin, dass mittelalterliche Mediensprünge „einen gravierenden Einfluss auf das Erzählen" haben, indem die Formen von Erzählungen diversifiziert werden.[176] Eine reine Verschriftung der mündlichen Überlieferung ist seitens Auftraggeber und Publikums wohl nicht erwartet worden (vgl. Abschnitt 2.2). Dagegen hält die Verschriftlichung zum einen die Perspektiven der Entstehungszeit fest und bewirkt zum anderen eine Distanzierung von ihrem Gegenstand. Voßkamp hat dies mit seinem ‚Antwort'-Modell literarischer Gattungen vorgeführt, bei dem Gattungen als bestimmte „Reaktion auf andere literarische Texte, Traditionen, Erwartungen, Bedürfnisse und historische Kons-

---

170 Ebd., S. 185.
171 Ebd., S. 145.
172 Ebd., S. 185; vgl. Curschmann 1989, S. 382.
173 Kropik 2008, S. 174.
174 Ebd., S. 185.
175 Ebd., S. 151.
176 Haferland/Meyer 2010, S. 3.

tellationen"[177] verstanden werden. Dieses Prinzip lässt sich auf den Nibelungenkomplex übertragen. Dass sich die Schrifttexte von einer wie auch immer gearteten mündlichen Traditionsform unterscheiden, ist wohl nicht zu bezweifeln.[178] Für die mündliche Erzähltradition ist eine typenhafte Organisation anzunehmen,[179] die über ,Gewohnheiten' entsteht und über eine bestimmte Erwartungshaltung auch Einfluss auf die Gestaltung des Nibelungenkomplexes nimmt. Auszugehen ist davon, dass die mündlich tradierten Formen zwar noch erkenntlich,[180] aber dennoch sowohl quantitativ als auch qualitativ in der Schriftlichkeit ,hybridhaft' modifiziert werden. Der Komplex von ,Lied' und ,Klage' zeugt daher möglicherweise von einem Bemühen, eine neue Verbindlichkeit zu erzeugen, indem die Erzählweise des ,Lieds' das Alter und damit Ehrwürdige verbürgt und zugleich einer (gattungs-)spezifischen Ästhetik Rechnung trägt (siehe Abschnitt 10.2). Die literarische Form des ,Lieds' ist als Ausweis des Vergangenen dann als Teil des Nibelungenkomplexes zum Teil neu semantisiert.[181] Mit der Literarisierung geht tendenziell eine Funktionsverschiebung einher: der (mögliche) Anspruch von geschichtlicher Überlieferung tritt zurück und das ,Lied' wird durch Konventionen und Bedingungen von Schriftlichkeit mitbestimmt (siehe Abschnitte 2.2 und 10.1).[182]

Im Fall des Nibelungenkomplexes ist die folgende Kette zu denken: Auf die mündliche Tradition ist das schriftliche ,Lied' als ,Antwort' im Sinn Voßkamps konzipiert, indem es die Tradition mit ihren historischen Ereigniskernen mehr oder weniger abbildend, d.h. „auswählend[], ergänzend[], deutend[]"[183] adaptiert und dabei wesentliche Merkmale der mündlichen Tradition beibehält wie Strophik, Erzählduktus, Ambivalenz, Widersprüche etc. Ohne Aktualisierung ist das ,Lied' nicht zu erzählen, so dass es durch Ansätze von Prinzipien einer Ver-

---

177 Voßkamp 1977, S. 32.
178 Vgl. Henkel 1993, S. 58.
179 Grubmüller 2005, S. 32.
180 Für die Heldendichtung bestimmt Grubmüller (ebd., S. 34) eine „mündlich geprägte" „Redeweise": Sie ist „gewissermaßen fixiert und geschützt durch ihre Gebrauchssituation, den Vortrag in konventionalisierter Geselligkeit. Sie schafft als Erwartung Tradition, sie gibt gewissermaßen ein Programm vor von Gegenständen und Redeweisen, auf das der Vortragende sich zu beziehen hat, in das er sich – wiederholend, variierend, widersprechend – einordnet". Heldendichtung schafft „den Gemeinschaftsbezug durch die gemeinschaftsstiftende Traditionalität der Stoffe"; ebd.
181 Sternberg (1982, S. 148) weist grundsätzlich auf das Proteus-Prinzip hin, demzufolge in unterschiedlichen Kontexten dieselbe Form verschiedene Funktionen erfüllen kann und andererseits unterschiedliche Formen häufig identische Funktionen erfüllen können.
182 Vgl. Göhler 2006, S. 146.
183 Müller 1998, S. 19.

schriftlichung, einer fingierten Mündlichkeit sowie der Übernahme wesentlicher Elemente der Literatur um 1200 über die mündliche Tradierung hinausgeht. Als Schrifttext weist es zudem eine größere Distanz zur mündlichen Tradition auf, was zumindest implizit eine erhöhte Reflexionsmöglichkeit eröffnet[184] und mittelbar neue Text- und Sinnkonstitutionen transparent werden lässt. Das ‚Lied' fingiert dadurch eine Abbildung der ihm vorausliegenden Erzähltradition, steht aber zugleich in einem gewissen Maß in Opposition zum Verstehenshintergrund der Zeit um 1200 etwa hinsichtlich bestimmter (Kohärenz-)Erwartungen.

Die ‚Klage' ist aus zweierlei Perspektiven zu betrachten: Zum einen ist sie eine Antwort auf das ‚Lied' und geht über es hinaus, indem sie einen akzeptablen Verstehenshintergrund entwirft.[185] Dann wäre der Beginn der ‚Klage' als Erinnerung an das historische Geschehen, nicht aber als Anschluss an das ‚Lied' zu erklären. Zum anderen reagiert auch sie auf die Sage, indem sie ihre Entstehung reflektiert und in gewissem Maß ihre Konstrukthaftigkeit herausstellt. Für ihr Anliegen selektiert sie das, was sie benötigt, ohne an das ‚Lied' gebunden zu sein. Auf diese Weise ist der lose Bezug beider Texte erklärt.

Beide Texte referieren aus dieser Perspektive nicht unbedingt, wie Kropik es vorgeschlagen hat, auf historische Ereignisse, sondern auch auf den Stoff beziehungsweise auf Komponenten der Sagenbildung. Der Bezugspunkt ist davon abhängig, inwiefern man der schriftlichen Heldendichtung eine Funktion von ‚Geschichtsüberlieferung' zuspricht (siehe Abschnitt 10.2). Die Forschung geht in der Regel von einer graduellen Funktionsverschiebung aus, wie es ebenso das ‚Antwort'-Modell nahelegt. Weder ‚Lied' noch ‚Klage' werden zu ihrer Entstehungszeit vermutlich noch für eine genuine Fortsetzung mündlicher ‚Vorzeitkunde' gehalten.[186] Stoff und Sage sind als *materia* in beiden Texten je nach Anliegen unterschiedlich geformt, so dass mündliche Tradition, ‚Lied' und ebenso ‚Klage' Gemeinsamkeiten aufweisen, aber zugleich in Opposition etwa wegen einer je nach Anliegen unterschiedlichen Selektivität zueinander stehen. Durch den Grad der Literarisierung grenzen sich ‚Lied' und ‚Klage' von der mündlichen Tradition ab und beide voneinander durch ihr jeweils spezifisches Anliegen. Der Nibelungenkomplex ist dann als Ergebnis eines „dynamischen Wechselproze[es] zwischen rezeptiver Erwartung und produktiver Bestätigung beziehungsweise Mit- und Neukonstituierung dieser Erwartungen durch die

---

184 Vgl. Schulze 2007a, S. 161.
185 Vgl. grundsätzlich Voßkamp 1977, S. 29; zur ‚Klage' siehe Knapp 1980, S. 598; Günzburger 1983, S. 70.
186 Vgl. Fromm 1990, S. 9; Kropik 2008, S. 28.

Werkproduktion"[187] zu verstehen, wie Voßkamp es prinzipiell für Gattungen postuliert. Beide Texte sind aus dieser Sicht als unterschiedliche Ausformungen eines angemessenen Erzählens beim Transfer in die Schriftlichkeit zu werten. Der Nibelungenkomplex in seiner Gesamtheit thematisiert unterschiedliche Formen und Funktionen kultureller Erinnerung wie er ebenso solche selbst hervorbringt und dokumentiert insofern mentalitätsgeschichtliche Wandlungsprozesse. Sowohl ‚Lied' als auch ‚Klage' spiegeln je spezifische Erwartungen seitens der Rezipienten und halten Kontinuitätserwartungen ein. Zugleich erzählen sie jeweils neu, wieder beziehungsweise weiter im Sinn einer Aktualisierung des Stoffs für die Zeit um 1200, die aber zu einem gewissen Grad auch die traditionellen Funktionen von Heldendichtung zu bewahren scheint. Der Überlieferungsverbund und insbesondere die ‚Klage' könnten diese Funktion in reflektierter, d.h. distanzierter und historisierter Perspektive transformiert erhalten, indem gezeigt wird, wie Erzähltraditionen in der Art des ‚Lieds' entstehen.

Der Nibelungenkomplex zeichnet offenbar den Weg von der mündlichen Überlieferung in die schriftgestützte Literatur nach. Im Folgenden gehe ich von einer sinnstiftenden, intentionalen Einheit von ‚Lied' und ‚Klage' aus.

Gestützt wird die Deutung einer intentionalen Einheit durch einen Blick auf die Dietrichepik: Ihre Literarisierung erfolgt „in Anlehnung"[188] an die der Nibelungensage. ‚Lied' und ‚Klage' sind nicht nur als Muster und Vorbild wirksam, sondern ebenso als Abgrenzungsfolie: Das Doppelepos aus ‚Dietrichs Flucht' und ‚Rabenschlacht' verbindet Strophik mit Reimpaarvers, wenn auch in gegensätzlicher Folge: geklagt wird in der ‚Rabenschlacht', die strophisch geformt ist. Die Anfangspassagen in beiden Werken haben deutliche Formulierungsanklänge an die Prologstrophe +C 1, wenn auch mit zum Teil eigenen Nuancierungen. In ‚Dietrichs Flucht' sollen [d]ie starken newen mæren (V. 3) erzählt werden; in der ‚Rabenschlacht' sind es analog zum ‚Lied' die alten mæren (Str. 1,1).[189] Das Doppelepos ‚antwortet' im Voßkampschen Sinn auf den Nibelungenkomplex.

---

[187] Voßkamp 1977, S. 34.
[188] Kropik 2008, S. 190.
[189] Ausgabe der ‚Rabenschlacht': Lienert/Wolter 2005. Zu Übernahmen und Abgrenzungen des Doppelepos zum Nibelungenkomplex siehe Eser 2015, S. 147–153.

4.6 Zusammenfassung

Die bisherigen Überlegungen legen eine intendierte Einheit von ‚Lied' und ‚Klage' nahe, die vermutlich erst in ihrem Verhältnis zur zeitgleich präsenten mündlichen Erzähltradition ihr volles Sinnpotenzial entwickeln kann. ‚Lied' und ‚Klage' sind als Zeugnisse unterschiedlicher Arten und Formen des Erzählens aufzufassen, die auch aufgrund des Überlieferungsbefunds einander als konzeptuell notwendige Bestandteile ergänzen und in der Reihenfolge ‚Lied' – ‚Klage' einander zugeordnet sind, sich also gegenseitig kontextualisieren. Die Kombination der beiden Werke ist damit als Ausdruck einer Erzählreflexion zu deuten. Der Nibelungenkomplex versteht sich im mittelalterlichen Sinn als Literatur, wobei alte Funktionen von Heldensage und -dichtung wie die einer ‚Historizität' möglicherweise zum Teil abgeschwächt werden. Über die Annahme eines intentionalen Erzählkonzepts sind die beobachtbaren Gemeinsamkeiten und Unterschiede beider Werke zu einem weitgehend harmonischen Ganzen gefügt, auch wenn beide Werke selbst nur auf die beschriebene indirekte Art und Weise harmonieren wollen. Der Nibelungenkomplex ist insofern mehr als die Summe seiner Einzelteile: Sowohl ‚Lied' als auch ‚Klage' beziehen sich auf denselben Stoff, möglicherweise auch auf dieselben, als historisch gedachten Ereignisse. Sie perspektivieren den Stoff beziehungsweise die Ereignisse unterschiedlich und stellen verschiedene Modi und Formen von Dichtung dar: Sage und ‚historiographische' Geschichtsdichtung, mündliche und schriftliche Überlieferung. Während das ‚Lied' einen Hinweis darauf gibt, wie Heldensage funktioniert,[190] deutet die ‚Klage' das Ereignis. Beide Texte entsprechen bestimmten, jeweils unterschiedlichen Kontinuitätserwartungen hinsichtlich eines spezifischen Charakters traditioneller Heldendichtung sowie ihrer Funktion von Geschichtsüberlieferung. Aufgrund der Aktualisierung und Übernahme höfischer beziehungsweise historiographischer Elemente sind sie an das literarische Umfeld angepasste schriftliterarisch-orientierte Heldendichtung.[191] Auf diese Weise ist eine für die Tradierung angemessene und zugleich aktuelle Form gefunden sowie die Prozesshaftigkeit der Entstehung von Heldensage beziehungsweise -dichtung literarisch aufbereitet. Darüber hinaus ist in beiden Texten der Nibelungenstoff auf jeweils unterschiedliche Art und Weise personalisiert, ‚dramatisiert' und Rezipienten orientiert aufbereitet, wobei unterschiedliche Wertvorstellungen, die hinter beiden Werke stehen, deutlich werden. Während im ‚Lied' Fähigkeiten und Methoden thematisiert sind, mit denen man

---

190 Vgl. Kropik 2008, S. 379.
191 Ebd., S. 185, 380.

sich in einer Gesellschaft ohne staatliches Gewaltmonopol durchsetzen will, tendiert die ‚Klage' – wie oftmals die ‚seriöse' Geschichtsschreibung des Mittelalters – dazu, die Handelnden als Werkzeuge Gottes oder des Teufels darzustellen.[192] Dieses Erzählkonzept lässt die Konstruiertheit der Werke und ihre jeweils eigene Text- und Sinnkonstitution bewusst sichtbar werden, zugleich ihre Medialität. Das skizzierte Szenario wie der Überlieferungsbefund legen ein gleichzeitiges Entstehen und dabei einen Dialog beider Werke nahe. Der Dialog ist durch die zahlreichen und vielfältigen Querverbindungen zwischen ‚Lied' und ‚Klage' beziehungsweise ‚Lied'- und ‚Klage'-Fassungen stark indiziert. Nicht nur ‚Lied' und ‚Klage' sind als Ergebnis historischer, literarisch-sozialer Konsensbildungen zu betrachten, sondern auch die einzelnen Fassungen als Ergebnis eines Gesprächs über ein angemessenes Erzählen von Heldenepik um 1200.

---

[192] Vgl. Althoff 1988/2003, S. 21.

5 Variation in der Überlieferung des Nibelungenkomplexes

Variation als grundsätzliches Phänomen mittelalterlicher Texte hat die Nibelungenforschung seit jeher beschäftigt.[1] Im Kontext der ‚New Philology'-Diskussion ist das Phänomen von Cerquiglini pointiert für mittelalterliche Literatur zusammengefasst: „*l'écriture médiévale ne produit pas des variantes, elle est variance*".[2] Der Begriff ‚Variation' steht „für sämtliche Textunterschiede zwischen zwei (oder mehreren) Fassungen eines Epos"[3] und meint die Variation vom einzelnen Buchstaben bis hin zum Textbestand in der Form, wenn ganze Textpassagen in der einen Fassung vorhanden sind und in der anderen nicht.[4] Lieb weist darauf hin,

> daß die Überlieferungsgeschichte mittelalterlicher Texte nicht nur eine Geschichte des Abschreibens und der ‚Variantenlieferung' ist, sondern auch eine Geschichte des Reproduzierens, des Anpassens und des Aktualisierens, in der Texte mit einem Textualitätsstatus produziert werden, der den ‚originalen' Texten nicht unähnlich ist.[5]

Wolf spricht gar von einem „fortwährenden Veränderungsdruck"[6] volkssprachiger und lateinischer nicht-heiliger Bücher.[7] Lutz hebt hervor, dass die mittelalterliche Textualität aus der Perspektive

> der schriftlichen Fixierung von Texten, der Art und Weise ihrer Aufzeichnung, der Veränderung ihres Wortlauts oder ihres Erscheinungsbildes, ihrer Begleitung durch (andere Texte) oder Bilder ihrer Veränderung, Auflösung und Neukonstituierung in wechselnden textuellen und kontextuellen Zusammenhängen[8]

in den Blick gerät. Entsprechend gelten Offenheit und Prozessualität, aber ebenso Formen von Stabilität und Invarianz als grundsätzliche Kennzeichen

---

1 Vgl. Henkel 1993, S. 51.
2 Cerquiglini 1989, S. 111. Zur ‚New Philology' siehe grundlegend Stackmann 1994; Strohschneider 1997b.
3 Bumke 1996c, S. 396.
4 Vgl. ebd., S. 395.
5 Lieb 2005, S. 145; vgl. Ruh 1985, S. 267f.
6 Wolf 2008a, S. 285.
7 Zu den nicht-heiligen Büchern zählt Wolf (ebd.) antike Klassiker wie auch Werke berühmter „Autorpersönlichkeiten" wie Gottfried von Viterbo, Bonaventura, Williram von Ebersberg und Martin von Troppau.
8 Lutz 2006, S. 19.

mittelalterlicher Texte.⁹ Dies ist für einzelne Gattungen oder auch Texte jeweils spezifisch zu betrachten.¹⁰ Strohschneider folgert, dass mittelalterliche Texte

> [k]eineswegs [...] durchwegs dem Prinzip der *variance* [folgen]. Variabel sind sie zwar auf jener linguistischen Ebene des ‚Wortlauts', auf welcher sich erst für die Episteme der Buchkultur die Identität eines Werkes entscheiden kann, doch auf zahlreichen anderen Ebenen ist die poetische Rede vielmehr spezifisch gekennzeichnet durch die ‚*invariance*' ihrer Traditionalität, Konventionalität, Habitualität, Formiertheit.¹¹

Wolf weist darauf hin, dass die „Epen-Schreiber [...] sich anscheinend bewußt [waren], relativ feste, durch eine – jedoch nicht mit neuzeitlichen Vorstellungen vereinbare – Autor- oder Werkautorität geschützte Textgebilde vor sich zu haben".¹² Dies gilt ebenfalls für das ‚Lied'. Es ist in seiner Überlieferung in Bezug auf Textbestand und Textgestalt von der Ebene des einzelnen Wortes bis hin zur *âventiuren*-Einteilung durch eine „beträchtliche Beweglichkeit seines Textes gekennzeichnet",¹³ die relative Festigkeit des Texts ist jedoch deutlich „größer als die Abweichungen".¹⁴

Variation geht auf verschiedene Interessen und Instanzen zurück. Zu unterscheiden bleibt zwischen gewollter Variation und dem Fehler eines Schreibers. Die Auswirkungen der Tätigkeit der verschiedenen Instanzen sind in vielen Fällen nicht sauber zu unterscheiden;¹⁵ Variation ist oftmals nicht Ergebnis einer bewusst konzeptionellen Umgestaltung und damit keinesfalls grundsätzlich ein fassungsunterscheidendes Kriterium.¹⁶ Zum Beispiel weist Henkel in Bezug auf das ‚Lied' darauf hin, dass

---

9 Strohschneider 1997b, S. 66.
10 Vgl. Bumke 1996c, S. 390. Zur Dietrichepik siehe grundsätzlich Heinzle 1978. Für die höfische Epik beziehungsweise Romane siehe grundsätzlich Bumke 1991; Strohschneider 1991; Henkel 1992; 1993; Bumke 1996a; 1996c. Für Variation in der Lyrik siehe Schweikle 1995, S. 21–34.
11 Strohschneider 1997b, S. 83.
12 Wolf 2008a, S. 296.
13 Göhler 1995, S. 70.
14 Müller 1999, S. 162; vgl. Brackert 1963, S. 173.
15 Vgl. Bumke 2005, S. 45, Anm. 123.
16 Vgl. Bumke 1996c, S. 52, 81, 272; Strohschneider 1998, S. 115, 117.

der Vergleich der Fassungen *A/B mit *C an zahllosen Stellen Unterschiede [zeigt], die sich nicht auf eine bewußte konzeptionelle Um- bzw. Neuakzentuierung zurückführen lassen, sondern die relativ freie Verfügbarkeit des Wortlauts gegenüber dem Gestaltungswillen des Redaktors erweisen.[17]

Grundsätzlich sind „Texte als Manifestationen historisch spezifischer, also in situative Handlungskontexte eingelassener Kommunikation aufzufassen".[18] Die einzelnen Handschriften respektive Fassungen unterscheiden sich damit auch insofern, als sie „andersartige Kommunikationsangebote darstellen".[19]

Diese grundsätzlichen Überlegungen zu Phänomenen der Variation in mittelalterlicher Literatur bilden den Rahmen für die Bewertung und Interpretation von Unterschieden zwischen den Fassungen des Nibelungenkomplexes. Auszugehen ist zunächst von Handschriften, daraufhin von gedachten Fassungen, um Aussagen treffen zu können, die über den Momentstatus einer bestimmten Handschrift hinausgehen. Skizziert werden unterschiedliche Instanzen, die den Wortlaut eines Texts beeinflussen, und das dieser Arbeit zugrundeliegende Variationsmodell.

5.1 Interessen und Instanzen der Epenbearbeitung

Wie bei den meisten mittelalterlichen Epen gilt ebenso für die überlieferten Texte des Nibelungenkomplexes, dass einzelne Bearbeitungsschichten innerhalb einer Fassung oder auch fassungsübergreifend nur bedingt, und in vielen Aspekten nicht rekonstruierbar sind.[20] Dies liegt zum einen an seiner Überlieferungssituation, zum anderen sind die Motive von Veränderungsprozessen zu vielfältig, so dass sie nur schwerlich zu katalogisieren sind.[21] Neben „Zeit und Ort der Abfassung"[22] verweist Strohschneider insbesondere auf den Einfluss der „alle soziale und auch ästhetische Praxis dominierenden Modalitäten mündlicher Kommunikation und multisensorischer Wahrnehmung in Situationen der Kopräsenz leibhaftig anwesender Sprecher und Hörer"[23] auf die Schrift und Textualität mittelalterlicher Schriftwerke. Die Literatur des Mittelalters ist stets in Gebrauchssituationen eingebunden, die kaum systematisiert werden kön-

---

17 Henkel 1993, S. 51.
18 Strohschneider 1997b, S. 66.
19 Malcher 2009, S. 295.
20 Vgl. grundsätzlich Bumke 2005, S. 25; Lieb 2005, S. 145.
21 Vgl. Bumke 2005, S. 44.
22 Lieb 2005, S. 145.
23 Strohschneider 1997b, S. 71.

nen.²⁴ Als die wichtigsten Interessensvertreter und Instanzen bei der Textarbeit mit mittelalterlichen Epen um 1200 sind Auftraggeber, Dichter, Redaktoren, Schreiber, Bearbeiter und Publikum zu nennen.²⁵ Zu klären ist, inwiefern Fassungsspezifika auf bestimmte Interessensvertreter und Instanzen zurückzuführen sind.

Persönliche Interessen und Repräsentationsanspruch des oder der Auftraggeber des ‚Lieds', der ‚Klage', des Nibelungenkomplexes oder der Nibelungenhandschriften B und C sind nur relativ allgemein zu ermitteln, wie es der Handschriftenvergleich ergeben hat.²⁶ Nicht zu ermitteln ist das besondere Interesse am Nibelungenstoff, das dazu führte, ihn zeitlich vor dem deutlich populäreren Stoffkreis um Dietrich von Bern in die Schriftlichkeit zu überführen.²⁷ Wie oben ausgeführt kommen trotz des weltlichen Inhalts auch Mäzene höherer Geistlichkeit in Frage.

Der (oder die) Dichter beziehungsweise Verfasser des ursprünglichen, d.h. den erhaltenen Fassungen vorausliegenden Grundtexts des ‚Lieds' und/oder der ‚Klage', steht zwischen den Erwartungen des Auftraggebers, des Publikums, den eigenen Ansprüchen als *artifex* und Vorgaben der *materia* und des *artificiums*.²⁸ Im Fall des Nibelungenkomplexes sind nur Abschriften ohne Verfasserangabe überkommen, so dass weder der konkrete Wortlaut des Grundtexts rekonstruiert, noch der Dichter identifiziert werden kann. Wirkungsmächtig ist seine Grundkomposition des ‚Lieds' über alle Fassungen hinweg. Wenzel weist darauf hin, dass „[w]ir [...] im Mittelalter i.d.R. nicht den Autor [kennen], der den Text hervorgebracht hat, sondern nur den Text, der den Autor hervorbringt".²⁹ Ähnlich betont Haymes, dass wir selbst bei einem überlieferten Autornamen kaum etwas über die Person erfahren können.³⁰ In Bezug auf den Minnesang hat Henkel nachgewiesen, dass selbst in den Fällen mitunter Unsi-

---

24 Vgl. Grubmüller 2005, S. 32.
25 Vgl. Bumke 2005, S. 44f.
26 Vgl. ebd., S. 45.
27 Vgl. ebd., S. 24.
28 Ebd., S. 45.
29 Wenzel 1998, S. 5.
30 Haymes 2006, S. 1. Exemplarisch sei auf die Diskussion der Forschung zur Lese- und Schreibfähigkeit Wolframs von Eschenbach aufgrund der Aussagen in der Erzählerrede im ‚Parzival' (V. 115,27: *ine kan deheinen buochstap*) und im ‚Willehalm' (Textausgabe: Kartschoke 2003, V. 2,19f.: *swaz an den buochen stet geschriben, / des bin ich künstelos beliben.*) verwiesen. Die Forschung sieht mittlerweile weitgehend von einer Biographisierung ab und wertet derartige Aussagen als Stilisierungen, denen spezifische narrative und rezeptionslenkende Funktionen zugewiesen werden können; vgl. Schirok 1999; Schmid 2014b.

cherheit in der Autorzuweisung besteht, in denen Autornamen überliefert sind.[31] Mangels Möglichkeiten der Verifizierbarkeit bleibt zwar die biographische Existenz eines Autors für die Textanalyse weitgehend bedeutungslos, auch wenn die Autornamen zum Teil klassifikatorisch wirksam werden, nicht aber sein Wissen sowie die Wahrnehmungs- und Deutungsmuster, die sich den Texten ablesen lassen. Untersucht wird in der vorliegenden Arbeit allerdings nicht das fassungsübergreifende Profil des Dichters, sondern das des *C-Bearbeiters. In der Forschung sind die Begriffe Redaktor, Schreiber und Bearbeiter nicht immer sauber voneinander getrennt, auch weil sich ihre Anteile an der Textgenese oftmals nicht voneinander scheiden lassen.

Als Redaktor verstehe ich mit Bumke diejenige Instanz, die für *La mise en page* verantwortlich zeichnet und damit relevant für die Texterschließung und Steuerung der Wahrnehmung durch den Rezipienten ist.[32] Offen bleiben muss, welche Entscheidungen der Gestaltung möglicherweise auf den Dichter und/oder die Weisungen der Auftraggeber zurückzuführen sind.[33] Der handschriftliche Befund (siehe Abschnitt 2.9 und 4.5.1) hat die Relevanz der Textgestaltung für Überlieferungsgeschichte und Textstrukturierung verdeutlicht, wie es oben etwa an der Initialensetzung erläutert wurde.

Der Schreiber zeichnete in erster Linie für die Nieder- beziehungsweise Abschrift verantwortlich;[34] auch wenn bekannt ist, dass mitunter einzelne Schreibvorgänge auf unterschiedliche Personen wie Schreiber, Rubrikator etc. zurückzuführen sind. Im Vergleich zur lateinischen Literatur sind „präzise Reflexionen zum Schreibbetrieb" im volkssprachlichen Bereich eher selten, lassen aber nach Wolf „auch dort ein waches Empfinden für die Besonderheiten der Tradierungsmechanismen und -fairnisse erkennen".[35] Geklagt wird „über unerfahrene, schläfrige, inkompetente oder zu autonome Schreiber und Korrektoren [...] nicht

---

31 Henkel 2001.
32 Bumke (2005, S. 25) zählt als Bestandteile des Arbeitsgebietes das Format, die Einrichtung und die Ausstattung einer Handschrift und des Texts – etwa durch das Absetzen von Versen, Reimpaaren oder Strophen, das optische und inhaltliche Groß- und Kleingliedern des Texts durch das Markieren von Abschnitten, das Einsetzen von Groß- und Kleininitialen, Majuskeln und weiteren Zeichen und gegebenenfalls die Korrektur der Niederschrift. In der Forschung werden dagegen häufig Redaktor und Bearbeiter synonym verwendet. Wolf (2008a, S. 293) weist dem Schreiber auch Tätigkeiten des Bearbeiters zu; vgl. Grubmüller 2002. Müller (1999, S. 161) weist auf weitere Instanzen wie Illustratoren und Vortragende hin.
33 Bumke 2005, S. 25, 45.
34 Grundlegend zum Einfluss des Schreibers siehe Schmitz 1991; Schmidt 1994; Schubert 2002.
35 Wolf 2008a, S. 285, vgl. 290–298.

nur im hoch reflektierten lateinischen, sondern auch im volkssprachigen Literaturbetrieb".[36] Für die Überlieferungsträger B und C des Nibelungenkomplexes ist dargestellt worden, dass der B-Schreiber 5 mit seiner ‚Lied'-Vorlage freier umging, als es für den C-Schreiber anzunehmen ist. Eine größere Sorgfalt des Schreibers ist ebenso für den Text der ‚Klage' zu konstatieren: Mehrfach sind Stellen zu identifizieren, an denen Plusverse – zumeist in *C – einen fehlerhaften Ausfall von Versen in der anderen Fassung – zumeist der *B-Fassung – anzeigen, so dass nicht unmittelbar auf eine Bearbeitungsintention zu schließen ist. Angeführt seien nur wenige Beispiele und grundsätzlich sei auf die Kommentare der ‚Klage'-Ausgaben von Bumke (1999a) und Lienert (2000) verwiesen, die auch Deutungen älterer Ausgaben anführen: In *B 613 *daz er ir lützel bî im vant* ist das *ir* „unverständlich",[37] weil kein Beziehungswort kenntlich ist. Dagegen wird in der Fassung *C zuvor von den *mannen und mâgen* (+*C 629) gesprochen.[38] 14 Plusverse weist die *C-Fassung (*C 1084–1097) nach *B 1069 (*C 1083) auf, in denen ein Satz weitergeführt ist.[39] Ähnlich sieht es bei den Versen *B 2102f. beziehungsweise *C 2206ff. aus: Zunächst wird in beiden Fassungen erzählt, dass Hildebrand nicht stark genug war, um den toten Rüdiger aus dem Saal zu tragen. In *B heißt es dann: *ez möhte noch misselingen / mit solchem dienste einem man* (*B 2102f.); in Plusversen in *C ist dies näher erläutert: *der in getragen solde hân, / der vil gesunt gewesen waere* (*C 2208f.).[40] Außer als Abschreibfehler ließen sich diese Stellen ebenso als ein intentionales Bemühen in *C deuten, Sachverhalte deutlicher zu erklären. Dies verdeutlicht, dass eine Trennung zwischen verschiedenen Instanzen nicht immer eindeutig gelingen kann.

Zentral für die vorliegende Arbeit ist die Instanz des Bearbeiters, der eine Fassung verantwortet, indem er einen ihm vorliegenden Text produktiv mit- und weiterbearbeitet.[41] Bumke bestimmt als sein wesentliches Ziel „[i]n vielen Fällen", einen „‚Mangel'" eines vorgegebenen Werks, etwa formal in Bezug auf Versbau und Reimtechnik oder Unvollständigkeit bei einem Fragment oder einem nicht gewolltem Ende, aufzuheben und das Werk im Sinn einer Wertschätzung zu verbessern. Lutz weist auf einen grundsätzlichen Aspekt hin:

---

36 Wolf 2008a, S. 290f.
37 Holtzmann 1854, S. 56. *C 633 formuliert nach den Plusversen im parallelen Vers anders: *dâ von im jâmer wart bekant*.
38 Vgl. Bumke 1999a, S. 525.
39 Ebd., S. 528.
40 Ebd., S. 536.
41 Vgl. Henkel (1993, S. 50) zur Tätigkeit eines Bearbeiters, bei ihm Redaktor genannt.

Es ist wohl entscheidend, daß mittelalterliche Vorstellungen von ‚Text' – bei allen Bemühungen um den Wortlaut, der ihn repräsentiert, um dessen Gestalt und um beider Bewahrung – vom Bewußtsein des Nicht-Genügens aller Aufzeichnungen bestimmt sind.[42]

Die formalen Verbesserungen sind auch an der Handschrift *C abzulesen, wenn sie auch nicht systematisch durchgeführt sind. Ebenso könnte die ‚Klage' im Sinn einer „Fortsetzung" und eines ‚Rundmachens' gewertet werden.[43] Festzuhalten ist jedenfalls mit Bumke, dass „[a]lle literarischen Werke [...] nur in bearbeiteter Form weitergelebt [haben]".[44]

Der Einfluss des höfischen Publikums auf die Textgestalt des Nibelungenkomplexes lässt sich dagegen nicht mehr rekonstruieren.

5.2 Kategorien und Begriffe zur Erfassung von Variation

Ein Modell für die Beschreibung und Analyse variierender Epenüberlieferung entwickelt Bumke anhand der ‚Klage'-Fassungen *B und *C, indem er die jeweils ersten und letzten 1000 Verse beider Fassungen auswertet.[45] Anhand dieser Materialbasis versucht er, sowohl Zufälligkeiten auszuschließen, als auch mögliche Veränderungen der Variationspraxis zu erfassen. Anliegen sind die systematische Erfassung von Arten der Variation in ihrer Bandbreite, ihrem Ausmaß und ihrer Häufigkeit sowie die Verwendung von neutralerer Begrifflichkeit, als sie die traditionelle Textkritik bietet.[46] Zu unterscheiden sind die Quantität der Variation, also wieviel variiert wird, und ihre Qualität, also was und wie variiert wird.[47] Als Begrifflichkeit schlägt er „Paarbegriffe[] wie plus/minus, mehr/weniger, Vor-/Nachstellung, ein Wort für ein anderes usw." vor.[48] Im Wesentlichen sind drei Arten von Variation bestimmt: Variation im Textbestand, in der Textfolge und in der Textformulierung:[49] Unter Variation des Textbestands fällt „alles, was sich mit Hilfe des Begriffs mehr/weniger be-

---

42 Lutz 2006, S. 11.
43 Bumke 2005, S. 44.
44 Ebd.
45 Bumke 1996c, S. 390–455.
46 Stackmann (2001, S. 391) erwägt die Möglichkeit einer Neudefinition der vorhandenen Begriffe, weil Bumkes Edition der ‚Klage'-Fassungen grundsätzlich das „Ergebnis einer Recensio im klassischen Sinne" ist.
47 Bumke 1996c, S. 391.
48 Ebd.
49 Ebd.

schreiben läßt".⁵⁰ Als häufigste Form ist der Typ ‚ein Wort mehr/weniger' zu beobachten.⁵¹ Variation in der Textfolge beschreibt die Reihenfolge von einzelnen Wörtern bis hin zur Platzierung ganzer Textpassagen an verschiedenen Stellen.⁵² Alle weiteren Variationsphänomene werden durch den Begriff der Textformulierung abgedeckt, was ihn relativ unscharf werden lässt.⁵³ Der Typ ‚ein Wort für ein anderes in derselben Versposition' ist am häufigsten zu beobachten.⁵⁴ Diese Dreiteilung der Variationsphänomene ist stark vereinfachend und nicht immer ausreichend, um die vorhandenen Phänomene zu beschreiben.⁵⁵ So „ist der Typ ‚Variation der Textformulierung mit Variation des Textbestands und/oder der Textfolge' [...] der häufigste Variationstyp überhaupt".⁵⁶

In ‚Lied' und ‚Klage' sind viele Varianten iterierend und damit fassungsunspezifisch.⁵⁷ Bumke unterscheidet seinem Anliegen nach nicht zwischen fassungsspezifischen und -unspezifischen Varianten,⁵⁸ was dagegen Ziel der vorliegenden Arbeit ist. Im Fokus steht weniger die Quantität der Variation, vielmehr ihre Qualität. Aus diesem Grund sind weder nach grammatischen Kategorien geprägte Variationen, wie morphologische und syntaktische Varianten, noch Variationen aufgrund des handschriftlichen Befunds wie Orthographie berücksichtigt.⁵⁹ Im Gegensatz zur *B-‚Klage' habe ich an der ‚Klage' *C beobachtet, dass letztere eine deutliche Tendenz zur ‚Doppelten Verneinung' aufweist. Diese Form der Variation spielt für die verfolgte Fragestellung keine Rolle. Sprachhistorische Phänomene scheiden auch aus dem Grund aus, dass edierte Texte untersucht werden. Als Kategorien sind Textbestand, Textfolge und Textformulierung anzusetzen sowie die Begrifflichkeit von Plus/Minus zu berücksichtigen.

---

50 Ebd.
51 Ebd. Zu den Zahlen siehe Beschreibungskatalog ebd., S. 397–455.
52 Ebd., S. 392.
53 Ebd.
54 Ebd.
55 Ebd., S. 393.
56 Ebd. Bumke (ebd.) führt daher den Variationstyp ‚Variation des ganzen Verses' ein, wohlwissend, „daß diese Kategorie auf einer anderen Abstraktionsebene liegt als die Begriffe Variation des Textbestands, der Textfolge und der Textformulierung".
57 Ebd., S. 394.
58 Vgl. ebd.
59 Vgl. ebd., S. 390, Anm. 360; 396.

5.3 Variation zwischen den Fassungen *B und *C des ‚Nibelungenlieds'

Die Variationsphänomene zwischen den und innerhalb der ‚Klage'-Fassungen sind von Bumke (1996c) so detailliert und systematisch dargestellt worden, dass sie über die bereits genannten Aspekte hinausgehend im Rahmen der vorliegenden Arbeit nicht wiederholt werden müssen. Mein Beitrag ist es, diejenige Variation herauszuarbeiten, die fassungsunterscheidend wirksam ist. Im Folgenden sind die ‚Lied'-Fassungen *B und *C einander gegenübergestellt, um zu prüfen, inwiefern die Kategorien Textbestand, Textfolge und Textformulierung für die Untersuchung des ‚Lieds' nutzbringend sind und um das Ausmaß der Variation zu bestimmen. Als Korpus wähle ich die erste Aventiure des ‚Lieds', weil sich besonders Anfänge und Schlüsse von Texten oder Erzählabschnitten für fassungsunterscheidende Variation anbieten. Allerdings enden in der Fassung *C des ‚Lieds' 16 von 38 Aventiuren mit mindestens einer Plusstrophe, dagegen beginnt nur die erste Aventiure mit einer Plusstrophe; insofern ist die erste Aventiure für diesen Befund nicht repräsentativ (siehe Abschnitte 6.4.8 und 6.5). Die exemplarische Gegenüberstellung erfolgt auf Handschriftenebene, damit der Befund und seine Auswertung durch Normalisierung und editorische Entscheidungen in den Textausgaben nicht verfälscht werden.[60] Unberücksichtigt bleiben Variationsformen hinsichtlich der Texteinrichtung (siehe Abschnitt 4.5.1).

5.3.1 Variation in der ersten Aventiure des ‚Nibelungenlieds'

Im philologischen Vergleich fällt hinsichtlich des Textbestands auf, dass sich die Anzahl der Strophen der ersten Aventiure des ‚Lieds' in den Handschriften B (18) und C (19) unterscheidet. C weist als Plusstrophe die Prologstrophe +C 1 aus, die ebenso in den Handschriften A, D und d überliefert ist und damit in B eng verwandter Überlieferung:[61]

> Uns ist in alten mæren wunders vil geseit
> von heleden lobebæren, von grôzer arebeit,
> von freude und hôchgezîten, von weinen unde klagen,
> von küener recken strîten muget ir nu wunder hœren sagen.

---

[60] Vgl. Lutz 2006, S. 13.
[61] Vgl. Müller 1998, S. 99. Zur ‚Übernahme' in modifizierter Form in ‚Dietrichs Flucht' und ‚Rabenschlacht' siehe Abschnitt 4.5.2.

Diese Strophe wird, unter anderem aufgrund des doppelten Zäsurreims (*mæren – lobebæren; hôchgezîten – strîten*), von der Forschung häufig der Fassung *C zugeschrieben, die dann sekundär mit geringen Formulierungsvarianten in die anderen genannten Handschriften integriert wird.[62] Die Forschung geht davon aus, dass die vorliegenden Handschriften nicht den ‚ursprünglichen' Status der einzelnen Fassungen widerspiegeln, sondern dass bereits ein Austausch an Textmaterial stattgefunden hat.[63] Theoretisch möglich ist aber auch, dass sie in B ausgefallen oder intentional gestrichen ist. Jedenfalls ergibt sich dadurch ein gänzlich anderer Erzähleinsatz in beiden Handschriften. In B beginnt unmittelbar die Erzählung ohne eine ausdrückliche Markierung einer Distanz zwischen erzählter Welt und der Welt der Rezipienten. Dagegen findet in C mit der Programmstrophe eine Kontextualisierung mit einem schriftsprachlicheren Charakter statt, die eine Parallele im Anfang der ‚Klage'-Fassungen hat, den nachfolgenden Text historisch vage situiert, dadurch eine Distanz zwischen der erzählten Welt und den Rezipienten und zugleich zu einer primär mündlichen Kommunikationssituation produziert,[64] und von einem Aktualitätsbestreben zeugt, indem auf die Wiederholung von allgemein bekannten Geschichten hingedeutet wird.[65] Die Prologstrophe stimmt die Rezipientengemeinschaft auf eine Aktualisierung ein und zeugt von einer textintern vertexteten Kommunikationssituation. Aus diesem punktuellen Unterschied zwischen den Handschriften ergibt sich eine gravierende Differenz in der Perspektivierung des Erzählten.[66] Die Fassung *C (und *A) erscheint damit auch der ‚Klage' näher als *B.

Allerdings ist auf einer anderen Ebene ein womöglich signifikanter Unterschied zu konstatieren: Während die Handschrift A nur rote Initialen kennt und C verzierte Aventiureinitialen aufweist,[67] sind die Aventiureinitialen in B deutlich aufwändiger gestaltet. Vier von 37 Großinitialen sind ‚belebte' Initialen.[68]

---

[62] Eine detaillierte Analyse der Prologstrophe gibt Curschmann (1992); vgl. Ehrismann 2002, S. 98–103; siehe ebenfalls Abschnitt 3.3.1.
[63] Bereits Braune (1900, S. 155f.) hat festgestellt, dass sich keine ‚originäre' Reihenfolge rekonstruieren lässt. Sie ist aber auch nur bedingt interessant, weil man dann eventuell noch stärker Indizien für Erzählstrategien und damit Bearbeiterprofile hätte.
[64] Müller 1998, S. 99.
[65] Vgl. Heinzle 2003a, S. 200f.; Grubmüller 2005, S. 36.
[66] Vgl. Müller 1998, S. 99.
[67] Handschrift A, fol. 1ʳ: http://daten.digitale-sammlungen.de/bsb00035316/image_5 [letzter Zugriff am 07.02.2018]; Handschrift C, fol. 1ʳ: https://digital.blb-karlsruhe.de/blbhs/content/pageview/739401 [letzter Zugriff am 07.02.2018].
[68] Eine Initiale ist trotz ausgespartem Raum nicht ausgeführt (Beginn der 18. Aventiure), bei einer fehlt der Raum (Beginn der 27. Aventiure) (Stolz 2005, S. 45), so dass insgesamt 39 Initialen für die 39 Aventiuren anzusetzen sind.

Von diesen fällt besonders die eingerückte Eingangsinitiale in B auf:[69] Die in die Initiale integrierte Figur markiert mit der linken Hand „den aus der antiken Rhetorik bekannten Gestus des Redeanfangs",[70] bei der Daumen und Zeigefinger einen Kreis bilden. Die rechte Hand hält den mittleren Querstrich der Eingangsinitiale E der ersten Strophe. Die Miniatur ließe sich dahingehend deuten, dass Mündlichkeit und Schriftlichkeit miteinander verquickt sind.

Neben der Variation in Bezug auf den Textbestand ist ebenfalls eine in Bezug auf die Textfolge zu konstatieren:[71] Die Entsprechung zur Strophe B 5 [7] mit den Angaben zu Kriemhilds Eltern ist C 4. Sie befindet sich in C zwei Strophen früher als in B und vor der Strophe über den Residenzsitz Worms. Die unterschiedliche Strophenreihenfolge ist theoretisch auch in der Stammhandschrift der *B- beziehungsweise *C-Fassung durch einen zufälligen Verdreher erklärbar, der anschließend weiter tradiert wird, weil beide Reihenfolgen möglich sind. In *C ist die Familie jedenfalls enger zusammengebunden „und geschlossener von den nun folgenden Vasallen ab[ge]setzt, deren Präsentation mit dem *honor* des Burgundenhofes endet".[72] *C scheint dadurch, so Ehrismann, „‚logischer' zu erzählen".[73]

Jegliche Variation im Bereich der Textformulierung, die in der Natur der Sache liegend am häufigsten vorkommt, ist in der nachfolgenden Tabelle (siehe Tabelle 1) für die erste Aventiure zusammengestellt.[74] Berücksichtigt ist nicht die Variation eines einzelnen Buchstaben zum Beispiel hinsichtlich einer Synkope oder Apokope oder einer anderen Schreibweise des gleichen Wortes. Zitiert wird nach der Ausgabe von Batts (1971).[75]

---

69 Bischoff/Heinrichs/Schröder 1962, S. 291, 376, 393, 411. Die drei weiteren D-Initialen zeigen männliche Figuren als Brustbild beziehungsweise im Halbprofil (vgl. Stolz 2005, S. 46) und sind nicht aussagekräftig.
70 Stolz 2005, S. 46.
71 Vgl. Kofler 2011b, S. 52.
72 Ehrismann 2006, S. 227.
73 Ebd.
74 Die Variation findet sich in unterschiedlichen Langzeilen der Strophen: vier in der ersten, eine in der zweiten, vier in der dritten und fünf in der vierten. Haferland (2004, S. 97) beobachtet, dass die Variation zwischen B und C „fast immer" in den letzten beiden Versen einer Strophe zu finden wäre. Dies lässt sich so nicht bestätigen, aber eine entsprechende Tendenz ist erkennbar.
75 Nicht berücksichtigt sind editorische Kennzeichnungen von Batts (1971).

Tab. 1: Variation in der ersten Aventiure des ‚Lieds' zwischen den Handschriften B und C

Strophe und Vers in C	Strophe und Vers in B	Unterschied
C 2,1	B 1,1 [2,1]	
Ez whs in Bvregonden ein vil edel magedin,	E n Bvrgonden ein vil edel magedin,	+C: z whs
C 2,3	B 1,3 [2,3]	
Chriemhilt geheizen. div wart ein schone wip;	Chriemhilt geheizen. si wart .in scône wip;	diu vs. si
C 3,3	B 2,3 [4,3]	
vñ Giselher der iunge, ein wetlicher degen.	vñ Giselher der ivnge, ein v̊z erwelter degn.	wetlicher vs. uz erwelter
C 3,4	B 2,4 [4,4]	
div frowe was ir swester; die helde hetens in ir pflegen.	div frôwe was ir swester; di fv̊rsten hetens in ir pflægn.	helde vs. fürsten
C 6,4	B 4,4 [6,4]	
si sturben iæmerliche sit von zweier frowen nit.	si erstvrben sit iæmerliche von zweier edelen frowen nit.	sturben vs. ersturben; Wortstellung sit; +B: edelen
C 8,2	B 7,2 [9,2]	
Danchwart der snelle, von Metzzen Ortwin,	Danchwart der vil snelle, von Metzzen Ortewin,	+B: vil
C 9,1	B 8,1 [10,1]	
Rv̊molt der chvchenmeister, ein vz erwelter degen,	Rv̊molt der chvchenmeister, ein tiŵerlicher degn,	uz erwelter vs. tiwerlicher
C 10,3	B 9,3 [11,3]	
Sindolt der was schenche, ein wetlicher degen.	Sindolt der was scenche, ein v̊z erwelter degn.	wetlicher vs. uz erwelter
C 11,1	B 10,1 [12,1]	
Von des hofes ere vñ von ir witen chraft,	Von des hoves chrefte vñ von ir witen chraft,	ere vs. krefte

Strophe und Vers in C	Strophe und Vers in B	Unterschied
C 14,4	B 13,4 [15,4]	
daz ich von rechen minne sol gewinnen nimmer not."	daz ich von mannes minne sol gewinnen nimmer not."	rechen vs. mannes
C 15,3	B 14,3 [16,3]	
daz chvmt von mannes minne. dv wirst ein schone wip,	daz gesciht von mannes minne. dv wirst ein scŏne wip,	chumt vs. gesciht
C 15,4	B 14,4 [16,4]	
ob dir got gefuget eins rehte gvten ritters lip."	ob dir noch got gefv̊get eins rehte gv̊ten ritters lip."	+B: noch
C 16,1	B 15,1 [17,1]	
„Die rede lat beliben, vil liebiv frowe min.	„Di rede lat beliben", sprach si, "frowe min.	vil liebiu vs. sprach si
C 17,4	B 16,4 [18,4]	
sit wart si mit eren eines vil werden rechen wip.	sit wart si mit eren eins vil chv̊nen rechen wip.	werden vs. chunen

Auffällig ist, dass eine nahezu vollständige Übereinstimmung bis in die Formulierung einzelner Verse zwischen beiden Überlieferungszeugen gegeben ist. Die Variation ist deutlich punktuell. In sieben der gemeinsamen 18 überlieferten Strophen ist keinerlei Variation bis auf Synkopen und Apokopen und unterschiedliche Schreibweisen einzelner Wörter feststellbar (C 7/B 6 [8]; C 12/B 11 [13]; C 13/B 12 [14]; C 18/B 17 [19]), darunter auch nicht in der bereits erwähnten Strophe C 4/B 5 [7], die in beiden Handschriften unterschiedlich platziert ist. Die Variation in der Textformulierung ist folgendermaßen zu deuten:
– C 2,1/B 1,1 [2,1]: In der Handschrift B ist der erste Anvers nach der Initiale durch den Schreiber nicht ausgeführt, offenbar war er als Rubrum vorgesehen. Eine derartige Variation braucht in der vorliegenden Arbeit nicht berücksichtigt zu werden.[76]

---

[76] An B ist wiederholt zu beobachten, dass zwar die Initiale ausgeführt ist, der Rest des Anverses jedoch fehlt, auch wenn entsprechender Raum gelassen ist (B 324 [326]; B 387 [389]). Möglicherweise ist dies darauf zurückzuführen, dass in B mitunter nach der Initiale auch weitere Wörter des ersten Halbverses an drei Stellen größer ausgeführt sind (B 42 [44]; B 137 [139]; B 263 [265]), so dass die ersten Halbverse nachgetragen werden sollten. Dass zwar ent-

- C 2,3b/B 1,3b [2,3b]: *diu* vs. *si*: Bei dieser Variation eines Wortes könnte man prüfen, ob in einer oder beiden Handschriften eine unterschiedliche Tendenz oder Systematik vorliegen, ein Relativ- oder Demonstrativpronomen beziehungsweise stattdessen ein Personalpronomen zu verwenden. Innerhalb der ersten Aventiure ist dies ein Einzelfall, so dass es nicht weiter verfolgt wird. Die unterschiedliche Bedeutung mit dem stärkeren Verweischarakter in C, wenn man *diu* als Demonstrativpronomen wertet, ist so geringfügig, dass eine derartige Variation hinsichtlich eines Fassungsunterschieds nicht weiter berücksichtigt, sondern als iterierende Variante gewertet wird.
- C 3,3b/B 2,3b [4,3b]: *wetlicher* vs. *uz erwelter*. Die C-Variante *wetlicher* ist mit beschwerter Hebung zu lesen und bekommt damit ein hörbares Gewicht. Dagegen bietet die Formulierung mit *uz erwelter* einen regelmäßigen Hebungs- und Senkungswechsel ohne akustische Markierung. Auffällig erscheint zunächst, dass in der Handschrift C innerhalb der ersten Aventiure zweimal das Adjektiv *wetlich* steht, während es in der Handschrift B jeweils *uz erwelter* heißt. B stimmt in beiden Fällen mit der Handschrift A überein. *Wetlich* kommt in dieser Passage auch nicht an Stellen vor, in denen der Text in C und B identisch lautet. Stichproben zur Verwendung von *wetlich* im weiteren Textverlauf in den unterschiedlichen Handschriften zeugen davon, dass es sich um keine Tendenz handelt.[77] Das Attribut *wetlich* ist hand-

---

sprechender Raum freigelassen ist, aber in einem späteren Arbeitsgang nicht gefüllt wird, ist auch an weiteren Stellen nachweisbar: Eine Aventiureninitiale fehlt einmal in B 1070 [1073], wo jedoch ein vierzeiliger Raum freigelassen ist, was der durchschnittlichen Aventiureninitialengröße entspricht, und wo sowohl A als auch C eine Initiale aufweisen. Häufiger ist auch nur der Raum für eine Zwischeninitiale vorhanden, sie aber nicht ausgeführt. 18-mal findet sich nach der Initiale auch eine leere Zeile, einmal sogar zwei.

77 So sind, um nur einige Beispiele zu nennen, die Formulierung in C 32,4b, A 34,4b und B 31,4b [33,4b] (*daz wetlich immer me erge*) identisch, in C 105,3b heißt *es vil chune man* statt *der weltliche man* wie in A 104,3b beziehungsweise B 103,3b [105,3b], C 404,2b ist identisch mit A 383,2b und B 393,2b [395,2b] (*div wætlichen wip*). In C 426,4b lautet der Abvers *vil minneklichen wip* während A 396,4b und B 4125,4b [417,4b] *div wetlichen wip* bezeugen, dasselbe gilt für C 675,4b mit *div minneklichiu meit* gegen A 618,4b beziehungsweise B 667,4b [670,4b] *div wetliche meit*, alle drei Handschriften gegen konform in C 1123,4b, mit *der vil waetlich man* beziehungsweise in A 1052,4b/B 1109,4b [1112,4b] *vil waetliche man*. C lautet erneut anders in C 1169,4b *den ir vil wnneklichen lip* gegenüber A 1086,4b *ir vil wetlichez lip* beziehungsweise B 1143,4b [1146,4b] *den ir vil wetlichen lip*, alle Handschriften gehen wieder konform in C 1856,4b *vil manigen waetlichen degen*, A 1753,4b *manigen wetlichen degen*, B 1812,4b [1815,4b] *vil manigen waetlichen degen*. Eine Suche in der Transkription der Handschrift B von Reichert ergibt einen Eintrag für *wetlich* und 38 Einträge für *wætlich* in unterschiedlichen Flexionsformen, in der Transkription von C durch Reichert/Wachter acht beziehungsweise 28 Verwendun-

schriftenübergreifend verschiedenen Figuren männlichen und weiblichen Geschlechts in Erzähler- und Figurenrede zugeordnet. Stets ist mit ihm eine hörbare Akzentuierung durch eine beschwerte Hebung verbunden. C verzichtet auch nicht auf das Adjektiv *uz erwelt*, denn es steht in C 9,1, wo es in B 8,1 [10,1] *tiwerlich* heißt. An dieser Stelle geht A 10,1b mit C konform. Stichproben für *uz erwelt* ergeben einen ähnlichen Befund.[78] Der Unterschied zwischen den Handschriften B und C ist weder inhaltlich noch stilistisch signifikant, sondern als iterierende Variation zu bewerten.

– C 3,4b/B 2,4b [4,4b]: *helde* vs. *fv̓rsten*: Das Substantiv *fürst* kommt in der ersten Aventiure nur an dieser Stelle in B vor, d.h. in C gar nicht. Dagegen kommt das Substantiv *held* in dieser Passage ausschließlich in C vor: In C 3,4b sowie in der Prologstrophe C 1,2a. Der Befund widerspricht sowohl quantitativ als auch qualitativ der Verwendung beider Wörter in den jeweiligen Handschriften.[79] Auch an dieser Stelle ist die Variation iterierend und nicht fassungsunterscheidend.

---

gen; http://germanistik.univie.ac.at/links-texts/textkorpora/ [letzter Zugriff am 07.02.2018]. Anders als an dieser Textstelle, wird das Wort also in B um drei Vorkommen geringfügig häufiger verwendet. *Uz erwelt* beziehungsweise *uzerwelt* in unterschiedlichen Flexionsformen findet sich in B neunmal als Attribut, davon einmal als *vil erwelt*, sowie *erwelt* einmal als Verb; in C dagegen 14-mal als Attribut und zweimal als Verb; ebd. Der Unterschied ist nicht signifikant.

78 C 78,4b *manigen vz erwelten man* entspricht A 79,4b *manigen herlichen man* beziehungsweise B 76,4b [78,4b] *vil manigen herlichen man*. Der Anvers C 395,4a *die vz erwelten beide* entspricht A 346,4a *die vz derwelten* beziehungsweise B 349,4a [351,4a] *di vz erwelten beide*. Gänzlich unterschiedliche Formulierungen finden sich in den Anversen C 895,4a *die vzerwelten degene* gegenüber A 831,4a *Sifrides reken* beziehungsweise B 885,4a [888,4a] *di Sifrides recken*. C 1065,3b *den vz erwelten degn* entspricht wiederum A 996,3b beziehungsweise B 1052,3b [1055,3b] *den vz erwelten degen*. Nur überliefert ist es in +C 1553, 3b, durch die Handschrift a bezeugt, *vil mangen auzerwelten degen*. C 2423,4a [2424,4a] *den vz erwelten degenen* entspricht wieder A 2302,4a beziehungsweise B 2362,4a [2365,4a] *den vz erwelten degnen*.

79 Eine Suche in Reicherts Transkription der Handschrift B ergibt für *fvrst* in unterschiedlichen Flexionsformen 37 Einträge und 36 für *fv̓rsten*, in C 45 beziehungsweise fünf sowie drei (*fürst*) Verwendungen; http://germanistik.univie.ac.at/links-texts/textkorpora/ [letzter Zugriff am 07.02.2018]. Der Befund in der ersten Aventiure entspricht damit der weiteren Verwendung des Wortes in beiden Handschriften. Die Suche ergibt für *held* beziehungsweise *helt* 55 beziehungsweise 108 Verwendungen in unterschiedlichen Flexionsformen in B gegenüber 20 beziehungsweise 105 in C; ebd. Rein quantitativ ist die Verwendung von *held/helt* also deutlich typischer für die Handschrift B als für C, was dem Befund der ersten Aventiure widerspricht. Die Aventiure ist damit in dieser Hinsicht nicht repräsentativ für die Verwendung des Wortes in den jeweiligen Handschriften. Allerdings ist hinsichtlich der Verwendung von *held/helt* ein Fassungsunterschied zu konstatieren.

- C 6,4a/B 4,4a [6,4a]: *sturben* vs. *ersturben*; Wortstellung *sit*; + B: *edelen*: An dieser Textstelle sind gleich drei Variationsphänomene zu beobachten: ein anderes Wort, eine andere Wortstellung sowie ein zusätzliches Wort. Die quantitative Auswertung für die beiden Handschriften ergibt keinen Unterschied zwischen der Form mit und ohne Präfix,[80] so dass sich eine qualitative Deutung erübrigt. Die Reihenfolge in C und ohne *edeln* erscheint metrisch glatter und damit gefälliger. B könnte durch das Pluswort *edeln* höfischer wirken, andererseits ist ein stärker herausgestellter Kontrast zwischen *edeln* und *nit* wahrscheinlicher, so dass sich an dieser Stelle möglicherweise die viel beschworene Ambivalenz des *B-‚Lieds' äußert. C erscheint durch die regelmäßige Alternation und Kürze klarer, schärfer und auf den Punkt zu formulieren: *nit* sticht heraus. Dies ist als fassungsspezifische Variation zu deuten.
- C 8,2a/B 7,2a [9,2a]: +B *vil*: Das zusätzliche *vil* in B als Pluswort scheint ein Füllwort zu sein, wie es auch das mitunter wechselnde Vorkommen in den genannten Textbeispielen zu *wetlich* beziehungsweise *uz erwelter* nahelegt. B ist im gesamten Vers wegen der regelmäßigen Alternation metrisch glatter, in C verhindert dies auch die Synkope in Ortwin. Dagegen tragen die beiden Namen in C jeweils eine beschwerte Hebung und sind akustisch markiert. Auch diese Variation erscheint nicht fassungsunterscheidend, da die inhaltliche Differenz geringfügig ist und eher metrische Gründe für die Variation anzunehmen sind.
- C 9,1b/B 8,1b [10,1b]: *uz erwelter* vs. *tiwerlicher*: Das Vorhandensein von *uz erwelter* in C zeigt, dass dieses Wort in C, wie erwähnt, nicht vermieden wird. Interessant ist, dass es in der ersten Aventiure an paralleler Stelle nur entweder in C oder in B steht. Allerdings gehen in diesem Fall C und A konform,[81] nur B bietet die Lesart *tiwerlicher*.[82] Möglicherweise ist in B aus stilistischen Gründen eine Wiederholung vermieden; denn im folgenden Text heißt es in B erneut *uz erwelter*:

---

[80] In der Handschrift B finden sich jeweils zwölf Verwendungen in unterschiedlichen Flexionsformen mit und ohne Präfix, in der Handschrift C zwölf mit und 13 ohne Präfix; http://germanistik.univie.ac.at/links-texts/textkorpora/ [letzter Zugriff am 07.02.2018].
[81] Siehe Transkription der Handschrift A von Reichert/Kollhar; http://germanistik.univie.ac.at/links-texts/textkorpora/ [letzter Zugriff am 07.02.2018].
[82] In der Handschrift B findet sich das Adjektiv *tiwerlich* nur viermal und stets in Verbindung mit *degen/degn*, ist jedoch auf unterschiedliche Figuren bezogen (B 8,1b; 668,1b; 912,3b; 1804,3b), in C nur ein einziges Mal als *tiurlich* (C 1955,2a) in Verbindung mit *reche*; http://germanistik.univie.ac.at/links-texts/textkorpora/ [letzter Zugriff am 07.02.2018].

- C 10,3b/B 9,3b [11,3b]: *wetlicher* vs. *uz erwelter*. Das zweite Mal kommt diese Konstellation vor, erneut stimmen A (11,3) und B überein, das ist zunächst auffällig. Aber eine neue inhaltliche Deutung ergibt sich nicht. In C sind beide Adjektive alternierend verwendet.
- C 11,1a/B 10,1a [12,1a]: *ere* vs. *krefte*. In diesem Fall erscheinen erneut zwei Substantive als Variation. C wirkt durch die Verwendung zweier unterschiedlicher Substantive stilistisch differenzierter, während B (und A 12,1) durch die Wiederholung des Substantives *kraft* im Abvers eine deutliche akustische Markierung bietet und damit möglicherweise seine Bedeutsamkeit betont. Daran einen schriftsprachlicheren Charakter für C und einen mündlicheren für B festzumachen, ist unangemessen. Zu beobachten ist ebenfalls, dass sich das Substantiv *êre* in beiden Handschriften sowohl im Abvers der letzten Zeile der vorherigen Strophe als auch im Anvers der ersten Zeile der nachfolgenden Strophe findet. Zwar ergibt sich an dieser Stelle eine inhaltliche Differenz zwischen *êre* und *kraft*, die aber nicht besonders pointiert erscheint und in Anbetracht des Kontexts auch keine neue Bedeutungsnuance in der Kennzeichnung der Burgonden hervorbringt. C hebt die Relevanz der *êre* für die nibelungische Welt geringfügig stärker hervor.
- C 14,4a/B 13,4a [15,4a]: *rechen* vs. *mannes*: Wie in C 3,4b bietet C erneut einen Kämpferbegriff,[83] während B zwar nicht höfischer, aber neutraler formuliert. *Man* steht allerdings ebenfalls in der nächsten Strophe, so dass für C eine Alternanz festzustellen ist. Ist sie damit stilistisch besser? Das Wort *recke* kommt in der Heldenepik zwar häufig vor, war aber zur Entstehungszeit des ‚Lieds' bereits nicht mehr gebräuchlich.[84] In C ist damit das Alter des Erzählens durch die Wortwahl markiert (siehe Abschnitt 10.2.1).
- C 15,3a/B 14,3a [16,3a]: *chumt* vs. *gesciht*: Die Wortwahl erscheint iterierend. *Chomt* (einmal) : *chumt* (zweimal) : *chvmt* (15-mal) findet sich in B 18-mal, in C elfmal (2 : 1 : 8), nie mit der Graphie *k*. *Gescicht* (einmal) beziehungsweise *geschicht* (dreimal) in B nur vier-, in C jedoch – nur als *gesciht* – 15-mal.[85] Der Befund spiegelt sich nicht in dieser Textstelle, weist aber auf unterschiedliche, den Sinn jedoch kaum tangierende Formulierungen in B und C hin.

---

83 Das Wort kommt in unterschiedlicher Schreibung in beiden Handschriften mehrere hundertmal vor, so dass eine quantitative Erhebung nicht aussagekräftig ist; http://germanistik.univie.ac.at/links-texts/textkorpora/ [letzter Zugriff am 07.02.2018].
84 Panzer 1955, S. 126.
85 http://germanistik.univie.ac.at/links-texts/textkorpora/ [letzter Zugriff am 07.02.2018].

- C 15,4a/B 14,4a [16,4a]: +B: *noch*: Wegen der Hebung auch auf *dir*, die Mutter Ute meint Kriemhild, in B durch das Füllwort *noch*, erscheint B etwas verstärkt personal auf Kriemhild bezogen, während C wegen der Hebung auf *ob* und vor allem auf *got*, eher die Abhängigkeit von Gottes Wirken betont.
- C 16,1b/B 15,1b [17,1b]: *vil liebiu* vs. *sprach si*: Durch das *vil liebiu* ist in C eine größere Nähe Kriemhilds zu ihrer Mutter ausgedrückt, das sich in dem neutralen *sprach si* nicht spiegelt.
- C 17,4b/B 16,4b [18,4b]: *werden* vs. *chunen*: Das Adjektiv *wert* kommt in C achtmal vor, in B nur dreimal.[86] Das Adjektiv *chŭn* kommt in B 247-mal, *chvn* 43-mal und *chv̊n* einmal vor; dies entspricht C mit 297 Vorkommen (103-mal *chvn*, 85-mal *chv̊n*, 71-mal *chun*, elfmal *kvn*, neunmal *kun*, sechsmal *chün*, viermal *kv̊n*, dreimal *chv̊n*, ebenfalls dreimal *kün*, zweimal *kv̊n*). Damit ist hinsichtlich der Wortwahl ein Fassungsunterschied bestimmt, der durch dieses Beispiel illustriert wird. Wie im Fall von *êre* und *kraft* ist C an dieser Stelle deutlicher als B an der höfischen Reputation interessiert. *Werden* ist in diesem Fall auf Kriemhilds zukünftigen Ehemann Siegfried bezogen. Er ist übergreifend in allen Fassungen gegenüber der heroischen Sagengestalt höfisiert, dies verstärkt in der Fassung *C (siehe Abschnitte 6.2.4 und 8.1). Insofern passt die Variation zu einer übergreifenden Tendenz von sowohl *C-,Lied' als auch *C-,Klage'.

Es sind die folgenden Beobachtungen und Deutungen zusammenzustellen: Wie zu erwarten war, finden sich die Variationsphänomene, die Bumke exemplarisch an der ,Klage' für die höfische Epik herausgearbeitet hat, auch im ,Lied' – und zwar nicht nur als Variation eines einzelnen Buchstaben wie einer Synkope, sondern auch hinsichtlich Textbestand (Plusstrophe nur in C, Pluswörter nur in B), Textreihenfolge (Strophe und Wörter) und Textformulierung. Die Variation in der Formulierung ist, wie erwartet, am umfangreichsten. Aufgrund dieses Befundes kann im Folgenden auf eine detaillierte Darstellung der Variationsformen im ,Lied' verzichtet werden. Es sind folgende Typen der Variation zu unterscheiden: In den meisten Fällen handelt es sich um iterierende Variation, bei der oftmals kein Grund für die Variation angegeben werden kann. In einigen Fällen scheinen metrische oder stilistische Aspekte Variation zu begründen, in anderen dagegen inhaltliche. In weiteren Fällen ist Variation auf eine konzeptionell orientierte Arbeit am Text zurückzuführen.

---

[86] http://germanistik.univie.ac.at/links-texts/textkorpora/ [letzter Zugriff am 07.02.2018].

Variation kommt innerhalb der Strophe in unterschiedlichen Versen vor, etwa zwei Drittel in den letzten beiden Versen. Sie ist in der Regel nur punktuell zu beobachten und meist so geringfügig, dass die Unterschiede weder statistisch noch metrisch, stilistisch oder inhaltlich signifikant erscheinen. Grundsätzlich ist die Formulierung in den beiden Haupthandschriften B und C – wie ebenso in A – in weiten Teilen identisch. Der Anteil fassungsübergreifender identischer Formulierung der Texte ist deutlich höher als der des je eigens gestalteten Textmaterials. Die Variation der Textformulierung ist daher weitgehend als iterierend einzustufen, wobei festzuhalten ist, dass B eine Präferenz für *chomt* in unterschiedlichen Schreibweisen bezeugt, während in C *geschiht* dominant ist. Rein quantitativ wird das Adjektiv *chune* in unterschiedlichen Schreibweisen wesentlich häufiger in C genutzt. Bis auf diese beiden Fälle haben quantitative Analysen zu keinen weitreichenden Ergebnissen geführt, so dass im Folgenden auf die Qualität der Fassungsunterschiede zu achten ist. Da Änderungen vor allem punktuell zu erwarten sind, ist auch von keiner Systematik auszugehen. Mitunter sind gegenläufige Deutungen möglich, dass also ein Verfahren das eine Mal für die Handschrift B und ein anderes Mal für C zugrundezulegen ist, so dass sie nicht einen fassungsunterscheidenden Gestaltungswillen indizieren. Als konzeptionell-intentional ist vermutlich die Prologstrophe +C 1 zu werten. Sie weist zusammen mit der C-Strophenfolge in die Richtung eines ‚logischeren', schriftsprachlicheren Erzählens hin und ist der ‚Klage' näher als B. Sinnvoll erscheint daher für das Herausarbeiten eines Erzählprofils im Folgenden die Konzentration auf Formen der Variation, die als Plusmaterial nur in einer Fassung vorkommen, die – etwa durch ihre Stellung – deutlich markiert sind, die durch eigene Formulierungen einen jeweils eigenen Sinn konstituieren und eigene Bewertungen oder Handlungszusammenhänge konstruieren.

Die Gegenüberstellung der Handschriften B und C wie auch die bisher erzielten Ergebnisse der Forschung legen nahe, dass innerhalb einer Fassung nicht nur iterierende Variation, sondern auch „Variationsformen begegnen, die man eher zwischen verschiedenen Fassungen erwartet", wie es Bumke für die Fassung *B der ‚Klage' festgestellt hat.[87] Auf diese Weise variieren auch die *C-Handschriften C und a, selbst wenn sie weitgehend konform überliefern.[88] Dieser Umstand erschwert die Deutung der Variationsphänomene hinsichtlich eines Fassungsunterschieds zusätzlich. Allerdings wird damit eine exemplari-

---

[87] Bumke 1996c, S. 268.
[88] In C ist *iu ist ir ellen unbekant* zu lesen, während es in a lautet *euch sind ir ckehrefft unbechannt*.

sche Analyse von Handschriften der *C-Fassung weitgehend überflüssig, weil keine entsprechend neuen Ergebnisse zu erwarten sind. Der C-Text des ‚Lieds' gilt als relativ repräsentative Manifestation der *C-Gruppe, wie auch die Fassung *C der ‚Klage'. Für einen Vergleich der ersten Aventiure entfällt die späte Handschrift a, weil sie nur eine kurze Prosaeinleitung bietet. Der Vergleich von C mit der Handschrift D aus der Mischfassung *D, die sowohl in den Strophen D 1–270 wie auch im Anfang der ‚Klage' (D 1–737) Übereinstimmungen mit C aufweist, während der jeweils weitere Textverlauf weitgehend zu A/B passt,[89] ergibt, dass die Reihenfolge der Strophen identisch ist. D weist aber eine Plusstrophe nach C 2 (D 3) auf, die sonst nur in A belegt ist.[90]

Aus dem Befund ergibt sich, dass die Querverbindungen zwischen den einzelnen Fassungen sehr zahlreich sind und die Handschriften der Fassung *C nur punktuell an signifikanten Stellen für eine fassungsinterne Differenzierung einzubeziehen sind.

5.4 Variation zwischen den Fassungen *B und *C der ‚Klage'

Bei der Gegenüberstellung der ‚Klage'-Fassungen *B (4360 Verse) und *C (4428 Verse) ist aufgrund der von Bumke herausgearbeiteten Typen der Variation eine kurze Darstellung hinreichend.[91] An der ‚Klage' als „Extremfall an epischer Variation"[92] hat Bumke beobachtet, dass insbesondere an allen Aventiuren-Übergängen zwischen *B und *C „tiefgreifende Textdivergenzen"[93] bestehen. Damit ist nicht nur der Ort größerer Unterschiede bestimmt, sondern Gliederung und Textkonzeption erscheinen auch „eng verbunden".[94] Dies indiziert ein Bewusstsein für die Aventiureeinteilung, die damit nicht nur graphisch auf den Redaktor zurückzuführen ist. Die Unterschiede zwischen den ‚Klage'-Fassungen *B und *C sind vielgestaltig hinsichtlich der Abschnittsgliederung, des Textbestands, der Textfolge und der Textformulierung. Wesentliche sinnunterscheidende Varianten werden im Verlauf der Arbeit besprochen (siehe Kapitel 7 bis 9). Auffällig ist, dass *B 521 Verse enthält, die nicht in *C auftreten, und *C 594

---

89 Vgl. Kofler 2011b, S. 54.
90 Vgl. ebd., S. 52.
91 Bumke 1996c, besonders S. 390–455 zur exemplarischen Beschreibung variierender Epenüberlieferung der ‚Klage'-Fassungen *B und *C.
92 Ebd., S. 342.
93 Ebd., S. 349.
94 Ebd.

Verse, die in *B keine Entsprechung finden.⁹⁵ Bereits der quantitative Unterschied indiziert ein Auseinandergehen in der Formulierung – und möglicherweise – auch im Inhalt. Allerdings ist mit Bumke die absolute Zahl an den unterschiedlichen 73 Versen nicht dahingehend zu werten, dass es bei der Fassung *C darum ginge, einen vorliegenden Text zu erweitern; der längere Text erscheint eher als Nebenprodukt von Änderungen inhaltlicher und struktureller Art.⁹⁶ Grundsätzlich ist als die häufigste Form der Variation zwischen den ‚Klage'-Fassungen „die ‚Variation der Textformulierung mit Veränderung des Umfangs der Versgruppen'" zu beobachten.⁹⁷ Bumkes Auswertung ergibt, dass sich ebenfalls zwischen den ‚Klage'-Fassungen *B und *C weitgehend iterierende Variation findet. Zwei Beispiele mögen genügen, um dies zu illustrieren: Keinen Bedeutungsunterschied indiziert die Formulierung der Anzahl von Boten als *wênic* (*B 2872) beziehungsweise *lützel* (*C 2982).⁹⁸ Aber auch umfangreichere Variation ergibt nicht notwendigerweise einen qualitativen Unterschied, sondern es wird mitunter „dasselbe mit verschiedenen Worten"⁹⁹ gesagt:

*si*¹⁰⁰ *hiezen sarken sâ zehant*
die drîe künege rîche.
got lône Dieterîche,
daz er die triuwe ie gewan,
daz man si sunderte dan,
die edeln und die rîchen!
(*B 2298–2303)¹⁰¹

si hiezen sarken sâ zehant
die künige von Burgonden lant.
saelic sî der wîgant,
daz er die triuwe ie gewan,
daz er si sunderte hin dan,
die edeln und die rîchen!
(*C 2414–2419)

Eine derartige Variation bezeichnet Lieb mit dem Begriff des Umschreibens, bei dem aus dem Alten etwas Neues gemacht wird, wobei „das Neue nicht anders als das Alte ist".¹⁰² Die häufigsten Unterschiede zwischen den ‚Klage'-Fassungen bestehen in Formulierungsvarianten, die offenbar den gleichen oder einen sehr ähnlich Sinn transportieren und grundsätzlich ein gleichgerichtetes Erzählinte-

---

95 Bumke 1999a, S. 8.
96 Bumke 1996c, S. 342. Bumke (ebd.) hat anhand der Ausgabe Edzardis herausgearbeitet, dass in der ersten Hälfte der ‚Klage' Plusverse in der *C-Fassung deutlich überwiegen, in der zweiten Hälfte jedoch in *B.
97 Ebd., S. 396.
98 Vgl. Bumke 1999a, S. 545.
99 Ebd., S. 539.
100 Gemeint sind Dietrich und Hildebrand.
101 Alle *B-Handschriften (BDPbd) mit Ausnahme von A stimmen überein; vgl. Bumke 1999a, S. 538.
102 Lieb 2005, S. 148.

resse indizieren. Diese Unterschiede können in der Regel nicht auf eine intentionale Änderung des Sinns zurückgeführt werden.

Variation kann in beiden Fassungen mitunter auf Schreibfehler oder andere Arten von „Störung"[103] im Überlieferungsprozess zurückgeführt werden. Illustriert sei dies an den folgenden Beispielen:[104] Während es in *B 3223 heißt *Mit siuften vol durchbrach ir klage*, steht in *C 3351 anstelle des *vol* ein *wol*. Dies kann ein Schreibfehler sein oder *wol* ist an dieser Stelle in der Bedeutung von „völlig" eingesetzt.[105] Ein weiteres Beispiel ergibt die folgende Gegenüberstellung: Während die *B-Fassung beim Begräbnis der gefallenen Christen und Heiden formuliert *alsô kunder ez dâ schaffen: / den kristen ir pfaffen; / den heiden, der ouch den gezam* (*B 2347–49), sind in *C offenbar *kristen* und *heiden* aufgrund eines Abschreibfehlers vertauscht: *den heiden ir pfaffen, / den kristen, der ouch den gezam* (2438f.).[106] Während in *B 3077f. ein Bote seufzt (*Ir einem* […] *ein wuof ûz sînem halse brach*), beginnt in *C der Vers mit einem Z als rot gemalte Initiale: *Zir einem* […] (*C 3197), wofür ein Verlesen des Malers des vorgeschriebenen Initial-Buchstaben zu erwägen ist.[107] In *B klagen in Worms die adligen Damen und *der burgaere wîp* (*B 3713), während *C 3797 die Lesart *der burcgrâven wîp* bietet, was aus inhaltlichen Gründen als ein wahrscheinlicher Fehler zu deuten ist.[108]

Auffällig sind Variationsphänomene, in denen sich die Fassungen in der Formulierung zu kreuzen scheinen: Während in *B 160 erzählt wird, dass Etzel die Fürsten zu seinem Hoffest *bejagt* (‚gewonnen', ‚erworben') hat,[109] hat er sie in *C 186 *betaget* (‚auf einen Tag eingeladen').[110] Weniger wichtig ist, dass *C im Kontext „[z]weifellos" die bessere Formulierung bietet, sondern dass dies ein Fall ist, in dem „die späten Handschriften a und b zur jeweils anderen Fassung wechseln: die *C-Handschrift a ersetzt *het betaget* durch *ze tage hett beiait* (wie

---

103 Bumke (1999a, S. 544f.) bezogen auf die Verse *B 2836ff. beziehungsweise *C 2948ff.
104 Die im Vergleich zur Handschrift C weniger sorgfältig geschriebene Handschrift B weist mehrfach Stellen auf, bei denen einen Ausfall von Versen zu vermuten ist. Da diese aber in der Regel von allen *B-Handschriften geteilt wird, ist der mögliche Ausfall wohl auf eine frühere Stammhandschrift zurückzuführen; vgl. etwa *B 2102f./*C 2208f.; Bumke 1999a, S. 537; vgl. Lienert 2000, S. 421.
105 Bumke 1999a, S. 546.
106 Vgl. ebd., S. 539.
107 Vgl. ebd., S. 545f.
108 Vgl. ebd., S. 551.
109 Vgl. BMZ 1990, Bd. 1, Sp. 767b.
110 Vgl. Bumke 1999a, S. 517; BMZ 1990, Bd. 4, Sp. 9b.

*B), während die *B-Handschrift b *bedagt* für *bejagt* schreibt (wie *C)".[111] Die Binnendifferenz ist aber in der *C-‚Klage' relativ gering, so dass für die folgende Untersuchung kein besonderes Augenmerk darauf liegen muss. Derartige Beispiele können in der Regel nicht auf eine intentionale Änderung des Sinns zurückgeführt werden. Allerdings ist im Detail intentionale Variation zu beobachten: Wenn es etwa in der *B-‚Klage' nur heißt *der scœnen Kriemhilde leit* (*B 391) formuliert *C *der vrouwen und des küniges leit* (*C 369). An dieser Stelle wird als Anlass des Kampfes nicht nur Kriemhilds, sondern wegen Ortliebs Tod ebenfalls Etzels Leid benannt (zur Deutung dieser Textstellen siehe Abschnitt 7.4).[112]

5.5 Zusammenfassung

Trotz der prinzipiellen Variation sowohl hinsichtlich Quantität als auch Qualität und den beobachteten unterschiedlichen Formtypen der Variation ist zwischen den einzelnen Handschriften beziehungsweise Fassungen von ‚Lied' und ‚Klage' zu großen Teilen eine oftmals bis zum einzelnen Wort vorhandene Übereinstimmung offensichtlich. Solch ein enger Anschluss an den Grundtext ist trotz der Anonymität des Verfassers als ein ausgeprägtes Bewusstsein von Autorschaft zu deuten (siehe Abschnitt 3.3.1).[113] Dies ist insofern ein typischer Befund, als mittelalterliche Literatur stets sowohl durch Autorschaft als auch durch Variation bestimmt ist.[114] Die beobachtete Variation zwischen den Fassungen von ‚Lied' und ‚Klage' zeugt nicht von einer generellen Neukonzeption, sondern ist als graduell einzustufen. Bestätigt wird die Annahme in der Forschung, die Gradualität grundsätzlich für Textfassungen beziehungsweise Bearbeitungen unterschiedlicher Gattungen annimmt.[115] Die Überlieferungszeugen des Nibelungenkomplexes zeugen von einer prinzipiellen Variabilität, die Bumke für die ‚Klage' genauer gefasst hat:

> Man konnte einzelne Szenen und Abschnitte oder auch den gesamten Text länger oder kürzer gestalten, konnte einen Ausdruck durch einen anderen, einen Gedanken durch einen anderen, eine Szene durch eine andere ersetzen, ohne daß der Text seine Identität verlor.[116]

---

111 Bumke 1999a, S. 517.
112 Vgl. Schröder 1957/58, S. 79.
113 Vgl. Schnell 1998, besonders S. 18–20; Steinmetz 2005, S. 42.
114 Vgl. Steinmetz 2005, S. 44.
115 Vgl. ebd., S. 51.
116 Bumke 1996c, S. 389.

Variation kann mechanisch als Ausfall gedeutet werden, oftmals jedoch im Sinn eines intentional unterschiedlichen Ausgestaltens durch eigene Formulierungen, Kürzungen und Erweiterungen. Die jeweilige Formulierung ist zwar intentional, ihr ist aber nicht immer – und wahrscheinlich in der eher geringen Zahl der Fälle – ein konzeptueller Signalcharakter zuzusprechen. Die Punktualität der Unterschiede zwischen den Fassungen indiziert oftmals keine systematische Differenz, zuweilen Tendenzen. Ziel der vorliegenden Arbeit kann es nicht sein, alle, d.h. auch iterierende Variationsphänomene umfassend zusammenzustellen und zu deuten. Es sind Schwerpunkte zu setzen, die nicht primär auf unterschiedliche Formulierungen, sondern auf verschiedene Akzentuierungen und Weisen des Erzählens zielen – wie in der Figurenkennzeichnung, der Schuldfrage und der Bewertung des Geschehens auf Erzähler- und Figurenebene.

6 Vergleich der Fassungen *B und *C des ‚Nibelungenlieds'

Unterschiede zwischen der *nôt*- und der *liet*-Fassung sind evident und in der Forschung viel diskutiert. Sie betreffen sowohl die Mikro- als auch die Makrostruktur. Grundlegend auch für die neuere Forschung zur Fassung *C sind Überlegungen Hoffmanns (1967). Wenn es gilt, das eigenständige Profil der Fassung *C hinsichtlich ihrer Strategien der Retextualisierung herauszuarbeiten, dann wird nach Voraussetzungen und Absichten des Texts, nach Intentionen und Deutungsleistung der Fassung *C des ‚Lieds' gegenüber der Fassung *B und der ‚Klage' zu fragen sein. Allein der Umstand, dass die Fassung *C sowohl einen ‚Lied'- als auch einen ‚Klage'-Text umfasst, weist darauf hin, dass beiden Texten unterschiedliche Funktionen zukommen. An den meisten Stellen, an denen die *nôt*-Fassung und die *liet*-Fassung voneinander abweichen, handelt es sich um Formulierungsvarianten, die keinen bestimmten Bearbeitungswillen des *C-Bearbeiters erkennen lassen (siehe Kapitel 5).[1] Im Vordergrund steht daher die Beschäftigung mit den Formen der Variation, die von einer selbstständigen Ausgestaltung des Texts zeugen.[2] Es gilt, das *artificium* der Fassung *C als Gestaltungsraum des *artifex* zu bestimmen. Aus den sinnkonstituierenden Unterschieden im Textbestand, in der Textfolge und in Textformulierungen zwischen den einzelnen Hauptfassungen des ‚Lieds' lässt sich derjenige Gestaltungsfreiraum erkennen, über den die Bearbeiter verfügen und der nicht nur die Fassungen voneinander, sondern auch vom Grundtext unterscheidet.

Die Forschung hat Bearbeitungstendenzen überwiegend an der *C-Bearbeitung untersucht, weil ihr weitgehend ein gegenüber *B sekundärer Charakter zugesprochen wird. Die Konturen des Profils dieser Fassung sind in der Forschung bereits herausgearbeitet. Eine präzise Definition der Intentionen des *C-Bearbeiters konnte bisher nicht gefunden werden und wird, so der einstimmige Forschungstenor, wohl auch nicht zu finden sein.[3] Aus heutiger Perspektive sind Änderungen häufig nicht konsequent durchgeführt, sondern es wird eher das grundsätzliche Prinzip oder Anliegen einer Änderungsstrategie deutlich.[4] In vielen Fällen sind Gründe für einzelne Änderungen uneinsichtig, was vor allem dann der Fall ist, wenn mehrere Motive für Änderungen ineinandergreifen; zum

---

1 Vgl. Bumke 1996c, S. 540.
2 Vgl. ebd., S. 53.
3 Vgl. ebd., S. 538.
4 Vgl. Hoffmann 1967, S. 118.

Beispiel kann eine Änderung eine andere aus verschiedenen Gründen nach sich ziehen.⁵ Die Methode der Textformung durch den Bearbeiter *C schwankt zwischen engem Anschluss an den Grundtext, wie ihn ebenfalls die Fassung *B bietet, wo ihm offensichtlich keine Änderung erforderlich schien, und der Wiedergabe des vorgegebenen Inhalts durch neue sprachliche Realisation. Dabei hat der Bearbeiter sich nicht darauf beschränkt, Verse und Reime zu verbessern, um das ‚Lied' formal dem zeitgenössischen Geschmack anzupassen,⁶ sondern er hat seine Vorlage an unzähligen Stellen gänzlich selbstständig formuliert. Wiederholt sind ebenfalls Textpassagen unterschiedlichen Umfangs fortgelassen oder hinzugefügt. Die Bearbeitungstendenzen des *C-Bearbeiters erstrecken sich auf „Details verstechnisch-formaler Gestaltung, auf inhaltliche Ergänzungen sowie auf Fragen der kohärenten Handlungsverknüpfung und der Handlungsmotivation".⁷ Deutliche „Bearbeitungsimpulse sind in der *C-Gruppe greifbar, indem Leerstellen gefüllt, Widersprüche geglättet, auch weiter voneinander entfernte Szenen aufeinander abgestimmt und ein eindeutigeres Bild von den Figuren entworfen werden".⁸ Die Forschung hat herausgearbeitet, dass der Bearbeiter

> zum einen an Stellen eingriff, die in der Vulgatfassung (nach B) auch dem modernen Leser Verständnisschwierigkeiten machen, und daß er insofern eine moderneren Erwartungen nähere Version vorlegte, daß er aber zum anderen meist nur punktuell verfuhr und daher nur oberflächliche Verbesserungen zustandebrachte, die, auf größere Strecken betrachtet, neue und schlimmere ‚Fehler' hervorriefen.⁹

Nach Lienert sind

> [a]nstößig [...] anscheinend vor allem die ambivalente Sympathielenkung der *AB-Fassung des ‚Nibelungenlieds', die Parteinahme für Hagen oder Kriemhild provoziert, die

---

5 Vgl. ebd.
6 Eine umfassende Untersuchung insbesondere auch der Reimtechnik erfolgte durch Bartsch 1865/1968.
7 Henkel 2003a, S. 126; vgl. Müller 1998, S. 70f.
8 Müller 1998, S. 71. Die Forschung auswertend versammelt Lienert (2017, S. 78f.) vier Erklärungsmodelle für Widersprüche: (1) Widersprüche sind als Fehler einzustufen bei eigentlich beabsichtigter Widerspruchsfreiheit; (2) Wiedersprüche sind wenig relevant und fallen wenig auf (Gedächtnisschwächen beim mündlichen Vortrag; Konzentration auf die Einzelszene); (3) Wiedersprüche sind in der Regel nur scheinbar (Konsistenz und Kohärenz aufgrund anderer Erzähllogiken); (4): ‚Ästhetik des Widerspruchs' (thematische und/oder poetologische Funktion von Widersprüchen).
9 Ebd., S. 70f.

monströse Gestalt der gewalttätigen, tötenden Frau, die entweder humanisiert oder kritisiert wird, und die Ausweglosigkeit der Katastrophe, zu der man Alternativen sucht.[10]

Sicher ist, dass die punktuellen Änderungen der *C-Fassung „indirekt die Annahme eines gültigen, relativ guten Textes [...] bestätigen".[11] Es gilt, die bisherigen Forschungsergebnisse systematisiert zusammenzutragen, neu zu perspektivieren wie zu kontextualisieren und durch weiteres Arbeiten am Text fortzuführen. Auf die in der Forschung aufgearbeitete Detailarbeit des Bearbeiters *C wird nur exemplarisch hingewiesen, um Bearbeitungstendenzen und Erzählstrategien herauszustellen.[12]

6.1 Verstechnisch-formale Verbesserungen innerhalb der Textgestalt

Als Variation auf Ebene der Textgestalt fallen zunächst Unterschiede verstechnisch-formaler Art auf. Sie werden in der Forschung gemeinhin als eine metrische Glättung der Vorlage gedeutet. Zahlreiche Änderungen sind vermutlich allein auf dieses Bestreben zurückzuführen, mit dem der Bearbeiter *C den Text äußerlich den zeitgenössischen Standards nähern und prinzipiell reimtechnische und versrhythmische Unregelmäßigkeiten des Grundtexts beheben will.

6.1.1 Metrische Glättung und Tilgung beschwerter Hebungen

Das wesentliche Moment der metrischen Glättung ist es, eine fehlende Senkung, die metrisch einer beschwerten Hebung entsprechen würde, im letzten Abvers einer Strophe auszufüllen, um einen regelmäßig alternierenden Rhythmus zu erreichen. Auffällig ist, dass insbesondere in der letzten Halbzeile der *C eigenen Plusstrophen dieses Bestreben zum Tragen kommt. Panzer hat beobachtet, dass nur etwa ein Neuntel der Plusstrophen im *C-Text eine fehlende Senkung aufweist, während er dies für circa die Hälfte der Strophen im Grundtext annimmt.[13] Die metrische Glättung ist damit als ein wichtiges Anliegen des *C-

---

10 Lienert 2003, S. 91.
11 Müller 1998, S. 70f.
12 Für eine detaillierte Übersicht der Unterschiede und Eigenheiten von *C siehe von Liliencron 1856; Bartsch 1865/1968; Panzer 1955.
13 Panzer 1955, S. 91.

Bearbeiters bestimmt. Nach Hoffmann ergeben sich vier Möglichkeiten, eine fehlende Senkung einzufügen:[14]

Erstens kann durch eine Änderung der Wortstellung ein alternierender Rhythmus erreicht werden, diese Variation fällt in den Bereich der Textformulierung. Dies belegt beispielhaft die eigene Formulierung des folgenden Verses, bei dem ich zur Verdeutlichung Akut und Gravis setze. Während es in B 498,4b [500,4b] heißt *daz ír mich lâzèt genésen*, formuliert der *C-Bearbeiter im entsprechenden Vers dagegen *dáz ir lâzet mích genésen* (C 511,4b).[15]

Eine zweite Möglichkeit besteht im Hinzusetzen von Wörtern. Diese Pluswörter sind Hoffmann zufolge meist als belanglose „Flickworte" aufzufassen;[16] ihre Setzung fällt ebenfalls eher in den Bereich der Textformulierung als in den des -bestands. Im *C-Text wird mit dem Einfügen eines *dô*, was meist keine Bedeutungsverschiebung zur Folge hat,[17] eine fehlende Senkung ausgefüllt: Während es in B 1755,4b [1758,4b] heißt *den ér vil schíerè gewán*, formuliert C 1799,4b *den ér vil schíere dô gewán*.

Außerdem kann die Metrik auf der Ebene der Textformulierung durch den Ersatz eines Wortes geglättet werden. Im folgenden Beispiel ist der Ersatz eines Wortes mit einer veränderten Wortstellung verbunden: Heißt es in B 824,4b [827,4b] *zem mûnster tûrrè gegán*, so ist in *C zu lesen *tûrre zúo der kírchen gân* (C 835,4b). Dieses Beispiel für das Ersetzen eines Wortes ist eigentlich eher ein Beispiel für die Wortstellung, da *münster* und *kirchen* metrisch gleich behandelt werden.

Die vierte Möglichkeit stellt ein stärkeres Eingreifen in den Wortlaut der Vorlage dar, wenn eine vollkommene Neugestaltung eines Verses zu beobachten ist. Deutlich wird dies an der Gegenüberstellung der folgenden Verse:

B 741,4 [744,4]: *in wás ze hóve erloúbèt, dâ vón sô tâtèn si dáz*
C 751,4:   *si sâhen ín vil gérnè, daz súlt ir wízzen âne ház*

---

14 Hoffmann 1967, S. 111–113. Siehe ebd. zu den folgenden Beispielen.
15 In der Akzentsetzung folge ich Hoffmann (ebd., S. 111f.).
16 Ebd., S. 112.
17 Hundsnurscher (2007, S. 113, Hervorhebung im Original) weist darauf hin, dass das demonstrative Satzadverb *dô* „sich nicht nur formal zur Besetzung der Auftaktposition im Vers" eigne und „zuweilen auch ‚schwebende' Betonung tragen" könne, sondern dass es im ‚Nibelungenlied' auch der wesentliche „Erzähl-Indikator" sei, „mit dem die narrative tiefenstrukturelle u n d - d a n n -Relation zum Ausdruck" komme, da das *dô* „nicht nur sprachliche, sondern auch praktische Handlungsschritte" einleite.

Das primäre Motiv, das zur Änderung des Verses führte, ist sicherlich nicht das Ziel einer metrischen Glättung. Sie ist auf andere Gründe zurückzuführen, wie es auch Hoffmann zu bedenken gibt. Die beschwerte Hebung als rhetorisches Kunstmittel mit „kontextueller Sinnstiftung"[18] wird prinzipiell bewusst gesetzt. Im *C-Text ist die beschwerte Hebung im Abvers vielfach getilgt; zugleich hat sie der Bearbeiter *C nicht nur in einigen Plusstrophen, sondern auch in Abversen tradierten Materials selbst erst eingebracht, um sinnträchtige Wörter rhythmisch zu markieren und damit die Aufmerksamkeit des Rezipienten zu lenken.[19] Wenn im folgenden Vers das Adjektiv *wünneclîch* durch *hêrlîch* ersetzt wird, dann ist die Betonung des Adjektivs *hêrlîche* bei einer mündlichen Realisation deutlich zu hören:

B 354,4b [356,4b]: *sprách diu wúnneclîche méit*
C 364,4b: *sprách diu hêrlîche méit*

An den angeführten Beispielen, die alle als Variation der Textformulierung zu deuten sind, wird ersichtlich, dass die ersten beiden Eingriffsmöglichkeiten nicht oder nur in Einzelfällen auf inhaltlich oder motivierend orientierte Veränderungsstrategien zurückgehen, während die letzteren beiden und besonders die letzte Möglichkeit massivere Eingriffe in den Text darstellen und mitunter einen Rückschluss auf eine tiefergehende Bearbeiterintention zulassen. Auf stilistischer Ebene ist zusätzlich eine hohe Anzahl von Änderungen beobachtbar, durch die Wortwiederholungen innerhalb einer Strophe oder dicht beieinander liegender Verse vermieden werden. Dies dient Hoffmann zufolge dem „Wohlklang".[20] Als Fazit ist zu ziehen, dass es zwar eine deutliche Tendenz zur Tilgung der beschwerten Hebung gibt, die allerdings nicht in letzter Konsequenz ausgeführt ist. Zu beobachten ist, dass einige Verse mit beschwerter Hebung nicht geändert sind, andere sind umgeformt und dennoch mit einer beschwerten Hebung versehen; mitunter sind neue eingefügt.[21] Es handelt sich also um eine Tendenz, die nicht den Status einer eigenen metrischen Konzeption erreicht.[22]

---

18 Henkel 2003a, S. 126.
19 Vgl. Hoffmann 1967, S. 113.
20 Ebd., S. 114.
21 Vgl. ebd., S. 112f.
22 Vgl. Bartsch 1875/1968, S. 308.

6.1.2 Funktionaler Einsatz von Zäsurreimen

In der Forschung wird als Variation im Bereich der Textformulierung eine verstärkte Verwendung von Zäsur- beziehungsweise Binnenreimen im *C-‚Lied' diskutiert.[23] Angenommen wird, dass Zäsurreime im Grundtext nur ansatzweise und vermutlich teilweise eher zufällig vorkamen. Für die Fassung *C beobachtet Panzer, dass diese Art von Reim signifikant häufiger in der ersten Strophenhälfte erscheint und allein diese Fassung ihn auch in der zweiten Strophenhälfte zeigt.[24] Markante Beispiele stellen die Strophen +C 1, C 17/B 16 [18], die vermutlich erst nachträglich in den *B-Text integriert sind, sowie die vier *C eigenen Plusstrophen +C 43, 332, 1008 und 1961 dar, in denen jeweils ein zweimaliger Binnenreim vorliegt. Innerhalb der 100 Plusstrophen[25] ist der Bestand dieser Reimtechnik damit erschöpft.[26] Da die Strophen nur der *C-Fassung angehören, könnte man annehmen, dass in ihnen der Stil des Bearbeiters *C besonders deutlich zu Tage trete. Wenn dem so ist, dann ist ihm aufgrund der geringen Zahl meines Erachtens keine grundlegende Intention zu unterstellen, den Zäsurreim verstärkt zu verwenden. Es findet nur ein punktueller Einsatz dieser Technik statt. Zu konstatieren ist des Weiteren, dass sich ebenso im *B-‚Lied' eine Plusstrophe +B 2197 [2200] mit Zäsurreim findet, die möglicherweise eine jüngere Zudichtung ist.[27] Dieses Stilmittel findet sich also nicht ausschließlich in Plusstrophen der *C-Fassung.

Es bleibt die Frage, ob der *C-Bearbeiter Binnenreime nutzte, um bestimmte Strophen besonders zu markieren, etwa weil in ihnen Kernaussagen des Texts zu finden sind. Zu bestimmen ist, was diese Strophen in inhaltlicher und/oder funktionaler Hinsicht bieten. Die Prolog- beziehungsweise Programmstrophe +C 1 perspektiviert die nachfolgende Erzählung als Altes, Überliefertes und Bekanntes und zeugt von „der Reflexion des Erzählvorgangs als wichtigstem

---

23 Vgl. Hoffmann 1967, S. 113.
24 Panzer 1955, S. 110.
25 Zu diesen Plusstrophen sind nicht nur Strophen gezählt, zu denen es in den Handschriften A und B kein Äquivalent gibt, sondern ebenfalls Strophen, die (nahezu) vollständig eigenständig formuliert sind. In der Forschung werden unterschiedliche Zahlen in Bezug auf ausgelassene und hinzugefügte Strophen genannt. Sie sind darauf zurückzuführen, dass unterschiedliches Textmaterial miteinander verglichen wird und/oder zum Teil selbstständig formulierte Strophen als Plusstrophen gewertet werden. Von 99 Plusstrophen geht etwa Bumke 1996c, S. 520–523 aus, der die Prologstrophe +C 1 nicht mitzählt; siehe Abschnitt 6.4.
26 Vgl. ebd., S. 538.
27 Zur Diskussion dieser Strophe siehe Abschnitt 6.3.1.1 sowie Heinzle 2013a, S. 1477f.

Signum des Literarisierungsprozesses";[28] in C 17 erfolgt eine Vorausdeutung, dass die der Liebe entsagende Kriemhild letztendlich doch heiraten wird; in +C 43 wird Siegfrieds Kampfeskraft und -eifer gerühmt; in +C 332 überlegt Gunther, welche Frau er am besten heiraten soll; in +C 1008 prophezeit der mit dem Tod ringende Siegfried seinen Mördern den Tod wegen ihres Verbrechens an ihm; in +C 1961 erfolgt ein Lob Etzels hinsichtlich seiner Gastfreundschaft und ein Hinweis auf eine Trennung der Tische von Christen und Heiden beim Festmahl.

Die Strophen bieten durchaus zentrale Aspekte insbesondere der Fassung *C, die im folgenden Teil der vorliegenden Untersuchung detailliert herausgearbeitet werden. Zu nennen sind die Referenz auf Althergebrachtes im positiven Sinn, eine Positivierung der Figur Siegfrieds,[29] ein Hinweis auf einen christlichen Sühnegedanken, der in einer anderen Plusstrophe (+C 1005) noch deutlicher zum Tragen kommt, ein weiterer christlicher Aspekt in der Trennung von Christen und Heiden sowie eine Höfisierung der Figur Etzels.

Wichtiger als die inhaltlichen Aspekte scheint mir die Funktion der Strophen zu sein. Die Prologstrophe bietet einen ‚Quellenverweis'. Die Positivierung der Figur Siegfrieds dient dazu, im Kontrast die Figuren Hagen und Gunther abzuwerten. +C 332 ist im Zusammenhang mit der Plusstrophe +C 328 zu betrachten, die den Heiratsgedanken einführt und vor allem einen neuen Aventiureschluss bildet sowie auf Kommendes verweist. Ebenso dient +C 332 einer besseren Überleitung, da der Schauplatz von Isenstein nach Worms verlegt ist. Die Funktion von +C 1008 liegt zwar einerseits im vorausdeutenden Moment, andererseits dient auch sie einer besseren Überleitung, wenn der sterbende Siegfried in der vorhergehenden Strophe Kriemhild der Sorge Gunthers anempfiehlt und in der nachfolgenden Strophe der verblutende Siegfried beschrieben wird. Ebenso ist +C 1961 nur im Kontext der Plusstrophensequenz +C 1960–1962, die die höfische Bewirtung der Gäste schildern und auf das Ende vorausdeuten, sowie der eigens formulierten Strophe C 1963 (vgl. B 1909 [1912]) zu betrachten, in der Kriemhild entschuldigt wird. Die Strophen haben die Funktion anzudeuten, dass es unter der höfisch-friedfertigen Oberfläche ein hohes Konfliktpotenzial gibt.[30]

Als Fazit ist zu ziehen, dass Zäsurreime nur punktuell eingesetzt sind und in nur wenigen Fällen der Markierung bestimmter Strophen dienen, um etwa zentrale Aussagen hervorzuheben. Wichtiger als diese Variation auf Ebene der

---

28 Schulze 2007b, S. 16.
29 Dagegen sieht Grosse (1999, S. 743) in +C 43 eine „unruhige Aggressivität" Siegfrieds.
30 Vgl. Brüggen 2003, S. 184.

Textformulierung erscheint die Variation auf Ebene des Textbestands mit ihrer inhaltlichen und funktionalen Ausrichtung. Im Hinblick auf das Modell des Wiedererzählens erhalten die eingefügten Zäsurreime prinzipiell eine Bedeutung, zeugen sie doch von einer formalen Aktualisierung im Bereich des *artificiums*.

6.2 Inhaltliche und erzähltechnische Variation

Im Folgenden sind Variationsphänomene zusammengestellt, die inhaltlicher oder erzähltechnischer Natur sind. Sie betreffen alle drei Bereiche der Variation: Textbestand, Textfolge und Textformulierung.

6.2.1 Minderung von Zahlenangaben

Zahlenangaben mittelalterlicher (ebenso wie antiker) Dichtungen bemühen sich nicht um Genauigkeit, vielmehr um die Vorstellungskraft prägende Größeneindrücke. Die Zahlenangaben in der Fassung *B sind bisweilen als „phantastisch"[31] hoch angesehen worden. Der Bearbeiter *C scheint bemüht, quantitative Angaben in seiner Fassung zu mindern. Zwei Beispiele sollen zur Illustration genügen: Als Gunther zur Werbung Brünhilds aufbricht, möchte er anfangs in ehrenvollem Glanz mit *drîzec tûsent degene* (B 337,4a [339,4a]) losziehen. Nach C 347,4a sollen dagegen ‚nur' *zwei tûsint degene* dabei sein. Auch die Angabe von 2.000 Kämpfern ist eine sehr hohe Zahl und genügt durchaus glanzvollen Ansprüchen. In B 435,2a [437,2a] ist Brünhilds Schild circa 60 cm breit (*drîer spannen dicke*), in C 446,2a dagegen nur drei Handbreit (*drîer hende*). Übersteigerungen, wie sie in der Fassung *B zu finden sind, sind in *C abgemildert.

In den ‚Klage'-Fassungen *B und *C sind ähnliche Textstellen mit einer entsprechenden Tendenz zu finden: Während in *B 236 von 40.000 Gefallenen die Rede ist, sind es in der *C 255 ‚nur' 30.000.

Eine Ausnahme im Rahmen der Reduktion von Zahlenangaben im *C-‚Lied' bildet der Sachsenkrieg, bei dem die Angaben in beiden Fassungen identisch sind: Parallel sind die Strophen B 158 [160,2] und C 161,2 (30.000 *degene*), B 167,4 [169,4] und C 170, 4 (20.000 *degene*), B 168,2 [170,2] und C 171,2 sowie B 179,3 [181,3] und C 182,3 mit jeweils 40.000 Helden. Ein naheliegendes Motiv

---

31 Panzer 1955, S. 92.

für die Ausnahme liegt darin, dass die Zahlen kriegerischen Auseinandersetzungen in der realen Erfahrung der Zeit entsprechen. Ebenso ist ein gegenläufiges Prinzip zur Minderung erkennbar: Die Zahlenangaben sind in den Fällen erhöht, in denen der Reichtum und die Macht Kriemhilds und derer, die im zweiten Teil des Epos auf ihrer Seite stehen, vorgeführt werden.[32] Dieses erzählstrategische Prinzip ist einer der vielen Hinweise auf die unterschiedliche Wertung der Figuren, die noch näher zu betrachten sein wird (siehe Kapitel 8).

Die Tendenz dieser Variation auf Ebene der Textformulierung ist möglicherweise auf eine plausiblere Gestaltung[33] sowie auf eine implizite Stellungnahme des Erzählers zur Bewertung einzelner Figuren zurückzuführen.

6.2.2 Präzisierungen und Korrekturen

Eine Besserung bietet die Fassung *C durch zahlreiche Präzisierungen und Korrekturen. Mehrfach sind kleinere Ungenauigkeiten und Fehler, wie sie das *B-‚Lied‘ aufweist, bereinigt.[34] Dies ist am Eingang der achten Aventiure gut zu illustrieren: Sie beginnt in B 480,1f. [482,1f.] mit den Versen

> *Dannen gie dô Sîvrit zer porten ûf den sant*
> *in sîner tarnkappen, dâ er ein schiffel vant.*

Die entsprechenden Verse in *C (C 493,1f.) lauten

> *Sîfrit der vil küene dannen gie zehant*
> *in sîner tarnkappen, dâ er daz schiffil vant.*

Das Ersetzen des unbestimmten *ein* durch das bestimmte *daz* ist als eine Präzisierung zu deuten: Siegfried findet nicht ein beliebiges Schiff, sondern genau dasjenige, mit dem die Burgonden zu Brünhild gefahren sind. Weshalb der Bearbeiter *C nicht einfach den unbestimmten Artikel durch einen bestimmten ersetzt, sondern auch den vorhergehenden Vers selbstständig formuliert, ist

---

32 Vgl. Hoffmann 1967, S. 114.
33 Ebd.
34 Vgl. dazu auch den Stellenkommentar von Heinzle 2013a. Er greift für seine Übersetzung des *B-‚Lieds‘ häufig auf die Lesarten der Handschrift C zurück, um unklare oder fehlerhafte Formulierungen in *B adäquat beziehungsweise „verdeutlicht" übersetzen zu können; ebd., S. 1407 u.ö.

wohl darauf zurückzuführen, dass der neue Erzähleinsatz zu Beginn der Aventiure deutlicher markiert wird.

Ähnlich ist der Fall, wenn Geres Titel von *herzoge* (B 579,1a [582,1a]) zu *margrâve* (C 588, 1a) korrigiert beziehungsweise die Bezeichnung *fürste* (B 1212,1a [1215,1a]) zugunsten der Bezeichnung als *küene* (C 1239, 1a) formuliert ist.

Präzisierend-zuspitzend verstärkt ist in *C ebenso der Vorwurf Kriemhilds, dass Brünhild keine rechtmäßige Königin sei, selbst wenn sie diese Position innehabe: *„wie möhte mannes kebse werden immer küneges wîp?"* (B 836,4 [839,4]) lautet in *C verdeutlicht *„wie mac immer kebse mit rehte werden küniges wîp?"* (C 847,4).

Eine Bearbeitungstendenz ähnlicher Art ist die Korrektur von offensichtlichen Fehlern. In der Fassung *B findet die Jagd, auf der Siegfried ermordet wird, im *Waskenwalde*, den Vogesen, statt (B 908,3 [911,3]). Dies ist angesichts der Lage von Worms geographisch unzutreffend und ist durch den Bearbeiter in *C korrigiert. In ihr wird die Jagd im *Otenwalde*, dem Odenwald, veranstaltet (C 919,3b).[35] Allerdings lassen sich für diesen Fall auch andere Erklärungen anbringen: Heinzle erklärt die Nennung der Vogesen als eine der vielen Anspielung auf die Walthersage, in der diese den „Ort von Gunthers sagennotorischer Schurkerei" darstellen, weil er in ihnen Walther stellt, um ihm Schatz und Gefährtin zu nehmen.[36] Der Odenwald sei im Zusammenhang mit der in die Fassung *C eingefügten Lorscher Lokalsage zu betrachten (siehe Abschnitt 10.3), da auch er als Ort für einen eintägigen Jagdausflug zu weit weg von Worms gelegen sei.[37]

Als ein weiteres Beispiel der Korrektur sollen Kriemhilds Worte am Ende des ‚Lieds' fungieren: Sie klagt Hagen des Mordes an Siegfried an und verweist dabei auf dessen Schwert: *„daz truoc mîn holder vriedel, dô ich in jungest sach"*

---

[35] Braune 1900, S. 198. Ähnliches gilt für die ‚Klage'-Fassungen, etwa wenn *B 116–118 von *zehene unde mac* Königen ausgeht, *C jedoch in Übereinstimmung mit dem ‚Lied' (B 1388,3 [1391,3]/C 1418,3) von *zwelf*; vgl. Lienert 2000, S. 359. Mit dieser kleinen Veränderung wird auch die sich anschließende Angabe korrekt, dass für die Jagd der Rhein zu überqueren sei. Doch wie ist dies zu bewerten? Wenn alle Fassungen in Passau entstanden, wie konnte es zu solch einem Fehler in *B kommen? Ein Flüchtigkeitsfehler? Eine mündliche Sagentradition? Diese Frage ist wohl nicht zu entscheiden.

[36] Heinzle 2013a, S. 1240. Ähnlich sieht es Lienert (2016, S. 58), die die Funktion der Walthersagenreminiszenzen im ‚Lied' in Bezug auf die Figurenkonstitution unter anderem darin sieht, „allgemein den Ruhm und Bekanntheitsgrad der Figur [Hagen] aufzubauen, Hagen, wie mit seiner nibelungischen Siegfriedmörder-Rolle, als furchterregenden Helden zu exponieren".

[37] Heinzle 2013a, S. 1241.

(B 2369,3 [2372,3]). Diese Aussage bezieht sich auf den lebenden, von Kriemhild Abschied nehmenden Siegfried. Allerdings stimmt dies genau betrachtet nicht, da Kriemhild den toten Siegfried zuletzt im Sarg und dann ohne sein Schwert Balmung gesehen hat, denn dieses hatte Hagen bereits in der Mordszene an sich genommen. Der *C-Bearbeiter formuliert stattdessen in C 2432,3–4a: „daz truoc mîn holder vriedel, dô ir im nâmet den lîp / mortlîch mit untriuwen". Nicht nur die Korrektur sondern auch die direktere Mordbeschuldigung als in *B ist signifikant für eine Erzählstrategie in *C.[38]

Eine derartige Variation auf der Ebene der Textformulierung findet sich in *C an vielen Stellen. Präzisierungen und Korrekturen vorgefundener Angaben weisen auf eine intensive Beschäftigung des *C-Bearbeiters mit seiner Vorlage und ihrer textinternen Plausibilität hin. Sie sollen vermutlich Unstimmigkeiten beseitigen, eindeutigere Aussagen und größere Klarheit erzielen.[39]

6.2.3 Klärungen und Vereindeutigungen

Änderungen hat der Bearbeiter *C offenbar vorgenommen, wenn ihm Textstellen unklar oder mehrdeutig erschienen.[40] Auch für diese Bearbeitungstendenz sollen die folgenden Beispiele für viele weitere stehen.

In B 343 [345]/C 353 äußert Gunther, dass er seine Mutter Ute um die Herstellung repräsentativer Kleidung für die Werbungsfahrt zu Brünhild bitten möchte. Hagen schlägt darauf in der folgenden Strophe B 344 [346]/C 354 vor, Kriemhild mit dieser Aufgabe zu betrauen, ohne dass eine Begründung für den Vorschlag geliefert wird. In einem eigens formulierten *C-Vers erfolgt sie durch Hagen: Kriemhild soll die Kleidung herstellen, denn „si ist sô kunstrîche, daz diu kleider werdent guot" (C 354,4).[41] Vermutlich ist dem mittelalterlichen Publikum bewusst, weshalb Kriemhild den Auftrag erhält. Eine Werbungsfahrt erfordert eine hervorragende Ausstattung, so dass es offensichtlich gewesen ist, dass der Auftrag nur an eine Expertin vergeben werden kann. In diesem Fall ist ein zunächst textexternes Deutungsmuster erst in der Fassung *C vertextet. Die zusätzlichen Informationen präzisieren zugleich, dass das Verhältnis zwischen Kriemhild und Hagen an dieser Stelle noch unbelastet ist, was die Hintergehung Kriemhilds, die Mordtat und die Provokationen durch Hagen kontrastiv noch

---

38 Vgl. Hoffmann 1967, S. 117; Heinzle 2013a, S. 1510.
39 Vgl. Hoffmann 1967, S. 114.
40 Ebd.
41 Vgl. von Liliencron 1856, S. 28.

drastischer wirken lässt. Fassungsübergreifend ist strukturell interessant, dass der Mord an Siegfried erst durch eine Markierung auf Kleidung stattfinden kann, die auf Bitten Hagens ebenfalls durch Kriemhild gesetzt wird.

Kriemhilds körperliche Reaktion des Errötens bei der Begegnung mit Siegfried ist in *C ausdrücklich der Liebe zugeschrieben, was in *B nur angedeutet ist. So heißt es in B 238,4–239,1 [240,4–241,1]

> *dô erblüete ir liehtiu varwe,* [...] //
> *Ir schœnez antlütze, daz wart rôsen rôt,*

während in C 241,4–242,1 folgendermaßen formuliert ist

> *dô erblüet ir liehtiu varwe,* [...] //
> *Ez wart ir lieht antlütze vor liebe rôsen rôt.*

Nach einem Dialog zwischen Gunther und Rüdiger ist Giselher in B 2185,1 [2188,1] nur umschreibend genannt: *Dô sprach von Burgonden der schœnen Uoten kint.* Dies ist mehrdeutig, da Gunther und Gernot ebenso Kinder Utes sind. Der *C-Bearbeiter nennt den Namen des Redners, um einem Missverständnis vorzubeugen (C 2247,1): *Des antwurt im Gîselher, der edeln Uoten kint.*[42]

Eine Tendenz des Vereindeutigens wird ebenfalls an den beiden folgenden Beispielen deutlich: Als Hagen Dietrichs Angebot eines rechtlichen Ausgleichs am Ende des ‚Lieds' ablehnt, geschieht dies aus Sorge um seine Reputation. Ein wehrhafter Kämpfer dürfe sich nicht ergeben (B 2335 [2338]):

> *„Daz enwelle got von himele",* sprach dô Hagene,
> *„daz sich dir ergæben zwêne degene,*
> *die noch werlîche gewâfent gegen dir stânt*
> *und noch sô ledeclîche vor ir vîanden gânt."*

In C 2397,3f. dagegen sind die letzten beiden Verse anders formuliert:

> *„die du sô werlîche sihest gewâfent stân.*
> *daz hiez ein michel schande und wær ouch übele getân."*

so dass eine Kampfesaufgabe noch eindeutiger als *schande* markiert ist.

---

[42] Ähnlich vereindeutigend heißt es gegenüber B 124,1b [126,1b] *daz Uoten kint* in C 126,1b *Giselher daz kint.* Der Ausdruck *Uoten kint* bezieht sich, sofern ein Name genannt wird, stets nur auf Giselher oder auf Kriemhild, in der Pluralform auf die drei Brüder; Heinzle 2013a, S. 1089 mit weiteren Textstellen.

6.2.4 Betonung höfischer Merkmale

Der *C-Bearbeiter hat einige höfische Elemente gegenüber der *B-Fassung weiter ausgebaut, an anderen Stellen neu eingefügt. Auch darin ist die Detailarbeit des Bearbeiters *C zu erkennen. Zu beobachten ist im *C-‚Lied' damit eine Ausweitung der Gestaltung von höfischer Gesellschaft. Dies ist offenbar als Bemühen zu werten, eine weitergehende Angleichung an Standards der höfischen Epik zu erreichen und die kulturelle Relevanz des Erzählten hervorzuheben. Illustriert sei dies an den folgenden Beispielen:

Siegfried sagt zu Gunther in B 340,1 [342,1]: „*Der gesellen bin ich einer, daz ander soltû wesen*". Dagegen heißt es in C 350,1: „*Der gesellen sît ir einer, der ander sol ich wesen.*" Offenbar ist in der Fassung *C die ranghöhere Figur vorangestellt.[43] Eine andere Textstelle vom Ende des Texts zielt in die gleiche Richtung; auch in ihr ist die Rangfolge geordnet: Während in B 2374,3 [2377,3] *Dieterîch und Etzel weinen dô began*, heißt es in C 2437,3: *Ezel unde Dietrîch weinen dô began.*

In *B verabschiedet sich Siegfried vor seinem Botengang zu Kriemhild, um die Ankunft der erfolgreichen Werbungsgemeinschaft anzukündigen, nur von Brünhild und ihrem Gefolge (B 538 [541]). In C 547 ist ebenfalls Gunther berücksichtigt.

Allein 121 Strophen sind im *B-‚Lied' Kriemhilds Reise zu Etzel gewidmet (B 1261–1381 [1264–1384]), die in erster Linie das Geschehen an den einzelnen Stationen Worms, Passau, Bechelaren, Tulln, Wien und Etzelburg zeigen. In *C ist die Passage (C 1287–1411) um vier Plusstrophen erweitert (+C 1312, 1314f., 1324). In +C 1312 ist der tränenreiche Abschied Kriemhilds aus Worms erzählt, wobei eine hohe Anzahl an Figuren Kriemhild verabschiedet, so dass ihr gegenüber eine große Wertschätzung ausgedrückt ist. Auch Gunther begleitet sie ein Stück des Wegs (+C 1312,4b: *dô reit der künic Gunther mit ir ein wênic für die stat.*). In den Strophen +C 1314f. wird erzählt, dass sich die Boten beeilen, Etzel die Einwilligung in die Heirat und Ankunft Kriemhilds zu berichten und sich einen reichen Lohn versprechen, den sie von dem sich freuenden Etzel auch erhalten. Die Strophe +C 1324 berichtet, wie Kriemhild in Plattling (+C 1324,1a: *ze Pledelingen*) Gastfreundschaft erfährt; der Ort ist zugleich als Beginn des Einflussbereiches des Passauer Bischofs gekennzeichnet.[44]

---

[43] Vgl. Hoffmann 1967, S. 118. Anders von Liliencron (1856, S. 27), der diese Änderung nicht als „Courtoisie", sondern dahingehend betrachtete, dass Gunther der eigentliche Werber Brünhilds sei und damit an erster Stelle stehen soll.
[44] Heinzle 2013a, S. 1322.

Während Rüdiger in *B seine zukünftige Königin Kriemhild anweist, „swen ich iuch heize küssen, daz sol sîn getân" (B 1345,3 [1348, 3]), ist Rüdiger gemäß seiner gesellschaftlichen Stellung in *C nur als Berater tätig: „swen ich iu râte küssen, daz sol sîn getân" (C 1375, 3).

Die Tendenz zur Betonung höfischer Merkmale der *C-Fassung wie hinsichtlich der Darstellung von Motiven der Hierarchie, Botenentlohnung und Gastlichkeit ist in den Variationsbereichen der Textformulierung und des Textbestands zu beobachten. Mit letzterem ist bereits auf einen wichtigen Aspekt der Plusstrophen im *C-Lied verwiesen (siehe Abschnitt 6.4.6).

6.2.5 Absetzung vom Mythisch-Wunderbaren

In der Fassung *B ist dem Mythischen und Wunderbaren im Vergleich zur mündlichen Sagentradition auffällig wenig Raum gegeben, was von einer grundsätzlichen Neuperspektivierung des Stoffs zeugt;[45] es bleibt jedoch Merkmal der Gattung.[46] Zu den wunderbaren Elementen und Motiven zählen Hort, Tarnmantel und goldene Rute, Drachenkampf, Siegfrieds Hornhaut, die riesenhaften Nibelungen, der Zwerg Alberich, die übermenschliche Kraft Brünhilds, die Bahrprobe und die wahrsagenden Wasserfrauen. Die meisten dieser Elemente finden sich im ersten Teil des ‚Lieds', da sie zwar nicht nur, aber zumeist mit Siegfried in Beziehung stehen.[47] In erster Linie sind es Tarnmantel und Hort, die als Macht- und zugleich als Störfaktoren im Handlungsverlauf wirksam sind.[48] Im Vergleich von *B- und *C-‚Lied' werden Tendenzen deutlich, die auf einen spezifischen Umgang mit einigen der genannten Elemente in *C hinweisen, während andere, wie der Zwerg Alberich, die Bahrprobe oder die Wasserfrauen,[49] keine Bearbeitung erfahren. Eine Tendenz, höfische Merkmale zu be-

---

45 Vgl. Wolf 1979, besonders S. 52; 1987, S. 180; Gillespie 1987.
46 Vgl. Hennig 1994. Wunderbare Elemente finden sich auch in anderen Gattungen, nicht nur etwa in der Legende, sondern auch im höfischen Roman.
47 Vgl. Grosse 1999, S. 753; Wolf 2003, S. 140f. Hennig (1994, S. 21) hebt die Trennung dieser Elemente von Siegfried hervor: „Der Held Siegfried [...] gerät mit ihr [scil. der Zwergenwelt] zwar in Konflikt, kann sich aber durch seine Stärke und nicht durch seinerseits eingesetzte zauberische Mittel durchsetzen und sich nach seinem Sieg der ihm zugefallenen Zaubermittel souverän bedienen."
48 Vgl. Haustein 1993, besonders S. 386f. Eine Übersicht über unterschiedliche Deutungen von Tarnmantel und Hort bietet Mühlherr 2009.
49 Zum „Ineinandergreifen von mythischen Konstellationen, Weltwissen und poetischer Inszenierung" in der Bahrproben-Szene, wobei „unterschiedliche Möglichkeiten der Rechtsfin-

tonen (siehe Abschnitt 6.2.4), findet sich in Bezug auf das Wunderbare nicht. So ist etwa der Zwerg Alberich nicht als höfischer Ritter dargestellt; eine Höfisierung ist dagegen bei Zwergen in der ‚Aventiurehaften Dietrichepik' wie dem Zwergenkönig Laurin im ‚Laurin' zu beobachten.⁵⁰ Auch sind nicht alle hier als wunderbar aufgezählten Elemente und Motive als solche textintern markiert. Zwerge und Wasserfrauen werden als selbstverständlich angesehen;⁵¹ gerade die Fähigkeit der Wasserfrauen, wie Vögel auf dem Wasser zu schweben, betrachtet Hagen als Nachweis ihrer *liste starc unde guot* (B 1533,2/ [1536,2]: *sinne starc und guot*/C 1572,2), so dass er ihrer Rede umso mehr Glauben schenken möchte. Mittelbar sind sie insofern als wunderbar gekennzeichnet, als ihre Kleidung *wunderlîch* (B 1535,3b [1538,3b]/C 1574,3b) ist.

In der *C-Prologstrophe ist mit einer zweifachen Nennung *wunder* (+C 1,1b; 4,b) prominent und betont an den Anfang des ‚Lieds' gesetzt, ohne dass mythische Aspekte aktualisiert sind.⁵² Das BMZ nennt drei Bedeutungen für das Nomen *wunder*: die Verwunderung über etwas, der Gegenstand der Verwunderung sowie eine erstaunliche Menge.⁵³ In der Prologstrophe bezieht sich *wunder* in beiden Fällen in erster Linie auf Verwunderung auslösende Begebenheiten. Im Verlauf des Textes wird Staunenerregendes ebenfalls erzählt von kostbarer

---

dung" reflektiert werden, siehe Müller 2013, S. 34–38, hier S. 34, 36. „Die Bahrprobe setzt mythisches Denken voraus" (ebd., S. 34) und wird durch den Erzähler als *wunder* (B 1041,1a [1044,1a]/C 1056,1a) bezeichnet. Nach Müller (ebd., S. 35) erscheint sie „schon nicht mehr selbstverständlich", „erweist [...] sich jedoch als wahr". Einschränkend anzumerken ist, dass sich im Abvers der Langzeile in beiden Fassungen eine *noch*-Formel befindet, dass man dergleichen ebenfalls aktuell häufiger beobachten könne. Das Untergangsgeschehen werde, so Müller, in dieser und weiteren Szenen nicht kausallogisch motiviert, sondern poetisch-schlüssig über das Scheitern einer „rechtsförmige[n] Lösung des Konfliktes", was sich auf die „Formel ‚Ohnmacht des Rechts vor der überlegenen Gewalt' zusammenfassen lasse; ebd., S. 36; zur Problematik von Recht und seiner Wiederherstellung vgl. 2017, S. 376–381. Die Variation zwischen den Fassungen ist weitgehen iterierend, so dass die Szene nicht weiter besprochen wird. Hervorzuheben ist nur, dass in C 1055 nicht wie in B 1040 [1043] nur Kriemhild, sondern ebenfalls Gunther zu Wort kommt, der ihr versichert, dass ihr von seinen Leuten keiner Schaden zugefügt habe. Die Lüge wird in der Szene in beiden Fassungen mehrfach wiederholt; zur Tendenz einer Abwertung Gunthers in *C siehe Abschnitt 8.5.
50 Vgl. Hennig 1994, S. 18.
51 Vgl. ebd., S. 19.
52 Hennig (ebd., S. 21) hat beobachtet, dass das Wunderbare textintern nicht in einen Gegensatz zur Christlichkeit gesetzt wird: „An keiner Stelle wird im ‚Nibelungenlied' das Außer- und Übernatürliche: Zwerge wie *diu merewîp*, *tarnkappe* und Federgewand ebenso wie die Gabe der Prophezeiung in Bezug zur unbefragt vorausgesetzten Christlichkeit oder – angemessener formuliert – Kirchlichkeit der Helden in Beziehung gesetzt."
53 Vgl. BMZ 1990, Bd. 3, Sp. 813a–815a.

Kleidung (B 361,4 [363,4]/C 371,4), Reichtum (B 708,4 [711,4]/C 718,4), der Intensität der allgemeinen Trauer um Siegfried (B 1033,1f. [1036,1f.]/C 1048,1f.), vom Überleben Kriemhilds trotz des großen Leids wegen der Ermordung Siegfrieds (B 1064,1 [1067,1]/C 1076,1) und von der Kampfleistung der Helden.[54]

In den Text eingeführt sind Siegfrieds Drachenkampf, sein Erwerb des Nibelungenhorts und des Tarnmantels in *B in Hagens Bericht (B 84–99 [86–101]/ C 86–101) an Gunther, wenn Siegfried erstmals nach Worms kommt. Hagens Rede spiegelt ein Wiedererzählen, denn er berichtet nicht eigene Erfahrung, sondern das, was ihm erzählt worden ist. Dem Erzählverfahren, die Elemente nachträglich in einer Rückschau und als Bericht einer Figur einzuführen,[55] kommen folgende Funktionen zu: Siegfried ist zuvor primär höfisch, wird an dieser Stelle als Held gekennzeichnet;[56] Hagen ist ein spezifisches Wissen zugeschrieben,[57] das ihn als Berater Gunther sowie als Kämpfer Siegfried zuordnet, so dass eine Konkurrenzsituation zwischen Siegfried und Hagen impliziert ist; die wunderbaren Elemente und ihr Erwerb sind in eine Distanz zu den zentralen Handlungsvorgängen gesetzt,[58] da sie „zeitlich außerhalb der Chronologie der erzählten Ereignisse" liegen und einem geographisch unbestimmten Land entstammen;[59] der wunderbare Charakter der Elemente impliziert eine mögliche Bedrohung.[60] Möglicherweise ist Hagen an dieser Stelle zu deuten als „Sprachrohr eines kollektiven Wissens, gegen das der Erzähler in der 2. Aventiure anzuerzählen scheint".[61] Siegfried und Hagen werden als Figuren näher gekennzeichnet; zugleich ist festzuhalten, dass Hagens Bericht „in erster Linie handlungsorientiert, eher zukunfts- als vergangenheitsbezogen [ist]: Erwähnt werden bekanntlich nur die Requisiten und Attribute, die im späteren Verlauf des Geschehens benötigt werden".[62] Im Vergleich der ‚Lied'-Fassungen *B und *C fällt auf, dass sich in *B vor Hagens Bericht ein allgemeiner Verweis zu Be-

---

54 Hennig 1994, S. 20.
55 Die Technik des *ordo artificialis* hat eine Vorlage in der antiken Großepik; vgl. Lienert 2015, S. 47.
56 Zur allgemeinen Definition des Helden, der über außergewöhnliche Stärke und Tapferkeit außerordentliche Taten vollbringt, ohne moralisches Vorbild zu sein, da er auch grausam und rücksichtslos ist, siehe Lienert (ebd., S. 9f.).
57 Lienert (2016, S. 60) hebt hervor, dass textintern ein textexternes Sagenwissen „besonders hervorgehobenen Wissenden zugeordnet [ist]; die Aktivierung von Residuen allgemeinen Wissens wird im Bericht eines privilegiert Wissenden ausdrücklich inszeniert".
58 Vgl. Schulze 2005, S. 786.
59 Vgl. Schulze 2007a, S. 164.
60 Ebd., S. 162.
61 Müller 1998, S. 144.
62 Lienert 2016, S. 57.

ginn der 2. Aventiure auf die Jugendtaten Siegfrieds findet (B 19f. [21f.]/C 20; 22) und dass man von ihm *michel wunder* (B 20,2a [22,2a]/C 22,2a) sagen könne. In *C ist als Variation des Textbestands eine Plusstrophe zu verzeichnen. In ihr ist auf die rühmens- und besingenswerten, wundersamen Jugendtaten Siegfrieds verwiesen, die dem Publikum bekannt sind und an dieser Stelle vermutlich erwartet werden:

> Ê daz der degen küene vol wüehse ze man,
> dô het er solhiu wunder mit sîner hant getân,
> dâ von man immer mêre mac singen unde sagen;
> des wir in disen stunden müezen vil von im gedagen. (+C 21)

Heinzle versteht die Strophe in erster Linie als eine Entschuldigung dafür, dass die beliebte Erzähltradition der Jugendtaten Siegfrieds zurückgedrängt ist.[63] Hagens Bericht ist in *C des Weiteren besser vorbereitet;[64] zugleich ist die Plusstrophe als Ausweis eines überlegten Einsatzes eines „abgestufte[n] Erzählverfahren[s]" zu interpretieren,[65] das in der Fassung *C deutlicher als in *B herausgestellt ist. Schulze deutet die letzte Langzeile der Strophe als Ausweis einer „bewußte[n] Unterscheidung zwischen der zeitgenössisch-analogen und der mythischen Dimension des Erzählten"; auch wenn beide Dimensionen dargestellt werden sollen, ist die mythische hierarchisch nachrangig.[66] Wenn die wunderbaren Elemente im Verlauf des Geschehens in die Handlungsgegenwart einbezogen sind, dann erscheinen sie weitgehend normalisiert.[67] Ihre Funktionsweise ist textintern nicht hinterfragt und als wunderbar ist oftmals eher das Figurenhandeln als der Gegenstand selbst gekennzeichnet, wie es etwa an der Beschreibung des Kampfs zwischen Brünhild und Siegfried deutlich wird. Durch das Hereinholen alten Erzählguts in die neue, schriftliche Form des ‚Lieds' sind Assoziations- und Wissenshorizonte für die Rezipienten um 1200 eröffnet, von denen sich das Erzählen im ‚Lied' anschließend absetzt.

---

[63] Heinzle 2013a, S. 1052. Zu Siegfrieds zunächst höfisch, anschließend im Rückblick heroisch dargestellter Jugend vgl. besonders Mertens 1996a; Müller 1998, S. 121–140; Schulze 2002, S. 675–678; Lienert 2016, S. 4, 8f. Nach Müller (2017, S. 334) zeige der „Verzicht auf Synchronisierung mit der Jugendgeschichte Siegfrieds, die der Erzähler erzählt hat, die Inkommensurabilität von ‚Sagenzeit' und ‚gewöhnlicher' Zeit": „Horterwerb und Drachenkampf sind zeitlich in der Geschichte Siegfrieds nicht unterzubringen. Es ist eine Zeit ‚außerhalb'."
[64] Vgl. Müller 1998, S. 128.
[65] Schulze 2007a, S. 162.
[66] Ebd.
[67] Ebd., S. 164.

Innerhalb der Strophen mit Hagens Bericht sind *C-eigene Formulierungen zu konstatieren, die präzisieren und zugleich mythische Charakteristika beseitigen, zumindest reduzieren. Während es in B 92,1–2a [94,1–2a] zweideutig heißt

> *Si heten dâ ir vriunde zwelf küene man,*
> *daz starke risen wâren*

ist die Parallelisierung der Männer und Riesen in C 95,1–2a ausdrücklich als Vergleich markiert:

> *Si heten dâ ir friunde zwelf küene man,*
> *die starc als risen wâren.*

Ähnlich ist die Beschreibung von Siegfrieds Haut nach dem Bad im Drachenblut: Sie wird nach dem Bad nicht *hurnîn* (B 98,3b [100,3b]), sondern Siegfried wird *von alsô vester hiute, daz in nie wâfen sît versneit* (C 100, 4). Diese beiden Beispiele auf der Ebene der Textformulierung illustrieren eine Tendenz der ‚Entmythisierung', die über das in *B Beobachtbare hinausgeht.[68]

Im Bereich der Variation auf Ebene der Textformulierung sowie des Textbestands ist die Darstellung des Tarnmantels in beiden Fassungen markant unterschiedlich gestaltet. In B 658,4 [661,4] drückt Kriemhild zärtlich Siegfrieds Hände, *unze er ir vor den ougen, sine wesse wenne, verswant*, und zeigt in der Folgestrophe +B 659 [662] ihre Verwunderung über sein plötzliches Verschwinden. Die unsichtbarmachende Wirkung als wunderbares Element des Tarnmantels ist durch den Wegfall der Strophe in *C nicht enthalten. Hinzu kommt ein anders formulierter Vers, denn in C 668,1a heißt es: *Er* [scil. Siegfried] *stal sich von der frouwen* – ohne den Tarnmantel zu benutzen. Er ist zuvor jedoch Thema zweier Plusstrophen in *C, in denen der Erzähler im Rückbezug auf die *âventiure* weitere Informationen zu wunderbaren Eigenschaften des Mantels liefert:

> *Von wilden getwergen hân ich gehœret sagen,*
> *si sîn in holn bergen, und daz si ze scherme tragen*
> *einez, heizet tarnkappen, von wunderlîcher art:*
> *swerz hât an sîme lîbe, der sol vil gar wol sîn bewart* (+C 342)

> *Vor slegen und vor stichen, in müge ouch niemen sehen,*
> *swenner sî dar inne. beide hœren unde spehen*
> *mag er nâch sinem willen, daz in doch niemen siht;*
> *er sî ouch verre sterker, als uns diu âventiure giht.* (+C 343)

---

[68] Hoffmann 1967, S. 117f.

Die Plusstrophen nennen neben der Unsichtbarkeit mit der mythischen Herkunft aus dem Zwergenreich, der Sicherheit vor Krafteinwirkungen – so dass eine Parallele zur Haut Siegfrieds deutlich ist (vgl. C 100, 4) – und der Steigerung der Körperkraft weitere Merkmale des Tarnmantels. Ausdrücklich ist der Tarnmantel ebenso den *wunderlîchen* Dingen zugeordnet. Anders als in *B erscheint der Tarnmantel in *C nach Angabe von +C 342,3a jedoch nicht als singulär.[69] Dies wertet Mühlherr dahingehend, dass die Besonderheit des Tarnmantels eingeschränkt, weil pluralisiert und damit „in eine anderweltliche Regularität überführt" werde.[70] Siegfried bringt den Tarnmantel in den höfischen Raum,[71] in dem seine Wirkungsmacht den doppelten Betrug an Brünhild erst ermöglichen wird. Anschließend ist er noch einmal in der Figurenrede des Zwergs Alberich genannt, der seine Trennung vom Hort als Grund nennt, dass er ohne seine Schutzfunktion von den Burgonden aus dem Nibelungenland abtransportiert werden könne – dass er die Morgengabe Siegfrieds an Kriemhilds ist, würde als Argument für eine Übergabe nicht ausreichen (B 1115–1117 [1118–1120]/C 1131–1133). Dies impliziert, dass Siegfried nicht verstanden hatte, dass er Tarnmantel und Hort nicht trennen darf; das Figurenwissen ist also deutlich als begrenzt dargestellt und Siegfried dem mythischen Bereich weiter entfernt.

Über das Inserat dieser Plusstrophen und die genannten eigenen Formulierungen erhält der Tarnmantel mit seinen wunderbaren Merkmalen mehr Raum im Erzähltext. Der Kampf gegen Brünhild wirkt auf diese Weise besser vorbereitet und das Handeln im Geheimen, d.h. im nicht sichtbaren Bereich ist deutlicher herausgestellt. Unterschiedliche Wissensbestände sind als solche markiert und das Agieren Gunthers gegen den ihn unterstützenden Siegfried auf Figurenebene weniger nachvollziehbar. Eine Folge ist, dass Brünhilds Kraft in *C noch ungeheuerlicher und Siegfried, wenn auch geringfügig, etwas höfischer und etwas weniger mythisch wirkt, weil er die Kraftpotenzierung des Tarnmantels für den zweimaligen Sieg über Brünhild benötigt: im Werbungskampf und im Brautgemach.[72] Zu beobachten ist an *C damit eine Verschiebung im Vergleich zu *B: Siegfried ist weiter höfisiert, der wunderbare Elemente benötigt, Brünhild ist über ihre noch deutlicher herausgestellte Kraft mythisch-heroischer dargestellt, die nur mittels ebenfalls mythisch-wunderbarer Dinge überwältigt

---

69 Vgl. Mühlherr 2009, S. 473.
70 Ebd., S. 474.
71 Zum Verhältnis von geographischem Raum, Sagen- und Erzählraum, anderweltlichem und höfischem Raum siehe Müller 2017, S. 279–284, 331–335.
72 Anders Mühlherr (2009, S. 478), die A/B eine entsprechende Pointierung abliest.

werden kann. Zu beobachten ist damit in *C ein Erzählverfahren, demzufolge das Mythisch-Wunderbare erst ausführlicher dargestellt und näher erläutert wird, um sich im Erzählprozess anschließend davon abzusetzen.

Das *C-‚Lied' weist für den Hort ebenfalls zwei beschreibende Plusstrophen auf (+C 518f.), in denen der Erzähler erklärt, dass die rasche Ausstattung und Versorgung der Ritter im Nibelungenland durch den unermesslichen Hort finanziert wird. Wie zuvor beim Tarnmantel findet sich ein erklärendes Moment, das zugleich die Besonderheit des Horts hervorhebt. Als Macht finanzierendes Mittel stellt er eine potenzielle Gefahr für die Burgonden dar. Seine Unerschöpflichkeit ist ebenfalls Thema einiger Plusverse der *C-‚Klage' in der Figurenrede Hildebrands mit wörtlichen Parallelen ist (+*C 1287–1292),[73] so dass in diesem Fall ein ‚Lied' und ‚Klage' übergreifendes Arbeiten im Nibelungenkomplex *C zu verzeichnen ist. Nachdem der Hort im ‚Lied' aus dem Nibelungenland überführt und seine Unerschöpflichkeit damit zugleich als endlich markiert und wie die Zahlenangaben nicht wörtlich zu verstehen ist, wird in *C in einer Plusstrophe erzählt, dass Gernot und Giselher dort die Regentschaft übernehmen. Das zuvor mythische Nibelungenland wird normalisiert beziehungsweise „eingemeindet":[74]

> [...] dô underwunden si sich sint
> des landes und der bürge und maniges recken balt:
> daz muos in sider dienen bêdiu durch vorht und gewalt. (+C 1138,2b–4)

Wiederholt hat die Forschung die goldene Rute, die Herrschaft über alle Menschen ermöglichen kann, handlungstechnisch als ein fassungsübergreifendes blindes Motiv und damit als Sagenrelikt gewertet,[75] in der die „mythische Potenz" des Horts „materialisiert" sei:[76]

> Der wunsch [B mit Komma] der lac dar under: von golde ein rüetelîn.
> der daz het erkunnen, [B: der daz hete erkunnet,] der möhte meister sîn
> wol in aller werlde über [+B: einen] ieslîchen man. (B 1121,1–3 [1124,1–3]/C 1137,1–3)

In der in beiden ‚Lied'-Fassungen enthaltenen Strophe wird erzählt, dass man über ein entsprechendes Wissen verfügen müsse, um die Rute nutzen zu können.[77] Dieser Wissensbestand erscheint dem Mythischen zugeordnet und ist den

---

73 Vgl. Bumke 1999a, S. 530.
74 Müller 1998, S. 338.
75 Müller 2015, S. 163f.
76 Müller 1998, S. 338.
77 Vgl. Mühlherr 2009, S. 486.

Inhaltliche und erzähltechnische Variation — 177

höfischen Figuren des ‚Lieds' offenbar nicht verfügbar, anders als dem Erzähler. Über die Angaben zur Rute profiliert sich der Erzähler, zugleich ist die Dignität des Stoffs über das – althergebrachte – mythische Element gestiftet[78] und die Historizität des Erzählten verdeutlicht. Ausgewiesen ist über die in beiden Fassungen des ‚Lieds' enthaltene Strophe des Weiteren, dass in *C weiter ausgeformt ist, was im Grundtext angelegt ist.

Im ‚Lied' und besonders in seiner *C-Fassung sind also zahlreiche wunderbare Gegenstände mit Herkunftsgeschichten versehen, die ihr hohes Alter ausweisen, ihre besondere Wirkkraft begründen und die Sagenelemente textintern vernetzen. Sie gewinnen durch das Moment der Vergangenheit Autorität; zugleich werden sie textintern in eine Normalität überführt und sind im Hinblick auf die Gegenwart des Rezipienten als vergangen markiert. Es wird angezeigt, dass nicht nur die Handlungszeit des ‚Lieds' in der Vergangenheit liegt, sondern dass die der mythischen Welt in einer noch ‚tieferen' Vergangenheit zu denken ist und dass mythische Elemente nicht bloß einer anderen Dimension zuzuordnen sind. Selbst wenn dies möglicherweise zu ‚modern' gedacht ist, ist in jedem Fall das Erzählen als ein aktuelles markiert. Eine Strategie des Absetzens vom Mythisch-Wunderbaren wird ebenfalls durch die ‚Klage'-Fassungen indiziert, in denen es keine Rolle spielt.

Für den Umgang mit dem Mythischen in der Fassung *C hat die Forschung im Wesentlichen drei Sichtweisen entwickelt: Hoffmann (1967) vertritt die Ansicht, dass entsprechende Elemente in der Fassung *C noch weiter als in *B zurückgedrängt sind, Müller (1998; 2009) geht von einer „Depotenzierung der mythischen Welt" aus,[79] Schulze (2007a) hat ein Bestreben einer Historisierung

---

[78] Vgl. Knapp 2006, besonders S. 198f.
[79] Nach Müller ergreift die Depotenzierung nacheinander alle mythischen Elemente, wenn etwa Brünhild und Tarnmantel aus dem ‚Lied' verschwinden, Siegfried erschlagen, der unermessliche Hort doch geborgen und versenkt und das mythische Land der Nibelungen zu einem realen Land wird. Angesichts der Schaubildtechnik des ‚Lieds' ist dieser Deutung aber nur bedingt zuzustimmen, weil vieles nur dann erzählt wird, wenn es für eine Szene relevant ist. Müller (2009, S. 160) zufolge entfalten die mythischen Elemente „einmal in die gewöhnliche Welt geschafft, ihr zerstörerisches Potential". Schulze (2007a, S. 166, Anm. 36) weist darauf hin, dass dies auf den Tarnmantel und den Hort nicht zutrifft: So „[begründet] [d]ie rechtsbezogene Standeslüge [...] den Konflikt auf rationale Weise, und auch dem Hort wird zumindest textintern keine zerstörerische Potenz, wie etwa eine Fluchbeladenheit, zugeschrieben. Schließlich wird er beziehungsweise seine Unruhe, weil Begehrlichkeit erzeugende Wirkung (vgl. Mühlherr 2009, S. 485, 487f.), durch die Versenkung im Rhein auch ausgeschaltet; vgl. dazu die Überlegungen von Sahm (2009) zur Kennzeichnung und Funktion des Schatzes im altenglichen Stabreimepos ‚Beowulf', auf dem ein Fluch liegt und der daher unverfügbar sein

des Mythischen in die Diskussion eingebracht. Allen Ansätzen ist gemein, dass sie eine Tendenz in *B sehen, die in *C weitergeführt ist; dies wurde ebenfalls durch die Analyse in diesem Abschnitt bestätigt. Mir scheint ein Aufnehmen und Absetzen im Sinn des Ausweises eines aktuellen und aktualisierten Erzählens die plausibelste Deutung des Umgangs mit dem Mythisch-Wunderbaren zu sein, der eine erhöhte Reflexion einer Literarisierung impliziert. Das Erzählen im ‚Lied' will grundsätzlich kein mythisches Erzählen sein, sondern setzt sich von der mythischen Dimension des Stoffs ab. An der Fassung *C ist gegenüber dem *B-‚Lied' die Erzählstrategie zu erkennen, mythisch-wunderbare Elemente als wesentliche Bestandteile des Stoffs durch das Einfügen weiterer Informationen zu erklären, die Handlung motivatorisch besser zu gestalten, indem sie entsprechende Leerstellen überbrücken und Unerklärliches erklärbar machen, und auf historisch unterschiedliches Wissen beziehungsweise unterschiedliche Wissensbestände zu verweisen sowie zugleich die eingeschränkten Perspektiven der Figuren im Vergleich zu der des Erzählers herauszustellen. Mythisch-wunderbare Elemente sind in *C verstärkt distanziert und damit historisiert, indem sie für eine vergangene Zeit des Erlebens und des Erzählens stehen, ebenso wie sie eine andere Art des Erzählens markieren. Wunderbare Elemente finden sich ebenfalls in der dominierenden großen Erzählform dieser Zeit, im höfischen Roman. Auch in ihm ist zu beobachten, dass diese Elemente oftmals narrativ wenig ausgestaltet sind und nicht im Fokus des Erzählens stehen.[80] Dies ist als ein gattungsübergreifendes Phänomen zu bewerten.

6.2.6 Plausibilisierung über Innensichten

Gemäß grundlegenden antiken Lehrbüchern des mittelalterlichen Rhetorikunterrichts wie Ciceros Traktat ‚De inventione',[81] der ‚Rhetorica ad Herennium'[82] sowie Priscians ‚Praeexercitamina'[83] muss eine „glaubhafte Erzählung [...] nicht unbedingt wahr, aber jedenfalls wahrscheinlich (*probabilis, verisimilis*) sein".[84] Zur Erzeugung von Plausibilität zählen Techniken wie die Figurenrede (*adlocu-*

---

müsse, was Parallelen zum ‚Lied' aufweisen könnte, die nur nicht textintern narrativiert sind; Ausgabe: Hube 2012.
80 Vgl. Bumke 2006, S. 142.
81 Ausgabe: Nüsslein 1998.
82 Ausgabe: Nüsslein 1994.
83 Ausgabe: Herz 1859.
84 Hübner 2010, S. 122.

tio), die als „Aufsatzübung im mittelalterlichen Grammatikunterricht"[85] jedem mittelalterlichen Schreiber vertraut gewesen ist. Die Glaubwürdigkeit einer Erzählung wird gefördert, wenn der Redner die inneren Handlungsmotivationen nachvollziehbar und durchschaubar macht.[86] Priscian unterscheidet in den ‚Praeexercitamina'[87] „zwischen kommunikativer, an andere gerichteter Figurenrede [...] und autokommunikativer, als Selbstgespräch eingerichteter Figurenrede".[88] Diese Unterscheidung gilt ebenfalls für mittelalterliche Erzähltexte, die „seit dem späten 12. Jahrhundert immer differenzierter zwischen Formen lauten Sprechens und lautlosen Denkens unterscheiden".[89] Über die Darstellung von Gedankenreden beziehungsweise Soliloquien können Innensichten beziehungsweise Innenwelten in Figurenrede vermittelt werden;[90] in Erzählerrede über Psychonarrationen beziehungsweise Gedankenberichte.[91] Hübner weist darauf

---

85 Ebd., S. 124.
86 Vgl. ebd.
87 Herz 1859, S. 438f.: ‚Praeexercitamina' X,29–30: oportet enim elocutionem paene per aures oculis praesentiam facere ipsus rei.
88 Hübner 2010, S. 125; vgl. Herz 1859, S. 437f., ‚Praeexercitamina' VIII,27–28: *quando ad alios loquitur; quando supponitur aliquis per se loquens.*
89 Miedema 2008, S. 159.
90 Die Repräsentation von Figureninnenwelt in Figurenrede wird oftmals als ‚innerer Monolog' bezeichnet. Dieser Begriff wird nach Hübner (2004, S. 135) jedoch „weithin mit den Mimesiskonventionen des modernen Bewußtseinsstroms assoziiert". Um eine Abgrenzung zu markieren, wird in der vorliegenden Arbeit ‚Soliloquium' beziehungsweise ‚Gedankenrede' verwendet. In höfischer Epik ist Gedankenrede in der Regel mit einer Redeeinleitung kombiniert (vgl. Miedema 2008, S. 120) und wird insbesondere verwendet, um Liebe, aber auch Furcht und Zorn sowie Rationalität darzustellen (vgl. ebd., S. 123).
91 Hübner (2004, S. 136f.) weist darauf hin, dass sich über die Psychonarration im Vergleich zum Soliloquium „auch von der Figur selbst nicht verbalisierte Bewußtseinsinhalte darstellen lassen": „Psychonarration kann deshalb alle mentalen Vorgänge zum Gegenstand haben, also nicht nur die Gedanken, sondern auch Gefühle und Wahrnehmungen". Er geht davon aus, dass die höfischen Dichter „einen praktischen Begriff von Psychonarration" hatten; einen Nachweis sieht er in der „funktionale[n] Äquivalenz der Technik mit dem Soliloquium": „Minneausbrüche beispielsweise werden gern bei der einen Figur durch die eine, bei der anderen durch die andere Technik entfaltet. Man trifft auch regelmäßig auf Passagen, die die Innenwelt einer Figur mittels einer Kombination aus Soliloquium und Psychonarration vorführen"; ebd., S. 137 (Hervorhebung im Original). Hübner bezieht sich an dieser Stelle auf den höfischen Roman, der Befund (Vorhandensein und Kombination beider Techniken) gilt fassungsübergreifend ebenfalls für das ‚Lied'. Neben Soliloquium und Psychonarration gibt es als weitere Technik zur Darstellung von Innenwelt die ‚erlebte Rede' (vgl. ebd., S. 135, 137), die im Folgenden jedoch unberücksichtigt bleiben kann.

hin, dass mit der Technik des Soliloquiums „menschliches Handeln [...] durch die Ableitung aus der mentalen Innenwelt des Einzelnen" plausibilisiert wird:[92]

> Wer *evidentia*-Verfahren einsetzt, bekommt eine Tendenz nahegelegt, menschliches Handeln als Konsequenz von Wahrnehmungen, Affekten, Reflexionen und Intentionen darzustellen, und muss deshalb dann auch die Wahrnehmungen, Affekte, Reflexionen und Intentionen von Figuren erzählen. Dass der Einzelne dabei als Subjekt seines Handelns erscheint, ist eine Folge der anthropologischen Implikationen rhetorischen Wissens.[93]

Die Ausweitung dieser Erzähltechnik kann wie im Fall des *C-‚Lieds' dazu führen, dass die Schicksalhaftigkeit des Geschehens bzw. die „Determination zu unaufhaltsamem Untergang"[94] zurückgedrängt wird:

> Wenn die Rhetorik lehrte, dass Erzählungen durch die Angabe von Handlungsgründen und -zielen plausibel werden, unterstellte – und vermittelte – sie dabei immer auch, dass Handlungen in erster Linie Konsequenzen von Gründen und Zielen der handelnden Einzelpersonen sind.[95]

Der lautlosen Rede beziehungsweise der Gedankenrede (*locutio in mente* beziehungsweise *oratio mentalis*), die vom Mund des Herzens gesprochen wird, kommt zur Entstehungszeit des ‚Lieds' unter dem Begriff des ‚Inneren Worts' in der Philosophie und Theologie des 12. Jahrhunderts eine große Bedeutung zu.[96] Das innere Wort gilt als die eigentliche Rede; die laute Rede wird nur als ihr Zeichen oder Spiegel verstanden.[97] Zurückzuführen ist diese Auffassung auf einen Grundsatz des Augustinus, dem zufolge die Wahrheit nicht außen, sondern im Inneren des Menschen zu finden sei: *Noli foras ire, in te ipsum redi; in interiore homine habitat veritas* [...].[98] Zu beobachten ist, dass die höfischen Dichter Darstellungsmittel und Denkmodelle der gelehrten Literatur nutzen, ohne deren theologischen Erkenntnisziele zu verfolgen.[99] Sie verwenden Gedankenrede stattdessen als Mittel, um Innensichten von Figuren auszustellen.[100] Es ist ihr poetischer Blick, der hinter das äußerlich sichtbare Gebaren und Ein-

---

92 Hübner 2010, S. 146.
93 Ebd.
94 Schulze 1984, S. 127.
95 Hübner 2010, S. 142.
96 Bumke 2006, S. 123; vgl. Meier-Oeser 2004.
97 Bumke 2006, S. 123.
98 Augustinus: ‚De vera religione', S. 486, 39,72. Übersetzung ebd., S. 487: „Geh nicht nach draußen, kehr wieder ein bei Dir selbst! Im inneren Menschen wohnt die Wahrheit, [...]."
99 Bumke 2006, S. 123.
100 Vgl. ebd.

blicke in das Innere der handelnden Figuren erlaubt.[101] Bei einem Einsatz dieser Erzähltechnik steht weniger der Handlungsverlauf im Vordergrund, vielmehr sind die innere Dramatik und zugleich die emotionalen Konflikte betont, die dem Figurenhandeln vorausgehen.[102] Eine auserzählte Innensicht als Technik der Innenwelt- beziehungsweise Bewusstseinsdarstellung sowie eine Emotionalisierung gelten als typisch für den höfischen Roman wie Hartmanns ‚Erec',[103] finden sich jedoch auch im ‚Lied', vermehrt in seiner *C-Fassung.[104] In funktionaler Hinsicht erfolgt mit der Vermittlung von Innenwelten eine Figurenkenn-

---

101 Vgl. ebd., S. 124.
102 Ebd.; vgl. Hübner (2004, S. 140) zu einer Verlagerung des „Interessenschwerpunkt[s] von der erzählten Welt auf das erzählte Welterleben".
103 Vgl. ebd., S. 147; zu Soliloquien im ‚Erec' besonders S. 121–124.
104 Vgl. Müller 1998, S. 229–233. Miedema (2008, S. 145, Anm. 96) konzentriert sich aus Gründen der Operationalisierbarkeit auf Gedankenrede in direkter Rede und beobachtet ein Vorkommen in B 134 [136]/C 137 (Siegfried), B 283 [285]/C 287 (Siegfried), B 294 [296]/C 298 (*manec recke*), B 428 [430]/C 439 (Dankwart und Hagen), B 440 [442]/C 451 (Gunther), B 451 [453]/C 464 (Gunther), B 457 [459]/C 470 (Siegfried), B 629 [632]/C 637 (Gunther), B 670 [673]/C 678 (Siegfried), B 721 [724]/C 731 (Brünhild), B 842 [845]/C 853 (Brünhild), B 1245 [1248]/C 1272 (Kriemhild), B 1256f. [1259f.]/C 1281f. (Kriemhild), B 1393 [1396]/C 1423 (Kriemhild), B 1396 [1399]/C 1426 (Kriemhild), B 1577 [1580]/C 1616 (Hagen), B 2045 [2048]/C 2104 (Iring), B 2048 [2051]/C 2107 (Hagen), B 2138 [2141]/C 2199 (Rüdiger), B 2348 [2351]/C 2410 (Dietrich). Die Überprüfung hat ergeben, dass es sich um Textstellen handelt, die in beiden Fassungen vorhanden sind; die entsprechenden Angaben habe ich ergänzt. Miedema (ebd., S. 146) ist aufgefallen, dass die Gestaltung der Figur Siegfried hinsichtlich der Gedankenreden den „stärksten Einfluss der höfischen Literatur" aufweist, wenn seine Affektbetroffenheit im Rahmen seines Minneverhältnisses zu Kriemhild zweimal über diese Technik dargestellt wird (B 134 [136]/C 137; B 283 [285]/C 287). Die Gedankenreden im ‚Lied' sind im Vergleich zum höfischen Roman kürzer und in ihnen werden oftmals „handlungsfunktional wichtige rationale Überlegungen" dargestellt – etwa bei Siegfried (B 457 [459]/C 470), Brünhild (B 721 [724]/C 731; B 842 [845]/C 853) und Dietrich (B 2348 [2351]/C 2410); Gunther wird über die Darstellung seiner Furcht dagegen wiederholt negativ gekennzeichnet (B 440 [442]/C 451; B 451 [453]/C 464); ebd., S. 145. Emotionen werden im ‚Lied' grundsätzlich weniger über eine Introspektion, vielmehr über Reden und Gesten ausgedrückt; vgl. Lienert 2016, S. 72, 75. Die Innenwelt wird ebenfalls über zahlreiche Psychonarrationen ausdifferenziert. Den Introspektionen weist Haug (2005, S. 17) große literarhistorische Bedeutung zu, weil an der Figurengestaltung erstmalig das literarische Prinzip einer Korrelation von Innen und Außen durchbrochen werde. An Kriemhild würde eine Art „Individualität" beziehungsweise „Subjektivität" erkennbar, weil sie einerseits in der von ihr spezifisch ausgefüllten sozialen Rolle als Königin durch ihre Racheanstrengungen gegen die Norm verstoße, und andererseits die Rolle nutze, um eine persönlich motivierte Rache zu erreichen; vgl. Müller 1998, S. 214; Ehrismann 2006. Lienert (2003, S. 98) fasst die Forschung dagegen dahingehend zusammen, dass „[d]ie Besonderheit der Kriemhild-Figur […] heute eher im Kontext historischer Anthropologie und mittelalterlicher Affektdarstellung oder unter *gender*-Aspekten behandelt" werde.

zeichnung über eine positive beziehungsweise negative Konnotation, wird eine „auf sympathetischer Identifikation basierende[] Parteinahme"[105] auch für problematische Figuren ermöglicht und Geschehen motiviert. Aufgezeigt wird, dass und wie Bewertungen aufgrund unterschiedlicher Normhorizonte erfolgen:[106]

> Indem das Verhalten vor dem Horizont der inneren Gründe eine andere Bewertung evoziert als vor dem Horizont der äußeren Folgen, signalisiert die Erzählung die Standpunktabhängigkeit des Urteils: Die objektive Gültigkeit der Kriterien für ‚richtig' und ‚falsch' wird dabei unterlaufen.[107]

Die Verwendung dieser Techniken im ‚Lied' impliziert nicht, dass ein (ausgereiftes) Konzept einer psychischen Innerlichkeit anzusetzen ist (vgl. Kapitel 8).[108]

Im *C-‚Lied' ist in einer Gedankenrede Brünhilds formuliert, dass sie über Kriemhild den Status von Siegfried erfragen möchte (+C 821), was in +C 822 – metaphorisch mittels der christlich negativ besetzten Instanz – als Eingabe des Teufels deklariert und in der auch auf das daraus folgende Unheil vorausgedeutet wird. Begründet ist das Anliegen Brünhilds im Text damit, dass das im Inneren Behaltene nach außen dränge (+C 822,3). Nicht nur wird an dieser Stelle ein Wissensgefälle als handlungsauslösendes Moment erklärt, sondern mittels der Technik der Gedankenrede ist Brünhilds Verhalten für den Rezipienten begründet und damit plausibilisiert.

In der Fassung *C drängen Kriemhilds Brüder Gernot und Giselher in den beiden Plusstrophen +C 1124f. darauf, dass Kriemhild sich mit Gunther versöhnt. Für Kriemhild bleibt die *suone* ein bloßes Lippenbekenntnis, wie sie es ausdrücklich Gunther und Giselher gegenüber betont: „*mîn munt im [Gunther] giht der suone, im wirt daz herze nimmer holt*" (+C 1124,4).[109] Durch die *suone*, wie auch durch die Heirat Kriemhilds mit Etzel und dem für sie dadurch zu-

---

105 Hübner 2004, S. 144.
106 Vgl. ebd., S. 141.
107 Ebd., S. 142 mit Bezug auf die Dido-Episode im ‚Eneasroman' Veldekes.
108 Die Forschung zusammenfassend stellt Lienert (2003, S. 92) fest, dass für das ‚Lied' „ein Desinteresse am Psychologischen" zu beobachten und „von anderen als psychologischen Motivationsstrukturen auszugehen" sei, „von Motivationsstrukturen, wie sie aus zeittypischen Konzeptualisierungen abzuleiten" seien – „in erster Linie Statusdemonstration und Ehre, Sippenbindung und Vasallität": „der Nibelungendichter schildert [...] keine Entwicklung, keine konsistenten psychologischen Motivierungen, keine Charaktere"; ebd., S. 100. Zugleich ist ein Interesse an der Darstellung von Innerlichkeit nicht von der Hand zu weisen; vgl. Heinzle 1994, S. 84–87; Lienert 2003, S. 101.
109 In der ‚Klage' wird Kriemhilds Intention in Bezug auf die *suone* nicht erzählt und nach Kuhn (1965, S. 300) auch nicht vorausgesetzt. Vielmehr erscheint Gunthers Tod gerechtfertigt, weil er ihre *hulde* (*B 492/*C 470) nicht erwerben konnte; vgl. ebd.

rückgewonnenen Status, ist in *B der Sippenfrieden für Gunther nicht nur oberflächlich wieder hergestellt, sondern ebenso eventuellen Racheplänen ein Rechtsgrund entzogen.[110] Anzumerken ist jedoch, dass auch in *B die Versöhnung seitens Hagen als eine oberflächliche erkannt ist, da er vor der Reise der Burgonden zu Etzel zu bedenken gibt, dass Kriemhild ihm nicht verziehen habe, dass er Siegfried erschlug (B 1456 [1459]/C 1487).

*C betont in einer weiteren Plusstrophe ausdrücklich, dass Kriemhild nach Siegfrieds Tod den Wunsch hat, sich aus der Welt zurückzuziehen: *dô wære gerne dannen diu frouwe edel unde hêr* (+C 1160,4), so dass von ihrer Seite aus an die folgende Eskalation der Gewalt zunächst nicht gedacht ist.

Während Kriemhild sich im *B-‚Lied' „rätselhaft"[111] bei der Ankunft ihrer Brüder am Etzelhof äußert (*B 1717), findet sich in den Plusstrophen +C 1755–1757 ein Soliloquium, über das ihr Racheplan dargestellt ist (+C 1756,1a: *Si gedâhte tougenlîche*; +C 1757,1f.: *„Ich solz alsô schaffen, daz mîn râche ergê in dirre hôchgezîte, swiez dar nâch gestê."*). Aufgemacht wird eine Differenz zwischen dem öffentlich Sagbaren und dem geheim Gedachten. Über die Verwendung der Gedankenrede wird nicht nur eine andere, vorerst geheim gehaltene Intention für die Einladung formuliert, sondern auch das weitere Handeln Kriemhilds nachvollziehbarer gestaltet.

Als Gunther und Hagen nach den Kämpfen an Etzels Hof eingesperrt sind, ist die Abschlussszene ebenfalls durch ein Soliloquium Kriemhilds eingeleitet, das durch eine eigene Formulierung nur im *C-Text enthalten ist: *si dâht: „ich geriche hiute mîns vil lieben mannes lîp."* (C 2425,4 – gegenüber B 2363,4 [2366,4]: *der Kriemhilde râche wart an in beiden genuoc.*).[112]

Introspektionen sind nicht allein in Kriemhild, sondern ebenfalls in weitere Figuren in den *C-Text eingeschrieben: Hagens Intentionen beim Hortraub sind im *C-‚Lied' klarer durch eine Introspektion herausgestellt: *er wânde in niezen eine, die wîl er möhte leben* (+C 1153,3). Dazu passt der Inhalt einer Plusstrophe am Ende des *C-‚Lieds', wenn Hagen den Tod seines ihn schützenden Königs Gunther in Kauf nimmt:

Er wiste wol diu mære, sine liez in niht genesen.
wie möhte ein untriuwe immer sterker wesen?
er vorhte, sô si hête im sînen lîp genomen,
daz si danne ir bruoder lieze heim ze lande komen. (+C 2428)

---

110 Müller 1998, S. 232.
111 Kropik 2008, S. 148, Anm. 331.
112 Vgl. Heinzle 2005b, S. 153f.

Nicht in jedem Fall sind Introspektionen in *C ausführlich formuliert. Als die falsche Kriegserklärung berichtet wird, mit der Siegfried in die Falle gelockt werden soll, beginnt Gunther zu zürnen: *der künec begunde zürnen, dô er diu mære bevant* (B 877,4 [880,4]). In der Fassung *C ist der Widerspruch von äußerlich gezeigtem Verhalten und innerer Haltung, und damit seine Verstellung, sprachlich durch ein *als ob* ausdrücklich markiert: *dô begunde zurnen Gunther, als ob ez wære im unbekant* (C 888,4).[113] Auch dieses Beispiel zeigt, dass geringfügig eigene Formulierungen eine große Wirkung erzielen können.

Introspektionen plausibilisieren nicht nur, sondern zeigen auch eine Bewertung von Figuren an: In der Fassung *B ist Kriemhild diejenige, die nach Aussage des Erzählers unter dem Einfluss des Teufels steht (B 1391 [1394]). In der entsprechenden, eigens formulierten Strophe in *C (C 1421) wird stattdessen in einer Introspektion Kriemhilds unvergessenes schweres Leid beschrieben (vgl. Abschnitt 8.2).

Durch diese Art der Plausibilisierung ist ein deutlicher Wissensunterschied zwischen dem Rezipienten, dem Erzähler sowie meist Kriemhild einerseits und den anderen Figuren andererseits aufgebaut. Indem Kriemhilds Motivation erklärt ist, ist ihr späteres Handeln plausibler und zugleich motivatorisch vorbereitet; zugleich findet eine Sympathiesteuerung zu ihren Gunsten statt. Das Plausibilisieren von Figurenhandeln über das Darstellen von Emotionen, Wahrnehmungen und Reflexionen einzelner Figuren erzielt eine narrative Motivierung des Geschehens.[114] Die genannten Beispiele legen eine Anlehnung an Erzähltechniken des höfischen Romans nahe und zeugen zugleich von der rhetorischen Schulung beziehungsweise der Kenntnis der *evidentia*-Lehre des Dichters und der Bearbeiter des ‚Lieds'. Das Geschehen des *C-‚Lieds' ist über den verstärkten Einsatz dieser Erzähltechnik über *B hinausgehend noch deutlicher durch das Handeln von Figuren, nicht durch ein ‚Schicksal' erklärt. Daraus ergibt sich für *C als Tendenz eine Verschiebung von einer ‚Motivation von hinten', also einer handlungsfunktionalen, zu einer ‚Motivation von vorn', also einer kausal-empirischen Motivation. Dennoch ist das Einschreiben von Soliloquien und Psychonarrationen in *C in erster Linie als Teil einer Plausibilisierungsstrategie von Figurenhandeln zu verstehen, weniger als Ausdruck einer Durchmotivierung zu deuten; denn eine solche ist nicht zu beobachten. Innensichten ermöglichen den empathischen Nachvollzug des Figurenhandelns durch den Rezipienten und sind nicht notwendigerweise als Ausweis einer ‚Rationalisierung' zu sehen, sondern erhöhen die Glaubwürdigkeit des Erzählten.

---

113 Vgl. Müller 1998, S. 214.
114 Vgl. Miedema 2008, S. 145.

Trotz der Ausweitung der Innenweltdarstellung ist eine deutliche Hierarchisierung von Innen- und Außenperspektive zu konstatieren, letztere bleibt dominant.[115]

6.2.7 Syntagmatische Verknüpfungsweise

Für das ‚Lied' ist eine „lineare[] Untergangsstruktur"[116] zu konstatieren, die die konkreten textlichen Verknüpfungsweisen der einzelnen Ereignisse überwölbt sowie durch die zahlreichen textinternen Vorausdeutungen auf das Ende des Geschehens dem Rezipienten immer wieder präsent gehalten ist und seine Textwahrnehmung beim Hören beziehungsweise bei der Lektüre steuert. Es sind diese Struktur und dieser Rezeptionsmodus, die unabhängig von der textlich gestalteten Verknüpfungsweise eine Syntagmatik voraussetzen. Die Besonderheit der linearen Struktur ergibt sich im Vergleich mit der später als das ‚Lied' literarisierten ‚historischen' Dietrichepik. In ihr ist als „Gegenentwurf" eine „zyklische Struktur immer neuer Versuche der Gegenwehr und Rückeroberung" zu beobachten: Dietrich ist der stets überlebende Held, seine Rückkehr aus dem Exil ist prinzipiell vorausgesetzt.[117]

In diesem Abschnitt ist als Deutungshypothese von *C-Eigenheiten eine Tendenz zu einer syntagmatischen Verknüpfungsweise im Hinblick auf narrative Plausibilisierungsstrategien und Kohärenztechniken formuliert. Dies meint keinesfalls, dass dieser Fassung des ‚Lieds' der Anspruch einer – neuzeitlich geprägten – Kohärenzerwartung im Sinn einer durchgehenden Kausallogik nach wissenschaftlichen Maßstäben zugeschrieben wird.[118] Dass eine solche Vorstellung nicht unmittelbar und allgemein auf mittelalterliches Erzählen und speziell auf das Erzählen im ‚Lied' angewendet werden kann, ist in der Forschung herausgearbeitet.[119] Syntagmatische Verknüpfungsweisen sind jedoch dem Mittelalter nicht fremd und damals bekannte rhetorische Strategien.

Aus der Perspektive neuzeitlicher Kohärenzerwartungen hat die Forschung wiederholt vor allem für die Fassung *B des ‚Lieds' textintern unklare Motivati-

---

115 Vgl. Lienert 2016, S. 74.
116 Lienert 2010, S. 185.
117 Ebd.
118 Zum kausallogischen Denken im 12. und 13. Jahrhundert siehe Knapp 2013.
119 Vgl. den kurzen Forschungsüberblick von Kragl/Schneider 2013, besonders S. 7–10; Lienert 2017.

onen, Brüche und Widersprüche festgestellt.[120] Sie werden unter anderem mit der Stoffgebundenheit des Dichters, mehrfacher Autorschaft, unterschiedlichen Erzählvarianten in der mündlichen Tradition und/oder einer spezifischen Ästhetik begründet; auch können Mehrfachperspektivierungen die Rezipienten zur eigenen Deutungsfindung anregen. Durch diese Charakteristika geprägt seien Szenen und Motive wie Siegfrieds Auftreten bei seiner Ankunft in Worms, seine Vorkenntnis über Isenstein bei der Werbung um Brünhild, der Tod Ortliebs und die Hortforderung Kriemhilds an Hagen am Ende des ‚Lieds'. Die Forschung vertritt unterschiedliche Positionen, die auf eine nicht gekonnte, eine nicht gewollte oder eine eigene Art von narrativer Kohärenzbildung zielen. Hinsichtlich einer nicht gekonnten Kohärenz stellt Heinzle fest,

> daß das Motivgefüge des ‚Nibelungenliedes' in erheblichem Umfang und in zentralen Punkten des Erzählzusammenhangs unvollkommen ist und daß sich diese Unvollkommenheit vor allem als Folge einer mangelnden Bewältigung der Vorgaben der mündlichen Tradition durch den Verfasser des Buches eingestellt hat.[121]

Müller spricht sich dafür aus, Widersprüche als strukturell bedingt und als Spiegel einer vielstimmigen Tradition mit möglicherweise reduzierten „Erwartungen an Stimmigkeit, Kohärenz und Ganzheit" zu verstehen.[122] Ebenfalls hat Kropik die Widersprüche als Inszenierung der Eigenart der Sage und damit als nicht gewollte Kohärenz interpretiert.[123] Das ‚Lied' erscheint gerade wegen seiner Widersprüche ‚authentisch' im Sinn eines mündlichen Erzählens (siehe Abschnitt 4.5.2).[124]

Auf eine eigene Art von Kohärenzbildung weist die ‚Schaubildtechnik' hin:[125] Während bei einem (neuzeitlichen) kausallogisch geprägten Erzählen alle Erzählelemente eingeführt werden, damit sie im Verlauf des Geschehens wieder auftauchen können, ist oftmals am ‚Lied' zu beobachten, dass für eine Szene Wichtiges einfach vorhanden ist. Was dagegen für das aktuelle Erzählen keine

---

120 Zur Diskussion und Interpretationsmöglichkeiten der Unebenheiten und Widersprüche siehe Heinzle 1987; 1995, S. 82–88; 2014, S. 125–135; Müller 1998, S. 435; Kropik 2008, S. 70–80; Lienert 2017. Gesamtdeutungen des ‚Lieds' mit Vereindeutigungen der Brüche und Widersprüche, wie sie vor allem in den 1950er bis 1970er Jahren populär waren, sind nach Lienert (2003, S. 92) mittlerweile Forschungsgeschichte.
121 Heinzle 1995, S. 85.
122 Müller 1998, S. 13.
123 Kropik 2008, S. 148.
124 Vgl. ebd., S. 56.
125 Zu der die Poetik des ‚Lieds' prägenden ‚Schaubildtechnik' siehe im Anschluss an Ansätze von Bumke und Kuhn zusammenfassend Heinzle 1994, S. 81–83.

Relevanz entfaltet, wird nicht (mehr) erzählt. So ‚verschwinden' zum Beispiel Tarnmantel und Brünhild aus dem Text. Das Erzählen im ‚Lied' zeichnet sich durch eine eher punktuelle Szenenhaftigkeit aus,[126] die mit Müller auf Sichtbarkeit hin angelegt ist:[127] „*man sach* – man sieht es ablaufen".[128] Mittels der rhetorischen *evidentia*-Lehre werde „die Sichtbarkeit von Erzählgegenständen [...] sprachlich simuliert".[129] Die Forschung hat dezidiert auf eine dem ‚Lied' eigene Weise der Kohärenzbildung hingewiesen, die sich von Kompositionsverfahren höfischer Romane unterscheidet. Widersprüche sind demnach nicht als Fehler zu deuten, „sondern als Spuren, die auf eine andere Sicht der Welt und eine andere Ästhetik hinführen".[130] Nicht nur durch schriftsprachlich geprägte handlungslogisch-lineare Verknüpfungen oder eine Motivation ‚von hinten',[131] sondern auch über variierte Wiederholungen und Doppelungen, wie sie mündliche Formen auszeichnen,[132] wird Kohärenz gestiftet.[133] Auf diese Weise sind „[p]oetische Verfahren mündlicher Dichtung [...] buchliterarisch adaptiert".[134] Auszugehen ist für das ‚Lied' nicht nur von einer syntagmatischen Ordnung, sondern sowohl und vielleicht vor allem auch von einer parataktischen[135] beziehungsweise paradigmatischen.[136] Eine Verbindung gelingt durch Parallelisierungen und Similarisierungen,[137] Wiederholungen,[138] Addition beziehungsweise Aggregation[139] oder die assoziative Nähe zwischen zwei unmittelbar aufeinanderfolgenden Ereignissen oder Handlungssequenzen, was Haferland und

---

126 Vgl. de Boor 1996, S. XXI, XLVIIf.
127 Müller 1998, S. 249.
128 Ebd., S. 250f.
129 Kropik 2008, S. 49.
130 Müller 1998, S. 2; vgl. S. 17, 72.
131 Vgl. Lugowski 1976.
132 Vgl. Curschmann 1979, besonders S. 93f.; Zumthor 1994.
133 Vgl. Strohschneider 1997a; Müller 1998, S. 136–140; 2009, S. 66–69; Schulz 2010.
134 Quast 2002, S. 301.
135 Ebd., S. 287.
136 Grundsätzlich zur paradigmatischen Erzählweise Strohschneider 1997a; Müller 1998, S. 87–92; Schulz 2010; Schulze 2013.
137 Quast 2002, S. 300.
138 Schulz 2010, S. 356.
139 Müller 1998, S. 136–140; vgl. 2013, S. 38: „Für ihre [*scil.* mittelalterliche Texte] entscheidend ist [...] die bloße Addition und Kombination scheinbar unverbundener, jedoch thematisch verknüpfter Elemente."

Schulz unter dem Begriff des ‚metonymischen Erzählens' in die Diskussion eingebracht haben.[140]

Auffällig ist, dass die beiden ‚Lied'-Fassungen *B und *C zum Teil dieselben Motivationslücken aufweisen, zum Teil eigenständige Wege gehen:[141] In einigen Fällen scheinen unklare Motivationen, Brüche und Widersprüche in der Fassung *C bereinigt, in anderen verstärkt;[142] in weiteren wird an entsprechenden Textstellen nicht gearbeitet. Eine systematische Überarbeitung des Grundtexts hinsichtlich neuzeitlicher handlungslogischer Kohärenzerwartungen liegt in *C nicht vor, ist offenbar nicht im Interesse des Texts. Zu beobachten ist allerdings ein höherer Literarisierungsgrad dieser Fassung,[143] was an dem folgenden Beispiel illustriert sei.

Die bereits zitierte Zusatzstrophe (+C 21) über Siegfrieds wundersame und rühmenswerte Jugendtaten bereitet Hagens Bericht besser vor, und „glättet" auf diese Weise den Erzählverlauf; zugleich ist Siegfrieds heroische mit seiner höfischen Jugend vereinbart.[144] Der Erzähler äußert in der letzten Langzeile, dass diese *wunder* zwar bekannt seien, aber derzeit nicht erzählt werden sollen,[145] wohl um eine *digressio* zu vermeiden. Kohärenz ist in diesem Fall durch zusätzlich in den Text eingeschriebene Informationen und durch Wiederholungen gestiftet. Das Einfügen dieser Strophe lässt sich also im Sinn syntagmatischer Kohärenzbildung deuten. Es liegt nahe, diese Strophe auf eine weitere Plusstrophe zu beziehen, die auf das Erzählen von der Schwertleite folgt:

> *In dorfte niemen schelten, sît dô er wâfen genam.*
> *jâ geruowete vil selten der recke lobesam*
> *suochte niwan strîten. sîn ellenthaftiu hant*
> *tet in zallen zîten in vremeden rîchen wol bekant.* (+C 43)

Sehr viel deutlicher als in *B ist in *C also auf die heroischen Jugendtaten Siegfrieds verwiesen.

Die Plusstrophen sind nicht nur aufeinander, sondern auch auf fassungsübergreifendes Textmaterial zu beziehen, neben Hagens Bericht ist dies insbe-

---

140 Haferland 2005; Schulz 2010; Haferland/Schulz 2010. Zur kritischen Auseinandersetzung mit der Ausweitung des Metonymiebegriffs der Rhetorik, die magische, metonymische und assoziationspsychologische Phänomene nicht deutlich trennt und Alltagsrede nicht von poetischen Verfahren ausreichend abgrenzt siehe Müller 2013.
141 Vgl. Müller 1998, S. 88.
142 Vgl. ebd., S. 94.
143 Schulze 2007a, S. 162, Anm. 19.
144 Müller 1998, S. 128; 2016, S. 241f.
145 Vgl. Schulze 2007a, S. 162.

sondere die Szene von Siegfrieds Ankunft in Worms mit dem *widersage*-Motiv. Dieses Motiv ist nach Cavalié eine Neuschöpfung des ‚Lied'-Dichters, weil es sich nur an dieser Stelle und in sonst keinem weiteren Text in südgermanischen Dichtungen noch in der nordischen ‚Sigurd-Dichtung' oder der ‚Thidrekssaga' befindet.[146] In der 3. Aventiure präsentiert sich Siegfried auf seiner Werbungsfahrt um Kriemhild, der zuvor dominant als höfisch gekennzeichnet ist, den Brüdern seiner gewünschten Braut gegenüber als aggressiver Held.[147] Aus erzähltechnischer Perspektive sind höfische und heroische Ordnung nebeneinandergestellt.[148] In funktionaler Hinsicht ist zu konstatieren, dass Siegfried in seiner Doppelnatur mit einem Gefahrenpotenzial inszeniert ist,[149] dass Hagen über sein spezifisches Wissen eine heroische Potenz zugewiesen und damit auf textinterner Ebene wie für den Rezipienten eine Vorausdeutung auf eine Konkurrenzsituation vorgenommen ist,[150] dass über Gernots Agieren in den Vordergrund gestellt ist, dass Konflikte mittels höfischer Verhaltensweisen deeskalierend und zumindest vordergründig gelöst werden können, dass heroisches und höfisches Weltbild einander zum Teil konträr sind, was die weitere Handlung bis zur Ermordung Siegfrieds zeigt.

Als ein weiteres Beispiel der Ausdifferenzierung und Steigerung linearer Kohärenz ist eine Passage heranzuziehen, die auf der Werbungsfahrt unmittelbar vor dem Wettstreit zwischen Brünhild und Gunther erzählt wird: Während Brünhild in *B von Anfang an allen Burgonden das Leben nehmen möchte (B 421ff. [423ff.]), falls Gunther ihr im Wettstreit unterliegen sollte, geht *C differenzierter vor. Zunächst wird Gunther und, erst nach einer Provokation durch Hagen, anschließend dem gesamten burgondischen Gefolge der Tod angedroht (C 432ff.). Dies geschieht durch eine eigene Formulierung in C 432,3f.:

„*behabt er des die maisterschaft, sô minne ich sînen lîp;*
anders muoz er sterben, ê ich werde sîn wîp."

gegenüber B 421,3f. [423,3f.]:

---

146 Cavalié 2001, S. 365.
147 Vgl. Müller 1974; Ehrismann 1999; Cavalié 2001; Schulz 2010. Cavalié (2001, S. 363) fasst die Interpretationen zum *widersage*-Motiv dahingehend zusammen, dass es als „[e]rratischer Block, ‚Anschwellung', epischer Ausbau als rezeptionsförderndes Zwischenspiel politisch-aktualisierender oder kontrapunktisch-ironischer Art, halb geglücktes schriftstellerisches Experiment, Heldenmuster oder Artusmotiv [...]" gedeutet wurde.
148 Vgl. Müller 2015, S. 85.
149 Schulz 2010, S. 353.
150 Vgl. Mertens 1996b, S. 365; Cavalié 2001, S. 380; Quast 2002, S. 292, 300; Schulze 2007a, S. 162; Schulz 2010, S. 346f., 350f.

„[...] behabt er des meisterschaft, sô wirde ich sîn wîp.
und ist daz ich gewinne, ez gât iu allen an den lîp."

In C 434,4b erfolgt die Bedrohung der gesamten Werbungsgemeinschaft erst zwei Strophen später: „[...] ez gêt iu allen an den lîp".

Müller hat für die Fassung *B festgestellt, dass wiederholt Konflikte erzeugt sind, die „letztlich wieder abgebogen"[151] werden. Ist in dieser Hinsicht eine Bearbeitungstendenz der Fassung *C zu erkennen? Nachdem Brünhild auf dem Isenstein besiegt ist, soll ihr Besitz im Sinn der *milte* verteilt werden (+B 511–516 [513–518]; B 517–519 [519–521]). Nach Brünhilds Ansicht verschenkt Dankwart zu viel, weshalb sie einen Teil ihres Besitzes behält, worüber Gunther und Hagen lachen. Müller wertet diese Szene als „eine überflüssige Schleife", die er als Teil von Brünhilds Depotenzierung deutet sowie als Verweis „auf den konfliktuösen Hintergrund der Werbung, der in der Hochzeitsnacht wieder aufbricht".[152] Anders sieht der Befund in *C aus: Die Strophen *B 511f. sind durch andere ersetzt, die vier Strophen *B 513–516 fehlen komplett zwischen C 527f., und es findet sich eine Plusstrophe (+C 532). Statt Dankwarts Exzess, Brünhilds Misstrauen sowie Gunthers und Hagens Lachen wird erzählt, dass Brünhild über ihren Besitz verfügen will und sie – trotz Hagens Verweis auf Gunthers Reichtum – Schätze mitnimmt. In der Plusstrophe ist dargestellt, dass ihr militärisches Gefolge Gunthers nachfolgt. Müller geht davon aus, dass in *C eine „Auseinandersetzung [...] zugunsten einer reibungslosen Demonstration von Freigiebigkeit [gestrichen]" sei: „ein glatter und geordneter Übergang von Isenstein nach Worms ohne gefährliche Anzeichen künftiger Konflikte".[153] Möglich ist ebenso, dass an dieser Stelle ein Kontrast für die spätere Handlung aufgebaut wird und dass Brünhild und Hagen als spätere Verbündete nicht als Konfliktparteien gekennzeichnet werden sollen. Ergebnis der Umgestaltung ist zwar auch nach dieser Deutung eine syntagmatisch stimmigere Kohärenzstiftung, aber aus anderer Perspektive, als Müller sie vorschlägt.

Um Besitzvergabe geht es ebenfalls bei der burgondischen Erbteilung. Kriemhild besteht in beiden Fassungen auf einem Anteil am Erbe. Nur in *B fordert sie in zwei Plusstrophen (+B 695f. [698f.]) aus dem Gefolge unter anderem Hagen und Ortwin (+B 695,1 [698,1]), was von Hagen abgelehnt wird (+B 696,3f. [699,3f.]). Nach Müller endet diese Szene, „wie so oft, ohne Entscheidung und hält damit den Konflikt in der Schwebe: *Daz liezen si belîben*

---

151 Müller 1998, S. 93.
152 Ebd., S. 94.
153 Ebd.

(700,1)", was er als „ein Signal latenter Störung" deutet.[154] In *C fordert Kriemhild Hagen gar nicht, sondern ist mit Gernots Angebot einverstanden: *daz was ir liebe getân* (C 706,4b) – anders *B, wo *Kriemhild dô senden began* nach Hagen und Ortwin (B 694,4b [697,4b]). Die in *B erste Konfrontation zwischen Kriemhild und Hagen findet in *C nicht statt.[155] Mit Müller gehe ich dahingehend konform, dass „Konfliktstoff möglichst lange vermieden" und Ambivalenzen getilgt werden.[156] Allerdings wertet er dies „im Dienste eines glatteren Ablaufs" im Sinn einer „Tendenz zur Entproblematisierung".[157] Fraglich ist meines Erachtens allerdings auch in diesem Fall, ob eine „handlungslogische Glättung" im Vordergrund steht und ob eine Entproblematisierung das Ziel ist, die laut Müller oft, aber nicht immer gegeben ist.[158] Die Unterschiede scheinen mir eher im Sinn der Schuldfrage, die auch die ‚Klage' aufwirft, Figuren einander zuzuordnen, indem zwischen späteren Verbündeten weniger Konflikte erzählt werden und zwischen späteren Gegnern die Konflikte umso drastischer erwachsen. Diese Deutung wird durch die Punktualität der Unterschiede gestützt, die am grundsätzlichen Erzählen nur wenig ändert.

Als ein weiteres Beispiel sei eine Textstelle angeführt, die im Kontext der Standeslüge für die Entwicklung der Handlung von großer Bedeutung ist. In der Fassung *B bezeichnet Brünhild Siegfried im Königinnenstreit als *eigen* (B 818,3a [821,3a]), also als Unfreien, was durch die Erzählung selbst nicht vorbereitet ist. In B 384,3b [386,3b] bittet Siegfried Gunther, ihn als *man* vorzustellen. *Man* ist polysem und provoziert geradezu das Fehlverstehen. Der Bearbeiter *C formuliert anders, indem Siegfried Gunther bittet, dass letzterer ihn auf Isenstein als seinen *eigen man* (C 395,3b) vorstelle. Heinzle schlägt vor, in der *C-Formulierung eine Objektivierung der Sicht von Siegfried als Leibeigenen zu lesen, was in *B nur der Perspektive Brünhilds entspricht.[159] Der *C-Bearbeiter ist jedenfalls offenbar bemüht, seine Fassung stimmiger zu gestalten. Hierbei handelt es sich nach Müller nur scheinbar um eine vorbereitende Motivation, denn Siegfrieds Worte werden eigentlich vom Ergebnis her bestimmt beziehungsweise im Lugowskischen Sinn „von hinten" motiviert.[160] Müller kritisiert die Änderung als „oberflächlich und inhaltlich sinnlos", weil in Isenstein „Un-

---

154 Ebd., S. 93.
155 Vgl. Heinzle 2013a, S. 1203.
156 Müller 1998, S. 93.
157 Ebd.
158 Ebd.
159 Heinzle 2013a, S. 1140.
160 Müller 1998, S. 92.

terordnung, keine Leibeigenschaft"[161] verlangt sei und Siegfried es Gunther sage, aber nicht vor Brünhild ausspreche. Einschränkend gibt er selbst zu bedenken, dass für heldenepisches Erzählen „das, was irgendwo zu irgendwem einmal gesagt wird, ein für alle Male" gilt.[162] Dies gilt sicherlich nur tendenziell, denn im ‚Lied' wird mehrfach mit unterschiedlichen Wissensbeständen der Figuren gearbeitet. Müller folgert in Bezug auf eine syntagmatische Verknüpfungsweise:

> Eben weil die Änderung mißlingt, zeigt sie aber das neue, nur ansatzweise realisierte Erzählprinzip von *C, das schriftliterarische Tendenzen verstärkt, indem die einzelnen Episoden folgerichtig auseinander entwickelt und nicht nur über Strukturanalogien und -varianten einander zugeordnet werden.[163]

Viele Unterschiede zwischen den Fassungen *B und *C lassen sich im Sinn einer Tendenz zur syntagmatischen Verknüpfung deuten; zugleich lassen sich ebenso andere Erklärungen sinnvoll anbringen, etwa hinsichtlich einer Kontrastierung statt einer Entproblematisierung. Als allgemeine grundlegende Strategie des Bearbeiters *C ist eine Glättung formaler, inhaltlicher und motivatorischer Art zu bestimmen.[164]

6.3 Unterschiede im Strophenbestand

Die Fassungen *B und *C weisen deutliche Unterschiede im Strophenbestand auf. Die beiden Leithandschriften umfassen 2376 (B) beziehungsweise 2440 Strophen (C). Eine quantitative Bestandsaufnahme auf Ebene der Handschriften zeigt, dass in der Handschrift A zwei Plusstrophen (1. Aventiure: +A 3; 2. Av.: +A 21) vorhanden sind, die keine der beiden anderen Handschriften überliefert, in B sind es drei Strophen (8. Aventiure: +B 516; 9. Av.: +B 528, +B 531), in C dagegen 99 (ohne die ebenfalls in A überlieferte Prologstrophe).[165] Die Hand-

---

161 Müller 1993, S. 158.
162 Müller 1998, S. 92. Zur Abweichung von diesem Erzählprinzip im ‚Lied' siehe ebd., S. 94.
163 Ebd., S. 92.
164 Hoffmann 1967; Müller 1998, S. 93–98.
165 Die 99 Plusstrophen der Handschrift C beziehungsweise a wegen Blattverlusts in C, wobei jedoch den Strophen 1621–1625 eine Strophe in A/B (1525/1582) inhaltlich entspricht, befinden sich in den folgenden Aventiuren: 2. Aventiure: C 21, 43; 3. Av.: 94, 132; 5. Av.: 274, 328; 6. Av.: 332, 335, 336, 342, 343; 7. Av.: 392, 452, 458; 8. Av.: 518, 519, 526, 527, 532; 10. Av.: 616, 657, 680, 681, 682, 683; 12. Av.: 784; 13. Av.: 821, 822; 15. Av.: 913, 923; 16. Av.: 973, 1005, 1008, 1013; 17. Av.: 1082, 1083; 19. Av.: 1124, 1125, 1138, 1151, 1153, 1158, 1159, 1160, 1161, 1162, 1163, 1164, 1165;

schriften A und B weisen gegenüber der Handschrift C 38 Plusstrophen auf,[166] die Handschriften B und C gegenüber A 62,[167] A und C gegenüber B dagegen allein die Prologstrophe (A 1/C 1). In dieser Bestandsaufnahme sind zwar gegenseitige Beeinflussungen der Handschriften, und zugleich der Fassungen, im Lauf des Abschreibprozesses nicht berücksichtigt, sie verdeutlicht jedoch, dass sich die Handschrift C beziehungsweise die durch sie repräsentierte Fassung *C in der Gestaltung durch das ihr eigene Plusmaterial eindeutig von den anderen beiden Handschriften beziehungsweise Fassungen abgrenzt, auch wenn die Handschriften B und C doppelt so viele Plusstrophen gegenüber A aufweisen wie A und B gegenüber C. Die Bestandsaufnahme zeigt des Weiteren, dass von 38 Aventiuren im *C-Text nur fünf keine Unterschiede im Strophenbestand aufweisen.[168] Die Unterschiede reichen von einer bis hin zu 14 Strophen innerhalb einer Aventiure.[169] In insgesamt acht Aventiuren sind keine Plusstrophen zu verzeichnen,[170] in 16 keinerlei Minusstrophen.[171] Auch zahlenmäßig über-

---

20. Av.: 1198, 1284, 1312, 1314, 1315; 21. Av.: 1324; 23. Av.: 1440; 24. Av. (nur in Hs. a): a1497, a1498, a1501, a1502, a1503 (in C nur unvollständiger Strophenteil); 25. Av. (nur in Hs. a): 1553, 1555, 1556, 1559, 1609, 1621, 1622, 1623, 1624, 1625; 27. Av. (wieder in Hs. C): 1755, 1756, 1757; 28. Av.: 1785; 29. Av.: 1859, 1860, 1861; 30. Av.: 1882; 31. Av.: 1924, 1943, 1944, 1947, 1948, 1960, 1961, 1962, 1972; 32. Av.: 2004; 33. Av.: 2056, 2057, 2081, 2083; 35. Av.: 2143, 2178; 36. Av.: 2216, 2281; 37. Av.: 2351; 38. Av.: 2428, 2440.
166 Die 38 Plusstrophen der Handschriften A und B gegenüber C sind: 2. Aventiure: A 25/B 22; 3. Av.: 96/93; 8. Av.: 482/511, 483/512, 484/513, 485/514, 486/515, 489/519; 9. Av.: 498/529, 500/532; 10. Av.: 546/586, 555/597, 610/659; 11. Av.: 643/695, 644/696; 12. Av.: 711/765; 14. Av.: 768/822; 15. Av.: 830/884, 858/912; 17. Av.: 994/1050, 995/1051, 1000/1057; 19. Av.: 1080/1137; 20. Av.: 1192/1249, 1193/1250; 25. Av.: 1463/1520, 1504/1561, 1525/1582; 27. Av.: 1594/1651, 1654/1713, 1655/1714; 31. Av.: 1812/1871, 1813/1872, 1825/1885; 34. Av.: 1948/2008; 35. Av.: 1972/2032; 37. Av.: 2137/2197; 38. Av.: 2258/2318.
167 Die 62 Plusstrophen der Handschriften B und C gegenüber A sind: 3. Aventiure: B 100/ C 102, 101/103; 6. Av.: 338/348, 339/349, 343/353, 344/354, 352/362, 353/363, 354/364, 355/365, 366/376, 368/378; 7. Av.: 386/397, 394/405, 395/406, 396/407, 399/410, 407/418, 410/421, 411/422, 412/423, 413/424, 437/448, 440/451, 443/455, 451/464, 453/466, 457/470, 463/476, 469/482, 470/483, 471/484; 9. Av.: 528/539, 531/541, 552/561, 560/569, 561/570, 565/574, 568/577, 570/579; 10. Av.: 579/588, 580/589, 592/600, 596/604, 602/609, 626/634, 628/636, 631/639, 636/644, 649/658, 656/665, 678/690; 11. Av.: 688/700, 692/704, 708/718, 716/726; 16. Av.: 937/948, 942/953; 17. Av.: 1056/1069; 27. Av.: 1656/1698, 1673/1715; 31. Av.: 1878/1926.
168 Dies sind die Aventiuren 4, 18, 22, 26 und 34.
169 Durch eine Strophe unterscheiden sich die Aventiuren 14, 21, 23, 28, 30 und 32. Die 25. Aventiure weist mit zehn zusätzlichen und vier gegenüber B fehlenden Strophen den größten Unterschied auf, gefolgt von der 19. Aventiure mit 13 Plusstrophen und der 31. Aventiure mit neun zusätzlichen und zwei fehlenden Strophen sowie der 8. Aventiure mit vier zusätzlichen und sieben fehlenden Strophen.
170 Dies sind die Aventiuren 4, 9, 11, 14, 18, 22, 26 und 34.

steigt die Anzahl der Plusstrophen die der Minusstrophen. Dies ist sicherlich darauf zurückzuführen, dass eingefügte Strophen einen freieren Raum für eigene Akzentuierungen bieten. Kürzungen und Erweiterungen sind für die mittelalterliche Literaturpraxis grundsätzlich nicht auffällig, denn sie entsprechen der Grundregel der Poetik bei der Bearbeitung der *materia*.[172] Die Plus- und Minusstrophen „sind Zeugnis lebendigen Weiterdenkens der Überlieferung"[173] und belegen einen Prozess des Weiterschreibens.

Während bei zusätzlichem Textmaterial in der Regel von einer auf Sinnstiftung zielenden Bearbeiterintention auszugehen ist, sind Minusstrophen mitunter auf ein fehlerhaftes Abschreiben zurückzuführen. Möglich ist des Weiteren, dass einzelne Strophen in *C nicht intentional ausgelassen sind, sondern dass der Text in *B um diese Passagen erweitert oder um angebliche Plusstrophen der *C-Fassung gekürzt ist. Aus pragmatischen Gründen sind im Folgenden dennoch Begriffe wie ‚Auslassen' oder ‚Streichen' verwendet, auch wenn nicht immer im wörtlichen Sinn davon auszugehen ist. Gestützt wird dieses Vorgehen durch die Forschung, die die Plusstrophen mehrheitlich als (spätere) Zusätze betrachtet. Es kann folglich festgestellt werden, dass in der Fassung *C Strophen geändert, gestrichen, ersetzt oder neu hinzugefügt sind. Da der Bearbeiter *C insgesamt sehr sorgsam mit dem Text umgegangen ist, werde ich für fehlende Textstellen stets eine Bearbeitungsintention zu ermitteln versuchen, soweit dies sinnvoll und möglich erscheint. Vorweggenommen sei, dass keine Tendenzen festzustellen sind, die auf die Kürzung oder Erweiterung einzelner Erzählmittel oder -verfahren wie Exkurse, Beschreibungen, Monologe, Dialoge usw. zielen.

6.3.1 Minusstrophen

42 Strophen, die sich in der Fassung *B finden, sind im *C-Text des ‚Lieds' nicht vorhanden. Sie bezeichne ich im Folgenden als Minusstrophen aus Perspektive der Fassung *C. Strophen sind nicht nur ausgelassen, sondern auch zusammengefasst, ersetzt oder an eine andere Stelle im Text verschoben. Variation ist also sowohl im Bereich des Textbestands als auch der Textfolge zu konstatieren. Zu beobachten ist, dass insgesamt 19 Strophen ersatzlos gestrichen sind, fünfmal ist die Anzahl von Strophengruppen reduziert, indem diese Gruppen in

---

171 Dies sind die Aventiuren 4 bis 7, 13, 16, 18, 21 bis 24, 28 bis 30, 32 und 36.
172 Vgl. Bumke 2005, S. 28.
173 Müller 1998, S. 96.

weniger Strophen oder auch nur in Versen zusammengefasst sind,[174] viermal unterscheidet sich die Abfolge von Strophen[175] und je zweimal erfolgt eine Ausweitung des Inhalts einer Strophe in mehreren Strophen[176] beziehungsweise die Ersetzung einer Strophe durch eine Strophe mit gänzlich neuem Inhalt.[177] Die ‚Ersatz'-Strophen sind über das gesamte ‚Lied' verteilt, doch nur 14 von ihnen gehören zum Bestand des zweiten Teils. Der Schwerpunkt des Streichens und Zusammenfassens liegt offenbar im ersten Teil des ‚Lieds', d.h. in der ersten bis einschließlich der 19. Aventiure. Mit sieben gestrichenen beziehungsweise zusammengefassten Strophen weist die 8. Aventiure die größte Variation auf.[178]

Da die Motive für die Änderungen oftmals nicht klar bestimmbar sind, lassen sich die betroffenen Strophen nur schwierig kategorisieren. Im Folgenden sei der Versuch einer groben Einteilung unternommen, wobei ich bestrebt bin, das Auslassen einer Strophe auf ein primäres Motiv zurückzuführen. Ausweitungen und Ersetzungen sind im Abschnitt 6.4 zu den Plusstrophen behandelt.

6.3.1.1 Vermeidung von Redundanzen und retardierenden Momenten

Der Bearbeiter *C hat Strophen vermutlich deshalb gestrichen, weil in ihnen Redundanzen auftreten. Diese Strategie ist nicht hinsichtlich einer systematischen Erzählökonomie zu deuten, da sich noch in Romanen des 16. und

---

174 B 511–516 [513–518] zu C 526f.; B 528f. [531f.] zu C 539; B 531f. [534f.] zu C 541; B 1871f. [1874f.] zu C 1919. Darüber hinaus ist die Strophe B 586 [589] zum Vers C 594,4 zusammengefasst. Gleiches gilt für die Strophen B 1249f. [1252f.], die sich zusammengefasst in den Versen C 1275, 2–4 wiederfinden.
175 B 5 [7] wird zu C 4; B 93 [95] wird eigens formuliert eine Strophe nach vorn geschoben (C 94); B 867 [870] und 868 [871] sind identisch mit C 879 und 878; B 1137 [1140] wird drei Strophen nach vorn geschoben und somit zu C 1151. Letzteres hat Henning 1977 meines Erachtens nicht erkannt, die B 1137 [1140] als fehlend in C betrachtet. Ein naheliegendes Motiv einer Umstellung ist, einen gradlinigeren Gang der Erzählung zu erreichen. Die Umstellung von B 5 [7] hat zum Beispiel zur Folge, dass die Familienbeschreibung in *C als ein in sich abgeschlossener Block berichtet ist.
176 Die Strophe B 1582 [1585] ist um vier auf fünf Strophen ausgeweitet zu C 1621 bis 1625, B 1713f. [1716f.] um eine auf drei zu C 1755 bis 1757. Letztere bieten einen anderen Inhalt als die *B-Strophen.
177 B 912 [915] wird zu C 923 und B 1520 [1523] zu C 1559. Für die *C-Strophe, die in der Handschrift a bezeugt ist, nimmt Heinzle (2005b, S. 150) an, dass *B an entsprechender Stelle einen unklaren Text biete. So bleibe „unerfindlich", was „[d]ie tausend *Nibelunges helde* [...] als Hilfskontingent der Burgunden sollen [...]. Mit der Strophe, die auch durch die Erwähnung von Siegfrieds Wunden und Kriemhilds Schmerz merkwürdig ist, stimmt etwas nicht".
178 Die Strophen B 511 [513] bis 516 [518] sind zu den Strophen C 526f. zusammengefasst. Außerdem entfällt die Strophe +B 519 [521].

17. Jahrhunderts regelmäßig redundante Wiederholungen im Sinn eines Nochmalerzählens finden, so dass Erzählökonomie bis in die Frühe Neuzeit hinein keine leitende narrative Kategorie gewesen zu sein scheint. Zu berücksichtigen ist ebenfalls, dass sich in *C parallel zu *B oftmals Wiederholungen finden, die nicht vermieden wurden. Sie lassen sich etwa als Ausdruck von Emphase und der Inszenierung von Sichtbarkeit deuten.[179]

Für eine Vermeidung von Redundanzen spricht das Streichen der Strophen +B 22 [24], 93 [95], 597 [600], 1050f. [1053f.], 1057 [1060], 1520 [1523], 1561 [1564] sowie 2197 [2200]. In +B 22 [24] ist Siegfrieds große Anziehungskraft auf die Damen und Mädchen des Hofes beschrieben, was bereits in der Langzeile der vorherigen Strophe formuliert ist (B 20,4 [22,4]/C 22,4). In +B 93 [95] wird erzählt, dass sich junge Krieger Siegfried unterwarfen. Allerdings ist die Passage der Unterwerfung der Nibelungen gewidmet, so dass die Strophe an dieser Stelle deplatziert wirkt. In der Strophe +B 597 [600] ist wiederholt erzählt, dass die Damen und Ritter nach dem *bûhurt* sich festlich die Zeit vertreiben. +B 1050f. [1053f.] berichtet, dass Kriemhild nach dem Tod Siegfrieds alle ihm Verbundenen bittet, zu klagen, zu fasten und Totenwache zu halten, der Bitte kommen sehr viele nach. Dies findet sich zusammengefasst bereits in der vorherigen Strophe. Dasselbe gilt für die *milte*, die in Siegfrieds Namen geübt wird (+B 1057 [1060]): Die Verteilung von Gold aus Siegfrieds Schatzkammern wird ebenfalls in den folgenden Strophen erzählt. In +B 1520 [1523] ist berichtet, dass die Nibelungen zusammen mit den burgondischen Königen zu Etzel aufbrechen, sie nicht zurückkehren werden und Kriemhild noch immer wegen des Todes von Siegfried leidet. Das Auslassen der Strophe in *C werte ich als eine Vermeidung von Redundanz, weil der Aufbruch bereits in mehreren Strophen beschrieben ist; zugleich ist eine Belastung Kriemhilds vermieden. In +B 1561 [1564] wird erzählt, dass das Ruder in Hagens Hand zerbricht, als er das abgetriebene Boot auf der Flussüberfahrt zurückrudern will. Dieses Detail wird in *C ausgelassen, da zwei weitere Strophen vom Rudern Hagens erzählen. +B 2197 [2200] ist Teil der Szene, in der Rüdiger seinen Schild an Hagen übergibt. In dieser Strophe klagt Hagen, dass er gegen Freunde kämpfen soll, was ebenso in den umgebenden Strophen erzählt wird und aus diesem Grund keinen Mehrwert bringt. Mit der Streichung dieser Strophen erreichte der Bearbeiter von *C einen flüssiger voranschreitenden Gang der Erzählung.

Derartige Strophen werden in der Forschung teilweise als Alternativstrophen ehemaliger Stoff- oder Vortragsvarianten gedeutet.[180] Masser versucht

---

179 Vgl. die Ausführungen zu *A mit Bezügen zu *B und *C bei Müller 2017, S. 381–387.
180 Masser 1980, S. 300.

seine These von Alternativstrophen innerhalb einer Fassung zu belegen, indem er mitunter einzelne Strophen oder Strophengruppen einander als Erzählalternativen gegenüberstellt.[181] Er diskutiert B 2164 [2176] und +B 2197 [2200] als alternative Strophen, von denen sich nur erstere ebenfalls in *C (C 2226) findet. Sie weist ebenso das Motiv auf, nicht gegen Freunde kämpfen zu wollen – jedoch in der Figurenrede Rüdigers. Die Deutung beider, doch recht weit auseinanderliegenden Strophen als Alternativstrophen ist möglich, die Sicherheit der Deutung erscheint mir eher schwach. Masser geht davon aus, dass die Alternativstrophen nicht unbedingt aufeinander folgen müssen, sondern im Text auch weiter auseinanderliegen können.[182] Wenn vermeintliche Alternativstrophen sehr weit auseinanderliegen, dann lässt sich ihre Deutung als Erzählalternativen jedoch schwerlich verifizieren. Aus der Perspektive von *C, in der sich nur eine der beiden findet, ist die Deutung hinsichtlich einer Vermeidung von Wiederholungen sinnvoller.

Einen flüssigeren Erzählgang erreicht der Bearbeiter *C auch mit zusammenfassenden Präzisierungen, wofür die Strophen +B 586 [589], 765 [768], 1249f. [1252f.], 1651 [1654], 1871f. [1874f.], 1885 [1888], 2197 [2200] und 2318 [2321] zu nennen sind: Die wiederholten Umarmungen von Brünhild durch Kriemhild und Ute bei der ersten Begegnung in +B 586 [589] ist zu einem Vers C 594,4 knapp zusammengefasst: *dar nâch wart von den frouwen mit triuten küssen nicht verlân*. In +B 765 [768] wird erzählt, dass die Hofgemeinschaft an Gunthers Hof zusammenkommt, um Neuigkeiten von den Boten zu erfahren, die Siegfried und Kriemhild nach Worms einladen. Dieses Detail wird gestrichen, die Boten gehen direkt zu Gunther, was in den beiden diese Strophe umgebenden Strophen erzählt wird. Ähnliches gilt ebenso für die beiden Strophen +B 1249f. [1252f.], in denen sowohl Rüdigers Besorgnis erzählt wird, dass Kriemhild eine Heirat mit Etzel ablehnen könnte, als auch sein langer Reiseweg beschrieben ist. Die acht Langzeilen sind zu zweien zusammengefasst, in denen Rüdiger fragt, ob Kriemhild ihre Einwilligung zur Heirat gibt (C 1275,2–4; vgl. B 1248,2–4 [1251,2–4]). In der Strophe +B 1651 [1654] wird erzählt, dass die Damen *von golde liehtiu bant* (+B 1651,2b [1654,2b]) in ihren Haaren tragen, damit der Wind sie

---

[181] Ebd., S. 308. Aber Masser sieht auch die Möglichkeit, einzelne Strophen auf mehrere auszuweiten oder Strophen – etwa stilistisch – zu verbessern, ohne dass erstere notwendigerweise aus dem Text gestrichen sind; ebd.: „Man löst [...] das Problem am besten durch die Annahme, daß der in Frage stehende Erzählabschnitt im erzählerischen Detail variierte und daß in dem uns überlieferten Text des ‚Nibelungenliedes' ursprünglich parallel verbreitete Erzählvarianten aufgenommen beziehungsweise eingearbeitet worden sind – vollständig und mit oder ohne Verlust ursprünglicher Strophen [...]."
[182] Ebd.

nicht zerzausen könne. Sie ist leicht entbehrlich, weil sie nichts Neues erzählt und auch für die Szene keine Relevanz entfaltet. Die Strophen B 1871 [1874] und +B 1872 [1875] sind zu einer Strophe zusammengezogen (C 1919), ohne dass ein Bedeutungsverlust zu verzeichnen ist: Fast wörtlich sind die letzten beiden Langzeilen der ersten Strophe mit der zweiten der zweiten Strophe und einer eigens formulierten letzten Langzeile kombiniert:

> *Hey, waz guoter recken   in dâ nâch reit!*
> *dem hêrren Dieterîche,   dem wart daz geseit.*
> *mit Gunthêres mannen   daz spil er in verbôt.*
> *er vorhte sîner manne.   des gie im sicherlîchen nôt.* (B 1871 [1874])

> *Dô dise von Berne   gescheiden wâren dan,*
> *dô kômen von Bechelâren   die Rüedegêres man,*
> *fünf hundert under schilde,   für den sal geriten.*
> *liep wære dem marcgrâven,   daz siz heten vermiten.* (+B 1872 [1875])

Gegenüber *C:

> *Mit Guntheres mannen   daz spil er in verbôt.*
> *er vorhte sîner degene: des gie im grôziu nôt.*
> *dô kômen von Bechelâren   die Rüedegêres man;*
> *dar umbe dô der edele   starke zürnen began.* (C 1919)

In beiden Fassungen ist bereits in der jeweils vorangehenden Strophe von den 600 Rittern Dietrichs die Rede, so dass die Angabe für Rüdiger und der Ausruf an dieser Stelle leicht entfallen können. In Strophe +B 1885 [1888] wird erzählt, dass Hagen am Buhurt teilnehmen möchte, um sein Können zu zeigen, obwohl er davon ausgeht, dass *man gît doch lop deheinen des künec Gunthêres man* (+B 1885,4 [1888,4]). In der vorherigen Strophe bat Gunther darum, dies zu unterlassen. In der folgenden Strophe ist geschildert, dass Volker einen Hunnen mit einem Speer durchsticht. Die Strophe über Hagen kann man als Retardierungsmoment bewerten, so dass ein sinnvoller Grund für ihre Auslassung gefunden ist. Auch die Strophe +B 2197 [2200] handelt von Hagen, in der er klagt, dass man gegen Rüdiger kämpfen müsse. Die Klage unterbricht das Erzählen der Übergabe des Schildes von Rüdiger an Hagen. Eine Unterbrechung findet sich ebenfalls durch die Strophe +B 2318 [2321]. In ihr berichtet Hildebrand Dietrich, dass außer Gunther und Hagen keiner der Burgonden noch leben würde. Dies unterbricht die Klage Dietrichs um seine eigenen Gefallenen, so dass diese Strophe in *B deplatziert wirkt.

Das vermutlich intentionale Auslassen der genannten Strophen ist plausibel auf eine Tendenz zurückzuführen, der zufolge ein glatterer Erzählgang durch die Vermeidung von Redundanzen und retardierenden Momenten angezielt ist.

6.3.1.2 Streichungen aus inhaltlichen Gründen

Zu einer weiteren Gruppe sind Strophen zusammenzufassen, die vermutlich aus inhaltlichen Gründen gestrichen sind. Sie geben einen deutlicheren Aufschluss über Intentionen und Erzählstrategien des Bearbeiters *C.[183] Zu ihnen zählt Hoffmann die Strophen +B 511–516 [513–518] sowie 519 [521], 532 [535], 659 [662], 695f. [698f.], 765 [768], 1049f. [1052f.], 1057 [1060]. Ich schließe mich prinzipiell seiner Interpretation an, nehme aber eine leicht veränderte Zusammenstellung von Strophen vor.

Streichungen haben einen Einfluss auf die Bewertung der Figuren. In der Strophe +B 912 [915] am Ende der 15. Aventiure ist in Erzählerrede zusammengefasst, was in der Aventiure bereits erzählt wird: dass Hagen gegenüber Gunther äußerte zu wissen, wie er Siegfried töten könne. Die Strophe schließt mit einem allgemeinen Tadel des Erzählers: *sus getâner untriuwe solde nimmêr man gepflegen* (+B 912,4 [915,4]). In der an paralleler Stelle eigens formulierten Strophe +C 923 im *C-‚Lied' ist deutlicher ausgedrückt, dass alle drei burgondischen Könige informiert sind (*si wistenz al gemeine*; +C 923,2a). Zugleich ist der Erzähler über eine Ich-Aussage profilierter: er wisse nicht, *durch welhen nît* (+C 923,3b) die beiden jüngeren Könige Siegfried nicht warnten; sie nehmen jedoch nicht an der als Jagd getarnten Falle teil. Die Strophe schließt mit einer Vorausdeutung. Die Struktur beider Plusstrophen ist ähnlich, doch ist in *C die *untriuwe* gegenüber Siegfried stärker allen burgondischen Königen zugeschrieben, so dass sie negativer bewertet sind. Giselher ist in der Strophe +B 2008 [2011] aggressiv dargestellt, der die Burgonden zur weiteren Gegenwehr gegen die Hunnen animiert und noch zahlreiche *wunden* (+B 2008,3a [2011,3a]) schlagen möchte. Zwar ist die Kampfbereitschaft eines Helden positiv konnotiert, doch trägt der jüngste Bruder Kriemhilds nach Auffassung des Bearbeiters *C am wenigsten Schuld am Geschehen und soll an dieser Stelle möglicherweise nicht als Kampftreiber dargestellt werden (siehe Abschnitt 8.5).

Wiederholt sind einige konfliktträchtige Szenen herausgelassen, wie sie in den Strophen +B 511–516 [513–518], 519 [521], 528f. [531f.], 532 [535], 695f. [698f.] zu Tage treten: Der markante Unterschied in der Textgestaltung zwischen den sechs Strophen +B 511–516 [513–518] mit dem Motiv der Verschwendung von

---

[183] Vgl. Hoffmann 1967, S. 119. Insgesamt gruppiert Hoffmann nur 25 der 42 Minusstrophen.

Brünhilds Vermögen zu den entsprechenden beiden Strophen C 526f. sowie +B 519 [521] ist in Abschnitt 6.2.7 besprochen.

Ein weiteres Beispiel hängt mit der Rückkehr von der erfolgreichen Werbungsfahrt zum Isenstein zusammen. Während der Werbung um Brünhild hat ein Rollentausch stattgefunden: Siegfried fungiert als freiwilliger Helfer und gibt eine Untergebenheit gegenüber Gunther vor. Aus der Perspektive Brünhilds kann nur der Stärkste gegen sie gewinnen, so dass in ihren Augen Gunther zuvor Siegfried bezwungen haben müsste. Die vermeintliche Untergebenheit Siegfrieds erzwingt eine Standeslüge, die im Zügel- und Bügeldienst[184] Siegfrieds für Gunther als ein öffentlich sichtbares und zeremoniell interpretierbares Zeichen ausgedrückt ist.[185] Als auf der Rückreise ein Bote nach Worms geschickt werden soll, gilt der Rollentausch für Gunther als beendet und er möchte gemäß der burgondischen Herrschaftsordnung und der üblichen Rollenverteilung Hagen als Boten einsetzen (B 527 [530]/C 538). Im *B-‚Lied' weigert sich Hagen und empfiehlt stattdessen Siegfried als Boten (B 528f. [531f.], vgl. zusammengezogen in C 539),[186] der den Dienst anfangs nicht ausführen möchte (+B 531,3 [534,3]: *dô widerredete ez Sîvrit der vil küene man*). Der Konflikt, der sich in der Fassung *B abzeichnet, ist in *C getilgt, wobei die Strophen B 531f. [534f.] zu C 541 zusammengezogen sind. Die Weigerung Siegfrieds fehlt in der Fassung *C; er ist sofort bereit, die Botschaft zu überbringen: *dô sprach der degen küene: „der reise bin ich iu bereit"* (C 541,4).

Das Vermeiden von Konfliktstoff kann nicht nur als „handlungslogische Glättung" gedeutet,[187] sondern ebenso als eine Strategie der Spannungssteigerung verstanden werden: Indem Szenen zunächst als harmlos gezeichnet sind, wird der Kontrast zum Gewaltausbruch verstärkt. In Anbetracht dessen, dass das Geschehen den mittelalterlichen Rezipienten grundsätzlich bekannt und der Ausbruch der Gewalt wiederholt durch Vorausdeutungen angekündigt ist, scheint mir ein spannungssteigerndes Moment kennzeichnend – sofern man von einem diachron gleichbleibenden Verständnis von literarisch inszenierter Spannung ausgeht.

---

184 Der Zügel- und Bügeldienst gehört laut Schulze (1997b, S. 38) „zu den üblichen Aufgaben eines Marschalls. [...] Träger dieses *officium* sind an den Höfen realiter in der Regel Ministerialen".
185 Vgl. Müller 1998, S. 88; 2017, S. 384. Der Stratordienst „offenbart [...] Siegfrieds Wissen um und Gleichgültigkeit gegen Statusdemonstration"; Lienert 2016, S. 56f.
186 Der Vers B 528,1 [531,1] findet sich auch in *C, der Rest der Strophe ist eigenständig formuliert.
187 Müller 1998, S. 93.

In den Strophen +B 695f. [698f.] fordert Kriemhild Hagen und Ortwin auf, sie nach Xanten zu begleiten. Hoffmann interpretiert diese Stelle als Anmaßung Kriemhilds, Worms wichtigste Gefolgsleute mitnehmen zu wollen, was in der Verärgerung Hagens deutlich werde.[188] Die Strophe ist weggelassen worden, um Kriemhild nicht in ein negatives Licht zu setzen, sodass Kriemhild nicht als Provokateurin gekennzeichnet ist.

6.3.1.3 Zusammenfassung

Streichungen und Zusammenfassungen sind seitens des *C-Bearbeiters aus erzählstrategischen Gründen vorgenommen worden. Während das Auslassen von Strophen, die Redundanzen enthalten, als Ergebnis einer Strategie zu deuten ist, die auf ein erhöhtes Maß an narrativer Stringenz Wert legt, sind an Strophen, die aus inhaltlichen Gründen gestrichen sind, Aspekte der erzählerischen Zielsetzung und Interpretation des *C-Bearbeiters abzulesen.

Die in *C ausgelassenen Strophen stellen nur einen winzigen Anteil der insgesamt 2376 B-Strophen dar. Dennoch hat der *C-Bearbeiter Strophen ausgewählt, die für den Gang der Handlung und ebenso für die Bewertung der Figuren wie des Geschehens von großer Bedeutung sind, so dass eine veränderte Akzentuierung des Texts erreicht ist. Sie ist im weiteren Verlauf der Untersuchung insbesondere hinsichtlich der Bewertung der Figuren und der Schuldfrage tiefergehend zu erörtern (siehe Kapitel 8 und 9). Strophenverlust durch Abschreibfehler ist wegen der dargestellten Tendenzen prinzipiell unwahrscheinlich. Insgesamt fehlt zu wenig Textmaterial, dass man eine bewusste Verwendung des rhetorischen Mittels der *abbreviatio* annehmen kann, auch wenn es ein elementares Werkzeug eines mittelalterlichen Bearbeiters ist, mit einem vorliegenden Text zu arbeiten.[189]

Grundsätzlich komme ich zu ähnlichen Ergebnissen wie Hoffmann, dessen Position durch Müllers Aspekt der handlungslogischen Glättung konstruktiv erweitert ist. Das Auslassen und Zusammenfassen von Strophen betont in erster Linie einen anfangs friedfertigen und reibungslosen Handlungsverlauf, aus dem die späteren Konflikte – auch vor der Folie der Sagenkenntnis und der textinternen Vorausdeutungen – umso drastischer erwachsen. Zugleich ist vor allem Hagen in seinem Handeln gegenüber Siegfried und Kriemhild als ein wesentlich Verantwortlicher für die Eskalation der Gewalt genauer profiliert.

---

188 Hoffmann 1967, S. 119.
189 Deutlich gekürzt ist das ‚Lied' in der Handschrift a (siehe Abschnitt 2.9.2.1), ebenso in der Handschrift n, die des Weiteren keinen ‚Klage'-Text aufweist (siehe Abschnitt 2.5); die Fassung *J der ‚Klage' ist eine Kurzfassung (siehe Abschnitte 2.5 und 9.4).

Festzuhalten ist, dass der Bearbeiter *C dem Grundtext im Prozess der Retextualisierung weitgehend treu bleibt, womit die von Müller kritisierte geglättete, aber nicht glatte Handlung zu erklären ist.[190] Der Bearbeiter will den vorhandenen Text nicht vollkommen neu konzipieren, sondern nur verbessern.[191] Die Streichung redundanter Strophen ist des Weiteren im Zusammenhang mit einem fortgeschrittenen Buchstatus des Erzählens von den Nibelungen zu sehen (siehe Abschnitt 10.1).[192]

6.4 Plusstrophen

Hinsichtlich der Retexualisierungsstrategien des *C-Bearbeiters ist besonderes Augenmerk auf Elemente zu richten, die allein in der *C-Fassung zu finden sind. Der Bearbeiter *C hat nicht nur Strophen gestrichen, sondern auch neue eingefügt. Ihre Anzahl übertrifft die der gestrichenen um mehr als das Doppelte. An den Zusätzen sind spezifische Erzählstrategien von *C besonders gut herauszuarbeiten.[193]

Die Plusstrophen sind relativ gleichmäßig auf die Aventiuren, ebenso auf die beiden Teile des ‚Lieds' verteilt. Zu konstatieren ist damit ein anderer Befund als bei den Minusstrophen. Im ersten Teil bis einschließlich der 19. Aventiure sind es 49 Plusstrophen (inklusive +C 1), im zweiten Teil, von der 20. Aventiure an, zählt man 51.[194] Die Pluspartien unterscheiden sich nicht grundsätzlich in Versbau, Wortschatz und Stil von den anderen Strophen (vgl. Abschnitte 6.1.1 und 6.1.2).[195]

---

190 Müller 1998, S. 86.
191 Dagegen sieht Müller (2016, S. 248) mit der Beseitigung „latenter Störungen", die als „Mittel der Poetik" des Grundtexts zu werten seien, in *C eine neue Poetik umgesetzt: Die Bearbeitungstendenzen zeigten an, dass der *C-Bearbeiter die vorhandene Poetik nicht verstünde.
192 Voorwinden 1978, S. 288.
193 In dieser Arbeit sind die Plusstrophen Bearbeitungstendenzen zugeordnet. Für eine Interpretation der Strophen nach ihrem chronologischen Vorkommen im Text siehe Schmid 2015, S. 178–189.
194 Vgl. Bumke 1996c, S. 523.
195 In der Fassung *C finden sich zwar Wörter, die in der *B-Fassung nicht zu finden sind, doch sie beschränken sich nicht immer nur auf die Zusatzstrophen. Zu Wörtern, die nur in diesen Strophen vorkommen, siehe Bartsch 1865/1968, S. 311f.; vgl. Voorwinden (1978, S. 288), der die nur in den Plusstrophen vorkommenden Wörter als Indiz wertet, diesen Zusätzen einen sekundären Charakter zuzusprechen und als Moment eines fortgeschrittenen Status von Schriftlichkeit zu betrachten; siehe Abschnitt 10.1.

Wie bei Streichungen und Zusammenfassungen von Strophen sind die Motive, zusätzliche Strophen einzufügen, oft nicht eindeutig bestimmbar. Sie weisen jedoch in der Regel in eine Richtung, die es zu bestimmen gilt. Häufig erscheinen mehrere Motive plausibel, so dass es mitunter sinnvoll ist, einzelne Plusstrophen unterschiedlichen Bearbeitungstendenzen zuzuordnen. Allgemein zu beobachten ist: Viele Plusstrophen „wiederholen zuvor Gesagtes, unterstreichen es variierend, bauen bereits Erzähltes amplifizierend aus, intensivieren es emotional oder erinnern den Rezipienten an etwas bereits Angedeutetes".[196] Ausgeweitet ist in *C in diesen Fällen, was sich in kürzerer Form, etwa in einzelnen Versen, ebenso in der *B-Fassung findet. Dem entsprechenden Plusmaterial kommt in erster Linie eine „poetisch-rhetorische Funktion"[197] im Rahmen einer gattungstypischen „Ausschmückung"[198] zu. Wesentliche konzeptionelle Bearbeitungstendenzen zielen auf „narrative Kohärenz, Bewertung der Protagonisten [...] [und] Auffüllung impliziter Handlungselemente".[199]

6.4.1 Verbesserung von Überleitung, Verklammerung, Motivierung

Eine große Anzahl von Plusstrophen dient offensichtlich einer besseren Überleitung, Verklammerung und/oder Motivierung.[200]

Erste Beispiele für dieses Anliegen sind +C 21 und +C 43 (siehe Abschnitt 6.2.5). In diesen Strophen ist auf Siegfrieds wunderbare Heldentaten aus der Jugendzeit verwiesen; +C 43 zeigt darüber hinaus deutlich das Ende der zweiten Aventiure an und bietet damit eine Strukturmarkierung. Die wiederholte Motivaufnahme ist auf eine planmäßige Gestaltungsstrategie zurückzuführen.

Einen weiteren Fall stellen zwei Plusstrophen (+C 342f.) dar, in denen sich der Erzähler direkt an das Publikum wendet und über die Eigenschaften des Tarnmantels berichtet, von denen er selbst erzählen hörte (siehe Abschnitt 6.2.5). Die Strophen liegen vor der Brautwerbung um Brünhild und sind dahingehend zu deuten, dass sie den dortigen Gebrauch von Siegfrieds Tarnmantel

---

196 Müller 2016, S. 238.
197 Ebd.
198 Ebd., S. 239.
199 Ebd., S. 246.
200 Vgl. Hoffmann 1967, S. 120. Die folgenden Strophen, die ebenso dieser Tendenz zuzuordnen sind, sind in anderen Abschnitten dieser Arbeit näher besprochen: +C 328 (Abschnitt 6.5), 332 (8.2), 518f. (6.4.2), 821f. (8.5), 973 (9.1), 1008 (6.1.2; 9.1), 2004 (6.4.4), 2440 (6.4.2). Hinzu kommen Strophen, in denen das Movens Kriemhilds ausgewiesen ist: +C 1755–57 (6.4.7), 1882 (7.7; 8.6.3) sowie 1785, 1947f., 1963 und 2143 (8.6.3).

vorbereiten und die Überwindung Brünhilds durch Siegfried für Gunther besser motivieren. Dazu passt die Plusstrophe +C 616, in der erzählt wird, dass Gunther seine Brüder um Unterstützung bittet und sie auch erhält, Kriemhild zu überzeugen, dass sie Siegfried zur Frau gegeben wird. Die Strophe zeugt nicht nur von einer erwünschten Verwandtschaftsbeziehung, sondern ebenfalls von einer großen Wertschätzung Siegfrieds. Ausgeweitet ist der harte Kampf im Ehegemach zwischen Siegfried und Brünhild erzählt (+C 680–683). Während des Kampfs sorgt sich Gunther um sich (+C 681), fürchtet aber auch um die beiden Kämpfenden (+C 682), wobei er eher auf der Seite Siegfrieds steht. Als Siegfried nach langem Kampf siegt (+C 683), ist ein Umschwung in Gunthers Sympathien weg von Siegfried leise angedeutet. Denn die Länge des Kampfs kann unterschiedlich gedeutet werden, wenn es in einer Introspektion heißt, dass Gunther dabei vieles durch den Kopf geht (*hete manigen gedanc*; +C 683,4b).

Im Kontrast dazu steht die Ermordung Siegfrieds in einem verstärkt negativen Licht (siehe Abschnitt 6.4.5): In +C 1005 klagt Siegfried seine Mörder an, so dass der Sühnegedanken bereits früh und ausdrücklich in den Text eingeschrieben und das nachfolgende Geschehen damit gedeutet, vor allem aber besser motiviert ist (siehe Abschnitt 8.1). Auch die *suone*-Szene zwischen Kriemhild und ihren Brüdern nach der Ermordung Siegfrieds ist in beiden ‚Lied'-Fassungen unterschiedlich gestaltet. In Bezug auf die Burgonden ist das Motiv der Habgier in den Text eingeschrieben (C 1127,3a: *durch des hordes liebe*; +C 1124f; C 1126–1128; vgl. B 1113–1115 [1116–1118]), in Bezug auf Kriemhild eine nur äußere Versöhnung mit Gunther (+C 1124,4: *„mîn munt im giht der suone, im wirt daz herze nimmer holt"*). Im Vergleich fällt auf, dass *B, aber nicht *C an dieser Stelle von einem *suone*-Kuss erzählt,[201] dem möglicherweise durch den mittelalterlichen Rezipienten ein rechtsverbindlicher Charakter zugesprochen wird und Kriemhilds Rache damit ins Unrecht setzen würde.[202] Zumindest bleibt die Versöhnung durch beide Konfliktparteien nur eine äußerlich-scheinbare.[203] Kuhn interpretierte die Aussöhnungsszene dahingehend, dass sie in *C kein nötiges Glied in der Handlung mehr sei und wohl nur dazu diene, das Verhält-

---

201 Allerdings findet sich der *suone*-Kuss später auch in beiden Fassungen (B 1457 [1460]/ C 1488), so dass dieses Motiv mit Kuhn (1965, S. 298) auch in der Vorlage der Fassung *C stand.
202 Der Kuss galt „im Rechtsleben als Symbol der Aufnahme in eine Gemeinschaft, zur Bekräftigung eines Rechtszustandes oder von Rechtshandlungen und als Zeichen der Ehrerbietung und Selbsterniedrigung"; HRG. Bd. 2, 1978, Sp. 1320. Wie im ‚Lied' gilt auch im ‚Parzival' der Kuss – offenbar gattungsübergreifend – als Sühnesymbol (V. 729,25f.): *Gâwân unt Gramoflanz / mit kusse ir suone ouch machten ganz.*
203 Kuhn 1965, S. 297f.

nis zwischen den Geschwistern anders zu akzentuieren.[204] Dies ist sicherlich plausibel, aber aus erzähltechnischer Perspektive ergibt sich noch eine weitere Deutung. Während im *B-‚Lied' eine Handlung zunächst offen bleibt und erst im Nachhinein vereindeutigt wird,[205] ist an dieser Stelle im *C-‚Lied' für den Rezipienten ein eindeutiger Motivationszusammenhang zwischen vordergründiger *suone* und eigentlicher Absicht sowie der späteren Handlung geknüpft:[206]

> Die Tendenz zu größerer Präzision in der linearen Verknüpfung der Handlung liquidiert hier also mit der kalkulierten Unbestimmtheit die scheinbare Offenheit eines Geschehens, das Alternativen erkennen läßt, aber letztlich doch seinen verhängnisvollen Verlauf nimmt; *C ist klarer, aber eben auch banal.[207]

Ich stimme Müller weitgehend zu, teile aber nicht sein negatives Werturteil. Das ausdrückliche Einschreiben von Handlungsmotiven lässt das Figurenhandeln plausibler erscheinen. Das Figurenhandeln wird durch das Auserzählen von Diskrepanzen zwischen Gesagtem und Gemeintem, inneren Handlungsmotivationen und äußerlich sichtbarem Verhalten in *C transparenter. So formuliert +C 1924 über eine Gedankenrede, dass Kriemhild hofft, dass beim Turnier einem Hunnen durch die Burgonden ein Leid geschehe, damit der Kampf gegen die „*vîende*[]" (+C 1924,3b) ausbreche und sie „*wol errochen*" (+C 1924,4a) und „*ân angest*" leben könne (+C 1924,4b). Auch in diesem Fall ist die Motivation der Figur herausgestellt und das Geschehen plausibilisierend motiviert.[208]

Über die ausgebaute Rolle Rumolds in fünf Plusstrophen ist im *C-‚Lied' (+C 1497f., 1501–1503) deutlich eindringlicher vor der Reise der Burgonden zu Etzel gewarnt, wie auch die tränenreiche Abschiedsszene in *C über zwei Plusstrophen ausgeweitet ist, in denen Brünhild Gunther fragt, weshalb er seinen Sohn zum Waisen machen wolle, und er von einer Rückkehr ausgeht (+C 1555f.), so dass die Eskalation der Gewalt auf Figurenebene absehbarer als in *B und auf diese Weise hinsichtlich der Motivierung besser vorbereitet ist.

---

204 Ebd., S. 298.
205 Müller 1998, S. 147.
206 Ebd.
207 Ebd.
208 Vgl. Heinzle 2013a, S. 1417.

6.4.2 Intensivierung der Kommunikation zwischen Erzähler und Publikum

Die Rolle des Erzählers ist in *C weiter ausgeformt, indem er häufiger als in *B die Rezipienten adressiert, Bewertungen äußert und Begründungen für einzelne Handlungselemente liefert. Zu beobachten ist dies außer in der Prologstrophe +C 1 in den Plusstrophen +C 21, 94, 342f., 452, 518f., 923, 1013, 1153, 1609, 2178 und 2440. In der Plusstrophe +C 21 mit dem Hinweis auf die Jugendtaten Siegfrieds ist über ein *wir* (+C 21,4a) die Gemeinschaft von Erzähler und Publikum aktualisiert. In +C 94 ist der Kampf zwischen Siegfried und den Nibelungen näher erläutert. In den Strophen +C 342f. mit der Beschreibung und Erklärung der Funktionsweise des Tarnmantels bringt sich der Erzähler über ein *ich* selbst in den Text hinein (*hân ich gehœret sagen*; +C 342, 1b). In +C 452 bekräftigt er seine Aussage, dass Hagen Angst vor Brünhild habe, über eine Publikumsadresse: *daz wizzet* (+C 452,1b). In +C 518 nimmt der Erzähler einen vermeintlichen Vorwurf der Lüge ob seiner Darstellung der raschen Ausstattung der 1000 nibelungischen Krieger vorweg. Formuliert ist dies ähnlich, aber nicht analog zum ,Erec' (V. 7493–7766), in dem die Einmischung eines Rezipienten im Rahmen eines fingierten Dialogs bei der Sattelbeschreibung abgewiesen wird.[209] Im *C-,Lied' heißt es: *Nu sprichet lîht ein tumber: „ez mac wol lüge wesen."* (+C 518,1). In der anschließenden Strophe erklärt der Erzähler die Möglichkeit der Ausstattung einer so großen Gruppe in der Kürze der Zeit mit der Unerschöpflichkeit des Horts (+C 519,4). In +C 923 verurteilt der Erzähler die Treulosigkeit der drei burgondischen Königsbrüder und tadelt die beiden jüngeren, dass sie Siegfried nicht vor dem geplanten Mord warnten. Auch in diesem Fall ist der Erzähler als Ich-Instanz ausgewiesen (*ine weiz durch welhen nît*; +C 923,3b). In +C 1013 bekräftigt der Erzähler seine Lokalisierung der Stelle des Siegfriedmords beim Dorf Ottenheim am Odenwald, indem er seine Darstellung als *reht* ausweist: *sult ir diu rehten mære von mir hœren sagen* (+C 1013,2). Am Ende der Strophe wird dies erneut bestätigt: *des ist zwîfel dehein* (+C 1013,4b). In +C 1153 verurteilt der Erzähler Hagen und sagt voraus, dass niemand den geraubten Hort werde nutzen können. In +C 1609 beschreibt der Erzähler das Schiff, mit dem die Burgonden über den Fluss setzen müssen, und erweitert erklärend die Angaben. So fasse das Schiff insgesamt 400 Personen und müsse von vielen gerudert werden. In +C 2178 beschreibt der Erzähler die Architektur des Saals, um zu erklären, weshalb einige Burgonden in dem brennenden Gebäude überleben konnten: *Die geste half daz sêre,   der sal gewelbet was*

---

[209] Textausgabe: Gärtner 2001.

(+C 2178,1).²¹⁰ In +C 2440 ist die Schlussmarkierung des Erzählens über eine Ich-Aussage ausgeweitet und akustisch hervorgehoben: Der Anfang der Strophe *Ine sage iu nu niht mêre von der grôzen nôt* (+C 2440,1) ist alliterierend zur vorherigen geformt (*Ine kan iuch niht bescheiden, was sider dâ geschach* (B 2376,1f. [2379,1f.]/C 2439,1f.). Auf diese Weise ist das Ende akustisch markiert; dies gilt ebenfalls für den Erzähler, der über die Publikumsadresse dem Rezipientenkreis entgegengesetzt ist. Eine Rezeptionsgemeinschaft, wie sie in der Prologstrophe +C 1 bestimmt ist, ist am Ende in den Epilogstrophen also nicht formuliert.

Die Strophen zeigen an, dass die Kommunikation zwischen Erzähler und implizit wie explizit angeredeten Hörern in *C intensiviert ist. Da die *C-Plusstrophen zugleich eine Tendenz zur weitergehenden Begründung und Erklärungen als in *B anzeigen, sind sie im folgenden Abschnitt unter dieser Perspektive erläutert.

6.4.3 Weitergehende Begründung und Erklärungen

In einigen *C-Plusstrophen sind kausale Abfolgen klarer als in *B dargestellt und Begründungen für einzelne Handlungselemente durch den Erzähler geliefert (+C 21, 94, 342f, 452, 518f., 923, 1013, 1609, 2178 und 2440).

Mit dem Verweis auf Siegfrieds Heldentaten in seiner Jugend in der Plusstrophe +C 21 ist das exorbitant-heroische dieser Figur früh in den Text eingeschrieben und begründet alle seine entsprechenden Handlungsweisen. Als Siegfried in der Fassung *B den Hort nicht zwischen Schilbung und Nibelung aufzuteilen vermag, werden die Brüder zornig und daraufhin von Siegfried *mit zorne* (B 92,3a [94,3a]) erschlagen. Dagegen ist der *C-Text ungleich präziser und weist eine veränderte Figurenkennzeichnung auf: Die Nibelungen werden nicht zornig, sondern Siegfried wird von ihnen bedrängt: *dô wart der helt von in bestân* (C 93,4b). In der folgenden Plusstrophe geht die Aggression erneut von den Nibelungen aus:

> *Den schatz er ungeteilet belîben muose lân.*
> *dô begunden mit im strîten der zweier künige man.*
> *mit ir vater swerte, daz Palmunc was genant,*
> *erstreit ab in der küene den hort und Nibelunge lant.* (+C 94)

---

210 Vgl. Heinzle 2013a, S. 1463f.

Der Ausbruch des Kampfs ist auf eine gegenüber *B eingängigere Weise hergeleitet: Festzustellen ist eine „klare Kausalität und Verantwortlichkeit".[211] Des Weiteren ist die Figur Siegfried dem höfischen Standard der Adelskultur um 1200 stärker angenähert, der die Nibelungen nicht aus heroischem Zorn, sondern aus Notwehr bezwingt. Entsprechend entfällt in *C die Strophe +B 93 [95], die mit der Niederlage der Nibelungen inhaltlich Ähnliches bietet.

Der Erklärung und Begründung dienen weitere Plusstrophen: In den Ausführungen in Erzählerrede zur *tarnkappen* (+C 342, 3a) ist ihre Funktionsweise aufgezeigt (+C 342f.) (siehe Abschnitt 6.2.5). In zwei anderen Plusstrophen wendet sich der Erzähler gegen einen vermeintlichen Vorwurf der Lüge, dass die Ausstattung als zu prächtig beschrieben sei (+C 518), und erklärt seine Darstellung mit der Unerschöpflichkeit des Horts (+C 519). In +C 452 ist berichtet, dass Gunther für den Kampf gegen Brünhild gerüstet wird – und dass Hagen sich vor Brünhild fürchtet. In diesem Fall erfolgt nicht nur eine Figurenkennzeichnung von Brünhild und Hagen, sondern ebenso eine Begründung für seine Reaktion. +C 923 erzählt, dass Giselher und Gernot nicht mit zur Jagd gehen wollten, auf der Siegfried getötet wird, weil sie von dem Plan wussten (siehe Abschnitt 8.5). In +C 1013 berichtet der Erzähler, dass er die Stelle des Siegfriedmords exakt beim Dorf Ottenheim am Odenwald lokalisieren könne. In einer anderen Plusstrophe (+C 1609) sind deutlich plausibler als in *B die Größe des Schiffs und der Transport der 10.000 Burgonden dargestellt, als sie auf der Reise zu Etzel mithilfe vieler Ruderer über die Donau setzen müssen. Müller weist darauf hin, dass dies zwar plausibler sei, jedoch nicht berücksichtige, „daß zuvor der Fährmann und Hagen das Schiff allein manövrieren konnten".[212] Fromm nimmt an, dass sich der Epiker der „Absurdität" bewusst gewesen sei und über Möglichkeiten verfügt hätte, dies zu bereinigen.[213] Dies liegt offenbar nicht in seinem Interesse, so dass auch Müller bemerkt, dass es sich um keinen „Fehler", sondern um „die Konsequenz aus einem Erzählprinzip" handelt.[214]

Ein weiteres Beispiel ist die Plusstrophe +C 1470, in der Ortwin erklärt, dass er in Worms bleiben wolle. Der Rezipient erfährt dadurch, weshalb er im zweiten Teil des ‚Lieds' nicht auftritt, was in *B nicht thematisiert ist. +C 2178 erklärt, weshalb einige Burgonden im brennenden Saal überleben konnten (+C 2178,1).[215] In

---

211 Müller 1998, S. 134.
212 Ebd., S. 95.
213 Fromm 1990, S. 8.
214 Müller 1998, S. 95, Anm. 136.
215 Vgl. Heinzle 2013a, S. 1463f.

+C 2440 ist die Schlussmarkierung des Erzählens ausgeweitet und weiter begründet.

Das verstärkte Einfügen von Begründungen und Erklärungen zielt auf ein Plausibilisieren der Handlung. Dies bleibt jedoch eher vordergründig und beiläufig, ist keineswegs regelhaft durchgeführt.[216] Die Klärung von Kausalitäten ordnet Voraussetzungen und Folgen, doch haben die Beispiele gezeigt, dass es sich oftmals um Nebensächlichkeiten handelt.[217]

6.4.4 Verschärfung der Drastik

Eine Anzahl von Plusstrophen in *C dient dazu, die Drastik des Geschehens zu verschärfen, indem in den Text Kontraste deutlich schärfer als in *B konstruiert sind. Primär sind für diese Strategie die Strophen +C 452, 680–683, 973, 1005, 1008, 2004, 2056f. und 2281 anzuführen.

In +C 452 sorgen sich Gunther und Hagen beim Anblick von Brünhilds Waffen, so dass Brünhilds Kraft stärker betont ist; dies insbesondere, weil die beiden Burgonden Helden sind, die sich fürchten. In dieselbe Richtung zielt die drittumfangreichste Variation in Bezug auf den Textbestand: Mit vier aufeinanderfolgenden Strophen ist der nächtliche Bettkampf zwischen Brünhild und Siegfried drastischer inszeniert (+C 680–683). In +C 973 ist die Ahnungslosigkeit Siegfrieds in Bezug auf die Mordabsicht formuliert, so dass der Kontrast aus Figurenerwartung (Siegfried) und Figurenhandeln (Burgonden) beziehungsweise unterschiedlichen Normen stärker herausgearbeitet ist. Auch Strophen, in denen die Ahnungslosigkeit Dietrichs (+C 2056f.) geschildert ist, erhöhen kontrastiv die Ungeheuerlichkeit des Geschehens, ebenso wie die Ausweitung der Szene mit dem Siegfriedmord und die höfischer Merkmale Ort und Handlung drastischer kontrastieren. Der Beschreibung des Todesorts von Siegfried als *locus amoenus* ist die erweiterte Anklage an seine Mörder entgegengesetzt (+C 1005, 1008), die Kennzeichnung der Etzelburg als Ort höfischer *vröude* (+C 1859–1861, 1960–1962) kontrastiert in *C besonders stark mit dem späteren Untergangsgeschehen.[218]

Das höfisch-freudvolle Leben lässt das kommende Untergangsgeschehen auf Figurenebene also nicht für alle Figuren erwarten. Auf der Ebene der Rezipienten ist diese höfisch-friedfertige Oberfläche durch die wiederholten Vor-

---

216 Vgl. Henkel 2003a, S. 118, 127.
217 Vgl. Müller 1998, S. 95.
218 Vgl. allgemein zum ‚Lied' Lienert 2015, S. 49.

ausdeutungen und das Wissensgefälle zwischen Figuren einerseits sowie Erzähler und Rezipienten andererseits wie auch durch die Bekanntheit des Stoffs jedoch von Anfang an konterkariert. Am Ende der 32. Aventiure ist in der Plusstrophe +C 2004 erzählt, dass Ortlieb allen am Tisch gezeigt und bald sterben wird, so dass ein Kontrast zwischen Feststimmung und Untergangsgeschehen über die Tötung des (unschuldigen, aber genealogisch wichtigen) Kindes stärker herausgestellt ist. Außerdem ist in der Plusstrophe +C 2281 geschildert, dass einige der noch lebenden Burgonden bei den Kämpfen an Etzels Hof nicht nur im Blut der Erschlagenen waten, sondern in ihm ertrinken, was die extremen Ausmaße des Kampfs zwischen Hunnen und Burgonden verschärft darstellt. Erweiterungen solcher Art, die die Drastik des Geschehens verstärken, sind als rhetorische *dilatatio materiae* zu deuten.[219]

6.4.5 Deutlichere Bewertung der Figuren

Die größte Anzahl der Plusstrophen bewirkt eine gegenüber *B deutlichere und eindeutigere Kennzeichnung einzelner Figuren. Dies ist Thema des Kapitels 8, so dass in diesem Abschnitt nur auf die Strophen verwiesen ist und die Textbelege in den Abschnitten zu den einzelnen Figuren erfolgen.

In den Strophen +C 43, 94, 132, 335f., 452, 657, 973, 1008 sind Siegfrieds Stärke, sein tugendhafter Charakter und die große Unterstützung gelobt, die er den Burgonden angedeihen lässt. Außerdem ist seine Beratertätigkeit ausgeführt und die Abhängigkeit der Burgonden von ihm sowohl im Sachsenkrieg als auch bei der Werbung um Brünhild dargestellt.

Auch Kriemhild erfährt in den Plusstrophen eine Aufwertung, wenn etwa ihre Beliebtheit geschildert (+C 1312) und ihre Macht herausgestellt ist (+C 1960). Grundsätzlich ist sie als trauernde Witwe dargestellt (+C 1124f., 1158–1165), die sich nach dem Tod Siegfrieds in das Kloster Lorsch zurückziehen möchte. Insbesondere die bereits genannten Strophen, in denen die *triuwe* zu Siegfried als Movens für ihr Handeln im zweiten Teil des Epos gekennzeichnet ist, sprechen sie weitgehend von der Verantwortung an der Eskalation der Gewalt frei, wie noch zu erörtern sein wird.

Kriemhilds Brüder Gernot und Giselher sind dagegen im Vergleich zur Fassung *B leicht abgewertet. Ihre Beteiligung an der Ermordung Siegfrieds und am Hortraub ist deutlicher als in *B ausgedrückt (+C 923, 1138, 1151, 1154): Die drei Könige einigen sich zusammen mit Hagen darauf, dass sie nur gemeinsam

---

[219] Henkel 2003a, S. 128.

über den Kriemhild geraubten Hort verfügen wollen (+C 1151). An dieser Stelle ist eine Gesinnungs- und Handlungsgemeinschaft hervorgehoben, die, wie es auch in der ‚Klage' heißt, gemeinsam Schuld auf sich lädt.[220] Darüber hinaus verweist die Absprache auf das Ende des ‚Lieds', wenn Hagen Kriemhild den Ort des Horts nicht verraten möchte.

Brünhilds Kennzeichnung sind weitere Plusstrophen gewidmet, in denen ihre Stärke und Unüberwindbarkeit demonstriert ist (+C 335 [Siegfried warnt Gunther vor Brünhild], 392 [Gunther ist erstaunt über die stattlichen Burgen in Brünhilds Land], 452 [Gunther und Hagen sorgen sich wegen Brünhilds Waffen], 458 [Brünhild betont, dass sie niemanden fürchte], 657 [Gunther ‚zeigt' Siegfried, dies vermittelt in Figurenrede, seine von der Gewalt Brünhilds geschwollenen Hände, was zeichenhaft für seine Hilfslosigkeit gegenüber Brünhild steht], 680–683 [Ausweitung des Kampfes im Brautgemach zwischen Siegfried und Brünhild, der sie kaum besiegen kann]), was die Notwendigkeit und das Ausmaß der Unterstützung Gunthers durch Siegfried betont.

Eine ambivalente Figurenkennzeichnung erfolgt gesteigert bei der Figur Gunther. Er ist in einer Reihe von zusätzlichen Strophen in erster Linie negativ dargestellt, indem insbesondere im ersten Teil des ‚Lieds' seine Abhängigkeit von seinen Beratern, seine Überheblichkeit, Angst und Unterlegenheit angedeutet und sein Verrat und seine Schuld gegenüber Siegfried deutlich herausgestellt sind. Gunther bittet um Ratschläge, um ein höfisches Fest auszurichten, das keinen Tadel, sondern nur Lob nach sich ziehen solle (+C 274), und möchte sich – ebenfalls in Figurenrede – mit seinen Ratgebern beraten, wie er eine geeignete Frau fände (+C 328). Dieses Beraten wird in +C 332 aufgenommen. Gunther ist als guter König gekennzeichnet, der die höfische *vröude* mehren möchte und sich, wie es einem guten König empfohlen ist, mit seinen Ratgebern berät. Allerdings ist durch die Wiederholung der Ratsszenen auch seine Abhängigkeit von seinen Ratgebern hervorgehoben. Anders als Siegfried, der trotz seiner Einbindung in die höfische Welt eher als Einzelkämpfer dasteht, ist Gunther ostentativ in eine Gemeinschaft eingebunden.[221] Implizit negativ konnotiert ist wohl Gunthers Verkennen der Gegebenheiten, wenn er vermeint, Brünhild besiegen zu können (+C 335), obwohl Siegfried vehement von der Werbung um

---

220 Vgl. Müller 1998, S. 312; Heinzle 2003, S. 201.
221 In der Forschung wird die unterschiedliche Art der Einbindung von Siegfried und Gunther auf verschiedene Herrschaftsprinzipien zurückgeführt: „Siegfried vertritt das alte Idoneitätsprinzip, wonach Herrschaft von persönlicher Eignung abhängt, Gunther das komplexere Herrschaftsprinzip des vasallitischen Systems, in dem persönliche Qualifikation und sozialer Rang auseinanderklaffen können; freilich wird im zweiten Teil diese Unterscheidung nivelliert, und auch Gunther kämpft wie ein Held"; Lienert 2003, S. 101f.; vgl. Müller 1974.

Brünhild abrät (+C 336). An dieser Stelle ist ein Wissensgefälle zwischen Siegfried und Gunther ausgeformt, das nicht nur die Vorrangstellung Siegfrieds unterstreicht, sondern ihn als Ratgeber, dessen Rat nicht befolgt wird, auch von der Gemeinschaft der Burgonden abgrenzt. In +C 913 empfiehlt Hagen Gunther seinen Mordplan, was den König als Mitverantwortlichen markiert. In +C 1005 wirft Siegfried Gunther vor, seine Dienste mit Mord zu vergelten, so dass Gunthers Mittäterschaft in Figurenrede hervorgehoben und der Vorwurf zugleich emotionalisiert ist. In +C 1151 einigen sich die drei burgondischen Könige und Hagen darauf, dass sie nur gemeinsam den Ort des versenkten Horts preisgeben wollen und in +C 1555f. geht Gunther trotz aller Warnungen von einer Rückkehr aus Etzels Land aus. Dagegen ist er im zweiten Teil des ‚Lieds' als vorausschauender König geschildert (+C 1553, 1624f.), der für Land und Leute sorgt. Seine Aufwertung erfolgt vermutlich mit dem Ziel, Hagen im zweiten Teil des Epos stärker abzuwerten.

Hagen ist im Vergleich zum *B-‚Lied' deutlich negativer gekennzeichnet, wie es an den angeführten Plusstrophen deutlich wird sowie an +C 1153, der zufolge Hagen plant, den Hort für sich allein nutzen zu wollen, an +C 1621–25, in denen Hagen sich respektlos dem Kaplan gegenüber verhält sowie an +C 2428, in der Hagen als Vasall seinen König Gunther der Rache Kriemhilds anheimgibt, aus Sorge, sie könne Gunther verschonen, wenn er selbst den Ort des versenkten Horts verrate.

Zu Hagen im Kontrast steht ausgerechnet der Heide Etzel, der in ein positives Licht gesetzt ist. Zwar ist er vom Glauben abgefallen (+C 1284), dennoch ist er Sinnbild eines mächtigen, weisen und höfischen Herrschers als guter Gastgeber und Verteidiger des Gastrechts (+C 1314f., 1440, 1943f., 1972, 2081).

Ausgebaut ist ebenfalls, dass Rüdiger seine Einbeziehung in den Streit zwischen den Burgonden und den Hunnen durch die Rückgabe von allem, was er von Etzel erhalten hatte, verhindern möchte (+C 2215), und dass Hagen den Tod Rüdigers und Gernots bedauert sowie Rüdigers Kämpfer als Pfand behält (+C 2280). Dass Dankwart von Helfrich erschlagen wird, füge Gunther und Giselher Leid zu (+C 2350). Diese Plusstrophen betonen den Gemeinschaftsverbund und Rüdigers herausgehobene, positiv markierte Position.

Zu beobachten sind nicht nur Strophen, die allein auf eine Wertung der Figuren und eine Emotionalität abzielen, sondern die Bewertung steht oftmals in Zusammenhang mit der Kennzeichnung der Isolierung beziehungsweise Gruppeneinbindung einer Figur sowie der Frage nach der Verantwortung für das Untergangsgeschehen.

6.4.6 Verstärkung der Integration in die Adelskultur um 1200

Über einige Plusstrophen der Fassung *C ist das Erzählte verstärkt in die Adelskultur um 1200 integriert. Dieser Typ der Aktualisierung äußert sich in der Beteiligung der Wormser Hofdamen an den Vorbereitungen der Wormser Doppelhochzeit, wenn beschrieben ist, dass und wie die Damen an der Herstellung der Kleidung arbeiten (+C 784). Dasselbe gilt für die Beschreibung von Rüdigers angemessener Kleidung und Behandlung auf seiner Reise durch Bayern (+C 1198). Kriemhilds Gefolge wird nicht nur in Pledelingen höfisch bewirtet, sondern dies geschieht auch *sider anderswâ* (+C 1324,4b). Oft ist diese Tendenz ebenfalls mit der Figur Etzel verbunden. Genannt sei die Beschreibung von Etzels prächtigem Palas-Bau (+C 1859–1861) und seine Tischordnung (+C 1960–1962). Die Burg Etzels ist weiträumig (+C 1859,4a: *wît*) und prachtvoll (+C 1859,2a: *vil kostenlîche*), *zallen zîten* (+C 18604b) von vielen Gästen besucht, ein Ort beständiger höfischer *hôher wunne* (+C 1861,2a) und Etzel selbst zeichnet sich als guter Gastgeber und damit als guter König aus. Zahlreiche *künige rîche, hôhe fürsten* und *werde degen* (+C 1960,2f.), *kristen* und *heiden* (+C 1961,3a) nehmen am Festmahl zur Begrüßung der Burgonden teil und das *ingesinde* (+C 1962,1a) wird ebenfalls reichlich versorgt.

Die Verteilung derartiger Strophen über den Text verdeutlicht, dass es sich um eine grundlegende Tendenz der Fassung *C handelt.

6.4.7 Verstärkung christlich-religiöser Bezüge

Die deutschsprachige Literatur um 1200 ist von außerliterarisch gültigen christlich-höfischen Ordnungsvorstellungen durchdrungen. So ist auch das Geschehen im ‚Lied' in allen Fassungen in die alltägliche Lebenswelt des Christentums eingebunden, wenngleich die *clerici* eine marginale Rolle spielen.[222] Dies drückt sich in einem Phänomen der Textoberfläche sowohl in *B als auch in *C darin aus, dass Gott in zahlreichen Wendungen Leid geklagt, um Hilfe gebeten, Dank gesprochen wird, dass der Kirchgang und die Taufen der Söhne Siegfrieds, Gunthers und Etzels, dass christliche Riten beim Begräbnis Siegfrieds oder auch Kriemhilds Abneigung, einen Heiden zu heiraten, als Selbstverständlichkeiten geschildert sind.[223]

---

[222] Vgl. Hennig 1997; Müller 1998, S. 194.
[223] Vgl. Panzer 1955, S. 202–206; Müller 1998, S. 198; Lienert 2003, S. 96.

In der Fassung *B sind christlich-religiöse Bezüge an keiner Stelle besonders betont, da stets Alltagssituationen dargestellt sind. Für *B drängt sich der Eindruck auf, dass nicht Gott die Geschicke zu lenken scheint, sondern dass das Handeln der Menschen ihr ‚Schicksal' bestimmt. Kein Sterbender richtet ein Gebet an Gott, sondern die heroische Sorge gilt stets dem eigenen Nachruhm auf Erden. Das eigene Schicksal wird angenommen, ohne dass dies christlich ausgelegt ist. Dies zeigt etwa die Szene, in der Hagen auf der Reise der Burgonden zu Etzel das Schiff zerschlägt, so dass niemand umkehren kann. Auch in dieser Passage erfolgt keine christliche Sinngebung.[224]

Die Fassung *C bietet durch ihre Plusstrophen eine veränderte Akzentuierung, indem christlich-religiöse Bezüge verstärkt sind. Oftmals ist ein christliches Moment erkennbar wie in den Strophen +C 1158–1165, 1284, 1559, 1621–25 und 2351.

Zwei Motiv-Erweiterungen gegenüber der *nôt*-Fassung fallen in diesem Zusammenhang besonders ins Auge: Ute in der Reichsabtei Lorsch und Etzels *vernôgieren*.[225] Mit acht Strophen (+C 1158–1165) stellen die Lorsch-Strophen die umfangreichste Erweiterung dar. Verwiesen ist auf die Gründung der Abtei durch Ute (+C 1158), Kriemhilds Stiftungen für Siegfrieds Seelenheil – als typische kulturelle Geste – und ihre *triuwe* ihm gegenüber (vgl. +C 1159,4a). Ein weiteres christlich-religiöses Motiv findet sich in der Figurenrede Rüdigers, in der erstmals Etzels Abfall vom Christentum beschrieben ist:[226]

„*Ern* [scil. Etzel] *ist niht gar ein heiden, des sult ir* [scil. Kriemhild] *sicher sîn.*
jâ was vil wol bekêret der liebe herre mîn,
wan daz er sich widere vernogieret hât.
wolt ir in, frouwe, minnen, sô möhte sîn noch werden rât." (+C 1284)

Das Motiv der Apostasie teilt die Fassung *C des ‚Lieds' explizit nur mit der *B-‚Klage' (+*B 988) und deutet auf eine theologisch-orientierte Sinngebung des

---

224 Vgl. Müller 1993, S. 151.
225 Gemäß Lexer (Bd. 3, Sp. 189) leitet sich das Verb vom lateinischen *renegare* ab und bedeutet „renegat werden, vom cristentum abfallen, überh. abfallen, sich empören".
226 Lienert (1998, S. 292) nimmt aus textgenetischer Perspektive an, dass das Motiv von Etzels *vernôgieren* „offensichtlich nachgetragen" sei, da „Rüdiger […] Kriemhilds Bedenken sonst kaum mit der Aussicht auf Etzels Bekehrung beschwichtigen [könnte] (NL 1261,4–1262,3)"; vgl. Bumke 1996c, S. 497–502. Attilas/Etzels Abfall vom Glauben ist ein altes Motiv der Sage. Vor dem Nibelungenkomplex kommt es in der deutschen Literatur bereits in Heinrichs von Veldeke ‚Servatius' vor; die Frage nach der konkreten Quelle für den Nibelungenkomplex muss allerdings offen bleiben; Heinzle 2013a, S. 1312.

Geschehens hin.[227] Rüdiger versucht an dieser Stelle, Kriemhild zu einer Heirat mit Etzel zu überzeugen. Dabei ist das *vernôgieren* nicht „negativ betrachtet, sondern als Chance, den ehemaligen Christen [...] wieder zum Christentum bekehren zu können"[228] im Sinn der Möglichkeit einer Heidenmission.[229] Allerdings nennt Etzel in beiden ‚Lied'-Fassungen diesen Heiratseinwand bereits antizipierend (B 1142 [1145]/C 1168),[230] wie auch Kriemhild eine Ehe mit einem Heiden nicht nur als Schande empfindet, dies erzählerisch in einem Soliloquium vermittelt (B 1245 [1248]/C 1272), sondern als Hindernis für eine Eheschließung gegenüber Rüdiger ebenfalls öffentlich ausdrückt (B 1258f. [1261f.]/C 1283f.).[231]

Die dem Umfang nach zweitgrößte Erweiterung umfasst fünf Strophen über den geretteten Kaplan beim Donauübergang der Burgonden auf der Reise zu Etzel in der 25. Aventiure (+C 1621–1625). In ihr bedauert Hagen die Rettung des Kaplans, weil sie die Vorhersage des Untergangs der Burgonden durch die Wasserfrauen bestätigt, der Kaplan wünscht ihm den Tot bei Etzel und Gunther bittet vermittelnd, Grüße nach Worms auszurichten. Doch schon im vorherigen Text heißt es in +C 1559, dass der Glaube der Burgonden schwach (*kranc*) sei:

> *In den selben zîten was noch der gloube kranc.*
> *doch frumtens einen kappelân, der in messe sanc:*
> *der kom gesunder widere, wand er vil kûme entran.*
> *die andern muosen alle dâ zen Hiunen bestân.*

Der schwache Glaube erklärt zugleich, dass „Hagen keinen Respekt vor dem Priesteramt hat[]"[232] und den Kaplan ins Wasser stößt, um die Vorhersage der Wasserfrauen zu prüfen. In *C erfolgt die alleinige Rettung des Geistlichen mit einem ausdrücklichen Verweis auf seinen festen Glauben, wogegen sämtliche Burgonden, deren Glauben zu schwach sei, ihr Leben lassen werden. *Gotes hant* rettet den Kaplan allerdings in beiden Fassungen (B 1576,3b [1579,3b]/C 1615,3b).

Ein weiteres Motiv folgt in der Plusstrophe +C 2351, in der der Erzähler zum Ausdruck bringt, dass die christlichen Burgonden die Heiden Etzels besiegt hätten, wenn nicht auch Christen – gemeint sind Dietrich und Rüdiger sowie

---

227 Vgl. Panzer 1955, S. 81; Bumke 1996c, S. 497–502.
228 Kiehl 2008, S. 253, Anm. 1051.
229 Vgl. Müller 2002, S. 100.
230 Vgl. ebd.
231 Vgl. Heinzle 2013a, S. 1341.
232 Ebd., S. 1359.

ihre Gefolgsleute[233] – unter ihnen gewesen wären. Neben der Verstärkung christlich-religiöser Bezüge dient diese Strophe ebenso der Heroisierung der Burgonden.[234]

Weitere eigene *C-Formulierungen untermauern die Tendenz, die diesen Plusstrophen abzulesen ist. Ein markantes Beispiel soll an dieser Stelle genügen: Nachdem Siegfried Brünhild in der Hochzeitsnacht für Gunther überwältigte, nimmt er ihr einen goldenen Ring ab. Während die Strophe B 676,4 [679,4] mit den Worten endet *daz si des nie wart innen, diu edele küneĝîn*, heißt es in C 688,4: *daz wolde got von himele, daz er daz hête verlân!* Das Geschehen wird in *C nicht nur kommentiert, sondern es ist zugleich – wenn auch redensartlich – auf Gott verwiesen, um die drastischen Konsequenzen dieser Szene zu betonen.

Durch eine eigenständige Formulierung der Strophe B 1391 [1394] ist in *C 1421 die einzige Stelle gestrichen, in der in *B dem Teufel ein Einfluss auf die Handlung zugeschrieben ist. Allerdings schreibt *C ihn in zwei anderen Stellen hinein. Nicht nur in der Plusstrophen +C 822,1b, sondern auch in +C 2143,4 ist die Handlung auf das Wirken des Teufels zurückgeführt, wenn erzählt wird, dass Kriemhild sich nicht allein an Hagen rächen konnte: *dô geschuof der übel tiufel, deiz über si alle muose ergân*. Da der *C-Bearbeiter an diesen beiden Stellen das Wort *tiuvel* benutzt, ist es mit Kuhn das schlimmere Wort als *vâlant*.[235] Unübersehbar ist, dass mit der Instanz des Teufels ein Hinweis auf eine theologische Deutung des Geschehens erfolgt.

Alle genannten Plusstrophen weisen darauf hin, dass der Bearbeiter *C intensiver den um 1200 zeittypischen Horizont eines christlich geprägten Daseinsverständnisses in seinen Text einbringt. Insbesondere der ausdrücklich schwache Glaube der Burgonden rückt die anstehende Katastrophe in die Perspektive der Gottesstrafe.[236] Eine grundsätzlich heilsgeschichtliche Weltsicht schreibt der Bearbeiter *C seinem Text allerdings nicht ein. Das *C-‚Lied', wie auch die ‚Klage'-Fassungen, operiert zwar mit einem christlichen Deutungsmuster, dieses dient aber „gerade nicht der Polarisierung einer christlichen und einer unchristlichen Welt".[237] Es besteht also keine „Tiefenwirkung" der christlichen Momente auf die Handlung.[238]

---

233 Vgl. Bumke 1996c, S. 514f.; Lienert 2000, S. 450.
234 Vgl. Heinzle 2013a, S. 1491f.
235 Kuhn 1965, S. 298.
236 Vgl. Heinzle 2003a, S. 201.
237 Müller 1998, S. 199.
238 Grosse 1999, S. 856.

6.4.8 Position und Anzahl der Plusstrophen

Anhand von Position und jeweiliger Anzahl der Plusstrophen zu speziellen Themen sind spezifische Erzählstrategien des *C-Bearbeiters zu konstatieren.[239] Zu beobachten ist, dass 16 von 38 Aventiuren mit mindestens einer Plusstrophe enden, wobei jeweils acht auf die ersten beziehungsweise letzten 19 Erzählabschnitte entfallen. Insgesamt steht mit 34^{240} von 100 Strophen ein Drittel der Plusstrophen am Ende von Aventiuren.[241] Dagegen beginnt nicht eine Aventiure mit einer Plusstrophe – mit der prominenten Ausnahme der Prologstrophe +C 1. Drei weitere Plusstrophen stehen relativ am Anfang einer Aventiure: +C 21 (Verweis auf Siegfrieds Jugendtaten) steht an dritter, +C 332 (Beratung über die am besten passende Frau für Gunther) an vierter und +C 392 (Verwunderung Gunthers über die hohe Anzahl von Burgen auf Island) an zweiter Stelle.

Der Befund ist folgendermaßen zu bewerten: Der *C-Bearbeiter ist offensichtlich bemüht, einige Aventiureausgänge über das Einfügen von Plusstrophen neu zu gestalten,[242] während dies für Aventiureeinsätze nicht anzunehmen ist. Aventiureanfänge sind jedoch über eigenständige Formulierungen und/oder Verschiebungen zu anderen Strophen in *C anders als in *B gestaltet (siehe Abschnitt 6.5). In den Plusstrophen, die sich am Aventiureende finden, sind teilweise Schlussmarkierungen zu beobachten, wenn am Ende der 16. Aventiure die Quelle, an der Siegfried erschlagen wurde, konkret lokalisiert ist (+C 1013), am Ende der 17. Aventiure Siegmund nach dem Mord an Siegfried den Wormser Hof verlässt (+C 1082f.), sich Kriemhild am Ende der 19. Aventiure nach dem Tod Siegfrieds ins Kloster Lorsch zurückziehen will (+C 1158–1165), am Ende der 25. Aventiure der von Hagen ins Wasser geworfene Kaplan sich an das Ufer retten kann und von Gunther als Bote nach Worms geschickt wird (+C 1621–1625) oder am Ende der 33. Aventiure der Tod des dänischen Helden Iring vorausgesagt wird (+C 2083). Auch den letzten beiden Strophen in *C entspricht

---

239 Möglicherweise sind die Plusstrophen zunächst an den Rand einer Handschriftenseite geschrieben worden, ehe sie in einer Abschrift in den Fließtext integriert wurden. Zur unterschiedlichen Positionierung von Plusstrophen in den Mischhandschriften siehe Müller 2016, S. 250–252.
240 Zweimal ist zu beobachten, dass zwischen den Plusstrophen, mit denen eine Aventiure endet, eine ‚eingeschlossene' Strophe steht, die auch in der Fassung *B zu finden ist: Zwischen +C 1312 und +C 1314–15 sowie zwischen +C 2081 und +C 2083. Wenn beide Plusstrophen vor der ‚belassenen' Strophe mitgezählt werden, stehen insgesamt 36 Strophen am Aventiurenende.
241 Das sind die Strophen +C 43, 328, 784, 821f., 923, 1013, 1082f., 1158–1165, 1314f., 1621–1625, 1755–1757, 1859–1861, 1972, 2004, 2083, 2440.
242 Vgl. S. Müller 2017, besonders S. 355–362.

nur eine in *B. Offenbar liegt in diesen Fällen ein Verständnis von Aventiuren als Handlungs- und/oder Vortragseinheiten zugrunde. Das Ende einer Aventiure bieten sich des Weiteren für Zusätze an, da entsprechender Raum vorliegt, ohne dass der umstehende Text hinsichtlich eines kohärenten Erzählgangs verändert werden muss. Darüber hinaus treten Akzentuierungen am Ende eines Erzählabschnitts auch besonders stark hervor, sofern sie mit dem Ende einer Handlungs- oder Vortragseinheit zusammenfallen.

Zu erkennen ist ebenfalls, dass einzelne Szenen durch Plusstrophen nicht nur erweitert sind, sondern dass meistens eine Akzentverschiebung einhergeht.[243] Letzteres gilt ebenso für die wenigen Fälle, in denen einzelne Strophen durch neue ersetzt sind, die mit anderem Inhalt gefüllt sind. Zum Beispiel ist +B 1520 [1523], in der vom Aufbruch der Burgonden zu Etzel berichtet wird, durch +C 1559 ersetzt, in der der schwache Glaube der Burgonden (+C 1559,1b: *was noch der gloube kranc*) als ein Aspekt ihres Untergangs gekennzeichnet ist. Ähnlich ist der Fall, wenn die Schilderung von Etzels Freude über die bevorstehende Ankunft der Burgonden in +B 1713–14 [1716–17] durch die Darstellung von Kriemhilds Absicht ersetzt ist, beim Hoffest Rache zu üben (+C 1755–57).

Die durch Plusstrophen hervorgerufene Betonung bestimmter Gegebenheiten, Objekte und/oder Figuren führt wiederholt zu einer Neu- und Ummotivierung der Handlung beziehungsweise Handlungsweisen, wobei die *narratio* an sich weitgehend unangetastet bleibt. Nicht immer ist direkt in den Plusstrophen eine Bearbeiterintention zu erkennen, mitunter wird sie durch weitere eigene Formulierungen von *C im näheren Umfeld der jeweiligen Strophe deutlich. Wenn Giselher und Gernot in +C 1124f. Kriemhild dazu drängen, sich mit Gunther zu versöhnen, ist erst in den eigens formulierten Versen C 1127,2f. ihr Motiv genannt, nämlich Verfügungsgewalt über den Hort zu erlangen, und mittels Erzählerrede verurteilt (C 1128,2a: *mit valsche gefüeget*).[244] Durch das Einschreiben von Motivationen in *C ist die Handlung für den Rezipienten einsichtiger und plausibler als in *B. Grundsätzlich ist die Verwendung von Plusstrophen dahingehend einzuordnen, dass der Bearbeiter *C sie an Stellen einfügt, an denen es ihm aus den genannten Motiven ratsam erscheint.

Die jeweilige Anzahl von zusätzlichem Material bezeugt einen Schwerpunkt, der auf der Plausibilisierung, Motivierung und Verklammerung sowie der Vereindeutigung hinsichtlich der Wertung der Figuren und des Geschehens liegt. Die in *C zugefügten Strophen sind zwar nicht als erzählnotwendig einzu-

---

243 Vgl. Hoffmann 1967, S. 120.
244 Vgl. Kuhn 1965, S. 297; Müller 1998, S. 147.

stufen,[245] zeugen jedoch von einem spezifisch akzentuierendem Erzählinteresse und hängen vielfach mit die Handlung interpretierenden Tendenzen zusammen.[246]

6.5 Aventiureeinteilung

Nicht nur der Strophenbestand variiert zwischen den Fassungen *B und *C des ‚Lieds', sondern auch ihre Aventiureeinteilung.[247] Das Wort ‚Aventiure' in der Überschrift kennzeichnet in der Fassung *C in der Regel einen Erzählabschnitt.[248] Während die Fassung *B insgesamt 39 Erzählabschnitte bietet, die jeweils durch eine Initiale markiert sind, sind es derer nur 38 in der Fassung *C: Die *B-Erzählabschnitte 33 und 34 sind zur *C-Aventiure 33 zusammengefasst. Im *C-Text entfallen damit jeweils 19 Aventiuren auf die beiden Sagenkomplexe, so dass möglicherweise davon auszugehen ist, dass der Bearbeiter beiden Erzählsträngen rein quantitativ gleiches Gewicht zuerkennen will. Es ist wohl kein Zufall, dass just am Schnittpunkt der symmetrischen Anordnung der Aventiuren die zahlenmäßig größte Zudichtung von Plusstrophen mit dem Thema Ute in Lorsch erfolgt (+C 1158–1165). In der letzten Strophe der Aventiure (+C 1165) möchte sich Kriemhild zu ihrer Mutter nach Lorsch zurückziehen und sorgt sich um die *memoria* Siegfrieds. An dieser Stelle endet der erste Sagenkomplex und auch die Erzählung ist deutlich durch einem Schlusspunkt markiert. Die Werbung von Etzel hindert Kriemhild an ihrem Rückzug, so dass der Endpunkt des ersten Sagenkreises zugleich Anfangspunkt des zweiten ist.[249]

---

245 Vgl. Bumke 1996c, S. 578.
246 Vgl. Henkel 2003a, S. 127.
247 Zur unterschiedlichen Setzung von Aventiureanfängen vgl. Wachinger 1960, S. 73–78. Mit Ausnahme von B, K und k stehen in allen Handschriften über den Kapitelanfängen Überschriften, wobei Wortlaut und Strophenzahl leicht variieren. Die Aventiureüberschriften sind Panzer (1955, S. 99f.) zufolge sekundär in den Text des ‚Lieds' eingegliedert, da in ihnen dreimal das Wort *briuten* gebraucht wird, das weder im ‚Lied' noch sonst in der bairisch-österreichischen Literatur vorkomme. Grundsätzlich gelten die verwendeten Prosaüberschriften als eine wahrscheinliche Einführung des Redaktors *C; Heinzle 1994, S. 80.
248 Das mittelhochdeutsche Wort *âventiure* ist polysem und wird anders als in ‚Lied' und ‚Klage' etwa von Hartmann von Aue zur Bezeichnung für eine Quelle oder von Wolfram von Eschenbach für das eigene Werk verwendet; vgl. Unzeitig 2010, S. 170; vgl. ‚Erec', V. 185, 281, 743, 2239, 2897, 7835, ‚Iwein' (Textausgabe: Cramer 2001), V. 3026 und ‚Parzival', V. 115,24; 140,13; 827,11.
249 Vgl. Müller (1998, S. 97), dem zufolge die Zusatzstrophen den „Eindruck der Abgeschlossenheit der Handlung" verstärken. Außerdem revoziere in + C 1162f. „ein zweites Mutter-

Ein Vergleich auf Handschriftenebene hinsichtlich der Aventiureeinteilung ergibt den folgenden Befund. Der Handschrift B ist die Handschrift A zur Seite gestellt, der möglicherweise die Funktion eines Korrektivs zuzusprechen ist, weil B in Bezug auf die Texteinrichtung immer wieder eigene Wege innerhalb der Fassung *B beschreitet (siehe Abschnitt 2.9.4). Um Aspekte der Handschrift C als repräsentativ für die Fassung *C zu ergründen, ist zusätzlich die Handschrift a einbezogen. Ich zitiere nach Batts (1971), um die Handschriften- statt der Fassungsebene auch in den Textzitaten zu markieren.

An 25 von 42 Stellen, an denen sich in mindestens einer der drei Handschriften A, B und C eine Aventiureninitiale befindet, stimmen alle drei Handschriften überein.[250] Sie weisen dieselbe Initiale desselben Wortes an der jeweils entsprechenden Textstelle auf, und diese Textstelle ist nahezu identisch formuliert.[251]

Tochter-Gespräch (um Kriemhilds Rückzug nach Lorsch) die Eingangsszene des Epos; doch statt um dauerhaften Verzicht Kriemhilts auf einen Mann geht es diesmal um die dauerhafte Nähe zu seinem Grab. Der Kreis scheint sich geschlossen zu haben"; ebd., S. 113.

250 Bis auf die Initiale am Textanfang (A: 15 Zeilen; B: 10 Zeilen; C: 12 Zeilen) sind in Bezug auf die Größe der Initialen zu Beginn der Aventiuren nur geringe Unterschiede festzustellen. A weist meistens vierzeilige bei einer Streuung von drei- bis sechszeilige Initialen (Mittelwert ohne Eingangsinitiale: 3,61) auf; B dagegen meistens vierzeilige bei einer Streuung von vier- bis siebenzeilige (Mittelwert: 4,0) – allerdings in 18 Fällen verbunden mit einer und einmal mit zwei leeren Zeilen; C meistens fünfzeilige Initialen bei einer Streuung von zwei bis sechs Zeilen (Mittelwert: 4,07).

251 Zu Beginn der 19. Aventiure ist der Anvers der Eingangsstrophen unterschiedlich formuliert. Ich zitiere nach Batts 1971, S. 332f., ohne seine editorischen Kennzeichnungen zu übernehmen: C 1112,1: *Do div minnekliche also verwitewet wart* gegenüber B 1098,1 [1101,1]: *Do div edel Criemhilt also verwitwet wart*. A 1041,1 formuliert parallel zu B; C ist an dieser Stelle eigenständig. Aus neuzeitlicher Perspektive bieten A und B einen besseren Text, weil im Erzähleingang die Figur ausdrücklich genannt ist, während sie in C aus dem Kontext erschlossen werden muss, auch wenn dies sicherlich aufgrund der Angaben keine Probleme bereitet. Dies entspricht aber offenbar nicht einem mittelalterlichen Interesse. Auffällig ist, dass zwar der zweite Vers in allen drei Handschriften nahezu identisch formuliert ist, im Folgenden C aber wieder umstellend und eigenständig akzentuierend anders als A (10413f.) und B formuliert. Gemeint ist der Graf Eckewart:

C 1112,3f.: *beleip mit sinen mannen; sin triwe im daz gebot.*
er diente siner frouwen mit willen vnz an sinen tot.
B 1098,3f. [1101,3f.]: *beleip mit sinen mannen; der dienet ir zallen tagen.*
der half ovch siner vrouwen sinen herren diche chlagen.

In A und B ist die *triuwe*-Bindung implizit, während sie in C ausdrücklich benannt ist. Auch wegen der unterschiedlichen Reimwörter wird eine intentional-konzeptionell orientierte Motivation für eine eigene Formulierung vorliegen. C erscheint wegen der *triuwe* bis in den Tod drastischer, intensiver und verweist zugleich auf das Ende, so dass dieser Stelle eine engere

Auch an anderen Stellen weisen zwar alle drei Handschriften dieselbe Initiale auf, dennoch ist kein enger Textanschluss vorhanden. Zu Beginn der 18. Aventiure ist der erste Vers in C und AB unterschiedlich formuliert und das die Initiale tragende Wort ein anderes.[252] Auch zu Beginn der 24. Aventiure weisen zwar alle Handschriften eine *D*-Initiale auf,[253] aber sie stehen in verschiedenen Strophen: Die Handschriften A und B setzen die neue Aventiure eine Strophe früher als C an.[254]

An den weiteren 17 Stellen mit Aventiureinitialen unterscheiden sich die Handschriften, dies aber nicht immer markant. Ein unterschiedlicher Initial-Buchstabe weist nicht unbedingt auf einen unterschiedlichen Aventiurebeginn hin: Der Anvers der ersten Strophe in der 4. Aventiure in C 140,1a mit *Do chomen vremdiv mære* gegenüber B 137,1a [139,1a] (und A 138,1a) *Nu nahten vremdiv mære* unterscheidet sich nicht signifikant, allerdings ist der Erzähleinsatz mit *Do* in allen Handschriften der häufigste. Insofern ist das *Nu* auffällig, ohne dass daraus ein signifikantes Deutungspotenzial erwächst. C weist zu Beginn der 8. Aventiure mit *S* eine andere Initiale als AB mit *D* auf.[255] An dieser Stelle ist der

---

Kohärenzbildung abzulesen ist. Nahezu identisch ist auch der Text zu Beginn der 22. Aventiure formuliert. Doch allein C enthält die geographisch korrekte, d.h. die der tatsächlichen Lokalität entsprechende Ortsangabe: C 1363,1a: *Si was ze Treysenmvre* gegenüber B 1333,1a [1336,1a] (und A 1276,1a): *Si was ce Zeizenmvre*; Batts 1971, S. 406f. Das *si* bezieht sich auf Kriemhild, was wieder nur aus dem (vorherigen) Kontext erschließbar ist sowie aus der Aventiureüberschrift in C (*Auentͮ wie Chriemhͥ vñ Ezele brvten in der stat ze Wienne.* gegenüber A: *Wie si zen Hvnen wart enphangen*). Auffällig ist die Benennung der Burgonden zu Beginn der 28. Aventiure in C in Erzählerrede als Nibelungen (C 1759), während sie in B 1715 [1718] und A 1656 noch *Bŷgonden* heißen.

252 Zu Beginn der 18. Aventiure ist Raum für die Initiale *D*, sie ist aber nicht ausgeführt; Batts 1971, S. 325. C 1083,1 liest sich: *Do brahte man den herren / da er Chriemhͥ vant.*; ebd., S. 324. Dagegen formuliert B 1070,1 [1073,1] (wie auch A 1013,1): *Der sweher Criemhilde gie da er sie vant.* In beiden Handschriften ist nur aus dem (vorherigen) Kontext deutlich, dass sich das *er* auf Siegfrieds Vater Siegmund bezieht. Allerdings ist dies auch in der Aventiureüberschrift der Handschrift A erkennbar (*Wie Sigmvnt wider ze lande fv̂r*); während dies in C so nicht erkennbar wird (*Auenture wie Chriemhͥ da bestvnt. vñ ir sweher dannen reit.*).

253 Im Folgenden markiere ich die Initialen durch Kursivdruck.

254 Der Anfang der Aventiure entspricht in AB eher neuzeitlichen Erwartungen durch einen Beginn mit Anfangssignalcharakter von *Do Ecel zu dem Rine sine boten sande* (B 1419,1 [1422,1]; A 1362,1 mit Wortumstellung), während C 1451 direkt im Geschehen ansetzt (*Die boten dannen fvren vber Hvnin lant*).

255 *D* ist mit großem Abstand die häufigste Initiale: C: 19-mal; A: 21-mal; B: 19-mal. Dahinter folgen *A* (3:4:4) und *N* (3:3:4). Es ist nicht anzunehmen, dass eine Abweichung aus ästhetischen Gründen etwa im Sinn einer Variation der Initialen erfolgt, zumal ein Inital-*D* in allen Handschriften bis zu fünfmal unmittelbar hintereinander folgt.

erste Vers anders formuliert: In C (und a) ist Siegfried durch die prominente Stelle zu Beginn der Aventiure geringfügig stärker herausgestellt: C 493,1: *Sifrit der vil chvne dannen gie zehant* gegenüber B 480,1 [482,1] (vgl. A 451): *Dannen gie do Sifrit cer porten vf den sant*. Ein gegensätzlicher Fall findet sich zu Beginn der 32. Aventiure: C 1973 (und a) beginnt mit einem bestimmten Artikel in *Die Blŏdelines rechen*,[256] AB dagegen mit *Blŏdelines recken* direkt mit dem Namen (A 1858/B 1918 [1921]).[257] Man kann die unmittelbare Namensetzung zu Beginn einer Aventiure nicht als Tendenz einer bestimmten Fassung werten, was sich auch wegen des jeweils einmaligen Vorkommens verbietet. Zu Beginn der 12. Aventiure gehen C und B konform, während A eine andere Initiale aufweist: C 731,1a: *Nv daht ovch alle cite* (vgl. B 721,1a [724,1a]) gegenüber A 667,1a: *Do dahte ŏch alle zite*. Die Aventiure fehlt a. A geht in diesem Fall offenbar eigene Wege, ohne dass sich ein metrischer, stilistischer oder inhaltlicher Unterschied ergibt. Ähnliches gilt für den Beginn der 23. Aventiure: C 1414,1a formuliert *In also hohen eren* (wie a), B 1384,1a [1387,1a]/A 13271a *Mit vil grozen eren*. Die C-Formulierung bezieht sich auf Vorangehendes und stellt den Bezug dazu her; die A/B-Formulierung verzichtet auf diese Kohärenzstiftung.

Wichtigere Unterschiede weisen die Handschriften an den folgenden Stellen auf: Die Handschriften A und C bieten beide die Prologstrophe,[258] so dass sie mit *U(ns)* logischerweise eine andere Initiale als B mit *E* aufweisen, die allerdings der zweiten Strophe in AC entspricht.[259] Da die Aventiure in a fehlt, sind keine sicheren Schlüsse für die Fassung *C zu ziehen. Der Unterschied ist konzeptionell begründbar. Zu Beginn der 6. Aventiure gehen BC konform, während A den Aventiurebeginn eine Strophe früher als B und zwei früher als C ansetzt, da C an dieser Stelle eine Plusstrophe (+C 328) aufweist – und auch die vorherige C-Strophe 327 ist ab dem zweiten Vers eigenständig formuliert.[260] Auch diese

---

256 Allerdings endet die vorherige Aventiure mit einer Plusstrophe gegenüber AB, in der erzählt wird, dass Hagen nicht bezwungen werden kann und dass er Ortlieb töten wird (+C 1972).
257 Batts 1971, S. 587.
258 So auch in den *D-Handschriften Db; ebd., S. 3.
259 Ebd.
260 Die beiden letzten Verse der Abschlussstrophe in A und B sind leicht anders formuliert; in beiden Handschriften ist allerdings Gunther derjenige, der sich eine Ehefrau suchen möchte, was von seinen *rechen* positiv aufgenommen wird. Anders verläuft der Text dagegen in den beiden C-Strophen: Sie betonen, dass Gunther von seinem Hofstaat aufgefordert wird, eine Frau zu finden und Gunther – in Figurenrede – den Impuls aufnimmt und sich beratend nach einer passenden Gemahlin suchen möchte. Gunther ist derjenige, der zur Heirat angestoßen wird. Zugleich wird über die Anforderungen (+C 328,2: „*div mir vñ mime riche ze frowen mvge zemen*") in zweierlei Weise ein Spannungsbogen aufgebaut: Einmal im Sinn einer Motivierung

Aventiure fehlt in a, so dass dieser C-spezifische Aventiurebeginn für die Fassung *C nicht sicher zu generalisieren ist. Die sechste Aventiure beginnt in der Fassung *B mit einer Strophe, in der Gunther beschließt zu heiraten (B 323 [325]). Der *C-Bearbeiter fügt anschließend eine Plusstrophe (+C 328) ein, in der Gunther Überlegungen zu seiner Brautwerbung anstellt.[261] Der *C-Bearbeiter stellt beide Strophen an das Ende der fünften Aventiure, so dass die Strophe, die in *B noch die zweite Strophe darstellte, den neuen Eingang der folgenden Aventiure bildet: In C erscheint der Abschluss der 5. Aventiure runder, der Eingang mit *Ez was ein kuniginne gesezzen vber se* (C 329,1/A 325,1/B 324,1 [326,1])[262] markiert den Erzähleinsatz schärfer und diese Einführung von Brünhild ist zugleich analog zu der Kriemhilds und Siegfrieds gestaltet. Der neu geformte Erzähleinsatz ist parallel zu denen der ersten und zweiten Aventiure gerückt:[263] Nach der Prologstrophe beginnt die erste Aventiure mit dem Einsatz *Ez whs in Bvregonden ein vil edel magedin* (C 2,1), der auf Kriemhild abzielt und im Grundtext vermutlich den ersten ‚Lied'-Vers darstellte. Die zweite Aventiure setzt mit dem Vers ein *Do ẘhs in Niderlanden eins edeln kuniges chint* (C 19,1), womit die Vorstellung von Siegfried eingeleitet ist. Die parallele Struktur der drei Erzähleinsätze beziehungsweise Figurenvorstellungen ist in *C deutlicher als in *B markiert und hebt damit das Problemdreieck Kriemhild – Siegfried – Brünhild hervor.[264] Weitere strukturelle Gestaltungen des Aventiureneingangs

---

zur weiteren Rezeption, einmal wird die nachfolgende – und vermutlich seitens des mittelalterlichen Rezipienten auch erwartete – Drastik des Geschehens durch diese zunächst scheinbar harmlose, dynastisch-genealogisch motivierte Überlegung verstärkt, da Brünhild Gunther zunächst deutlich überlegen ist.
261 Müller (1998, S. 87) sieht in dem Einfügen dieser Strophe den Versuch, den Übergang zu glätten, da sie einen Handlungszusammenhang herstelle.
262 In B ist zwar die Initiale ausgeführt, aber der Rest des Anverses fehlt, auch wenn entsprechender Raum gelassen ist; vgl. Batts 1971, S. 99. Dies ist wiederholt zu beobachten (B 1 [2]; B 387 [389]). Möglicherweise ist dies darauf zurückzuführen, dass in B mitunter nach der Initiale auch weitere Wörter des ersten Halbverses an drei Stellen größer ausgeführt sind (B 42 [44]; B 137 [139]; B 263 [265], so dass die ersten Halbverse nachgetragen werden sollten. Eine Aventiureninitiale fehlt einmal in B 1070 [1073], wo jedoch ein vierzeiliger Raum freigelassen ist, was der durchschnittlichen Aventiureninitialengröße entspricht, und wo sowohl A als auch C eine Initiale aufweisen. Häufiger ist nur der Raum für eine Zwischeninitiale vorhanden, sie aber nicht ausgeführt. 18-mal findet sich nach der Initiale auch eine leere Zeile, einmal sind es zwei.
263 Vgl. Henkel 2003a, S. 128.
264 Müller (2017, S. 147f.) bezeichnet die Erzähleinsätze als „übliche Initialformeln" im Kontext ‚epischen' Erzählens, die im ‚Lied' „drei Parallelhandlungen [implizieren], die dann als Teile eines einzigen Handlungsstrangs zusammengefügt werden. [...] Die Kontextlosigkeit epischer Erzählformen wird in einen weitläufigen Erzählzusammenhang integriert. Sie sind

mit einleitendem Charakter für den jeweiligen Erzählabschnitt sind nicht zu beobachten.[265]

Der *C-Bearbeiter integriert nicht nur eine Strophe der sechsten in die fünfte Aventiure, sondern auch sechs Strophen (B 381–386 [383–388]) vom Ende der Aventiure zusammen mit einer weiteren Plusstrophe (+C 392) in die siebente und schafft auch in diesem Fall einen neuen Erzähleingang. C setzt den Aventiurebeginn sechs beziehungsweise mit der Plusstrophe gegenüber B sieben Strophen früher an. In a fehlt die Strophenpassage, die Handschrift weist aber eine Überschrift auf (*Auennteur wie kchunig gunnther nach praunnhildenn fuer vber see*), die eher zu A (*Wie Gvnther Prvnhilde gewan*) als zu C (*Auent^v wie Gunther ze Islande mit sinen gesellen chom.*) passt.[266] Die selbstständige Formung ist strukturell ebenso wie inhaltlich zu begründen: Die sechste Aventiure behandelt die Reise nach Island und in der siebenten ist die Werbungsgemeinschaft dort bereits eingetroffen. Der Bearbeiter *C hat die Erzählabschnitte handlungslogischer getrennt. Auffällig ist ebenfalls, dass sich der letzte Vers der vorherigen Strophe in C von AB unterscheidet:

C 390,4: *daz het von Tronege Hagene ê vil selten bekannt.*

B 380,4 (vgl. A 371,4): *da was ir deheinen niwan Sivride erchant.*

Nur in C ist eine Opposition von Siegfried und Hagen thematisiert, da Siegfried in den Strophen zuvor bereits als derjenige gekennzeichnet ist, der Brünhilds Land kennt. Wenn Hagen an dieser Stelle genannt ist, dann markiert dies seine Unterlegenheit im Vergleich zu Siegfried.[267] Dies ist durch den Zusammenfall

---

Gegenstand literarischen Kalküls". Ein solcher Erzähleinsatz findet sich ebenfalls etwa in der Älteren Vulgatversion des ‚Laurin' zu Beginn des Texts (V. 1: *Czu Berne waz gesessen*) und hat wohl spätestens dort topischen Charakter.

265 Ein Vergleich der Aventiureeingänge der Fassungen *B und *C ergibt keinerlei weitere auffällige Unterschiede. Ein beiden gemeinsames strukturelles Moment ist der Aventiureeinsatz mit *dô*, der in beiden Versionen des ‚Lieds' jeweils dreizehn Mal zu finden ist. Da unzählige Strophen in der Mitte von Aventiuren mit *dô* beginnen, ist auch darin keine Besonderheit zu erkennen. An jeweils zwei Stellen weichen beide Texte voneinander ab, was auf eigene Formulierungen ohne inhaltliche oder motivatorische Konsequenzen sowie auf unterschiedliche Strophen als Aventiureeinsatz zurückführbar ist: In der vierten Aventiure beginnt B mit *nu*, C mit *dô*; C bietet einen eigens formulierten Einsatz der 7. und 18. Aventiure mit *dô* und ‚schiebt' fünf Strophen, wie sie in B stehen, vom Beginn der 27. Aventiure in die 26., so dass ein *dô* nicht mehr am Beginn der 27. Aventiure steht.

266 Batts 1971, S. 119. A entsprechen mit geringer Varianz die Überschriften in den *D-, *J-Handschriften Idh; D (*Aw. wi chvnic Gvnher vñ Sivrid qwamen gein Ysenstein vñ irwurbc brvnhilden*) und b (*Aventeur wie Seifrid prunhilden gewan*) formulieren eigenständig; vgl. ebd.

267 Vgl. Heinzle 2013a, S. 1138.

mit dem Aventiureabschluss in C auch an exponierter Stelle deutlich markiert.[268] Beide Aventiureschlüsse respektive -anfänge erscheinen qualitativ als gleichwertig: Während in C an Vorheriges angeknüpft ist, endet in AB die Aventiure damit, dass Siegfried Kriemhilds Hand erhält und seine Motivation für die Unterstützung Gunthers in der Brünhildwerbung herausgestellt ist.[269]

Auch zu Beginn der 11. Aventiure weist C mit *S* eine andere Initiale als AB mit *D* auf. In C sind die ersten drei Verse anders formuliert; der Fokus liegt stärker auf Siegfried. Davon zeugt der Aventiureeingang in Erzählerrede mit einer ausgefallenen Wortstellung (C 699,1a: *Svn der Sigemundes*; B 687,1a [690,1a]; vgl. A 637,1a: *Do di geste waren*), aber auch die weitere Formulierung in Figurenrede etwa über das Possessivpronomen im Singular (C 699,3b: „*ia will in min lant*"; B 687,3b [690,3b]; vgl. A 637,3b: „*heim in vnser lant*").

Handlungslogischer getrennt sind in C ebenfalls die 23. und 24. Aventiure. Der Bearbeiter *C setzt die Eingangsstrophe (B 1419 [1422]) der 24. Aventiure an das Ende der 23., die damit mit einer weiteren Vorausdeutung auf das Ende der Erzählung abschließt.[270] Die 24. Aventiure setzt anschließend mit der tatsächlichen Reise der Boten zu den Burgonden ein.

Auffällig ist der Beginn der 27. Aventiure: In der Handschrift A beginnt sie vier beziehungsweise mit einer AB gemeinsamen Plusstrophe (+A 1594/+B 1651 [1654])[271] fünf Strophen früher als in C – und weist mit der Überschrift *Von Rudi-*

---

268 In der Plusstrophe +C 392 wird in der Figurenrede Gunthers erzählt, dass ihn das Land Brünhilds beeindruckt. An dieser Stelle besteht ein deutlicher Zusammenhang mit der Plusstrophe +C 328. Dazu gesellen sich auch die weiteren fünf Plusstrophen der 6. Aventiure der Handschrift C gegenüber AB, in denen in Erzählerrede von der Beratungssituation um eine angemessene Ehefrau erzählt wird (+C 332), in einem kurzen Dialog von Gunther auf Brünhild besteht und Siegfried vehement von der Werbung abrät (+C 335f.). Nur die Ausführungen in Erzählerrede zur *tarnkappen* (+C 342, 3a) zielen in eine andere Richtung (+C 342f.). Auch die Aventiureüberschrift weist auf einen anderen Fokus hin: *Auent[v] wie Gunther ze Islande mit sinen gesellen chom.* (C) gegenüber *Wie Gvnther Prvnhilde gewan* (A) indiziert eine aktive Haltung Gunthers.
269 Auffällig ist, dass A und B eine unterschiedliche Initiale aufweisen: A hat mit *I* die korrekte, was der Textanschluss an C und im zweiten Halbvers auch an B bezeugt. In B steht ein *S*, der erste Halbvers fehlt jedoch. Offenbar handelt es sich um ein Missverständnis zwischen Schreiber und Rubrikator.
270 Die 105 Vorausdeutungen der Fassung *B stehen meistens in der letzten Langzeile der Strophe. Sie „geben dem Vortragenden und der Zuhörerschaft eine Zielrichtung der weit geöffneten Erzähldimension" und schüren eine „düstere Vorahnung", leisten strukturell aber nur die Verklammerung, auf Kommendes oder das Ende hinzuweisen; Grosse 1999, S. 727f.; vgl. Panzer 1955, S. 119f. Sie füllen aber vielfach eine durch die Form der Strophe bedingte Lücke, bevor die Handlung in der Folgestrophe weitergeführt wird.
271 Die Plusstrophe in AB beschreibt die Schönheit der Frauen.

gers auch einen anderen Fokus auf als C mit *Auent' wie der marchgrave die kunige mit ir rechen in sin hvs enpfie. vñ wier ir sit pflach.*[272] B weist in diesem Fall weder eine größere, also wie ansonsten mindestens vierzeilige Aventiureinitiale noch einen Absatz auf, was möglicherweise als ein ‚Fehler' in der Texteinrichtung zu bewerten ist. Alle drei Handschriften gehen auseinander. Dass C an dieser Stelle eine Minusstrophe und einen eigenen Aventiureeinsatz aufweist, ist auffällig. Die Strophen B 1647–1650 [1650–1653] führen die Beschreibung von der Gattin und der Tochter Rüdigers aus den vorhergehenden Strophen fort, während die 27. Aventiure in *C mit dem Empfang der Burgonden an Rüdigers Hof einsetzt. Damit sind auch für diese Änderung handlungslogische Gründe zu anzunehmen.[273]

Die 33. Aventiureninitiale in AB (*Wie die Bvrgonden mit den Hevnen striten*) hat keine Entsprechung in C und a.[274] In beiden Handschriften deutet auch kein Absatz auf eine Zwischengliederung hin.[275]

Die Setzung des nächsten Aventiureanfangs unterscheidet sich ebenfalls: AB (*Wie si toten abe wurfen*) gehen konform mit den Handschriften DIh.[276] Die Aventiure beginnt in C (und a) (*Auent' wie Danchwart div maer ze hove sinen herren braht.*) zehn Strophen früher. Zudem weist C (und a) am Ende der 32. (C) beziehungsweise 33. (AB) Aventiure eine Plusstrophe (+C 2004) auf, in der erzählt wird, dass Ortlieb allen am Tisch gezeigt und sein künftiger Tod erwähnt

---

[272] Die Verbindung von Aventiure und Aventiureüberschrift darf sicherlich nicht zu eng betrachtet werden.
[273] Die beiden Initialen *I* zu Beginn der 23. sowie der 27. Aventiure in der Handschrift C sind jeweils nicht eingerückt. Der unterschiedlich gesetzte Eingang der 27. Aventiure ist aus diesem Grund wohl nicht mit einem Versehen zu erklären, dass also eine Initiale zunächst vergessen und dann nachträglich und daher nicht eingerückt eingefügt ist. Es muss eine Motivation für die Eigenheit von C geben.
[274] In der 33. Aventiure finden sich in C zwei Plusstrophen (+C 2056f.), in denen erzählt wird, dass Dietrich von Bern und Rüdiger sich aus dem Streit heraushalten wollen und dass die Burgonden sie nicht ohne Kampf fortgelassen hätten, wenn letzteren das Leid bekannt gewesen wäre, das ihnen durch diese beiden noch widerfahren wird. In der 34. Aventiure von AB ist die dritte Strophe eine Plusstrophe (+A 1948/+B 2008 [2011]), in der in der Figurenrede Giselhers weiter ausgeführt wird, dass die Gefallenen aus dem Saal getragen werden sollen. Am Ende der Aventiure finden sich zwei Plusstrophen in Ca: +C 2081 sowie +C 2083. C 2082 ist zwar eigens formuliert, entspricht aber A 1964/B 2024 [2027]. In ersterer ist das Leid Etzels und das gemeinschaftliche Klagen hervorgehoben, in letzterer wird zur nächsten Aventiure übergeleitet, indem sie die Figur behandelt, die auch nach Ausweis der folgenden Aventiureüberschrift im Zentrum steht: C *Auent' wie Irinch mit Hagenen streit. vñ wie im sit an im gelanch.* (C) beziehungsweise *Wie Irinch erslagen wart* (A).
[275] Batts 1971, S. 613.
[276] Ebd., S. 595.

wird. In C ist der Abschluss durch die Plusstrophe markiert, möglicherweise motiviert sie über die Vorausdeutung auf ein ‚Zwischenziel' eine weitere Rezeption.

Die 33. Aventiure beginnt in C mit dem Bericht Dankwarts über den Überfall auf die burgondischen Knappen. In AB ist zunächst erzählt, dass Hagen und Volker den Saal verlassen, berichtet wird jedoch das Geschehen im Saal, so dass die Erzählperspektive auf den Saal gerichtet bleibt. C entspricht damit eher neuzeitlichen Erwartungen.

Der Befund ergibt das folgende Gesamtbild: Die drei Haupthandschriften A, B und C stimmen zu etwas weniger als zwei Dritteln in den Aventiureinitialen sowie in deren Platzierung überein. Unterschiedliche Initialen sind mitunter auf kaum signifikante Formulierungseigenheiten zurückzuführen und weder metrisch, stilistisch noch inhaltlich relevant. Zum Teil sind sie jedoch inhaltlich begründet, was den jeweiligen Formulierungen und/oder Plus- respektive Minusstrophen abzulesen ist. Als Folge von konzeptionell orientierten Intentionen sind in *C unter anderem die Prologstrophe, durch Formulierungen oder Plusbeziehungsweise Minusstrophen markierte Aventiureschlüsse beziehungsweise -anfänge, Parallelisierungen gegenüber anderen Aventiureanfängen, die Betonung von bestimmten Figurenkonstellationen und/oder -kennzeichnungen, Raum- beziehungsweise Perspektivenwechsel sowie Spannungsaufbau hinsichtlich Drastik zu deuten.

Auffällig ist, dass C kein Bestreben zeigt, die Erzähleinsätze grundsätzlich durch einen einleitenden Charakter neu zu gestalten. Dasselbe ist weitgehend für die Aventiureschlüsse festzustellen. Selten bezeugen die letzten Strophen einen abschließenden, zusammenfassenden oder vorausdeutenden Charakter. Dies belegt, dass aus neuzeitlicher Perspektive andere Ansprüche an einen Aventiureeingang gestellt werden als aus mittelalterlicher.[277] Die Handschriften des ‚Lieds' dokumentieren, dass die einzelnen Aventiuren nicht geschlossen nebeneinander stehen, sondern dass die Übergänge trotz der Gliederung durch Überschrift und/oder Initiale fließend sind.

---

[277] Ein Blick auf die zeitlich später entstandenen Dietrichepen ‚Rabenschlacht' und ‚Dietrichs Flucht' mag verdeutlichen, dass ein Vortragsabschnitt nicht einem Erzählabschnitt entsprechen muss. So heißt es in der ‚Rabenschlacht' etwa innerhalb des Erzählabschnitts ‚Hochzeit Dietrichs und Herrats' *Hie mit wil ich iu enden daz mære* (Str. 111,6), was wohl einen Vortragsabschnitt markiert; vgl. Str. 463,1f., 522,4f., 533,5; in ‚Dietrichs Flucht' V. 6987, 7446; vgl. Lienert/Wolter 2005, S. 27, ad 111,6.

In etwas mehr als einem Drittel geht die Handschrift C als Repräsentant der Fassung *C, was sich oftmals, wenn auch nicht immer durch a bestätigen lässt,[278] eigene Wege, während AB meistens konform überliefern. Je zweimal stimmen BC respektive AC überein, einmal gehen alle drei Handschriften auseinander, was aber vermutlich auf einen ‚Fehler' in der Texteinrichtung von B zurückzuführen ist. Hinsichtlich der Aventiureinitialen repräsentieren daher AB eine gemeinsame Fassung *AB und C eine eigene (*C). Hinsichtlich der Zwischeninitialen muss die Repräsentativität aller Handschriften für ihre Fassung offen bleiben. Dies gilt nicht zuletzt aus dem Grund, weil in A so gut wie keine, in B aber bis auf wenige Ausnahmen jede dritte Strophe mit einer Zwischeninitiale versehen ist, so dass immer zwei Strophen keine Initiale aufweisen. Auch C weist Zwischeninitialen auf, a dagegen keine. In der Makrostruktur sind damit auch hinsichtlich der Texteinrichtung Fassungsunterschiede aufgewiesen, in der Mikrostruktur jedoch nicht.

Bereits die Analyse des unterschiedlichen Strophenbestands hat gezeigt, dass der Bearbeiter in *C um eine glattere Handlungsfolge bemüht ist und eigenständige Neu- und Umdeutungen vornimmt. Die Umgestaltung der Aventiureeinteilung ist ebenfalls auf eine glättende Tendenz zurückzuführen, wofür vor allem eine handlungslogischere Trennung von Aventiuren in *C gegenüber *B spricht.

---

[278] Dies liegt in der Regel daran, dass a an einigen Stellen gegenüber C gekürzt ist.

7 Vergleich der Fassungen *B und *C der ‚Klage'

‚Lied' und ‚Klage' sind nicht nur jeweils eigenständige Werke, sondern das jeweilige Wiedererzählen und Weitererzählen kann auch unterschiedlichen Prinzipien und Strategien folgen, so dass die ‚Klage' separat in den Blick genommen wird. Die Formen und der große Umfang der vor allem quantitativen Variation zwischen den beiden ‚Klage'-Fassungen *B und *C ist bei Bumke (1996b; 1996c) aufbereitet und muss in der vorliegenden Arbeit nicht dargestellt werden. Im Folgenden konzentriere ich mich auf Fassungsunterschiede.[1]

Vorwegzunehmen ist, dass *C-‚Klage' und *C-‚Lied' zum großen Teil ähnliche Tendenzen aufweisen. Dazu zählen Formen der metrischen Glättung, Präzisierungen und Strukturierungen. Eigen ist der *C-‚Klage' dagegen eine Verstärkung des Klagegestus.

7.1 Aventiureeinteilung

Wenn man nur die Handschriften B und C einander gegenüberstellt, dann fällt auf, dass sich nur in C Überschriften finden.[2] In der Behandlung der Überlieferung ist bereits herausgearbeitet worden, dass B hinsichtlich der Texteinrichtung nicht repräsentativ für die *B-‚Klage' ist. Aber auch die Handschrift A weist nur eine einzige und mit roter Tinte geschriebene Überschrift zu Beginn der ‚Klage' auf (*Ditze bvch haizet div chlage*),[3] jedoch keine Zwischenüberschriften. Die ‚Klage' ist in der Handschrift C durch rote Überschriften und eingerückte Zwischeninitialen in fünf Aventiuren gegliedert.[4] Die Überschriften in den

---

[1] Ich bleibe auf der Ebene der Fassungen, auch um Aussagen nicht nur über eine einzelne Handschrift treffen zu können. Mitunter überliefern die Leithandschriften B und C einen anderen Text als die weiteren Handschriften der jeweiligen Gruppe. Ein Beispiel soll genügen: Die Handschrift B überliefert in Vers 2179 *kristen von heiden*, während alle weiteren *B-Handschriften sowie die Fassungen *C die Lesart *kristen unde heiden* bieten. Bumke (1999a, S. 284) bleibt – anders als Bartsch in seiner Ausgabe (vgl. Lienert 2000, S. 422) bei der B-Lesart, obwohl er selbst darauf hinweist, dass diese Aussage im Widerspruch zum Kontext stehe (Bumke 1999a, S. 536f.). Andererseits ändert Bumke (ebd., S. 29f.) sieben Mal die Fassung *C nach der Überlieferung *B.
[2] Vgl. Bumke 1996c, S. 102–104.
[3] Siehe Faksimile-Ausgabe von Laistner (1886) beziehungsweise Digitalisat der Handschrift A: http://daten.digitale-sammlungen.de/bsb00035316/image_98 [letzter Zugriff am 07.02.2018].
[4] Siehe die Faksimile-Ausgaben von Engels (1968) beziehungsweise Digitalisat der Handschrift C: https://digital.blb-karlsruhe.de/blbhs/content/pageview/738303 [letzter Zugriff am 07.02.2018].

Handschriften C und a der Fassung *C weisen keine inhaltlichen Unterschiede auf:
- 1. Aventiure (*C 1–602):[5] *Aventiure von der Klage.* (Bl. 89ʳ)[6]
- 2. Aventiure (*C 603–1532): *Aventiure wie her Dietrîch schuof, daz man die tôten dannen truoc.* (Bl. 92ᵛ)
- 3. Aventiure (*C 1533–2394): *Aventiure wie Ezel mit Dietrîche sîne mâge klagete.* (Bl. 97ᵛ)
- 4. Aventiure (*C 2395–2820): *Aventiure wie der künic ros und gewaefen wider sande.* (Bl. 102ᵛ)
- 5. Aventiure (*C 2821–4428[7]): *Aventiure wie manz gewaefen heim sande.* (Bl. 105ʳ)[8]

An den *C-Überschriften ist Folgendes zu beobachten: Die erste Überschrift leitet den Gesamttext der ‚Klage' ein. Sie bezieht sich nicht nur auf das gesamte Werk, wie es explizit in der Handschrift A ausgedrückt ist, sondern bietet auch eine andere Struktur als die vier weiteren Überschriften, die jeweils beginnen mit *Aventiure wie* [...]. Dies entspricht der Formulierung von 36 der 38 ‚Lied'-Überschriften. Nur die ersten beiden ‚Lied'-Überschriften bieten ein *Aventiure von* [...] (*Aventiure von den Nibelungen* beziehungsweise *Sivride wie der erzogen wart*), so dass die jeweils erste Überschrift in *C-‚Lied' und *C-‚Klage' eine

---

[5] Textauflösung der Überschriften nach Bumke 1999a.
[6] In C und a lautet die Überschrift dagegen: *Auenture von der klage* (C) beziehungsweise *abentewer von der Klag* (a); vgl. Bumke 1996c, S. 219. Die ‚Lied'-Überschrift ist mit *Aventiure von den Nibelungen* parallel formuliert; vgl. Bumke 1999a, S. 513. Die Überschrift stimmt, sofern vorhanden, in den einzelnen Handschriften inhaltlich weitgehend überein: *Ditze bv̊ch haeizet div chlage* (A), *Ditz puech haysset klagen* (d); vgl. Bumke 1996c, S. 219. Die Formulierung steht parallel zur Überschrift des ‚Lieds' in der Handschrift d (*Ditz Puech haysset Chrimhilt*) der *B-Gruppe; Bumke 1999a, S. 513. Gänzlich anders ist die Überschrift in der Handschrift b formuliert: *Hie hebt sich die austragung vnd die clag der doten.*; Bumke 1996c, S. 219. Die unterschiedlichen Formulierungen entsprechen den einzelnen Fassungen: Die Handschriften A und d gehören zur Fassung *B, C und a zur Fassung *C, b steht für die Fassung *D; ebd., S. 220. Zur Diskussion der Überschrift als möglicher Werkbezeichnung siehe Düwel 1983, S. 170.
[7] In der Handschrift B sind die letzten beiden Zeilen weggeschnitten und von der vorletzten Zeile ist nur noch das Zeilenende sichtbar, das nach Bumke dem ersten Teil von V. 4357 entspricht. Aus diesem Grund sind die letzten sieben Verse bis einschließlich V. 4360 nur fragmentarisch oder gar nicht erhalten; vgl. Bumke 1999a, S. 508.
[8] Bumke (1996c, S. 346; vgl. Ursinius 1908, S. 223) verzeichnet folgende Abweichungen für die Handschrift C und a: 2. Aventiure: *Aventure wie her Dietrich schvf daz man die toten dannen trv̊ch* (C); *abentewer wy her dietreich schuff daz dy toten all wurden dann getragen* (a); 4. Aventiure: *Aventure wie der kunic ros vnt gewaeffen wider sande* (C); *abentewer wy der kunig ros vnd waffen haim sant. schuff daz dy toten all wurden dann* (a).

Werkbezeichnung beinhaltet,[9] die zweite im ‚Lied' jedoch aus der Reihe fällt.[10] Das Wort *Klage* in der Überschrift der *C-‚Klage' kann aber auch inhaltlich auf den Beginn des Klagens bezogen werden, denn beklagt werden die Gestorbenen sowie das Leid der Überlebenden. Dagegen tauchen die Nibelungen ausdrücklich in der ersten Aventiure des ‚Lieds' nicht auf; die Rede ist nur von den Burgonden, die an dieser Stelle noch nicht als Nibelungen bezeichnet sind.

Die Überschriften der ‚Klage'-Aventiuren 2 und 3 sind besonderes konkret; sie verweisen auf den Inhalt des Texts und nennen auch eine beziehungsweise zwei Figuren. Auffällig ist an der zweiten Überschrift, dass Dietrich von Bern als erste Figur genannt und damit anderen Figuren gegenüber hervorgehoben ist.[11] Inhaltlich beginnt mit dieser Aventiure eine Fortsetzung des ‚Lieds', indem eine Gegenwartshandlung einsetzt.[12]

Aus der Überschrift der 4. Aventiure ist die Figur, die mit *künic* gemeint ist, nur aus der Textkenntnis, Etzel ist der einzige König in der ‚Klage', oder des Sagenwissens unmittelbar zu erschließen. Die Überschrift der 5. Aventiure nennt, wie auch die der 1. Aventiure, keine Figur und weitet inhaltlich die Überschrift der 4. aus, indem von einer allgemeinen Rückkehr der Überlebenden in ihre jeweilige Heimat zu erzählen sein wird.[13] Auffällig ist, dass nach der Überschrift nur in *C der Aufbruch der Boten ausführlich dargestellt ist (+*C 2821–2828),[14] was zeigt, dass der Aventiureanfang in den Fassungen unterschiedlich gestaltet ist.

Die Überschriften rücken ausschließlich zwei Figuren in das Bewusstsein der Rezipienten; einerseits Dietrich mit zweimaliger Nennung, andererseits Etzel mit ebenfalls zweimaliger Nennung, wobei eine direkt wörtlich und eine zweite nur als indirekter Verweis, *künic*, erfolgt. An den Überschriften insgesamt ist ein Übergang von Dietrich zu Etzel zu beobachten: Zunächst ist nur Dietrich genannt und besonders exponiert; anschließend ist Etzel – aus Gründen des Rangs als erster – zusammen mit Dietrich und schließlich nur noch Etzel genannt. Dies entspricht allerdings nicht dem Inhalt der ‚Klage', in der Etzel zwar eine bedeutsame Rolle spielt, aber seine Zukunft wird seitens des

---

9 Vgl. Bumke 1996c, S. 346, Anm. 228.
10 Da die erste Aventiure von den Burgonden handelt, ist der Bezug von *Nibelungen* auf die Burgonden deutlich. Gemeint sind nicht Siegfried und die Nibelungen.
11 Vgl. Bumke 1999a, S. 133; Lienert 2000, S. 382.
12 Vgl. Lienert 2000, S. 382.
13 Bumke (1996c, S. 346) vermutet wegen der Ähnlichkeit in der Formulierung der Überschriften der 4. und 5. Aventiure einen Fehler.
14 Vgl. Lienert 2000, S. 430.

Erzählers innerhalb der 5. Aventiure als unbekannt markiert (*B 4323ff./ *C 4363ff.).

Inhaltlich lassen die Überschriften die folgende Gliederung erwarten:
- Der Text beginnt mit einem allgemeinen Beklagen; der Anlass des Klagens wird erzählt.
- Die Toten werden weggetragen, was auf ein Begräbnis schließen lässt.
- Etzel und Dietrich klagen um die *mâge*; sie beklagen das Leid der Toten wie auch ihr eigenes.
- Pferde und Ausrüstung werden an die Angehörigen der Verstorbenen geschickt. Damit wird auch die Kunde des Geschehens verbreitet.
- Die Überschrift indiziert eine Rückkehr der Überlebenden in ihre jeweilige Heimat und markiert durch das *heim* einen Abschluss.

Die ‚Klage'-Überschriften bieten eine Orientierung für den Text, der die inhaltliche Gewichtung der einzelnen Abschnitte aber nicht immer bündig einzufangen vermag beziehungsweise einfangen will. Die Formulierung der Überschriften indiziert keine systematische Umsetzung, sondern einen eher lockeren Bezug von Überschrift und Erzähltext. Der Befund gilt ebenso für das ‚Lied'.[15]

Variation in größerem Ausmaß ist besonders an allen Aventiureübergängen zwischen den ‚Klage'-Fassungen *B und *C zu beobachten,[16] so dass „Gliederung und Textkonzeption eng verbunden"[17] erscheinen. Auffällig ist, dass sich die Setzung von „Abschnittsinitialen" in AB „an keiner Stelle"[18] mit der Aventiu-

---

15 In den Aventiureüberschriften des ‚Lieds' werden die Figuren ebenfalls nicht immer ausdrücklich genannt, sondern müssen aus der Text- respektive Sagenkenntnis erschlossen werden. Ich nenne nur wenige Beispiele: Kriemhild wird zehnmal explizit genannt, wiederholt wird aber auch implizit auf sie verwiesen wie durch *sîn wîp* (11. Aventiure) oder *diu künneginne* (zusammen mit Brünhild, 14. Aventiure). Auch die burgondischen Könige werden nicht namentlich genannt, sondern erscheinen mitunter als *diu künige* (25. Aventiure) oder nur durch das Personalpronomen *si* (26. Aventiure). Auffällig ist, dass Kriemhild am häufigsten noch vor Siegfried genannt wird, der allerdings nur für die ersten Aventiuren in Anschlag gebracht werden kann und dort in der Nennung dominiert. Hagen wird nur dreimal ausdrücklich genannt. Ein Antagonismus Kriemhild – Hagen ist aus den Überschriften für das ‚Lied' nicht herauszulesen. Dies erscheint damit nicht das Anliegen des *C-Bearbeiters respektive des Rubrikators gewesen zu sein, der für die Überschriften verantwortlich zeichnete.
16 Vgl. Bumke 1996c, S. 349.
17 Ebd.
18 Ebd., S. 346. Bumke weist allerdings darauf hin, dass nur zu Beginn der 2. Aventiure auch Handschriften der Fassung *B eine entsprechende Initiale aufweisen (*B 587/*C 603). Allerdings sind die Verse jeweils selbstständig formuliert und bieten auch unterschiedliche Reimwörter; vgl. ebd., Anm. 231.

reeinteilung in C deckt. Insofern bezeugt die Aventiureeinteilung der *C-‚Klage' einen „eigene[n] Gestaltungswille[n]".[19] Legt man nicht den handschriftlichen Befund der Texteinrichtung zugrunde, sondern folgt inhaltlichen Aspekten, dann könnten die Überschriften in *C an entsprechender Stelle in *B stehen. Der handschriftliche Befund der Aventiureeinteilung erweckt den Eindruck, dass der Nibelungenkomplex in *C weitergehender als in *B literarisiert ist.

7.2 Die Gliederung der ‚Klage' in der Forschung

Entgegen dem handschriftlichen Befund mit seinen fünf Überschriften in der Fassung *C hat die Forschung unterschiedliche Gliederungen für den fassungsübergreifenden Aufbau der ‚Klage' vorgeschlagen. Dies wird mit handschriftlichen sowie inhaltlichen Aspekten begründet. Bumke hat nachgewiesen, dass die Initialensetzung für die einzelnen Handschriftengruppen zwar charakteristisch, aber in ihnen auch divergent ist.[20] Als wesentliche Funktionen von Initialen bestimmt Bumke nicht nur, den Beginn von Erzählabschnitten hervorzuheben, sondern auch die Gestaltung der Handschriftenseite im Sinn einer Regelmäßigkeit.[21] Von der Initialengliederung kann daher nicht immer unmittelbar auf eine Textgliederung durch den Bearbeiter geschlossen werden, sondern auch ornamentale Aspekte können eine Setzung von Initialen bestimmen.[22] Ebenfalls geben die Majuskeln zwar „wichtige Hinweise auf die Textgliederung", doch erscheint es zuweilen „[s]innvoller", „gegen die Handschrift zu gliedern" und etwa zu interpungieren.[23] Majuskeln stehen mitunter nicht zu Beginn, sondern mitten in einer syntaktischen Einheit.[24] Hinsichtlich der Erstellung einer sinnorientierten Textgliederung ist die handschriftliche Einrichtung zu relativieren. Text und Texteinrichtung sind als zwei verschiedene Ebenen zu betrachten, auch wenn sie einander beeinflussen.

---

19 Ebd., S. 346.
20 Ebd., S. 221–230.
21 Ebd., S. 223.
22 Vgl. ebd., S. 222.
23 Bumke 1999a, S. 541. Hier bezogen auf die Verse *C 2591f.
24 Dies findet sich auch in anderen Handschriften desselben Zeitraums. Die Lombarden in der Münchner ‚Tristan'-Handschrift Cgm 51 (Ausgabe: Montag/Gichtel 1979) aus dem zweiten Viertel des 13. Jahrhunderts (Klemm 1998, S. 220) sind nach ornamentalen Kriterien auf der Buchseite verteilt.

Diesen Überlegungen entsprechend ist die ‚Klage' in der Forschung primär am Erzählinhalt orientiert in drei bis fünf Teile gegliedert worden.[25] Günzburger hat eine Dreiteilung der ‚Klage' vorgeschlagen: ein Prolog in der „Form einer Gerichtsrede" in der „Zeitstufe der Vergangenheit" (*B 1–586/*C 1–602), das Klagen in Figurenreden in der *narratio* in der Zeitstufe der Gegenwart, jedoch mit einem Ausblick auf die Zukunft (*B 587–4294/*C 603–4362) und ein Epilog (*B 4295–4322/*C 4363–4428).[26] Der Dreiteilung im Aufbau der ‚Klage' zwischen Pro- und Epilog entspricht nach dieser Perspektive „die Zeitstruktur Vergangenheit – Gegenwart – Zukunft".[27] Insbesondere für den Prolog hat Günzburger Parallelen zur antiken Gerichtsrhetorik herausgearbeitet und unterscheidet in diesem Textabschnitt die folgenden Redeteile:[28] Die Verse *B/*C 1–16 deutet sie als *prooemium*, die Verse *B 17–586/*C 17–602 als *prologus* im Kontext des klassischen Schemas der Gerichtsrede. Im *prologus* werde Kriemhilds Geschichte erzählt und der Dichter sei als Anwalt vor einem urteilenden Publikum zu verstehen:[29]

propositio: Geschichte Kriemhilds v. 20–138
Parteinahme des Dichters; Kriemhilds *triuwe* v. 139–158
narratio: Verlauf der Rache v. 159–542
argumentatio: mögliche Schuld und Verurteilung Kriemhilds v. 543–563
refutatio: Zurückweisung v. 564–568
conclusio: Freispruch Kriemhilds aufgrund ihrer *triuwe* v. 569–586[30]

Diese rhetorische Strategie erscheint sinnvoll, wenn man davon ausgeht, dass ‚Klage' wie *C-Fassung des ‚Lieds' gegen ein tradiertes negatives Kriemhildbild anerzählen.[31] Dies ist möglicherweise im *B-‚Lied' bereits angelegt und wird im *C-‚Lied' weiter ausgeführt.[32] Hübner betont – ohne Bezug zum ‚Lied' –, dass „die rhetorische *narratio*-Lehre auf dem Prinzip der Parteilichkeit geradezu

---

25 Vgl. Ehrismann 1935, S. 143f.; Hoffmann 1974, S. 91–95.
26 Günzburger 1983, S. 86.
27 Ebd., S. 2.
28 Ebd., S. 71–87, hier S. 74.
29 Vgl. ebd., S. 185.
30 Ebd., S. 186. Günzburger bezieht sich in ihren Angaben zur *B-‚Klage' auf die Ausgabe von Bartsch (1964). Die angegebenen *B-Verse entsprechen denen der Ausgabe von Bumke 1999a.
31 Dies wäre kein isoliertes Phänomen. Henkel (2005, S. 104) hat etwa für die mittelalterlichen Eneasromane herausgearbeitet, dass sie nicht nur „als zeittypische Modernisierungen eines alten Stoffs", sondern auch als „bewusst gestaltete Gegenentwürfe zu der im Hochmittelalter durchaus aktuellen und rezipierten Konzeption Vergils" zu verstehen seien.
32 Vgl. Ehrismann 2006.

aufbaut".[33] Parteiinteresse und eine glaubhafte Darstellungsweise sind relevante Kriterien für eine entsprechende narrative Präsentation, wobei die Glaubwürdigkeit nicht notwendig an Wahrheit, sondern an Wahrscheinlichkeit gebunden ist.[34] Die Glaubwürdigkeit der Erzählung wird durch Klarheit befördert, indem die Ereignisse in ihrer natürlichen Reihenfolge präsentiert werden.[35] Der erste Teil der ‚Klage', der an historiographisches Erzählen angelehnt ist, ist damit plausibel als Ergebnis einer rhetorikorientierten Erzählung mit dem Ziel einer Verteidigung Kriemhilds zu erklären. Die Wahrscheinlichkeit einer Erzählung wird nach Hübner weiterhin durch „den Anschein von Evidenz" befördert – „insbesondere dort [...], wo ein Mangel an Evidenz herrscht".[36] Ein Erzählen gegen die Tradition oder auch ein Auffangen eines nur wenig kommentierenden Erzählens des ‚Lieds' könnte in der ‚Klage' durch ein *evidentia*- beziehungsweise *demonstratio*-Erzählen aufgefangen werden, indem in das Innere der handelnden Figuren geschaut wird.[37] Der größte Teil der ‚Klage' besteht aus Figurenreden, so dass eine Parallele zur *evidentia*-Lehre wahrscheinlich ist. Es geht der ‚Klage' dann weniger um ein Erzählen einzelner Figurenpositionen, vielmehr um die Untermauerung einer Gesamtaussage.[38]

Bumke geht aufgrund inhaltlicher Kriterien ebenfalls von drei Teilen aus,[39] die mangels einer Absicherung durch die Überlieferung „hypothetisch"[40] bleiben müssen: Im ersten Teil rekapitulieren Erzähler und Figuren kommentierend das Geschehen. Dieser Teil entspricht der 1. Aventiure in der *C-‚Klage'.[41] Im zweiten Teil wird das Auffinden der Toten, das Klagen, die Bergung und die Beisetzung am Etzelhof erzählt. Dieser Teil umfasst die zweite und dritte Aventiure der *C-‚Klage'.[42] Im dritten Teil übermittelt Swämmel die Nachricht nach Bechelaren, Passau und Worms und Zukunftsperspektiven werden entwickelt.[43] Die Textbereiche entsprechen der 4. und 5. Aventiure der *C-‚Klage'. Lienert ordnet die drei Teile – wie bereits Günzburger – den Zeitebenen Vergangenheit,

---

33 Hübner 2010, S. 135.
34 Vgl. ebd., S. 122.
35 Vgl. ebd.
36 Ebd., S. 123.
37 Vgl. ebd., S. 124.
38 Vgl. allgemein ebd., S. 134.
39 Bumke 1996c, S. 102–104; vgl. Curschmann 1979, S. 114; Lienert 2000, S. 7–9.
40 Bumke 1996c, S. 102.
41 Ebd.
42 Ebd., S. 103.
43 Ebd., S. 104.

Gegenwart und Zukunft zu.[44] Ich halte die Dreiteilung für überzeugend, werde aber auch Günzburgers Ergebnis der rhetorischen Gestaltung des ersten Teils im Folgenden voraussetzen.

7.3 Position und Anzahl der Plusverse

Im Hinblick auf die Position und Anzahl der Plusverse in der ‚Klage' *C im Vergleich zu *B ist ein anderer Befund als für das ‚Lied' zu konstatieren: Etwa drei Fünftel der *C-Plusverse findet sich in den ersten drei der fünf Aventiuren, die allerdings nur wenig mehr als die Hälfte des Gesamttexts bilden. Es ist ein leichtes Übergewicht an Plusmaterial am Anfang des Texts vorhanden. Meistens umfasst das Plusmaterial nur ein Versreimpaar, auch wenn es deutlich längere Passagen gibt. Vor allem wenn der umliegende Text eine fassungsspezifische Formulierung aufweist oder sich ein Motiv wiederholt, erscheint ein Abschreibfehler unwahrscheinlich. So ist zum Beispiel in den Versen +*C 2393f. erzählt, dass Christen und Heiden gleichermaßen beklagt werden. In den nächsten Plusversen +*C 2509f. wird berichtet, dass sowohl Christen als auch Heiden bestattet werden. Beide Pluspassagen sind offenbar aufeinander bezogen, auch wenn zwischen ihnen über 100 Verse stehen. Pluspartien sind am Ende der ersten Aventiure, zusammen mit fassungsübergreifendem Textmaterial in einer anderen Reihenfolge als in *B ([+]*C 565–602), am Ende der zweiten (+*C 1527–1532) sowie der dritten Aventiure (+*C 2393f.), nicht am Ende der vierten, jedoch am Anfang der fünften Aventiure (+*C 2801–2828) und an ihrem Ende mit einer anderen Textfolge zu beobachten, wenn der Text mit der vermeintlichen Werkgenese als Epilog abschließt (*C 4401–4428), was in *B 4295–4322 bereits vor den Aussagen über das mögliche Ende von Etzel platziert ist. Fassungsunterschiede sind zwar an den Aventiureübergängen, und vor allem an ihren Enden, festzustellen. Sie machen jedoch nur einen kleinen Teil des Plusmaterials aus. Aufgewiesen ist damit ein weiterer Aspekt, der das Arbeiten an der ‚Klage' von dem am ‚Lied' unterscheidet: die häufig verschiedene Platzierung von Versgruppen. Die spezifische Textfolge lässt die *C-‚Klage' strukturierter erscheinen, wenn etwa Argumente gebündelt sind.

---

44 Lienert 2000, S. 7, Anm. 3.

7.4 Metrische Glättung

Unterschiede hinsichtlich der Verstechnik zwischen den Handschriften B und C der ‚Klage' sind in der Forschung mehrfach zusammengestellt worden,[45] bei Bumke ausdrücklich für die Fassungen *B und *C.[46] Bartsch attestiert der *C-‚Klage' ein Bestreben, ein gleichmäßigeres Alternieren von Hebungen und Senkungen zu erreichen (vgl. etwa *B 477 *daz was nôt über nôt* gegenüber *C 451 *daz was ein nôt ob aller nôt*)[47] und mehrsilbige Senkungen zu vermeiden (vgl. zum Beispiel *B 3075 *wir mügen wol weinen von rehter nôt* versus *C 3195 *von schulden gêt uns weinens nôt*).[48] Edzardi beobachtet in *C eine Tendenz, einen regelhaften Auftakt einzufügen (vgl. etwa *B 1408 *dar nâch ûz dem bluote* mit *C 1478 *mit jâmer ûz dem bluote*)[49] und eine klingende Kadenz zu vermeiden, indem stattdessen eine männlich volle (vgl. zum Beispiel *B 3447 *wan scheiden liep mit sêre* gegenüber *C 3545 *wan daz er liep von liebe schelt*) respektive weiblich volle Kadenz (vgl. etwa *B 3252 *die liute alsô gebâren* mit *C 3378 *alsô jaemerlîch gebâren*) gesetzt ist.

Derartige Tendenzen im Sinn einer „größere[n] metrische[n] Ausgewogenheit"[50] sind ebenfalls für das *C-‚Lied' postuliert; sie sind aber weder im ‚Lied' noch in der ‚Klage' systematisch umgesetzt. In der *C-‚Klage' sind zu jeder Beobachtung zahlreiche Gegenbeispiele zu finden. Vergleicht man zum Beispiel *B 391 *der schoenen Kriemhilde leit* mit beschwerter Hebung bei *Kriemhilde* mit *C 369 *der vrouwen und des küniges leit* mit gespaltener Hebung bei *küniges*, dann erscheint keine der beiden Formulierungen metrisch ‚glatter'. Inhaltlich ergibt sich eine unterschiedliche Akzentuierungen beider ‚Klage'-Fassungen: Als Anlass des Kampfes zwischen Hunnen und Burgonden ist in *C nicht nur das *leit* Kriemhilds angegeben, sondern unter anderem wegen des Mordes an Ortlieb auch das Etzels.[51] Im Bereich der Textformulierung ist also eine Tendenz

---

45 Siehe Einleitungen der ‚Klage'-Ausgaben von Bartsch (1875/1964) und Edzardi (1875). Eine darauf basierende knappe Übersicht bietet Schröder 1957/58, besonders S. 77ff.
46 Ein unreiner Reim auf *Hagene* findet sich nur in der ‚Klage' *B (*B 1087f.: *degene*; 1177f.: *gademe*; 3019f.: *degene*), was nach Bumke (1999a, S. 528) „der wichtigste Unterschied in der Reimtechnik zwischen *B und *C" ist. Im ‚Lied' kommen dieselben unreinen *Hagene*-Reime dagegen fassungsübergreifend mehrfach vor – etwa B 2338,1f. [2341,1f.]/C 2402,1f.; vgl. ebd.
47 Bartsch 1964, S. IX. Im Sinn der Performanz erscheint die *B-Formulierung mit der beschwerten Hebung überzeugender, da die *nôt* akustisch herausgestellt ist.
48 Ebd.
49 Edzardi 1875, S. 51.
50 Schröder 1957/58, S. 78.
51 Vgl. ebd.

zur metrischen Glättung zu beobachten. Allerdings scheinen inhaltliche Aspekte die Textgestaltung weitaus deutlicher zu prägen; im zuletzt angeführten Beispiel dient die Formulierung vermutlich einer Verteidigung Kriemhilds.

7.5 Fehlerhafte Überlieferung oder Erzählweise

Mitunter bieten die ‚Klage'-Fassungen *B und *C unterschiedliche Informationen, die auf eine fehlerhafte Überlieferung und/oder Erzählweise zurückzuführen sind. Diese Fassungsunterschiede fallen überwiegend in den Variationsbereich der Textformulierung. Zum Beispiel ist in der *B-‚Klage' (*B 402–405) Iring zunächst eine Herkunft aus Lothringen zugeschrieben, was wohl auf einen Schreibfehler zurückzuführen ist.[52] Denn ‚Lied' und *C-‚Klage' (*C 379f.), aber später ebenfalls die *B-‚Klage' (*B 1102/*C 1128) lassen Iring aus Dänemark stammen. In zwei Plusversen in *B (+*B 404f.) wird erzählt, dass Iring aufgrund von Geschenken zum Vasallen Hawarts geworden sei. *B bietet allein zusätzliche Informationen, die möglicherweise auf andere Erzähltraditionen zurückgehen.

In *B 2207–2213 ist Goldrun beziehungsweise *Winelint* in *C 2320 als Tochter *Liudegêrs von Vrancrîche* bezeichnet. *Liudegêr* ist offenbar nicht mit dem im ‚Lied' genannten Sachsenkönig (B 138,1f. [140,1f.]/C 141,1f. und öfter) identisch, sondern es handelt sich möglicherweise um „an inexact recollection of Ludewîc von Ormanîe, abductor of Kûdrûn".[53] Lienert erwägt als grundsätzlichen Erzählaspekt, dass in den ‚Klage'-Fassungen „möglicherweise spielerisch, jedenfalls nicht durch Quellen gedeckt – bekannte Namen auf andere [...] Personen" übertragen sind.[54] Möglich ist ebenso, dass nicht die ‚Klage', sondern das ‚Lied' andere Verbindungen schafft. Nur in einem Plusvers der *C-‚Klage' (+*C 2631) ist der Name von Dietrichs Vater, Dietmar, genannt, der auch nicht in den Fas-

---

52 Vgl. Gillespie 1973, S. 85, Anm. 3. Grundsätzlich ist auffällig, dass den drei dänisch-thüringischen Helden Iring, Irnfrid und Hawart in der ‚Klage' mehr Raum als im ‚Lied' gegeben wird, indem weitere Details in den Text eingeschrieben werden (*B 373ff./*C 351ff.) und die ‚Klage' über das ‚Lied' hinausgehende Kenntnisse der Iringsage bezeugt; vgl. Weddige 1989, S. 103–118; Bumke 1999a, S. 521. Da später in der ‚Klage' Details zu Irings Tod nachgetragen werden (*B 1080–109/*C 1108–1119), wenn erzählt wird, dass Hagen ihn mit einem Speer beziehungsweise Wurfspieß getötet habe (*B 1084/*C 1112: *erschozzen*), die mit dem ‚Lied' übereinstimmen (B 2061 [2064]/C 2120), handelt es sich wohl um dieselbe Figur; vgl. Lienert 2000, S. 398.
53 Gillespie 1973, S. 90.
54 Lienert 2000, S. 423.

sungen des ‚Lieds' erwähnt wird. Der Name ist dem *C-Bearbeiter vermutlich aus der Dietrichsage bekannt, denn er ist dort vielfältig belegt.[55] *C geht in Plusversen in der Tendenz, Figuren zu benennen, über *B hinaus.

Aber in *C sind ebenfalls mitunter ‚Fehler' wahrscheinlich: Im ‚Lied' tötet Helfrich Dankwart (B 2288,1 [2291,1]/C 2350,1). Die ‚Klage' *B stellt Helfrich als Helfer Hildebrands während seines Kampfs mit Volker dar (*B 1346–1348/ *C 1412–1414) und liefert damit weitergehende Informationen als das ‚Lied'. In der ‚Klage' *C steht jedoch *Gelpfrât* statt *Helfrîch* (*C 1413). Im ‚Lied' heißt dagegen der von Hagen erschlagene bayerische Markgraf Gelpfrat (B 1528,3b [1531,3b]; in C 1567,3b fehlt der Name), der in der *B-‚Klage' namenlos bleibt (+*B 3510), nicht aber einer der Männer Dietrichs. Dagegen kommt Dietrichs Helfrich im ‚Lied' wiederholt vor (B 2238,1 [2241,1]/C 2300,1 und öfter). Beide Figuren sind in den ‚Klage'-Fassungen ansonsten nicht erwähnt. Aus dem Grund ist in diesem Fall von einem Fehler in *C auszugehen.[56]

7.6 Präzisierungen, Konkretisierungen und Vereindeutigungen

Zahlreiche Textstellen indizieren, dass die ‚Klage' *C oftmals präziser, konkreter und eindeutiger als *B erzählen will. Anders als im ‚Lied' (B 1 [2]/C 2) ist Kriemhild in den Fassungen der ‚Klage' *B und *C zu Beginn nicht hervorgehoben, was ein grundsätzlich anderes Erzählinteresse der ‚Klage' indiziert. In *B 34 erfolgt zunächst eine namenlose Kennzeichnung Kriemhilds als *swester* der Burgondenkönige; ihr Name wird erst deutlich später genannt (+*B 69). Dagegen ist ihr Name in der *C-‚Klage' sofort bei ihrer Einführung genannt (*C 43). Die Einführung ist mit einer genealogischen Einordnung auch etwas ausführlicher (*C 40ff.; vgl. *B 33f.).[57] Dasselbe gilt für Siegfried, der in *B 39 zunächst namenlos und nur als Gatte der namenlosen Schwester der drei Könige gekennzeichnet ist. In der ‚Klage' *C herrscht dagegen textinterne Klarheit von Beginn an: Siegfried ist mit Namen genannt und positive Details über ihn

---

55 Gillespie (1973, S. 25) verzeichnet ‚Alpharts Tod', ‚Anhang des Heldenbuchs', ‚Biterolf und Dietleib', ‚Dietrichs Flucht', ‚Eckenlied' (d; L; s), ‚Koninc Ermenrîkes Dôt', ‚Lied' (k), ‚Rosengarten' (C; D; P), ‚Rabenschlacht', ‚Virginal' (h; w).
56 Vgl. Bumke 1999a, S. 532; Lienert 2000, S. 405f.
57 Vgl. Nolte 2004, S. 69.

sind geschildert (*C 45ff.).[58] Die Fassung *C ist insofern „konkreter"[59] und näher an den Figuren, auch wenn sicherlich davon auszugehen ist, dass der Bezug zu Kriemhild beziehungsweise Siegfried in beiden Fassungen für den mittelalterlichen Rezipienten ohnehin evident ist. Die frühe Benennung der Figuren spricht für eine *C-Tendenz, Figuren nicht nur wie *B zu benennen, sondern dies auch frühzeitig umzusetzen. Das Phänomen einer ‚verspäteten' Namensnennung nach der Einführung einer Figur ist kein besonderes Kennzeichen von *B, sondern ist in höfischen Romanen nahezu durchgängig zu beobachten.

Auffällig ist des Weiteren eine deutlich unterschiedliche Beurteilung des Geschehens zu Beginn der ‚Klage'-Fassungen:[60] *B 39 formuliert in Erzählerrede ausdrücklich, aber ohne Begründung, dass Siegfrieds *übermuot* schuld an seinem Tod gewesen sei.[61] Die *B-‚Klage' verweist erst wesentlich später auf Siegfrieds Unschuld: In der Figurenrede Rumolds wird Kriemhilds Rache mit der Ermordung Siegfrieds und dem Hortraub durch Hagen begründet (*B 4033ff./ *C 4095ff.). Rumold fragt anschließend nur in +*B 4047f. „*Waz het Sîvrit ir man / im ze leide getân?*" und betont dessen Unschuld (+*B 4049: „*der wart âne schult ermort*"). Als Plusverse von *B (+*B 4047–4055) erscheinen sie nicht in *C.[62] Dagegen sieht *C 49 den Tod Siegfrieds als Folge *von ander liute übermuot*, vermutlich der Burgonden, und begründet dies ausführlich (+*C 50ff.).[63] *B liefert in Erzählerkommentar und Figurenrede unterschiedliche Zuschreibungen von Schuld in Bezug auf Siegfried, was die Forschung als ambivalentere Figurenge-

---

58 Vgl. ebd. Siegfried wird in *C 53 deutlich früher als in *B 101 namentlich erwähnt, wie auch die Namen seiner Eltern *Sigemunt* und *Sigelint* (*C 68–71 beziehungsweise *B 120–123), deren Namen auch im ‚Lied' auftauchen (B 18,2 [20,2]/C 19,2).
59 Bernreuther 1994, S. 126.
60 Die in diesem Abschnitt behandelten Aspekte der Figurenkennzeichnung, der Schuldfrage und der Bewertung des Geschehens werden in den Kapiteln 8 und 9 tiefergehend erörtert.
61 Lienert (2000, S. 14) deutet *übermuot* „hier wohl als Bezeichnung für das unbekümmerte Selbstgefühl des Helden im Sinn ‚gefährlicher Unbesonnenheit' nicht ohne missbilligenden Unterton". Nolte (2004, S. 86–90, hier S. 88) formuliert schärfer und kommt nach einer Diskussion der Forschungspositionen zur Bedeutung von *übermuot* in ‚Lied' und ‚Klage' zu folgendem Schluss: „Im Gegensatz zu dieser ambivalenten Verwendung von *übermuot* im ‚Nibelungenlied' findet sich in der ‚Klage' eine rein negative Wertung der Begriffe *übermuot* und *untriuwe*". *Übermuot* beziehungsweise *übermüete* ist im ‚Lied' auch einmal auf eine weibliche Figur bezogen (B 1097,1 [1100,1]/C 1111,1): *Prünhilt diu schœne mit übermüete saz*. Brünhild kümmert Kriemhilds Trauer um den ermordeten Siegfried nicht; der Erzähler weist jedoch auf das künftige Leid hin, das Brünhild durch Kriemhild erfahren wird. *Übermuot* bezeichnet in diesem Fall Hochmut, Stolz.
62 Vgl. Lienert 2000, S. 453.
63 Vgl. Bumke 1999a, S. 514.

staltung als in *C deutet. In dieser Fassung ist die Unschuld Siegfrieds gleich zu Beginn markiert – und wird später seitens Rumold nicht noch einmal wiederholt. Allerdings ist zu berücksichtigen, dass in der zweiten *B-Textstelle wohl vor allem Hagen negativ gekennzeichnet werden soll. In der ‚Klage' *C herrscht dagegen Klarheit von Anfang an, denn *übermuot* wird ausschließlich den Burgonden zugeschrieben.[64] Festzuhalten ist, dass *C hinsichtlich einer Sympathiesteuerung eine positive Kennzeichnung Siegfrieds in den Vordergrund rückt, womit implizit seine Gegner negativ gekennzeichnet sind.

Aufgrund der Art der Formulierung in *C hat Bernreuther darauf geschlossen, dass sich der *C-Bearbeiter möglicherweise von einer anderen Meinung absetzen wolle, etwa wie sie in *B vorliegt.[65] Bumke weist jedoch darauf hin, dass sich die vermeintliche Zurückweisung (+*C 53) nicht auf Siegfrieds Schuld wegen seines *übermuotes* bezieht, „sondern auf die Aussage, daß manche Leute gute Menschen hassen, ohne zu wissen warum" (+*C 50ff.), was in *B nicht thematisiert ist.[66] Er vertritt die Ansicht, dass die beiden Hauptfassungen der ‚Klage' „[a]n keiner anderen Stelle [...] in der Beurteilung des Geschehens so weit auseinander[gehen] wie hier".[67] Lienert deutet die unterschiedlichen Angaben in *B und die einheitlichen Angaben in *C dahingehend, dass sie „zwar auf keinen grundsätzlichen Gegensatz in der Aussage" zwischen den ‚Klage'-Fassungen zielen, wohl „aber auf eine gewisse Ambivalenz der *B-‚Klage' und eine Tendenz der *C-‚Klage' zu noch größerer Eindeutigkeit in der Verteilung von Gut (Kriemhild) und Böse (Hagen)" hindeuten.[68]

In zwei Plusversen konkretisiert die ‚Klage' *C den Ort der Gewalt (+*C 125: *in hiunischen rîchen*) und betont ein heimliches Vorgehen Kriemhilds (+*C 126:

---

64 Vgl. Lienert 2000, S. 394.
65 Bernreuther 1994, S. 126.
66 Bumke 1999a, S. 515.
67 Ebd.; vgl. 1996c, S. 384–388; Lienert 2000, S. 14f. Bumke (1996c, S. 384) sieht in der Frage der Begründung des Untergangsgeschehens an dieser Stelle den gravierendsten Unterschied zwischen den beiden Fassungen der ‚Klage'. Zu Siegfrieds „nicht ganz unproblematisch[em]" *übermuot* als „herausforderndes Auftreten" beziehungsweise „ungestümes Heldentum" im ‚Lied' siehe ebd., S. 385f. Nolte hat viel Wichtiges beobachtet, allerdings ist dies nicht immer korrekt formuliert, wenn etwa Versangaben nicht stimmen, ‚Lied'- und ‚Klage'-Angaben oder Figuren (zum Beispiel Bloedelin und Swämmel in Nolte 2004, S. 59 beziehungsweise 94f.) verwechselt werden oder ein Wortvorkommen falsch gezählt wird (etwa dass *übermuot* in *C dreimal mehr mit Hagen in Verbindung gebracht werde, ebd., S. 90). Die von Nolte genannten Vorkommen finden sich auch in *B, tatsächlich weist *C die Verbindung nur ein einziges Mal mehr auf. Ich kommentiere diese Stellen im Folgenden nicht, sondern verzeichne ausschließlich die meines Erachtens korrekten Angaben.
68 Lienert 2000, S. 15; vgl. Curschmann 1987, Sp. 953.

daz si vil tougenlîchen). Der Text stellt Kriemhild und ihre Rache in den Vordergrund, während *B andere Wege geht und die Mörder Siegfrieds benennt (*B 103f.; +*B 105f.). In der ‚Klage' *B (*B 159–165/*C 185–193) scheint die Einladung an die Burgonden textintern auf Etzel zurückzugehen, während Kriemhild zunächst nicht erwähnt ist.[69] Dagegen konkretisiert *C in einem Plusvers insofern, als die Initiierung der Einladung der Burgonden auf Kriemhild zurückgeführt ist: *durch Kriemhilden bete, / daz der künic gerne tete.* (+*C 189f.).[70] Allerdings betonen im Anschluss beide Fassungen gleichermaßen, dass Kriemhild dafür Sorge trägt, dass die von ihr gewünschten Personen der Einladung folgen (*B 166–169/*C 194–197) – mit einem kleinen, aber feinen Unterschied:

*B 167: *daz siz alsô ane vie*
*C 195: *daz siz mit listen sô ane vie*

*C betont durch die Pluswörter *mit listen* Kriemhilds absichtsvolles, vor allem aber umsichtiges Vorgehen.[71] In der Konsequenz erscheint *B ‚offener' und schaut von außen auf die Figuren, während *C konkreter ist, eine stärkere Parallele zum ‚Lied' auf- und innere Vorgänge der Figuren ausweist.[72] Da Kriemhild an dieser Stelle ins Spiel gebracht ist, ist zugleich ihre Intention der Rache thematisiert, ohne dass ihr eine Schuld an der Eskalation der Gewalt zugeschrieben wird. In Anbetracht der Sagenkenntnis muss die Intention nicht extensiv auserzählt werden. *C enthält mehr Sagenwissen und steuert die Sympathie präziser.

An anderen Stellen ist ebenfalls festzustellen, dass *C Informationen enthält, die einen Umstand genauer beschreiben. Wenn die ‚Klage' Details zu Irings Tod nachträgt (*B 1081–1091/*C 1108–1119), wird analog zum ‚Lied'

---

[69] Im ‚Lied' initiiert Kriemhild die Einladung in der Bettszene (B 1396–1404 [1399–1407]/ C 1426–1434), wenngleich Etzel in der Regel als der offiziell Einladende gilt (B 1403 [1406]/ C 1433, B 1407f. [1410f.]/C 1437f., B 1445f. [1448f.]/C 1476); vgl. Bernreuther 1994, S. 129; Bumke 1999a, S. 517; Lienert 2000, S. 362.
[70] Vgl. Curschmann 1979, S. 103; Bernreuther 1994, S. 128; Bumke 1999a, S. 517; Lienert 2000, S. 362.
[71] Dies hat eine Parallele in beiden ‚Lied'-Fassungen, wenn Kriemhild die Boten heimlich zu sich beordert (B 1410,3 [1413,3]/C 1441) und dafür sorgt, dass Hagen an der Reise teilnimmt (B 1416,2–4 [1419,2–4]/C 1447); vgl. Bernreuther 1994, S. 129.
[72] Lienert (2000, S. 358) ist aufgefallen, dass die ‚Klage' *B „nur öffentliches Weinen (und zwar als Dauerzustand: *alle zît*, v. 96)" kennt (*B 95f.); vgl. Bumke 1999a, S. 515f. Dagegen erzählt die ‚Klage' *C auch heimliche Tränen: *irne weinten âne lougen / diu ougen irs herzen tougen* (*C 121f.). Es findet sich eine Parallele zum ‚Lied', in dem Kriemhild ebenfalls heimlich weint (B 1368,2f. [1371,2f.]/C 1398,2f.).

(B 2061 [2064]/C 2120) erzählt, dass Hagen ihn *erschozzen* (*B 1081/*C 1112) habe. +*C 1113 formuliert präziser *mit eime scharpfen gêre*.[73] Dasselbe gilt, wenn erzählt wird, dass die Knappen bei der Ankunft an der Burg den *harnasch* (*B 2936) des getöteten Rüdigers tragen, während *C 3046 präziser *ir herren harnasch* formuliert.[74] Nur *C bietet in dem Zusatz *von stanke* eine Erklärung dafür, weshalb die Bestattung der Leichen rasch umgesetzt werden müsse – weil der Gestank so groß ist (*C 2487; vgl. *B 2397).[75] Auch für die Schuldfrage signifikante Wertungen ergeben sich oftmals im Detail: In *B 3189–3192 ist Kriemhild nur indirekt belastet,[76] wenn von jemandem die Rede ist, der Treue halten will, aber aufgrund seines Plans Rüdiger und Gernot entzweit. Erst in *B 3194f. ist deutlich, dass Kriemhild damit gemeint ist. Beklagt werden nachfolgend vor allem die Folgen von Kriemhilds Plan.[77] Anders die ‚Klage' *C (*C 3311–3320), in der dem Verursacher des Todes von Gernot und Rüdiger ausdrücklich *untriuwe* vorgeworfen wird – dies ist Kriemhild (*C 3321–3323).[78] Ein weiteres Beispiel ist das unterschiedliche Erzählen vom Tod Gunthers und Hagens in den ‚Klage'-Fassungen. In Swämmels Botenbericht in Worms heißt es in *B 3938f.: „*den recken lobelîchen / hiez si beiden nemen den lîp*". Kriemhild ist an dieser Stelle nicht selbst als Ausführende markiert. Dagegen heißt es in *C 3990–3993 um zwei Plusverse ausgeweitet: „*Gunthêr dem rîchen / hiez si daz houbet abe slân. / Hagenen den küenen man / si sluoc mit ir selber hant*". In *C ist Kriemhild diejenige, die Hagen eigenhändig tötet – wie es ebenso im ‚Lied' (B 2370 [2373]/C 2433) erzählt wird.[79] Die *C-‚Klage' ist an dieser Stelle präziser als *B.[80] Die Plusverse in *C mit den unterschiedlichen Reimen weisen auf einen eigenen Formulierungswillen hin, da nicht nur einzelne Wörter neu eingebracht sind. Allerdings ist in Erzählerrede die eigenhändige Tat Kriemhilds in beiden Fassungen bereits zuvor ausführlich vermerkt (*B 731–741/*C 749–759).[81] *C ist insofern konsistenter und präziser. Im ‚Lied' klagt Dietrich über Rüdigers Tod

---

73 Vgl. Lienert 2000, S. 398.
74 Vgl. Müller 2002, S. 109.
75 Bumke 1999a, S. 540.
76 Vgl. Lienert 2000, S. 437.
77 Ebd.
78 Vgl. ebd.
79 Auch im ‚Lied' wird zunächst gesagt, dass Kriemhild Gunther und Hagen das Leben nehme (B 2362,4 [2365,4]/C 2424,4: *den ûz erwelten degenen nam si beiden den lîp*), während dies später als indirekte Tat gekennzeichnet wird: *dô hiez si ir bruoder nemen den lîp* (B 2366,2 [2369,2]/C 2429,2); vgl. Bumke 1996b, S. 83.
80 Vgl. ebd.
81 Vgl. Bernreuther 1994, S. 175.

und bedauert das Schicksal der Waisen in Bechelaren. Dabei heißt es in seiner Figurenrede: „*Gotelint diu edele ist mîner basen kint*" (B 2311,3 [2314,3]/C 2374,3), was mit der ‚Klage' *B wörtlich übereinstimmt (*B 1825f.: „*Gotelint, / diu ist mîner basen kint*"). In den entsprechenden Versen der *C-‚Klage' (*C 1917f.) steht anstelle von Gotelind der Name ihrer Tochter Dietlind.[82] Im vorangehenden Plusvers +*C 1916 verweist der Ausdruck *diu juncvrouwe wolgeborn* tatsächlich auf die Tochter, so dass *C genauer formuliert.[83]

Allerdings ist anhand der Rede Swämmels ebenfalls eine gegensätzliche Tendenz festzustellen.[84] Die Rede ist „sorgfältig für die Wormser Zuhörerschaft zubereitet",[85] indem das Heldentum der Burgonden betont wird. Zunächst ist zu beobachten, dass der mit 170 Versen längsten Rede der *B-‚Klage' (3778–3947) in *C nur 142 Verse (3860–4001) entsprechen.[86] Bumkes Analyse der Variation kommt zu folgendem Ergebnis:

> Im ganzen haben 38 Verse der Fassung *B keine Entsprechung in der Fassung *C (Ba [scil. *B] 3797–3810; 3835–3836; 3911–3932); und zehn Verse der Fassung *C fehlen in *B (Ra [scil. *C] 3900–3901; 3903–3908; 3992–3993). Bei einem Gesamtumfang von 170 Versen in *B und 142 Versen in *C ist etwa ein Viertel des Textbestands von Swämmelins Rede nur in der einen oder in der anderen Fassung bezeugt. Nimmt man die Formulierungsvarianten dazu, so gibt es überhaupt nur 70 Verse, die in beiden Fassungen durchaus identisch sind: nicht einmal die Hälfte des Ganzen.[87]

Auch inhaltlich unterscheiden sich beide Fassungen in der Darstellung der Erzählung Swämmels: In der ‚Klage' *B sind einzelne Aspekte erzählt, die so in *C nicht vorkommen. Swämmel berichtet von der Erschlagung der burgondischen Gefolgsleute durch die Hunnen (*B 3798ff.); dass der von Hagen abgeschlagene Kopf Ortliebs über den Tisch flog (*B 3813f.); dass 40.000 Hunnen starben und dass die Burgonden ohne christlichen Beistand auf Hunnenseite unbesiegt geblieben wären (*B 3911ff.).[88] Dagegen finden sich in *C andere Aspekte: Volker wird besonders gelobt (*C 3900f.); Kriemhild ließ Gunther ent-

---

[82] Bumke 1999a, S. 534.
[83] Ebd., S. 535; vgl. Lienert (2000, S. 415) mit weiteren Indizien.
[84] Bumke (1996b) bietet eine Analyse der Rede Swämmels – auch hinsichtlich der Fassungsvariation.
[85] Ebd., S. 74.
[86] Vgl. ebd., S. 72.
[87] Ebd., S. 81.
[88] Ebd., S. 76.

haupten und tötet Hagen selbst (*C 3990ff.).⁸⁹ Trotz des großen Ausmaßes der Variation hinsichtlich Textbestand und Textformulierung ist die Gesamtaussage der Fassungen nur geringfügig unterschiedlich:

> Offenbar kam es beiden Redaktoren darauf an, die Wormser Zuhörer wissen zu lassen, daß König Etzel zur Rache an seinen Gästen aufrufen mußte, nachdem sein Bruder und sein Sohn von den Burgundern erschlagen worden waren. In der *C-Fassung, wo alle Einzelheiten fehlen, ist dieser Gedanke ebenso deutlich wie in der *B-Fassung. Meistens wird in *B und *C dasselbe auf verschiedene Weise erzählt. Gegensätzliche Aussagen sind ganz selten.⁹⁰

Mitunter liefern die ‚Klage'-Fassungen unterschiedliche Informationen an Stellen, die dicht beieinander liegen und so nicht im ‚Lied' zu finden sind. Nur in +*B 4145–4152 wird über Helches Erbe berichtet, das Herrat teilweise mit sich führt.⁹¹ Dafür bietet *C im Anschluss weitere Details über den von Helche übernommenen Sattel Herrats: *B 4156–4171 nennt nur den kostbaren Seidenstoff, Gold und Edelsteine (besonders *B 4161; 4166f.), *C äußert sich zusätzlich zu Stickereien beziehungsweise eingewirkten goldenen Ornamenten und ist damit detaillierter: *mit spaehem werke übernât / und mit golde underweben / von guoten bilden und mit reben* (+*C 4210–4212).⁹²

Die genannten Beispiele der Variation zwischen den ‚Klage'-Fassungen im Bereich von Textbestand, Textfolge und Textformulierung dokumentieren eine *C-Tendenz zur Präzisierung, Konkretisierung und Vereindeutigung, wie sie ebenso das *C-‚Lied' aufweist.

7.7 Strukturierung

Zu beobachten ist des Öfteren, dass sich gleich oder zumindest ähnlich formulierte Passagen in beiden Fassungen der ‚Klage' an unterschiedlichen Stellen befinden und mitunter einige Minus- oder Plusverse aufweisen. Diese Variationsphänomene im Bereich der Textfolge und des Textbestands sind zum Teil auf eine unterschiedliche Argumentationsstruktur zurückzuführen und betreffen die Abfolge linearen Erzählens.

---

89 Ebd. Bumke (ebd.) weist darauf hin, dass sich diese Aspekte auch im ‚Lied' finden; eine Ausnahme bilden nur die 40.000 hunnischen Toten.
90 Ebd., S. 82f.
91 Lienert 2000, S. 455.
92 Zu weiteren unterschiedlichen Sachinformationen, die in nur einer der beiden Fassungen vorkommen, siehe Bumke 1996c, S. 343–345.

Zu beobachten ist in der *C-‚Klage' mitunter eine Ballung von Argumenten, die in der *B-‚Klage' über den Text verstreut inseriert sind. Ich nenne zwei Beispiele: In der ‚Klage' findet sich das Motiv von Hagens fehlgeschlagener Isolierung durch Kriemhild,[93] das in der *B-‚Klage' wiederholt wird (*B 192ff., 238ff., 259ff.).[94] Das für die Entlastung Kriemhilds wichtige Argument erfolgt in *B deutlich früher (*B 238–243) als in *C. Anschließend setzen mit Bernreuther ab +*B 259ff.

> die diversen Verteidigungsargumente im geschickten Wechsel von Be- und Entlastung im Sinn einer *refutatio* ein; auch hierbei handelt es sich um eine Mischung aus Ereignisbericht und wertendem Autorenkommentar.[95]

Auffällig ist, dass dieser Abschnitt der Wechselreden in *C zunächst nicht vorhanden ist. Stattdessen steht das Motiv der fehlgeschlagenen Isolierung Hagens als Argument „in wirkungsvoller Konzentration"[96] am Schluss der ersten Aventiure. In *C finden sich die Verse „mit klarer Akzentsetzung und eindeutiger Wertung" „im Dienst einer geballten *argumentatio*".[97] Nach Bernreuther wird der Rezipient auf diese Weise in *C tendenziell noch stärker „argumentativ präpariert", bevor der Vollzug der Rache anhand der Schilderung einiger Zweikämpfe erzählt wird.[98] Dieser Unterschied zwischen den Fassungen ist Ergebnis verschiedener Erzählstrategien. Deutlich wird, wie die jeweils eigene Platzierung von Versen andere Wirkungen evoziert beziehungsweise evozieren soll, ohne dass sich der Inhalt dieser Passagen markant unterscheidet.

Ein weiteres Beispiel mit einer derartigen Argumentationsstruktur ist an der Figurenkennzeichnung von Brünhild zu erkennen: Während in *B 104 ihre Mitschuld an Siegfried Tod erzählt wird, findet sich in *C an der entsprechenden Stelle kein derartiger Hinweis. Erst am Ende des Texts klagt sich in beiden Fassungen Brünhild selbst an (*B 3976–3984/*C 4028–4044). Der Selbstvorwurf ist in *C nicht nur um acht Verse ausgeweitet, sondern die entsprechenden Verse zu *B sind zum Teil auch anders formuliert. In diesem Fall sind ebenfalls, anders als in der *B-‚Klage', in *C zunächst Informationen nicht erzählt, sondern

---

93 Vgl. Kuhn 1965, S. 300; Bernreuther 1994, S. 132.
94 Auch das *C-‚Lied' erzählt davon in drei Plusstrophen (+C 1882, 1947, 2143).
95 Bernreuther 1994, S. 132.
96 Ebd.
97 Ebd., S. 137.
98 Ebd., S. 141.

erst später und dann gebündelt und pointierter berichtet. Der Effekt ist ein eindringlicheres Erzählen.[99]

Als weitere Tendenz ist an der *C-‚Klage' zu beobachten, dass Informationen, die beide Fassungen der ‚Klage' aufweisen, in einer anderen Reihenfolge dargeboten sind. Die *C-‚Klage' erscheint geordneter als die *B-Fassung. Ich stelle drei Beispiele vor:

Die beiden ‚Klage'-Fassungen unterscheiden sich, wie erwähnt, in der Einführung der Figur Kriemhild: *C bietet unter anderem über Plusverse und eigene Formulierungen eine andere Abfolge (*C 33–44), in der zunächst die Könige, anschließend ihr Land, ihr Geschlecht, die Eltern Dankrat und Ute, dann wiederholt die drei Brüder und schließlich Kriemhild am Ende vorgestellt sind. Mit Müller ist diese Ordnung als „regelgerechter"[100] als diejenige in *B zu bewerten.

Der Ablauf der Reise Swämmels vom Etzelhof nach Worms ist ebenfalls unterschiedlich strukturiert. Die Einordnung der Stationen Schwaben und Bayern in den Reiseablauf, wie er in *B 3494–3527 erzählt wird, entspricht nicht den tatsächlichen geographischen Gegebenheiten, so dass der *B-Erzähler die unpassende Station als Nachtrag oder möglicherweise als Rückblende eingefügt hat.[101] Dagegen ist in *C 3586–3612 der Ablauf der Reise geographisch korrekt und damit glatt nach den Stationen erzählt.[102]

Das dritte Beispiel stellen die „komischen Spekulationen"[103] des Erzählers über das Ende Etzels (*B 4323–4360/*C 4363–4400) dar, die in beiden Fassungen an unterschiedlichen Stellen stehen.[104] In *B folgen sie ganz am Ende nach dem Epilog (*B 4295–4322) mit seinem Verweis auf die Verschriftlichung, in der Handschrift A sowie in der Fassung *J fehlen sie komplett – keine weitere Handschrift außer C und a überliefert diese Schlusspartie. Daher ist mit Bumke die Genese so zu erklären, dass dieser Abschnitt als Zusatz an den Schluss angefügt worden sei.[105] Wegen seiner „hyperbolische[n] Komik" passt die Passage nicht zum „sonstigen Stil der ‚Klage'".[106] Möglicherweise gehöre der Abschnitt,

---

99 Vgl. Schröder 1957/58, S. 79.
100 Müller 1998, S. 119, Anm. 36.
101 Lienert (2000, S. 441) deutet die „Überleitungsfloskel" dahingehend, dass die Verse in *B als Rückblende zu betrachten seien.
102 Vgl. Bumke 1996c, S. 350; 1999a, S. 548.
103 Bumke 1999a, S. 555. Günzburger (1983, S. 30, Anm. 61) erwägt eine Verbindung zu divergenten „Attilasagen", während Müller (1996, S. 97f.) auf die mangelnde schriftlich gesicherte Überlieferung über Etzels Ende verweist, so dass nur Spekulationen möglich seien.
104 Vgl. Bumke 1996c, S. 461–468.
105 Bumke 1999a, S. 555; vgl. Lienert 2000, S. 459.
106 Bumke 1996c, S. 351.

so Bumke, nicht ursprünglich zur Fassung *B, sondern ist in der Handschrift B sekundär ergänzt.[107] Müller deutet die Position qualitativ dahingehend, dass dieses Anhängsel, das „sich christlich-schriftlicher Kontextualisierung sperrt, ausgeschlossen" bleibe:[108]

> Indem die ‚Klage' das absolute Ende des Epos nicht akzeptiert und doch Etzel ein ruhmloses Ende bereitet, füllt sie die Leere, die für ein christliches Bewußtsein die *alten mæren* aufgerissen haben, mit Sinn auf: Die Grenzen der Welt fallen mit den Grenzen der Christenheit zusammen.[109]

Auffällig ist, dass der Abschnitt in der Fassung *C (*C 4363–4400) vor dem Epilog steht (*C 4401–4428). In diesem Fall kann ebenfalls nicht sicher bestimmt werden, ob dies der ursprüngliche Platz ist oder ob der Epilog auch in *C nachträglich eingefügt ist.[110] Das Ergebnis ist jedenfalls, dass *C ohne einen Textabschnitt, der noch nach dem Epilog folgt, strukturierter wirkt.[111] In *C hat „die Schrift das letzte Wort",[112] was dem Text zusammen mit dem Prolog einen klaren Rahmen gibt. Die Verse *B 4321f./*C 4427f. *ich iu nû niht mêre hie [+*C] sage. / Dizze [*B: diz] liet heizet diu Klage.* weisen deutliche Parallelen zum Ende des ‚Lieds' auf, besonders zur Fassung *C: B 2376,1/4 [2379,1/4]: *Ine kan iu niht bescheiden, waz sider dâ geschach, [...] diz ist der Nibelunge NÔT*/C 2440,1/4: *Ine sage iu nu niht mêre von der grôzen nôt / [...] daz ist der Nibelunge liet.* Sie wirken wie eine Schlussformel und formulieren parallel zur ersten Überschrift der ‚Klage' eine Art Werkbezeichnung, so dass die Spekulationen über Etzels Ende vor dem Epilog besser platziert sind.[113] Heinzle erwägt, dass die parallele Gestaltung der Werktitel die Gleichrangigkeit von ‚Lied' und ‚Klage' betonen könnte.[114]

Diese Beispiele verdeutlichen, dass die Fassung *C der ‚Klage' zum Teil eine eigene Erzählstrategie aufweist, indem verstreute Argumente zusammengefasst sind, um eindringlicher, aber auch punktuell geballt zu argumentieren. Des Weiteren erscheint die *C-‚Klage' geordneter, indem einzelne Passagen in einer chronologisch richtigen Reihenfolge erzählt oder Textpassagen in Bezug auf eine Gesamtkonzeption stimmiger platziert sind.

---

107 Bumke 1999a, S. 555.
108 Müller 1998, S. 121.
109 Ebd.
110 Vgl. Bumke 1999a, S. 555.
111 Vgl. Lienert 2000, S. 459.
112 Müller 1998, S. 121.
113 Vgl. Lienert 2000, S. 459.
114 Heinzle 2013a, S. 1513; vgl. Abschnitt 4.5.1.

7.8 Verstärkung des Klagegestus

Auf inhaltlicher Ebene ist auffällig, dass in der *C-‚Klage' wiederholt das Klagen ausführlicher als in *B dargestellt ist, etwa wenn Dietrich um den Verlust seiner Leute (*B 1062–1064/*C 1064–1066; +*C 1067–1078) oder Etzel klagt (*B 1065–1069/*C 1079–1083; +*C 1084–1097).[115] In weiteren Plusversen (+*C 1148–1155) beteuert Etzel, dass er die Feindschaft der Burgonden nicht verdient habe.[116] Während die *B-‚Klage' Einzelheiten der Vorgeschichte der Verlobung Giselhers mit Rüdigers Tochter erzählt (*B 1809–1814), findet sich in *C stattdessen eine erneute Klage um Giselher (*C 1901–1903).[117] Aber ebenso finden sich Gegenbeispiele: Der Bericht vom Eintreffen der Boten und von Pilgrims Reaktion auf die Nachricht vom Untergang der Burgonden ist mit 38 Versen in *B (3310–3347) gegenüber zehn Versen in *C (3434–3443) deutlich gekürzt, wovon auch die Klagerede betroffen ist (*C 3444f.; vgl. *B 3348f.).[118] Die Mehrheit der Klagereden ist in *C jedoch länger als in *B. Die Kürze bei Pilgrims Reaktion in *C spiegelt möglicherweise einen Aspekt der Figurenkennzeichnung, der zufolge Pilgrim trotz seiner Trauer weitgehend handlungsfähig bleibt.

Wenn die Landbevölkerung klagend herbeiläuft, dann aus unterschiedlichen Motivationen heraus: nämlich auch aus Schaulust (*B 667: *durch schouwen*), um etwas zu ergattern (*B 668: *durch bejagen*) oder um Freunde zu rächen (*B 669: *durch vriunde rechen*). In *C ist stattdessen von *gewin* (686) sowie *weinen* und *klagen* (687) erzählt. Dazu passt, dass Etzel die anwesenden Männer aus der Landbevölkerung anweist, die Entwaffnung der Toten den Frauen abzunehmen (*B 1616ff./*C 1696ff.). In *B 1626f. sind sie mangels entsprechender Kenntnisse mit der Aufgabe überfordert, in *C 1706f. wegen ihres Leides verwirrt.[119]

Im Vergleich zur *B-‚Klage' nimmt das Klagen in *C einen deutlich größeren Raum ein, so dass das Leid stärker betont ist. Ähnliches ist bei den etwa zeitgleich entstandenen höfischen Romanen Hartmanns von Aue zu beobachten, so dass gattungsübergreifend ein entsprechendes Interesse an der Darstellung des Klagegestus für diese Zeit festzustellen ist. Das Erzählen in der ‚Klage' *C ist damit dem des höfischen Romans angenähert, was ebenso für das *C-‚Lied' zu

---

115 Lienert 2000, S. 397. Zum Motiv der klagenden Stimme siehe grundsätzlich Schmid 2017b.
116 Lienert 2000, S. 398.
117 Ebd., S. 415.
118 Ebd., S. 439; vgl. Müller 2002, S. 111.
119 Vgl. Lienert 2000, S. 411. Bumke (1999a, S. 534) erwägt, dass in *B „eine entsprechende Bemerkung" wie in *C 1706, *vor leide was ir witze kranc*, ausgefallen sein könnte.

beobachten ist.[120] In Hartmanns ‚Erec' ist das Mitleid des Protagonisten als ein Hauptmotiv zu bestimmen; im Vergleich zur französischen Vorlage ‚Erec et Enide' von Chrétien de Troyes sind Klagereden bis zu siebenmal länger ausgestaltet.[121]

7.9 Gestaltung des Zusammenhangs von ‚Lied' und ‚Klage' *C

Vor allem in der älteren Forschung wird die Ansicht vertreten, dass Wiederholungen zwischen ‚Lied' und ‚Klage' in der Fassung *C vermieden würden, um ein glatteres Erzählen zu erreichen.[122] Deshalb befänden sich einzelne Aspekte nur in der *B-, aber nicht in der *C-‚Klage'. Postuliert wird dies unter anderem anhand des *vernôgieren*-Motivs: Das Motiv findet sich ausdrücklich nur in der *B-‚Klage' (*B 982ff.), jedoch nicht im *B-‚Lied'. Ein umgekehrtes Bild ergibt sich für die Fassung *C: Das Motiv taucht explizit nur im ‚Lied' (+C 1284), nicht aber in der ‚Klage' auf.[123] Für das Motiv, dass Kriemhild sich nur an Hagen habe rächen wollen (+C 1882; 1947; 2143), und Utes Verbleiben in Lorsch (+C 1158–1165) werden in der Forschung unterschiedliche Entstehungszusammenhänge angenommen. Bernreuther geht davon aus, dass die Erzählelemente zunächst Teil der *B-‚Klage' sind und von dort in das *C-‚Lied' aufgenommen werden;[124] Bumke rekonstruiert, dass Lorsch zuerst im ‚Lied' *C Eingang findet und anschließend erst in die ‚Klage'-Fassungen *B und *C gelangt.[125] Doch wie sieht der Befund aus? Hinsichtlich des *vernôgierens* ist festzustellen, dass es in der *C-‚Klage' ebenfalls zumindest angedeutet ist, wenn erzählt wird, dass Etzel bereits Christ gewesen sei. Er verkündet seine Bereitschaft zur wiederholten Bekehrung: *daz ich anderstunt mich bekêren solde* (*C 996). Dass dieses Motiv nur in schwacher Form auch in der *C-‚Klage' vorkommt,[126] könnte auf eine Glättungstendenz hinweisen. Möglich ist im Hinblick auf die Thesen zur Textentstehung

---

120 In diesem Zusammenhang ist ebenfalls auf eine Plusstrophe im *C-‚Lied' zu verweisen, in der Rüdiger seinen Besitz aufgeben und nur mit Ehefrau und Tochter Etzels Machtbereich verlassen will, um nicht für ihn ehrlos gegen die Burgonden kämpfen zu müssen (+C 2216). Auch Wolf (1980, S. 235) sieht in dieser Strophe eine Verstärkung des Aspekts des „Menschlich-Sentimentalen".
121 Vgl. Bumke 2006, S. 50.
122 Vgl. Müllenhoff 1855, S. 77; Bartsch 1865/1968, S. 318–321.
123 Vgl. Panzer 1955, S. 95; Schröder 1957/58, S. 57f., 74.
124 Bernreuther 1994, S. 132.
125 Bumke 1996c, S. 502–513; vgl. Vogt 1913, S. 154ff.; dagegen argumentiert Braune 1900, S. 175.
126 Vgl. Bumke 1999a, S. 527.

ebenso, dass das Motiv mehr oder weniger gleichzeitig in ‚Lied' *C und ‚Klage' *B eingearbeitet wird und in der ‚Klage' *C nicht ausführlich berücksichtigt ist. Auffällig ist in jedem Fall die wörtliche Übereinstimmung von *C-‚Lied' (C 1284,3: „wan daz er sich widere vernogieret hât") und *B-‚Klage' (*B 988: „daz ich mich vernôgierte hin wider").[127]

*C-‚Lied' (+ C 2351,3f.) und *B-‚Klage' (*B 3923f.) weisen ebenfalls wörtliche Übereinstimmungen auf. Im *C-‚Lied' sagt der Erzähler, dass die Burgonden gegen die Hunnen siegreich geblieben wären, wenn die Christen, d.h. Dietrich und Rüdiger sowie ihre Gefolgsleute, nicht gewesen wären:

*Swie vil von manigen landen gesamnet wære dar,
vil fürsten krefteclîche gegen ir kleinen schar,
wæren die kristen liute wider si niht gewesen,
si wæren mit ir ellen vor allen heiden wol genesen.* (+ C 2351)

In der *B-‚Klage' sagt Swämmel auf die Kämpfe rückblickend:

*„swaz ir ie helm ûf gebant
der besten wîgande,
die von manegem lande
dem künege Ezele wâren komen,
die hânt ir ende von in genomen.
Vor den Hiunen si waeren wol genesen,
waeren die kristen niht gewesen."* (*B 3918–3924)

Panzer vermutet in diesem Fall für die *C-‚Klage', dass der Bearbeiter *C eine Wiederholung vermeiden will.[128] Allerdings bemerkt Bumke, dass in der *C-‚Klage' „nicht nur dieser Gedanke [fehlt], sondern in *C fehlt in Swämmels Bericht der ganze Passus von 22 Versen, der die Kämpfe am Hunnenhof resümiert" (+*B 3911–3932).[129] Die Vermeidung einer Wiederholung ist daher vermutlich zumindest nicht die dominierende Bearbeitungsstrategie (siehe Abschnitt 4.2). Der Gegensatz von Christen und Heiden ist in beiden ‚Klage'-Fassungen ebenfalls an anderen Stellen, jedoch stets ohne Bewertung thematisiert (siehe Abschnitt 8.4).

Anders sieht der Befund hinsichtlich der acht Plusstrophen im *C-‚Lied' zu Lorsch (+C 1158–1165) aus. Sie weisen deutliche Parallelen zu Angaben in der *C-‚Klage' auf: In der *B-‚Klage' (3986f.) ist die Beerdigung Utes in Lorsch nur

---

127 Vgl. ebd.
128 Panzer 1955, S. 95.
129 Bumke 1996c, S. 515, Anm. 183.

kurz erwähnt, während *C 4046ff. ausführlicher und detaillierter erzählt, dass Ute in Lorsch *noch hiute* (*C 4048) *in eime sarcsteine* (+*C 4050) liege.[130] In diesem Fall ist keine Angleichung von ‚Lied' und ‚Klage' im Sinn einer Kürzung zu beobachten. Stattdessen liefert die ‚Klage' *C weitergehende Informationen und verortet wie das *C-‚Lied' den Text stärker in der Region.

Gegen eine Glättungstendenz im oben genannten Sinn spricht ebenfalls die bereits zitierte positive Kennzeichnung Siegfrieds zu Beginn der ‚Klage' *C (*C 45ff.), die zwar gegenüber *B weitere Informationen enthält, die aber weitgehend denen des ‚Lieds' entsprechen. Die Erweiterung dient der Steuerung von Sympathie. Eine Vermeidung von Wiederholungen ist in der Fassung *C des Nibelungenkomplexes in vielen Fällen nicht festzustellen. Eher ist das Gegenteil zu konstatieren. Hingewiesen habe ich schon auf Hildebrands relativ ausführliche Erzählung vom Nibelungenhort in der *C-‚Klage' (+*C 1287ff.), die nicht nur in der *B-‚Klage' fehlt, sondern wörtliche Parallelen zur Plusstrophe +C 519 aufweist (siehe Abschnitt 4.2).[131]

Phänomene wie diese zeigen ein deutliches Bestreben, die Kohärenz zwischen ‚Lied' und ‚Klage' zu verstärken. Dies geschieht nicht nur durch Kürzungen, aus denen sich eine Tendenz zur Vermeidung von Wiederholungen ablesen ließe. Sondern der Zusammenhang von *C-‚Lied' und -‚Klage' wird ebenso durch gezielte Erweiterungen in beiden Texten erzeugt.

7.10 Zusammenfassung

Die Variation im Bereich von Textbestand, Textfolge und Textformulierung zwischen den beiden ‚Klage'-Fassungen *B und *C ist unterschiedlich zu begründen. Möglich sind zum Teil mechanische Ausfälle; meistens ist von intentionalen Kürzungen und Erweiterungen neben den jeweils eigenen Formulierungen auszugehen. Die Intentionalität der konkreten Formulierungen ist jeweils unterschiedlich zu bewerten: In einigen Fällen ist Variation iterierend, in ande-

---

130 Bumke (1996c, S. 344) und Lienert (2000, S. 444) weisen auf einen Unterschied zwischen den ‚Klage'-Fassungen hin: Während in *B 3682–3687 die Gründung des Klosters durch Ute erwähnt wird, erzählt *C 3768f. nur, dass Ute nach dem Bericht über den Burgondenuntergang von dort herbeigeeilt käme. Die Klosterstiftung – als ein Merkmal hochmittelalterlichen Herrscherhandelns – durch Ute findet sich auch im *C-‚Lied' (+C 1158), was aber vom Textverständnis beziehungsweise von der Übersetzung abhängig ist; vgl. Bumke 1996c, S. 513; Lienert 2000, S. 444. Dafür bietet die ‚Klage' *C ein anderes Detail: Es handelt sich um einen Steinsarg (*C 4048–4050); vgl. Bumke 1999a, S. 552; Lienert 2000, S. 451.
131 Bumke 1999a, S. 530.

ren scheint sich eine Fassung von der anderen absetzen zu wollen, so dass in beiden Fassungen ein je eigener Gestaltungs- und Formulierungswille deutlich wird.[132]

Für die Fassung *C indizieren zahlreiche Aspekte gegenüber *B eine glättende, präzisierende und strukturierende Tendenz hinsichtlich Metrik, Inhalt und Argumentation. *C-Eigenheiten sind unterschiedlichen Erzählstrategien und Funktionen wie Argumentation, Sympathiesteuerung, Figurenzeichnung, Schuldzuweisung, konkrete und frühe Benennung von Figuren zuzuordnen. Die Spezifika der *C-‚Klage' deuten auf das Anliegen hin, den Text als eigenständiges Werk erzähltechnisch zu ‚verbessern'. Nur in wenigen Fällen lassen sich die Eigenheiten als Harmonisierungsversuche mit dem *C-‚Lied' deuten.[133] Die Spezifika der *C-‚Klage' erscheinen mitunter unabhängig vom *C-‚Lied', sind in vielen Fällen aber im Sinn einer ähnlich ausgerichteten Erzählstrategie zu lesen. Wiederholt sind in der *C-‚Klage' Prinzipien einer rhetorischen Formung sichtbar, weniger Aspekte einer Erzählökonomie. Da *C gegenüber *B auch vermehrt Introspektionen in Figuren sowie weitere Informationen erzählt und damit weniger an Wissen beim Rezipienten voraussetzt beziehungsweise dies verschriftlicht, stehen *C-‚Lied' und *C-‚Klage' gegenüber der *B-‚Klage' sowie dem gesamten *B-Komplex dichter zusammen. Auch über die Aventiureüberschriften erscheint die ‚Klage' *C literarisierter.

Der Vergleich der ‚Klage'-Fassungen ergibt, dass die häufigsten Unterschiede in Formulierungsvarianten bestehen, die den gleichen oder einen sehr ähnlichen Sinn transportieren und grundsätzlich ein gleichgerichtetes Erzählinteresse indizieren.[134] Im Folgenden sind nur noch inhaltliche Differenzen berücksichtigt, aus denen mit einiger Gewissheit Fassungsunterschiede abzulesen sind. Dazu zählen die Figurenkennzeichnung, die Schuldfrage sowie die Wertung des Geschehens.

---

132 Vgl. Bumke 1996b, S. 82.
133 Vgl. Bernreuther 1994, S. 175.
134 Vgl. Bumke 1996c, S. 389.

8 Die Figurenwertung im Nibelungenkomplex *C

Die Formulierung einer expliziten Poetologie, wie sie die lateinische Literatur des Mittelalters bietet, fehlt in deutschsprachiger Literatur. Eine implizite Poetologie ist nur aus Prologen, Erzählerreflexionen und Ähnlichem in deutschsprachigen Texten zu erschließen.[1] Überkommen sind als Reflexionstraditionen über das Erzählen ausschließlich Poetik und Rhetorik vor allem der im Mittelalter bekannten römischen Antike mit ihrer grundsätzlichen Unterscheidung zwischen Erzähler- und Figurenrede.[2] Die Rede des Erzählers und die der Figuren, die durch den Erzähler wiedergegeben werden,[3] bilden den Erzähltext.

Hübner verweist auf den rhetorischen Ursprung mittelalterlicher Form-Funktions-Korrelationen in erzählenden Texten, die nur oberflächlich denen der *discours*-Narratologie entsprechen und im engeren Sinn der Glaubwürdigkeit, weniger der Darstellung von Subjektivität im Sinn einer Fokalisierung dienen.[4] Unzeitig arbeitet heraus, dass in mittelalterlicher Literatur in der Regel der „Autor als Konstitutionsgrund der Geschichte im performativen Akt des Erzählens"[5] vorgestellt wird, so dass eine dogmatische Trennung zwischen Autor und Erzähler im Sinn der *discours*-Narratologie, wie sie als Roman-Konvention seit dem 18. Jahrhundert gilt,[6] nicht anzunehmen ist. Glauch weist darauf hin, dass „sich volkssprachige Dichter bekanntlich sehr lange als Sprecher, als tatsächliche Erzähler [stilisieren]; sie tun das auch dann noch, als sie längst schreiben und längst wohl auch gelesen werden".[7] Inwiefern aktuelle Erzähler- und Figurenkonzeptionen auf mittelalterliche Texte generell und den Nibelungenkomplex speziell angewendet werden können, ist in der Forschung umstritten;[8] oftmals werden etwa andere Kohärenzbedingungen in Bezug auf

---

1 Vgl. Haug 1992.
2 Eine knappe Übersicht über verschiedene Funktionen bietet Hübner 2010, S. 120–125.
3 Vgl. Stocker 1997, S. 593.
4 Hübner 2010; vgl. 2004, S. 130, Anm. 11. Zur *discours*-Narratologie siehe grundsätzlich Stanzel 2008; Genette 1992. Die strukturalistischen Ansätze Stanzels und Genettes haben in den letzten Jahren viele Ergänzungen und Wandlungen erfahren. Die basale Trennung von Autor und Erzähler wird aber in der Regel beibehalten; vgl. etwa den Sammelband zu unterschiedlichen narratologischen Ansätzen von Nünning/Nünning 2002.
5 Unzeitig 2010, S. 350.
6 Glauch 2010, S. 184.
7 Ebd., S. 180.
8 Vgl. Curschmann 1971; Pörksen 1971; Nellmann 1973; Glauch 2010; Hübner 2010; Unzeitig 2010; Schmid 2014a. Zur grundsätzlichen Diskussion von Figuren in mittelalterlicher Literatur siehe Stock 2010, besonders S. 187–196; Lienert 2016.

https://doi.org/10.1515/9783110593020-008

Figurengestaltung und Erzählerrollen festgestellt.⁹ Auszugehen ist davon, dass der textinterne Erzähler stets an den Verfasser des Texts zurückgebunden bleibt, also keine rein fiktive Instanz ist. Ebenso wenig sind die in ‚Lied' und ‚Klage' erzählten Figuren rein fiktive Elemente. Dies lässt sich sowohl erzähltheoretisch als auch entsprechend der Gattung der in der vorliegenden Untersuchung behandelten Texte fundieren: Die Figuren heldenepischer Texte werden nicht als rein literarisch verstanden, sondern referieren immer auch auf die außerliterarische Wirklichkeit; des Weiteren ist ihre Darstellung wegen der Stoffbindung nicht beliebig manipulierbar. Die Figuren sind auf der Ebene der *materia*, zugleich in ihrer spezifischen Ausgestaltung auf der des *artificium* anzusiedeln.¹⁰ In Abgrenzung von einem neuzeitlichen Konzept von Figuren als mentale Modelle von Personen fasst Lienert kennzeichnende Aspekte von Figuren in mittelhochdeutschen Erzähltexten zusammen und kommt zu dem Schluss, dass heldenepische Figuren „allenfalls teilweise als mentale Modelle realer Personen mit Innenwelt und ‚Entwicklung' zu begreifen"¹¹ sind:

> Figuren in vormodernem Erzählen, Figuren vor allem in der als ‚archaischer' geltenden Heldenepik, sind konstituiert durch Name und Herkunft, Eigenschaften und Affektäußerungen, Handlungsfunktionen und Interaktionen mit anderen, bisweilen durch ihre Geschichte (nur selten in biographischer Anlage), gelegentlich ihre Fama und/oder tradierte Rollenvorgaben; nur ausnahmsweise durch ihre Innenwelt oder durch Ansätze zu Veränderung oder gar Entwicklung.¹²

Die Konstitution heldenepischer Figuren weist etwa im Vergleich zu der von Figuren im höfischen Roman Widersprüche und Lücken auf;¹³ dies äußert sich

---

9 In Bezug auf den Erzähler wäre dies etwa „die omnipräsente Neigung zu *ad hoc*-Erzählerkommentaren, die – fast grundsätzlich – Gültigkeit zunächst nur für die jeweils erzählte Situation haben"; Lienert 2017, S. 87. Für die Figuren sind weder eine „Entwicklung" noch „konsistente[] psychologische[] Motivierungen" zu beobachten; Lienert 2003, S. 100.
10 Vgl. Stock 2010, S. 191. Für eine historisierende Auseinandersetzung mit der ‚Figur' im Rahmen einer historischen Narratologie sind „textuelle und kulturelle Anthropologien, generisches Wissen über Figuren, intertextuelle Sinnkonstitutionen" einzubeziehen; ebd., S. 192.
11 Lienert 2016, S. 74.
12 Ebd., S. 52.
13 Vgl. Heinzle 1987; 2014, S. 125–135; Müller 1998, besonders S. 233–237; Schulze 2002; Lienert 2016. Dies betrifft indirekt ebenfalls die textinternen Zeitstrukturen, wie es etwa im Bereich der Dietrichepik zu beobachten ist: „Weit über *Hystera-Protera* hinausgehend, erscheint Dietrich von Bern selbst bei seinen allerersten Kampf- oder Aventiureerfahrungen in ‚Virginal' und ‚Dietrichs Flucht' zugleich schon als der größte aller Sagenhelden, Witege noch in seiner Zeit als Dietrichheld in ‚Rosengarten' D bereits als der Verräter, als der er sich erst später erweisen wird"; Lienert 2017, S. 73; vgl. 2016, S. 58.

in „ausgesparte[n] Motive[n], stark begrenzte[r] Innenweltdarstellung, widersprüchliche[n] Wertungen, fehlende[r] Stimmigkeit und ‚gebrochene[n] Linie[n]'"[14] in der Darstellung von Figurenhandeln".[15] Des Weiteren sind heldenepische Figuren als „hybrid" zu verstehen, „die aus mindestens zwei Schichten – der des Einzeltexts und der der Sage (ggf. auch verschiedener Sagenversionen) zusammengesetzt sind".[16] Offenbar sind für das ‚Lied' und sein Anliegen von keiner „kausale[n] oder psychologische[n] Stimmigkeit" auszugehen;[17] von Fall zu Fall ist ebenfalls zu unterscheiden, ob die Funktion einer Figurenkennzeichnung der betroffenen Figur primär eine Tiefendimension verleihen soll oder der Handlungsorientierung dient.[18] Die männlichen Figuren zeigen je nach Situation normgeleitetes, pragmatisches und heroisches Verhalten; die Übergänge zwischen solchen Verhaltensweisen wie „List und Tapferkeit, Diplomatie und Kampf"[19] sind meist fließend.[20] Verhaltensveränderungen der weiblichen Figuren „resultieren unmittelbar aus Handlungsumschwüngen, vor allem aus Gewalt- und Unrechtserfahrungen".[21]

Zwar ist in ‚Lied' und ‚Klage' mit unterschiedlichen Perspektiven und Wissensbeständen der verschiedenen Figuren gearbeitet, die oftmals Handeln und damit Handlung erst ermöglichen beziehungsweise initiieren, allerdings ist eine scharfe Trennung von Erzähler- und Figurenwissen im ‚Lied' nicht dogmatisch anzusetzen. Müller sieht dies – etwas überakzentuiert – in der Weise, dass „[z]wischen dem, was der Erzähler, und dem, was seine Figuren sagen, […] grundsätzlich kein Unterschied in Bezug auf den Wahrheits- und Geltungsan-

---

14 Schulze 2002, S. 678.
15 Lienert 2016, S. 52f.
16 Ebd., S. 55. Dies gilt besonders für Siegfried und Dietrich, zum Teil auch für Hagen; ebd. In Bezug auf Dietrich ist etwa Folgendes zu berücksichtigen: „Dietrich ist auch im ‚Nibelungenlied' immer zugleich der Held seiner eigenen Sage; sein hunnisches Exil ist ohne die Fluchtsage nicht verständlich, seine Sonderstellung unter den Helden und Fürsten am Etzelhof nicht ohne seinen Sagenruhm"; ebd., S. 58.
17 Ebd., S. 56; vgl. Müller 1998, S. 201–248. Vgl. Lienert 2016, S. 75: „Dass für sie [scil. die Figuren], die teilweise das Wissen von Jahrhunderten (oder dessen auf das Stereotyp reduzierte Quintessenz) mittragen, lebensweltliche Plausibilitätsanforderungen nicht gelten müssen, wird durch ihre offensichtliche Heterogenität und/oder Stereotypie unterstrichen."
18 Vgl. ebd., S. 57.
19 Ebd., S. 74.
20 Vgl. ebd., S. 69.
21 Ebd., S. 74.

spruch [besteht]".[22] Daher sei das „Erzählen [...] nicht von der Sehweise, der zufälligen Kenntnis oder gar den Interessen eines einzelnen abhängig".[23] Ein weiteres Kennzeichen der Erzähltechnik in ‚Lied' und ‚Klage' ist das Arbeiten mit Erzähl- und Verhaltensschemata. Vor allem die Fassung *B erzählt wenig ‚innere Einstellungen'.[24] Die zusätzlichen Introspektionen der Fassung *C sind als Plausibilisierungstechnik, nicht als Ausstellung einer Subjektivität zu verstehen (vgl. Abschnitt 6.2.6). Neben den Eigenheiten mittelalterlicher Poetik ist ebenfalls die Überlieferungssituation zu berücksichtigen: Erzähler- und Figurenebene sind in den Überlieferungszeugen mangels Interpunktion nicht immer scharf trennbar. Bekräftigungen wie *weizgot* innerhalb von Figurenrede können zum Beispiel nicht immer sicher der Figurenebene zugeordnet, sondern ebenso als Einschub der Erzählerrede gedeutet werden.[25]

Für die vorliegende Untersuchung bedeutet dies Folgendes: Für die Texte von ‚Lied' und ‚Klage' wird zwischen Erzähler- und Figurenrede unterschieden, um differenzierter unterschiedliche Perspektiven, Gewichtungen und Sympathiesteuerungen von Erzähler und Figuren in Bezug auf andere Figuren, die Schuldfrage und Bewertungen des Geschehens herauszuarbeiten. Da sich die Art und Weise der Figurenkennzeichnung zwischen den Fassungen nicht konzeptionell unterscheidet, muss sie nicht ausführlich behandelt werden. Zu untersuchen ist, ob und inwiefern eine Informationsvergabe narratorial durch die Erzählinstanz oder figural auf der Ebene der redenden und handelnden Figuren erfolgt, ob und inwiefern Kennzeichnungen und Bewertungen explizit und/oder implizit über Korrespondenz- beziehungsweise Kontrastrelationen oder Handeln und Sprechen der Figuren ausgedrückt sind und welche spezifischen Deutungen sich in sowohl quantitativer als auch qualitativer Hinsicht für die Fassung *C des Nibelungenkomplexes ergeben.[26]

Im Zentrum des ‚Lieds' stehen Siegfried, die Burgondenkönige, zu einem gewissen Grad auch Brünhild, Dietrich, Etzel, Hildebrand und Rüdiger, vor allem aber Kriemhild und Hagen als Kontrahenten im zweiten Teil des ‚Lieds'. In der ‚Klage' sind es die Überlebenden des Untergangsgeschehens, besonders Etzel, Dietrich und Brünhild. Über die Erzähler- und Figurenaussagen rücken in

---

22 Müller 1998, S. 128. Müller (ebd., Anm. 56) geht davon aus, dass Dietrich Kriemhild nur „vâlandinne" nennen könne (B 1745,4a [1748,4a]), „[w]eil er mit dem Wissen des Erzählers ausgestattet" sei: Vom Wissensniveau Dietrichs ausgehend wäre dieser Vorwurf „unsinnig".
23 Ebd.
24 Bernreuther 1994, S. 10.
25 Zu diesem Beispiel siehe Lähnemann 2001, S. 363.
26 Vgl. Platz-Waury 1997, S. 587.

der ‚Klage' ebenfalls Kriemhild und Hagen ins Zentrum. Auf die Untersuchung der Kennzeichnung der genannten Figuren werde ich mich beschränken.

Die Forschung hat grundlegende Prinzipien und Aspekte sowie zahlreiche Details der Figurenzeichnung herausgearbeitet. Für die Fassung *B des Nibelungenkomplexes wird angenommen, dass die Figuren im Vergleich zu *C seitens des Erzählers, aber auch durch andere Figuren und sich selbst ambivalent gekennzeichnet seien, so dass textintern „[d]as Urteil über die Hauptfiguren [...] in der Schwebe"[27] bleibe. Der Erzähler *B streue eigene Wertungen eher beiläufig ein, ohne einseitig Stellung zu beziehen.[28] Kennzeichnend für die Fassung *C des Nibelungenkomplexes sei eine Vereindeutigung des Ambivalenten und ein intensiveres Kommentieren und Bewerten einzelner Handlungsteile und der Figuren. Im Folgenden werden anhand einer detaillierten Textanalyse Forschungsthesen geprüft, die zum Teil bestätigt, zum Teil ergänzt beziehungsweise modifiziert werden. Entsprechend der Eigenständigkeit von ‚Lied' und ‚Klage' und dem gemeinsamen Überlieferungsverbund werden zunächst Befund und Deutung des ‚Lieds', daraufhin der ‚Klage' und abschließend eine Synthese dargestellt. Wiederholungen zum bisher Festgestellten in der Behandlung des Strophenbestands sind nicht in jedem Fall zu vermeiden; sie sind für die Stringenz der Argumentation oftmals notwendig. Angeführt sind in diesen Fällen nur die Nachweise, eine wiederholte Zitation der Textstellen findet, sofern nicht zwingend erforderlich, nicht statt. Da wesentliche Aspekte des *C-‚Lieds' in der vorliegenden Arbeit bereits herausgearbeitet sind, werden in diesem Kapitel die ‚Klage'-Fassungen im Vergleich ausführlicher untersucht.

8.1 Siegfried

Als höfischer Königssohn, (zunächst) unüberwindbarer Held, dominant Agierender in den Betrugshandlungen an Brünhild und als Ehemann Kriemhilds nimmt Siegfried eine zentrale Rolle im ersten Teil des ‚Lieds' ein. Über vornehme Abkunft, großen Besitz, kriegerische Großtaten und listiges Handeln ist er in seine mittelalterlich-soziale Position eingeordnet und als durchsetzungsstarke und positive Figur gekennzeichnet.[29] Fassungsübergreifend ist auffällig, dass

---

27 Dinkelacker 2006, S. 68; vgl. Lienert 2003, S. 108.
28 Vgl. Behr 1995, S. 21.
29 Zwar lassen sich die Betrugshandlungen an Brünhild während der Werbung und vor der Entjungferung aus ihrer Perspektive als moralisch negativ bewerten, doch kommt der *list* in der Kultur des Mittelalters eine hohe Wertschätzung zu. Althoff (1988/2003, S. 15) vertritt die The-

seine Kennzeichnung im ‚Lied' und in der ‚Klage' sowohl quantitativ als auch qualitativ ausführlicher ausfällt als die von Kriemhild.[30] Im ‚Lied' ist Kriemhild in zwei Strophen beschrieben (B 1f. [2f.]/C 2f.), Siegfried sind in *B (18–24 [20–26]) insgesamt sechs, in *C (19–25 inklusive der Plusstrophe +C 21) sieben Strophen gewidmet. In ihnen wird über seine Schönheit, Tugendhaftigkeit und vorbildliche Erziehung berichtet.[31] Kriemhild ist zwar zuerst genannt, doch Siegfried ist mit weit mehr Erzählaufwand als höfischer Königssohn installiert. Seine herausgehobene Position ist wiederholt in *C herausgestellt: In einer *C eigenen Formulierung (C 390,4) ist Siegfrieds Wissen um Brünhild gegenüber Hagen (B 380,4 [382,4]) und nachfolgend ebenso gegenüber Gunther betont, wenn er letzterem von der Werbung um Brünhild dezidiert abrät (+C 335f.). *C weist ebenfalls darauf hin, dass Siegfried alle aus der Not befreite (C 480,4). Er ist über die in *C ausführlichere Darstellung im Vergleich zu *B nicht nur deutlicher in einen höfischen Rahmen gesetzt, sondern zugleich ist ein Ansatz zur Biographisierung fortgeführt; dies ist ein Strukturprinzip, das dem höfischen Roman entnommen ist.[32]

In der ‚Klage' spielt Siegfried eine geringe Rolle. Der Fassungsvergleich ergibt auffällige Unterschiede. Dargestellt wurde bereits die unterschiedliche Beurteilung des Geschehens in beiden Fassungen, die sich seitens des Erzählers am *übermuot* Siegfrieds, der in *B 39 namenlos und nur als Gatte der Schwester der drei Könige gekennzeichnet ist,[33] beziehungsweise *von ander liute übermuot* (*C 49), wohl den Burgonden, entzündet.[34] Die Zuschreibung von *übermuot* an Siegfried hat eine Parallele im ‚Lied'.[35] Allerdings formuliert auch die *B-‚Klage'

---

se, dass in Werken der Historiographie „nicht selten die Wertschätzung des Erfolges gegenüber Zweifel hinsichtlich moralischer Vertretbarkeit [dominiert]".

30 Vgl. Bernreuther 1994, S. 126; Nolte 2004, S. 69, Anm. 272.
31 Vgl. Nolte 2004, S. 69.
32 Zum Ansatz zur Biographisierung allgemein im ‚Lied' vgl. Lienert 2015, S. 47.
33 Vgl. Henkel 1999, S. 87. Bernreuther (1994, S. 126) erwägt ein Versehen oder einen Schreibfehler in *B, aber auch einen Verweis auf Siegfrieds Auftritt in der 3. Aventiure des ‚Lieds' mit seinen „durchaus provokante[n] Züge[n]", die „allerdings in einem ganz anderen Handlungszusammenhang" stünden.
34 Vgl. Bumke 1996c, S. 384; 1999a, S. 515. Bernreuther (1994, S. 126) vertritt die These, dass der *C-Bearbeiter sich am *B-Text gerieben habe. Auch Lienert (2000, S. 356) sieht in der *C-Formulierung ein Indiz dafür, sie „als Korrektur einer *B ähnlichen Lesart" zu deuten.
35 Vgl. Bumke (1996c, S. 385f.) zu Siegfrieds „nicht ganz unproblematisch[em]" *übermuot* als „herausforderndes Auftreten" beziehungsweise „ungestümes Heldentum". Goller (2009, S. 508) merkt an, dass Siegfrieds *übermuot* auch in der ‚historischen' Dietrichepik negativ konnotiert ist. Er sieht im Attribut Siegfrieds daher ein „deutliches Differenzmerkmal" zur Figur des

in Erzählerrede in einem Plusvers Siegfrieds Unschuld (+*B 106: *dem helde sterben niht gezam*) und weist Hagen die Schuld zu (+*B 105: *von dem er doch den tôt genam*).³⁶ Im weiteren Verlauf des Erzählens verweist *B erneut auf Siegfrieds Unschuld: In der Figurenrede Rumolds wird Kriemhilds Rache mit dem Mord an Siegfried und dem Hortraub durch Hagen begründet (*B 4033ff./*C 4095ff.).³⁷ Rumold fragt des Weiteren zusätzlich nur in +*B 4047f. „*Waz het Sîvrit ir man / im ze leide getân?*" und betont dessen Unschuld: „*der wart âne schult ermort*" (+*B 4049).

Zusammenfassend ist festzustellen, dass in *B zunächst eine deutliche, zugleich sachte Schuldzuweisung an Siegfried erfolgt: Auf ihn verweist im Text nur sein Status als Gatte Kriemhilds, ohne dass sein Name ausdrücklich genannt ist, auch wenn wohl jeder mittelalterliche Rezipient wusste, von wem die Rede ist. Relativ am Ende der ‚Klage' erfolgt eine Schuldzuweisung in der Rede einer burgondischen Figur, die eine Abgrenzung von Hagens Verhalten ausdrückt, so dass eine Distanzierung aus der Gruppe der Burgonden von Hagen erfolgt, die im ‚Lied' nicht umgesetzt ist. Weniger Siegfried als vielmehr Hagen wird in diesem Fall indirekt gekennzeichnet.

In der ‚Klage' *C herrscht dagegen Klarheit von Beginn an: *Übermuot* bleibt den Burgonden vorbehalten.³⁸ Hinzu kommt, dass die folgenden Verse Siegfried auch mit Namen nennen und weitere Details schildern (+*C 50–72): Siegfried sei *diemüetic* und ohne jegliche Falschheit gewesen (+*C 55f.), beliebt (+*C 57), angemessen im Verhalten allen gegenüber (+*C 58–60), *vil starke*, *küene* und *vil wolgetân* (+*C 61f.) sowie tugendreich (+*C 54; 63). Seine Ermordung ist in wertender Erzählerrede mit *niwan durch haz und durch nît* (+*C 65) begründet, was mit einer Berufung auf mündliche und schriftliche Überlieferung untermauert wird: *als uns ist gesaget sît / und ist uns von den buochen kunt* (+*C 66f.). Seine

---

Dietrich; ebd. Gerade das Fehlen des Attributs diene „der intertextuellen Konstruktion von Dietrichs Identität vor der Folie des in den Texten der Dietrichepik immer präsenten literarischen Rivalen aus dem ‚Nibelungenlied'"; ebd.; vgl. Lienert 1999, S. 34f. Die negative Konnotation begründet Goller (2009, S. 508) damit, dass Dietrichs Haltung „ihm mehr Erfolg und damit auch ein längeres Leben, d.h. mehr literarische Abenteuer bescheiden, als dies für Siegfried der Fall ist, den Dietrich im ‚Rosengarten' D und im ‚Biterolf und Dietleip' trotz seiner anfänglichen Zagheit und seines Widerwillens dann aufgrund von Hildebrands Motivationskünsten doch noch besiegt"; vgl. ebd., Anm. 67 für weitere Beispiele zur negativen Konnotation von *übermuot*.

36 *C formuliert ganz anders und benennt nicht die Mörder, sondern erzählt allgemein von der hohen Anzahl der Toten (*C 130–132). Der Fokus bleibt bei Kriemhild und ihrer Rache.
37 Vgl. Nolte 2004, S. 75.
38 Ebd., S. 394.

Kennzeichnung schließt mit einem Verweis auf Siegfrieds Eltern und seinen Herrschaftsbereich (+*C 68–72). Deutlich steht die positive Kennzeichnung Siegfrieds im Vordergrund, zugleich sind seine Gegner implizit negativ konnotiert, weil sich in *C Siegfried nichts zu Schulden hat kommen lassen. Die ‚Klage' *C weist insofern eine Parallele zur 2. Aventiure des ‚Lieds' auf, als Siegfried näher eingeführt und damit herausgehoben ist.

Bernreuther geht davon aus, dass in der ‚Klage' *C das wichtige Element von Siegfrieds mythischer Seite eliminiert werde, „um im Zuge ihrer eigenen Erzählintention klare Akzente zu setzen" und einen, ihrer Meinung nach, „‚falschen' Eindruck zu verwischen".[39] Dagegen ist zu setzen, dass mythische Elemente in der ‚Klage' quasi keine Rolle spielen; der in ihr genannte Hort steht in erster Linie als Zeichen für finanzielle Macht. Lienert weist aus, dass *C „zweifelsfrei" Siegfrieds Unschuld und die Schuld der Siegfried-Mörder verdeutlicht und damit vereindeutigend arbeitet, während die ‚Klage' *B an die Ambivalenz der Siegfriedfigur des ‚Lieds' erinnere.[40] Die Fassung *C der ‚Klage' bietet deutlich mehr Informationen als *B, die aber weitgehend denen des ‚Lieds' entsprechen. Die Angabe von weiteren Details dient vermutlich nicht nur dazu, Siegfried verstärkt im Sinn der höfischen Adelskultur um 1200 darzustellen, sondern vor allem um ihn als positive und unschuldige Figur zu kennzeichnen, so dass das Verbrechen an ihm umso drastischer wirkt. Implizit ist damit im Kontrast eine negative Kennzeichnung seiner Gegner erzielt. Keineswegs indizieren die Parallelität sowie die Plusverse in der ‚Klage' *C eine Tendenz zur Vermeidung von Wiederholungen zwischen ‚Lied' und ‚Klage'.

8.2 Brünhild

Brünhild ist im *C-‚Lied' gegenüber *B ambivalent gekennzeichnet.[41] Anfangs ist ihre Macht und Unüberwindbarkeit betont: Bei der Ankunft der Werbungsgemeinschaft auf Island werden die gut gebauten Burgen in ihrem Land von Gunther bewundert (+C 392), fürchtet sich Hagen vor ihr (+C 452) und sie selbst glaubt, stärker als alle anderen zu sein (+C 458). Brünhilds Macht ist in diesen Strophen den Figuren – und damit zugleich den Rezipienten – in der Landesdarstellung und in Figurenreaktionen vor Augen geführt. Wie zuvor Gunther (+C 335) meint Brünhild, die Mächtigste zu sein – mit dem Unterschied, dass sie

---

39 Bernreuther 1994, S. 127.
40 Lienert 2000, S. 356.
41 Vgl. Hoffmann 1967, S. 126.

es tatsächlich ist. Siegfried kann sie nur mithilfe des Kraft verleihenden Tarnmantels besiegen, so dass die zusätzliche Erklärung zum Mantel (+C 342f.) indirekt ebenfalls die Stärke Brünhilds hervorhebt. Wenn Gunther Siegfried seine durch Brünhild gequetschten Hände zeigt (+C 657), ist ihre Kraft verstärkt betont, ebenso wie im anschließenden Kampf im Brautgemach mit Siegfried, der sie kaum zu überwältigen vermag (+C 680–683).

Doch in zwei Plusstrophen (+C 821f.) ist ebenso erzählt, dass ihre Einladung von Kriemhild und Siegfried nach Worms planvoll und unter Eingabe des Teufels erfolgt, die sie initiert, um Siegfrieds Status zu klären.[42] Brünhild fungiert in gewisser Weise als dessen Werkzeug, wenn sie sich so verhält, *als ez der tiufel riet* (+C 822,1b). Begründet wird dies jedoch zusätzlich damit, dass das im Inneren Behaltene nach außen dränge: *„ine mac niht langer dagen"* (+C 821,1b) respektive *daz ir lac amme herzen, ze lieht ez muose komen* (+C 822,3).[43] Sie ist als eine Urheberin der Katastrophe belastet, was *vice versa* eine Entlastung Kriemhilds impliziert. Die Schuld an der Eskalation trifft Brünhild insofern, als sie planvoll versucht, Kriemhild zu provozieren und ihren Anspruch durchzusetzen.[44] Dies ist strukturell interessant, da die beiden Einladungen, die Brünhilds und die nachfolgende Kriemhilds, auch durch die zu ihnen führenden Motive als verräterisch gekennzeichnet und damit parallelisiert sind, auch wenn der jeweils intendierte Ausgang (Unterordnung versus Rache) unterschiedlich ist. Es findet sich eine zum Teil wörtliche Entsprechung zu Strophen zu Beginn der 12. Aventiure.[45] Beide Fassungen sind in der Hinsicht konform, als Brünhild Siegfried bedroht (B 842,4 [845,4]/C 853,4) und ihr seitens des Erzählers (B 914,4 [917,4]/C 925,4: *daz het* [B: *hete*] *gerâten Prünhilt, des künic Guntheres* [B: *Gunthêres*] *wîp*) und Kriemhilds (B 1007,4 [1010,4]/C 1022,4: *ez hât gerâten Prünhilt, daz ez hât Hagene getân*) eine Mitaktivität am Mordplan zugesprochen wird.[46] Brünhilds Mitwirken an der Ermordung Siegfrieds drückt sich fassungsübergreifend im Handeln der Figur sowie in Zuschreibungen seitens

---

42 In +C 821,3f. findet sich ebenfalls das Motiv des Zinses, den Siegfried aus Brünhilds Perspektive leisten müsse. Dies ist ein Motiv, das in einer von B 722,3 [725,3] abweichenden Formulierung bereits in C 732,3 eingeführt ist; vgl. Heinzle 2013a, S. 1207, 1217. Die wiederholte Einarbeitung des Motivs zeugt von einer planvollen Bearbeitung in *C.
43 In den Strophen wird nach Müller (1998, S. 219) ein bestimmtes Verständnis von *herze* deutlich als „verschlossener Raum, in dem Verrat vorbereitet werden" könne. Das *herze* sei in diesem Fall „ein Versteck [...], in dem nur mühsam zurückgehalten werden" könne, „was nach außen drängt"; ebd., Anm. 37.
44 Vgl. ebd., S. 415, Anm. 68.
45 Vgl. Heinzle 2013a, S. 1217f.
46 Vgl. Lienert 2000, S. 358.

Erzähler und einer anderen Figur aus. In *C tritt dieses Element verstärkt hervor.

Auffällig ist in diesem Zusammenhang, dass in der Fassung *B Kriemhild diejenige ist, die nach Aussage des Erzählers unter dem Einfluss des Teufels steht (B 1391 [1394]):[47]

> Ich wæne, der übel vâlant Kriemhilde daz geriet,
> daz si sich mit vriuntschefte von Gîselhêre schiet,
> den si durch suone kuste in Burgonden lant.
> dô begunde ir aber salwen von heizen trehen ir gewant.

In der entsprechenden Strophe C 1421 ist vom Teufel nicht die Rede. Stattdessen ist Kriemhilds unvergessenes schweres Leid über eine Introspektion beschrieben:

> Sine kunde ouch nie vergezzen, swie wol ir anders was,
> ir starken herzen leide: in ir herzen si ez las
> mit jâmer zallen stunden, daz man sît wol bevant.
> dô begunde ir aber salwen von heizen trähenen ir gewant.

In *C ist damit die einzige Stelle gestrichen, in der in *B dem Teufel ein Einfluss auf die Handlung zugeschrieben ist. Allerdings, und dies ist auffällig, schreibt *C ihn an zwei anderen Stellen hinein (+C 822,1b; +C 2143,4) und begründet mit seinem Einfluss, dass Kriemhilds Rache ausufert. Brünhild und Kriemhild haben in dieser Hinsicht gewissermaßen die Rollen getauscht.

Die ‚Klage'-Fassungen schreiben Brünhild eine andere Rolle zu, als sie sie im ‚Lied' innehat:[48] Sie ist eine höfische, nicht aber heroische Königin, die im Sinn einer Zukunftsperspektive die Geschicke des Reichs auf ihren Sohn übertragen lässt. In der ‚Klage' ist Brünhilds Mitschuld an Siegfrieds Ermordung deutlich markiert, auch wenn dies in beiden Fassungen an anderer Stelle, d.h. am Anfang beziehungsweise am Ende des Textes ausgedrückt ist (*B 104; *C 4035). Als die Nachricht des Untergangs Brünhild in Worms erreicht, erbricht sie Blut *von grôzem leide* (*B 3665/*C 3749) und klagt sich selbst an. Auffällig ist, dass Brünhilds Klagen und Selbstvorwürfe in *C deutlich länger ausfallen (*B 3976–

---

[47] Nach Kuhn (1965, S. 280) ist die Stelle in *B die einzige, in der sich nicht sprichwortartig oder metaphorisch auf den Teufel bezogen werde, sondern der Teufel tatsächlich selbst gemeint sei. Hinzu kommt, dass der Teufel in Erzählerrede genannt wird, was ihr ein größeres Gewicht zukommen lässt.

[48] Vgl. Günzburger 1983, S. 233.

3984/*C 4028–4044)⁴⁹ und „eindringlicher gestaltet[]"⁵⁰ sind, wie es ebenso im *C-,Lied' zu beobachten ist. Allerdings drückt sie ihre Mitschuld in der ‚Klage' selbst aus, während ihr diese im ‚Lied' vor allem zugeschrieben wird.⁵¹ Während Brünhild in der *B-‚Klage' in allgemeinerer Weise über Kriemhilds Leid spricht (*B 3983: „daz ir vreude ir wart benomen"), wirkt ihre Rede in *C 4035 durch das Personalpronomen *mir* wie ein „Bekenntnis persönlicher Schuld":⁵² *„ir wart ir vreude von mir benomen"*. Allerdings ist ebenfalls der folgende Vers zu berücksichtigen, in dem Brünhild das Untergangsgeschehen „als einen Akt ausgleichender Gerechtigkeit gegenüber Kriemhilt"⁵³ deutet: Während *B 3984 formuliert „daz ist mir nû her heim komen", lautet der entsprechende Vers in *C „daz ist ouch mir nû leider komen / heim mit grôzen riuwen" (*C 4036, +*C 4037). Das Motiv der Reue ist wiederholt in *C-Plusversen eingesetzt (+*C 4040–4044):

> „vil dicke rou ez mich dô.
> dône kunde ichs leider niht wider tuon.
> des muoz ich und mîn kleiner sun
> verweiset sîn mit sêre
> und mit jâmer immer mêre."

Brünhild bereut ihr Verhalten und sieht ihr aktuelles Leid als kausales Ergebnis ihres Handelns gegenüber Kriemhild. Die Mitschuld Brünhilds erfolgt sowohl in Erzählerrede, vor allem in der ‚Klage' *C aber über eine Selbstkennzeichnung in Figurenrede.

8.3 Dietrich von Bern und Rüdiger

Zu beobachten ist, dass Dietrich und Rüdiger im ‚Lied' *C leicht anders gekennzeichnet sind als in *B. Während Brandt zufolge in der *B-Fassung von einem Zaudern⁵⁴ gesprochen werden könne, verlangen beide im Plusmaterial der *C-Fassung freien Abzug aus dem Festsaal, als der Streit vor seiner Eskalation steht, um ihre Neutralität zu wahren:⁵⁵ *sine wolden mit dem strîte niht ze schaf-*

---

49 Vgl. Lienert 2000, S. 451.
50 Schröder 1957/58, S. 79f., vgl. 63.
51 Vgl. Lienert 2000, S. 358.
52 Schröder 1957/58, S. 80.
53 Ebd., S. 63.
54 Brandt 1997, S. 205.
55 Zur heldenepischen Rolle Dietrichs gehört, „allen anderen überlegen zu sein, aber nur widerwillig sich zum Kampf provozieren zu lassen"; Müller 1993, S. 168. Brüggen (2003, S. 169)

fen hân (+C 2056,3). Sie gebieten ebenfalls ihren Gefolgsleuten, *daz sis mit fride solden lân* (+C 2056,4b). In einer weiteren Plusstrophe (+C 2057) wird deutlich, dass sie bereits früher eingegriffen hätten, wäre ihnen das Ende bekannt gewesen:[56]

> *Und heten si getrouwet alsolher swære,*
> *daz in diu von in beiden sô künftic wære,*
> *sine wæren von dem hûse niht sô sanfte komen,*
> *si heten eine stroufe an den vil küenen ê genomen.*

Auch an dieser Stelle ist ein Wissensgefälle dargestellt: Obwohl sich die Fronten zwischen den Burgonden und den Hunnen verhärten, haftet der Situation aus der Perspektive mehrerer Figuren offenbar noch eine Uneindeutigkeit an, die eine neutrale Position zuzulassen scheint.

Die ‚Klage'-Fassungen unterscheiden sich in der Bewertung beider Figuren nur unwesentlich. Bei Rüdiger fällt auf, dass er vom Erzähler in *B 2133 nur als *vater maneger tugende* bezeichnet wird, während es in *C 2239 *vater aller tugende* heißt. Letzteres stimmt mit der Erzählerrede in beiden ‚Lied'-Fassungen überein: *vater aller tugende lag an Rüedegêre tôt* (B 2199,4 [2202,4]/C 2260,4). Bumke ist aufgefallen, dass die ‚Klage'-*B-Lesart sich nur in den Handschriften B und b befindet, während die weiteren *B-Handschriften (ADd) derjenigen der *C-‚Klage' entsprechen.[57] Er erwägt aus diesem Grund die Bb-Lesart als eine sekundäre Veränderung.[58] Man könnte in der ‚Klage' *B eine geringfügige Zurücknahme der positiven Kennzeichnung vermuten, sofern es sich nicht um einen Schreibfehler handelt. Grundsätzlich ist in beiden Fassungen *tugent* als „ein Sammelbegriff für herausragende Fähigkeiten und (höfische) Eigenschaften"[59] zu interpretieren. Wie im ‚Lied' ist Rüdiger ebenfalls in der ‚Klage' herausgestellt: Der Erzähler äußert, dass man ausschließlich ihn niemals werde *verklagen* können (*B 1868–1870/*C 1960–1962), was in *C in zwei Plusversen

---

interpretiert anders: Wenn Dietrich seinen Männern befiehlt, die bereits gefallen sind, sich gegen die Burgonden zum Kampf zu rüsten (B 2314 [2317]/C 2377), dann sei er negativ markiert, denn Dietrichs Distanz zum Geschehen zeige „seine Reglosigkeit und eine den Atem nehmende Ahnungslosigkeit".

56 Vgl. Heinzle 2013a, S. 1442.
57 Bumke 1999a, S. 536.
58 Ebd.
59 Lienert 2000, S. 421.

weiter ausgeführt und damit verstärkt ist: *sô diu werlt ein ende hât, / muoz man gedenken sîner tât* (+*C 1963f.).[60]

Bereits bei Dietrichs erstem Auftritt in der ‚Klage' (*B 759–794/*C 777–814)[61] fällt ins Auge, dass sein Verhältnis zu Kriemhild anders als im ‚Lied' gestaltet ist:[62] Im ‚Lied' tritt Dietrich Kriemhild eher distanziert, zuweilen sogar feindlich gegenüber, etwa wenn er sie als „*vâlendinne*" (B 1745,4 [1748,4]/C 1789,4) bezeichnet. In den ‚Klage'-Fassungen lobt er dagegen ihre *triuwe* (*B 784/*C 804) und beklagt ihren Tod (*B 772–791/*C 792–811). Lienert weist darauf hin, dass „[d]ie erste direkte Rede der Kl [...] eine Klage um und eine Lobrede auf Kriemhild ausgerechnet aus dem Mund ihres früheren Gegners [ist]".[63] Dietrich klagt aber intensiv ebenfalls um die weiteren Gefallenen, zum Beispiel um Rüdiger (*Mit schrîen âne mâzen / sô lûte* [*B: *lût*] *erweinte Dietrîch, / daz Ezele* [*B: *Ezel*] *der künec rîch / dâ von vil sêre erschrahte, / als er von schulden mahte*; *B 2038–2042/*C 2138–2142), um die burgondischen Helden wie Gunther, Giselher und Hagen (*B 1092–1095/*C 1120–1123; *B 1232–1236/*C 1256–1263 – mit zwei *C-Plusversen; *B 1410–1412/*C 1480–1482; *B 1464–1469/*C 1544–1550; *B 1790ff./*C 1882ff.), aber hauptsächlich um seine Gefolgsleute aus der Verbannung (*B 1568f./*C 1648f.; *B 1667f./*C 1749–1752; *B 1713/*C 1799; *B 1759/*C 1851; *B 3893/*C 3967; *B 4218f./*C 4284f.).[64] Er ist des Weiteren als diejenige Figur gekennzeichnet, die von Anfang an bemüht ist, übermäßiges Klagen zu reduzieren und zu beenden[65] (*B 762f./*C 783) sowie seiner Rolle gerecht zu werden. Dietrich weist Etzel darauf hin, sich um die Hinterbliebenen seines Gefolgsmanns Rüdiger zu kümmern (*B 2076–2082/*C 2176–2182), was in *C in vier Plusversen ausgeweitet ist (+*C 2183–2186), wobei er auf die *triuwe*-Bindung zwischen Rüdiger und Etzel verweist.[66]

Die Kennzeichnungen von Rüdiger und Dietrich unterscheiden sich in ‚Lied' und ‚Klage' nur geringfügig. Als parallel gestaltet erweist sich Dietrichs *suone*-

---

60 Da der Text in beiden Fassungen vor und nach den Plusversen identisch formuliert ist, kann grundsätzlich immer auch ein Ausfall von Versen möglich sein. Dies lässt sich an dieser Stelle nicht erweisen, muss bei Reimpaarversen als Möglichkeit aber immer mitbedacht werden.
61 In beiden Fassungen finden sich jeweils einmal zwei Plusverse als Reimpaar: Zuerst betont *C das Klagen der *liute* (+*C 781f.), *B erwähnt später, dass Dietrich Kriemhilds Kopf zu ihrem Körper legt und Hildebrand klagt (+*B 797f.).
62 Vgl. Lienert 2000, S. 388.
63 Ebd.
64 Schröder 1957/58, S. 67.
65 Vgl. Lienert 2000, S. 388.
66 Vgl. ebd., S. 421.

Angebot in ‚Lied' (B 2336f. [2339f.]/C 2398f.) und ‚Klage' (*B 1165/*C 1197) an Gunther mit dem Hinweis auf die eigenen Verluste. Auffällig ist, dass die ‚Klage' *C in der Figurenrede Dietrichs eine deutliche Parallele zum ‚Lied' aufweist.[67] Dagegen widmet sich die ‚Klage' *B an der entsprechenden Stelle Hagens Klagen um Giselher, Gernot und in Plusversen auch um Volker (*B 1168–1172; +*B 1173–1180):

> „er jach, sîn waere nehein nôt:
> waz im der vride töhte
> oder wes ich in helfen möhte,
> sine saehen niemen bî mir stân,
> wan mich und mînen man." (*C 1200–1204)

Die entsprechende Strophe des ‚Lieds' lautet (B 2338 [2341]/C 2400):

> „Nûne gewæhent [B: muotet] sîn niht mêre", sprach aber Hagene,
> „von uns enzimt [B: zimt] daz mære niht [+B: wol] ze sagene,
> daz sich iu ergæben zwêne alsô küene man.
> nû siht man [+B: bî iu] niemen mêre [+C: bî iu] wan [+B: eine] Hildebrande [B: Hildebranden] stân."

Die ‚Klage' *C entlastet damit Dietrich für die Gefangennahme Gunthers und Hagens, zugleich ist Hagen wegen seiner Ablehnung der *suone* stärker belastet, aber ebenso in seiner Heroik gefestigt. Insgesamt sind die Fassungsunterschiede in Bezug auf eine Bewertung Dietrichs und Rüdigers in den Fassungen von ‚Lied' und ‚Klage' marginal.

8.4 Etzel

Anders als bei Rüdiger und Dietrich ist die Darstellung der Figur Etzel im ‚Lied' *C verglichen mit *B deutlich ausgeweitet. Herausgestellt ist seine Vorfreude auf das Fest mit den Burgonden und seine Annahme, dass nur Gutgesinnte die Einladung annehmen würden (+C 1440). In dieser Annahme irrt er nicht nur, sondern verkennt auch das Motiv, das zu dieser Einladung führte, die auf dem Rachesinnen Kriemhilds beruht. An dieser Stelle sind ein Wissensgefälle und damit eine figurenspezifische Perspektivität in den Text eingeschrieben, die das Zustandekommen des Untergangsgeschehens plausibilisieren. Etzel verteidigt in den Plusstrophen +C 1943f. die Unverletzlichkeit des Gastrechts, wodurch

---

67 Vgl. Bernreuther 1994, S. 148.

seine Friedfertigkeit die bewaffneten Burgonden deutlich ins Unrecht setzt, und lässt sich auch von Hagen nicht zur Gewalt provozieren, so dass durch ihn kein Kampfausbruch motiviert ist. Auch wenn er in beiden Fassungen nach der Tötung Ortliebs durch Hagen *vride unde suone* aufkündigt: „*mîn kint,* [B: *daz cint,*] *daz ir mir sluoget unde* [B: *und*] *vil der mâge mîn, / des ensol mit sîme lebene iuwer deheiner komen hin* [B: *vride unde suone sol iu vil gar versagit sîn.*]" (B 2087,3f. [2090,3f.]/C 2147,3f.). Des Weiteren bittet er Rüdiger, ihn zu rächen: „*daz du mich rechest, Rüedegêr, an den vînden mîn*" (B 2155,3 [2158,3]/C 2217,3). In drei Plusstrophen (+C 1960–1962) ist das Zeremoniell des Festmahls zwischen Burgonden und Hunnen geschildert, wodurch Etzel als guter Wirt und kluger König gekennzeichnet ist. Dies ist als ein Bestreben zu deuten, den Hunnenkönig dem höfischen Standard der Adelskultur um 1200 weiter anzunähern, ist er doch grundsätzlich in beiden Fassungen als höfische Figur angelegt, der in seiner Funktion als „Landesherr [wiederholt] als Vermittler und Schlichter"[68] entsprechend den höfischen ‚Spielregeln'[69] auftritt (vgl. Abschnitt 6.4.6). Müller weist darauf hin, dass eine Positivierung eines Heiden im Zeitalter der Kreuzzüge ungewöhnlich erscheint.[70] Es sind allerdings vielfältige Funktionen durch die Aufwertung Etzels zu identifizieren: Seine Besonderheit ist herausgestellt, die Ehe zwischen Kriemhild und Etzel wirkt plausibler, seine Macht erhöht ebenfalls ihre, ihr Handeln wirkt ob seiner Friedfertigkeit und Macht umso drastischer, ihre *triuwe*-Bindung zu Siegfried gewinnt weiter an Intensität und ein ‚gutes' Ende scheint vordergründig erreichbar(er). In der *B-Fassung des ‚Lieds' ist Etzel Heide, wenn Rüdiger auch versucht, Kriemhilds Bedenken gegen eine Ehe zu zerstreuen, da Etzel möglicherweise zum Christentum bekehrt werden könne (B 1259 [1262]). Das *C-‚Lied' dagegen erzählt ausdrücklich von Etzels

---

68 Althoff 2007, S. 90.
69 Zum Begriff und Konzept der ‚Spielregeln' im Kontext einer kulturwissenschaftlichen Forschung siehe grundsätzlich Althoff 1997; 1999; Müller 1998, besonders S. 46–48. Kritisch gegen die Verwendung des Begriffs ‚Spielregeln' in Bezug auf die Beschreibung von Gestaltungsmerkmalen äußert sich Dinkelacker (2006). Gerok-Reiter (2006, S. 55–99) hat angemerkt, dass die Regeln oftmals manipuliert werden und brüchig sind. Lienert (2016, S. 67) weist darauf hin, dass „[d]ie einzige (fast ungebrochene Regel [...] der Primat der Vasallität [...] ist: Man folgt letztlich den Anforderungen aus der wechselseitigen Verpflichtung von Herr und Vasall [...]; Gastfreundschaft und Geleitschutz, selbst angeheiratete und Blutsverwandtschaft treten dahinter zurück". Dieser Befund ist wenig verwunderlich, da in der historischen Realität Hochzeitspolitik als Machtpolitik verstanden wurde und Vasallität über Generationen hinweg Bestand haben konnte. Lienert (ebd., S. 70) kommt zu dem Schluss, dass „für die komplexen Figuren komplexer Texte [...] mit den Spielregeln wenig gewonnen [ist]: Figuren konstituieren sich durch Regelverstöße ebenso wie durch Regeln".
70 Müller 1998, S. 199.

Bekehrung und Abfall vom christlichen Glauben: „*wan daz er sich widere vernogieret hât*" (C 1284,3) (vgl. Abschnitt 6.4.7). Rüdiger eröffnet Kriemhild die Aussicht, Etzel zum Glauben zurückführen zu können. Beide Fassungen versuchen mit der Nähe zur Christlichkeit, ein Hindernis für eine Heirat zu überwinden.[71] Auffällig ist, dass das Heidentum Etzels im ‚Lied' noch einmal thematisiert ist: Der Bischof Pilgrim mahnt in einem in *C eigens formulierten Vers ebenfalls seine Nichte Kriemhild dringlich, Etzel zu bekehren: *daz si den künic bekêrte, wie vast er ir daz riet* (C 1357,2); dies steht im Gegensatz zum unverfänglichen *B-Vers in B 1327,2a [1330,2a] *daz si sich wol gehabte, wie vaste er ir daz riet*.

Das Motiv der Apostasie hat eine Parallele in der ‚Klage' *B (+*B 979–992) mit einem fast wörtlichen Anklang in der Figurenrede Etzels (+*B 988). Die ‚Klage' *B nennt auch weitere Details, dass Etzels „*apgot*" ihn zu seinem Abfall vom Glauben anstifteten (+*B 982–984), nachdem er fünf Jahre lang Christ gewesen war (+*B 986). Allerdings klingt ebenfalls in der *C-‚Klage' Etzels Apostasie an; es fehlt allerdings ein wörtlicher Anklang: „*daz ich anderstunt mich bekêren solde*" (*C 996; vgl. B. 978).[72] Der Abfall als Versündigung gegen Gott ist allerdings nur durch Etzel selbst thematisiert, was für einen klerikalen Verfasser ungewöhnlich erscheint. Lienert zufolge wird Etzel durch das Motiv der Apostasie eigentlich weniger dem höfischen Standard angenähert, vielmehr von ihm abgerückt. Sie weist darauf hin, dass die Apostasie nach mittelalterlichem Verständnis als Todsünde verstanden wird, so dass sie kaum als Merkmal einer positiven Kennzeichnung zu sehen ist.[73] Die Spekulationen des ‚Klage'-Erzählers über Etzels mögliches Ende sind nach Sammer möglicherweise dahingehend zu deuten, dass an der Figur Etzel, die erst zum christlichen Glauben gefunden und anschließend wieder davon abgefallen ist, gezeigt werden soll, dass nur der christliche Glaube eine Zukunft ermöglicht.[74] Anzumerken ist zweierlei: Zum einen ist Etzel in der Fassung *C des ‚Lieds' wie ebenso in der ‚Klage' *B durch das Motiv der Apostasie ausdrücklich negativ konnotiert. Es ist davon auszugehen, dass das Motiv Signalcharakter hat, so dass es keiner Kommentierung bedarf. Andererseits wird Etzels Abfall vom Glauben nicht durch den Erzähler oder andere Figuren kommentiert. Allerdings ist zu beachten, dass das Thema von ‚Lied' und ‚Klage' kein Erzählen von Unterschieden zwischen Christen und Heiden ist, sondern dass an dieser Stelle nur ein Deutungsmuster in den Text

---

71 Vgl. Bumke 1996c, S. 500; 1999a, S. 527; Lienert 2000, S. 396.
72 Vgl. Bumke 1999a, S. 527.
73 Lienert 2000, S. 396.
74 Sammer 1995, S. 18.

eingeschrieben ist, weshalb es zum Untergangsgeschehen kommen konnte. Das *C-‚Lied' verweist zum Beispiel auf unterschiedliche Speisen von Christen und Heiden (+C 1961,3). In der ‚Klage' ist nur im Prozess der Bestattung eine Unterscheidung nach Religionszugehörigkeit mit unterschiedlichen Bestattungsriten begründet, ohne sie religiös zu bewerten. Das ‚Andere' wird nicht weiter konturiert oder gar im Sinn einer *out-group* negativ herausgestellt. Nur christliche Riten, wie das Abhalten einer *messe* (*B 2345/*C 2435; *B 3383/*C 3479), und Vorstellungen, wie das Geleiten der Seelen durch Engel (*B 1843f./*C 1936f.), sind näher erzählt. Dies entspricht dem Fokus des Erzählens auf ein christliches Publikum, ohne dass ein Erzählinteresse an heidnisch-hunnischen Begräbnisriten oder einem religiös-kulturellen Vergleich offenbar wird. Auffällig ist, dass *B 24 Plusverse bei der Aufbahrung von Kriemhild und Ortlieb enthält (*B 2305–2339 entsprechen *C 2421–2429), in denen unter anderem erneut Etzels Leid erzählt wird.[75]

Dass Etzels Status und Macht zerstört ist, ist in der *C-,Klage' (*C 4250, +*C4251–4258; *C 4259–4264) detaillierter erzählt als in *B 4200–4203.[76] Ansonsten ist Etzel in den beiden ‚Klage'-Fassungen weitgehend identisch gekennzeichnet. Schröder weist dezidiert darauf hin, dass „das Wort *leit, leide* am häufigsten in Verbindung mit Etzel [erscheint]",[77] dasselbe gilt für *jâmer* beziehungsweise *jæmerlîch*.[78] Etzel beklagt sowohl die eigenen (*B 820–827/*C 838–845 und öfter) als auch die burgondischen Gefallenen (*B 1243–1245/*C 1269–1271), was nicht nur als Heldenlob zu verstehen ist, sondern ebenfalls als Klage über den Verlust seiner Verwandtschaft und Getreuen als einer „Grundlage mittelalterlicher Lebensordnung".[79] Sein übermäßiges beziehungsweise maßloses Klagen steht jedoch im Kontrast zu mittelalterlichen Herrschervorstellungen, wie sie in Fürstenspiegeln hinsichtlich einer Selbstbeherrschung und Besinnung auf die Herrscherpflicht notiert sind. Etzel ist in der ‚Klage' in dieser Hinsicht eindeutig negativ konnotiert.

---

75 Lienert 2000, S. 425. Möglicherweise fand der ‚Klage'-Dichter im ‚Herzog Ernst' ein Vorbild: „Die Abfolge in Kl *B weckt leise Reminiszenzen an die Aufbahrung der indischen Königstochter im ‚Herzog Ernst' (v. 3581–3589): Aufbahrung und Trauer der überlebenden (das Reimpaar *rê – wê*, v. 2307f., beziehungsweise *wê – rê*, ‚Herzog Ernst' v. 3581 f.); das kostbare goldene Seidengewebe (*pfellel von golde, / tiwer unde rîche*, v. 2330f., beziehungsweise *pfeller von golde rîch*, ‚Herzog Ernst' v. 3584, das man über die Tote(n) breitet; die Fürbitte für die Toten (v. 2338f.; ‚Herzog Ernst' v. 3586–3589)"; ebd.
76 Bumke 1999a, S. 553; Lienert 2000, S. 456.
77 Schröder 1957/58, S. 59.
78 Ebd., S. 67.
79 Müller 1998, S. 155.

Etzel beteuert wiederholt seine Unschuld am Geschehen und kritisiert das Verhalten seines Bruders Bloedelin gegenüber den burgondischen Gästen (*B 894–899/*C 912–917), „die triuwe haben wolden / und mir [+*C] getriuwe wolden wesen" (*B 904f./*C 922f.), hält aber später ebenfalls das Verhalten der Burgonden als für Gäste unangemessen: „und daz nie geste mêre / getaeten [*B: getâten] wirte sô leide" (*B 2628f./*C 2734f.). Er bedauert in der ‚Klage' mehrfach seine Unkenntnis der Vorgänge, was in *C ebenso in Plusversen wiederholt ist (+*C 1347–1349).

Etzel kritisiert und deutet sein Unglück als Strafe Gottes für seinen Abfall vom christlichen Glauben (*B 954–1003/*C 972–1007);[80] dies wiederholt in einem 14 Plusverse umfassenden Abschnitt in der *B-‚Klage' (+*B 1269–1283, besonders 1272 und 1276).[81] Etzel bereut zwar seine Apostasie, glaubt aber nicht an die Möglichkeit einer erneuten Bekehrung und vertraut nicht auf die Gnade Gottes. Damit begeht er die Todsünde der *desperatio*.[82] Etzels übermäßiges Weinen steht im Widerspruch zur höfischen *mâze*, drückt in diesem Fall seinen übersteigerten Schmerz aus.

Zwischen den ‚Klage'-Fassungen wechseln die Zuschreibung von Aussagen an einzelne Figuren. Hildebrand spricht in *B 1529 Dietrich an, um ihm Namen und Todesumstände der Gefallenen zu erklären (vgl. +*C 1609). Dagegen ist in *C 1531f. Etzel als Ansprechpartner benannt.[83] In *B 2531–2538 rät Hildebrand, die Rüstungen und Waffen der Toten reinigen und aufbewahren zu lassen, in *C 2632–2644 ist dagegen – um fünf Plusverse erweitert – Dietrich derjenige, der den Rat erteilt.[84] In diesem Fall ist *C wohl eine stärker hierarchisch orientierte Ausrichtung auf Etzel abzulesen, indem sowohl Hildebrand als auch Dietrich Etzel als Ratgeber zur Seite stehen, zumal Etzel den Verlust seiner Ratgeber wiederholt beklagt.

Deutlich wird, dass die Figur Etzel im *C-‚Lied' schärfere Konturen als in *B aufweist und dem höfischen Ideal, das vor allem durch die Figur Rüdigers repräsentiert wird, einerseits durch die Plusstrophen weiter angenähert erscheint, durch die Motive der Apostasie und der *desperatio* in der ‚Klage' aber auch deut-

---

80 Dass Attila sich angeblich zum christlichen Glauben bekannte und anschließend wieder von ihm abfiel, ist seit dem 8. Jahrhundert bekannt. Möglicherweise bildet der ‚Servatius' Heinrichs von Veldeke die Quelle für den Nibelungenkomplex; Williams 1981, S. 103f.; Bumke 1996c, S. 499f.
81 Auch die Überleitung zu diesen Plusversen ist in *B anders als in *C formuliert.
82 Vgl. Lienert 2000, S. 395. Dagegen sieht Panzer (1955, S. 83) in dem übermäßigen Trauern Etzels das Gebot ‚Liebet eure Feinde!' „bis ins äußerste erfüllt".
83 Lienert 2000, S. 409.
84 Ebd., S. 428.

lich davon abgesetzt ist. Wahrscheinlich ist, dass Etzel als positiv gezeichnete Kontrastfigur gegen die Burgonden und vor allem Hagen gesetzt ist, so dass ihr Handeln umso gewaltsamer und unangebrachter wirkt, wenn er als Heide sich höfisch angemessener verhält. Ein naheliegendes Motiv der Umgestaltung ist eine deutlichere Schuldzuweisung und eine Steigerung der Drastik, die zugleich die Fallhöhe markiert und Etzels exzessives Klagen nachvollziehbarer macht. Andererseits ist ein christliches Deutungsmuster in den Text eingeschrieben, dass das Untergangsgeschehen in die Heilsgeschichte einordnet. Grundsätzlich ist über *C-Plusmaterial in ‚Lied' und ‚Klage' ein weitgehend wertfreies Neben- und Miteinander von Christen und Heiden dargestellt.

8.5 Die burgondischen Könige

Die Burgonden erfahren im *C-‚Lied' insgesamt eine negativere Wertung im Vergleich zur Fassung *B. Eine Ausnahme innerhalb der Königsfamilie stellt die Königsmutter Ute dar, bei deren Kennzeichnung fast keine Unterschiede zwischen den Fassungen zu verzeichnen sind; durch ihren Rückzug ins Kloster erfährt sie eher eine Aufwertung.

Doch von Gernot und Giselher zeichnet der Bearbeiter *C ein abgewandeltes Bild:[85] Selbst wenn das Geschwisterpaar in beiden Fassungen nicht direkt an der Ermordung Siegfrieds beteiligt ist, tragen beide in *C doch eine gewisse Verantwortung, da ihnen der Plan bekannt ist.[86] Während in der Strophe B 912 [915] nur Hagen als ‚Organisator' den Mordplan vorantreibt und umsetzt, findet sich in der *C-Fassung eine vollkommen anders formulierte Strophe: In C 923 gibt der Erzähler in einem Ich-Kommentar Gernots und Giselhers *nît* als Grund des Nichterfolgens einer Warnung an Siegfried an. Darüber hinaus sei der Mordplan allgemein bekannt gewesen. Es kommt durch eine deutliche Stellungnahme des Erzählers zu einer Schuldzuweisung, zumal im christlichen Verständnis der Neid ein Laster ist (C 923):

---

85 Vgl. Brandt 1997, S. 221.
86 Dagegen argumentiert Müller (1993, S. 160f.), der anführt, dass sich „nach mittelalterlichem Rechtsverständnis diejenigen mit abweichender Meinung entfernen" müssen. Indem sie sich wie beim Hortraub entfernen, seien sie am Rechtsbruch nicht beteiligt, da Recht Öffentlichkeit und damit Anwesenheit voraussetze; Müller 1998, S. 312. Er räumt jedoch ein, dass die Verwendung des Gewissen-Motivs darauf hindeute, dass die beschriebene Rechtsauffassung obsolet zu werden schien; ebd. Außerdem sei vom Ergebnis (Rache) der Schuldzusammenhang nicht von räumlicher An- oder Abwesenheit abgrenzbar; ebd.

> Dô die vil ungetriuwen ûf geleiten sînen tôt,
> si wistenz al gemeine: Gîselher und Gêrnôt
> wolden niht jagen rîten. ine weiz durch welhen nît,
> daz si in niht enwarnden: idoch erarneten siz sît.

Müller hat die Stelle dahingehend interpretiert, dass Gernot und Giselher ein Gewissen zugesprochen werde,[87] das sie verpflichte, eine Ermordung zu verhindern, und ihnen Schuld zuspreche, wenn sie dies unterließen. Ihr späterer Untergang ist jedenfalls im christlichen Sinn als Sündenstrafe erklärt.[88]

An anderer Stelle wird zusätzlich deutlich, dass Gernot und Giselher nur scheinbar auf Kriemhilds Seite stehen. Als sie in ihrem Auftrag den Hort nach Worms überführen, ist ihr Machtstreben beschrieben, das zu Lasten ihrer Schwester geht (+C 1138):

> Dô sich der herre Gêrnôt und Gîselher daz kint
> des hordes underwunden, dô underwunden si sich sint
> des landes und der bürge und maniges recken balt:
> daz muos in sider dienen bêdiu durch vorht und gewalt.

Der letzte Vers der Strophe belastet die beiden Königsbrüder deutlich.[89] Eine weitere Negativierung erfolgt, wenn ihr Handeln in Bezug auf den Hort durch den Erzähler auf moralisch verwerfliche Habgier beziehungsweise *avaritia* zurückgeführt ist: *des muosen si in [scil. den Hort] vliesen durch ir gîteclîchen muot* (+C 1151,4).[90]

---

[87] Müller 1998, S. 312. In einer Untersuchung zum Gewissen im ‚Guoten Gêrhart' Rudolfs von Ems arbeitet Zöller (2001) heraus, dass für mittelalterliche Texte nicht der moderne Gewissensbegriff anzulegen ist. Ebenfalls weist Hahn (1987) darauf hin, dass das neuzeitliche Verständnis von Gewissen im Sinn einer Selbstthematisierung des Individuums für diese Zeit nicht angenommen werden kann.
[88] Vgl. Müller 1998, S. 312; Heinzle 2003a, S. 201.
[89] Vgl. Heinzle 2003a, S. 201; 2013a, S. 1359.
[90] In eine andere Richtung deutet die folgende Änderung in *C: Im Rahmen der Verlobung seiner Tochter mit Gernot weist Rüdiger in *C wiederholt darauf hin, dass er nicht über einen großen Besitz verfüge: „und haben niht ze gebene" (C 1715,4a). Gernot erwidert, dass er die Tochter auch „âne guot ze wîbe" (C 1716,3a) nähme. Müller (1998, S. 182) deutet dies als eine im Vergleich zu *B weitergehende „Einebnung von Standesdifferenz [...], indem der Mangel an eigenem Besitz als ganz unwesentlich beiseitegeschoben wird". Zu überlegen ist, ob an dieser Stelle nicht vielmehr eine Form der höfischen Rhetorik wirksam ist, über die Rüdiger und seiner Tochter gegenüber Wertschätzung ausgedrückt werden soll. Zugleich wird, wie im Fall des Umgangs mit Brünhilds Schätzen nach dem Werbungswettkampf, eine Hierarchie der Macht angezeigt, da Gernot eines weiteren Besitzes nicht bedürfe.

Insbesondere im ersten Teil des Epos ist eine Tendenz zu verzeichnen, Gunther Schuld zuzuschreiben und ihn als Figur zu schwächen. In *C ist ausdrücklich Gunthers deutlich geringeres Wissen gegenüber Siegfrieds und eine damit geminderte ‚realistischere' Einschätzung der Gefahren bei der Werbung um Brünhild betont. In B 323 [325] ist Gunther derjenige, der sich eine Ehefrau suchen möchte, was von seinen *recken* (323,4a [325,4a]) positiv aufgenommen wird. Anders verläuft der Text in den letzten beiden Versen der entsprechenden *C-Strophe C 327 sowie in der nachfolgenden Plusstrophe +C 328: Sie betonen, dass Gunther von seinem Hofstaat aufgefordert wird, eine Frau zu finden, und dass er – in Figurenrede – den Impuls aufnimmt und, sich beratend, nach einer passenden Gemahlin suchen möchte. Gunther ist in *C derjenige, der erst zur Heirat angestoßen wird. Dazu gesellen sich auch drei weitere Plusstrophen, in denen in Erzählerrede von der Beratungssituation über eine angemessene Ehefrau erzählt wird (+C 332), in einem kurzen Dialog Gunther auf Brünhild als Gemahlin besteht und Siegfried vehement von der Werbung abrät (+C 335f.). In einer weiteren Plusstrophe (+C 392) ist in der Figurenrede Gunthers erzählt, wie ihn das Land Brünhilds beeindruckt. Somit ist herausgestellt, dass er die Situation nicht richtig einzuschätzen weiß und er ihr nicht gewachsen ist.[91]

Wenn der Mordplan umgesetzt wird, beginnt Gunther aufgrund der falschen Kriegserklärung angeblich zu zürnen (B 877,4 [880,4]), seine Verstellung und zugleich eine Differenz zwischen innerer Haltung und nach außen gezeigtem Verhalten ist nur in *C sprachlich durch ein *als ob* ausdrücklich markiert: *als ob ez wære im unbekant* (C 888,4b).

In der Plusstrophe +C 913 verständigen sich Hagen als künftiger Mörder und Gunther als ihn unterstützenden Organisator über die für den Mord notwendigen Rahmenbedingungen, so dass Gunther als Vorwand die Jagd ansetzt. Gunthers Mitwirkung und -schuld am Mord ist ausdrücklich dargestellt.[92] Wenngleich festzuhalten ist, dass Hagen Gunther über den Plan in Kenntnis setzt, Hagen also der größere Übeltäter bleibt.[93] Durch zusätzliche eigene Formulierungen wird die Schuldzuweisung an Gunther weiter verfolgt. Einmal ist selbst Hagen, der ansonsten das Hauptziel der Anklage darstellt, durch Gunther ersetzt. Allerdings ist zu bedenken, dass in der Tat eine *triuwe*-Beziehung primär zwischen den Königen Siegfried und Gunther, nicht aber zwischen Siegfried

---

[91] Dagegen interpretiert Müller (ebd., S. 91) +C 392 im Sinn einer *C eigenen „Tendenz zu linearer Kohärenz", wobei „einzelne Aktionen und Situationen durch Verdoppelung" unterstrichen würden.
[92] Vgl. Heinzle 2000b, S. 212.
[93] Vgl. Heinzle 2013a, S. 1239.

und Gunthers Vasallen Hagen vorlag, so dass ebenfalls das Moment einer einfachen Korrektur für diesen Fall möglich ist:

B 971,4: *Hagene sîne triuwe vil sêre an Sîvriden brach.*
C 980,4: *Gunther sîne triuwe vaste an Sîvride brach.*

In der Plusstrophe +C 1124 schreibt Kriemhild Gunther „grôze sünde" (+C 1124, 2a) im Gespräch mit ihren weiteren beiden Brüdern Gernot und Giselher zu, die er wohl mit der Ermordung Siegfrieds und dem Hortraub auf sich geladen hat. Zugleich wird die ‚innere Haltung' Kriemhilds erzählt, die ihm zwar *suone* zusagt, ihm aber ausdrücklich nicht verzeihen kann (+C 1124,3f.). Die Versöhnung zwischen Kriemhild und Gunther ist in *C nur eine scheinbare. Gunthers Mitschuld an Siegfrieds Tod und Hortraub öffnen in *C für Kriemhild einen Handlungsraum zur Rache; ihr Movens erscheint verständlich wie verzeihlich.[94] Allerdings ist ebenso anzumerken, dass in *C die Plusstrophe +B 884 [887] fehlt, in der Gunther stark belastet ist:

> *„Sô wol mich dirre mære", sprach der künec dô,*
> *als ob er ernstlîche der helfe wære vrô.*
> *mit valsche neic im tiefe der ungetriuwe man.*
> *dô sprach der hêrre Sîvrit: „ir sult vil kleine sorge hân."*

Das Streichen der Strophe ist wohl darauf zurückzuführen, dass sie an ihrer Stelle im Text für den *C-Bearbeiter nicht passte. Inhaltlich wird die Strophe durch das Einfügen neuer Strophen mehr als aufgefangen.

Es ist ebenso zu beobachten, dass Gunther im zweiten Teil positiv dargestellt ist und sich als vorausschauender und gerechter König erweist, der sein Land bei seinem Aufbruch zu Etzel versorgt zurücklässt (+C 1553) und auch dem von Hagen in den Rhein geworfenen Kaplan eine Entschädigung verspricht (+C 1624). Die ambivalente Kennzeichnung Gunthers zeigt sich ebenfalls in der Abschiedsszene der Burgonden vor ihrem Aufbruch zu Etzel: Trotz der umfangreichen Warnung durch Rumold in fünf Plusstrophen (+C 1497f., 1501–1503) bricht er auf. Das auf das eigene Wohlergehen bedachte Verhalten Rumolds und weiterer Figuren erzürnt Gunther, er wolle jedoch Vorsicht walten lassen (+C 1503). Anders als Etzel müsste Gunther die Gefahr also bekannt sein, der – wie bei der Werbung um Brünhild – die Situation jedoch verkennt. Trotz der betonten Angst Brünhilds in einer weiteren Plusstrophe, dass er nicht lebend wieder nach Worms kommen werde (+C 1555), geht er gemäß der folgenden Plusstrophe von seiner Rückkehr aus (+C 1556). Die *C-Eigenheiten sind folgendermaßen zu deuten: Zunächst wird Gunther im ersten Teil des ‚Lieds' Schuld

---

[94] Vgl. Kuhn 1965, S. 298.

aufgeladen, um ihn als Mittäter zu kennzeichnen. Im zweiten Teil des ‚Lieds' wird anschließend eine Kluft zu Hagen aufgebaut, um letzteren als den größeren Übeltäter zu markieren.

Die etwas negativere Kennzeichnung der burgondischen Könige im *C-‚Lied' findet sich ebenfalls in den ‚Klage'-Fassungen. In der *B-‚Klage' begründet der Erzähler den Tod der Burgonden durch ihren *übermuot*,[95] aus dem heraus sie Etzel nicht über die Feindschaft mit Kriemhild informierten: *die von Burgonden lant / liezenz durch ir übermuot* (+*B 288f.). Die Zuschreibung von *übermuot* erfolgt ebenfalls aus verschiedenen Personenkreisen in der Figurenrede Etzels (*B 912f./*C 930f.), Hildebrands (+*B 1277 sowie zweimal in der ausgeweiteten Figurenrede in +*C 1285 sowie 1317) und Pilgrims (*B 3435/*C 3531). Sie ist in jedem einzelnen Fall als eine Negativkennzeichnung zu werten, die sich von der Ambivalenz des Wortes im ‚Lied' sowie in der Verwendung für Siegfrieds Verhalten (*B 38) unterscheidet.[96] Die negativen Bedeutungskomponenten sind an diesen Stellen in den Vordergrund gerückt.[97] *Übermuot* lässt sich als „eine Kraft, die oberhalb charakterlicher Besonderheiten wirkt",[98] als Kennzeichnung „für ein Heldentum, das den Untergang womöglich bewusst in Kauf nimmt",[99] aber ebenso als „schuldhafte Verstrickung in Mord und Betrug"[100] deuten.[101] Es lassen sich implizite Bezüge zur christlichen Ursünde der *superbia* denken,[102] ohne dass eine vollständige Übereinstimmung gemeint sein kann.[103] Das Konzept einer christlichen *superbia* stimmt nicht mit dem von weltlichem *übermuot* vollständig überein, weil eine „Differenz von kirchlichen und feudalen Weltordnungen"[104] anzusetzen ist: „[W]as die Kleriker als sündhafte Selbstüberhebung geißeln, ist für den Adel u. U. Ausweis von Herrschaftsfähigkeit".[105] Eine christliche Konnotation von *übermuot* indizieren bereits die Motive um Etzel, aber

---

95 Vgl. Lienert 2000, S. 26; Nolte 2004, S. 89.
96 Vgl. Nolte 2004, S. 88. So wird Siegfried im Kontext des Kriegs gegen die Dänen und Sachsen etwa in B 213,3b [215,3b] als *der kreftige man* bezeichnet, während es in C 216,3b *der übermüete man* heißt; vgl. Miedema 2006, S. 53f., Anm. 31.
97 Müller 1998, S. 240; 2009, S. 128–131.
98 Müller 2015, S. 132.
99 Lienert 2000, S. 26.
100 Bumke 1996c, S. 384.
101 Müller (1998, S. 239) weist darauf hin, dass moralische Bewertungen des Konzepts von *übermuot* nicht sicher seien; vgl. Kiehl 2008, S. 53.
102 Vgl. Gillespie 1972, S. 160; Wehrli 1972, S. 106; Günzburger 1983, S. 51–53, 206–208.
103 Zur Unterscheidung von *superbia* und *übermuot* siehe Bernreuther 1994, S. 163.
104 Müller 2015, S. 133.
105 Ebd.

ebenso Bewertungen der burgondischen Schuld im Erzählerkommentar als *ir alten sünde* (*B 196/*C 212), *alten schulden* (*B 227/*C 245) und „*von ir selber schulden*" (*B 3434/*C 3530) in der Figurenrede Pilgrims sowie die Deutung des Untergangsgeschehens als Strafgericht Gottes,[106] „*gotes slac*" (+*B 1276), durch Hildebrand als Folge von „*gotes zorn*" (+*B 1272).[107] Die Schuld ist in den ‚Klage'-Fassungen eher vage umschrieben und nur durch Bischof Pilgrim mit dem Hortraub näher identifiziert. „Die Burgunder werden jedenfalls in den Zusammenhang von Schuld und Strafe gestellt, der in der Kette *sünde – schulde – übermuot – gotes slac, gotes zorn* offen zutage tritt."[108]

Zwischen den burgondischen Königen ist in Bezug auf den Vorwurf von *übermuot* nicht grundsätzlich differenziert.[109] Nur *C deutet an anderer Stelle an, dass anders als in *B 189ff. nur Gunther als Anführer, Gernot und Giselher jedoch wie Hagen und Dankwart zu den von Gunther geführten Helden zählen (*C 205ff.),[110] in der Figurenrede Hildebrands sind die Könige ansonsten auch in Plusversen als Einheit gesehen: „*ir brüeder ez übersâhen / mit schanden lasterlîche, / daz Hagen die tugende rîche / von dem horde gar verstiez*" (+*C 1300–1303). Gemeinsam haben die Könige dem Erzähler nach die Eskalation zu verantworten, weil sie Hagen nicht ausliefern wollten (*B 268–271; vgl. *C 591–595):[111] *dône wolden in slahen lân / sîne herren, mit den er dar was komen. / des wart in allen samt benomen / daz leben in den zîten* [...]. Dagegen ist im ‚Lied' die Nicht-Auslieferung im Sinn der wechselseitigen *triuwe*-Verpflichtung positiv konnotiert (B 2101–2107 [2104–2110]/C 2161–2167):[112] *sine mohten* [B: *kunden*] *von* [B: *vor*] *ir triuwen niht ein ander* [B: *ein ander niht*] *verlân* (B 2107,4 [2110,4]/ C 2167,4).[113] Ihre Bedeutung entspricht der außerliterarischen Wirklichkeit mit ihrem Primat der Vasallität; Lehensverpflichtungen waren wichtiger als Sippenbindung. In den ‚Klage'-Fassungen wird in der unterbliebenen Auslieferung ebenfalls von Hildebrand die Schuld der Burgonden gesehen (+*B 1277; vgl. +*C 1285). Die Burgonden haben „*den vreislîchen gotes zorn*" (+*B 1272) aus

---

106 Vgl. Schröder 1957/58, S. 60; Wehrli 1972, S. 106f.; Bumke 1996c, S. 500; Lienert 2000, S. 394.
107 Vgl. Lienert 2000, S. 26.
108 Günzburger 1983, S. 222.
109 Ebd.
110 Bumke 1999a, S. 518.
111 Lienert 2000, S. 26, 367.
112 Ebd., S. 367f.
113 In der ‚Klage' wird weder den burgondischen Königen noch Hagen *triuwe* zugesprochen; vgl. Bernreuther 1994, S. 133.

eigenem Verschulden (+*B 1273; vgl. +*C 1306ff.) auf sich gezogen.[114] Auffällig ist, dass die Passage (*B 1264–1282) in *C nicht nur deutlich kürzer, sondern auch anders ausfällt (+*B 1270–1282 fehlen in *C vollständig). Mit Lienert ist die Kürzung in *C auf die vorherigen Plusverse (+*C 1283–1330) zu beziehen, in denen unter anderem Hagen verurteilt wird.[115] In *C ist eine Schuldverschiebung von den Burgonden auf Hagen sowie eine marginal geringe Ausrichtung auf das Wirken Gottes zu beobachten.

In der Figurenrede Etzels wird ausgesagt, dass die Burgonden Etzels Gastlichkeit mit „haz" (*B 2640/*C 2746) erwiderten. *C führt dies in sechs Plusversen (+*C 2747–2752) weiter aus, in denen das Verhalten der Burgonden als „vil harte unvriuntlîche" (+*C 2747) und „sô tobelîche" (+*C 2748) bezeichnet ist. Etzel schreibt ihnen den Tod seines Sohnes und zahlreicher Kämpfer zu, obwohl er „nie schult gein in gewan" (+*C 2752). Die ‚Klage‘ *C betont das negative Verhalten der Burgonden, ebenso das *C-‚Lied‘.

Zwar werden alle drei Königsbrüder als Helden beklagt, doch Hildebrand erinnert ebenfalls daran, dass etwa Giselher ihnen „vil ze leide" getan hat (*B 1546/*C 1625; vgl. *B 1803/*C 1895). In Erzählerrede ist explizit ausgedrückt, dass Gunther Kriemhilds *hulde* (*B 492/*C 470) nicht mehr erlangen konnte, weil er zum einen *riet [...], daz er sterben* [*B: *ersterben*] / *muose, Sîvrit* [*B: *Sîvrit muose*], *ir êrster man* (*B 494f./*C 472f.), und zum anderen der Kampf durch den Tod Ortliebs ausgelöst wurde (*B 500–505/*C 476–481). Gunther wird neben Hagen ebenfalls für die Ermordung Siegfrieds verantwortlich gemacht,[116] wenn er als Anstifter (+*B 102f.; *B 493–499/*C 471–475) bezeichnet,[117] während Hagen als der tätige Mörder identifiziert wird (+*B 105; vgl. die Figurenrede Pilgrims *B 3417/*C 3513): „wande in sluoc doch Hagene".[118] Beide ‚Klage‘-Fassungen formulieren übereinstimmend und ausdrücklich Gunthers Schuld.

---

114 An gleicher Stelle beschuldigt Etzel in *C seinen Bruder Bloedelin für den Ausbruch der Kämpfe (*C 1342–1344 – die *B Verse 1266–1268 sind in *C vollständig anders formuliert).
115 Lienert 2000, S. 403f.
116 In der Fassung *B wird erstmals in *B 103–105 Gunther, aber vor allem Hagen (+*B 105) beschuldigt; vgl. Bumke 1999a, S. 516; Lienert 2000, S. 359. *C formuliert ganz anders und benennt nicht die Mörder, sondern erzählt allgemein von der hohen Anzahl der Toten (*C 130–132). Die Passage ist in beiden Fassungen grundsätzlich unterschiedlich formuliert, wobei jede Fassung jeweils zwei Plusverse aufweist. In *C bleibt der Fokus bei Kriemhild (+*C 125f.), in *B wird eine Schuldzuweisung an Hagen formuliert, wobei Siegfried als unschuldig dargestellt wird: *dem helde sterben niht gezam* (+*B 106).
117 Die ‚Klage‘ *B weist zwei Plusverse auf (+*B 498f.), in denen die Auswirkungen von Kriemhilds *haz* (*B 496/*C 474) auf Gunther und sie selbst erzählt werden.
118 Lienert 2000, S. 26.

Diese Stelle bezieht sich auf den *suone*-Kuss Kriemhilds nach dem Hortraub. Wohl signifikant ist, dass in der ‚Klage' eine „Versöhnung der beiden [...] weder erwähnt noch vorausgesetzt [wird]",[119] so dass Gunthers Tod gerechtfertigt erscheint und Kriemhild insofern entlastet ist, als ihr Bruch der *suone* zumindest nicht thematisiert ist.

Welches Bild ergeben die Wertungen der Figuren, soweit sie bisher aufgearbeitet sind? Die Lager sind in *C deutlicher voneinander getrennt und einander gegenübergestellt. Auf der einen Seite stehen die Burgonden, auf der anderen die Hunnen einschließlich Rüdiger sowie Dietrich nebst seinem Gefolge, wenn sie auch teilweise Neutralität zu bewahren versuchen. Im ‚Lied' *C zeichnet sich eine ausdrückliche Schuldzuweisung zu Lasten der Burgonden ab, wie sie fassungsübergreifend ebenso die ‚Klage' bietet. Die Burgonden laden Schuld durch ihre Gier nach dem Hort und dem Mord auf sich. Im ‚Lied' *C sind deutliche Hinweise bemerkbar, die das Untergangsgeschehen im christlichen Sinn sowohl auf das Wirken des Teufels zurückführen, aber ebenso als Strafe Gottes erscheinen lassen. Dies ist eine Tendenz, die ebenfalls den ‚Klage'-Fassungen abzulesen ist. Die Figurenkennzeichnung ist im Hinblick auf Hagen und Kriemhild noch dezidierter umgesetzt.

8.6 Hagen versus Kriemhild: *untriuwe* versus *triuwe*

Als einer der größten Widersprüche in der Makrostruktur des *B-‚Lieds' hat die Forschung – bis auf wenige Ausnahmen – eine divergente Haltung des Erzählers gegenüber Hagen und Kriemhild beobachtet. Überspitzt formuliert wirke es so, als ob Kriemhild im ersten Teil bis zum Tod Siegfrieds positiv und als bedauernswertes Opfer und im zweiten Teil des Burgondenuntergangs negativ als „entmenschte Mörderin"[120] gekennzeichnet sei.[121] Genau anders herum verhalte es sich für Hagen, der im ersten Teil des ‚Lieds' als treuloser Mörder dargestellt werde und später zum Heros avanciere, der *den Nibelungen ein helflîcher trôst* (B 1523,2 [1526,2]) sei.[122] Dem Forschungskonsens zufolge passen das Hagen- und das Kriemhildbild des ersten und des zweiten Teils der *nôt*-Fassung aus dem Grund nicht zusammen, weil beide Teile auf eine jeweils eigenständige

---

119 Kuhn 1965, S. 300.
120 Heinzle 2003a, S. 195f.
121 Ehrismann (2002; 1998, S. 18–41; 2006) bestreitet wiederholt, dass die Kriemhildfigur des ersten Teils nicht mit der des zweiten Teils zusammenpasst.
122 Vgl. Heinzle 1995, S. 84f.

Sage zurückgehen: die Sage von Siegfrieds Tod und die Sage vom Burgondenuntergang. Sofern eine solch ambivalente Kennzeichnung vorliegt, stellt sie vermutlich nicht nur für den modernen Interpreten eine Schwierigkeit dar, sondern wird es ebenso für den mittelalterlichen gewesen sein. Für die Fassung *C des ‚Lieds' hat die Forschung oftmals eine Tendenz zur Vereinheitlichung bestimmt, in der gewissermaßen die Bilder der beiden Figuren aus dem ersten Teil auf den zweiten übertragen werden. Die Folge dieser Darstellung sei, dass Kriemhild in der Schuldfrage entlastet und Hagen beschuldigt werde. Beide Figuren seien mit den Konzepten von *triuwe*, die den Kern der adligen Identität ausmacht, beziehungsweise *untriuwe* verbunden, die als zentrale Begriffe sowohl des ‚Lieds' als auch der ‚Klage' gelten.[123] Von der Gegenüberstellung beider Figuren seien ebenso die beiden Hauptfassungen *B und *C der ‚Klage' geprägt, wobei die *C-‚Klage' „die Schwarz-Weiß-Malerei der Figuren [...] noch einmal"[124] steigere. Diese Thesen sind an den Texten von ‚Lied' und ‚Klage' zu prüfen.

8.6.1 Hagen im ‚Nibelungenlied' *C

Hagen ist fassungsübergreifend im ‚Lied' über kriegerische Großtaten und listiges Handeln als durchsetzungsstarke und positive Figur gekennzeichnet. Den Fassungen *B und *C ist gemein, dass Hagen Kriemhild in mehreren wichtigen Szenen manipuliert. Exemplarisch verwiesen sei auf die Täuschung Kriemhilds, so dass sie Siegfrieds verwundbare Stelle markiert, was den Mord erst ermöglicht (B 892ff. [895ff.]/C 902ff.), die Provokationen seitens Hagen bei der Begrüßung der Burgonden durch Kriemhild an Etzels Hof (B 1741 [1744]/C 1784), dem provokativen Eingeständnis der Ermordung mit Siegfrieds Schwert Balmung über den Knien (B 1787 [1790]/C 1831) und die Schlussszene, in der Hagen Kriemhild Geldgier unterstellt, aufgrund derer sie ihre eigenen Brüder geopfert hätte (B 2367f. [2370f.]/C 2430f.).[125] Trotz der Einigkeit beider Fassungen in diesen Schlüsselszenen ist eindeutig, dass *C eine charakteristische Tendenz zur Abwertung Hagens aufweist, die insbesondere im zweiten Teil des Epos zu Tage tritt.[126]

---

123 Schröder 1968, S. 60–66. Zur Unterschiedlichkeit der Bedeutung und Verwendung von *triuwe* in ‚Lied' und ‚Klage' siehe grundlegend Müller 1998, S. 159–170; vgl. Nolte 2004, S. 79–85.
124 Vgl. Hoffmann 1974, S. 93.
125 Vgl. Dinkelacker 1990, S. 91–94.
126 Vgl. die Materialsammlung bei Hoffmann 1967, S. 121–125.

In einer eigenen Formulierung ist in *C eine Opposition zwischen Siegfried und Hagen hervorgehoben: In beiden Fassungen ist in zwei Strophen zunächst erzählt, dass nur Siegfried derjenige ist, der Brünhilds Land kennt. Doch der letzte Vers der nächsten Strophe unterscheidet sich in *C signifikant von *B:

> B 380,4 [382,4]: *daz was ir deheinem niuwan Sîvride erkant.*
> C 390,4: *daz het von Tronege Hagene ê vil selten bekant.*

In *C ist Hagens Unterlegenheit gegenüber Siegfried markiert. Ähnliches erfolgt über die Plusstrophe +C 452, in der formuliert ist, dass sich Hagen bei der Ankunft in Island vor Brünhild fürchtet – die anschließend von Siegfried besiegt wird.

Indem der *C-Bearbeiter weitere zahlreiche Details einarbeitet und/oder unterschiedlich gewichtet, erreicht er eine negative Perspektivierung Hagens. Mehrfach und vor allem ausdrücklich ist Hagen mit *untriuwe* in Verbindung gebracht. Hoffmann bezeichnet sie in *C als Hagens „charakteristischen Wesenszug"[127] und schreibt von einer Häufung von „Anklagen, Vorwürfen und Diffamierungen".[128] Zu beobachten ist, dass anstelle neutraler Ausdrücke respektive Attribute in *C pejorative stehen. Exemplarisch seien folgende Textstellen zur Illustration herangezogen:

> B 900,1a [903,1a]: *Dô sprach von Tronege Hagene:*
> C 910,1a: *Dô sprach der ungetriuwe:*

Die Formulierung ist identisch mit B 998,1a [1001,1a] beziehungsweise C 1012,1a. Ähnlich ist

> B 981,4b [984,4b]: *des künec Gunthêres man*
> C 993,4b: *der vil ungetriuwe man.*[129]

Nach demselben Muster ist der *grimmeclîche* (B 979,2a [982,2a]) Hagen der *B-Version in *C als *angestlîche* (C 991,2a) dargestellt, der den sterbenden Siegfried

---

127 Ebd., S. 122.
128 Ebd., S. 124.
129 Entsprechende Formulierungsunterschiede zwischen den Fassungen sind auch in den folgenden Strophen zu beobachten: B 998 [1001]/C 1012, B 1111 [1114]/C 1127, +C 1153, B 2368 [2371]/C 2431.

fürchtet. Offenbar wird, wenn auch nur geringfügig, auf einen negativeren Heldenstatus im Vergleich zu Siegfried hingearbeitet.[130]

Eine Negativierung erfährt Hagen ebenso, wenn ihm in Erzählerrede Besitzgier zugeschrieben ist. Eine entsprechende pejorative Kennzeichnung findet sich zum einen in zwei gänzlich umgestalteten Versen, in denen erklärt wird, weshalb Hagen den burgondischen Königen geraten hat, sich mit der trauernden Witwe Kriemhild zu versöhnen (C 1127,3f.):[131]

durch des hordes liebe was der rât getân;
dar umbe riet die suone der vil ungetriuwe man.

Zum anderen wird diese Tendenz in der Plusstrophe +C 1153 entwickelt. Der Erzähler prophezeit, dass Hagen, der den Hort für sich allein behalten möchte, sich an ihm nicht erfreuen können und dem Schicksal aller Treulosen unterliegen wird, so dass sich der Erzähler an dieser Stelle deutlich gegen die Figur positioniert:

Erne mohte des hordes sît gewinnen niht,
daz den ungetriuwen vil dicke noch geschiht.
er wânde in niezen eine, die wil er möhte leben.
sît moht ers im selben noch ander niemen gegeben.

Neben diesen Beispielen in Erzählerrede finden sich ebenfalls ähnliche in Figurenreden, die sich inhaltlich decken: Kriemhild klagt noch relativ moderat in B 1257,4a [1260,4a], dass *„der leidege Hagene"*, ihr Vermögen geraubt habe, während sie in C 1282,4a ausdrücklich vom *„mordær Hagene"* spricht.[132] Eine weitere Steigerung in der Abwertung Hagens erfolgt, wenn er durch den Erzähler als der beziehungsweise das Böse schlechthin klassifiziert ist. Kriemhild erscheint in B 1278,1a [1281,1a] die *Gewalt des grimmen Hagenen* als zu groß, während es in C 1304,1a die *Gewalt des übelen Hagenen* ist. Hoffmann zufolge ist

---

130 Die Unangemessenheit des Zeigens von Angst für einen Helden wird etwa in ‚Alpharts Tod' reflektiert, wenn Alphart mit einem heroischen *lachen* (V. 755) darauf reagiert, dass seine Gegner vor ihm fliehen und sich *gebarten als dye zagen* (V. 753); Textausgabe: Lienert/Meyer 2007. Des Weiteren ist in Form einer Gedankenrede seine Sorge um den Nachruhm formuliert, der durch ein Verhalten leiden würde, das auf *übermuot* zurückgeführt werden könnte (V. 759–761): *Da gedacht in synem mude der rytter wolgethan: / „Ja yst, das ich zu ine ryden, und worde ich dan erslagen, / man sprech, es were eyn uber mut, und dorfft mych nit clagen."*
131 An paralleler Stelle formuliert B 1111,3f. [1114,3f.]: *wære ir von sînem râte leide niht getân. / sô möhte er unzwîvelîchen zuo Kriemhilde gân.*
132 Vgl. auch *mortlîch* in +C 1008, C 2431 (gänzlich anders B 2366 [2369]), sowie *mort* +C 1005.

das Adjektiv *übel* im Mittelhochdeutschen ein geläufiges Attribut des Teufels.[133] Einschränkend ist anzumerken, dass nach Kühn das Adjektiv *übel* meistens nur die Emphase verstärkt, ohne dass tatsächlich auf die Instanz des Teufels verwiesen ist.[134] Dieses Adjektiv findet sich ebenso in anderen Kontexten auf andere Figuren bezogen, so dass eine Teufelskonnotation nicht sehr wahrscheinlich, wohl aber eine Betonung der inneren Untugend wie der bedrohlichen Wahrnehmung Hagens ist.

Im zweiten Teil des ‚Lieds' erfolgt einerseits eine deutliche Abwertung Hagens, andererseits wird das Bild Hagens als herausragender Kämpfer fortgeschrieben, wie es sich ebenso im *B-‚Lied' findet.[135] Sein Ruf eilt ihm voraus und sein Äußeres ist bei der Ankunft bei den Hunnen als das eines adligen Ritters beziehungsweise Heroen beschrieben: Die Hunnen erwarten ihn gespannt (*dô wundert dâ zen Hunin vil manigen küenen man / umbe Hagenen von Tronege, wie der wære getân*; B 1729,3f. [1732,3f.]/C 1772,3f.) als denjenigen, der Siegfried, *sterkist aller recken* (B 1730,3a [1733,3a]/C 1773,3a), schlug,[136] Hagen ist *wol gewahsen*, sowie *grôz [...] zen brüsten*, hat lange Beine und *hêrlîchen ganc* (B 1731 [1734]/C 1774), statt *übermüete* in *B (B 1780,1a [1783,1a]) bezeichnet *C ihn positiver als *starke* (C 1824,1a). Der *grimme* Hagen zeigt auch *erbarmen* (B 2195,2a [2198,2a]/C 2257,2a) und Etzel preist ihn am Ende als „*der aller beste degen, / der ie kom ze stürmen* [B: *sturme*] *oder ie schilt getruoc!*" (B 2374,3bf./C 2434,3bf.), obwohl Hagen seinen Sohn Ortlieb und seine besten Kämpfer erschlug. Diese äußere Kennzeichnung Hagens lässt sich nur zum Teil durch die Interdependenz von Körper und Stand beziehungsweise Heroentum begründen, wonach der Körper als „visuell wahrnehmbare[m] Zeichen äußerer Statusrepräsentation"[137] der „Orientierung im sozialen Raum"[138] dient. Das *erbarmen* deutet auf eine innere, positiv besetzte Disposition hin, bleibt aber als Verhalten von außen beobachtbar. Auch in *C ist Hagen, und muss es sein, eine heroisch gezeichnete Figur. Zugleich ist er dezidiert abgewertet; über die Angst vor Brünhild in heroischer Hinsicht jedoch nur geringfügig. Als Hagen den Kaplan bei der Donauüberquerung in den Fluss wirft, nennt letzterer ihn „*ir morder unge-*

---

133 Vgl. Hoffmann 1967, S. 122. Als Indiz kann die Strophe +C 2143 herangezogen werden. Im Anvers des vierten Verses wird *übel* dem Teufel als Attribut zugeordnet: *dô geschuof der übel tiufel*.
134 Vgl. Kuhn 1965, S. 280.
135 Vgl. zu den drei folgenden Beispielen Millet 2007, S. 68.
136 Der Mord an Siegfried bewirkt seitens der Hunnen offenbar keine negative Bewertung Hagens, „sondern profiliert ihn als überragenden Helden"; Lienert 2016, S. 68.
137 Schulz 2008, S. 7.
138 Ebd.

triuwer" (+C 1621,3a). Der Kaplan bestätigt mit dieser Anklage nicht nur, was der Rezipient in Bezug auf den Siegfriedmord bereits weiß, sondern Hagen wird zugleich als mehrfacher Mörder gekennzeichnet, denn an dieser Stelle ist es auf seine Umgangsweise mit dem Kaplan bezogen. Das Morden erscheint als ein Konstituens seiner Gestalt, wie er auch am Ende des *C-‚Lieds' (indirekt) für die Tötung Gunthers verantwortlich ist. Die negative Kennzeichnung in der Figurenrede eines Kirchenvertreters verstärkt die Anschuldigung zusätzlich.

In *B geht Hagen in beständiger *triuwe* zu Gunther in den Tod, so dass der finale Racheakt Kriemhilds ihr eigenes Handeln negativ kennzeichnet. Anders formuliert es die Fassung *C. Die 31. Aventiure endet in *C mit einer Plusstrophe gegenüber *B, in der erzählt wird, dass Hagen nicht bezwungen werden kann und dass er Etzels Sohn Ortlieb töten wird (+C 1972). Hagen ist in dieser Strophe stärker belastet, weil Etzel kurz zuvor ein Friedensangebot machte und darum bat, dass Ortlieb mit den Burgonden mitgenommen und dort bei seinen Verwandten mütterlicherseits aufgezogen wird, was in der mittelalterlichen Wirklichkeit ein übliches Verfahren ist; Hagen lehnt dies vehement ab. Die Hunnen und Etzel unterlassen nur aus dem Grund einen Angriff, damit kein allgemeiner Kampf ausbricht.

Nachdem Etzel die Toten (+C 2081) beweint hat, fürchten die Hunnen Volkers Spott, dass sie zu viel klagen und zu wenig kämpfen würden (+C 2083); das Motiv der Angst von Kämpfern vor einem Vorwurf der Feigheit ist erneut in den Text inseriert. Zugleich ist Volkers und Hagens herausgehobene Stellung als besondere Helden betont, wenn sie die Burgonden im Saal bewachen (+C 2177).

In der Plusstrophe +C 2428, die die vorletzte ihrer Art im gesamten Epos darstellt, ist das Merkmal der *untriuwe* in Bezug auf Hagen noch einmal deutlich herausgestellt: Hagen reißt Gunther, der nicht nur sein König ist, sondern ihn auch vor der Rache Kriemhilds zu bewahren trachtete, willentlich mit in den Tod.[139] Auf Kriemhilds letzte Forderung, das von ihr Genommene zurückzugeben, heißt es über Hagen, dass er befürchte, Gunther würde am Leben bleiben, während er selbst sterben müsse.[140] Aus diesem Grund behält er die Lage des Horts für sich, was seitens des Erzählers ausdrücklich negativ bewertet ist (+C 2428):

---

139 Anders argumentiert Dinkelacker (1990, S. 94), der die Ansicht vertritt, dass der *C-Bearbeiter mit der Zusatzstrophe +C 2428 nicht notwendigerweise eine „nachbessernde Einschwärzung Hagens" verfolge, sondern möglicherweise nur das alte, aus der ‚Atlakviða' bekannte Motiv der „Opferung des Mitwissers" habe betonen wollen. Heinzle (1995, S. 87; 2013a, S. 1508f.) argumentiert entschieden dagegen.
140 Vgl. Brandt 1997, S. 226; Heinzle 2005b, S. 154.

> *Er wiste wol diu mære, sine liez in niht genesen.*
> *wie möhte ein untriuwe immer sterker wesen?*
> *er vorhte, sô si hête im sînen lîp genomen,*
> *daz si danne ir bruoder lieze heim ze lande komen.*

Hagens Tod erscheint in *C zum Teil gerechtfertigt – zumindest für das mittelalterliche Publikum; die textinternen Figuren wissen nichts von Hagens Handlungsmotivation. Hagens Intention und der Verrat am eigenen König, der zugleich seinen eigenen unrühmlichen Tod provoziert, „entspricht weder den Spielregeln des Personenverbands noch denen von Heroik".[141] Lienert stellt heraus, dass es nach dem ‚Lied' kein positives Erzählen mehr von Hagen gibt: Er „wird entweder zum Schuldigen oder zur Nebenfigur".[142]

In der letzten Anklage Kriemhilds ist Hagens Mord an Siegfried abschließend noch einmal als eine Tat der *untriuwe* klassifiziert: C 2432,3/4a „*daz* [scil. das Schwert Siegfrieds] *truoc mîn holder vriedel, dô ir im nâmet den lîp / mortlîch mit untriuwen*" gegenüber B 2369,3 [2372,3] „*daz truoc mîn holder vriedel, dô ich in jungest sach*". Die Anklage erfolgt zwar nur in einer perspektivierten Figurenrede, aber der mittelalterliche Rezipient weiß, dass sie gerechtfertigt ist, so dass ihr ein großes Gewicht zukommt. Die sich anschließende Tötung Hagens durch Kriemhild ist im deutlichen Gegensatz zu Hagens Handeln als Folge und Ausdruck von Kriemhilds *triuwe* zu Siegfried charakterisiert.[143] Da Kriemhilds *triuwe* ausschließlich Siegfried, nicht ihrem Sippenverband gilt, ist sie „ihrer sozialen Implikationen weithin entkleidet".[144] Anzumerken ist in diesem Zusammenhang, dass fassungsübergreifend die Sippenanbindung von Kriemhild zuerst nicht durch sie selbst, sondern durch Hagen aufgelöst wird, was eine unterschiedliche Perspektivität der Figuren verdeutlicht. Kriemhild setzt als Teil der burgondischen Sippe Hagens *triuwe* voraus, wenn sie Siegfrieds verwundbare Stelle markiert. Hagen zählt Kriemhild dagegen entweder nur eingeschränkt oder nicht mehr zur burgondischen Sippe, nachdem sie als Ehefrau Siegfrieds an dessen Sippe gebunden ist. Dies spiegelt nur bedingt die außerliterarische Wirklichkeit wieder, in der oftmals über eine Heiratspolitik Bündnisse mit anderen Geschlechtern geknüpft werden. Insofern verwundert es nicht, dass nur wenige Figuren außer Hagen, wie etwa Rumold, ein ausgeprägtes ‚Bewusstsein' dafür zeigen, dass Kriemhild nach dem Mord an Siegfried eine innere Trennung von ihrer ursprünglichen Sippe vollzogen hat.

---

141 Lienert 2015, S. 53.
142 Ebd.
143 Vgl. Heinzle 2005a, S. 60f.
144 Vgl. Müller 1998, S. 219.

Mit dem Rückblick auf die Mordtat und der Treulosigkeit Hagens gegenüber Gunther fasst der Erzähler am Ende des Epos abschließend die Rolle Hagens zusammen. Hagen, der fassungsübergreifend „wenige Züge des hochhöfischen Ritters"[145] zeigt, ist in *C eines seiner größten Vorzüge beraubt, wie sie die Fassung *B neben seinen kämpferischen Qualitäten bietet, der *triuwe* zu Gunther. Hagen ist in *C nicht als heroischer Kämpfer, sondern wegen seiner Handlungsintentionen verstärkt abgewertet – besonders aus Sicht der Rezipienten, weniger aus der der Figuren. Dies geschieht möglicherweise als Folge daraus, dass *C stringenter aus der Perspektive des ersten Teils motiviert werden soll, möglicherweise aber vor allem, um das Figurenhandeln besser zu plausibilisieren und in der Schuldfrage klare Konturen zu gewinnen.

Der im Verhältnis zur *nôt*-Fassung in *C gesteigerten negativen Wertung der Burgonden und insbesondere Hagens steht die positivere Einschätzung ihrer Opfer, Siegfrieds und vor allem Kriemhilds, gegenüber. Ich gehe mit Brandt konform, der das negativ markierte Verhalten der Burgonden als Voraussetzung dafür betrachtet, dass Kriemhild in die Rolle des Opfers schlüpfen kann.[146]

8.6.2 Hagen in der ‚Klage' *C

Eine weitgehend oppositionelle Gegenüberstellung von Kriemhild und Hagen ist ebenfalls für die ‚Klage'-Fassungen *B und *C prägend. In der Fassung *B wird zunächst Gunther (*B 103–105), aber vor allem Hagen wegen des Siegfriedmords beschuldigt (+*B 105).[147] *C formuliert anders und benennt nicht die Mörder, sondern erzählt allgemein von der hohen Anzahl der Toten (*C 130–132). Die Passage ist in beiden Fassungen grundsätzlich anders formuliert, wobei jede Fassung jeweils zwei Plusverse aufweist. Zunächst ist in *C der Ort der Gewalt konkret benannt (+*C 125: *in hiunischen rîchen*) und das heimliche Vorgehen Kriemhilds erzählt (+*C 126: *daz si vil tougenlîchen*). Der Fokus bleibt bei Kriemhild und ihrer Rache. Dagegen formuliert *B (105f.) in zwei Plusversen die Schuld Hagens und die Unschuld Siegfrieds (+*B 106). In *B trifft eine Schuldzuweisung Gunther, vor allem aber Hagen.

Relativ behutsam ist Hagen in der Figurenrede Etzels in dessen Klagemonolog gekennzeichnet, wenn Etzel ausdrückt, dass er von Hagens Schuld gegenüber Kriemhild gewusst habe (*B 922f./*C 940f.): „*daz ir Hagen het getân, / des wiste*

---

145 Grosse 1999, S. 731.
146 Brandt 1997, S. 209, 233.
147 Vgl. Bumke 1999a, S. 516; Lienert 2000, S. 359.

[*B: *west*] *ich wol diu maere*".[148] Lienert ist aufgefallen, dass dies die einzige Stelle in der ‚Klage' ist, an der Hagens Schuld erwähnt ist, „ohne dass sein Tod als gerechte Strafe für seine Schuld erscheint".[149] Etzel versichert, dass er Hagen selbst auf Kriemhilds Wunsch nicht getötet hätte (*B 924–929/*C 942–947). Bumke deutet die Passage dahingehend, dass Etzel der einzige sei, „der das negative Urteil über Hagen nicht zu teilen scheint", dessen Stimme [g]egenüber dem allgemeinen Verdammungsurteil [...] jedoch wenig Gewicht" habe.[150] Lienert weist dagegen zurecht darauf hin, dass dies weniger eine Beteuerung von Unschuld ist, über die Hagen rehabilitiert werden soll, vielmehr ist dies im Kontext der Verletzung des Gastrechts zu sehen, auch wenn die ‚Klage' einmalig Etzels Aufruf zur Rache der Ermordung seines Kindes thematisiert (*B 3854f./*C 3928f.: *Ezel bat und* [+*B *ouch*] *gebôt, / daz man raeche* [+*B *im*] *sîn kint.*), wie es ebenso im ‚Lied' erzählt wird.[151] Hinzu kommt, dass Etzel durch die Ermordung seines Nachkommens nachhaltig machtpolitisch betroffen ist. Nolte weist auf eine weitere mögliche Strategie hin: Kriemhild werde aus der Perspektive Etzels „zur idealen Ehefrau stilisiert", zugleich setzt er anstelle von Kriemhild und Hagen sich selbst und die Burgonden in Opposition.[152] Der Konflikt wird aus seiner Perspektive damit als einer zwischen männlichen Figuren bewertet. Der Bezug auf sich selbst erklärt den Untergang Etzels, indem er sein eigenes Schicksal in den Vordergrund rückt. Etzel hat jedenfalls eine eigene Perspektive für die Erklärung der Eskalation der Gewalt.

Etzel bedauert den Angriff seiner von Kriemhild aufgehetzten Kämpfer (*B 307/*C 285: *dem künege leit*) und lässt Hagens Leiche *in leide güetlîche* (*B 1284/*C 1346) zu der Gunthers legen.[153] Etzel spricht von den Burgonden in der Regel im Plural und bedauert wiederholt ihren „*haz*" (*B 2640/*C 2746 und öfter), den sie ihm gegenüber zeigten. Obwohl ansonsten allein Hagen als Mörder seines Sohnes in der ‚Klage' wahrgenommen wird, differenziert Etzel in dieser Hinsicht nicht – auch nicht in Plusversen der Fassung *C (+*C 2750–2752:

---

148 Vgl. Günzburger 1983, S. 207f.
149 Lienert 2000, S. 393.
150 Bumke 1996c, S. 381.
151 Lienert 2000, S. 393, vgl. 27. Lienert (ebd., S. 393) weist in diesem Zusammenhang darauf hin, dass der Etzel des ‚Lieds' „nach der Ermordung seines Sohnes eine Verhandlungslösung ab[lehnt] und [...] seine Racheabsichten nicht auf den Mörder des Sohnes ein[schränkt]": „*des sol iuwer deheiner mit dem lîbe* [B: *nimmêr lebende*] *hinnen komen*" (B 2092,4 [2095,4]/C 2152; vgl. ‚Klage' *B 3854f./*C 3928f.).
152 Nolte 2004, S. 79.
153 Vgl. Schröder 1957/58, S. 60.

„*des êrsten si mir mînen sûn / sluogen und manigen küenen man, / des ich nie schult gein in gewan*").[154]

Wie weitgehend im *C-‚Lied' bleibt in den ‚Klage'-Fassungen Hagens Heroentum unangezweifelt. Ein signifikanter Fassungsunterschied ist in der Bewertung Hagens durch Etzel nicht zu erkennen. Dasselbe gilt für Dietrich, der seine eigene Unschuld betont: In *B heißt es in Dietrichs Figurenrede „*Hagen der küene / des vrides niht enwolde*" (*B 1166f.), darauf folgen 13 Verse, davon acht Plusverse, in denen Dietrich erzählt, dass Hagen den Tod Giselhers, Gernots und Volkers beklagt. Dagegen ist das Motiv, dass Hagen sich nicht ergeben wollte, in *C 1198–1204 deutlich ausgeweitet, wobei Hagens Klage um die drei genannten Kämpfer fehlt:

> „*Hagen enwoldes niht tuon.*
> *dô ich in mînen vride bôt,*
> *er jach, sîn waere nehein nôt:*
> *waz im der vride töhte*
> *oder wes ich in helfen möhte,*
> *sine saehen niemen bî mir stân,*
> *wan mich und mînen man.*"

Während in *B auch Hagens Klagen um die Getöteten erzählt wird, forciert *C eine implizite Kennzeichnung Hagens hinsichtlich seines *übermuotes*. Damit weist *C eine stärkere Beurteilung Hagens durch Dietrich auf,[155] die wegen ihres impliziten Charakters allerdings relativ vage bleibt.[156]

Anders sieht es in Bezug auf Dietrichs Gefolgsleute aus. Beiden ‚Klage'-Fassungen ist gemein, dass Hagen insbesondere in der Figurenrede Hildebrands verurteilt wird (*B 1249–1282/*C 1277–1345)[157] – und dies erstmals eindeutig negativ im Text der ‚Klage'.[158] Auffällig ist dies besonders, weil im ‚Lied' Hildebrand derjenige ist, der den Tod Hagens an Kriemhild rächt (B 2372,4 [2375,4]/C 2435,4: „*idoch sô wil ich rechen des vil küenen recken* [B: *küenen Tronegæres*] *tôt*"), weil er dessen Tod durch eine Frau für inakzeptabel hält. Während Hildebrand im ‚Lied' Kriemhild als „*vâlendinne*" [B: „*vâlandinne*"] be-

---

154 Vgl. Nolte 2004, S. 78.
155 Vgl. ebd.
156 Vgl. Günzburger 1983, S. 207f.
157 Vgl. Schröder 1957/58, S. 65; Lienert 2000, S. 27, 403; Nolte 2004, S. 78. *B weist an dieser Stelle 14 Plusverse (+*B 1269–1282) am Ende der Rede auf, in denen Hildebrand den „*gotes slac*" (+*B 1276) auf den „*übermuot*" (+*B 1277) der Burgonden zurückführt, durch den sie „*den vreislîchen gotes zorn*" (+*B 1272) auf sich gezogen hätten. Dagegen weist *C 48 Plusverse auf.
158 Vgl. Bernreuther 1994, S. 150.

zeichnet (B 2368,4a [2371,4a]/C 2431,4a; vgl. die Figurenrede Dietrichs B 1745,4a [1748,4a]/C 1789,4a), ist in der ‚Klage' fassungsübergreifend Hagen der „vâlant" (*B 1250–1253/*C 1278–1281):

> „nu [*B: nû] seht, wâ der vâlant
> lît, der ez allez riet.
> daz manz mit güete niht enschiet [*B: niene schiet],
> dâ ist Hagen schuldec an [*B: daz ist von Hagenen schulden]."

In beiden Fassungen wird Hagen also in doppelter Hinsicht Schuld zugesprochen:[159] Er ist sowohl der „alleinige Urheber der Katastrophe"[160] (*B 1251/ *C 1279), als auch der Verantwortliche für die Eskalation (*B 1252f./*C 1280f.). In 48 Plusversen liefert die Fassung *C (+*C 1283–1330) weitere Begründungen für die Bewertung Hagens, die in *B auch nicht an anderer Stelle stehen:[161] Hildebrand führt den Mord an Siegfried auf Hagens „haz" und „nît" (+*C 1283) zurück, kritisiert den Raub sowie die Versenkung des Horts im Rhein (+*C 1306f.: „des solte niht geschehen sîn. / er soltez billîch hân bewart.") und begründet Hagens Handeln mit dessen überaus großem „übermuot" (+*C 1285; vgl. +*B 1277). Dieselbe Begründung (+*C 1317) liefert er für die Reise zu Etzel, bei der Hagen von seinem – und wohl aller Tod – ausgehen konnte, weil er sich die Feindschaft Kriemhilds zugezogen hatte (+*C 1308ff.): „wande im was vil wol erkant, / swie siz ane getrüege, / daz man in drumbe erslüege" (hier +*C 1314– 1316). Ebenfalls beschuldigt er ihn als Verantwortlichen für den Tod vieler Helden: „des lît vil manic recke guot / tôt von den schulden sîn" (+*C 1318f.). Relativ umfassend, mit zweimaliger Nennung auch von übermuot, ist Hagen in *C nachdrücklich Verantwortung für die Eskalation der Gewalt zugewiesen.

Die ‚Klage' *C konzentriert sich auf die Darstellung Hagens und erzählt „chronologisch[] und erzähllogisch[]"[162] stringent.[163] Zwar nennt *C ebenso wie *B etwas ausweitend (*C 1337–1344) in der Figurenrede Hildebrands Bloedelin als Mitschuldigen, verzichtet aber nicht darauf, den Burgonden ebenso übermuot zuzuschreiben.[164] Dies dient sicherlich dazu, Hagen konsequenter als den Schuldigen zu kennzeichnen. Der Vergleich der ‚Klage'-Fassungen ergibt eine deutlich stärkere Beschuldigung Hagens in *C, wobei nicht nur quantitativ

---

159 Vgl. ebd.
160 Lienert 2000, S. 403.
161 Vgl. ebd.; Nolte 2004, S. 78.
162 Bernreuther 1994, S. 150.
163 Ebd., S. 152.
164 Ebd.

mehr Verse auf seine Kennzeichnung verwendet sind, sondern sie ist durch zahlreiche Details ebenfalls qualitativ untermauert.

Auffällig ist an den ‚Klage'-Fassungen besonders eine Stelle, an der die Bewertung Hagens „konträr"[165] erscheint. Zunächst stimmen beide Fassungen darin überein, dass die Überlebenden Hagen verfluchen, als seine Leiche gefunden wird: *dô [*B: im] wart gevluochet sêre* (*B 1297/*C 1361). In *B schließt eine Reflexion des Erzählers an (*B 1302–1318), in der er entgegen der Meinung der *liute* die Ansicht vertritt, dass nicht Hagen am Ausbruch der Kämpfe schuldig sei, sondern eher Kriemhild, weil sie Bloedelin gegen Dankwart aufgehetzt habe.[166] Letztendlich führt er das Geschehen auf das Wirken des Teufels zurück,[167] so dass Kriemhild nur bedingt belastet wird,[168] wie es zweimal ebenso im *C-‚Lied' erzählt wird: *ez was alsô gebrouwen / von des tiuvels schulden* (*B 1314f.).[169] Der Teufel ist damit als eine überirdische Macht verstanden, die außerhalb des Menschen steht. Einen anderen Weg beschreitet die Fassung *C der ‚Klage': In einer Rede der *liute* als „eine Art ‚öffentliche Stimme'"[170] (*C 1365–1384) wird Hagen mit „*vâlant*" in Verbindung gebracht, also mit einem Wort, das in der im *C-‚Lied' eigens formulierten Strophe gestrichen ist: „*dô sluoc mînes herren kint / disse vâlandes hant*" (*C 1378f.). Festzuhalten ist, dass die *B-‚Klage' eine andere Schuldzuweisung trifft und Hagen entlastet beziehungsweise Kriemhild belastet. *C erscheint an dieser Stelle nicht nur flüssiger zu formulieren, sondern trifft durch die inserierte Meinung der *liute* auch eine klare Schuldzuweisung gegen Hagen,[171] scheint die Anklage wegen dieser weit verbreiteten Meinung gegen Hagen zu ‚objektivieren'. Nolte deutet das Vorgehen des *C-Bearbeiters ebenfalls dahingehend, dass er die öffentliche Meinung

---

165 Bumke 1999a, S. 531.
166 Lienert (2000, S. 28) weist darauf hin, dass keine der beiden ‚Lied'-Fassungen „ausdrücklich" erwähne, „dass Kriemhild Bloedelin zum Mord an Dankwart angestiftet habe"; vgl. B 1900–1908 [1903–1911]/C 1951–1959. Stattdessen bittet Kriemhild im ‚Lied' Bloedelin um Unterstützung bei ihrer Rache an Hagen, der versuchen will, Hagen gefangen zu setzen; vgl. ebd., S. 403. Zu Bloedelin in der ‚Klage' siehe *B 331–344/*C 307–320; *B 887–899/*C 905–917; *B 1260–1262/*C 1336–1338; *C 1342–1344.
167 Bumke 1996c, S. 381.
168 Lienert 2000, S. 403.
169 Während Günzburger (1983, S. 52, 222) das Wirken des Teufels als Strafe Gottes versteht, vertritt Zimmermann (1990, S. 532f.) die Ansicht, dass Hagen durch den Verweis auf den Teufel nicht belastet werden soll. In *C ist es das Werk des Teufels, dass Hagen ins Hunnenland kam; vgl. *C 1380f.
170 Nolte 2004, S. 77.
171 Vgl. Bernreuther 1994, S. 154.

dazu verwende, um Hagen als den Schuldigen herauszustellen.¹⁷² Der Vergleich zeige, dass beide Fassungen „die Meinung des hunnischen Hofpublikums für ihre eigene Wertung der Dinge unterschiedlich benützen".¹⁷³ Diese Deutung ist möglich, allerdings wechseln die ‚Klage'-Fassungen häufiger darin, Aussagen anderen Figuren in den Mund zu legen – auch anderen als im ‚Lied'.

In beiden ‚Klage'-Fassungen schreiben die Begleiter des Bischofs Pilgrim als eine Art Öffentlichkeit Hagen indirekt wegen seines *übermuotes* (+*B 3525/ +*C 3599) die Schuld zu:¹⁷⁴

„got von himel, der sîs gelobt,
daz et Hagen hât vertobt.
der kunde nie strîtes werden sat.
er ist nû komen an die stat,
dâ uns sîn übermuot
nû vil kleinen schaden tuot".
(*B 3521–3526)

„Got von himel sîs gelobt,
daz et Hagene hât vertobt!
ern wolde des tôdes niht enbern.
niemen in kunde strîts gewern.
er ist doch komen an die stat,
dâ er ist strîtes worden gesat.
man hâts im, waen ich, nû genuoc gegeben.
man gesach nie man sô ungern leben."
(*C 3591–3598)

Diese Textstelle könnte die Deutung Noltes stützen, würde zugleich für eine größere Einheitlichkeit hinsichtlich der Bewertung Hagens durch die *liute* in der Fassung *C sprechen. Trotz relativ geringfügiger Unterschiede erzählen beide Fassungen in dieser Hinsicht auffällig konträr.¹⁷⁵

Als die Kunde vom Untergangsgeschehen nach Passau zum Bischof Pilgrim gelangt, sieht auch er in Hagen den „wahre[n] Schuldige[n] und eigentliche[n] Urheber",¹⁷⁶ weil er Siegfried *„ze leide sîme [*B: sînem] wîbe"* (*B 3783/*C 3865) ermordete. Ausgedrückt ist dies emphatisch ebenso durch einen Ausruf: *„daz in sîn muoter ie getruoc!"* (*B 3420/*C 3516). Zwar wird Kriemhild in der Figurenrede Pilgrims ebenfalls kritisiert, indem er ihr den Tod Giselhers und Gernots anlastet, die an der Ermordung Siegfrieds unschuldig seien (*B 3411–3417/ *C 3507–3513) – diese Figurenperspektive widerspricht zum Teil dem *C-‚Lied', in dem beide zwar nicht direkt beteiligt sind, aber vom Erzähler getadelt wer-

---

172 Nolte 2004, S. 58.
173 Ebd.
174 Vgl. ebd., S. 77. Beide Fassungen weisen Plusverse auf: 28 in *B (+*B 3497–3528), 16 in *C (+*C 3587–3606); nicht mitgezählt sind die vier Verse, die parallel gestaltet sind. Auch die eingehende Überleitung ist unterschiedlich formuliert und die gemeinsame Passage jeweils unterschiedlich eingebettet. In *B steht sie relativ am Ende, in *C am Anfang der jeweiligen Plusverse.
175 Bernreuther 1994, S. 152.
176 Schröder 1957/58, S. 64.

den, da sie trotz ihrer Kenntnis des Mordplans Siegfried nicht warnten. Er hält ihr aber zugute, eigentlich Unbeteiligte nicht in die Rache einbeziehen gewollt zu haben: „*die ir Sîvriden sluogen tôt, / und [*B: unde] hetens die engolten, / sô waere sis [*B: si] unbescholten*" (*B 3414–3416/*C 3510–3512). Beide Fassungen erzählen weitgehend konform.

Leicht auseinander gehen die ‚Klage'-Fassungen an der folgenden Stelle: Nur in +*B 3504–3519 wird vom Baiernherzog Else und seiner Reaktion auf das Untergangsgeschehen erzählt, der kein *leit* empfinden kann (+*B 3506f.: „*mir solde wesen leit. / des enkan ez aber niht gesîn*"), weil die Burgonden auf der Reise zu Etzel seinen Bruder erschlagen hatten und er aus diesem Grund ein Rachebedürfnis verspürt.[177] Lienert deutet dies dahingehend, dass „Hagens ‚Sündenregister' somit um eine zusätzliche Position (den Tod Gelpfrats) erweitert" werde.[178] Elses Begleiter führen Hagens Handeln in beiden Fassungen auf dessen *übermuot* zurück und sind froh, dass er keinen Schaden mehr anrichten könne – dafür loben sie Gott (*B 3521f./*C 3591f.). Die Fassung *C der ‚Klage' erzählt anders (+*C 3591–3605): In ihr ist nur die heftige Reaktion von Elses Begleitern formuliert, dies länger als in *B (+*B 3521–3526).[179] Allerdings verstärkt *C die Anklage an Hagen: „*er hât vil dicke sînen zorn / errochen an vil manigem man, / der nie schult hin zim gewan. / daz im got gebe leit!*" (+*C 3602–3605). Bernreuther deutet dies dahingehend, dass *C „[i]hrer Tendenz entsprechend [...] die Hagen zur Last gelegten Taten ins Anonym-Beliebige, ins schlechthin Böse aus[weitet]".[180] Wie Etzel hat Else eine eigene, wenn auch ganz andere Perspektive, weil er und seine Begleiter die einzigen sind, die nicht mitklagen.[181] Gegenüber *B ist Hagen in *C an weiteren Stellen in Figurenrede ausdrücklich mit „*übermuot*" in Verbindung gebracht:[182] zweimal durch Hildebrand (+*C 1285; +*C 1317), dagegen nur einmal zusätzlich in +*B 1277, ein weiteres Mal durch Elses Begleiter (+*B 3525/+*C 3599).

In Worms wird Hagen erneut dezidiert von einem Vertreter der eigenen Gruppe in der Figurenrede Rumolds negativ bewertet,[183] der gemäß des ‚Lieds' die Tagesgeschäfte im Auftrag Gunthers weiterführt und dessen Rolle in drei Plusstrophen im *C-‚Lied' nicht nur über seinen Rat ausgebaut ist, sondern der

---

177 Vgl. Lienert 2000, S. 442.
178 Ebd.
179 Vier Verse der beiden Fassungen sind nahezu identisch formuliert (*B 3521–3524 entsprechen *C 3591f. sowie 3595f.).
180 Bernreuther 1994, S. 170.
181 Vgl. Lienert 2000, S. 442.
182 Vgl. ebd.
183 Vgl. Schröder 1957/58, S. 74.

vor der Reise der Burgonden zu Etzel ausdrücklich warnt und, wie dann ebenfalls Ortwin und weitere, in Worms zurückbleibt (+C 1501–1503). Rumold führt fassungsübergreifend den Tod seiner Herren auf Hagens „übermuot" zurück (*B 4031/*C 4093) und kritisiert, dass Hagen Kriemhild wiederholt und ohne Anlass kränkte: „Hagen ir manige [*B: manege] smaehe / sît zir grôzen schaden bôt [*B: zir schaden âne schult erbôt] / zallen zîten âne nôt, / des er niht tuon solde" (*B 4040–4043/*C 4102–4105). Nur in *B wird dezidiert durch Hildebrand auf die Unschuld Siegfrieds hingewiesen (+*B 4047–4049), wodurch die Tat Hagens noch negativer gekennzeichnet wird, und Rumold beschuldigt Hagen, Kriemhilds Besitz gestohlen zu haben. Dagegen spricht *C nur vom „golt" (*C 4096; vgl. *B 4034: „guot"), das wohl als Hort zu deuten ist.[184] Es findet sich eine Parallele zur Fassung *C des ‚Lieds' zu Beginn in Hildebrands Rede, wo der Hort als „morgengâbe" (+*C 1294f., hier 1295) Kriemhilds bezeichnet ist.

Hagen ist in den ‚Klage'-Fassungen am stärksten und eindeutigsten durch Hildebrand, Rumold und die liute negativ bewertet, was sich über Äußerungen der Figuren und Zuschreibungen an Hagen über haz, nît, übermuot, untriuwe, Siegfried- und Ortliebmord sowie vâlant äußert.[185] Während Günzburger von einer relativ einstimmigen Verurteilung ausgeht,[186] ist mit Bernreuther in der ‚Klage' „kein einheitliches Bild über monokausale Ursachen der Nibelungentragödie"[187] festzustellen. Wie gemäß der evidentia-Lehre wird Authentizität vor allem durch Reaktion, Rekapitulationen und Wertungen in Reden der Figuren erzeugt, die „persönlich Beteiligte und Betroffene"[188] sind. Hagen wird zwar einstimmig verurteilt, allerdings wird seitens des Erzählers (*B 331–344/*C 307–320), Etzels (*B 887–899/*C 905–917) und Hildebrands (*B 1260–1263/*C 1336–1338 – im letzten Vers in *C noch eindringlicher – die Tat „was gar ein unsin" – als in *B – „des solde niht geschehen sîn") ebenso Bloedelin als Mitschuldiger genannt,[189] aber auch die Burgonden tragen einen Teil der Schuld. Bernreuther bringt daher die These ins Spiel, dass das Anliegen der ‚Klage' nicht sei, „konsequente Begründungen der Katastrophe" zu liefern, sondern „jeweils konsistente Schuldzuweisungen".[190]

Der Fassungsvergleich für die ‚Klage' ergibt, dass *B und *C in weiten Strecken ähnlich erzählen, auch wenn sie mitunter unterschiedlich formulieren.

---

184 Vgl. Nolte 2004, S. 78.
185 Vgl. Kuhn 1965, S. 301.
186 Vgl. Günzburger 1983, S. 206f.
187 Bernreuther 1994, S. 154.
188 Ebd.
189 Vgl. ebd., S. 150.
190 Ebd., S. 154.

Auffällig sind besonders diejenigen Stellen, an denen durch relativ geringfügige Änderungen deutliche Differenzen in der Bewertung von Figuren und ihrem Handeln zu beobachten sind, wenn nicht sogar konträre Aussagen in den ‚Klage'-Fassungen getroffen werden. Wenn man eine Stoffgebundenheit der ‚Klage'-Bearbeiter voraussetzt, dann sind diesen Differenzen ihr Gestaltungsspielraum und ihr Deutungswille abzulesen;[191] zugleich ist das *artificium* im Sinn Worstbrocks bestimmt.

8.6.3 Kriemhild im ‚Nibelungenlied' *C

Kriemhild wird in beiden ‚Lied'-Fassungen *B und *C als erstes Mitglied der Königsfamilie in die Erzählung eingeführt, was sicherlich „zeichenhaft für ihren narrativen Status im Epos"[192] zu deuten ist. Entsprechend hat sich die Forschung intensiv mit der Figur auseinandergesetzt,[193] wobei grundsätzlich für beide Fassungen festgestellt ist, dass diese Figur der Adelskultur um 1200 stark angepasst ist: Kriemhild hat „über das hochhöfische Problem des *herzenjâmers* bei allen stofflichen Bindungen an die alte Sage, mehr gemeinsam mit Enite, Herzeloide, Gyburg als mit der nordischen Gudrun und deren südgermanischen Vorstufen".[194] Zugleich ist Kriemhild von diesen Frauenfiguren abgesetzt wie ein Vergleich zu Enite in Hartmanns ‚Erec' aufzeigt: Enite ist entsprechend einem traditionellen, patriarchalisch akzentuierten Frauenbild konzipiert, das durch Gehorsam gegenüber Vater und Ehemann, Geduld, Leidensbereitschaft wie Leidensfähigkeit, Anerkennung einer weiblichen Inferiorität und einer Orientierung auf die Ehe gekennzeichnet ist.[195] Zwar finden sich diese Eigenschaften weitgehend bei Kriemhild ebenso, sie weicht jedoch wiederholt von dieser Linie ab. Die zum Teil eigenständige Konzeption dieser Figur ist im Kontext der Sage zu sehen, in der vermutlich ein grundsätzlich negatives Bild Kriemhilds verbreitet ist (siehe Abschnitte 2.1 und 10.2.1).[196] Möglicherweise steht in der Sage dem negativen Kriemhildbild ein positives Bild von Hagen und Gunther als ihre Opfer gegenüber.[197] Das ‚Lied' verarbeitet das Kriemhildbild aus der Tradition,[198]

---

191 Vgl. ebd.
192 Ehrismann 2006, S. 227.
193 Grundlegend Hoffmann 1967; Schröder 1969; Ehrismann 1998; Heinzle 2003d; Ehrismann 2006; Millet 2007.
194 Wolf 1987, S. 182.
195 Vgl. Bumke 2006, S. 83.
196 Vgl. Curschmann 1989, S. 396; Wolf 1995, S. 285; Millet 2007, S. 62.
197 Millet 2007, S. 64.

bietet aber „ein ganzes Geflecht" unterschiedlichen Figurenhandelns in Bezug auf das Untergangsgeschehen, so dass für die *B-Fassung insofern von einem „graduellen Perspektivenwechsel" gesprochen werden kann, dass nicht mehr Kriemhild allein die böse Rächerin und Hagen und Gunther als Opfer dastehen, sondern die Verantwortung für das Geschehen (um-)verteilt ist.[199] Wolf deutet das ‚Lied' fassungsübergreifend dahingehend, dass im Sinn einer Modernisierungsstrategie Kriemhild „modern-höfisch"[200] gezeichnet und dass damit gegen ein dominant negatives Kriemhildbild anerzählt werde.[201] Ansätze zu einem positiveren Kriemhildbild im *B-‚Lied' sind in *C weiter ausgeformt.[202] Jede mündliche oder schriftliche Retextualisierung ermöglicht, „Motivationen und damit auch Schuldzuweisungen neu zu akzentuieren".[203] Zu klären ist, inwiefern dies anhand der *C-Eigenheiten festzustellen ist.

Nach der Ermordung Siegfrieds ist eine lange Ohnmacht von Kriemhild und Siegmund aus Kummer erzählt (+C 1082), aus der Siegmund kaum erwacht. Ihm wird von seinen Leuten empfohlen, Worms zu verlassen (+C 1083). Ausgedrückt ist in diesen Plusstrophen die große Trauer aufgrund der Schwere des Leids, aus der der spätere Rachegedanke Kriemhilds erwächst. Das tragende Motiv von Kriemhilds Handeln ist ihre *triuwe* zu Siegfried, wie es in der eigenständig formulierten Strophe C 1116,4 im Vergleich zu B 1102,4 [1105,4] deutlich wird, in der *triuwen* mit einer beschwerten Hebung rhythmisch markiert und damit besonders hervorgehoben ist:[204]

B 1102,4 [1105,4]: *sît rach sich wol mit ellen   des küenen Sîvrides wîp.*
C 1116,4: *sît rach sich harte swinde   in grôzen triuwen daz wîp.*

In der Fassung *C ist in einer Plusstrophe explizit ausgedrückt, dass Kriemhild nach Siegfrieds Tod den Wunsch hat, sich aus der Welt zurückzuziehen (+C 1160). Doch ihre Brüder Gernot und Giselher drängen in zwei Plusstrophen +C 1124f. darauf, dass Kriemhild sich mit Gunther versöhnt. Für Kriemhild bleibt die *suone* ausdrücklich ein Lippenbekenntnis:[205] „*mîn munt im giht der suone,*

---

198 Vgl. ebd., S. 62.
199 Ebd., S. 64.
200 Wolf 1987, S. 188.
201 Vgl. ebd., S. 187f.
202 Wolf 1995, S. 285, 337.
203 Millet 2007, S. 60.
204 Hoffmann 1967, S. 127.
205 Prinzipiell deutet Heinzle (2003a, S. 201) derartige Erweiterungen als ein Ausbauen der „psychologischen Motivierung".

im wirt daz herze nimmer holt" (+C 1124,4). Dennoch sagt Kriemhild zu Gunther, dass sie seiner Leitung folgen werde (+C 1125) – dies allerdings vor dem Hortraub. Dass sie trotz der Versöhnung mit Gunther auch den Hort verloren habe, vergrößere ihr Leid noch um ein Vielfaches, so dass sie Worms gern verlassen hätte (+C 1160). Sie möchte Siegfrieds Leichnam unbedingt mit sich nehmen und lässt ihn nach Lorsch umbetten, wo er in der Gegenwart des Erzählers und seines Publikums noch immer in einem Sarg liege (+C 1163f.). Offensichtlich ist in diesen Plusstrophen, dass Kriemhild nicht auf Rache sinnt, sondern dass ihr in doppelter Hinsicht – durch den Mord an Siegfried und den Hortraub – großes Leid zugefügt wurde, wodurch die Burgonden negativ als Aggressoren gekennzeichnet sind. Die Intensität der Beziehung Kriemhilds zu Siegfried ist durch seine Umbettung zusätzlich hervorgehoben.

Während Kriemhild in der Fassung *B des ‚Lieds' Hagen insbesondere nach dem Hort befragt und seinen Verlust betrauert (B 1740,4 [1743,4]: *„des hân ich alle zîte vil manegen trûrigen tac."*), so dass das Motiv der Habgier im Vordergrund zu stehen scheint, ist der Hort in der Fassung *C in der Perpektive Kriemhilds immer auch ausdrücklich mit Siegfried verbunden (C 1783,4: *„nâch im und sîme herren hân ich vil manigen leiden tac."*)[206] – und dies obwohl der Hort als *morgengâbe* für Kriemhild bezeichnet ist und aus diesem Grund ihr zugeordnet werden müsste.[207] In einer der größten Erweiterungen von zusammenhängenden Plusstrophen findet sich ein Soliloquium, in dem nicht nur Kriemhilds Absicht formuliert ist, das Hoffest zu nutzen, um sich an Hagen zu rächen (+C 1755–1757), sondern ebenso, dass es ihr nicht um die Rückerstattung des Horts gehe, vielmehr darum, die Ermordung Siegfrieds und die Beraubung an sich zu rächen (+C 1785). Nicht Habgier, sondern *triuwe* und Rache sind in *C ihr eindeutig definiertes Movens.[208]

Von besonderer Bedeutung ist, dass der Bearbeiter *C wiederholt darauf verweist, dass Kriemhild sich ausschließlich an Hagen rächen möchte – auch dazu nutzt er Plusstrophen. Kriemhild äußert dies öffentlich gegenüber den Hunnen:[209]

---

206 Zugleich ist die Hortforderung besser motiviert; vgl. Heinzle 1987, S. 273; 2013a, S. 1394.
207 Die ehegüterrechtliche Morgengabe wird der Frau vom Mann bei der Eheschließung oder am Morgen nach der Hochzeit übergeben. Sie ist von der Vererbung ausgeschlossen und sichert im Fall des vorzeitigen Tods des Ehemannes die Versorgung der Witwe; vgl. LexMA 6, Sp. 837f.
208 Heinzle (1987, S. 273–275; 2005b, S. 152) zeigt, dass das Hortmotiv dem Herz untergeordnet ist.
209 Vgl. Heinzle 2000b, S. 212.

> *Ê Kriemhilt dise recken hete dan gesant,*
> *si sprach: „ob irs alsô vindet, durch got sô sît gemant,*
> *daz ir dâ slahet niemen wan den einen man,*
> *den ungetriuwen Hagenen: die andern sult ir leben lân."* (+C 1882)

Ebenso erklärt sie dies gegenüber Dietrich und Hildebrand:

> *Si sprach: „jâ hât mir Hagene alsô vil getân:*
> *er morte Sîvriden, den mînen lieben man.*
> *der in ûz den andern schiede, dem wær mîn golt bereit.*
> *engultes ander iemen, daz wær mir innerclîchen leit."* (+C 1947)[210]

In der folgenden Plusstrophe +C 1948 rät Hildebrand von einem Vorgehen gegen Hagen ab und befürchtet eine Eskalation.[211] Das Motiv, sich ausschließlich an Hagen rächen zu wollen, ist nicht nur in Figuren-, sondern auch ‚objektiviert' in Erzählerrede thematisiert, wobei zugleich das Unheilsgeschehen auf das Wirken des Teufels zurückgeführt ist:

> *Sine het der grôzen slahte alsô niht gedâht.*
> *si het ez in ir ahte vil gerne dar zuo brâht,*
> *daz niwan Hagene aleine den lîp dâ hete lân.*
> *dô geschuof der übel tiufel, deiz über si alle muose ergân.* (+C 2143)[212]

Das wiederholte Zurückführen der Ereignisse auf den Teufel (vgl. +C 822) bewirkt eine Einordnung des Geschehens in einen größeren, christlich orientierten Rahmen und damit eine Entlastung der Figuren – in diesem Fall insbesondere der Kriemhilds;[213] es ändert aber an der Tatsache des Verrats wenig. In der *B-Fassung bestimmt das Handeln des Menschen weitgehend den Gang der Ereignisse. Im *C-Text tritt zum menschlichen Handeln verstärkt das Wirken Gottes oder des Teufels hinzu.[214] Anzumerken ist, dass das Motiv der Isolierung Hagens in der *B-Fassung des ‚Lieds' ebenso anklingt (vgl. Aventiure 29; B 2101 [2104]/ C 2161), aber erst in *C ausdrücklich formuliert ist.[215] In *C ist das Motiv, auch

---

210 Auch in der *C-‚Klage' kennzeichnen sich Hildebrand und Dietrich als Ohrenzeugen (+*C 1324–1329), was durch beschwerte Hebungen, also im Hören besonders hervorgehoben wahrnehmbar ist: „wir hôrten si des beide jehen, / daz ir vil leit waere, / ob iemen deheine swaere / von ir schulde solde hân, / niwan der einige man."
211 Vgl. Kiehl 2008, S. 91–93, Anm. 425, hier S. 93.
212 Zu beobachten ist eine fast wörtliche Übereinstimmung mit der *B-‚Klage' (*B 259ff.).
213 Vgl. Hoffmann 1967, S. 127.
214 Millet (2007, S. 69) wertet trotz der Wiederholung des Motivs in den drei Zusatzstrophen die Entlastung Kriemhilds als „marginal".
215 Vgl. Lienert 2000, S. 366.

durch die dreimalige Wiederholung, verstärkt vorhanden, aber es ist keinesfalls alleinige Zutat dieser Fassung. Dass sich der *C-Erzähler eher auf die Seite Kriemhilds schlägt, wird ebenso im Detail über weitere eigenständige Formulierungen deutlich. Als Kriemhild Dietrich bittet, Hagen zu töten, lehnt er dies in beiden Fassungen ab. Während sie in B 1900,1 [1903,1] *der untriuwe an dem Bernære niene vant*, entdeckt sie in C 1951,1 *an dem Bernære den willen* nicht. Die Ersetzung der negativ besetzten *untriuwe* durch den neutraleren *willen* markiert eine vorsichtige Stellungnahme des Erzählers; zusätzlich wird das Wort *untriuwe* nur mit einer bestimmten Personengruppe in Beziehung gesetzt.

Der Umstand, dass Kriemhild in der Fassung *B ihr eigenes Kind Ortlieb der Rache opfert, führt zu einem gewichtigen Anklagepunkt gegen sie:[216] Sie spekuliert auf seinen Tod, um einen Kampfausbruch zu provozieren und Etzel gegen die Burgonden aktiv werden zu lassen. In der *C-Fassung fällt auf, dass die Passage anders lautet; in ihr ist von Kriemhild nicht die Rede. Während es in B 1909,4 [1912,4] heißt *wie kunde ein wîp durch râche immer vreislîcher getuon?*, auch Hagen scheint von einer willentlichen Preisgabe ihres Kindes auszugehen (B 1915,3 [1918,3]), ist dieses Motiv in der *C-Fassung nicht vorhanden. Die Tötung Ortliebs ist in *C ausschließlich auf Hagen zurückgeführt. Es ist nicht einmal Kriemhild, die ihren Sohn bringen lässt.[217] Drei Plusstrophen (+C 1960–1962) beschreiben die Vorbereitung des Gastmahls, die Tischordnung, die unterschiedlichen Gerichte für Christen und Heiden, die Bewirtung des Trosses und stellen Etzel als guten Wirt und klugen König dar. Über die Ehrerbietung, die Kriemhild erwiesen wird, ist auch ihre Macht demonstriert.[218] Wenn in der anschließenden, selbstständig formulierten Strophe C 1963 erwähnt ist,[219] dass der Königssohn hereingetragen wird, dann „ist das nur der Höhepunkt der festlichen Inszenierung":[220]

---

216 Zur Interpretation der Szene vgl. Müller 1998, S. 74–80. Schulze (1997a, S. 240–244) weist darauf hin, dass der Kampf bereits mit dem hunnischen Überfall auf die burgondischen Knappen beginnt, so dass der Kampf handlungslogisch früher anzusetzen ist. Möglicherweise handelt es sich um eine Doppelmotivierung und/oder um ein als unentbehrlich wahrgenommenes Sagendetail. Erklären ließe sich dies ebenfalls über das Figurenkonzept: Kriemhild versucht mehrfach, die Rache an Hagen vorzunehmen, indem sie andere Figuren animiert, für sie einzutreten. Eine Mehrfachmotivation erscheint aus dieser Sicht nicht verwunderlich.
217 Auch in den ‚Klage'-Fassungen findet sich keine Verbindung von Kriemhild zu Ortliebs Tod; vgl. Lienert 2000, S. 25.
218 Kiehl 2008, S. 91–93, Anm. 425, hier S. 93.
219 Müller (1998, S. 79) bezeichnet diese Strophe als Zusatzstrophe. Aufgrund der Ähnlichkeiten von B 1909 [1912] und C 1963 scheint mir dagegen eine Neuformulierung vorzuliegen.
220 Ebd.

> *Dô die fürsten gesezzen   wâren überal*
> *und nu begunden ezzen,   dô wart in den sal*
> *getragen zuo den fürsten   daz Ezelen kint.*
> *dâ von der künec rîche   gewan vil starken jâmer sint.*

Der Zeitpunkt, zu dem Ortlieb zum Festmahl getragen wird, ist seitens des Erzählers als ungünstig und zufällig bezeichnet (+C 2004), weil Wolfhart gerade in blutüberströmter Rüstung wegen des hunnischen Überfalls auf das Gefolge der Burgonden hereinkam. In beiden Fassungen ist die Abfolge der Erzählschritte gleich: Ortlieb nimmt am Mahl teil und wird getötet. Auch ist sein Tod in beiden Texten ein Grund für das Ausbrechen der Kampfhandlung, die das friedfertige gemeinsame Mahl als Farce entlarvt, indem der schwelende Konflikt aufgedeckt wird. Die Plusstrophen in *C wirken retardierend und können der Schaubildtechnik des ‚Lied'-Erzählens geschuldet sein, in funktionaler Hinsicht bauen sie den Kontrast zwischen Ort beziehungsweise Kontext und Handlung um einiges stärker auf, als es in der *B-Fassung der Fall ist. Das Festmahl zählt zu den vertrauensstiftenden Ritualen der Friedensstiftung und -sicherung,[221] so dass die Ermordung Ortliebs in diesem Kontext in *C umso drastischer und unverhältnismäßiger wirkt. In beiden Fassungen des ‚Lieds' ist der Mord an Ortlieb unterschiedlich hergeleitet; in *C findet sich kein Hinweis auf eine mögliche Absicht irgendeiner Figur.[222]

In einer weiteren, in beiden Fassungen enthaltenen Strophe ist Kriemhild als Opfer geschildert, deren Kummer durch die Tötung Ortliebs vermehrt wird (B 2100 [2103]/C 2160); diese Strophe ist in *C deutlich unterschiedlich ‚vorbereitet':

> *„Ine mag iu niht genâden,   ungenâde ich hân.*
> *mir hât von Troneg Hagene   sô leide getân*
> *dâ heime, und hie ze lande   sluoger mir mîn kint.*
> *des müezen sêre engelten   die mit iu dâ her komen sint."*

Als Gunther und Hagen gefangen sind, ist die Abschlussszene mit einem Soliloquium Kriemhilds eingeleitet, das durch eine eigene Formulierung neu in *C eingeschrieben ist.[223] Die ersten Strophenhälfte B 2363 [2366]/C 2425 ist identisch formuliert:

---

221 Althoff 1999, S. 67; vgl. Müller 1998, S. 424.
222 Vgl. Müller 1998, S. 79.
223 Zu dieser Stelle siehe Heinzle 2005b, S. 153f.

> *Si lie si ligen sunder durch ir ungemach,*
> *daz ir sît dewedere den andern nie gesach.*

Erst die zweite Strophenhälfte unterscheidet sich deutlich: *B formuliert

> *unz si ir bruoder houbet hin für Hagenen truoc.*
> *der Kriemhilde râche wart an in beiden genuoc.*

Dagegen formuliert *C:

> *swie ez verlobt hête daz vil edele wîp,*
> *si dâht: „ich geriche hiute mîns vil lieben mannes lîp."*

Kriemhild entschließt sich zur Rache, obwohl sie Dietrich gerade versprochen hatte, Gunther und Hagen zu verschonen (B 2362 [2365]/C 2424). Doch resultiert die Rache aus ihrer *triuwe* und dem Affekt, verursacht durch Augenschein. Über diese Darstellungsweise ist Kriemhild hinsichtlich der Verantwortung für die Gewalteskalation entlastet; zugleich ist eine „Pointierung des emotionalen Aspekts" erzielt.[224]

Zusammenfassend ist festzustellen, dass sich die Fassung *C in der Abfolge der Erzählschritte nicht von der Fassung *B unterscheidet. Fassungsübergreifend initiiert Kriemhild die verräterische Einladung durch *argen willen* (B 1396,4a [1399,4a]/C 1426,4a – Erzählerrede), treibt die Rachehandlung dezidiert weiter, lässt ihren Bruder Gunther töten, tötet Hagen und wird am Ende von Hildebrand erschlagen.[225] Dies ist hinsichtlich der *materia* auf zweierlei Weise zu begründen: Zum einen durch die Gebundenheit an den Erzählstoff, zum anderen durch die Gebundenheit an die schriftliche Ursprungsfassung des ‚Lieds'. Die *C-Eigenheiten sind punktuell und zeugen nicht von einer systematischen Bearbeitung, wohl aber von einer eigenen Akzentuierung und einem durchaus selbstständigen Formulierungsanspruch – wie auch von einer Wertschätzung ihrer Vorlage. Die Unterschiede zwischen den Fassungen sind zum großen Teil quantitativ relativ geringfügig, haben zum Teil jedoch große Auswirkungen auf die Deutung des ‚Lieds' als Sinngefüge. Im Vergleich mit der Kennzeichnung Hagens ist als Erzählstrategie festzustellen, dass Hagen in *C stärker belastet, als Kriemhild entlastet ist. „Die Bearbeitung der Figuren in Bezug auf die Schuldfrage ist also deutlich asymmetrisch",[226] sowohl Hagen als auch Kriemhild sind

---

224 Ebd., S. 153.
225 Vgl. Millet 2007, S. 66f.
226 Ebd., S. 68.

„in gleicher Weise als Protagonisten des Untergangs" präsentiert.[227] Zu beobachten ist, dass sich der Rachegedanke bei Kriemhild erst allmählich und als Reaktion auf das schädigende Verhalten der Burgonden entwickelt.[228] Die *C-Spezifika lassen sich sowohl als eine Vereindeutigung bewerten,[229] zugleich aber kontrar ebenso als ein Bestreben, positive wie negative Aspekte der Figuren Hagen und Kriemhild herauszuarbeiten.[230] In beiden Fällen ist das Erzählen im *C-‚Lied' als Zeugnis einer weitergehenden Aktualisierung des überkommenen Stoffs an Erzählweisen um 1200 zu betrachten. *C erzählt nicht notwendigerweise dezidiert gegen die Sagentradition an,[231] sondern verdeutlicht eigene Akzente und geht darin über das *B-‚Lied' hinaus. Freiräume des Gestaltens im Sinn eines *artificiums* liegen offenbar insbesondere in der Plausibilisierung und Bewertung von Figurenhandeln.

8.6.4 Kriemhild in der ‚Klage' *C

Anders als im ‚Lied' (B 1 [2]/C 2) ist Kriemhild in der Fassung *B der ‚Klage' zu Beginn nicht hervorgehoben, was ein grundsätzlich anderes Erzählinteresse indiziert, wohl aber, wenn auch in anderer Form, in der Fassung *C der ‚Klage'. Während sie in der *B-‚Klage' zunächst namenlos als *swester* der Burgondenkönige (*B 34) eingeführt und ihre Namensnennung nachgereicht (+*B 69) ist, ist sie in *C ebenso wie Siegfried von Anfang an benannt (*C 43). In beiden ‚Klage'-Fassungen unterscheiden sich zwei Passagen (*B 99–107 inklusive zweier Plusverse) und *C 125–133 (auch inklusive zweier Plusverse). Während in der Fassung *B erstmals Gunther, aber vor allem Hagen als Mörder beschuldigt sind, behält *C den Fokus auf Kriemhild und betont die *grôze[] gewalt* (*C 124, in *B 98 ohne das Adjektiv) und kennzeichnet ihr Vorgehen als *vil tougenlîchen* (+*C 126).

Zu Beginn der ‚Klage' *C folgen nach den Angaben zu Siegfried und seinem Tod zwei eigenständig formulierte Verse, in denen in Erzählerrede Kriemhilds Rache mit ihrem großen Leid begründet und eine Unvermeidlichkeit ihres Han-

---

227 Ebd.
228 Vgl. Brandt 1997, S. 219.
229 Vgl. Hoffmann 1967, S. 129f.
230 Vgl. Millet 2007, S. 69.
231 Vgl. ebd.

delns zumindest indiziert ist: *der râche twanc si grôziu nôt, / dô si verlôs den wîgant.* (+*C 132f.).²³²

Die Einladung an die Burgonden erscheint in der ‚Klage' *B (*B 159–165/ *C 185–193) textintern zunächst auf Etzel zurückzugehen, weil Kriemhild nicht erwähnt ist. Dagegen akzentuiert *C anders, indem sie die Initiierung der Einladung der Burgonden dezidiert auf Kriemhild zurückführt (+*C 189f.).²³³ *C ist konkreter, weist eine stärkere Parallele zum ‚Lied' auf und weiß um innere Einstellungen. Dass Kriemhild an dieser Stelle ins Spiel gebracht ist, thematisiert auch ihre Intention der Rache, ohne dass ihr zugleich eine Schuld zugeschoben ist. In Anbetracht der Sagenkenntnis muss diese Intention nicht extensiv auserzählt werden. Allerdings betonen im weiteren Verlauf beide ‚Klage'-Fassungen, dass Kriemhild dafür Sorge trägt, dass die entsprechenden Personen der Einladung folgen. In *C ist Kriemhilds absichtsvolles, vor allem aber umsichtiges Vorgehen über den Zusatz *mit listen* (*C 195) betont:

dô was vrou Kriemhilt sô wîs,
daz siz alsô ane vie,
daz si der deheinen belîben lie,
die si dâ gerne saehe.
(*B 166–169)

*Dô was diu vrouwe alsô wîs,*²³⁴
daz siz mit listen sô ane vie,
daz si der niht belîben lie,
die si zir hôchgezîte gerne sach [...].
(*C 194–198)

Beide Fassungen der ‚Klage' stimmen dahingehend überein, dass Kriemhild wegen Hagens unangemessenem Verhalten (*B 228/*C 246) zur Rache gezwungen war (*B 231–233/*C 249–251). Dies bildet eines der Hauptargumente für Kriemhilds Verhalten wie für ihre Entlastung. Die als legitim zu verstehende Rache an Hagen hätte ihre *swaere* (*B 259–267/*C 585–590) aufgehoben.²³⁵ Die Legitimität und Pflicht zur Rache ist mehrfach erzählt (*B 138/*C 164; *B 231–233/*C 249–251; *B 502–505/*C 477–480 und öfter in Erzähler- wie Figurenrede).²³⁶

Das zweite Hauptargument zur Erklärung des Geschehens und damit ebenfalls zu Kriemhilds Entlastung ist das Motiv der fehlgeschlagenen Isolierung Hagens (nur *B 238–240; *B 259–281/*C 585–590).²³⁷ In diesem Fall gehen die beiden ‚Klage'-Fassungen zunächst unterschiedliche Wege. Das Argument er-

---

232 Vgl. Bernreuther 1994, S. 127; Nolte 2004, S. 69.
233 Vgl. Bernreuther 1994, S. 128; Bumke 1999a, S. 517; Lienert 2000, S. 362.
234 Kriemhild ist zuvor in einem von zwei Plusversen namentlich genannt (+*C 189).
235 Vgl. Bernreuther 1994, S. 132.
236 Lienert 2000, S. 33, 378.
237 Vgl. Schröder 1957/58, S. 65; Kuhn 1965, S. 300; Bernreuther 1994, S. 132; Bumke 1996c, S. 515–518; Lienert 2000, S. 366.

folgt in *B deutlich früher und wiederholt, in *C konzentriert (vgl. Abschnitt 7.8). Dass Kriemhild Hagen nicht isolieren konnte, ist in der ‚Klage' unterschiedlich begründet. Nur in *B ist in einem Erzählerkommentar formuliert, dass Kriemhild das Geschehen nicht rechtzeitig unterband beziehungsweise unterbinden konnte: *daz kom von krankem sinne* (*B 243) – dagegen formuliert *C 257f. *dô sich rechen began / Kriemhilt nâch ir sinne*. Das Argument eines im Vergleich zum Mann schwächeren Verstands einer Frau ist in der Rede Etzels – dann in beiden Fassungen – wiederholt: „*niwan daz lützel wîbes sin / die lenge vür die spannen gât*" (*B 1910f./*C 2004f.). Dies steht im Kontrast zum erfolgreichen Handeln eines klugen Manns (*B 1916–1920/*C 2010–2014). *C formuliert in der Figurenrede Etzels in vier Plusversen sowie einem eigens formulierten Vers zusätzlich:

> „*des müezen wir nû jâmer tragen.*
> *waere Hagen alterseine erslagen,*
> *daz waere ein guot list gewesen.*
> *sô waern die andern genesen,*
> *die nû hie ligent verschrôten*". (+*C 2015–2018; *C 2019)

Auch in diesem Fall ist mit Bernreuther eine Tendenz der *C-Fassung zu erkennen, der zufolge Kritik an Kriemhild zwar nicht gänzlich unterbunden, an einigen Stellen aber relativiert ist.[238] Das Motiv der angeblichen „*tumbheit*" von Frauen erfolgt noch einmal in Plusversen der Fassung *B in der Figurenrede Rumolds in Bezug auf den Frauenstreit zwischen Brünhild und Kriemhild (+*B 4051–4053):[239] „*Waz denne, ob durch ir zorn / die vrouwen beide wolgeborn / gezurnden in ir tumpheit?*" Die Namen der beiden Frauen sind nicht genannt, so dass aus mittelalterlicher Sicht Kriemhild einerseits implizit in *B stärker entlastet als auch belastet wird, weil es sich um eine grundsätzliche *tumpheit* des weiblichen Geschlechts handle.

Der Erzähler erklärt, dass Kriemhild zwar die Urheberin des Untergangsgeschehens sei, „verlegt die Gründe dafür aber ins Schicksalhaft-Unbegreifliche".[240] Ein weiterer Grund für das Untergangsgeschehen liegt in der Weigerung der Burgonden, Hagen an Kriemhild auszuliefern; beide Fassungen gehen konform (*B 268f./*C 592f.): *dône wolden in niht [+*C] slahen lân / sîne herren und sîne mâge* [*B: *sîne herren, mit den er dar was komen*].[241]

---

238 Bernreuther 1994, S. 158.
239 Vgl. Lienert 2000, S. 453 zu *B 4047–4055.
240 Bernreuther 1994, S. 132.
241 Ebd.

Zwar ist die verräterische Einladung Kriemhilds genannt, zugleich jedoch der Hortraub und eine alte Schuld der Burgonden, womit wohl der Mord an Siegfried gemeint ist. Die Nennung der Aspekte hat sicherlich das Ziel, die Schuld auf unterschiedliche Figuren zu verteilen. Dies ist eine sich wiederholende Strategie: Wenn am Beispiel Giselhers erzählt wird, dass Unschuldige ebenfalls den Tod fanden, ist ihm Ortliebs Tod auf hunnischer Seite entgegengesetzt (*B 500f./*C 476f.).[242]

Ein weiteres Motiv ist die Recht- beziehungsweise Unrechtmäßigkeit von Kriemhilds Rache beziehungsweise ihre Beurteilung. Dabei spielt Kriemhilds *triuwe* eine wichtige Rolle. In beiden Fassungen wird deretwegen Kriemhilds Seele gerettet (*B 139–158/*C 165–184 und öfter). Auch wenn der Erzähler wegen des großen Unglücks bedauert, dass Kriemhild Siegfried jemals sah: *und daz Kriemhilt ie gesaehe / des herren* [*B: *edelen*] *Sîvrides lîp* (*B 548f./*C 526f.).[243] Auffällig sind in diesem Zusammenhang zwei *triuwe*-Exkurse des Erzählers. Im ersten Exkurs (*B 139–158/*C 165–184) ist thematisiert, dass Kriemhild wegen ihrer *triuwe* (*B 157/*C 183) und *ir râche in grôzer riuwe* (*B 158/*C 184) *unschuldec* [*B *unschuldic*] (*B 155/*C 181) ist. Durch ihre *triuwe* erscheint ihre Rache gerechtfertigt. Plusverse und unterschiedliche Folgen von Versen finden sich in diesem Exkurs nicht. Die Passage ist ebenfalls weitgehend in beiden Fassungen identisch formuliert. Im Vergleich zu *B verstärkt *C etwas die *triuwe*, so dass dieses Wort vor allem auch in einem mündlichen Vortrag stärker markiert ist und damit im Gedächtnis der Rezipienten verhaftet bleibt. *C steigert einmal durch ein Adjektiv: *der triuwe kunde pflegen* (*B 141) gegenüber *der rehter triuwen kunde pflegen* (*C 167); einmal nennt *C das Substantiv und verweist auf die Dauerhaftigkeit: *deheinen getriulîchen muot* (*B 145) gegenüber *deheinen triuwe staeten muot* (*C 171). Wenn der Erzähler darauf hinweist, dass nie jemand schlecht über Kriemhild sprach, ist dies in *C etwas deutlicher akzentuiert, wenn es heißt, dass nie irgendjemand *valschiu wort* (*C 179) sprach, während *B *misselîche* (*B 153) formuliert.

Im zweiten *triuwe*-Exkurs (*B 569–586/*C 547–564) steht weniger der Rachevollzug, vielmehr Kriemhilds Tod im Vordergrund der Argumentation.[244] Der Erzähler versichert gegen eine vermeintlich verbreitete Meinung, dass Kriemhild in der Hölle sei, weil Gott wegen ihrer Schuld ihre Seele nicht wolle (*B 556–563/*C 534–541), dass Kriemhild der Himmel sicher sei, weil sie wegen

---

242 Vgl. Bernreuther 1994, S. 142; Lienert 2000, S. 377.
243 Vgl. Schröder 1957/58, S. 63.
244 Vgl. Lienert 2000, S. 381. Zur Beschreibung und Deutung vgl. Günzburger 1983, S. 71–87; Bernreuther 1994, S. 136, 142; Lienert 2000, S. 381f.

ihrer *triuwe* ihr Leben verlor – nicht aber „als grässliche Strafe für eine grässliche Bluttat".[245]

sît si durch triuwe tôt gelac,	*sît si durch triuwe tôt beleip*
in gotes hulden manegen tac	*und si grôz triuwe dar zuo treip,*
sol si ze himele noch geleben.	*daz si in triuwen verlôs ir leben,*
got hât uns allen daz gegeben:	*sô hât uns got den trôst gegeben:*
swes lîp mit triuwen ende nimt,	*swes lîp mit triuwen ende nimt,*
daz der zem himelrîche zimt.	*daz der zem himelrîche zimt.*
(*B 571–576)	(*C 549–554)

Es fällt auf, dass in *C zweimal häufiger das Wort *triuwe* vorkommt, so dass dies im Rezeptionsprozess eindringlicher wahrgenommen wird, der Aspekt von Kriemhilds unwandelbarer *triuwe* verstärkt und auch im anzunehmenden mündlichen Vortrag akustisch markiert ist. Für eine abschließende Beurteilung verweist der Erzähler sentenzartig auf Gott, dessen Handeln für den Menschen undurchsichtig sei:

diu wârheit uns daz kündet.	*des weiz man diu wârheit wol.*
vor got er sich versündet,	*durch daz niemen dem andern sol*
swer dem ander durch haz	*verteilen zuo der helle,*
verteilet. wie mac er daz	*der selbe dar niht enwelle,*
wizzen, waz got mit im getuot?	*wande ez ist nû vil grôziu sünde.*
(*B 577–581)	(*C 555–559)

Kriemhild dürfe entsprechend durch die Menschen, die als Sünder selbst der Gnade Gottes bedürfen, nicht gerichtet werden (*B 582–586/*C 560–564; +*C 565f.), was der „gängige[n] theologische[n] Lehrmeinung"[246] entspricht. Lienert ist aufgefallen, dass in *B „Pathos und Gewicht [...] durch eine Häufung von Enjambements betont [werden]" (*B 579f.; *B 580f.; *B 584f.).[247] Es ist davon auszugehen, dass sich der Erzähler auf eine textexterne Verurteilung Kriemhilds gemäß der Sagentradition bezieht. Wichtig ist, dass in diesem Zusammenhang das Motiv vom unergründlichen Handeln Gottes (*B 580f.; vgl. *B 542) implementiert ist, dass in *C deutlich umfangreicher gestaltet ist.[248] *C betont, dass die Gnade Gottes größer als die Sünden der Menschen sei (+*C 570–572), dass Kriemhilds *leit* beziehungsweise *jâmer*

---

245 Lienert 2000, S. 381. Beide Exkurse sind insofern parallel strukturiert, als jeweils „[d]em Einzelfall [...] eine generalisierende Sentenz voraus[geht]" (*B 139ff./*C 165ff.; *B 569f./*C 547f.); ebd., S. 382.
246 Ebd.
247 Ebd.
248 Vgl. ebd.

(vgl. zuvor unter anderem *B 43/*C 77; *B 76/*C 100; *B 110f./*C 136f.)[249] als „Herzeleid"[250] zu verstehen sei, die dann die „Rache aus todgetreuer Liebe, Rache für Herzeleid"[251] motivierte:

> Sît si mit grôzem jâmer ranc
> und si grôz triuwe jâmers twanc,
> die si truoc nâch ir lieben man,
> als wir von ir vernomen hân,
> daz si pflac grôzer riuwe
> durch liebe und durch ir triuwe,
> daz si zwô sêle und ein lîp
> wâren, dô si was sîn wîp,
> dâ von si von schulden zam
> der râche, die si umbe in nam,
> als uns vil dicke ist geseit. (+*C 573–583)

*C fokussiert auf die *minne*-Beziehung zwischen Kriemhild und Siegfried; betont daraus resultierend den Zwang und die Pflicht zur Rache. Das Motiv von Hagens fehlgeschlagener Isolierung ist ebenfalls umfangreicher erzählt (+*C594f.). Anders als in den entsprechenden *B-Versen sind in der *C-Passage Etzels Ahnungslosigkeit (+*B 284–287) und Kriemhilds Listigkeit (+*B 291) nicht thematisiert.[252] Nach Bernreuther wird der Rezipient auf diese Weise in *C tendenziell noch stärker „argumentativ präpariert", bevor der Vollzug der Rache anhand der Schilderung einiger Zweikämpfe erzählt wird.[253] *C leitet „nahtloser als *B zum Fortgang des Geschehens über".[254] Sammer weist darauf hin, dass „Kriemhild [...] nicht entschuldigt [wird], sondern sie wird aus theologischen Gründen nicht gerichtet".[255] Sie betont, dass nach weltlicher Rechtsauffassung die Sühne eines Unrechts, „im Fall des Fehderechts die Blutrache und damit auch den Menschenmord gestattet" sei.[256] Dagegen sei der Zorn eines Menschen im christlichen Sinn nur „gegen die eigene Sündhaftigkeit" gerecht, während „die Zornestat und damit auch die Rachehandlung nach christlicher Sicht verboten und ein Unrecht wider Gott, der das Gericht über die Menschen sich selbst

---

249 Vgl. Schröder 1957/58, S. 65f.
250 Ebd., S. 65.
251 Ebd.
252 Vgl. Bernreuther 1994, S. 137f.; Lienert 2000, S. 382.
253 Bernreuther 1994, S. 141.
254 Lienert 2000, S. 382.
255 Sammer 1995, S. 12.
256 Ebd.

und nicht den Menschen vorbehalten hat", bleibe.²⁵⁷ Festzuhalten ist eine weltliche Angemessenheit der Blutrache (vgl. die Bewertung durch den Erzähler in *B 138/*C 164, aber zum Beispiel auch durch den Bischof Pilgrim in *B 3416f./ *C 3512f.), eine tendenziell religiös zu verstehende *triuwe* und eine Vermeidung einer Schuldzuweisung aus theologisch orientierter Perspektive.

Anders als im ‚Lied' wird in der ‚Klage' *triuwe* vor allem Kriemhild gegenüber Siegfried zugeschrieben und das Bedeutungsspektrum des Wortes durch diese Figurenbindung verengt.²⁵⁸ *Triuwe* wird den Burgonden und Hagen selten zugesprochen – etwa in der Figurenrede Etzels: „die triuwe haben wolden / und mir [+*C] getriuwe wolden wesen" (*B 904f./*C 922f.). Bernreuther spricht aus diesem Grund – etwas überspitzt formuliert – von „semantischer Eindimensionalität".²⁵⁹ Lienert schreibt Kriemhild ebenfalls „ein *triuwe*-Monopol"²⁶⁰ zu. Dabei werde mit Müller „deren sozialer Gehalt geopfert",²⁶¹ wie er im ‚Lied' etwa zwischen dem Vasallen Hagen und seinen Königen zum Ausdruck kommt:²⁶² In der ‚Klage' ist *triuwe* mit Müller „in religiöser Perspektive" als „individuelle[] Tugend"²⁶³ zu verstehen:²⁶⁴

> Kriemhilt wird an einer religiös (und nicht feudal, sippenbezogen oder wie immer) verstandenen *triuwe* gemessen; *triuwe* kennzeichnet primär nicht mehr ein Verhältnis zwischen mehreren Menschen, sondern kommt als Eigenschaft dieser einen Person zu.²⁶⁵

---

257 Ebd.
258 Vgl. Gillespie 1972, S. 160–163. Im ‚Lied' ist Kriemhild *getriuwe* zu Siegfried (B 1139,4a [1142,4a]) respektive *in triuwen stæte* (C 1157,4a), halten Hagen und Volker *mit triuwen* Schildwacht (B 1829,4b [1832,4b]/C 1876,4b) und so ist auch die Verbindung zwischen den burgondischen Königen und ihrem Vasallen Hagen gekennzeichnet (B 2107,4a [2110,4a]/C 2167,4a); verurteilt wird dagegen Hagens und Gunthers *starke[] untriuwe* (B 873,2a [876,2a]) respektive *vil michel untriuwe* (C 884,2a); vgl. Lienert 2000, S. 24.
259 Bernreuther, 1994, S. 128, vgl. 133.
260 Lienert 2000, S. 368.
261 Müller 1998, S. 170.
262 Zur Ambiguität des Begriffs im ‚Lied' siehe besonders Müller (1998, S. 170): „Bei *triuwe* handelt es sich um ein dynamisches Prinzip, dessen immanente Widersprüche (Hagen) und manifeste Grenzen (Kriemhilt) auserzählt werden."
263 Ebd., S. 168.
264 Nolte (2004, S. 85) verweist auf die Parallelen zu Verhaltensregeln, die in moralisch-didaktischer Literatur um 1200 postuliert werden.
265 Müller 1998, S. 168f. Voorwinden (1980) erkennt die Sentenz als Bibelzitat (Proverbia 29,27), Lienert (2000, S. 381) verweist auf die Parallele zu einem Reinmar-Vers: *stæten wîben tuot unstæte wê* (Textausgabe: MFMT 177,3).

Dies stimmt tendenziell, allerdings finden sich auch weitere soziale Konnotationen von *triuwe*, wenn zum Beispiel in Erzählerrede für Bloedelin erzählt wird, dass *sîn lîp und ouch* [*B: *al*] *sîn êre / in den triuwen wart verlorn* (*B 336f./ *C 312f.).²⁶⁶ Oder wenn Dietrich in der Fassung *C durch vier Plusverse verstärkt Etzel auf seine Verpflichtung gegenüber den Hinterbliebenen seines Gefolgsmanns Rüdiger hinweist (+*C 2183–2186): „*der dir ie was undertân / mit triuwen als dîn eigen man*" (+*C 2185f.).

Der Übergang zur zweiten Aventiure ist in den ‚Klage'-Fassungen *B und *C unterschiedlich gestaltet. Nicht nur hebt *C die Rolle Dietrichs durch die Aventiureüberschrift hervor, sondern auch die Eingangsverse lauten unterschiedlich. In *B 587f. heißt es: *Daz hûs daz lac gevallen / ob den recken allen.* Dagegen formuliert *C 603f.: *Daz hûs was verbrunnen gar / ob der vil hêrlîchen schar.* Die in der ‚Klage' singuläre Anspielung auf den Saalbrand, wie er auch im ‚Lied' erzählt wird (vgl. besonders B 2108 [2111]/C 2168), bleibt in beiden Fassungen relativ vage, wobei insbesondere die *B-Fassung mit *gevallen* ohne weitere Erklärungen auf einem textexternen Wissen, das auch durch das ‚Lied' vermittelt sein kann, aufruht. Die *C-Formulierung mit *verbrunnen* ist insofern präziser. Die vage Beschreibung und der Umstand, dass Kriemhild an dieser Stelle als Initiatorin nicht genannt ist, wie es das ‚Lied' erzählt, was sie schwer belastet hätte, deutet Bumke als Teil der Tendenz, „den Anteil Kriemhilds an den Kämpfen am Hunnenhof zu verkleinern oder zu verschweigen"²⁶⁷ – nur in *B 1707/ *C 1793, wenn Wolfhart *ûz der aschen* gehoben wird, ist der Saalbrand noch einmal angedeutet.²⁶⁸

Auffällig an der ‚Klage' ist, dass auch diejenigen Figuren, die Kriemhild im ‚Lied' eher kritisch gegenüberstehen, sie positiv bewerten. Im ‚Lied' warnt Dietrich die Burgonden vor ihrer Ankunft im Hunnenland vor Kriemhild (B 1721 [1724]/C 1764; B 1723 [1726]/C 1766), beschimpft sie als „*vâlandinne*" (B 1745 [1748,4a]/C 1789,4a)²⁶⁹ – wie am Ende des ‚Lieds' ebenso Hildebrand (B 2368,4a [2371,4a]/C 2431,4a) – und verweigert ihr seine Hilfe gegen die Burgonden (B 1898f. [1898f.]/C 1949f.). Die Bezeichnungen Kriemhilds als „*vâlandinne*" sind im *C-‚Lied' nicht getilgt und spiegeln vor allem die Figurenperspektiven, nicht

---

266 Anschließend wird Kriemhild in *C als treibende Kraft gekennzeichnet, wobei *triuwe* erneut eine persönliche Färbung erhält: *diu im ze vrouwen was gesworn, / der dient er nâch ir hulde* (*B 338f.) gegenüber *die er ze vrouwen het erkorn, / der dient er nâch hulden.* (*C 314f.); vgl. Nolte 2004, S. 74.
267 Bumke 1999a, S. 524. Siehe dort ebenfalls zu den beiden folgenden Beispielen.
268 Vgl. Lienert 2000, S. 382.
269 Zu *vâlandinne* als Schimpfwort siehe Heinzle (2013a, S. 1395) mit einem Verweis auf das Deutsche Wörterbuch.

die des Erzählers. Heinzle weist darauf hin, dass die Gegnerschaft durch die weiteren Sagenzeugnisse gedeckt ist.[270] In der ‚Thidrekssaga' ist es sogar Thidrek/Dietrich, der Grimhild/Kriemhild tötet.[271] Hinzu kommt, dass Dietrich „sagennotorisch alle Sympathie gilt",[272] so dass im Gegenzug seine Gegner negativ perspektiviert sind. Dies muss aufgrund der Sagenkenntnis nicht ausdrücklich in den Text eingeschrieben werden. Bereits bei Dietrichs erstem Auftritt in der ‚Klage' (*B 759ff./*C 777ff.) fällt ins Auge, dass sein Verhältnis zu Kriemhild anders gestaltet ist:[273] In den ‚Klage'-Fassungen lobt er ihre Schönheit (*B 775/ *C 795) sowie ihre „triuwe" (*B 784/*C 804) und beklagt ihren Tod „mit alsô grôzer riuwe" (*B 783/*C 803). Dies ist in Anbetracht des Sagenhintergrunds auffällig und spricht für eine apologetische Ausrichtung des Textes.

Von Hildebrand, der im ‚Lied' wie Dietrich Kriemhilds Bitte ablehnt, gegen die Burgonden zu kämpfen und die Tötung Hagens an ihr rächt (B 2375 [2372]/ C 2435), wird Kriemhild ebenfalls beklagt und gelobt. In der Bewertung Kriemhilds gehen beide ‚Klage'-Fassungen weitgehend konform. Allerdings weist die Fassung *C eine umfangreiche Passage von Plusversen auf (+*C 1283– 1330). Die Überleitungen vor und nach der Passage sind in *C ebenfalls selbstständig formuliert und zusätzlich ist die Textfolge anders. In der Pluspassage werden seitens Hildebrand die Burgonden und Hagen unter anderem mit dem Hortraub belastet, während Kriemhild als „die tugende rîche" (+*C 1302) positiv gekennzeichnet und betont ist, dass sie sich nur an Hagen habe rächen wollen (+*C 1320–1331), was sie aus eigener Kraft nicht hätte umsetzen können (+*C 1306–1309) – was Dietrich ebenso bekannt sei (+*C 1320) – und alles andere „ir vil leit waere" (+*C 1325). Dass dies Dietrich und Hildebrand bekannt ist, ist ebenfalls im *C-‚Lied' erzählt (+C 1947); es handelt sich also um ein Spezifikum des Nibelungenkomplexes *C. Die Passage dient in erster Linie der negativen Kennzeichnung des Handelns der burgondischen Könige und Hagens.

Die Anstiftung Bloedelins, Hagens Bruder Dankwart zu erschlagen, wird Kriemhild in der Fassung *B besonders durch die liute am Etzelhof angelastet (+*B 1304–1308 – *C geht an entsprechender Stelle andere Wege). Das Motiv findet sich in Erzählerrede aber zuvor bereits in beiden Fassungen (*B 334f./ *C 310f.),[274] so dass Kriemhild in *B in dieser Hinsicht durch die Wiederholung stärker belastet ist. Die liute führen das Geschehen aber grundsätzlich auf das

---

270 Heinzle 2005b, S. 155f.
271 Bertelsen 1967, S. 413.
272 Heinzle 2005b, S. 155.
273 Vgl. Lienert 2000, S. 388.
274 Kriemhild ist nicht namentlich genannt.

Wirken des Teufels zurück: *ez was alsô gebrouwen / von des tiuvels schulden* (+*B 1314f., kurz zuvor in *C 1381: *daz schuof des übeln tiuvels nît*).[275]

In einer Figurenrede Etzels sind nicht Hagen und Kriemhild opponierend gegenüber gestellt, sondern er setzt sich selbst den Burgonden gegenüber, die seine Gastlichkeit mit „haz" (*B 2640/*C 2746) erwiderten.[276] Dadurch steht Kriemhilds Motivation weniger im Vordergrund.[277] In beiden ‚Klage'-Fassungen wird Kriemhild durch die *triuwe* zu Siegfried in ihrer Rolle als Ehefrau aufgewertet – auch durch ihren zweiten Ehemann Etzel. In der ‚Klage' *B erfährt sie als Frau allerdings ebenfalls eine Abwertung, weil eine Frau grundsätzlich weniger verständig als ein Mann sei. Beide Argumente wirken entlastend.[278]

In beiden Fassungen wird Kriemhild durch Pilgrim kritisiert, weil sie die Burgonden „vil übele enpfangen" (*B 3408/*C 3504) habe. Er lastet ihr den Tod Unschuldiger an (*B 3411–3417/*C 3507–3513), bewertet ihre Rache aber grundsätzlich als legitim (*B 3414–3416/*C 3510–3512): „*die ir Sîvriden sluogen tôt, / und* [*B: unde] *hetens die engolten, / sô waere sis* [*B: si] *unbescholten*". Er hält ihr zugute, dass sie eigentlich Unbeteiligte nicht in die Rache einbeziehen wollte. Beide Fassungen gehen konform.

Zusammenfassend ist festzuhalten, dass Erzähler und Figuren in der grundsätzlichen Beurteilung Kriemhilds übereinstimmen.[279] Besonders aus der Perspektive der Öffentlichkeit, Etzels, Swämmels, Pilgrims, Brünhilds sowie Rumolds sind keine markanten Fassungsunterschiede in der Bewertung Kriemhilds zu beobachten.[280] Eher erscheinen sie als inszenierte „Verbündete"[281] des Erzählers beziehungsweise als „Fürsprecher"[282] Kriemhilds, zumal auch Pilgrim und Rumold auf der Seite der Burgonden Hagen kritisieren.[283] Kriemhild wird Verantwortung für die Eskalation zugeschrieben.[284] Ihre Identität wird in der ‚Klage' von Erzähler und Figuren primär über ihre *minne*-Beziehung zu ihrem ersten Ehemann Siegfried gedeutet, während anderen sozialen Identitäten wie ihrer Rolle als Schwester Gunthers, als Ehefrau ihres zweiten Ehemanns Etzel, als Herrscherin der Hunnen in Bezug auf Verwandtschaftsverbände und -typen

---

275 Lienert 2000, S. 25.
276 Die ‚Klage' *C führt dies in sechs Plusversen (+*C 2747–2752) weiter aus.
277 Vgl. Nolte 2004, S. 73.
278 Vgl. ebd., S. 85.
279 Vgl. Günzburger 1983, S. 196.
280 Nolte 2004, S. 74f.
281 Lienert 2000, S. 41.
282 Nolte 2004, S. 73.
283 Vgl. Lienert 2000, S. 42.
284 Vgl. ebd., S. 24.

eine untergeordnete Rolle zugewiesen ist. Durch das Entlasten ist Kriemhilds Agieren in einen für sie vorgesehenen, d.h. weiblich markierten Handlungsraum eingeordnet.[285] Kriemhild ist zwar Initiatorin, wird aber wegen ihrer *triuwe*, als Frau, wegen ihres Gegenspielers Hagen und der zwar fehlgeschlagenen, aber intendierten Separation Hagens weitgehend entlastet.[286]

Für die Schuldfrage signifikante Eigenheiten ergeben sich oftmals im Detail. Im Vergleich zum ‚Lied' fällt auf, dass Kriemhild nicht grundsätzlich anders gestaltet wird, sondern dass ähnliche Aspekte stärker konturiert sind.[287] Dies ist mit der unterschiedlichen Erzählintention beziehungsweise dem jeweils verschiedenen Erzählziel beider Texte zu begründen. Keinesfalls ist die Kennzeichnung der Figur Kriemhild vereinheitlicht, wie es etwa Günzburger annimmt.[288] Die Eskalation der Rachehandlung zeigt die Größe von Kriemhilds innerer Leiderfahrung an; das äußere Geschehen spiegelt gewissermaßen ihr inneres Leid.

8.7 Zusammenfassung

Textvariation in Bezug auf die Wertung der Figuren zwischen den Fassungen *B und *C des Nibelungenkomplexes ist auf allen Ebenen zu beobachten, d.h. auf Ebene des Textbestands, der Textfolge und der Textformulierung. Dies weist eine intensive Textarbeit des *C-Bearbeiters im Hinblick auf die Kennzeichnung der Figuren aus. Die Sichtung und Deutung des Befunds ergibt, dass ‚Lied'- und ‚Klage'-Fassungen separat auszuwerten sind, was nicht zuletzt auf ihre jeweils unterschiedliche Erzählintention zurückzuführen ist.

Kennzeichnend für die Fassung *C von ‚Lied' und ‚Klage' ist ein stärkeres Akzentuieren von Korrespondenz-, vor allem jedoch von Kontrastrelationen. Hinsichtlich der Korrespondenzrelationen sind Siegfried und Kriemhild einander zugeordnet, die stärker als im Nibelungenkomplex *B in einen höfischen Rahmen gesetzt und insofern als positive Figuren gekennzeichnet sind, als sie ihren burgondischen Verbündeten ihr uneingeschränktes Vertrauen schenken wie auch ihre ‚unschuldige' Opfer werden. Einander zugeordnet hinsichtlich von Korrespondenzrelationen sind ebenfalls die burgondischen Könige untereinander wie auch Hagen, dies mit einer stärker als in *B ausgeprägten negativen

---

285 Müller (2009, S. 123) zeigt für das ‚Lied' an Kriemhild, dass ein solches Verhalten als normabweichende Handlungsweise wahrgenommen wird, nicht aber im Sinn einer selbstbestimmten Individualität zu deuten ist.
286 Vgl. Günzburger 1983, S. 197.
287 Vgl. ebd.
288 Vgl. ebd.

Konnotation. Hinsichtlich der Kontrastrelationen sind besonders Siegfried und Kriemhild, aber ebenso Etzel, den burgondischen Königen sowie Hagen gegenübergestellt. Die verstärkt höfische Kennzeichnung Siegfrieds, ebenso wie die Kriemhilds, kontrastiert mit der ausgeweiteten Darstellung der gewaltigen jungfräulichen Brünhild im *C-‚Lied', von der nach dem Verlust ihrer Kraft mit ihrer ‚verräterischen Einladung' unter dem Einfluss des Teufels weiterhin Gewalt ausgeht. Dem Befund zum ‚Lied' entspricht der zur ‚Klage', in der Brünhild sich selbst Schuld am Untergangsgeschehen zuschreibt; dies ausdrücklicher in *C als in *B. Zu beobachten ist des Weiteren, dass Korrespondenz- und Kontrastrelationen im Verlauf der Handlung verschoben werden, um zwischen negativ besetzten Figuren zu differenzieren, wie es an den Figurenkennzeichnungen Gunthers und Hagens deutlich wird: Ist Gunther anfangs als Mitwirkender und Mitschuldiger an Siegfriedmord und Hortraub im *C-‚Lied' negativ konnotiert, ist er im zweiten Teil des ‚Lieds' positiv von Hagen abgesetzt, um diesen im Vergleich negativer darzustellen. In Bezug auf Dietrich und Rüdiger sind nur geringfügig eigene Bewertungen im *C-Komplex zu konstatieren.

Unterschiede in der Kennzeichnung sowie Bewertung der Figuren zwischen ‚Lied' und ‚Klage' sind vor allem an Etzel zu beobachten. Seine Kennzeichnung als höfischer und machtvoller König sowie seine Apostasie sind im *C-‚Lied' zwar ausführlicher als im *B-‚Lied' dargestellt, eine ambivalente wie negative Bewertung wegen einer *desperatio* erfolgt jedoch erst in den ‚Klage'-Fassungen. In diesen erfahren ebenfalls die burgondischen Könige und Hagen eine ausdrücklich negativere Bewertung, da die Eskalation der Gewalt auf ihren *übermuot* zurückgeführt ist; dies eindeutiger in *C als in *B. Zu erwähnen ist des Weiteren, dass in der ‚Klage' Hildebrand und Dietrich Kriemhild beklagen, der im ‚Lied' nicht ihre primären Sympathien gelten, so dass aus der Retrospektive in der ‚Klage' Ereignisse und Figuren anders bewertet sind als im aktuellen Geschehen, wie es das ‚Lied' erzählt.

Ebenfalls kennzeichnend für die Fassung *C von ‚Lied' und ‚Klage' ist ein stärkeres Fragen nach der inneren Beteiligung, was sich in einem expliziten Einschreiben von spezifischen Handlungsmotivationen äußert. Emotionale Antriebe der Handlungsweisen sind vor allem Habgier, Rache, Liebe und Trauer. Das Figurenhandeln wird gedeutet, verständlich und im Fall von Kriemhild entschuldbar gemacht. Bewertet wird dies besonders in den ‚Klage'-Fassungen über die Darstellung von Verstehens- und Verhaltenshorizonten, die auf ein höfisches Publikum gerichtet sind. Dem Teufel ist als überirdischer Macht ein Anteil am Geschehen zugeschrieben, deren Wirken sich der menschlichen Kontrolle entzieht. Die Geschehnisse sind in einen Deutungsrahmen eingefügt, dem ein christlich verstandener Weltenlauf zugrunde liegt.

Für die Fassung *C des ‚Lieds' ist quantitativ festzuhalten, dass der Bearbeiter stärker an der Figur Hagen als an der Kriemhilds arbeitet, was bereits durch Hoffmanns Materialsammlung indiziert war.[289] Qualitativ sind die *C-Eigenheiten ebenfalls in die Richtung zu deuten, dass der Bearbeiter insbesondere und deutlicher negative Aspekte von Hagen hervorhebt – dies auch in Relation zu Gunther –, als Kriemhild positiver zu kennzeichnen.[290] Die Argumente für eine positive Kennzeichnung Kriemhilds zielen primär auf ihre fortwährende Trauer um ihren ermordeten Gatten sowie auf ihre Absicht, ausschließlich Hagen töten zu lassen, was sie selbst tun würde, wenn sie ein Mann wäre. Ihr einziges Bestreben ist, nachdem ihr der Rückzug ins Kloster verwehrt bleibt, an Hagen Vergeltung zu üben. Als ihr Movens ist in *C nicht die Gier nach dem Hort, sondern ihre Liebe zu Siegfried sowie die Rache bestimmt. Die Opposition zwischen Kriemhild und Hagen ist als Opposition zwischen *triuwe* und *untriuwe* zu verstehen. In der Kennzeichnung Hagens ist zusätzlich das Konzept von *übermuot* dominant. Im Vergleich zur ambivalenten Gebrauchsweise im ‚Lied' fällt auf, dass alle der drei Kategorien der Wertung in der ‚Klage' relativ eindeutig verwendet sind, der erstere positiv, die letzteren negativ. Diese eingeengte Verwendungsweise dient vermutlich dazu, klare Konturen in Bezug auf die Konfliktparteien zu gewinnen.[291]

Hinsichtlich der Figurengestaltung setzt der *C-Bearbeiter insbesondere im zweiten Teil des ‚Lieds' eigene Akzente. Zunächst scheint es, als wenn die Wertung der beiden Hauptfiguren, wie sie aus der Fassung *B bekannt ist, umgedreht und eine einheitliche Perspektive auf diese beiden Figuren erzielt werde. Sie wirkt aus der Konstellation des ersten Teils motiviert und erscheint dort seitens des *C-Bearbeiters an zahlreichen Stellen vorbereitet. Während – mit den Worten Lienerts – die *B-Fassung noch „standpunktlos in der komplexen Sympathielenkung vor allem in Bezug auf Kriemhild und Hagen"[292] erscheint, ist Heinzle weitgehend zuzustimmen, dass nicht nur in den ‚Klage'-Fassungen[293] sondern auch in der *C-Fassung des ‚Lieds' die Sympathiesteuerung vorrangig zugunsten Kriemhilds vonstatten zu gehen scheint.[294] Hervorzuheben ist, dass Kriemhild und Hagen vor allem im zweiten Teil des ‚Lieds' als Kontrahenten fungieren (müssen), so dass ein erhöhter Anteil an Textarbeit in diesem Teil zu

---

289 Hoffmann 1967, S. 121–125.
290 Vgl. Millet 2007, S. 68.
291 Hoffmann 1967, S. 121; Millet 2007, S. 90.
292 Lienert 2003, S. 108.
293 Heinzle (1995, S. 93) vertritt die allgemein akzeptierte Ansicht, dass auch die ‚Klage' den *nôt*-Text in dieser Perspektive kommentiere.
294 Ebd., S. 94; vgl. Hoffmann 1967, S. 135.

erwarten war. Es geht in *C nicht nur um eine Gewinnung klarer Linien, sondern vor allem um Plausibilisierung, da die Schuldfrage primär in der ‚Klage' gestellt wird. Weil die *C-Fassung ebenfalls negative Kennzeichnungen Kriemhilds und positive Hagens beinhaltet, ist eine „eindeutige Positivierung"[295] Kriemhilds in *C nicht festzustellen, wohl aber ein Einschreiben von Merkmalen und Aspekten, die Kriemhild positiver und Hagen negativer erscheinen lassen. Indem für Kriemhild plausible Handlungsgründe angegeben sind, erscheint dies zunächst als Sympathiesteuerung zugunsten Kriemhilds und erweckt den Eindruck einer vereinheitlichten Rollenverteilung. Vor allem in Bezug auf Kriemhild sind die Unterschiede zwischen den ‚Lied'-Fassungen jedoch eher geringfügig.[296] Eine plausible Darstellung gehört zu den grundsätzlichen Aufgaben eines hochmittelalterlichen Epikers. Plausibilisierungstechniken wie das Einschreiben von Introspektionen sind aus dem höfischen Roman bekannt; sie können jedoch ebenfalls auf die rhetorische *narratio*-Lehre zurückgeführt werden, von der anzunehmen ist, dass ein gelehrter Dichter darin geschult ist. Hübner weist darauf hin, dass

> einen gelehrten Dichter [...] gleichwohl die habituell mehr oder weniger stark verfestigte Neigung geleitet haben [wird], das Handeln seiner Figuren durch Affekte und Kalküle, Gründe und Intentionen kausal zu motivieren. Wer dies tat, führte als Implikation seiner Bearbeitungstechniken womöglich Reflexe einer Anthropologie in das Strukturgefüge seiner Erzählung ein, die weder einfach aus der auf der *histoire*-Ebene codierten hervorging noch bruchlos mit ihr übereinstimmte.[297]

Ihre Erzählstrategien verfolgen die *C-Bearbeiter von ‚Lied' und ‚Klage' vorrangig auf zwei unterschiedlichen Textebenen: in der Figurenrede und im Erzählerkommentar. Im ‚Lied' ist insbesondere das Einfügen von Plusstrophen als Mittel genutzt, was ihre Bedeutung offen legt. Doch auch innerhalb tradierter Strophen und im Auslassen von Strophen zeigen sich Motive für sowohl kleinere als auch gewichtigere Eingriffe, die häufig direkt mit der Interpretation des ‚Lieds' verbunden sind. Es kann nicht verwundern, dass entsprechend einer Verbindlichkeit der Sagentradition wie auch der engen Anbindung an den Grundtext die Beobachtungen der *C-Eigenheiten nicht auf der Ebene der *materia* sondern auf der des *artificiums* liegen.

---

295 Millet 2007, S. 70.
296 Vgl. Ehrismann 2006.
297 Hübner 2010, S. 143.

Zu fragen ist, ob dem *C-Bearbeiter zu unterstellen ist, intentional gegen die Tradition eines negativen Kriemhildbilds anerzählen zu wollen,[298] oder ob seine Figurengestaltung nicht vielmehr Resultat einer epischen Umformung der Sagentradition mit Techniken des höfischen Romans beziehungsweise der *evidentia*-Lehre ist. Die apologetische Ausrichtung der ‚Klage' spricht für ersteres. Dagegen weist die weitere handschriftliche Überlieferung, deren Gestaltung natürlich anderen Intentionen unterlegen haben kann, auf ein negatives Kriemhildbild hin. Bei der späten Handschrift n aus dem 15. Jahrhundert ist zu beobachten, dass sie trotz weitgehender Übereinstimmung im Strophenbestand mit *C[299] „eine im Vergleich zur *C-Version stärkere Negativierung, ja Verteufelung Kriemhilds an verschiedenen Stellen"[300] aufweist. Eine ambivalente Kennzeichnung gilt für die Handschrift b (etwa 1435–1442),[301] die als mögliche Vorlage für 18 Plusstrophen am Anfang der 28. Aventiure in n diskutiert wurde.[302] Zurückzuführen ist das negative Bild Kriemhilds auf die Dietrichsage, in der Kriemhild als „Gegenspielerin Dietrichs" dargestellt ist, weil dort Helche, nicht der „gefährliche[] Eindringling" Kriemhild Etzel und Dietrich zugeordnet ist.[303] Das Anliegen der *C-Fassung ist aus dieser Perspektive stärker als in *B, „die sorgfältig konstruierten Ambivalenzen des Textes"[304] zu betonen, indem sowohl positive als auch negative Eigenschaften der Figuren erzählt werden.[305]

Anders als in den ‚Lied'-Fassungen erfolgt in den ‚Klage'-Fassungen eine Deutung des Geschehens, die – zumindest aus der Perspektive des ‚Lieds' – zugleich als eine Umdeutung erscheinen kann. In beiden Fassungen der ‚Klage' ist das Untergangsgeschehen, wie es im ‚Lied' erzählt wird, unter anderem aus der Perspektive der einzelnen Figuren dargestellt und gedeutet.[306] Diese Deu-

---

298 Vgl. Müller 1998, S. 24.
299 Dagegen argumentiert Hennig 2000.
300 Schulze 2007a, S. 173; vgl. Kofler 2014, besonders S. 113–118.
301 Vgl. Heinzle 2003a, S. 204. Einen Überblick über verschiedene Datierungen dieser Handschrift bietet Eser 2015, S. 19, Anm. 62.
302 Vgl. die Forschung zusammenfassend Eser 2015, S. 12.
303 Curschmann 1989, S. 388f.
304 Millet 2007, S. 70.
305 Millet erwägt, die Überlieferung des *B-Texts dahingehend zu deuten, dass die Version dem gängigen Bild der Sagentradition besser entsprach; vgl. ebd. Dies ist möglich, allerdings ist eine Konkurrenz einzelner Fassungen im Hochmittelalter schwerlich nachweisbar, weil sie vor allem aus philologischer Perspektive gut voneinander geschieden werden können. Auch der wohl anzunehmende mechanische Vorlagenwechsel in der Fassung *D weist darauf hin, dass vor allem abgeschrieben wird, was verfügbar war.
306 Vgl. Bumke 1996b, S. 71–74.

tungen werden in der Regel nicht vom Erzähler kommentiert.[307] Der ‚Klage'-Erzähler tritt einerseits deutlich hervor und drückt seine eigene Sicht auf die Dinge aus, andererseits erzählt er die *wârheit* seiner Geschichte vor allem über die einzelnen Figuren, deren Perspektiven er wie ein Mosaik zusammensetzt.[308] Erzählerisch wird – wohl im Kontext der *evidentia*-Lehre – gezeigt, dass und wie die einzelnen Figuren ihre Positionen erklären. Die Grundlinien sind in der Forschung bekannt:[309] Hagen wird von allen Figuren, bis auf Etzel, vor allem aufgrund von *übermuot, untriuwe* und *nît* als der Schuldige markiert, auf dessen Handeln das Untergangsgeschehen weitgehend zurückzuführen ist. Den burgondischen Königen wird eine Mitschuld zugewiesen, wobei differenzierend primär Gunthers Anteil an der Ermordung Siegfrieds hervorgehoben wird, vor allem weil sie Hagen nicht an Kriemhild auslieferten.[310] Kriemhild wird zwar auch tadelnd seitens Erzähler und Figuren Verantwortung zugeschrieben,[311] sie wird aber wiederholt insofern entlastet, als ihr Handeln vor allem aus positiv konnotierter *triuwe* zu Siegfried erfolgte und sie sich legitimer Weise nur an Hagen habe rächen wollen. *B ergänzt wiederholend, dass sie die Folgen ihres Handelns als Frau nicht absehen beziehungsweise kontrollieren konnte, wie es ebenso in den Plusstrophen +*C 1882, 1947, 2142 des ‚Lieds' thematisiert ist. Die einzelnen Figurenreden decken sich inhaltlich weitgehend, unterscheiden sich im Detail. Die Urteile der Figuren erscheinen als Teil des Erzählanliegens der ‚Klage'.

Unterschiede zwischen den ‚Klage'-Fassungen ergeben sich in Erzähl- beziehungsweise Argumentationsstrategien, in der Eindeutigkeit der Figurenkennzeichnung – *B erscheint in dieser Hinsicht etwas offen-ambivalenter als *C – und im sowohl quantitativen als auch qualitativen Auserzählen einzelner Aspekte. Markante Unterschiede sind in der Bewertung Siegfrieds zu Beginn der ‚Klage' mit der unterschiedlichen Zuschreibung von *übermuot* in der Erzählerrede zu beobachten; *B formuliert eigenständig, dass Kriemhild sich einen Platz im Himmel verdient habe (*B 573). Nolte weist dezidiert auf die öffentliche Stimme der *liute* hin, die in *B seitens des Erzählers abgewertet und in der Fassung *C bestätigt wird, so dass ihrer Stimme in *C mehr Gewicht beigemessen ist.[312] Zugleich erscheint die Bewertung durch die *liute* ‚objektiviert', indem sie

---

307 Vgl. Nolte 2004, S. 100.
308 Vgl. Günzburger 1983, S. 95; Kropik 2008, S. 169.
309 Vgl. zusammenfassend Kiehl 2008, S. 42.
310 Vgl. Bumke 1996c, S. 382–384.
311 Vgl. ebd., S. 375–378.
312 Nolte 2004, S. 100.

eine weit verbreitete Meinung vertreten. In *B heißt es in einem eigenständig formulierten Erzählerkommentar, dass nicht Hagen, sondern Kriemhild durch die Anstiftung Bloedelins die eigentlich Verantwortliche für das Untergangsgeschehen gewesen sei (vgl. *B 1300ff).[313] Dagegen ist dies in *C an dieser Stelle nicht thematisiert. Insofern ist die ‚Klage' *C geringfügig ‚kriemhildfreundlicher'.

Aufgrund von Befund und Deutung stehen die Fassung *C des ‚Liedes' sowie die beiden ‚Klage'-Fassungen einander weniger nah, als es in der Forschung häufig postuliert ist. Die wertenden Entlastungen und Belastungen sind in der ‚Klage' intensiver als im *C-Text des ‚Liedes'.[314] Die Fassung *C des ‚Liedes' beinhaltet gegenüber *B weitere christliche Aspekte und Vorstellungen. Die *C-Eigenheiten des ‚Liedes' lassen sich zwar auch hinsichtlich der Tendenz eines gemeinsamen Deutungsanliegens mit der ‚Klage' werten, allerdings scheint eher ein erzähltechnischer Aspekt im Vordergrund zu stehen. Für die ‚Klage'-Fassungen ist das primäre Anliegen zu identifizieren, das Untergangsgeschehen als erklärbar darzustellen.[315] Dies hat zur Folge, dass Kriemhild eher verteidigt und Hagen eher belastet wird; zurückzuführen ist dies zumindest zum Teil auf die Prominenz der *minne*-Thematik in der Literatur des Hochmittelalters.

---

313 Vgl. ebd., S. 99. Für das *C-‚Lied' erwägt Millet (2007, S. 65), dass es sich um einen Versuch handle, „behutsam gegen eine durch die Tradition verzerrte und vom Autor nicht intendierte Deutung des Textes zu steuern". In diesem Fall läge für diese Deutung, allerdings nur in der *B-‚Klage', ein entsprechendes Indiz vor.
314 Hoffmann 1967, S. 135f.
315 Vgl. Millet 2007, S. 70.

9 Schuldzuweisung und Erklärung des Geschehens im Nibelungenkomplex *C

Im Nibelungenkomplex ist die Schuldzuweisung für das Untergangsgeschehen eng mit der Figurenkennzeichnung verbunden, so dass zahlreiche Aspekte bereits erarbeitet sind. Im Folgenden werden wichtige Aspekte zusammengestellt und über Deutungsperspektiven gewichtet.

9.1 Standpunkt des ‚Nibelungenlieds': Wertung der Figuren

Während in der *B-Fassung des ‚Lieds' das Handeln des Menschen weitgehend den Gang der Geschehnisse bestimmt, ist für die Fassung *C zu beobachten, dass das Geschehen verstärkt auf das Wirken Gottes oder des Teufels zurückgeführt ist. Das Zurückführen der Geschehnisse auf äußerliche Faktoren bewirkt zum einen eine Entlastung der Figuren, zum anderen ist das Geschehen in einen theologisch begründeten Deutungsrahmen eingefügt, der so in der Fassung *B nicht zum Tragen kommt. Doch die Eskalation der Gewalt ist in *C nicht allein auf höhere Mächte zurückgeführt, sondern es sind ausdrücklich ebenso die negativer bewerteten Figuren belastet, deren Tod als Sühne der von ihnen begangenen Taten nachvollziehbarer erscheint. Neben Brünhild und den Burgondenkönigen trägt vor allem Hagen die Schuld am Untergangsgeschehen. Im Gegensatz zu diesen Figuren ist die Hauptschuldige der *B-Fassung entlastet: Der Erzähler markiert mehrfach, dass sich die Situation in eine Richtung entwickelt, die Kriemhild weder wolle, noch beeinflussen könne.

Als markanter Beleg für die Schuldzuweisung und eine mittelalterlich-christlich orientierte Deutung des Geschehens im *C-‚Lied' soll die Mordszene an Siegfried dienen. Als eine Schlüsselszene stellt sie den Ausgangspunkt für den späteren Burgondenuntergang dar, wenn Weichen auch bereits mit dem Betrug an Brünhild gestellt sind. In dieser Passage ist zu beobachten, dass eine deutliche Opposition zwischen Siegfried und den Burgonden aufgebaut ist.[1] In der Plusstrophe +C 973 ist Siegfried noch einmal ausdrücklich als tugendhaft und ohne jede Falschheit gekennzeichnet und dadurch der *untriuwe* seiner Mörder gegenübergestellt:

---

[1] Allein der Umstand, dass der Mord während einer gemeinsamen Jagd vollzogen wird, die Althoff (1999, S. 67) zu den „vertrauensstiftenden Ritualen" zählt, markiert die Ungeheuerlichkeit dieser Tat für die zeitgenössische Gesellschaft sowie das Brechen ihrer „Spielregeln".

> Dône hete niht der sinne der küene veige man,
> daz er sich ir untriuwe kunde hân verstân:
> er was in ganzen tugenden alles valsches blôz.
> sîns sterbens muose engelten sît der sîn nie niht genôz.

Impliziert ist an dieser Stelle, dass Siegfried sich auf der Seite der Burgonden sah, er sich nicht als Bedrohung für sie betrachtete und seiner Perspektive nach *list* nur nach außen gegen andere zu erfolgen hätte; ihm sind daher keinesfalls intellektuelle Fähigkeiten abzusprechen, wie es in der Forschung bisweilen dargestellt wird. Er verkennt das Verhalten der Burgonden – ebenso wie Kriemhild –, was jedoch nicht ihm, sondern den Burgonden zur Last gelegt wird.

Die Ermordung ist zwar in der *B-Fassung ebenfalls als zu verurteilende Tat Hagens bewertet, doch in der Fassung *C ist der planvolle Aspekt deutlich verstärkt. In *B ist nur implizit angedeutet, dass Siegfried in einem Akt höfischen Verhaltens gegenüber dem Ranghöheren beziehungsweise Gastgeber ebenfalls wie Gunther trinken wird (B 976,2–4 [979,2–4]):

> Gunthêr sich dô neigete nider zuo dem vluot.
> als er hete getrunken, dô rîht er sich von dan.
> alsam hete ouch gerne der küene Sîvrit getân.

Dagegen ist die Nachahmung des Trinkens in einer *C eigenen Formulierung Teil des Mordplans und als solcher durch eine Introspektion (*si gedâhten*) für den Rezipienten ausdrücklich markiert, durch das sich Siegfried in eine angreifbare beziehungsweise nahezu wehrlose Position begibt (C 988,2–4):

> Gunther sich dô legete nider zuo der fluot:
> daz wazzer mit dem munde er von der fluote nam.
> si gedâhten, daz ouch Sîvrit nâch im müese tuon alsam.

Gunther und Hagen sind auf diese Weise negativ gekennzeichnet. Die Bewertung des Mordes erfolgt vor allem auf Figurenebene, in der Rede Siegfrieds; sie entspricht jedoch der bereits dargestellten Perspektive des Erzählers (+C 973). Auch wenn die Anklagen in der Plusstrophe +C 1005 grundsätzlich gegen Hagen gerichtet sind, beziehen sie ebenso Gunther mit ein; die Burgonden sind als Gruppe adressiert:

> „Zer werlde wart nie mêre grœzer mort begân,"
> sprach er [scil. Siegfried] zuo dem künige [scil. Gunther], „denne an mir ist getân.
> ich behielt iu lîb und êre in angestlîcher nôt.
> ich hâns engolten sêre, daz ihz iu ie sô wol erbôt."

Im offensichtlichen Gegensatz zum Verhalten Gunthers ist an dieser Stelle dem Rezipientenwissen entsprechend Siegfrieds Hilfs- und Dienstbereitschaft rühmend hervorgehoben.[2] Anstatt mit *triuwe* belohnt zu werden, erhält er den Tod. In der unmittelbar folgenden Strophe ist ein Adverb zugunsten Siegfrieds in *C anders formuliert. Spricht Siegfried in B 993,1a [996,1a] *jæmerlîche*, so in C 1006,1a dagegen *vil senelîche*. Statt einer jammervollen Stimme findet sich ein eindringlicher Appell; zugleich ist eine Wiederholung in der naheliegenden Plusstrophe +C 1008 vermieden. In dieser Strophe, die durch Binnenreime besonders markiert ist, bringt der sterbende Siegfried zum Ausdruck, dass der Mord an ihm nicht ungesühnt bleiben wird:

> *Er rampf sich bitterlîche, als im diu nôt gebôt,*
> *und sprach dô jæmerlîche: „der mortlîche tôt*
> *mag iuch wol geriuwen her nâch disen tagen.*
> *geloubt an rehten triuwen, daz ir iuch selben habt erslagen."*

Eingeführt ist damit ein Motiv der christlichen Sühne, nicht der heroischen Blutrache – und dies auffälligerweise in der Rede einer ursprünglich, d.h. stoffgeschichtlich heroischen Figur: In der Figurenrede Siegfrieds ist das spätere Schicksal der Burgonden dahingehend gedeutet, dass sie durch den Mord an ihm ihren eigenen Untergang selbst heraufbeschwören und besiegeln. Ihr künftiger Tod wird als Strafe der Mordschuld bewertet.[3]

Die unbedingte *triuwe*, die Gunther gemäß der mittelalterlichen Rechtsordnung als *herre* seinem *man* Hagen angedeihen lässt, trägt in der *C-Fassung ebenfalls zur Unrechtssituation und zur Eskalation der Gewalt bei, indem sie eine legitime Bestrafung Hagens verhindert. Die *triuwe*-Bindung von Kriemhild zu ihrer Sippe ist in ihren Augen durch die Ermordung Siegfrieds zerstört; dies initiiert durch den Verrat Hagens an ihr bei der Preisgabe der verwundbaren Stelle Siegfrieds. Wie gezeigt werden konnte, fordert Kriemhild Hagens Tod in *C mit Recht und wird unrechtmäßig an ihrer Rache gehindert.[4] Indem die Könige die geforderte Auslieferung (B 2101 [2104]/C 2161) verweigern, machen sie sich an den Verbrechen Hagens mitschuldig. Diese Perspektive auf das Geschehen spricht nach Brandt für ein gewandeltes Rechtsverständnis. In der Fassung

---

2 Brandt (1997, S. 222) führt die Hilfsbereitschaft allein auf die Werbung um Brünhild zurück; aber ich vertrete die Ansicht, dass Siegfried allgemein auf seine Hilfe verweist, die er auch im Sachsenkampf leistete; vgl. Hoffmann 1967, S. 126.
3 Vgl. Bumke 1996c, S. 531.
4 Vgl. Brandt 1997, S. 224.

*B sei als Recht noch verwirklicht, „was der eigenen Gruppe nützt".[5] Ohne einen übergeordneten Rahmen bewirke jede einzelne Tat ein neues Kräfteverhältnis, das anschließend neu austariert werden müsse, so dass die Ordnung ständig durch ein „unendliche[s] Wechselspiel der unterschiedlichen Kräfte"[6] gefährdet sei. Dagegen sei in der Fassung *C ein christliches Rechtsverständnis aktiv, dem zufolge der Einzelne in eine umfassende, übergreifende Ordnung eingebunden sei, und somit „die Tat einer objektiven Beurteilung zugänglich" werde.[7] Dies ist als ein weiterer Faktor zu bewerten, der auf einen theologisch begründeten Deutungsrahmen hinweist. In diesem Kontext erscheint relevant, dass das mittelhochdeutsche Wort *sünde* in der *nôt*-Fassung fehlt und erst in der *C-Fassung vorkommt (C 1124,2a: *„des habt ir grôze sünde"*).

In der Forschung wird die Fassung *B oftmals mit einem Typus mündlicher heroischer Dichtung in Verbindung gesetzt, der durch die Schilderung von Heldenkämpfen, Zerstörungen, dem Zerbrechen von Bündnissen und dem Untergang von Königen zu charakterisieren ist und auf „tragische Ausweglosigkeit"[8] zielt. Eine solche „unauflösliche Verschlungenheit von Verhängnis und Schuld als echte Tragik"[9] sei in *C zu einem eindeutigeren Schuld- und Sühnemotivation umgestaltet worden. Dieser Deutung ist unter den genannten Einschränkungen tendenziell zuzustimmen. Seine Erzählstrategie setzt der Bearbeiter *C sowohl in eigenständigen Formulierungen als auch in Plusstrophen um. Der Tod der Burgonden ist in *C primär als Sühne zu verstehen für die verbrochenen Taten, d.h. für die Ermordung Siegfrieds und den zweifachen Hortraub. Festzustellen ist, dass der Bearbeiter *C seinem Text eine einheitliche Axiologie in der Schuldfrage einschreibt, wie sie ebenso in der ‚Klage' besteht.

9.2 Schuldfrage und Erklärung des Geschehens in der ‚Klage'

Den Angaben der ‚Klage' entsprechend ergibt sich die folgende Kausalität der Ereignisse: Aus dem Frauenstreit zwischen Kriemhild und Brünhild folgt der Siegfriedmord. Mord, Hortraub und *minne* beziehungsweise *triuwe* zu Siegfried begründen Kriemhilds Rachebegehren. Aufgrund von Provokationen durch Hagen, seiner fehlgeschlagenen Isolierung, der Ermordung Ortliebs durch Ha-

---

5 Ebd., S. 227.
6 Ebd., S. 227f.
7 Ebd., S. 227.
8 Haug 1992, S. 61.
9 Hoffmann 1967, S. 143. Ich verzichte auf eine Diskussion der Anwendung des Konzepts der ‚Tragik' auf das ‚Lied' und verweise auf Toepfer 2013, besonders S. 161–198, 211–241.

gen (*C-‚Klage') beziehungsweise des Überfalls der Hunnen (*B-‚Klage'),[10] der Verheimlichung des Streits vor Etzel, der im Vergleich zu einem Mann angeblich geringeren kognitiven Kompetenz von Kriemhild als Frau sowie dem *haz* und *nît* der Burgonden gegenüber Etzel kommt es zum Untergangsgeschehen.[11] Parallel dazu ist Etzels Apostasie als weitere mögliche Ursache erzählt, die den Zorn Gottes heraufbeschwört. Das Untergangsgeschehen ist folglich retrospektiv und plausibilisierend aus durchschaubaren menschlichen Verhaltensweisen erklärt und zugleich auf Gottes unergründliches Walten zurückgeführt.[12] Als verantwortliche Figuren stehen insbesondere Hagen und Kriemhild im Vordergrund, deren Verhalten seitens des Erzählers, vor allem aber seitens der einzelnen Figuren beurteilt wird. Beide sind beschuldigt, dass sie Etzel über ihre Feindschaft nicht informierten.

Hagen ist insofern schuldig gesprochen, als er aus *haz* und *nît* den unschuldigen Siegfried ermordete sowie den Hort raubte, wie es besonders in der *C-‚Klage' in Erzähler- (+*C 64f.) und der Figurenrede Hildebrands (+*C 1283) zum Ausdruck kommt, Kriemhild wiederholt provozierte, die Burgonden wissentlich in den Untergang führte und Etzel über die Ermordung Ortliebs in die Kämpfe einbezog. Zurückgeführt ist Hagens Verhalten auf seinen *übermuot*. Dieser *übermuot* bezieht sich ebenso auf die burgondischen Könige: Gemäß der Figurenrede Pilgrims bringen die Burgonden mit ihrem *übermuot* den Stein für den eigenen Untergang selbst ins Rollen (*B 3434–3438/*C 3530–3534). In der *B-‚Klage' wird dieser Standpunkt ebenfalls in der Figurenrede Hildebrands vertreten (+*B 1270–1292). Das mittelhochdeutsche *übermuot* hat unterschiedliche Bedeutungsfacetten, die von neutraler, positiver oder negativer Natur sind. Im BMZ sind als Übersetzungsvorschläge ‚herzhafter Mut', ‚Übermut', ‚Stolz', ‚hochfahrendes Wesen', ‚Üppigkeit' und ‚Vergnügungssucht' genannt.[13] Gillespie deutete *übermuot* in der ‚Klage' als „*superbia*, a Luciferian defiance".[14] Im Kontext der mittelalterlichen christlichen Deutung um 1200 kann *übermuot* im

---

10 Die Unterschiede zwischen den Fassungen *B und *C der ‚Klage' sind bereits herausgearbeitet, verwiesen sei in diesem Zusammenhang auf eine grundsätzlich unterschiedliche Motivierung, indem verschiedene Kausalzusammenhänge konstruiert werden: Die Fassung *B weist eine Passage auf (+*B 3796–3810), die sich in *C in nur zwei Versen wiederfindet (*C 3878f. entsprechen *B 3796 und 3811): *B begründet die Notwendigkeit für die Burgonden, wegen des Überfalls der Hunnen zu kämpfen; in *C wirkt die Ermordung Ortliebs als Kampfgrund; vgl. Lienert 2000, S. 447.
11 Vgl. Schirok 2004, S. 291.
12 Vgl. Günzburger 1983, S. 53; Lienert 2000, S. 23–29.
13 Vgl. BMZ 1990, Bd. 2, Sp. 264a.
14 Gillespie 1972, S. 160.

Sinn einer Selbstüberhebung des Menschen gewertet werden: Ein Mensch, der meint, das Schicksal selbst bestimmen zu können, unterliegt der Sünde der *superbia*. Sie wird auf den Sündenfall von Adam und Eva zurückgeführt und steht an erster Stelle im Katalog der Laster, von der alle anderen abgeleitet sind. Müller weist darauf hin, dass sich die Bedeutung von *übermuot* „nur in bestimmten religiösen Kontexten mit dem theologischen *superbia*-Begriff" deckt,[15] dass es jedoch „auch sonst häufig bei der religiös beeinflußten, negativ-parteilichen Färbung" bleibt.[16] Bernreuther erkennt in der ‚Klage' ebenfalls „keinen Anhaltspunkt dafür, daß man *übermuot* einfach mit *superbia* […] gleichsetzen" darf.[17] Stattdessen sind *übermuot* oder *untriuwe* in der ‚Klage' der *triuwe* als Gegenbegriffe in Opposition gesetzt.[18] In der ‚Klage' ist mit Bumke *übermuot* als „Kennwort für schuldhafte Verstrickung in Mord und Betrug" zu verstehen,[19] das mit Müller oszilliert zwischen „unfaßbare[m] Leichtsinn" und „verbrecherische[r] Verwegenheit".[20] Zweifelsfrei ist *übermuot* in der ‚Klage' negativ markiert, indem auf ein ‚Zuviel', auf ein Handeln ohne richtiges Maß verwiesen ist. Das Moment der Schuldzuweisung ist durch den Bischof Pilgrim aufgenommen, wenn er den Tod der Burgonden auf ihren *starken übermuot* zurückführt (*B 3435/*C 3531) und durch ein weiteres Motiv ergänzt. Als Ursache der Vernichtungsschlacht nennt er ebenfalls ihre Habgier und bringt mit der *avaritia* ein weiteres Laster ins Spiel: „*der Nibelunge golt rôt, / hêten si daz vermiten, / sô möhten si wol sîn geriten / zir swester mit ir hulden*" (*B 3430–3433/*C 3526–3529). Die *avaritia* folgt der *superbia* in der Rangfolge der Hauptlaster und ist ihr um 1200 bisweilen sogar vorangestellt.[21]

Hagen ist ‚individuell' Schuld zugesprochen, was die Burgonden zum Teil entlastet.[22] Zwar ist ebenso die Einzelschuld von Gunther und Brünhild heraus-

---

15 Müller (1998, S. 238, Anm. 76) verweist in Rückbezug auf Hempel (1970, S. 122–130) auf Heinrichs von Melk ‚Von des todes gehügede', V. 343–45: *zwêne geverten hât diu übermuot, / die setzent die rîter an die gluot / der êwigen viures vanchen*; Textausgabe: Heinzel 1983.
16 Müller 1998, S. 238. Müller (ebd., Anm. 77) verweist auf das ‚Rolandslied', in dem „die Heiden durch *übermuot* und verwandte Bezeichnungen gekennzeichnet sind (*uber mût* zum Beispiel Rl 3361; 3478; 3510; 4604; 4611; 4743; *hochuart* 3468; 3506; 4704; 7363); theologisch belastet ist dort auch die Anmaßung der Verrätersippe (Rl 8844); den Kern des Lasters drückt der Vers aus: *si uersahen sich zu ir chrefte* (Rl 3479)".
17 Bernreuther 1994, S. 163.
18 Vgl. ebd.
19 Bumke 1996c, S. 384. Im ‚Lied' versteht Müller (1998, S. 238) unter *übermuot* „die Haltung, die hinter Aggression steht".
20 Müller 1998, S. 240.
21 Henkel 1999, S. 89.
22 Vgl. Göhler 2006, S. 139.

gestellt, aber letztendlich ist vor allem Hagen die Schuld an der Ermordung des unschuldigen Siegfrieds zugeschrieben (*B 102ff./*C 207; 494f.; 472f.). Der Mord ist es, der sowohl von Etzel (*B 1264ff. – *C formuliert anderes) als auch vom Wormser Hof (*B 3782ff./*C 3864ff.) als Auslöser allen Leids markiert ist.[23] Insbesondere auf der Ebene der Figurenrede ist Hagen als der Schuldige an der Katastrophe gebrandmarkt, sei es von Hildebrand (*B 1250ff./*C 1278ff.), vom Bischof Pilgrim (*B 3414ff./*C 3510ff.) oder vom Küchenmeister Rumold (*B 4028ff./*C 4090ff.). Stets ist Hagens *untriuwe* oder sein *übermuot* herausgestellt. Die Verurteilung Hagens erfolgt durch Figuren, die stellvertretend für alle wichtigen Gruppen des Geschehens stehen – auch für die eigene der Burgonden.

Den Burgonden beziehungsweise Hagen gegenüber steht Kriemhild. Ihr ist Schuld zugesprochen, indem sie in den Frauenstreit involviert war, das Untergangsgeschehen über Bloedelin initiierte und die Konsequenzen nicht beherrschte beziehungsweise die Ereignisse laufen ließ. Entlastend ist wiederholt ihre andauernde Trauer um Siegfried angeführt (etwa in *B 95ff./*C 121ff.; *B 110f./*C 136f.) und dass sie sich – und dies berechtigterweise – an Hagen allein habe rächen wollen (*B 238ff. – *C 256ff. beschreibt stattdessen die Rachehandlung). *Triuwe* zu Siegfried und Rache sind damit als Movens ihres Handelns bestimmt (vgl. etwa *B 156ff./*C 182ff.), weniger eine eigene Rehabilitation, die durch die Heirat mit Etzel weitgehend erfolgte.

Wiederholt ist in Erzähler- und Figurenrede das Untergangsgeschehen ebenfalls mit dem unbegreiflichen Willen Gottes erklärt.[24] Dies äußert sich in einer allgemeinen Aussage im Kontext des zweiten *triuwe*-Exkurses (*B 580f. – *C formuliert ohne einen Verweis auf *got*), vor allem aber in der Formulierung *urteillîch tac* (*B 216)[25] beziehungsweise *urteiles tac* (*C 232) im Modus der Erzählerrede, was wohl mit Lienert als ‚Tag des Gerichts' zu deuten ist und „apokalyptische Assoziationen an den Jüngsten Tag [weckt]",[26] sowie der Deutung des Geschehens in der Figurenrede Etzels (*B 954/*C 972) und Hildebrands (+*B 1270) als „gotes slac" beziehungsweise aus Sicht der *liute* als Folge „*des übeln tiuvels nît*" (*C 1381; vgl. +*B 1315: „*von des tiuvels schulden*").[27] Durch die

---

23 Dem Streit zwischen Kriemhild und Brünhild wird offenbar keine wesentliche Bedeutung für den weiteren Geschehensverlauf zuerkannt.
24 Vgl. Bernreuther 1994, S. 146; Henkel 1999, S. 92.
25 Zur Verbindung der Formulierung zu Wolframs von Eschenbach ‚Willehalm' (V. 13,4: *an ir urteillichem tage*) siehe Schröder 1989, S. 15.
26 Lienert 2000, S. 365.
27 Vgl. ebd. Der Teufel ist mit Günzburger (1983, S. 222) als „Werkzeug des strafenden Gottes" zu deuten. Hinzu kommen die Verbindungen Hagens mit „vâlant" seitens Hildebrand (*B 1250/

Einordnung in die christliche Weltordnung mittels Kategorien christlicher Denkweise sind alle Figuren entlastet.[28] Der Tod der Burgonden ist als Sold der Sünde aufzufassen; ihr Untergang erscheint in gedeuteter Dimension.[29] Mit Kropik gehe ich von einem Deutungsmuster aus, dem zufolge die meisten Toten – Ausnahmen wie Ortlieb und eingeschränkt Giselher bestätigen die Regel – auf irgendeine Weise schuldig sein müssen, weil Gott sie sonst nicht bestraft hätte:

> Im Lichte der göttlichen Strafe wird sichtbar, was Recht und was Unrecht war. Auf diese Weise wird auch das Urteil über Kriemhilts *triuwe* bekräftigt: Wenn sich in ihrer Rache der *vreislîche gotes zorn* geäußert hat ([+*]B 1272), dann muß sie das Werkzeug Gottes und ihr Rachewunsch deshalb Ausdruck der *triuwe* sein.[30]

Es sind nicht nur die beiden Deutungsmuster zu beobachten, die Schuldzuweisung an Figuren sowie eine Erklärung des Geschehens über den „*vreislîche[n] gotes zorn*" (+*B 1272 – in diesem Fall in der Figurenrede Hildebrands), sondern der Erzähler mahnt ebenfalls an, dass letztendlich nur Gott richten und die Situation adäquat beurteilen könne:

> Ob es sich also bei dem Massaker am Etzelhof um eine Maßnahme der *ira Dei* handelt, die den Menschen nach den von ihm selbst gesetzten Maßstäben richtet und ihm Gerechtigkeit durch Strafe widerfahren läßt, oder ob es sich um eine Eskalation der *ira* des Menschen handelt, die kein Maß kennt und ein schweres Unrecht wider Gott darstellt – dies zu entscheiden steht dem Dichter nicht zu.[31]

Wie bei den beiden *triuwe*-Exkursen kann der Erzähler zwar die Sündhaftigkeit des Menschen feststellen, lässt aber entsprechend seiner Ermahnung der Rezipienten nur die Figuren richten, urteilt selbst zurückhaltend.[32] Der ‚Klage'-Dichter stiftet mit Henkel im Anschluss an sowie für das ‚Lied' eine „Axiologie, die auf dem christlichen Verständnis von Schuld und Sühne aufruht".[33] Müller interpretiert dahingehend, dass auch die ‚Klage' dem Morden keinen christlichen Sinn abgewinnen könne, so dass sie „immer wieder den Handlungsnexus als eine Kette von Pannen und Mißverständnissen ausgeben" müsse.[34] Aller-

---

*C 1278) sowie der *liute* (*C 1379 – *B formuliert anders), was aber als Figurenkennzeichnung zu werten ist.
28 Vgl. Gillespie 1972, S. 166; Bumke 1996c, S. 381.
29 Vgl. Henkel 1999, S. 99.
30 Kropik 2008, S. 165.
31 Sammer 1995, S. 11.
32 Vgl. ebd.
33 Henkel 2003a, S. 120.
34 Müller 1998, S. 198.

dings ist es nicht das Anliegen der ‚Klage', die Geschehnisse zu erklären; vielmehr, unterschiedliche Aspekte zu sammeln, mit denen das Geschehen erklärt werden könnte und es auf diese Weise grundsätzlich als erklärbar darzustellen.[35] Die ‚Klage' liefert auch bewusst keine „für alles gültige und bis ins Letzte konsistente Erklärung".[36] Henkel erkennt dann auch drei Schritte, in denen der Dichter vorgeht: „Kriemhild handelt aus *triuwe*, aus dem Ratschluß Gottes und als sein Werkzeug, und: wir alle sind Sünder und bedürfen der Gnade Gottes".[37] Damit ordnet die ‚Klage' das unbegreifliche Geschehen unter das unerfindliche Handeln Gottes mit den Menschen.[38]

Im Fassungsvergleich ist festzustellen, dass die ‚Klage' *B verschiedene Deutungsmuster nebeneinandersetzt und insofern dem *B-‚Lied' gleicht. Außerdem weist die *B-‚Klage' weitgehend keine eindeutigen Schuldzuweisungen auf. Dagegen treten in der *C-‚Klage' unterschiedliche Aspekte verstärkt hervor, so dass die Fassung vereindeutigend wirkt.[39] Die Forschung hat dies als „Schwarz-weiß-Malerei",[40] als klare Sortierung von Gut und Böse,[41] als Moralisierung und Vereindeutigung gewertet.[42]

In der ‚Klage' sind im Vergleich zum *C-‚Lied' Motive und Handlungen Kriemhilds und Hagens präzisiert, andere neu eingefügt. Das Geschehen ist im Vergleich zum *C-‚Lied' stärker aus der Perspektive eines christlich-mittelalterlichen Weltbildes gedeutet.[43] Dies äußert sich in der höheren Anzahl an christlichen „Akzente[n]".[44]

---

35 Vgl. Curschmann 1987, Sp. 953; Bernreuther 1994, S. 174f.
36 Lienert 2000, S. 24.
37 Henkel 1999, S. 99.
38 Ebd., S. 97.
39 Vgl. ebd., S. 23f.
40 Schröder 1957/58, S. 65.
41 Curschmann 1987, Sp. 953; Müller 1998, S. 118.
42 Die Forschung zusammenfassend Lienert 2000, S. 24. Bernreuther (1994, S. 163) nennt als weiteres Erzählziel das Bemühen „um die Rekonstituierung der Tragfähigkeit der *triuwe* als verbindliche gesellschaftliche Norm".
43 Vgl. Gillespie 1972, S. 166; Henkel 1999, S. 88. Dagegen geht Günzburger (1983, S. 167f.) für die Figuren, vor allem bei Etzel und Dietrich, von einer Gottesferne aus, während Gillespie (1972, S. 163f.) unter anderem Etzels positive Wahrnehmung des *ordo* Gottes und die zukunftsweisende Ordnung der Überlebenden betont. Diese Frage ist meines Erachtens nicht entscheidend, weil das Anliegen der ‚Klage' keineswegs ist, ein theologischer Text zu sein. Dies insbesondere auch nicht im Fall, wenn man den Nibelungenkomplex im Kontext einer ‚Vorzeitkunde' deuten möchte. Göhler (2006, S. 145) weist darauf hin, dass „Heldensage [...] – ähnlich den *origo*-Vorstellungen – jahrhundertelang eine Vorstellung von den säkularen Anfängen eigener Existenz [vermittelt]. Sie ist eine ‚Vorzeitkunde' der *illitterati* – ob als ungeformtes Vorzeitwissen oder als wie auch immer geformte Heldendichtung". Die Leistung der ‚Klage' ist

9.3 Betrachtungsweise der Schuldfrage in ‚Nibelungenlied' und ‚Klage'

Festzustellen ist, dass die Fassung *C des ‚Lieds' mit den ‚Klage'-Fassungen in der Betrachtungsweise der Schuldfrage übereinstimmt. Im Vergleich zur ‚Klage' geschieht die Bewertung der Figuren und ihrer Handlungen seitens des Erzählers im *C-‚Lied' relativ zurückhaltend. Erst in der ‚Klage' ist die Beurteilung in Variationen in unterschiedlichen Figurenreden forciert. Der im *C-‚Lied' angedeutete christliche Deutungsrahmen des Geschehens ist in der ‚Klage' weitaus stärker ausgeführt. Einigen Akteuren ist wie in der Fassung *C des ‚Lieds' Schuld zugewiesen, andere sind entlastet. In der ‚Klage' finden sich Aspekte, die auch das ‚Lied' – vor allem in der *C-Fassung – bietet. Sie setzt sie argumentativ ein, präzisiert sie und fügt ebenfalls neue hinzu. Darüber hinaus lässt die ‚Klage' die Rezipienten vermehrt ins Innere der handelnden Figuren blicken. Für die Fassung *C des ‚Lieds' ist das verstärkte Einschreiben von Introspektionen kennzeichnend. Dass sie oft in Bezug auf Kriemhild eingearbeitet sind, ist offenbar darauf zurückzuführen, dass für den Rezipienten ein erhöhter Plausibilisierungsbedarf für ihr Handeln besteht. Diese Erzähltechnik ist vermutlich dem höfischen Roman entnommen; sie steht grundsätzlich im Kontext einer Plausibilisierungsstrategie im Sinn der *evidentia*-Lehre sowie als Ausdruck einer Strategie der Profilierung durch Kontrastierung. Durch die rhetorikorientierten Aspekte rücken *C-‚Lied' und die ‚Klage'-Fassungen gegenüber dem *B-‚Lied' zusammen. Dabei kann der Forschungskonsens, dass beide Texte „eine Flurbereinigung großen Stils" an der *nôt*-Fassung des ‚Lieds' betreiben, so dass „vermittels einer rigiden geistlich-moralischen Lektüre"[45] eine widersprüchliche Doppelperspektive der Makrostruktur beseitigen werde, die aus der Verbindung der heterogenen Sagenkomplexe erwachsen ist, nur bedingt gestützt werden.

Der ‚Klage'-Dichter schafft einen Verständnisrahmen, in den das Nibelungengeschehen plausibel in die christlichen Denkkategorien der Zeit um 1200 eingeordnet ist. Kropik hat herausgearbeitet, dass es weniger das Anliegen der

---

es, einen weiteren Anschluss an die Zeit der Rezipienten zu bieten. Deshalb verwundert es mich nicht, dass das christlich-religiöse Weltbild „im Epos auffällig unterrepräsentiert" ist; ebd., S. 139. Dinkelacker (2006, S. 69, Anm. 35) geht noch weiter und warnt für das ‚Lied' davor, „Christliches mit Bezug auf das augustinische Weltbild ohne jede Textstütze einfach vorauszusetzen". Entsprechend ist auch Kiels (2008, S. 240) Beobachtung einzuordnen, dass die ‚Klage' zwar Mahnungen zur Mäßigung enthalte, „doch sind diese nicht theologisch begründet".

44 Göhler 2006, S. 138.
45 Heinzle 1995, S. 93.

‚Klage' ist, offene Fragen des ‚Lieds' zu klären oder „bis ins letzte Detail zu rekonstruieren, ‚wie es wirklich war'",⁴⁶ als vielmehr grundsätzlich das Untergangsgeschehen zu deuten und die Entstehung von Sage zu reflektieren. Diese Sinnfindung kann nach mittelalterlicher Perspektive nur im für den Menschen nicht ergründbaren Walten Gottes gefunden werden.⁴⁷ Ein solches Erklärungs- und zugleich Darstellungsverfahren findet sich ebenfalls in den meisten mittelalterlichen Weltchroniken, in denen ein moralisches Urteil „vielfach aus Gottes vermeintlicher Strafe oder Belohnung ab[geleitet]" wird.⁴⁸ Auch wenn der Bearbeiter des *C-‚Lieds' in eine ähnliche Richtung geht, kann und will er die ausführliche und argumentative Darstellung, die die ‚Klage' im fortlaufenden Reimpaartext bietet, nicht geben. Aus diesem Grund bedürfen auch beide Fassungen des ‚Lieds' einer ‚Klage', die das Erzählte einordnet und zu bewältigen hilft. Zugrunde zu legen ist eine jeweils unterschiedliche Erzählintention von ‚Lied' und ‚Klage'. Das Ziel der Fassung *C des ‚Lieds' ist es nicht, die ‚Klage' überflüssig zu machen.

9.4 Zusammenfassung: Intention und Deutungsleistung des Bearbeiters des ‚Nibelungenlieds' *C

Durch den Vergleich der Fassungen *B und *C ist zu beobachten, dass der Bearbeiter *C oftmals präzisierende und korrigierende Änderungen auf der formalen, inhaltlichen und motivationstechnischen Ebene vornimmt. Insbesondere die Akzentuierung wichtiger Handlungsmotive der Hauptfiguren – oft auch durch mittelalterlich-christlich gefärbte Bewertungen – scheint ihm ein großes Anliegen zu sein. Dies äußert sich im Wesentlichen in zwei Strategien seiner Retextualisierung: Zum einen wird die Plausibilität des Erzählens erhöht, indem etwa über Introspektionen Handlungsintentionen erzählt werden; dies bewirkt zugleich, dass die vormals oft „unentschiedene und vielfach unklare Handlungsverknüpfung und Motivation"⁴⁹ geklärt werden. Zum anderen sind Kontraste zum Beispiel hinsichtlich Ort und Handlung, höfischer Oberfläche und destruktiver Gewalt oder der Figurenkennzeichnung verschärft. Auf diese Weise ist der Nibelungenstoff verstärkt personalisiert und ‚dramatisiert', um Sachver-

---

46 Kropik 2008, S. 165.
47 Ebd.
48 Knapp 1987, S. 161.
49 Henkel 2003a, S. 128; vgl. Bumke 1996c, S. 540.

halte und ihre eigentlich unbekannten Hintergründe und Ursachen Rezipienten orientiert zu erklären.

Wichtig ist es, die *C-Eigenheiten in Bezug auf den Gesamttext zu betrachten und nicht nur untereinander zu vernetzen. Schaut man sich isoliert nur die *C-Eigenheiten an, dann erwecken sie den Anschein, als ob Kriemhild positiver und Hagen negativer gekennzeichnet ist, was eine Verschiebung der Verantwortlichkeit für das Untergangsgeschehen indiziert. Angesichts des Gesamttexts, in dem *B und *C weithin parallel formulieren, ist etwas anderes zu konstatieren: Dass positive Aspekte Kriemhilds und negative Hagens stärker herausgearbeitet sind, plausibilisiert das jeweilige Handeln beider Figuren für die Rezipienten, weniger für die anderen Figuren. Es scheint weniger das Ziel gewesen zu sein, die Verantwortung für das Untergangsgeschehen zu verschieben, als sie vielmehr gleichmäßiger zu verteilen. Auf diese Weise sind die Handlungsweisen der Figuren für eine Bewertung leichter zugänglich. Die Fassung *C des ‚Lieds' zeugt stärker von literarisch vermittelten Vorstellungswelten, indem bspw. die *minne*-Beziehung zwischen Kriemhild und Siegfried und ihr daraus entstehendes Rachemovens stärker herausgestellt sind. Der *C-Bearbeiter kommt in seiner Ausgestaltung dem literarischen Geschmack der Zeit verstärkt entgegen,[50] indem, wie es Schröder überzeichnet formulierte, Kriemhild nicht als „entmenschte Furie", sondern als eine leidende „Liebende" erzählt wird.[51] Profil gewinnt die Fassung *C des Weiteren über das Akzentuieren höfischer sowie christlicher Aspekte. Die christlichen Momente sind jedoch an keiner Stelle so stark ausgeweitet, dass von einer dezidiert religiösen Weltanschauung gesprochen werden könnte.[52] Der Bearbeiter *C siedelt seine Stellungnahme zum Geschehen vorrangig auf zwei unterschiedlichen Textebenen an: in der Figurenrede und im Erzählerkommentar. In der umfangreichen Detailarbeit, insbesondere aber auch in markanten Kommentarstrophen tritt seine Position deutlich hervor. Ob eine verstärkte Bewertung des *C-Bearbeiters das Ziel der Fassung *C ist, wie es etwa Bernreuther formulierte,[53] ist meines Erachtens unsicher und in Anbetracht der jeweils eigenen Erzählintention und Erzählfunktion von ‚Lied' und ‚Klage' auch eher eine sekundäre Folge des Bemühens um Plausibilität. In seiner Textarbeit verfolgt der *C-Bearbeiter konsequent weiter die Linien des Grundtexts, wie sie ebenso in der Fassung *B zu erkennen

---

50 Vgl. Müller 1998, S. 86.
51 Schröder 1957/58, S. 80.
52 Vgl. Bumke 1996c, S. 538f.
53 Vgl. Bernreuther 1994, S. 184.

sind; dies gilt für die Weltsicht wie für die Poetik.⁵⁴ Aufgrund seines Erzählziels wird die ‚Klage' nicht entbehrlich. Vielmehr bedarf wegen der unterschiedlichen Funktionen beider Texte auch das *C-‚Lied' der ‚Klage'.

Auf motivationstechnischer Ebene äußert sich das Erzählprinzip von *C primär darin, dass einzelne Episoden mit größerer Folgerichtigkeit auseinander entwickelt und damit linear plausibler verknüpft sind.⁵⁵ Ein glatterer Ablauf wird durch das Erzählen von Kontext und das Auffüllen von Motivationslücken erzeugt.⁵⁶ *C ist damit eine verstärkt schriftliterarische Tendenz zu attestieren. Es hat sich herausgestellt, dass der *C-Bearbeiter mitunter an Stellen eingreift, die in der *B-Fassung auch dem neuzeitlichen Leser Verständnisschwierigkeiten bereiten.⁵⁷ Insofern entspricht *C eher neuzeitlichen Erwartungen.⁵⁸ Die Leistung des *C-Bearbeiters betrifft nicht eine grundsätzlich neue Sinnstiftung und eine damit verbundene strukturelle Konzeption, wohl aber die Gestaltung im Einzelnen. Differenzen von *C zu *B äußern sich häufig nur in „punktuell unterschiedliche[n] Akzentuierungen"⁵⁹ von Figuren und Geschehnissen, die nur zum Teil auf eine grundsätzliche Konzeption zurückzuführen sind. Die Punktualität der Eigenheiten darf nicht darüber hinwegtäuschen, dass *C eigene Strategien verfolgt, die sich in Tendenzen, weniger in systematischen Umsetzungen äußern.⁶⁰ Die unzähligen Änderungen bezeugen eine ausgesprochene Kennerschaft einerseits des Texts von ‚Lied' und ‚Klage', andererseits unterschiedlicher Sagentraditionen. Motive können für zahlreiche *C-Eigenheiten plausibel identifiziert, selten sicher bewiesen werden. Dies mag auch daran liegen, dass „manche Änderung, die er [scil. der *C-Bearbeiter] brachte, der bloßen Lust am Ändern überhaupt entsprungen" ist.⁶¹ Trotz der ‚Modernisie-

---

54 Vgl. Heinzle 2003a, S. 196.
55 Müller 1998, S. 93.
56 Ebd., S. 86.
57 Müller (ebd., S. 71) sieht darin ein gewichtiges Argument für den sekundären Charakter der Fassung *C, da sie Fragen der nôt-Fassung beantworte.
58 Vgl. ebd., S. 70.
59 Strohschneider 1998, S. 106f.
60 Die vermeintliche Inkonsequenz ist es, die als einer der größten Kritikpunkte an der *C-Fassung geäußert wird; vgl. Hennig 1977, S. VIII. Besonders energisch bescheinigt Müller (1998, S. 53) den „Varianten und vermeintlichen Besserungen" in ihrer Gesamtheit nur geringen Erfolg, da die Normalisierungsversuche oft nach wenigen Strophen stecken bleiben oder zu neuen Ungereimtheiten führen; ebd., S. 94. Solch eine Perspektive strikter Kohärenzerwartungen ist mit Panzer (1955, S. 97) zu relativieren, da eine derartige Folgerichtigkeit dem Hochmittelalter fremd gewesen ist.
61 Panzer 1955, S. 97. Sicher zu belegen ist dies nicht. Da die Forschung aber zumindest für spätmittelalterliche Schreiber und Drucker ein „Alternanzgebot" herausgearbeitet hat, er-

rungen' soll das ‚Lied' von einem altertümlichen Erzählen zeugen, wie es ebenso die handschriftliche Einrichtung nahelegt. An der Punktualität wird ebenfalls deutlich, wie durch oftmals scheinbar kleine und geringfügige Eingriffe die *materia* im *artificium* mitunter markant anders perspektiviert und erzählt werden kann und wird. Ziel des *C-Bearbeiters ist es, die Geschichte von den Nibelungen wieder- und weiterzuerzählen; dies in einer Weise, die einerseits den zeitgenössischen literarischen Konventionen, Wertvorstellungen, Wünschen und Interessen entspricht und andererseits aus dem christlichen Denkhorizont der Zeit um 1200 verstehbar und akzeptabel ist.[62] Einzelne Umarbeitungsformen weisen auf eine Gelehrtheit des Bearbeiters *C hin, so wie auch grundsätzlich seine lateinisch-rhetorische Schulung anzunehmen ist. Sie sind nicht als Besonderheiten der Retextualisierungsverfahren des Nibelungenkomplexes zu werten. Henkel hat an Kurzfassungen vor allem höfischer Romane nachgewiesen, dass mit Verfahren der *amplificatio* und *abbreviatio* im Kontext einer rhetorischen Ausgestaltung „auch im Bereich volkssprachigen Erzählens überall und im gesamten Zeitraum von 1200–1500 zu rechnen ist".[63] Gezielte Kürzungen, Erweiterungen und eigene Formulierungen, aber auch Variationsphänomene „ohne eine erkennbare spezifische Zielsetzung"[64] sind grundlegende Phänomene mittelalterlicher Literatur und ihrer Fassungen, was den „prozeßhaften Charakter ihrer Aneignung und ihres Wandels, die Koexistenz des Divergenten"[65] ausweist.

---

scheint dies zumindest möglich: „Die rasch aufeinanderfolgende Wiederholung derselben Wortgraphie gilt als stilistisch unschön und sollte von guten Schreibern und Druckern vermieden werden"; Voeste 2008, S. 34.
62 Henkel 2003a, S. 128; vgl. Brandt 1997, S. 199.
63 Henkel 1993, S. 58.
64 Ebd.
65 Ebd.

10 Status und Medialität der Fassung *C – Funktionen des Erzählens in ‚Nibelungenlied' und ‚Nibelungenklage'

Im Folgenden geraten dialogische Beziehungen zwischen den ‚Lied'- und ‚Klage'-Texten und ihrem kulturellen Umfeld in den Blick. Über die Bestimmung von Status und Medialität der Fassung *C werden ihre Funktionen des Erzählens weitergehend konturiert.[1]

10.1 Die Fassung *C als buchliterarische Fassung

Wird ein mündlich tradierter Stoff in das Medium der Schriftlichkeit überführt, dann erfolgt dies immer auch im Rahmen zeitgenössischer literarischer Interessen und Konventionen. Die mündliche Tradition wird nicht einfach fixiert, sondern unter den besonderen Bedingungen schriftliterarischer Kommunikation anhand unterschiedlicher Formen und Techniken der Retextualisierung neu konzipiert (siehe Abschnitt 2.2). Auch in der darauf folgenden schriftlichen Tradierung ändert sich die Textgestalt. Im Fall des Nibelungenkomplexes ist zweierlei festzustellen: Erstens ist der nicht erhaltene Grundtext grundsätzlich als Buchtext konzipiert. Dafür spricht die relative Festigkeit des Texts über alle Fassungen hinweg bezüglich Wortlaut, Strophenbestand, Handlung und Episodenfolge sowie die weiträumige Konzeption, die durch Vorausdeutungen und Rückblicke ausdrückliche Verbindungen zwischen den Teilen herstellt,[2] die die weitläufige und divergente mündliche Nibelungentradition nicht nur schriftlich zu fixieren, sondern auch konzeptionell zu gestalten versucht.[3] Zweitens dokumentieren die *nôt*- und die *liet*-Fassung einen Prozess der Literarisierung, wobei sie unterschiedliche Stadien beziehungsweise Textzustände der Verschriftlichung des Nibelungenstoffs darstellen.[4] Erst in dieser Weiterarbeit am Grundtext wird der Text des Nibelungenkomplexes zu einem „richtigen Buchtext".[5] Die Ausbildung der Fassungen lässt erkennen, dass sich den Bearbeitern die

---

1 Zur Diskussion des Konzepts der ‚Medialität' in Bezug auf das Mittelalter siehe Kiening 2007a.
2 So bereits Müller 1993, S. 149.
3 Schröder 1989, S. 39; Wolf 1987, S. 198; Kropik 2008, S. 139.
4 Vgl. Heinzle 2003a, S. 195; Müller 1998, S. 71.
5 Heinzle 1995, S. 92.

Leitfrage stellte, wie der Nibelungenstoff am besten zu erzählen ist. Henkel deutet die Fassungen im Kontext einer „aktuelle[n] Positionierung von Heldensage"[6] dann auch als Zeugnis eines „Gespräches" darüber, wie der Stoff am besten als Buchepos darzustellen sei.[7] Zwischen beiden Fassungen ergeben sich in dieser Hinsicht deutliche Unterschiede: Mit Heinzle und Müller kommt der nôt-Fassung ein „Zwischenstatus zwischen Mündlichkeit und Schriftlichkeit"[8] zu, da sich ihre Erzählweise zwar vom mündlichen Erzählen unterscheidet, jedoch nicht allen Erwartungen entspricht, die einem schriftlich konzipierten Erzählen entgegengebracht werden.[9] Dagegen bietet die *C-Fassung einen „buchliterarisch am weitesten entwickelte[n] Textzustand".[10]

Die Annahme des fortgeschrittenen Textzustands von *C gründet auf den folgenden Argumenten: Die erste Aventiure legt die Perspektive des Erzählens von den Nibelungen fest.[11] Die Prologstrophe +C 1 kennzeichnet das Nachfolgende als ein Wiedererzählen und damit als ein retrospektives Erzählen, das jedoch für die Rezipienten um 1200 aktuelle Bedeutung erlangen muss. Dieser „Modernisierungsdruck"[12] äußert sich unter anderem in der Einfügung von Elementen und Verwendung von Erzählverfahren des höfischen Romans und in Bezügen zu zeitgenössischen Ereignissen, Orten und Personen (siehe Abschnitt 2.2). Die Prologstrophe drückt ein spezifisches Verschriftlichungsprogramm aus, da der Erzählvorgang als solcher ausdrücklich reflektiert wird.[13] Damit ist zugleich eine Distanz gegenüber der mündlichen Überlieferung aufgebaut, die als „konserviertes Altertum"[14] erscheint. Durch die Kategorie ‚alt' ist das Erzählte einerseits als positiv besetzter Wert und als Autorität eingestuft, andererseits Gegenstand von Reflexion und Kritik.[15] Eine mündliche beziehungsweise mündlich vorgetragene Dichtung bedarf nicht unbedingt eines verbalisierten Prologs, weil über den Vortragenden und die Vortragssituation die Kommunikationssi-

---

6 Henkel 2003a, S. 113.
7 Ebd.
8 Heinzle 2003a, S. 197.
9 Müller 1998, S. 103.
10 Heinzle 2003a, S. 197; vgl. auch Müller (1998, S. 71), dem zufolge „in der *AB-Gruppe, in der *C-Gruppe und in der ‚Klage' [...] verschiedene Stufen buchepischer Bearbeitung des alten Stoffes zu fassen" sind.
11 Vgl. Müller 1998, S. 99.
12 Heinzle 2000b, S. 213. Bernreuther (1994, S. 5) geht noch etwas weiter, wenn sie als primäres „Faszinosum heldenepischer Stoffe" die „beispielsweise durch veränderte Motivationen bedingten, stets andersartigen Präsentation längst bekannt geglaubter Geschichten" vermutet.
13 Schulze 2007b, S. 16.
14 Heinzle 2003a, S. 196.
15 Heinzle 1995, S. 92f.

tuation genauer bestimmt ist.[16] Da in der Fassung *B (beziehungsweise der Handschrift B) keine Prologstrophe enthalten ist, wirkt sie in dieser Hinsicht ‚mündlicher' als *C. Als ein typisch schriftsprachlicher Aspekt der Verarbeitung älterer Tradition gilt der Erzählerkommentar. Er findet sich vor allem fassungsübergreifend in der ‚Klage', aber auch verstärkt in der Fassung *C des ‚Lieds' im Vergleich zu *B. Der fortgeschrittene Buchstatus des *C-‚Lieds' zeigt sich ebenfalls im syntagmatischen Erzählprinzip auf Mikro- ebenso wie auf Makroebene, einzelne Episoden folgerichtig auseinander zu entwickeln.[17] Von einer weitergehenden Literarisierung zeugen des Weiteren Merkmale wie die intensive Nutzung der Reimbrechung. Voorwinden stellt in einer Untersuchung der *C-Leithandschrift C fest, dass der Bearbeiter die „Basiseinheit eines mündlichen Epos, die Halbzeile" sprengt, sowie dass „notwendige Satzglieder in die nächste Halbzeile oder gar in den nächsten Vers" rücken.[18] Dies sei am folgenden Beispiel illustriert: In B 2146,2 (2149,2) heißt es „*dô ir mir ze Etzelen rietet, ritter ûz erkorn*", in C 2207,2 mit „*dô ir mir zuo Ezelen her ze lande rietet varn*" fungiert die Halbzeile offensichtlich nicht als Basiseinheit. Derartiges ist in leicht geringerer Zahl ebenfalls in *B zu finden wie auch Strophensprünge, bei denen die vorhergehende Strophe in der folgenden syntaktisch fortgesetzt wird, von denen Panzer für die *B-Fassung 57 zählt.[19] Ebenfalls kann die gelegentlich zu beobachtende Vermeidung von Wortwiederholungen dazu führen, dass „alte epische Formeln zerstört werden" und dass der Text dadurch seinen mündlichen Charakter verliert.[20] In *C sind einige Strophen nicht vorhanden, die Wiederholungen enthalten hätten beziehungsweise in denen nichts Neues mitgeteilt wird. Wiederholungen – auch als Zusammenfassungen – sind aber primär für einen mündlichen Vortrag wichtig;[21] in einem schriftlichen Text sind sie durch die Möglichkeit des Hin- und Herblätterns entbehrlich.[22] Für den fortgeschrittenen Status einer Buchliterarizität, im Sinn einer ästhetischen Qualität des intentionalen und reflektierten Hergestelltseins von Literatur,[23] der Fassung *C im Vergleich zu *B spricht im Bereich der Makrostruktur ebenfalls die plau-

---

16 Vgl. Mertens 1996b, S. 363.
17 Müller 1998, S. 92.
18 Voorwinden 1978, S. 284.
19 Panzer 1955, S. 118; vgl. Masser 1980.
20 Voorwinden 1978, S. 288.
21 Ebd.
22 Müller 1993, S. 151.
23 Vgl. Barsch 2013.

siblere und konsistentere Figurengestaltung zum Beispiel von Kriemhild und Hagen, sowie die größere handlungslogische Stimmigkeit.[24]

Nicht nur inhaltlich sowie erzähltechnisch motivierte Eigenheiten weisen auf einen fortgeschritteneren Buchstatus hin, sondern auch strukturelle, wie das Bündeln von Argumenten, und gestaltende Momente wie die aufgezeigte Neugestaltung der Aventiureeinteilung im *C-‚Lied' oder die Überschriften in der *C-‚Klage' (siehe Abschnitte 6.5 und 7.1). Auffällig ist ebenfalls, dass einzelne Motive, die sich nur in der *B-‚Klage', nicht im *B-‚Lied' befinden, wie das erwähnte *vernôgieren* Etzels und die Begründung des Untergang der Burgonden mit dem Argument, dass christliche Kämpfer auf der Gegenseite gestanden hätten, in den *C-Text des ‚Lieds' integriert sind und in der *C-‚Klage' nicht auftauchen. Dies kann in einzelnen Fällen als eine Harmonisierung beider Texte betrachtet werden,[25] wenngleich meistens für die ‚Klage' eigene Erzählstrategien als Erklärungen für Gemeinsamkeiten und Unterschiede zum ‚Lied' anzusetzen sind (siehe Abschnitt 4.2).

Zwar weist die Fassung *C des ‚Lieds' über die genannten Aspekte Merkmale von Schriftlichkeit auf, doch ist zu berücksichtigen, dass bis in die Anfänge der Neuzeit weitgehend mündlich vorgetragen wird. Aus diesem Grund ist auch für die Fassung *C nicht anzunehmen, dass sie als reines Lesebuch mit entsprechenden buchliterarischen – und nach neuzeitlichen Kriterien entwickelten – Maßstäben zu betrachten ist. Bereits die strophische Form des ‚Lieds' weist die Verbindung zur Mündlichkeit aus. Das ‚Lied' ist fassungsübergreifend zum (gesungenen) Vortrag denn zur Einzellektüre bestimmt.[26] Eine systematisch-schriftliterarische Gestaltung des ‚Lieds' ist ebenso aus dem Grund nicht zu erwarten, als es Wiedererkennungsmomente mündlicher Dichtung zu bewahren sucht.[27]

Viele der genannten Aspekte gelten ebenfalls für die ‚Klage'-Fassungen, wie es aus dem Fassungsvergleich ersichtlich ist. Anders als das ‚Lied' ist die ‚Klage' ausdrücklich textintern als Schriftwerk ausgewiesen, indem die eigene Werkgenese im Kontext eines Verschriftlichungsprozesses dargestellt ist. Wie gezeigt werden konnte, geht die Fassung *C der ‚Klage' einen Schritt weiter als *B, indem sie bereits zu Beginn in einer eigenen Formulierung den Zusatz *latîne* (*C 20) aufweist (siehe besonders Abschnitt 3.3.2). Am Ende verweisen beide Fassungen auf die *latînischen buochstaben* (*B 4299/*C 4405). Dies ist nicht nur

---

24 Heinzle 2003a, S. 196.
25 Panzer 1955, S. 95.
26 Müller 1993, S. 150.
27 Vgl. Bäuml 1980, S. 239–249.

als Legitimationsstrategie zu deuten, sondern der *C-Bearbeiter stellt sich auch (geringfügig) deutlicher in eine Tradition lateinischer Schriftlichkeit.[28] Sowohl die Fassung *C des ‚Lieds' als auch die der ‚Klage' setzen einige Akzente, die beide Text im Vergleich zu *B-Fassung als buchliterarischer erscheinen lassen.

10.2 Der Nibelungenkomplex als ‚historische' Überlieferung

Herausgestellt ist in der vorliegenden Arbeit bereits, dass trotz der festgestellten Bearbeitungstendenzen und eigenständigen Akzentuierungen für die Fassung *C gilt, dass sie an den ‚Fakten' der Handlung festhält. Mit Müller ist auszugehen von einer „Autorität einer bestimmten Textgestalt, die man in Bezug auf einige Parameter nicht anrührt".[29] Zu klären ist, weshalb sich der Bearbeiter *C seiner *materia* (und dem *artificium*) derart verpflichtet fühlt, wenn sie ihn in der Gestaltung seines Texts einschränkt. Diese Frage wird von der Forschung unterschiedlich beantwortet, wobei die Deutungen nicht immer scharf voneinander zu trennen sind beziehungsweise getrennt werden dürfen: Verbindlichkeit wird der *materia* zugesprochen,
- (a) weil auch schriftlich konzipierter Heldenepik zumindest eine graduelle Funktion der Vorzeitüberlieferung zugesprochen wird;
- (b) weil zumindest das ‚Lied' nur im Kontext der mündlichen Sagentradition verstanden werden kann;
- (c) weil aus poetologischer Perspektive die *materia* ein großes Eigengewicht hat, die sich nicht beliebig manipulieren lässt;
- (d) weil der Grundtext des ‚Lieds' als qualitativ überzeugende Gestaltung gewertet wird, so dass es dem *C-Bearbeiter nur darum geht, das Vorliegende zu verbessern;
- (e) weil die Fassungen von einer dynamischen Textualität des Mittelalters zeugen, für die eine Weiterarbeit mit teils mehr oder weniger konzeptionell gerichteten Eingriffen selbstverständlich ist.

Diese Aspekte sind im Rahmen der Untersuchung bereits behandelt, zumindest erwähnt. Im Folgenden möchte ich im Kontext poetologischer Überlegungen einen möglicherweise spezifisch heldenepischen Geschichtlichkeitsbegriff, entsprechende Funktionszuschreibungen sowie die Referenzialität der Texte kri-

---

28 Vgl. Mertens 1996b, S. 368.
29 Müller 1999, S. 162.

tisch reflektieren, um auf diese Weise die Strategien einer Retextualisierung der Fassung *C weitergehend zu akzentuieren und zu kontextualisieren.

10.2.1 Aura historischer Verbindlichkeit

Forschungskonsens ist, dass die Heldendichtung bis in das Spätmittelalter hinein eine „Aura historischer Verbindlichkeit" umgibt.[30] Sie bietet offenbar einen ästhetischen Mehrwert. Zu erklären ist die Aura mit einem grundsätzlichen Verständnis davon, was Heldensage ist, auf der Heldendichtung beruht. Sage entsteht, indem historische Ereigniskerne – im Fall des Nibelungenkomplexes aus der Völkerwanderungszeit – erzählend gestaltet werden. Dabei wird eine Ausgangserfahrung dieser Ereignisse bewältigt und in der Erinnerung bewahrt.[31] In der weiteren Tradierung wird Sage aktualisierend, d.h. durch Bezüge zu weiteren Ereignissen, Institutionen, Orten, Personen usw. neu funktionalisierend modifiziert.[32] Die Sage ist zwar künstlerisch ungeformt, bestimmte Muster von Handlungsmotiven müssen sich jedoch schon zuvor herausgebildet haben. Sie bietet Identifikationsmuster für die adlige Lebensform und stiftet Tradition und Orientierung.[33] Die Sage bildet damit die historischen Ereigniskerne nicht ab, sondern transformiert sie. Für die Heldenepik sind spezifische Gestaltungsverfahren zu konstatieren, die Heinzle als Assimilation bezeichnet, indem traditionelle Erzählschemata und Erzählmotive herangezogen werden,[34] als Reduktion, indem komplexe geschichtliche Ereigniszusammenhänge auf elementare menschliche Affekte und Konflikte zurückgeführt werden, sowie als Koordination, indem mehrere Sagenkreise zu einer sie übergreifendenden Erzählung zyklisch zusammengeschlossen werden.[35] Lienert spricht von den Verfahren der Assimilation über traditionelle Erzählschemata und -motive, der Reduktion komplexer Zusammenhänge, der Personalisierung (Umdeutung politischer Gegnerschaft zu Verwandtenkonflikten) und der Integration beziehungsweise Synchronisierung von Personen und Ereignissen unterschiedlicher Zeiten zu einer Heldenwelt.[36] Auch im Fall der Nibelungensage ist eine historisch motivierte Entstehung über einen historischen Ereigniskern anzuneh-

---
30 Heinzle 1999, S. 196; vgl. Haustein 1989. Ähnliches gilt für den Antikenroman.
31 Schulze 2007a, S. 160; vgl. Heinzle 1999, S. 7.
32 Vgl. Heinzle 2003b; Lienert 2015, S. 10f.
33 Vgl. Heinzle 1999, S. 6.
34 Ebd.
35 Heinzle 2005a, S. 30f.
36 Vgl. Lienert 2015, S. 11.

men:[37] Der Handlungskern der Burgondenuntergangssage ist als historisches Geschehen sicher belegt,[38] dagegen ist der der Siegfriedsage historisch nicht nachzuweisen.[39] Die Forschung hat für das ‚Lied' herausgearbeitet, dass Ereignisse aus verschiedenen Zeiten – wie aus der Völkerwanderungszeit, dem Frühmittelalter, der jüngeren Vergangenheit und ebenso zeitgenössische vom Ende des 12. Jahrhunderts – verarbeitet sind,[40] ohne dass zeitliche Schichten im Text auseinandergehalten werden oder dies auch nur intendiert ist. Auszugehen ist für Heldensage damit von einem spezifischen Vergangenheitsbild beziehungsweise Geschichtsbegriff.[41] Auf den Aspekt einer historischen Verbindlichkeit weist ebenfalls die Überlieferungssituation hin: Der Nibelungenkomplex ist separat (wie in der Handschrift C) oder in gattungsübergreifenden Sammelhandschriften (wie in B), gelegentlich mit ‚historischer', aber nur selten gemeinsam mit ‚aventiurehafter' Dietrichepik überliefert.[42] Die ‚historische' Dietrichepik hat wenig mit Historie im Sinn der Geschichtswissenschaft zu tun; insbesondere sie ist jedoch Gegenstand der Kritik mittelalterlicher Chronistik geworden.

Bereits vor der Verschriftlichung des Nibelungenkomplexes weist die lateinische, aber auch die deutschsprachige Chronistik das Wissen um die Identität der historischen Person Theoderichs des Großen mit dem Dietrich von Bern der Heldensage auf.[43] Zugleich wird die historisch und zeitlich nicht korrekte Verbindung etwa von Theoderich/Dietrich und Attila/Etzel in der Heldensage kritisiert.[44] Solche Kritik findet sich im 12. Jahrhundert in den lateinischen Chroniken Frutolfs von Michelsberg († 17.01.1103) und Ottos von Freising († 22.09.1158),[45] aber ebenso in der volkssprachigen ‚Kaiserchronik' (zwischen

---

37 Hoffmann 1992, S. 41–44; Schulze 2007a, S. 160. Zur Überlieferung des Nibelungenstoffs siehe zusammenfassend Lienert 2015, S. 20, 30–32.
38 Zur Überlieferung einer bruchstückhaften Herkunftssage von den Burgundern siehe Wood 1999; 2004; Kaiser 2004, S. 13f.
39 Ein Wormser Siegfriedkult ist erst im Spätmittelalter belegt und vermutlich schon literarisch beeinflusst; vgl. Graf 1993, S. 57f.; Henkel 2003b.
40 Thomas (1990b, S. 339; vgl. 1990a) hat eine hohe Anzahl an möglichen „Querverbindungen zur politischen Realität" zusammengestellt, die er anhand zeitgenössischer lateinischer Chroniken Ottos von Freising und Ottos von St. Blasien belegt und als gezielte Anspielungen deutet. Allerdings lassen sich vermeintlich intendierte Querverbindungen nicht „durch direkte Texthinweise verifizieren"; Göhler 2006, S. 129; vgl. Schulze 2007a, S. 167.
41 Vgl. Müller 1998, S. 25.
42 Vgl. Lienert 2015, S. 27f.
43 Vgl. Schmid 2017a.
44 Vgl. Hennig 1972, S. 115; Schulze 2007a, S. 169.
45 Textausgaben des ‚Chronicon universale': Waitz 1844/1980, S. 130; Hofmeister 1912, S. 232; Lammers 1960, S. 381–383; Schmidt 1993.

1140 und 1150),[46] deren Bewertungen sich auf Chroniken späterer Zeit auswirken. Durch Verweise in den Chroniken ist die Existenz mündlicher Erzähltraditionen zwar belegt, zugleich ist ihre Tauglichkeit als ‚Quelle' für Auskünfte über die Vergangenheit im Sinn der Chronistik hinterfragt.[47] Offen bleiben muss die Frage, inwiefern weitergetragene mündliche Sage als eigene Form der Geschichtsüberlieferung durch die Historiographen, d.h. im gelehrten Kreis, geglaubt wird.[48] Der Aspekt von Heldensage und wohl auch Heldendichtung, Geschichtskerne narrativ aufzubereiten beziehungsweise eine entsprechende Tradition fortzuführen, unterscheidet sie als spezifische Form von Geschichtswissen deutlich von chronistischem Erzählen.[49] Selbst wenn sowohl die poetische als auch die chronikale Darstellung der Stiftung und Erhaltung von gemeinschaftlicher Identität dienen, unterscheiden sie sich in ihrer Orientierungsleistung.[50]

Zur Entstehungszeit des ‚Lieds' und der ‚Klage' um 1200 ist Geschichte „zuerst Heilsgeschichte, dann Geschichte in dem Sinn, wie sie die Dichter des ‚Annolieds' und der ‚Kaiserchronik' dargestellt hatten";[51] reflektiert ist dies in ‚Lied' und ‚Klage' jedoch kaum. Ein der neuzeitlichen Perspektive entsprechen-

---

46 Schröder 1892/1964, besonders V. 14176–14182. Schulze (2007a, S. 174) weist für das Spätmittelalter auf weitere Distanzierungs- und damit Historisierungsprozesse hin. So erscheinen „in der lateinischen und deutschsprachigen Geschichtsschreibung, wo das ‚Nibelungenlied' als Quelle benutzt wurde, um über die Völkerwanderungszeit, Etzel und Dietrich zu berichten, nibelungische Figuren als Riesen". Sie verweist auf die unedierte ‚Leobener Dominikaner Chronik' (1334) (zur entsprechenden Passage der Chronik siehe die Ausgabe von Diemer 1849, S. 63; zur Chronik siehe Hellenbrand 1978, Sp. 371f.) sowie auf Johannes Rothe (15. Jahrhundert); von Liliencron 1859, S. 37. Schulze (2007a, S. 174) interpretiert die Riesenhaftigkeit von Dietrich, Hildebrand, Rüdiger und Hagen nicht im metaphorischen Sinn, sondern als Ausweis einer deformierten Fremdheit. Kornrumpf (1984, S. 332f.) geht davon aus, dass sich die Heldendichtung auch „im späten Mittelalter neben, nicht gegen eine volkssprachliche Chronistik [...] [stellt], als ein anderer Modus vergegenwärtigender *gedächtnüss*; als pure Fiktion kann sie von denjenigen, die sie weiterüberliefert und zusammengefasst haben, nicht begriffen worden sein".
47 Kropik 2008, S. 12. Kropik (ebd., Anm. 19) weist darauf hin, dass die Ablehnung der Chronologie der Dietrich-Etzel-Verbindung durch die Historiographen in der Rolle als „Vergangenheitshistoriker" weniger der Heldensage als „konkurrierende [...] Form der Geschichtsüberlieferung, sondern mündlichen Quellen überhaupt" gegolten habe. Augenzeugenschaft ist vor allem für ‚Zeithistoriker' eine legitime Quelle; vgl. Kellner/Webers 2007.
48 Kropik 2008, S. 12.
49 Vgl. Heinzle 1999, S. 6f.; Schmid 2017a.
50 Haug (1971; 1975) postuliert, dass Heldensage insbesondere für Laien als Geschichtsüberlieferung gilt.
51 Rupp 1969, S. 231.

des Interesse an Geschichte an sich, an Geschichte als Geschichte wird erst ab dem 15. Jahrhundert erkennbar. Zu unterscheiden ist zwischen dem Realitätsbegriff in der mittelalterlich-lateinischen Geschichtsschreibung und der ‚geschichtlichen' Erinnerung der *illitterati*.[52] Kennzeichen der Historiographie sind eine eindeutige Fixierung des Berichteten in Raum und Zeit durch festgelegte Relationen zu anderen Räumen und Zeiten,[53] dagegen bleiben Raum und Zeit in der vorschriftlichen Erinnerung oft vage, das ‚Vorher' steht „nicht in einer meßbaren Beziehung zu irgendeinem Fixpunkt".[54] Der Historiographie liegt das Bestreben zugrunde, eine unkontrollierbare Veränderung von Raum, Zeit und Ereignissen einzudämmen, wobei Raum und Zeit als messbare Größen betrachtet werden. Der gelehrte Zeitbegriff ist vom nicht-gelehrten, ‚natürlichen' Zeitbegriff zu unterscheiden, indem das ‚Vorher' und ‚Nachher' weitgehend unbestimmt bleiben.[55] Dies ist auch im *C-‚Lied' zu beobachten, in dem sich zum Beispiel nur ungefähre Angaben finden, wie dass der Kampf zwischen den Burgonden und den Hunnen auf die Sonnenwende datiert ist (+C 2142). Im Vergleich zu Zeit ist Raum „unmittelbar als meßbare Größe erfahrbar und für alle eindeutig benennbar und definierbar",[56] was nicht zuletzt auf seine Beständigkeit zurückzuführen ist (siehe Abschnitt 10.3). Nach Müller haben grundsätzlich „Geschichten [...] ihren eigenen Zeitindex",[57] und Heldendichtung insbesondere. Historizität und historische Wahrheit sind in mindestens zweierlei Weise relative Kategorien, indem sie zum einen historisch bedingt und zum anderen sozial durch gesellschaftliche Übereinkunft oder politische Setzung konstruiert werden. Aus dem Verbindlichkeitsanspruch des Nibelungenstoffs erklärt sich eine grundsätzliche ‚Gebundenheit' sowohl des Nibelungendichters als auch der Bearbeiter, auch wenn das Moment des ‚Geschichtlichen' konzeptionell kaum zu fassen ist. Inwiefern ‚Lied', ‚Klage' oder der gesamte Nibelungenkomplex grundsätzlich oder auch nur graduell diesem Verbindlichkeitsanspruch genügen wollen,[58] lässt sich aus beiden Werken selbst nur schwerlich herauspräparieren. Sicher ist wohl nur, dass germanische Vorstellungen nicht in die Literatur um 1200 zu projizieren sind. Heldendichtung wird vermutlich insofern als historisch verbindlich betrachtet, als sie wie die Heldensage auf tatsächlich

---

52 Schmale 1993, S. 24.
53 Vgl. ebd., S. 28f.
54 Ebd., S. 28.
55 Ebd., S. 36.
56 Ebd., S. 29.
57 Müller 1998, S. 25.
58 Zur Deutung der Heldensage als Geschichtsüberlieferung siehe Hauck 1963; Gschwantler 1979; für eine Übersicht unterschiedlicher Positionen siehe Kragl 2010.

Geschehenes referiert.[59] Weder ‚Lied' noch ‚Klage' weisen ostentativ-explizit auf einen Fiktionalitätscharakter hin. Aspekte wie die Einrichtung der Handschriften, der Stoff, die strukturellen, stilistischen und inhaltlichen Erzählweisen von ‚Lied' und ‚Klage', die Prologstrophe +C 1 und die Werkgenese in der ‚Klage' weisen textintern auf eine geschichtliche Funktion hin, ohne sie sicher zu begründen.[60] Zu berücksichtigen ist des Weiteren, dass die Aufzeichnung in einer Handschrift sowohl den Inhalt verändert, als auch die Kommunikationssituation zumindest tendenziell von einer symmetrischen in eine asymmetrische wandelt.[61] Ein Gestaltwandel impliziert allerdings nicht notwendigerweise einen Funktionswandel. Mit der Verschriftlichung ergeben sich sinnvollerweise die folgenden Möglichkeiten in Bezug auf einen Anspruch an Historizität:

(a) Bei schriftlich fixierter Heldenepik bleibt diese Funktion unverändert; (b) die Funktion ist graduell verschoben;[62] (c) sie wird transformiert;[63] (d) sie wird betont;[64] (e) sie geht verloren.[65]

Für das Spätmittelalter hat die Forschung eine Tendenz zur Historisierung festgestellt,[66] bei der es sich wahrscheinlich um eine Rehistorisierung handelt,[67] auch wenn nicht ausgeschlossen werden kann, dass eine historische Funktion über Jahrhunderte hinweg bewahrt wird. Für jede dieser Deutungsmöglichkeiten lassen sich plausible Argumente finden, nicht nur weil es mangels Dokumentation für die Nibelungensage und -dichtung schwierig ist, die mittelalterli-

---

[59] Zur Diskussion siehe Heinzle 1995, S. 89f.; Graf 1993, S. 45ff.
[60] Vgl. Kragl 2010, S. 40.
[61] Vgl. Malcher 2009, S. 304f., 308f.
[62] Lienert 2008, S. 15.
[63] Die Überlieferung der Dietrichepik des 13. Jahrhunderts indiziert ein Bewusstsein für unterschiedliche Arten von Texten. Die ‚historischen' Dietrichepen sind mit ihrem wohl höheren Verbindlichkeitsstatus als Modus der Geschichtsüberlieferung stets separat von den ‚aventiurehaften Dietrichepen überliefert, in denen Dietrich gegen Drachen, Riesen und Zwerge kämpft; vgl. Heinzle 1999, S. 34.
[64] Diese theoretisch mögliche Position erscheint aufgrund mangelnder textinterner und -externer Zeugnisse nicht sinnvoll und wird in der Forschung auch nicht vertreten.
[65] Graus (1975, S. 40, 54, 57) versteht hochmittelalterliche Heldenepen als reine Literatur ohne eine entsprechende Erinnerungsfunktion. Ähnlich sieht es Müller (2017, S. 151), wenn er konstatiert, dass sich der „Schwerpunkt epischen Erzählens [...] verschoben" habe: „statt das Andenken der beteiligten Völker zu bewahren, gilt es, eine exorbitante Geschichte zu erzählen". Auch die ‚aventiurehafte' Dietrichepik des 13. Jahrhunderts zeugt von einer weitgehenden Losgelöstheit von historischen Ereignissen und verweigert sich damit einem Konzept der ‚Vorzeitkunde'; vgl. Malcher 2009, S. 195. Sie erhebt jedoch über Motivik, Stilistik und Legitimierungsstrategien Anspruch auf jene „Bedeutsamkeit, die der Gattung eigen ist"; ebd., S. 2f.
[66] Vgl. Kornrumpf 1985; Heinzle 1999, S. 195–200; Schulze 2007a.
[67] Vgl. Haustein 1989; Heinzle 1999, S. 196.

che Kommunikationssituation zu rekonstruieren, sondern auch, weil wie im Fall der Dietrichepik die Zeugnisse höchst divergent und auf ganz unterschiedliche Interessen zurückzuführen sind.[68] Szklenar nimmt an, dass zur Zeit der Entstehung des ‚Lieds' eine nur mündlich vermittelte Kunde der Vergangenheit nicht mehr ausreiche, sondern dass geschichtliche Überlieferung mit Schriftlichkeit verbunden werden musste.[69] Er geht für den Nibelungenkomplex primär von einer neuen Gestalt mit alter Funktion aus; dies ist wohl vom jeweiligen Rezipientenkreis abhängig. Kropik äußert dagegen die Meinung, dass eine Verschriftlichung erst dann stattgefunden haben könne, „wenn die Sage ihre Verbindlichkeit im Sinn geglaubter (mündlicher) Geschichtsüberlieferung und ihre Bedeutsamkeit für eine bestimmte Trägergruppe verloren" habe.[70] Damit geht sie von einer zumindest graduellen Funktionsverschiebung aus. Mit der Verschriftlichung wird die Distanzierung gegenüber einer geschichtsbewahrenden Funktion erhöht, so dass eine noch stärkere ‚Literaturwerdung' anzunehmen ist.[71] Göhler bezeichnet dies als einen Prozess, in dem der „fiktive[] Charakter" der Heldendichtung „offenkundiger" wird, sie „in eine andere Sphäre des kulturellen Lebens" eintritt und daher „als Teil eines literarischen Ensembles von dessen Regularitäten mitbestimmt" wird.[72] Lienert erkennt in Bezug auf die Dietrichepik anhand von Dietrich-Testimonien aus Adelsüberlieferungen eine Verbindlichkeit von Heldendichtung als Muster adeliger Selbstdeutung bis in das 16. Jahrhundert.[73] Sie berücksichtigt damit einen spezifischen Rezipientenkreis. Außerdem bezeugt die deutliche Trennung der Erzählwelten von Heldensage und höfischem Roman, dass also in der Regel kaum Figuren aus dem jeweils anderen Erzählkreis eingebunden sind, wenn sie nicht als Exempelfiguren

---

68 Vgl. Lienert 2008, S. 13: „Die Zeugnisse lassen auf ein Nebeneinander von Sagenschelte, Literarisierung und trotz allem erhaltener (irgendwie doch ‚historischer') Verbindlichkeit schließen. Worin genau diese Verbindlichkeit bestehen könnte, wäre aber allenfalls für den Einzelfall zu bestimmen."
69 Szklenar 1977, S. 60f.
70 Kropik 2008, S. 139, Anm. 295; vgl. S. 32–34.
71 Zur Ablösung der Heldendichtung im und ab dem 13. Jahrhundert von ihrem spezifisch-traditionellen Verständnis als Ausdruck historischer Erfahrung siehe Curschmann 1976; 1979, S. 86; Kuhn 1980, S. 78; Müller 1985.
72 Göhler 2006, S. 146. Noch im 16. Jahrhundert werden aus neuzeitlicher Perspektive vermeintlich literarisch-fiktionale Texte als Quellen für genealogische Entwürfe in Chroniken verwendet. So nennt der evangelische Theologe und Historiker Cyriacus Spangenberg (1528–1604) (vgl. Schröder 1893; Feicke 2003, S. 16–26) in seinen historiographischen Werken, in denen Adelsherrschaft legitimiert wird (vgl. Jahn 2000) unter anderem den ‚Wigalois' (um 1210–20; Ziegeler 1999, Sp. 1254) des Wirnt von Grafenberg als Quelle.
73 Lienert 2008, S. 11, 13.

verwendet werden,⁷⁴ von unterschiedlichen Wahrheits- und Verbindlichkeitsgraden beider Stoffkreise. Des Weiteren beobachtet sie, besonders in Bezug auf die Figurenkonstitution, eine ‚Unverzichtbarkeit' des Anschlusses an die Sage:

> Die Dimension des wie auch immer diffusen Sagenwissens ist so unverzichtbar, dass sie selbstverständlich und ohne jede Rücksicht auf Stimmigkeit im Einzeltext addiert werden kann, ergänzend, nicht konkurrierend. Das traditionell Erzählte darf, scheint es, nicht gänzlich wegfallen; der Anschluss an die Heldensagenwelt und die Erzähltradition bleibt gewahrt, auch und gerade für die Figuren, aus denen sich die Heldensagenwelt in erster Linie zusammensetzt; ob und wie es integriert wird, spielt nicht primär eine Rolle.⁷⁵

Malcher vertritt die Ansicht, dass die Distanz zwischen der tatsächlichen Welt und der Textwelt im Bereich der Heldenepik grundsätzlich sehr gering ist, weil letztere immer einer Geschichte außerhalb der textlichen Überlieferungszeugen hat. Daher könne für die schriftlich verfasste Heldenepik nicht kategorial zwischen einer realen und einer literarischen Welt unterschieden werden:⁷⁶

> Vielmehr steht Heldendichtung s c h o n   i m m e r in Kontakt zur Welt poetischer Kommunikation. Da erzählt die Erzählstimme regelmäßig so, als sei sie Teil jener Welt, von der sie berichtet. Und das bedeutet, dass in der Aktualisierung des Textes die entworfene epische Welt wenigstens zum Teil mit der poetischen Kommunikation zusammenfällt.⁷⁷

Aus diesem Grund tritt er für eine Funktion von Geschichtsüberlieferung ein. Curschmann vertritt die Ansicht, dass die Vergangenheit im ‚Lied' zunächst nicht differenziert werde,⁷⁸ sondern dass ein entsprechendes Anliegen erst im *C-‚Lied' und in der ‚Klage' zu erkennen sei.⁷⁹ Schulze beobachtet dagegen im ‚Lied' grundsätzlich eine Tendenz zur distanzierenden Historisierung, indem die Handlungsgegenwart des ‚Lieds' in „Kontrast zur Zeitlosigkeit von Mythen" gesetzt werde, so dass das Erzählte einerseits „an die Gegenwart des Wiedererzählenden" und andererseits der „Bezug auf eine historische Vergangenheit" verdeutlicht werde.⁸⁰ Sowohl für die Fassung *B, verstärkt aber für die Fassung *C ist eine Absetzung vom Mythischen im Vergleich zum mündlichen Erzählen zu vermuten (siehe Abschnitt 6.2.5).⁸¹ Dies könnte im Kontext eines Modernisie-

---

74 Ebd., S. 15.
75 Lienert 2016, S. 59.
76 Malcher 2009, S. 126, 389.
77 Ebd., S. 389 (Hervorhebung im Original).
78 Curschmann 1992, S. 58.
79 Vgl. Kragl 2010, S. 24, 32.
80 Schulze 2007a, S. 161.
81 Vgl. Wolf 1979; 1987; S. 180; Gillespie 1987.

rungsverfahrens auch von einer historisch gewandelten Auffassung von Heldendichtung zeugen. Zu berücksichtigen ist, dass das ‚Lied' unter anderem wegen des ihm eigenen Erzählduktus auch für den mittelalterlichen Rezipienten um 1200 als historisch anderes, ‚altes' Erzählen markiert ist. Müller weist die Relevanz des geschichtlichen Moments von Heldendichtung weitgehend zurück, wenn er davon ausgeht, dass die ‚Klage' „den Typus von Geschichte [widerruft], der [im ‚Lied'] erzählt wurde".[82] Er weist darauf hin, dass das ‚Lied' für das „Geschichtsbild im Reich um 1200 belanglos"[83] sei. Der Nibelungenkomplex reflektiere vielmehr ein historisches Ereignis, das vor allem aufgrund seiner Außergewöhnlichkeit literarisiert wird, wie es ausdrücklich in der ‚Klage' formuliert ist (*B 3480/*C 3576: *diu grôziste* [*B: *groezeste*] *geschiht*).[84] Kragl geht noch weiter: „Das ‚Nibelungenlied' will wahre Geschichten erzählen, das steht außer Zweifel; aber ob es auch von wahrer Geschichte handelt, interessiert den Text nicht".[85] Die textimmanent argumentierende Aussage lässt sich in Bezug auf das ‚Lied' bedingt stützen, wenn man die ‚Klage' hinzuzieht jedoch nicht.

Grundsätzlich lässt sich die Komplexität der Situation auch aufgrund mangelnder Rezeptionszeugnisse nicht in einer einfachen Opposition Literatur versus Geschichtsüberlieferung auflösen.[86] Die Überlegungen zur intentionalen Verbindung von ‚Lied' und ‚Klage' haben gezeigt, dass beide Texte sich als poetisch inszenieren (siehe besonders Abschnitt 4.5.2). Dies gilt für das ‚Lied' wie für die ‚Klage', die sich zwar um unterschiedliche Anleihen wie den Reimpaarversen, dem Erzählduktus etc. geschichtlicher Texte bemüht, um das Anliegen der Schaffung eines Verständnishorizontes umzusetzen, aber selbst nicht Geschichtsüberlieferung, sondern ‚Literatur' im mittelalterlichen Sinn sein will. In der ‚Klage' wird die Indirektheit und Vermitteltheit des Erzählens thematisiert. Müller betont, dass „die ‚Klage' nicht Medium gemeinschaftlichen Erinnerns" sei, „sondern [...] das Gedenken zum Gegenstand der Erzählung" mache.[87] Ich votiere dafür, dass sich die Funktion eines historischen Aussagemodus graduell verschiebt und teilweise erhalten bleibt, weil ‚Lied' und ‚Klage' poetische Texte sein wollen und das Erzählen im Vordergrund steht. Mit den textinternen Aussagen wird eine Textwelt entworfen, zugleich werden mit denselben Äußerungen Behauptungen über die außerliterarische Welt aufgestellt.[88] Mit dem Über-

---

82 Müller 1998, S. 119.
83 Müller 2001, S. 33.
84 Ebd.; 2015, S. 24–29.
85 Kragl 2010, S. 43, 57.
86 Vgl. Hoffmann 1974, S. 24, 29f.
87 Müller 1998, S. 57.
88 Vgl. Reicher 2014, S. 83.

gang von Sage zu Epik lässt sich beobachten, wie sich das Verhältnis dieser beiden behauptenden Akte im Sinn der Illokution verschiebt:[89] Aussagen der Sage beziehen sich auf eine als ‚Realität' gedachte Vergangenheit, zugleich auch auf die Heldenwelt. Im Fall der Epen scheinen die Aussagen dagegen zuvorderst auf die Heldenwelt bis hin zum konkreten literarischen Text bezogen zu sein. Bei der schriftlichen Neukonzeption und Gestaltung des Stoffs im Nibelungenkomplex liegt die Annahme einer Funktionsverschiebung nahe. Sie kann im extremen Fall dahingehend gedeutet werden, dass es nur noch das Anliegen gewesen ist, die alten Geschichten als Literatur einfach gut zu erzählen. In Anbetracht der Einbettung in Gebrauchszusammenhänge mittelalterlicher Literatur mit ihren „gemeinschaftsverbürgenden und identitätsstiftenden Funktionen"[90] ist dieses neuzeitliche Verständnis aber wohl nicht, zumindest aber nicht im vollen Umfang anzunehmen.

Der Verbindlichkeitsanspruch in ‚Lied' und ‚Klage' äußert sich in den folgenden Aspekten: Auf der Ebene von Lexik und Syntax hat insbesondere Curschmann einen nibelungischen Stil herausgearbeitet,[91] der zumindest dem ‚Lied' einen archaischen Zug verleiht.[92] Innerhalb der Stilistik weisen das formelhafte Nachordnen eines attributiven Adjektivs oder Possessivpronomens hinter das Substantiv (vgl. zum Beispiel *der degen küene* [+C 21,1a]) und die häufige Verwendung von Para- statt Hypotaxen auf eine bewusst altertümliche Gestaltung des Texts hin, die sich in dieser Form zum Beispiel in Hartmanns ‚Erec' nicht findet.[93] Zwar gehören Formeln zur Schriftkultur des Mittelalters,[94] aber die hohe Formelhaftigkeit der Sprache im ‚Lied' ist auffällig. Für den Wortschatz stellt Panzer fest, dass viele der verwendeten Wörter bereits zur Entstehungszeit des ‚Lieds' nicht mehr gebräuchlich sind: Dazu zählen *degen, helt, recke, wîgant* als Bezeichnung für einen Kämpfer, aber auch Substantive wie *mare* für ‚Pferd', *ecke* für ‚Schwert', *verch* für ‚Leben', Adjektive wie *balt* für ‚kühn' und *dürkel* für ‚durchlöchert' und Verben wie *dagen* für ‚schweigen'.[95] Diese Wörter scheinen auf das Alter des Erzählten hinzuweisen und eine be-

---

89 Zum gleichzeitigen Vollzug zweier illokutionärer Akte, dem Entwerfen einer fiktiven Welt und dem Aufstellen von Behauptungen über die reale Welt siehe ebd., besonders S. 88.
90 Müller 1985, S. 73, Anm. 4.
91 Curschmann 1979, S. 93.
92 Vgl. Ehrismann 2002, S. 99.
93 Vgl. Panzer 1955, S. 124f.
94 Bäuml 1986, besonders S. 432.
95 Für weitere Beispiele siehe Panzer 1955, S. 126. Die Überprüfung im BMZ ergibt allerdings, dass die Wörter zum Teil auch in Romanen wie in Wolframs ‚Parzival', Hartmanns ‚Iwein' oder im ‚Eneasroman' Heinrichs von Veldeke zu finden sind.

wusst gestaltete Archaik zu markieren.[96] Splett weist ebenso darauf hin, dass zwar die Wörter *recke, helt* und *degen* sowohl insgesamt als auch jedes einzelne gegenüber *ritter* in der Mehrzahl sind, während dies im höfischen Roman geradezu umgekehrt ist.[97] Allerdings findet sich ein vorherrschender Gebrauch dieser Wörter gegenüber *ritter* nach vorhöfischen Romanen ebenfalls im ‚Lanzelet' Ulrichs von Zatzikhofen, im ‚Willehalm von Orlens', im ‚Alexander' sowie in der ‚Weltchronik' Rudolfs von Ems, im ‚Karl' des Strickers und in der höfischen ‚Legende vom heiligen Georg'.[98] Der Verweis auf die Lexik eignet sich daher nur tendenziell, um einen besonders ‚archaischen' Charakter des ‚Lieds' aufzuzeigen. Jedoch ist auch eine Schicht moderner Wörter erkennbar, die im Wesentlichen aus französischen Lehnwörtern besteht, die wie *bûhurt, harnasch, matraz, pirsen, palas* etc. dem ritterlichen Lebenskreis zuzuordnen sind und vermutlich der Anpassung an die Adelskultur um 1200 der Erzählung dienen.[99] Auch das modische *ritter* (etwa C 15,4b) ist häufig verwendet.[100] Zu bemerken ist ebenfalls das einmalige Vorkommen im ‚Lied'-Text – und nur in *C – des Wortes *âventiure* (C 343,4b), das als Gliederungsterminus dem höfischen Roman entspringt und ansonsten in den Haupthandschriften nur in den Aventiureüberschriften von A und C vorkommt. In Anbetracht der höfischen Literatur dieser Zeit, die aufgrund des Kulturgefälles vieles aus Frankreich übernahm, ist auffällig, dass die Anzahl dieser Wörter im ‚Lied' relativ gering ist.[101] Dadurch hebt sich das ‚Lied' vom Wortschatz des höfischen Romans ab.

Neben die genannten formalen und inhaltlichen Aspekte stellt sich die grundsätzliche Erzählweise des ‚Lieds', die durch das Angelegtsein auf Sichtbarkeit und die narrative Schaubildtechnik als Charakteristikum von mündlicher Erzählung ein altertümliches Erzählen inszeniert und implizit auf Althergebrachtes verweist.[102] Relevant für das Anliegen der vorliegenden Arbeit ist es, dass insbesondere der Bearbeiter *C wiederholt die Historizität des Überlieferten beglaubigt und erläutert – wie in den besprochenen Plusstrophen +C 518f., 1013, 1161, 1164 und 2178.[103] Die Programmstrophe +C 1 markiert – wie auch der

---

96 Vgl. Panzer 1995, S. 126.
97 Splett 1987, S. 120–122.
98 Panzer 1995, S. 126.
99 Für weitere Beispiele siehe ebd., S. 127.
100 Die Handschrift C verwendet durchgehend die Schreibweise *ritter*, die Anfang des 13. Jahrhunderts häufiger wird. Dagegen kommt sie in B nur zweimal vor (B 2290,3 [2293,3]; 2300,2 [2303,2]), wo ansonsten *riter* verwendet wird; Grosse 1999, S. 865.
101 Vgl. Panzer 1955, S. 127; Ehrismann 2002, S. 98–103.
102 Heinzle 1994, S. 81–83; Müller 1998, S. 249.
103 Vgl. Heinzle 2000b, S. 212.

Prolog in allen Fassungen der ‚Klage' – das Nachfolgende als eine erzählte und zugleich wiedererzählte Geschichte. Mit der Überführung mündlicher Erzähltraditionen in die Schriftlichkeit und der einhergehenden Reflexion in der ‚Klage' ist Distanz geschaffen, die eine Funktionsverschiebung nahelegt. Aufgrund der Erzählweise des ‚Lieds' wie der mündlichen Rezeptionssituation ist die Kommunikationssituation auch in der Fassung *C nur geringfügig vertextet und eine Geschichtsfunktion nicht besser erschließbar als in *B. Der Prologstrophe zufolge werden alte Erzählungen wiedererzählt, deren Alter und dadurch Dignität unter anderem formal, strukturell, inhaltlich und lexikalisch als authentisch suggeriert wird. Insbesondere auch der ausdrückliche Hinweis auf die lateinische Sprache in der ‚Klage' und möglicherweise ebenso die Figur des Bischofs Pilgrim dienen als Echtheitszertifikat. Die Glaubwürdigkeit der Angaben wird nicht nur durch den Überlieferungsverbund von ‚Lied' und ‚Klage' gestützt, sondern vor allem auch durch die Machart der ‚Klage' mit den Angaben zu lateinischer Schriftquelle und Augenzeugenberichten als unmittelbare Wahrheitsbeglaubigungen, die sich jedoch auch plausibel als rhetorische Topoi im Sinn der zeitgenössischen *evidentia*-Lehre seitens des gelehrten ‚Klage'-Dichters respektive der -Bearbeiter deuten lassen.[104]

Ich greife in Bezug auf die Diskussion der historischen Verbindlichkeit einen Aspekt auf, der für das Anliegen der vorliegenden Arbeit relevant ist: Anzunehmen ist ein negatives Kriemhildbild der deutschen Sagentradition, das unter anderem durch das Zeugnis Saxos aus der Zeit um 1200 belegt ist.[105] Die mit Kriemhild verbundenen Ausdrücke *famosa fraus* und *notissima perfidia*,[106] die von Saxo als warnendes Exempel eingesetzt werden, indizieren, dass Kriemhild bereit um 1132 für ihre *untriuwe* bekannt ist.[107] Einschränkend ist anzumerken, dass die Forschung auch überlegt hat, ob das Zeugnis seitens Saxo fingiert sein könne,[108] weil eine aktuelle Dichtung mit dieser Figurenkennzeichnung besonders wirkungsmächtig sei.[109] Wenn man von einem primär negativen Kriemhildbild ausgeht, zeugt dann das vermeintlich positivere Bild der Kriemhild in der Fassung *C von einem Erzählen gegen die Tradition? Inwiefern ist dies gegebenenfalls als ein Beitrag zur Modernisierung und zur Literari-

---

104 Vgl. auch zum ‚Lied' Müller 1998, S. 250f.; Kropik 2008, S. 49–70.
105 Vgl. Wolf 1987, S. 187.
106 Olrik/Raeder 1931, S. 355.
107 Vgl. Wolf 1987, S. 177; ebd., Anm. 14. Nach Wolf (ebd.) ist stoffgeschichtlich dann bereits spätestens im 11. Jahrhundert eine Verschiebung von der Bruder- zur Gattenrache vollzogen, die der mittelalterlichen Minnethematik besser entspricht.
108 Mertens 1996b, S. 359; vgl. Göhler 2006, S. 125.
109 Vgl. Wolf 1987, S. 177, besonders Anm. 14.

sierung zu deuten? Und inwiefern ist von einer Minderung der Historizität des Dargestellten auszugehen? Im Wesentlichen lassen sich drei Deutungsoptionen verfolgen, wobei die Prämisse stets ist, dass die Gestaltung der Kriemhildfigur in den zeitgenössischen literarischen *minne*-Diskurs eingebunden ist:

(a) Die Fassung *B könnte im Sinn der Tradition erzählen, während sich die Fassung *C modernisierend dagegen stellt;[110] (b) ein positiveres Kriemhildbild ist bereits in der Fassung *B angelegt und wird in der Fassung *C weiter hervorgehoben; (c) das Anliegen der Fassung *C ist nicht, Kriemhild noch positiver zu gestalten, sondern durch das Einfügen von Introspektionen den Plausibilitätsgrad zu erhöhen.

Zu diesen Deutungsmöglichkeiten habe ich bereits Stellung bezogen und eine Kombination aus den Optionen (b) und (c) präferiert. Dass in *C besonders oft Introspektionen in Bezug auf Kriemhild eingearbeitet sind, ist meines Erachtens darauf zurückzuführen, dass ein erhöhter Plausibilisierungsbedarf für ihr Handeln auf Seiten der Rezipienten besteht. Die Darstellung von Kriemhild im *B- und *C-‚Lied' im Vergleich zum vermutlichen Kriemhildbild der Sagentradition verdeutlicht zugleich den begrenzten Freiraum in der Gestaltung des Bearbeiters *C. Angesichts der weitläufigen, vielgestaltigen und weit verbreiteten mündlichen Erzähltradition lässt sich in den ‚literarischen' Schrifttexten der *wârheits*-Charakter weder beliebig manipulieren, noch kann beziehungsweise darf die *materia* aus mittelalterlicher Perspektive weitreichend verändert werden. Die schriftliche Verfasstheit und der Status von ‚Literatur' im engeren Sinn ändern daran offenbar wenig, auch wenn Stoff, Sage und Dichtung auf unterschiedlichen Ebenen angesiedelt sind. Im Fall der Fassungen des Nibelungenkomplexes ist nicht nur die *materia*, sondern weitgehend auch das *artificium* des Grundtexts übernommen. Allerdings ist in *C eine noch stärkere Historisierung wie Distanzierung zu beobachten, die zugleich eine fortgeschrittene Literarisierung ausweist. Daraus ist meines Erachtens aber kein grundsätzlicher Unterschied im Verbindlichkeitsanspruch der einzelnen Fassungen abzuleiten.

10.2.2 Referenzialität und Authentizität

Für neuzeitliche Literatur gilt im Wesentlichen, dass sie von direkter Wirklichkeitsreferenz entlastet ist. D.h., dass Textaussagen über die Wirklichkeit nicht an dieser Wirklichkeit zu überprüfen sind. Durch das literarische Arbeiten mit real existierenden Personen, Namen, Orten, Ereignissen etc. werden sie zu fikti-

---

110 So tendenziell Müller 1998.

ven Erzählelementen der Dichtung. Dies ist unabhängig von dem Grad der Wirklichkeitsnähe, in dem die Elemente behandelt werden.[111] Dass dies nicht dogmatisch ebenso für mittelalterliche Literatur zu gelten scheint, ist in der vorliegenden Arbeit bereits herausgestellt worden. ‚Lied' und ‚Klage' weisen zahlreiche Elemente einer historischen Wirklichkeit und damit einen hohen Grad an Referenzialität auf. Erzählt wird von Figuren wie Dietrich/Theoderich dem Großen und Etzel/Attila, von Dynastien wie den Burgonden, von Gebieten, Orten und Räumen wie dem Odenwald und den Königshöfen, von Institutionen oder Ämtern, wie sie der Truchsess Ortwin und der Bischof Pilgrim innehaben, von Ereignissen wie dem Burgondenuntergang, von Sitten und Gebräuchen wie Klageriten usw. Diesen Einschreibungen in den Text kann zum Teil die Funktion der *memoria* zugeordnet werden, sie dienen zum Teil auch der Beglaubigung der Historizität des Geschehens.[112] Sie sind, wenn nicht ein Ausweis, dann zumindest ein Mittel der Inszenierung von Authentizität und Unmittelbarkeit, indem sie die Faktualität der Erzählsituation spiegeln. Zu beobachten ist an der Fassung *C des Nibelungenkomplexes eine präzisere und auch quantitativ ausgeweitete geographische Verortung, die den Anschein der Realität des Geschehens verstärkt.[113] Dies gilt insbesondere für eine allgemeine Angabe von Höfen und Orten; konkret sind Räume etwa über mögliche Beschreibungen kaum literarisch (aus-)gestaltet. Die Forschung hat etwa bei den Lorscher Plusstrophen (+C 1158–1165) auf eine Verbindung zu einer möglichen lokalen Sagentradition geschlossen; dasselbe gilt für Verse in der *C-,Klage', in denen auf Lorsch als Begräbnisort Utes verwiesen ist (vgl. *C 4048 und +*C4049f).[114] Diese Textpassagen haben eine plausibilisierend-historisierende Wirkung. Althoff versucht als spannungssteigernde Strategie nachzuweisen, wie eng die zeichenhaften Handlungen im ‚Lied' mit Handlungen der politischen Realität korrespondieren.[115] Gerade in der ‚Klage' finden sich auch wiederholt Aussagen im Präsens, die einen ausdrücklichen Bezug zur Gegenwart verdeutlichen. Es heißt zum Beispiel in *B 2227f./*C 2339f. *ein burc* [*B: *hûs*] *an* [+*B: *der*] *Ungermarke stât: / Püten noch den namen hât.* Mit Bumke ist das heutige Pitten gemeint, das südlich von Wien nahe der ungarischen Grenze liegt.[116] Er weist darauf hin, dass der Besitz der Grafen von Pütten, als einer Seitenlinie der Grafen von Formbach,

---

111 Zur Diskussion der Behauptung fehlender Referenz und der epistemischen Unzuverlässigkeit (neuzeitlicher) fiktionaler literarischer Werke vgl. Reicher 2014, besonders S. 77, 88–92.
112 Vgl. Heinzle 2003a, S. 201.
113 Vgl. Müller 2001, S. 36; 2017, S. 279f.; Kragl 2010, S. 37.
114 Bumke 1999a, S. 552.
115 Althoff 2007, S. 96.
116 Bumke 1999a, S. 537.

im 12. Jahrhundert an die steirischen Otakare gefallen sei; entsprechend interpretiert er den Präsenssprung dahingehend, „daß die ‚Klage'-Redaktoren an die Verhältnisse der eigenen Gegenwart dachten".[117]

Welcher Referenzialitätscharakter ist damit für den Nibelungenkomplex zu erkennen? Die Debatte um die Referenzialität lässt sich in Überlegungen zum Status mittelalterlicher Texte als ‚Texte vor der Literatur' einordnen.[118] Eine umfassende Diskussion der mittelalterlichen Konzepte von *historia* und *fictio*, von *wârheit* und von Fiktivität wie Fiktionalität kann und soll im Rahmen der vorliegenden Arbeit nicht geleistet werden.[119] Wenn Heinzle für heroische Überlieferung feststellt, dass sie „mit Dichtkunst im modernen Sinn nichts zu tun"[120] habe, gilt dies für die schriftlichen Formen nur graduell. Heranzuziehen sind Aspekte und Eckpunkte des Diskurses, die für den Fassungsvergleich und die Kennzeichnung der Erzählstrategien der Fassung *C förderlich sind: Schriftliche Heldendichtungen evozieren keine isolierte, d.h. keine eigene und in sich geschlossene Welt. Durch die vorgängige und zeitgleiche mündliche Sagentradition hat die Heldenwelt immer eine Geschichte, in die sich Dichtungen einordnen oder von der sie sich abgrenzen, auf die sie zumindest stets bezogen sind.[121] Anfang und Ende der Heldendichtungen, wie wir sie in mittelalterlichen Handschriften finden, entsprechen also nicht, zumindest aber nicht vollständig den Grenzen der Textwelt.[122] Im Vergleich zu neuzeitlichen Formen des Erzählens sind die Textgrenzen damit relativ offen. Dies impliziert, dass die Distanz zwischen der tatsächlichen Welt und der Textwelt auffällig gering ist.[123] Entsprechend unterscheidet Müller für die Heldendichtung nicht kategorial zwischen einer realen und einer literarischen Welt; grundsätzlich müsse von einem spezifischen Wahrheitsanspruch ausgegangen werden.[124] Heldendichtung ist sicher nicht deckungsgleich mit Fiktion.[125] Die Nähe beziehungsweise Verbundenheit, wenn nicht gar Verschränkung von Textwelt und historischer Realität wird nicht nur durch die Übereinstimmung mit historischen Quellen belegt. Zeitgenössische Anklänge in ‚Lied' und ‚Klage' erzeugen ebenfalls einen hohen Ge-

---

117 Ebd.
118 Kiening 2006; 2007; Peters 2007.
119 Grundsätzlich White 1973; Knapp 1980; Knape 1984; Zipfel 2001; Blume 2004.
120 Heinzle 1999, S. 6.
121 Vgl. Lienert 2016.
122 Vgl. Malcher 2009, S. 126.
123 Vgl. zum Konzept der Distanz zwischen Textwelt und tatsächlicher Welt Maître 1983, S. 79; zum ‚Lied' vgl. Göhler 2006, S. 128.
124 Müller 2004, besonders S. 286f.
125 Vgl. Kornrumpf 1984, S. 332f.; Heinzle 1999, S. 18; Schulze 2007a, S. 174.

genwartsbezug,[126] der sicherlich nicht ausschließlich auf die Anwendung – zum Teil rhetorisch orientierter – poetologischer Verfahren der Plausibilitäts- und Authentizitätsstiftung zurückzuführen ist. Die Aktualisierung, aber auch eine mögliche Historisierung, und die Besonderheit der erzählten Ereignisse können nicht allein als Grundbedingungen des Fortlebens des Nibelungenerzählens gedeutet werden. Über das Einschreiben aktueller Bezüge erscheinen die *alten mæren* als weniger authentisch, als es seitens des Erzählers vorgegeben wird. Die Texte wirken dadurch fiktiv-literarischer.[127] Eine Aktualisierung des Überlieferten ist nicht nur für das Fortbestehen notwendig, sondern wird im Kontext des Modells des Wiedererzählens vom Wiedererzähler als Leistung erwartet, die textintern und in Abgrenzung zum Sagenwissen auch textextern für den mittelalterlichen Rezipienten wohl markiert gewesen ist.[128] Schulze schlägt vor, derartige Parallelen zwischen Text und zeitgenössischer Realität zum Teil als historisierende Analogien zu betrachten, die aus produktionsästhetischer Sicht möglicherweise einerseits bewusst zur Gestaltung der Texte verwendet sind, und andererseits auch ein Wiedererkennen von Personen, Ereignissen usw. seitens der Rezipienten intendieren.[129] Aus rezeptionsästhetischer Perspektive werden seitens der Rezipienten auch je eigene Analogien durch die jeweils individuelle Erinnerung gestiftet.[130] Entsprechend ist mit Schulze die Analogisierbarkeit von Text und außerliterarischer Realität nur eine „fakultativ zur Geltung kommen[de]" „Potenz des Textes", die aber wohl für die Faktur des ‚Lieds' bestimmend ist.[131] Die „Aktualitätspotenz" verbindet das ‚Lied', und meines Erachtens auch die ‚Klage', mit der Gegenwart der mittelalterlichen Rezipienten.[132]

Martínez unterscheidet mit (a) Referenz, (b) Gestaltung und (c) Autorschaft drei Aspekte von Authentizität, hinsichtlich derer neuzeitliche Kunstwerke

---

[126] Göhler 2006, S. 128. Grundsätzlich zu möglichen realhistorischen Bezügen siehe Thomas 1990a; 1990b. Für eine Übersicht über entsprechende Interpretationen des ‚Lieds' siehe Hoffmann 1992, S. 32–34.
[127] Schulze (2007a, S. 167) weist darauf hin, dass man etwa den Kniefall Kriemhilds und Etzels vor ihrem Vasallen Rüdiger mit dem des Kaisers Friedrich Barbarossa im Jahr 1175 vor seinem Vasallen Heinrich des Löwen in Beziehung setzen könne, wobei aber auch letzterer möglicherweise nur eine erzählende Fiktion, also keine reale Tatsache gewesen sein könnte; vgl. Jordan 1980, S. 189.
[128] Vgl. Göhler 2006, S. 128.
[129] Schulze 2007a, S. 166.
[130] Ebd., S. 167.
[131] Ebd., S. 168.
[132] Ebd. Schulze (ebd.) weist auch darauf hin, dass „[d]iese Analogie [...] im Spätmittelalter verloren" gehe, wohl weil viele Analogien mit der Zeit für die Rezipienten blind werden, d.h. nicht mehr erkannt werden.

analysiert werden können.[133] Sie finden sich ebenso im hochmittelalterlichen Nibelungenkomplex:
(a) Das ‚Lied', vor allem aber die ‚Klage' geben vor, historische Fakten zu dokumentieren;[134] (b) ‚Lied' und ‚Klage' erwecken den Eindruck, jeweils auf eigene Art authentisch gestaltet zu sein; (c) über die Berufung auf alte *mæren* im *C-,Lied', die Schilderung der Werkgenese in den ‚Klage'-Fassungen wie auch über die Inszenierung von Augenzeugenschaft inszenieren die Erzähler beider Werke ihre ‚authentische' Qualifikation.

Als Fazit ergibt sich: Je offener die Textgrenzen sind, desto mehr wird der Nibelungenkomplex im Sinn einer Dichtung mit einem spezifischen Anspruch an Historizität verstanden. Wird der Komplex dagegen eher literarisch verstanden, dann treten vor allem zeitgenössische Analogien als Ausdruck der Gemachtheit in den Vordergrund. Diese Positionen können, müssen aber nicht als konträr verstanden werden. Meines Erachtens kann ein gewisser Verbindlichkeitsanspruch trotz einer poetischen Formung erhalten bleiben. In jedem Fall ist der Komplex *C stärker historisch verortet als die *B-Fassung.

10.3 Herkommen als Funktion

Relevanz erhält das ‚Lied' nicht nur als spezifische Form der Geschichtsüberlieferung, durch Namen-, Orts- und weitere Realreferenzen, als Literatur, sondern vor allem auch durch eine Funktion der Traditions- und Orientierungsstiftung, indem im Nibelungenkomplex ein weiterer konkreter Bezug zur historischen Situation um 1200 hergestellt ist: Das Erzählte erinnert an die Vorfahren und die eigene Herkunft.[135] Es stiftet durch das Erinnerungsmoment prinzipiell für die jeweils betroffene Gruppe Gemeinsamkeit und trägt damit zur Identitätsstiftung bei,[136] ist aber ebenfalls ein Instrument, durch das eine bestimmte Erinnerung festgeschrieben wird.[137]

---

133 Martínez 2004, S. 40–42.
134 Die Programmstrophe des ‚Lieds', besonders aber der Prolog der ‚Klage' offenbaren „ein Bewusstsein von einer Vergangenheit, die sich von der Jetztzeit unterscheidet"; Müller 2017, S. 332.
135 Schulze 2005, S. 783.
136 Ebd.
137 Le Goff 1992, S. 135. Althoff (1988) diskutiert in Bezug auf die Geschichtsschreibung, inwiefern Texte und die ihnen eingeschriebenen Referenzen auf Außertextliches mitunter entworfen werden, um Besitzansprüche zu untermauern. Inwiefern dies eine plausible Hypothese für literarische Texte und insbesondere den Nibelungenkomplex darstellt, wäre zu prüfen.

Kellner weist auf die Konstrukthaftigkeit und damit den hohen Grad an Modulierbarkeit genealogischer Entwürfe hin:[138]

> Verwandtschaft erscheint als dynamische Größe, deren Verläufe und Grenzen je nach den familiengeschichtlichen und politischen Anforderungen immer wieder re-konstruiert werden können. Die Formen des Gedenkens und die Darstellung der eigenen Geschichte stellen dabei Spielarten eines sozialen Wissens dar, das sich aus den Bezügen der jeweiligen Gegenwart speist. Was als Ordnung der Natur und des Blutes ausgegeben wird, erweist sich immer wieder als kulturelle Konstruktion.[139]

Im Kontext der Konstruktion genealogischer Entwürfe prägte Graf den Begriff des ‚Heroischen Herkommens'.[140] Er schreibt einem mündlichen oder schriftlichen ‚Text' eine spezifische Funktion zu, indem eine Geschichte mit einem Gegenstand, einer Person, einer Gruppe oder einer Institution in Beziehung gesetzt wird.[141] Grundsätzlich sind zwei Arten von Herkommen zu unterscheiden. Texte können nicht nur auf ein gentiles respektive genealogisches Herkommen verweisen, bei dem – in dem in diesem Zusammenhang interessierenden Zeitraum vorrangig – Adelsfamilien ihr Geschlecht auf Helden zurückführen. Sondern Texte können ebenso für ein Orts- beziehungsweise Regionalherkommen eine bedeutsame Rolle spielen. In diesem Fall wird einem Ort oder einer Region im Bezug auf eine heroische Vergangenheit ein einzigartiges Ansehen verschafft und Identität gestiftet.[142] Heinzle hat ein Herkommen im Fall des ‚Lieds' auf das Konzept der formativen Texte von Assmann bezogen.[143] Als formative Texte versteht Assmann Stammesmythen, Heldenlieder und Genealogien, die die Frage beantworten ‚Wer sind wir?', die der Selbstdefinition und Identitätsvergewisse-

---

138 Vgl. Kellner 2004, S. 392. Zur grundsätzlichen Bedeutsamkeit genealogischer Entwürfe in Mittelalter und Früher Neuzeit siehe Graf 1993; Jahn 2000; Kellner/Webers 2007.
139 Kellner 2004, S. 393.
140 Graf 1993.
141 Ebd.; 2001, S. 26.
142 Heinzle 1998b, S. 98. Heinzle (ebd.) erwägt auch für die späten Handschriften m und n ein Interesse an einem Gegenwartsbezug von Siegfried-Abenteuern. Als Beispiel führt er ein „offenbar städtisches Herkommen" der Stadt Worms an, den „am besten dokumentierten Fall". Die Wormser Volkssage sieht in Siegfried einen Riesen, weshalb sein Sarg als sehr lang beschrieben wird, was auf die dortigen großen Steinsärge verweist; Panzer 1955, S. 94. In der lateinischen und deutschsprachigen Geschichtsschreibung wird mitunter das ‚Lied' als Quelle benutzt, um über die Völkerwanderungszeit zu berichten; vgl. Schmid 2017a. In ihnen erscheinen nibelungische Figuren ebenfalls als *gygantes*, als Riesen wie in der ‚Leobener Dominikaner Chronik'; vgl. Schulze 2007a, S. 174.
143 Heinzle 1998b.

rung dienen und daher ein identitätssicherndes Wissen vermitteln.[144] Ausführliche Genealogien gibt es seit dem 11. beziehungsweise 12. Jahrhundert.[145] Für eine genealogische Verknüpfung zur vorliterarischen Nibelungensage scheint es bereits im Frühmittelalter Indizien zu geben, so haben Störmers Untersuchungen Verbindungen zu rheinischen und bayrischen Adelsgeschlechtern über eine „nibelungische" Namengebung nahegelegt.[146] Für das Spätmittelalter ist ein – allerdings vermutlich bereits literarisch beeinflusster – Wormser Siegfriedkult belegt.[147] Wolf geht im Vergleich zur „Realitätsnähe und Realitätsfülle"[148] der französischen *chansons de geste* in Bezug auf das ‚Lied' durch den Namen *Burgonden* höchstens von einer bedingt regionalen, jedoch von keinerlei überregionalen Identifizierungsmöglichkeit aus und begründet dies mit dem hohen beziehungsweise im Vergleich zu den *chansons de geste* höheren Alter der Nibelungensagen.[149] Auch Müller sieht prinzipiell für die Nibelungensage wenig historisch-dynastische Anknüpfungspunkte – anders als für die Dietrichsage, „deren Stoff ein römisch-germanisches Königtum vor der karolingischen Reichsgründung ist, die also in die Genealogie des Reichs gehört".[150] Fraglich ist allerdings, ob und wie weit dies um 1200 wahrgenommen wird. Müller begründet seine Perspektive mit dem Argument, dass im heroischen Epos kein Interesse an der Generationenfolge bestehe:[151] „Der Heros ist in sie eingelassen, doch handelt er voraussetzungslos. Er verdankt nicht, was er ist, väterlichem Erbe, und seine Einmaligkeit bleibt ohne Fortsetzung."[152] Erst im Text der ‚Klage' wird wieder von Brünhilds und Gunthers Sohn Siegfried erzählt, der in Worms gekrönt wird (*B 4094f./*C 4146f.), so dass an dieser Stelle ganz gezielt eine Zukunftsperspektive eröffnet wird – wohingegen Kriemhilds und Siegfrieds Sohn

---

144 Assmann 2007, S. 142. Im Gegensatz zu formativen Texten stehen normative, die die Frage beantworten ‚Was sollen wir tun?'; ebd.
145 Vgl. Hauck 1952; Bloch 1986; Croenen 1999; Plassmann 2007.
146 Vgl. Störmer 1974; 1987.
147 Müller 1998, S. 56; vgl. Henkel 2003b.
148 Wolf 1987, S. 175.
149 Ebd., S. 175f.
150 Müller 1998, S. 55. Müller (ebd., S. 55f.) verweist exemplarisch im Fall des ‚Buchs von Bern' und des ‚Biterolf' auf „handfeste Aktualisierungen und Elemente einer Gründungssage, die das Erzählte als Teil des kulturellen Gedächtnisses bestimmen". Er (ebd., S. 55) betont, dass Maximilian I. an seinem Innsbrucker Grabmal zwar Dietrich von Bern und König Artus auftreten lässt, nicht jedoch Siegfried oder Gunther. Auch hat sich Maximilian I. „in seinen historischen Forschungen nur um Dietrichs Einbindung in die habsburgisch-merowingische Genealogie bemüht"; ebd.
151 Müller 2007b, S. 143.
152 Ebd.

nicht mehr thematisiert ist.¹⁵³ Der Text bietet einen Fokus auf einen bestimmten genealogischen Zweig. Damit ist zumindest theoretisch eine weitere Funktion der ‚Klage' möglich, indem sie Anknüpfungspunkte für die Konstruktion von Herkommen bietet. Aber lässt sich dies verifizieren? Die Forschung hat sich statt auf den jungen Wormser König, der weder im ‚Lied'- noch im ‚Klage'-Text kaum eine Rolle spielt, im Wesentlichen auf die Figur des Bischofs Pilgrim konzentriert, weil für die Entstehungszeit des schriftlichen Nibelungenkomplexes um 1200 eine „vergleichbare, dynastisch interessierte Trägergruppe nicht auszumachen"¹⁵⁴ ist. Belegt ist ein Passauer Pilgrimkult im späten 12. Jahrhundert.¹⁵⁵ Nach einem Brand des Passauer Domes im Jahre 1181, also dicht an der Entstehungszeit des schriftlichen Nibelungenkomplexes, wurde das Grab des Bischofs Pilgrim (971–991) geöffnet, an dem Wunder geschehen sein sollen, was zahlreiche Wallfahrer anlockte.¹⁵⁶ Der Personenkult machte Pilgrim nicht nur weithin populär, sondern verlieh ihm sicherlich über sein geistliches Amt hinaus zusätzliche Autorität. Denkbar ist damit, dass die Figur des Bischofs Pilgrim als Realreferenz nicht nur der Erzeugung von Authentizität, Historizität und, wie der ‚Klage'-Hinweis auf die *latînischen buochstaben* (*B 4299/*C 4405), der Seriosität diente,¹⁵⁷ sondern dass ebenfalls die *memoria* der realen Person eine Rolle spielte.¹⁵⁸ Die Figur Pilgrim ist auf die historische Gestalt des gleichnamigen Bischofs von Passau zurückzuführen, der aus dem bairischen Adelsgeschlecht der Sieghardinger stammt, für das eine nibelungische Namengebung nachgewiesen wurde.¹⁵⁹ Textintern ist er als Onkel der Königsbrüder und Kriemhilds durch seine Familienbande direkt von ihrem Schicksal betroffen, steht jedoch außerhalb des Untergangsgeschehens. Im Kontrast dazu ist auffällig, dass Pilgrims Rolle im Nibelungenkomplex relativ gering ausgestaltet ist. Dennoch erlaube nach Müller „der Name Pilgrim eine – vielleicht auch politisch erwünschte – ‚Ansippung' der Geschichte".¹⁶⁰ Die Annahme einer solchen Ansippung ist anhand weiterer Texte und Dokumente kaum nachzuweisen, bleibt

---

153 Nach Müller (ebd., S. 143, Anm. 85) „demonstriert [das] einmal mehr die Verabschiedung des heroischen Epos".
154 Müller 1998, S. 56.
155 Vgl. Meves 1980.
156 Panzer 1955, S. 478.
157 Vgl. Heinzle 1994, S. 50.
158 Panzer (1955, S. 478) sieht in diesem Ereignis einen möglichen Grund für die Bedeutung des Bischofs Pilgrim im ‚Lied', dem der Dichter ein Denkmal setzen will.
159 Lienert 2015, S. 33.
160 Müller 1998, S. 56; vgl. Meves 1980; Graf 1993; Haustein 1993; Bumke 1996c, S. 561–567; Göhler 2006, S. 126–131.

jedoch eine plausible Hypothese.¹⁶¹ Zu erwägen ist des Weiteren, dass durch den Hinweis auf den wichtigen Amtsvorgänger dem möglichen literarischen Mäzen Wolfger von Erla ein Denkmal gesetzt wurde.¹⁶² Falls der literarisch interessierte und finanzkräftige Passauer Bischof Wolfger, der durch eine Rechnungsnotiz über eine Summe für einen Pelzmantel als Mäzen Walthers von der Vogelweide nachgewiesen ist,¹⁶³ den Auftrag zur Verschriftlichung gegeben hat, dann kann die Figur Pilgrims auch primär als Huldigung an den Mäzen gedeutet werden.¹⁶⁴ Hinzu kommt, dass Wolfger das Bischofsamt fast genau am 200. Todestag seines Vorgängers erlangt.¹⁶⁵ Heinzle äußert die Vermutung, dass mit der Figur des Bischofs rein pragmatische Gründe zusammenhängen könnten:¹⁶⁶ Möglicherweise wird durch den Nibelungenkomplex der Pilgrimkult bestärkt beziehungs-

---

161 Heinzle 1995, S. 91. Heinzle (ebd., S. 98) räumt ein, dass „wir (bis jetzt) im Spätmittelalter keine Adelsfamilie [kennen], die ihr Geschlecht auf die Nibelungenhelden zurückgeführt hätte, und haben – anders als im frühen Mittelalter – noch nicht einmal Ansatzpunkte für begründete Vermutungen".
162 Müller 1998, S. 56.
163 Im Rechnungsbuch des Bischofs Wolfger von Erla findet sich für eine Reise von Wien nach Passau zum 12. November 1203 der folgende Eintrag: *sequenti die apud zeizemurum walthero cantori de vogelweide pro pellicio. v. solidos longos.* – ‚am folgenden Tag [nach dem Martinstag] bei Zeiselmauer [bei Wien und an der Donau gelegen] dem Sänger Walther von der Vogelweide für einen Pelzrock fünf Schillinge'; Heger 1970, S. 85f.; Meves 2005, S. 856. Im *B-‚Lied' ist der Ort Zeiselmauer (B 1329,3a [1332,3a]; 1333,1a [1336,1a]; vgl. *Treysenmûre* im *C-‚Lied' [C 1359,3; 1363,1]) dem Besitz Etzels zugeordnet. Kriemhild wird auf ihrer Reise zu Etzel vor diesem Ort vom Passauer Bischof verabschiedet, dessen Einflussbereich endet; in Zeiselmauer tritt sie in den Schutz ihres künftigen Ehemanns ein; Heinzle 2013a, S. 1326. Allerdings gehörte Zeiselmauer in der historischen Wirklichkeit dem Passauer Hochstift und war mit einer Pfalz ein Hauptort bischöflicher Verwaltung, wo sich die Bischöfe regelmäßig aufhielten; ebd., S. 1328.
164 Für einen Bezug der literarischen Figur auf Wolfger spricht sich Wurster (1998) aus. Böhm (1998) versucht dagegen nachzuweisen, dass sich die literarische Figur des Bischofs nicht auf Wolfger, sondern auf seinen Vorgänger Bischof Diepold von Passau (1172–1190) bezieht: Diepold soll mit den Burgondenkönigen verwandt gewesen sein. In seiner Amtszeit fand man das Pilgrimgrab. Er beauftragte seinen Domdekan Tageno mit der Aufzeichnung der Ereignisse des verlustreichen dritten Kreuzzugs in lateinischer Sprache, an dem er selbst teilgenommen hatte. Diese Deutung ist möglich, doch erscheint ein Bezug zu Wolfger von Erla plausibler.
165 Grosse 1999, S. 860.
166 Nach Heinzle (1994, S. 50) dient die Figur des Bischofs unter anderem dazu, „der in gelehrten Kreisen suspekten volkssprachigen Überlieferung die Weihe seriöser Historiographie zu geben". Auch Mertens (1996b, S. 368) zufolge handelt es sich bei dem Bischof als Auftraggeber „um ein poetologisches Konstrukt, das den dichterischen Ort der ‚Klage' symbolisiert", indem er „als Verwandter an der Familientradition […], als Geistlicher an der Verschriftlichung [interessiert]" sei und „ein weltlicher Fürst […] diese Rolle weniger gut [hätte] einnehmen können".

weise weiter ausgeweitet, um die Gläubigen, die nach Passau kamen, zu Spenden anzuregen, um den Wiederaufbau des abgebrannten Doms zu finanzieren.[167] Ein Bezug lässt sich ebenfalls über Pilgrim als sprechendem Namen herstellen, da Wolfger im Jahre 1197 als Pilger an einem Kreuzzug nach Jerusalem teilnimmt. Dies würde zur erwähnten Erzählstrategie der Aktualisierung passen.

Die ‚Klage' selbst fokussiert allerdings vor allem auf das Geschehen, weniger auf einzelne Figuren. In Pilgrims Figurenrede ist nur auf den namentlich nicht genannten Erben Gunthers verwiesen, der durch die Überlebenden aufgezogen werden soll (*B 3455–3458/*C 3555–3558). Der Bischof Pilgrim möchte ausdrücklich alle Einzelheiten vom Spielmann Swämmel und weiteren Augenzeugen hören und aufschreiben lassen (*B 3459–3481/*C 3559–3577), denn „*ez ist diu grôziste* [*B: *groezeste*] *geschiht, / diu zer werlde* [*B: *werld*] *ie geschach*" (*B 3480f./*C 3576f.). *Geschiht* ist im Mittelhochdeutschen synonym zu *historia*, so dass – wie in diesem Fall – mit dem Wort nicht nur größere Ereigniszusammenhänge benannt werden können,[168] sondern auch auf historisch reale Ereignisse hingewiesen werden kann, so dass in diesem Fall ein ‚historisches' Moment zumindest anklingt. Im Vordergrund steht in Pilgrims Rede das Geschehen, wie es im Epilog mit ähnlicher Formulierung ebenso in Erzählerrede geschildert ist (vgl. *B 4303–4307/*C 4409–4413):

„*ich wilz heizen schrîben,*	„*ich wilz allez lâzen schrîben:*
die stürme und die grôzen nôt,	*die stürme und der recken nôt,*
oder wie si sîn gelegen tôt,	*und wie si sîn beliben tôt.*"
wie ez sich huop unde wie ez quam	– – –
und wie ez allez ende nam."	– – –
(*B 3464–3468)	(*C 3564–3566)[169]

Zu Beginn des Epilogs folgt allerdings auch ein mit einem Vers knapper Hinweis, dass der Bischof das Geschehen *durch liebe der neven sîn* (*B 4296/ *C 4402) aufzuschreiben hieß. Textintern dient das Aufschreiben vorrangig der Erinnerung an die Ereignisse und Figuren, weniger einer genealogischen Setzung beziehungsweise Ansippung.

In ‚Lied' und ‚Klage' sind auffällige Bezüge nicht nur zur Figur des Bischofs Pilgrim, sondern auch zu unterschiedlichen Orten festzustellen: Sowohl in ei-

---

167 Heinzle 1994, S. 51.
168 BMZ 1990, Bd. 3, Sp. 115b.
169 *B weist zwar zwei Plusverse auf, sie haben jedoch in beiden Fassungen eine fast identische Entsprechung im Epilog (vgl. *B 4303f./*C 4409f.). In *B wird die klassische, letztlich auf Aristoteles zurückgehende Formel aufgerufen, nach der eine Handlung beziehungsweise Geschichte dadurch bestimmt wird, dass sie Anfang, Mitte und Ende hat.

genen Formulierungen als auch in Plusstrophen ist der Bearbeiter *C bemüht, geographische Angaben anzuführen, zu präzisieren und zu korrigieren: Insgesamt sind in der Fassung *C des ‚Lieds' fünf Ortsnamen zu finden, die in der *B-Fassung fehlen: *Lôrs* (+C 1158,4a), *Otenhein* (+C 1013,3b), *Otenwald* (C 919,3b), *Pledelingen* (+C 1324,1a) sowie *Treysenmûre* (1363,1a). Allerdings korrespondieren zwei davon zu anders lautenden Ortsbezeichnungen in der Fassung *B: *Otenwald* entspricht *Waskenwalde* (B 908,3 [911,3]), *Treysenmûre* korrespondiert mit *Zeizenmûre* (B 1333 [1336]). Getilgt ist dagegen in *C *Norwæge* als Ortsangabe für das Nibelungenland (B 736,3 [739,3]), vermutlich um eine geographische Unwahrscheinlichkeit zu beheben, denn das Land der Nibelungen ist in *C am Rhein gedacht.[170] Wiederholt ist im ‚Lied' auch Passau genannt wie bei der Einkehr Kriemhilds (B 1292ff. [1295ff.]/C 1321ff.), der Rast der Burgonden beziehungsweise Nibelungen (B 1624ff. [1627ff.]/C 1667ff.), der wiederholten Einkehr der Boten Wärbel und Swämmel auf ihrer Hin- und Rückreise (B 1424ff. [1427ff.]/C 1455ff.; B 1492 [1495]/C 1528). Außerdem ist das Donautal zwischen Passau und Wien in beiden Fassungen des ‚Lieds' detailliert beschrieben, wogegen keinerlei Einzelheiten bei anderen Reisen, wie auf der Werbungsfahrt zu Brünhild geschildert sind. In der Plusstrophe +C 1013,3 ist die Lage der Quelle mit dem Zusatz *vor dem Otenwalde ein dorf lît Otenhein* genauer lokalisiert, an der Siegfried ermordet wird. In +C 1324 erfolgt eine zusätzliche Angabe darüber, dass Kriemhilds Gefolge auf ihrer Reise zu Etzel auch in Pledelingen beherbergt wird. Zu erwähnen ist ebenfalls die Nennung von *Lôrs* (C 1158,4a) als Bestattungsort von Ute und Siegfried.[171] Die auffällige Ortskenntnis, wie auch die detaillierte Angabe von einem *sedelhof* (+C 1161,1b) für Ute, deutet auf eine besondere Bedeutung des Klosters in Lorsch für die Rezipienten hin. Anders ist es nicht zu werten, da der größte Komplex von zusammenhängenden Plusstrophen (+C 1158–1165) eben dies zum Thema hat. Von einem großen Münster in Lorsch weiß auch die ‚Klage', das es tatsächlich seit dem 9. Jahrhundert dort gegeben hat. Ist dies zunächst nur in einem von vier Plusversen in *B genannt (+*B 3686: *in einem münster, daz was wît*,), findet sich dies in *C auch an späterer Stelle. Beide Fassungen unterscheiden sich hinsichtlich des Begräbnisses von Ute. Während sie in *B 3987 *ze Lorse bî ir aptei* begraben wird, liegt sie in

---

170 Vgl. Bartsch 1865/1968, S. 301.
171 Dass auch Siegfried in Lorsch bestattet wird, findet sich ausschließlich im Text des ‚Lieds'. Die Reichsabtei Lorsch lag wenige Kilometer östlich von Worms und beherbergte ein Frauenstift sowie Särge königlicher Familien. Außerdem ist als Gönnerin der Abtei eine Uda bezeugt, die das Kloster reich beschenkte; Panzer 1955, S. 94. Grosse (1999, S. 730) führt an, dass Frauen mit dem Namen Ute meist an der Spitze eines Geschlechts stünden, was ebenfalls zur Namenwahl beigetragen haben könnte.

*C 4047 *ze Lorse in dem munster wît.*[172] Der folgende Vers ist jeweils unterschiedlich formuliert: *B 3988 begründet Utes Tod damit, dass ihr Herz wegen des Leids aufgrund des Untergangsgeschehens gebrochen sei, während *C eine Verbindung zur Gegenwart der Rezipienten herstellt: *dâ diu vrouwe noch hiute lît* (*C 4048),[173] woran sich zwei Plusverse anschließen, die Ute sowohl loben als auch auf ihren Sarkophag verweisen (+*C 4049f.: *diu guote und diu vil reine, / in eime sarcsteine*).

Die Präzisierungen sind einerseits als Ausdruck der guten Ortskenntnis des ‚Lied‘- und ‚Klage‘-Dichters und der -Bearbeiter zu deuten, sind aber auch als mögliche Reflexe eines Ortsherkommens zu werten. Charakteristisch für diese Art der Anbindungen ist die „*noch*-Formel, die Beteuerung, man könne die betreffenden Orte noch heute sehen":[174] Gemäß der Angabe im ‚Lied‘ steht in Passau *noch ein klôster*, eben jenes, das Kriemhild bei der Durchreise zu Etzel sieht (B 1292,3b [1295,3b]). In *Otenhein, dâ vliuzet noch der brunne*, an dem Siegfried getötet wird (+C 1013,4a). Und in Lorsch liegt – wie es ebenso die ‚Klage‘ *C fast wortwörtlich formuliert – *noch diu frouwe hêre* [scil. Ute] *begraben in eime sarke* (+C 1161,4). Auffällig ist des Weiteren, dass das Äußere von Siegfrieds Sarg in beiden Fassungen unterschiedlich beschrieben ist: Während in B 1035,2 [1038,2] das Sargäußere *von silber und von golde, vil michel unde starc* ist, ist seine Materialität in der parallelen Stelle in C 1050,2 beschrieben als *von edelm märmelsteine, vil michel unde starc*. Voorwinden weist darauf hin, dass bei Ausgrabungen im Brandschutt nach einem Feuer im Jahre 1099 ein großer Marmorsarg gefunden wurde, was ein Lorscher besonders gut hätte wissen können.[175]

Wie ist der Befund zu bewerten? In der Tat sind die – nicht nur – geographischen Angaben im Zusammenhang mit Lorsch und Passau die präzisesten, die im ‚Lied‘ – und insbesondere in seiner Fassung *C – sowie den ‚Klage‘-Fassungen zu finden sind. Der Dichter kennt aber offenbar ebenso Wien und das ganze Donautal gut. Der Bearbeiter des *C-‚Lieds‘ und der Dichter beziehungsweise die Bearbeiter der ‚Klage‘ erscheinen bestrebt, den Nibelungenstoff noch stärker an die Region anzubinden, indem regionale Bezüge präzisiert und ausgeweitet

---

172 Eine Parallele dazu bildet der Plusvers +*B 3686 in der genannten Passage zu Lorsch und Ute: *in einem münster, daz was wît.*
173 *B 3988 ist anders formuliert; der Tod Utes wird auf das Brechen ihres Herzens zurückgeführt, nachdem sie vom Untergangsgeschehens erfahren hat.
174 Heinzle 1995, S. 91.
175 Voorwinden 1978, S. 292. Voorwinden (ebd.) vermutet aufgrund derartiger geographischer Kenntnisse die Reichsabtei Lorsch als möglichen Entstehungsort der Handschrift C; sie besaß im damaligen deutschen Sprachraum eine der größten Bibliotheken.

werden. Ebenfalls erfolgt durch Parallelen eine Verstärkung der indirekten Verbindung von ‚Lied' und ‚Klage'. Auch die handschriftliche Überlieferung weist in diesen geographischen Raum, da alle überlieferten Textzeugen den Räumen der erzählten Welt des ‚Lieds' und der ‚Klage' zugeordnet werden können:[176] Das ist in erster Linie das ostalemannische und bairisch-österreichische und sekundär auch das rhein-fränkische Sprachgebiet.[177] Es ist eine enge Bindung von Text und Geographie nachweisbar, die auf ein – wenn auch nicht klar bestimmbares, so doch – spezifisches regionales Interesse schließen lässt. Damit ist der Nibelungenstoff für eine geschichtliche Identität der Region funktionalisiert, wobei die Angaben sowohl qualitativ als auch quantitativ so allgemein bleiben, dass ein breites Publikum erreicht werden kann. Der Bearbeiter *C versucht mit dieser Art der Gestaltung sein intendiertes Publikum zu erreichen und Wirkung zu erzielen. Das Erzählen in *C ist damit Mustern verpflichtet, die die Rezipienten als authentisch und als ihre eigenen erkennen. Die geographische Verortung dient nicht nur der Beglaubigung, sondern erhöht auch die Relevanz des Erzählten für die intendierten Rezipienten, wenn das Geschehen explizit in den ihnen vertrauten Raum lokalisiert wird. Es ist der Raum, der in ‚Lied' und ‚Klage' durchreist, über die einzelnen Wege, Stationen und ihrer Ausgestaltung konstruiert wird und Tiefe erhält.

10.4 Wirkung der Fassung *C innerhalb der Nibelungenkomplex-Überlieferung

Der schriftlich fixierte Text des ‚Lieds' entfaltet im Mittelalter eine beträchtliche Wirkung. Das Aufzeichnen des Grundtexts von ‚Lied' und ‚Klage' auf Grundlage mündlicher Erzähltraditionen und weiterer historischer Personen, Ereignisse und Orte ist zum einen ein Teil der Rezeptionsgeschichte der Nibelungensage, setzt zum anderen wegen der spezifischen Neuformung als „Pionierleistung"[178] im deutschsprachigen Raum einen neuen Anfang.[179] Die konzeptionsgeleitete Verschriftlichung mündlicher Erzähltraditionen hat einen großen, wenn nicht bestimmenden Einfluss auf die Rezeption des Stoffs wie auf ihre Gestaltungs-

---

176 Heinzle 2003a, S. 206.
177 Klein 2003, S. 213.
178 Kropik 2008, S. 378.
179 Insbesondere das ‚Lied' will „berichten, wie es die Gattung seit eh und je tut – aber jetzt mit literarischem Anspruch" (Curschmann 1992, S. 64) und bewahrt daher „die größtmögliche Nähe zur mündlichen Überlieferung" (Kropik 2008, S. 378).

weisen in schriftlicher Verfasstheit.[180] Erst einige wenige späte Überlieferungszeugen bieten konzeptionelle Neuansätze wie insbesondere die Handschriften n und k. Die Handschrift n und das Aventiureverzeichnis m beziehen weitere Stofftraditionen aus dem Umkreis des Drachenkampfes ein; k stellt eine neu gestaltende Adaptation dar. Doch bei den meisten weiteren Überlieferungszeugen sind weniger markante Änderungen als vielmehr punktuelle Variation, Kürzungen und Erweiterungen zu verzeichnen. Die Textunterschiede bezeugen einen fortdauernden Prozess der Aneignung im Kontext einer dynamischen Textualität.[181]

Der Fassung *C kommt in dieser Rezeptionsgeschichte eine besondere Stellung zu: Die Anzahl der Überlieferungszeugen indiziert, dass sie die möglicherweise am meisten verbreitete Fassung des Nibelungenkomplexes, und damit vermutlich die ‚Vulgata' ist, die im Mittelalter hauptsächlich rezipiert wird (siehe Abschnitt 2.9.3). Diese Fassung dient – wohl gerade wegen ihres eigenständigen Profils – als Impulsgeber für weitere Fassungen wie für die vermutlich sehr frühe Mischfassung *J/*d.[182] Er folgt zwar grundsätzlich der Fassung *B, weist aber auch – vermutlich als sekundäre Zutat – charakteristische Kommentarstrophen und Formulierungen der Fassung *C auf.[183] Die Genese dieser Fassung lässt sich nur hypothetisch fassen: Relativ sicher ist, dass der *J/*d-Bearbeiter sowohl einen Text der *B- als auch der *C-Fassung vorliegen hatte. Offenbar bevorzugt er den *B-Text, so dass er ihn nur punktuell durch *C-Strophen und -Formulierungen zu verbessern sucht, um einen für ihn angemessenen Text zu erhalten.[184] Dies indiziert nicht nur eine genaue Lektüre beider Textfassungen, sondern ebenso ein Bewusstsein für die jeweiligen Textunterschiede. Heinzle wertet dies dezidierter, wenn er vermutet, dass der „Interpola-

---

180 Vgl. Heinzle 1995, S. 82.
181 Müller 1998, S. 70.
182 Auch der Fragmentenkomplex S, der zur Fassung *Db gehört, bietet jeweils zu Beginn Text der *C-Fassung sowohl im Text des ‚Lieds' als auch in dem der ‚Klage', bevor nur noch der *B-Text folgt. Heinzle (2003a, S. 211) nimmt an, dass zwei Schreiber gleichzeitig mit der Abschrift des *C-Texts begannen, und, nachdem er nicht mehr vorlag, mit der eines *B-Texts fortfuhren. Da an dieser Stelle kein dezidiertes Interesse sichtbar wird, mit Ausnahme dessen, dass wohl ursprünglich der Text der Fassung *C favorisiert ist, berücksichtige ich diesen Überlieferungszeugen nicht weiter.
183 Die gemeinsamen Strophen der Leithandschriften J und d sind: C 821f.; 913; 923; 973; 1013; 1124f.; 1138; 1284; 1609; 1621–1623; 1882; 1943f.; 1947f.; 1960; Heinzle 2000b, S. 212.
184 Theoretisch ist es möglich, dass einige oder alle *C-Strophen bereits Teil des Grundtexts waren, die in *B ausgefallen sind. Dies ist aus dem Grund abzulehnen, dass nicht plausibel anzunehmen ist, dass die stärkere Gewichtung der *C-Fassungen zur offeneren Form der *B-Fassung zurückgenommen worden wäre; siehe Abschnitt 2.4.1.

tor" bestrebt gewesen sei, „massiv die Position des *C-Bearbeiters zur Geltung zu bringen".[185] Einschränkend ist anzumerken, dass er nicht den gesamten *C-Text abschreibt, was ihm möglich gewesen sein musste. Sein Bestreben ist es offenbar, eine verstärkt kommentierende Perspektive in den Text des ‚Lieds' einzufügen. Möglicherweise ist die Übernahme von *C-Material und Formulierungen als Folge eines „Modernisierungsdruck[s]"[186] zu deuten, den die *C-Bearbeitung auf die Rezeption des ‚Nibelungenlieds' ausübt.

Insbesondere der *C-Anfang hat auf alle Handschriften außer auf J gewirkt.[187] Dass es vor allem der Anfang ist, der Verbreitung erfuhr, belegt zugleich ein andauerndes Interesse an der Fassung *B. Trotz der *C eigenen Qualitäten kann und will sie die Fassung *B für viele mittelalterliche Rezipienten nicht ersetzen. Dies mag daran liegen, dass an einigen Orten nur eine Fassung bekannt oder zugänglich ist, dass die einmal vorhandene Handschrift wegen ihrer Kostbarkeit weiterhin rezipiert wird,[188] kann aber auch auf eigene Qualitäten der Fassung *B zum Beispiel hinsichtlich Fremdheit, Ungeheuerlichkeit und Ambivalenz zurückzuführen sein. Eine Rezeption in Auszügen ebenso wie die stets präsente mündliche Tradition können dazu geführt haben,[189] die Fassung *B zu bevorzugen. Sie ist dem Sagenstoff mit einem eher negativen Kriemhildbild näher. Henkel weist auf liedhafte Komplexe hin, die allein den Burgondenuntergang behandelten.[190] An der Figurengestaltung im *C-‚Lied' ist zu erkennen, dass ein dezidiertes Einbeziehen des ersten Erzählkomplexes bis zu Siegfrieds Tod eine solche Negativbewertung Kriemhilds vermutlich nicht zulässt.[191] Göhler rechnet mit möglicherweise „sehr alten, [...] bereits überholten Varianten des Stoffes",[192] die zwar auch im Kontrast zu *B, vor allem aber wohl zur *C-Fassungen stehen und zu einer Präferenz der *B-Fassung geführt haben können. Man kann wohl den Schluss ziehen, dass die Fassung *C wegen ihrer – auch ‚modernen' – Eigenheiten je nach Interessenlage mitunter eher bevorzugt beziehungsweise abgelehnt wird.

---

185 Heinzle 2003a, S. 201f. Siehe ebd. auch zur Entstehung. Heinzle datiert den Mischkomplex *J/*d spätestens in das letzte Viertel des 13. Jahrhunderts; siehe Abschnitt 2.4.
186 Heinzle 2000b, S. 213.
187 *C wirkte zwar auch auf J, jedoch nicht im Bereich der Eingangsstrophen.
188 Vgl. Heinzle 2013a, S. 1004f.; Knapp 2015, S. 44.
189 Vgl. Heinzle 1995, S. 86; Voorwinden 1995, S. 14.
190 Henkel 1999, S. 93f.
191 Ebd.
192 Göhler 1995, S. 76.

10.5 Zusammenfassung: Das weitererzählte wiedererzählende *liet*

Dem philologisch-narratologischen Anliegen entsprechend ist die Arbeit aufgebaut. Die herangezogenen Kategorien sind weitgehend aus dem Gegenstand heraus begründet. Hinsichtlich der Frage nach der Vermittlungs- und Konstitutionsleistung der Fassung *C des Nibelungenkomplexes wurde argumentiert in Bezug auf den materialen Befund, die Bedingungen einer Literarisierung des Nibelungenstoffs, die Merkmale eines ‚Lied‘ und ‚Klage‘ umfassenden Erzählverbunds, das Plus- und Minusmaterial der Fassung *C von ‚Lied‘ und ‚Klage‘ hinsichtlich formaler, inhaltlicher und erzähltechnischer Aspekte sowie der Medialität.

Auch wenn von einer mündlichen Sagen- und Lied-Tradition nur Spuren überliefert sind und sich daher mündliche Tradition und schriftliche Texte nicht unmittelbar miteinander vergleichen lassen, ist vorauszusetzen, dass sich das volle Sinnpotenzial des Nibelungenkomplexes nur im Dialog mit dieser mündlichen Tradition entwickelt. Die zahlreichen Querverbindungen zwischen den einzelnen ‚Lied‘- und ‚Klage‘-Texten innerhalb einer Fassung und auch über eine Fassung hinaus zeugen von einem nicht-linearen Verschriftlichungsprozess. Der Befund der gemeinsamen Überlieferung von ‚Lied‘ und ‚Klage‘, die handschriftliche graphisch-optische Angleichung beim Übergang vom ‚Lied‘ zur ‚Klage‘, die vielfältigen, zum Teil fassungskreuzenden Formulierungsparallelen sowie die Punktualität der Unterschiede in Textbestand, Textfolge und Textformulierung zwischen den einzelnen ‚Lied‘- und/oder ‚Klage‘-Fassungen verweisen auf eine intentionale Schreib-, Werk- und Erzähleinheit von ‚Lied‘ und ‚Klage‘.

Der Nibelungenkomplex ist insofern als Erzähleinheit zu betrachten, als ‚Lied‘ und ‚Klage‘ als unterschiedlichen Arten und Formen des Erzählens verschiedene Funktionen zukommen. Beide Texte ergänzen einander als konzeptuell notwendige Bestandteile eines Nibelungenbuchs, sind in der Reihenfolge ‚Lied‘ – ‚Klage‘ einander zugeordnet und kontextualisieren sich gegenseitig.[193] Während das ‚Lied‘ eine mündliche Erzähltradition nachahmt,[194] kommt der ‚Klage‘ die Funktion zu, einen verstärkt christlich konnotierten Verstehenshintergrund zu entwerfen und das Geschehen in Wertvorstellungen um 1200 einzuordnen. Der Erzählverbund stellt nach dem Mediensprung von der Mündlichkeit in die Schriftlichkeit eine für die Tradierung, d.h. Erinnerung wie

---

193 Vgl. Kropik 2008, S. 151, 174.
194 Vgl. ebd., S. 141, 151.

Bewahrung, angemessene und zugleich aktuelle Form dar und erweist sich als eine literarische Aufbereitung der Prozesshaftigkeit des Erzählens von den Nibelungen. Erst diese Verbindung von ‚Lied' und ‚Klage' ist es, in der ein Erzählen von den Nibelungen um 1200 in der Schriftlichkeit akzeptiert wird, die eine dem Hochmittelalter naheliegende, ‚authentische' Lektüre bietet und Muster, Vorbild und Abgrenzungsfolie für die ‚historische' Dietrichepik werden wird.

Nicht nur ‚Lied' und ‚Klage' als Einzelwerke sowie der gesamte Nibelungenkomplex sind als Ergebnis historischer, literarisch-sozialer Konsensbildungen zu betrachten, sondern auch die einzelnen Fassungen sind als Dokumentation eines „Gesprächs"[195] über die Form eines angemessenen Erzählens von Heldenepik um 1200 im noch jungen Medium der Literatur in der Volkssprache und damit als Reflexion über das Verfassen von Heldenepik zu verstehen. Sie sind in einer Phase der massiven Verschriftlichung als weiterzuschreibende und fortzuentwickelnde Manifestationen als Teil eines Diskurses über heldenepisches Erzählen aufzufassen. Anders als bei höfischen Romanen in deutscher Sprache mit einer direkten französischen Vorlage ist für den Nibelungenkomplex davon auszugehen, dass bei der Überführung des Erzählens von den Nibelungen von der Mündlichkeit in die Schriftlichkeit eine Form erst gefunden werden musste.

Die einzelnen Fassungen zeugen von einem Verschriftlichungs- wie von einem Verständigungsprozess und damit von einer Arbeit an der Art und Weise, wie der Nibelungenstoff erzählt werden soll. Das vielschichtig verändernde Weiterschreiben am Nibelungenkomplex kann man sich derart vorstellen, dass das Entwickeln einer Fassung nicht nur schon eine nächste, eine verbesserte, ‚modernere' Fassung anstößt, sondern auf die vorherigen auch zurückwirkt, wie es die Übernahme der Prologstrophe in die Handschrift A aus C anzeigt. Die Mischkomplexe zeugen ebenfalls davon, dass zwischen den Fassungen weniger eine Konkurrenz herrscht, vielmehr wird je nach Verfügbarkeit auf unterschiedliche Vorlagen zurückgegriffen und/oder charakteristische Strophen und Formulierungen der *C-Fassung werden in einen *B-Text eingefügt. Die unterschiedlichen Akzentuierungen der verschiedenen Fassungen sind daher nicht als grundsätzliche Gegensätze zu betrachten. Anzunehmen ist, dass das Gespräch über ein angemessenes Erzählen um 1200 mit dem Weggang des wahrscheinlichen Mäzens Bischof Wolfger auf das Patriarchat Aquileia im Jahr 1204 und damit dem Abschluss der in der vorliegenden Arbeit untersuchten ‚Lied'-Fassung *C vor 1205 sein vorläufiges Ende fand. Für den weiteren Verlauf ist in der Überlieferung bis auf die drei genannten Ausnahmen k, n (und ihrer Vorlage b) sowie m weitgehend nur noch iterierende Variation festzustellen.

---

195 Henkel 2003a, S. 130.

Auch anhand der Überlieferungssituation des Nibelungenkomplexes entwickelt Bumke für die Verschriftlichung der Volkssprache die These, dass sich die handschriftliche Ausgestaltung ebenso wie der Text selbst im Verlauf des 13. Jahrhunderts verfestigen. Derartige Prozesse indizieren einen epochalen textgeschichtlichen Wandel weg von einer ursprünglichen Variabilität, wie sie für mündliche Vorträge oftmals konstitutiv sind, hin zu einer Geschlossenheit.[196] Die Hauptfassungen des Nibelungenkomplexes sind aus diesem Grund weit mehr als Momentaufnahmen einer prozesshaften Auseinandersetzung mit einem überkommenen Stoff. Die Voraussetzungen der Verständigung über ein Erzählen im ‚Lied' sind deutlich markiert. Dies sind die Bedingungen einer höfischen Kultur, in der Schriftlichkeit durch die rhetorische Bildung der Dichter und Bearbeiter, spezifische Gattungserwartungen, das Arbeiten mit überkommenen Stoffen und konventionellen Formen sowie das kulturelle und literarische Umfeld im Mittelpunkt stehen.

Während die Retextualisierung der mündlichen Tradition in der Schriftlichkeit einen Medienwechsel impliziert, zeigt die Retextualisierung des Grundtexts in der Fassung *C des Nibelungenkomplexes in erster Linie eine weitergehende Poetisierung und Aktualisierung an. Der Fassung *C kommt im Prozess der Literarisierung des Nibelungenstoffs eine besondere Rolle zu: Die fassungskonstituierenden Unterschiede zeigen gegenüber der Fassung *B weitergehende Möglichkeiten der narrativen Gestaltung, zugleich auch ihre Grenzen auf. Bezeichnend für die Arbeit des *C-Bearbeiters sind Präzisierung, Harmonisierung, Plausibilisierung und Motivierung meistens vorgefundener Angaben.[197] In der Grundsubstanz unterscheiden sich die beiden Hauptfassungen kaum, was auch als ein grundsätzlicher Befund für die gesamte Nibelungenüberlieferung bis auf wenige Ausnahmen festzustellen ist. Die Textrealisation zeigt, dass der *C-Bearbeiter nicht versucht, sich vom Grundtext abzusetzen. Stattdessen formt er den Text modifizierend weiter aus, wohl um ihn „noch schöner, besser, eingängiger und überzeugender zu machen",[198] um die *wârheit* beziehungsweise die Potenz des Stoffs beziehungsweise der *materia* noch besser herauszuarbeiten. Die Eigenheiten der *C-Fassung des Nibelungenkomplexes sind nicht als erzählnotwendig einzustufen;[199] sie zeugen jedoch von einem spezifisch akzentuierenden Erzählinteresse und hängen vielfach mit die Handlung interpretieren-

---

196 Bumke 1996c, S. 80–84.
197 Vgl. ebd., S. 540.
198 Ebd.
199 Vgl. ebd., S. 57.

den Tendenzen zusammen.[200] Davon zeugen nicht nur die großen Linien, sondern ebenso die hohe Anzahl vieler kleinerer Formulierungsunterschiede zwischen den Fassungen *B und *C. Sie zeigen den Gestaltungsspielraum in der Formung des Vorgegebenen mit seinem spezifischen Verbindlichkeitsanspruch an, markieren das *artificium*. Demnach betrachtet sich der *C-Bearbeiter als *artifex*, der die *materia* der Erzählung weitgehend so belässt, wie er sie vorfindet. Inhaltliche Anreicherungen sind oftmals auf weiteres Sagenmaterial zurückzuführen, das in der Fassung *B und damit vermutlich auch im Grundtext nicht verwendet ist, und das zum Teil auf ein ausgeprägteres Orts- beziehungsweise Regionalherkommen des *C-Komplexes hinweist.

Das Erzählen in *C von ‚Lied' und ‚Klage' erweist sich als ein Weitererzählen des wiedererzählenden ‚Lieds'. Die Fassung *C wendet ihr eigene Erzählstrategien an, die auf der formalen, inhaltlichen und erzähltechnischen Ebene umgesetzt sind. Sie kommt den Erwartungen des höfischen Publikums um 1200 entgegen, indem seine Wertvorstellungen, Wünsche und Interessen bestätigt werden. Die Stiftung von Plausibilität und Authentizität weist auffällige Parallelen zu Verfahren der rhetorischen *evidentia*-Lehre auf, ist aber ebenso als Angleichung an Erzählprinzipien des höfischen Romans zu erklären. Das verstärkte Einschreiben von Introspektionen in Figuren zeigt ein dem höfischen Roman ähnlich gerichtetes Interesse an einem emotionalen Nachvollzug von Figurenhandeln an und weist die Teilnahme an Diskursen über narrative Darstellungsverfahren aus. Die *C-Eigenheiten spielen in der Textwelt kaum eine Rolle; sie sind vor allem für das Textverständnis des Rezipienten relevant. Im Sinn des Erwartungshorizonts der mittelalterlichen Rezipienten werden in der Fassung *C nicht nur in der ‚Klage', sondern verstärkt auch im ‚Lied' individuelle Handlungsmotive der Figuren verdeutlicht und ein größerer Bedeutungszusammenhang weiter ausgeformt. Kontraste hinsichtlich der Kennzeichnung von Ort und Handlung, höfischer Oberfläche und destruktiver Gewalt, Heroischem und Höfischem, Wissenden und Unwissenden, Gemeinschaftsverbund und Einzelkämpfer sowie Figureninnerem und Figurenäußerem sind gegenüber *B weiter profiliert. Über eine verstärkte Integration des Geschehens in die Adelskultur um 1200, indem die Bewirtung an den Höfen, Ausstattungen der Figuren und Festlichkeiten ausführlicher geschildert sind, ist die kulturelle Relevanz des Erzählten hervorgehoben.

Die oftmals punktuellen Veränderungen sind nicht als mangelnde Systematisierung zu betrachten, sondern als Ausdruck einer Weiterarbeit an einem grundsätzlich wertgeschätzten Text, der trotz aller Aktualisierungen auch gera-

---

200 Vgl. Henkel 2003a, S. 127.

de ein als historisch alt markiertes Erzählen bewahren will. Die einzelnen Bearbeitungsverfahren sind nicht speziell, sondern typisch, wie sie ebenso in der *adaptation courtoise* zu beobachten sind.

Zu bestätigen ist die Gültigkeit von Worstbrocks Modell des Wiedererzählens mit seinen Prämissen hinsichtlich eines spezifisch mittelalterlichen Verständnisses von Autor, Text und Werk auch für ‚Lied' und ‚Klage' als erzählerische Großformen, obgleich das ‚Lied' Heldendichtung und kein höfischer Roman und die ‚Klage' an Geschichtsdichtung angelehnt ist. Das Modell öffnet eine Perspektive für ein hochmittelalterliches Verständnis des Nibelungenkomplexes. Bestätigt ist durch diese Untersuchung ebenfalls Worstbrocks grundsätzliche Vermutung, Wiedererzählen als fundamentalste Kategorie mittelalterlicher Erzählpoetik zu betrachten, die unabhängig von der mündlichen oder schriftlichen Verfasstheit des Erzählten besteht. Die Ergebnisse reichen jedoch über Worstbrocks Modell hinaus, das weder eine mögliche Unterscheidung zwischen Autor und Erzähler(rolle) noch den Vortragscharakter mittelalterlicher Dichtungen in Großform berücksichtigt. Die von Worstbrock vorgeschlagene Disjunktion von Stoff und Form gilt für den Nibelungenkomplex nur graduell, bleiben doch *materia* und *artificium* in der Retextualisierung gattungsspezifisch geprägt. Das Modell ist um den Aspekt der Literarisierung beziehungsweise des Literarisierungsprozesses zu erweitern, der als eine Verständigung beziehungsweise ein Verständigungsprozess über ein angemessenes Erzählen und damit zugleich über Retextualisierungsverfahren zu deuten ist. Zu unterscheiden ist dabei ein Wiedererzählen von einem Weitererzählen.

Die Fassung *C bietet eine der möglichen Erzählweisen des Nibelungenstoffs, was unter anderem durch die weitere Rezeption der *B-Fassung angezeigt ist. Auch wenn *C sich großer Beliebtheit erfreut, kann und will sie die Fassung *B nicht ersetzen, was für deren eigenständige Attraktivität trotz aller Motivationsdefizite, Unebenheiten und Widersprüche spricht. Die Fassung *C ist in einen Prozess der Literarisierung einzuordnen, in dem die mündliche Nibelungensage zu einer Nibelungenschrift entwickelt respektive vorangetrieben wird.

Literaturverzeichnis

Abkürzungsverzeichnis

ATB	Altdeutsche Textbibliothek
BMZ	Benecke, Georg Friedrich/Müller, Wilhelm/Zarncke, Friedrich: Mittelhochdeutsches Wörterbuch. Mit Benutzung des Nachlasses von Georg F. Benecke ausgearbeitet von Wilhelm Müller/Friedrich Zarncke. Nachdr. der Ausgabe Leipzig 1854–1866 mit einem Vorwort und einem zusammengefaßten Quellenverzeichnis von Eberhard Nellman sowie einem Alphabetischen Index von Erwin Koller/Werner Wegstein/Norbert R. Wolf. Bd. 1–3 in 4 Bdn. Stuttgart 1990: http://woerterbuchnetz.de/BMZ/ [letzter Zugriff am 07.02.2018].
Dtv	Deutscher Taschenbuch-Verlag
DVjs	Deutsche Vierteljahrsschrift für Literaturwissenschaft und Geistesgeschichte
GAG	Göppinger Arbeiten zur Germanistik
HRG	Handwörterbuch zur deutschen Rechtsgeschichte. Mitbegründet von Wolfgang Stammler. Hrsg. von Adalbert Erler/Ekkehard Kaufmann. 5 Bde. Berlin 1971–1998.
Lexer	Lexer, Matthias: Mittelhochdeutsches Handwörterbuch. Zugleich als Supplement und alphabetischer Index zum Mittelhochdeutschen Wörterbuch von Benecke/Müller/Zarncke. Reprograf. Nachdr. der Ausgabe Leipzig 1872–1878. 3 Bde. Stuttgart 1979: http://woerterbuchnetz.de/Lexer/ [letzter Zugriff am 07.02.2018].
LexMA	Lexikon des Mittelalters. Hrsg. von Robert Auty u.a. 9 Bde. München/Stuttgart 1980–1999: Lexikon des Mittelalters Online. Turnhout 2004– [letzter Zugriff am 07.02.2018].
LiLi	Zeitschrift für Literaturwissenschaft und Linguistik
LJb	Literaturwissenschaftliches Jahrbuch
MFMT	Des Minnesangs Frühling
MGH	Monumenta Germaniae Historica
MLW	Mittellateinisches Wörterbuch bis zum ausgehenden 13. Jahrhundert. Hrsg. von der Bayerischen Akademie der Wissenschaften/Deutschen Akademie der Wissenschaften u.a. München 1959–.
MTU	Münchener Texte und Untersuchungen zur deutschen Literatur des Mittelalters
MWB	Mittelhochdeutsches Wörterbuch. Hrsg. im Auftrag der Akademie der Wissenschaften und der Literatur Mainz und der Akademie der Wissenschaften zu Göttingen von Kurt Gärtner/Klaus Grubmüller/Karl Stackmann. Stuttgart 2006–: http://www.mhdwb-online.de/ [letzter Zugriff am 07.02.2018].
PBB	Beiträge zur Geschichte der deutschen Sprache und Literatur
PhSt	Philologische Studien und Quellen
RLW	Reallexikon der deutschen Literaturwissenschaft. Neubearbeitung des Reallexikons der deutschen Literaturgeschichte. Hrsg. von Georg Braungart u.a. 3., neubearb. Aufl. 3 Bde. Berlin u.a. 1997–2003.
RUB	Reclams Universal-Bibliothek
SM	Sammlung Metzler
Stw	Suhrkamp-Taschenbuch Wissenschaft
TMP	Trends in Medieval Philology

UTB	Uni-Taschenbücher
²VL	Die deutsche Literatur des Mittelalters. Verfasserlexikon. Hrsg. von Kurt Ruh u.a. 2., völlig neu bearb. Aufl. 14 Bde. Berlin/New York 1978–2008 (Veröffentlichungen der Kommission für Deutsche Literatur des Mittelalters der Bayerischen Akademie der Wissenschaften).
ZfdA	Zeitschrift für deutsches Altertum und deutsche Literatur
ZfdPh	Zeitschrift für deutsche Philologie

(Digital-)Faksimiles und Transkriptionen des ‚Nibelungenlieds' und der ‚Klage'

Handschrift A: Das Nibelungenlied nach der Hohenems-Münchener Handschrift (A) in phototypischer Nachbildung nebst Proben der Handschriften B und C. Hrsg. mit einer Einleitung von Ludwig Laistner. München 1886.
 Digitalfaksimile: http://daten.digitale-sammlungen.de/0003/bsb00035316/images/ [letzter Zugriff am 07.02.2018].
 Transkription des ‚Lieds' von Hermann Reichert unter Mitarbeit von Stefan Khollar, Stand: 21.03.2006: http://germanistik.univie.ac.at/links-texts/textkorpora/ [letzter Zugriff am 07.02.2018].
Handschrift a: Digitalfaksimile: http://www.e-codices.unifr.ch/de/list/one/cb/0117 [letzter Zugriff am 07.02.2018].
Handschrift B: Das Nibelungenlied und die Klage, Handschrift B (Cod. Sangall. 857). Hrsg. von Karl Bischoff/Heinrich Matthias Heinrichs/Werner Schröder. Köln/Graz 1962.
 Digitalfaksimile: Die Sankt Galler Nibelungenhandschrift: Parzival, Nibelungenlied und Klage, Karl, Willehalm (Cod. Sang. 857). Digitalfaksimile des Codex 857 der Stiftsbibliothek St. Gallen und zugehöriger Fragmente. CD-Rom mit einem Begleitheft. Hrsg. von der Stiftsbibliothek St. Gallen und dem Parzival-Projekt. 2., erw. Aufl. St. Gallen 2005. Online: https://www.e-codices.unifr.ch/de/csg/0857/291 [letzter Zugriff am 07.02.2018].
 Transkription des ‚Lieds' von Hermann Reichert, Stand: 20.08.2004: http://germanistik.univie.ac.at/links-texts/textkorpora/ [letzter Zugriff am 07.02.2018].
Handschrift C: Das Nibelungenlied und die Klage. Handschrift C der F. F. Hofbibliothek Donaueschingen. Hrsg. von Heinz Engels. Stuttgart 1968, Bd. 1 [Faksimileband].
 Digitalfaksimile: https://digital.blb-karlsruhe.de/blbhs/content/titleinfo/737536 [letzter Zugriff am 07.02.2018].
 Transkription des ‚Lieds' von Hermann Reichert unter Mitarbeit von Christian Wachter, Stand: 21.03.2006: http://germanistik.univie.ac.at/links-texts/textkorpora/ [letzter Zugriff am 07.02.2018].
Handschrift d: Ambraser Heldenbuch. Vollständige Faksimile-Ausgabe im Originalformat des Codex Vindobonensis Series nova 2663 der Österreichischen Nationalbibliothek. Hrsg. von Franz Unterkircher. Graz 1973.

Textausgaben und Übersetzungen des ‚Nibelungenlieds' und der ‚Klage'

Augsburger Nibelungenlied und -klage. Edition und Untersuchung der Nibelungen-Handschrift b. Hrsg. von Michaela Eser. Regensburg 2015 (Editio Bavarica II).

Diu Klage. Mit den Lesarten sämtlicher Handschriften. Hrsg. von Karl Bartsch. Unveränd. reprografischer Nachdr. der Ausgabe Leipzig 1875. Darmstadt 1964.
Die Klage. Mit vollständigem kritischen Apparat und ausführlicher Einleitung. Hrsg. von Anton Edzardi unter Benutzung der von Friedrich Zarncke gesammelten Abschriften und Collationen. Hannover 1875.
Der Nibelunge Liet und Diu Klage. Die Donaueschinger Handschrift 63 (Laßberg 174). Mit einem forschungsgeschichtlichen Beitrag zu ihrer Bedeutung für Überlieferung und Textgeschichte des Epos. Hrsg. von Werner Schröder. Köln/Wien 1969 (Deutsche Texte in Handschriften 3).
Die Nibelungenklage. Mittelhochdeutscher Text nach der Ausgabe von Karl Bartsch. Hrsg., übers. und kommentiert von Elisabeth Lienert. Paderborn u.a. 2000 (Schöninghs mediävistische Editionen 5).
Die ‚Nibelungenklage'. Synoptische Ausgabe aller vier Fassungen. Hrsg. von Joachim Bumke. Berlin/New York 1999. [Bumke 1999a]
Das Nibelungenlied. Hrsg. von Friedrich Zarncke. Leipzig 1856. 6. Aufl. Leipzig 1887.
Die Nibelungenlied-Bearbeitung der Wiener Piaristenhandschrift (Lienhart Scheubels Heldenbuch: Hs. k). Transkription und Untersuchungen. Hrsg. von Margarete Springeth. Göppingen 2007 (GAG 660).
Das Nibelungenlied in der ältesten Gestalt mit den Veränderungen des gemeinen Textes. Hrsg. und mit einem Wörterbuch vers. von Adolf Holtzmann. Stuttgart 1857.
Das Nibelungenlied. Mittelhochdeutscher Text und Übertragung. Hrsg., übers. und mit einem Anhang vers. von Helmut Brackert. 2 Bde. Frankfurt am Main 1970/71.
Das Nibelungenlied. Mittelhochdeutsch/Neuhochdeutsch. Nach dem Text von Karl Bartsch übers. und kommentiert von Siegfried Grosse. 2., durchges. und verb. Ausgabe 2002. Stuttgart 2006 (RUB 644).
Das Nibelungenlied. Nach der Ausgabe von Karl Bartsch (1870). Hrsg. von Helmut de Boor. 22., rev. und von Roswitha Wisniewski erg. Aufl., Nachdr. Wiesbaden 1996 (Deutsche Klassiker des Mittelalters).
Das Nibelungenlied nach der Handschrift C. Hrsg. von Ursula Hennig. Tübingen 1977 (ATB 83).
Das Nibelungenlied. Nach der Handschrift C der Badischen Landesbibliothek Karlsruhe. Mittelhochdeutsch und Neuhochdeutsch. Hrsg. und übers. von Ursula Schulze. Düsseldorf/Zürich 2005.
Das Nibelungenlied nach der Handschrift n. Hs. 4257 der Hessischen Landes- und Hochschulbibliothek Darmstadt. Hrsg. von Jürgen Vorderstemann. Tübingen 2000 (ATB 114).
Das Nibelungenlied. Nach der St. Galler Handschrift. Hrsg. und erläutert von Hermann Reichert. Berlin/New York 2005 (de Gruyter Texte).
Das Nibelungenlied. Paralleldruck der Handschriften A, B und C nebst Lesarten der übrigen Handschriften. Hrsg. von Michael Stanley Batts. Tübingen 1971.
Das Nibelungenlied und die Klage. Nach der Handschrift 857 der Stiftsbibliothek St. Gallen. Mittelhochdeutscher Text, Übersetzung und Kommentar. Hrsg. von Joachim Heinzle. Berlin 2013 (Bibliothek deutscher Klassiker 196). [Heinzle 2013a]
Nibelungenlied und Klage. Redaktion I. Hrsg. von Walter Kofler. Stuttgart 2011. [Kofler 2011a]
Der Nibelunge Noth und die Klage. Nach der ältesten Überlieferung mit Bezeichnung des Unechten und mit den Abweichungen der gemeinen Lesart. Hrsg. von Karl Lachmann. Berlin 1826. 4. Abdr. des Textes. Berlin 1859.
Der Nibelunge Nôt. Mit den Abweichungen von der Nibelunge Liet, die Lesarten sämmtlicher Handschriften und einem Wörterbuch. Hrsg. von Karl Bartsch. 3 Bde. Leipzig 1870–1880.

Eine spätmittelalterliche Fassung des Nibelungenliedes. Die Handschrift 4257 der Hessischen Landes- und Hochschulbibliothek Darmstadt. Hrsg. von Peter Göhler. Wien 1999 (Philologica Germanica 21).

Ausgaben weiterer Texte

Alpharts Tod. Dietrich und Wenezlan. Hrsg. von Elisabeth Lienert/Viola Meyer. Tübingen 2007 (Texte und Studien zur mittelhochdeutschen Heldenepik 3).
Amadis. Erstes Buch. Nach der ältesten deutschen Bearbeitung. Hrsg. von Adelbert Keller. Stuttgart 1857.
Das Annolied. Mittelhochdeutsch/Neuhochdeutsch. Hrsg., übers. und kommentiert von Eberhard Nellmann. 6. Aufl. Stuttgart 2005 (RUB 1416).
Augustinus. Theologische Frühschriften. Vom freien Willen. Von der wahren Religion. Textum latinum recensuit Guilelmus Green. Übers. und erläutert von Wilhelm Thimme. Zürich/Stuttgart 1962 (Die Bibliothek der Alten Welt: Antike und Christentum).
Beowulf. Das angelsächsische Heldenepos. Neue Prosaübersetzung, Originaltext, versgetreue Stabreimfassung. Übers., kommentiert und mit Anm. vers. von Hans-Jürgen Hube. 2. Aufl. Wiesbaden 2012.
Biterolf und Dietleib. Neu hrsg. und eingel. von André Schnyder. Bern u.a. 1980 (Sprache und Dichtung. Forschungen zur deutschen Sprache, Literatur und Volkskunde 31).
Cicero, M. Tullius: De inventione/Über die Auffindung des Stoffes. De optime genere oratorum/Über die beste Gattung von Rednern. Hrsg. und übers. von Theodor Nüsslein. Düsseldorf/Zürich 1998.
Deutsche Gedichte des XI. und XII. Jahrhunderts. Hrsg. von Joseph Diemer. Wien 1849.
Dietrichs Flucht. Textgeschichtliche Ausgabe. Hrsg. von Elisabeth Lienert/Gertrud Beck. Tübingen 2003 (Texte und Studien zur mittelhochdeutschen Heldenepik 1).
Dietrich-Testimonien des 6. bis 16. Jahrhunderts. Hrsg. von Elisabeth Lienert unter Mitarbeit von Esther Vollmer-Eicken/Dorit Wolter. Tübingen 2008 (Texte und Studien zur mittelhochdeutschen Heldenepik 4).
Das Eckenlied. Hrsg. von Francis B. Brévart. Bd. 1: Einleitung. Die altbezeugten Versionen E1, E2 und Strophe 8–13 von E4. Anhang: Die Ecca-Episode aus der Thidrekssaga. Tübingen 1999 (ATB 111).
Die Edda. Götterlieder, Heldenlieder und Spruchweisheiten der Germanen. Hrsg. von Manfred Stange. Übers. von Karl Simrock. Wiesbaden 2004.
Der Ehrenbrief des Püterich von Reichertshausen. Hrsg. von Fritz Behrend/Rudolf Wolkan. Weimar 1920.
Ekkehardi chronicon universale. Hrsg. von Georg Waitz. In: Chronica et annales aevi Salici. Hrsg. von Georg Heinrich Pertz u.a. Hannover 1844 (MGH. Scriptores [in Folio] 6), S. 1–267.
Galfrid von Vinsauf: Documentum de modo et arte dictandi et versificandi. In: Les arts poétiques du XIIe et du XIIIe siècle: recherches et documents sur la technique littéraire du moyen âge. Hrsg. von Edmond Faral. Nachdr. der Ausgabe von 1924. Paris 1962 (Bibliothèque de l'Ecole des Hautes Etudes, 4. Section Sciences Historiques et Philologiques 238), S. 263–327.
Galfrid von Vinsauf: Poetria nova. In: Les arts poétiques du XIIe et du XIIIe siècle: recherches et documents sur la technique littéraire du moyen age. Hrsg. von Edmond Faral. Nachdr. der

Ausgabe von 1924. Paris 1962 (Bibliothèque de l'Ecole des Hautes Etudes, 4. Section Sciences Historiques et Philologiques 238), S. 197–262.

Gottfried von Straßburg: Tristan. Hrsg. von Karl Marold. Unveränd. 5. Abdr. nach dem 3., mit einem auf Grund von Friedrich Rankes Kollationen verb. kritischen Apparat. Besorgt und mit einem erw. Nachwort vers. von Werner Schröder. Berlin/New York 2004 (de Gruyter Texte).

Gottfried von Straßburg: Tristan und Isolde. Mit der Fortsetzung Ulrichs von Türheim. Faksimile-Ausgabe des Cgm 51 der Bayerischen Staatsbibliothek München. Hrsg. von Ulrich Montag/Paul Gichtel. Bd. 1. Stuttgart 1979.

Hartmann von Aue: Der arme Heinrich. Hrsg. von Hermann Paul. Neu bearb. von Kurt Gärtner. 17., durchges. Aufl. Tübingen 2001 (ATB 3).

Hartmann von Aue: Erec. Mit einem Abdruck der neuen Wolfenbütteler und Zwettler Erec-Fragmente. Hrsg. von Albert Leitzmann. Fortgef. von Ludwig Wolff. 7. Aufl. besorgt von Kurt Gärtner. Tübingen 2006 (ATB 39).

Hartmann von Aue: Iwein. Text und Übersetzung. Text der 7. Ausgabe von Georg F. Benecke/Karl Lachmann/Ludwig Wolff. Übersetzung und Nachwort von Thomas Cramer. 4., überarb. Aufl. Berlin u.a. 2001 (de Gruyter Texte).

Heinrich von Melk. Hrsg. von Richard Heinzel. Nachdr. der Ausgabe Berlin 1867. Hildesheim u.a. 1983.

Heinrich von Veldeke. Eneasroman. Mittelhochdeutsch/Neuhochdeutsch. Nach dem Text von Ludwig Ettmüller ins Neuhochdeutsche übers., mit einem Stellenkommentar und einem Nachwort von Dieter Kartschoke. Durchges. und erg. Ausgabe 1997. Stuttgart 2007 (RUB 8303).

Herzog Ernst. Ein mittelalterliches Abenteuerbuch. In der mittelhochdeutschen Fassung B nach der Ausgabe von Karl Bartsch mit den Bruchstücken der Fassung A. Hrsg., übers., mit Anmerkungen und einem Nachwort vers. von Bernhard Sowinski. Stuttgart 1972 (RUB 8352-57).

Hugo von Trimberg: Der Renner. Hrsg. von Gustav Ehrismann. Mit einem Nachwort und Ergänzungen von Günther Schweikle. Photomechan. Nachdr. der 1909 (Tübingen) ersch. Ausgabe des Literarischen Vereins in Stuttgart. Berlin 1970 (Deutsche Neudrucke: Texte des Mittelalters).

Die Kaiserchronik eines Regensburger Geistlichen. Hrsg. von Edward Schröder. Unveränd. Nachdr. der 1892 bei der Hahnschen Buchhandlung, Hannover, ersch. Ausgabe. München 1984 (MGH: Deutsche Chroniken und andere Geschichtsbücher des Mittelalters 1,1).

Karl der Grosse von dem Stricker. Hrsg. von Karl Bartsch. Mit einem Nachwort von Dieter Kartschoke. Photomechan. Nachdr. der 1857 bei Basse, Quedlinburg, ersch. Ausgabe. Berlin 1965 (Deutsche Neudrucke: Texte des Mittelalters).

Kudrun. Nach der Ausgabe von Karl Bartsch. Hrsg. von Karl Stackmann. Tübingen 2000 (ATB 115).

Laurin. Hrsg. von Elisabeth Lienert/Sonja Kerth/Esther Vollmer-Eicken. Teilbd. 1: Einleitung, Ältere Vulgatversion, ,Walberan'. Berlin/New York 2011 (Texte und Studien zur mittelhochdeutschen Heldenepik 6).

Der deutsche ,Lucidarius'. Kritischer Text nach den Handschriften. Hrsg. von Dagmar Gottschall/Georg Steer. Bd. 1. Tübingen 1994 (Texte und Textgeschichte: Würzburger Forschungen 35).

Der Marner. Hrsg. von Philipp Strauch. Photomechanischer Nachdr. der 1876 bei Trübner, Straßburg, ersch. Ausgabe. Mit einem Nachwort, einem Register und einem Literaturverzeichnis von Helmut Brackert. Berlin 1965 (Deutsche Neudrucke: Texte des Mittelalters/ Quellen und Forschungen zur Sprach- und Kulturgeschichte der germanischen Völker 14).

Mathei Vindocinensis Opera. Hrsg. von Franco Munari. Bd. 3: Ars versificatoria. Rom 1988 (Storia e letteratura: raccolta di studi e testi 171).

Des Minnesangs Frühling. Bearb. unter Benutzung der Ausgaben von Karl Lachmann und Moritz Haupt, Friedrich Vogt und Carl von Kraus. Hrsg. von Hugo Moser/Helmut Tervooren. Bd. 1: Texte. 38., erneut revidid. Aufl. mit einem Anhang: Das Budapester und Kremsmünsterer Fragment. Stuttgart 1988.

Ortnit und die Wolfdietriche nach Müllenhoffs Vorarbeiten hrsg. von Arthur Amelung/Oskar Jänicke. Berlin 1871–1873 (Deutsche Neudrucke: Texte des Mittelalters).

Ortnit und Wolfdietrich D. Kritischer Text nach Ms. Carm 2 der Stadt- und Universitätsbibliothek Frankfurt am Main. Hrsg. von Walter Kofler. Stuttgart 2001.

Otto Bischof von Freising. Chronik oder die Geschichte der zwei Staaten. Hrsg. von Walther Lammers. Übers. von Adolf Schmidt. Berlin 1960 (Ausgewählte Quellen zur deutschen Geschichte des Mittelalters 16).

Ottonis episcopi Frisingensis Chronica sive Historia de duabus civitatibus. Hrsg. von Adolf Hofmeister. Hannover 1912 (MGH 45).

Prisciani Institutionum grammaticarum libri XIII–XVIII. Hrsg. von Martin Herz. Leipzig 1859.

Rabenschlacht. Textgeschichtliche Ausgabe. Hrsg. von Elisabeth Lienert/Dorit Wolter. Tübingen 2005 (Texte und Studien zur mittelhochdeutschen Heldenepik 2).

Regesten deutscher Minnesänger des 12. und 13. Jahrhunderts. Hrsg. von Uwe Meves unter Mitarb. von Cord Meyer/Janina Drostel. Berlin 2005.

Rhetorica ad Herennium. Hrsg. und übers. von Theodor Nüsslein. Zürich/München 1994 (Sammlung Tusculum).

Das Rolandslied des Pfaffen Konrad. Mittelhochdeutsch/Neuhochdeutsch. Hrsg., übers. und kommentiert von Dieter Kartschoke. Stuttgart 1993 (RUB 2745).

Rothe, Johann: Düringische Chronik. Hrsg. von Rochus von Liliencron. Jena 1859 (Thüringische Geschichtsquellen 3).

Saxonis Gesta Danorum. Hrsg. von Jørgen Olrik/Hans Raeder. Bd. 1. Kopenhagen 1931.

Die Geschichte Thidreks von Bern. Hrsg. von Helmut Voigt. Übertragen von Fine Erichsen. Neuausgabe mit einem Nachwort. Düsseldorf/Köln 1967.

Þiðriks saga af Bern. Hrsg. von Henrik Bertelsen. Bd. 2. Kopenhagen 1908–1911 (Samfund til Udgivelse af Gammel Nordisk Litteratur 34).

Virginal. In: Dietrichs Abenteuer. Nebst den Bruchstücken von Dietrich und Wenezlan von Albrecht von Kemenaten. Hrsg. von Julius Zupitza. Deutsches Heldenbuch. Bd. 5. Berlin 1870 (Deutsche Neudrucke: Texte des Mittelalters), S. 1–200.

Waltharius. Lateinisch/Deutsch. Mit einem Anhang Waldere. Englisch/Deutsch. Hrsg. von Gregor Vogt-Spira. Stuttgart 1994 (RUB 4174).

Wolfram von Eschenbach. Parzival. Hrsg. von Bernd Schirok. Studienausgabe. Mittelhochdeutscher Text nach der 6. Ausgabe von Karl Lachmann. Übersetzung von Peter Knecht. Mit Einführungen zum Text der Lachmannschen Ausgabe und in Probleme der ‚Parzival'-Interpretation. 2. Aufl. Berlin/New York 2003 (de Gruyter Texte).

Wolfram von Eschenbach. Willehalm. Text der Ausgabe von Werner Schröder. Übersetzung, Vorwort und Register von Dieter Kartschoke. 3., durchges. Aufl. Berlin/New York 2003 (de Gruyter Texte).

Wunderer. Version I, Fassung H, Textzeuge W1. In: Das Dresdner Heldenbuch und die Bruchstücke des Berlin-Wolfenbütteler Heldenbuchs. Edition und Digitalfaksimile. Hrsg. von Walter Kofler. Stuttgart 2006, S. 296–315.

Forschungsliteratur

Althoff, Gerd: *Causa scribendi* und Darstellungsabsicht: Die Lebensbeschreibungen der Königin Mathilde und andere Beispiele. In: *Litterae Medii Aevi*. Festschrift für Johanne Autenrieth zu ihrem 65. Geburtstag. Hrsg. von Michael Borgolte/Herrad Spilling. Sigmaringen 1988, S. 117–133.

Althoff, Gerd: Spielregeln der Politik im Mittelalter. Kommunikation in Frieden und Fehde. Darmstadt 1997.

Althoff, Gerd: Spielen die Dichter mit den Spielregeln der Gesellschaft? In: Mittelalterliche Literatur und Kunst im Spannungsfeld von Hof und Kloster. Ergebnisse der Berliner Tagung, 9.–11.10.1997. Hrsg. von Nigel F. Palmer/Hans-Jochen Schiewer. Tübingen 1999, S. 53–71.

Althoff, Gerd: *Gloria et nomen perpetuum*. Wodurch wurde man im Mittelalter berühmt? [1988] In: Ders.: Inszenierte Herrschaft. Geschichtsschreibung und politisches Handeln im Mittelalter. Darmstadt 2003, S. 1–24.

Althoff, Gerd: Das Nibelungenlied und die Spielregeln der Gesellschaft im 12. Jahrhundert. In: Der Mord und die Klage. Das Nibelungenlied und die Kulturen der Gewalt. Dokumentation des 4. Symposiums der Nibelungenliedgesellschaft Worms e.V. vom 11.–13.10.2002. Hrsg. von Gerold Bönnen/Volker Gallé. 2., unveränd. Aufl. Worms 2007 (Schriftenreihe der Nibelungenlied-Gesellschaft Worms 3), S. 83–102.

Andersen, Elizabeth/Eikelmann, Manfred/Simon, Anne: Einleitung. In: Texttyp und Textproduktion in der deutschen Literatur des Mittelalters. Hrsg. von dens. unter Mitarbeit von Silvia Reuvekamp. Berlin/New York 2005 (TMP 7), S. XI–XXV.

Assmann, Aleida: Fiktion als Differenz. In: Poetica. Zeitschrift für Sprach- und Literaturwissenschaft 21 (1989), S. 239–260.

Assmann, Jan: Das kulturelle Gedächtnis. Schrift, Erinnerung und politische Identität in frühen Hochkulturen. 6. Aufl. München 2007 (Beck'sche Reihe 1307).

Baisch, Martin: Textkritik als Problem der Kulturwissenschaft: Tristan Lektüren. Berlin/New York 2006 (TMP 9).

Baisch, Martin: Wertlose Zeugen? Formen von Materialität im Spannungsfeld von Textkritik und Kulturwissenschaft. In: Materialität in der Editionswissenschaft. Hrsg. von Martin Schubert. Berlin/New York 2010 (Editio 32), S. 251–266.

Barsch, Achim: Literarizität. In: Metzler-Lexikon Literatur- und Kulturtheorie: Ansätze – Personen – Grundbegriffe. Hrsg. von Ansgar Nünning. 5., akt. und erw. Aufl. Stuttgart/Weimar 2013, S. 453–454.

Bartsch, Karl: Untersuchung über das Nibelungenlied. Neudr. der Ausgabe 1865. Osnabrück 1968.

Bäuml, Franz H.: Varieties and Consequences of Medieval Literacy and Illiteracy. In: Speculum. A Journal of Medieval Studies 55 (1980), S. 237–265.

Bäuml, Franz H.: The Oral Tradition and Middle High German Literature. In: Oral Tradition 1 (1986), S. 398–445.

Bäuml, Franz H.: Verschriftlichte Mündlichkeit und vermündlichte Schriftlichkeit. Begriffsprüfungen an den Fällen ‚Heliand' und ‚Liber Evangeliorum'. In: Schriftlichkeit im frühen Mittelalter. Hrsg. von Ursula Schaefer. Tübingen 1993 (ScriptOralia 53), S. 254–266.

Behr, Hans-Joachim: Die Faszination des Bösen. Das ‚Nibelungenlied' als Dramenstoff im 19. Jahrhundert. In: Die Rezeption des Nibelungenliedes. 3. Pöchlarner Heldenliedgespräch. Hrsg. von Klaus Zatloukal. Wien 1995 (Philologica Germanica 16), S. 17–32.

Benz, Maximilian/Dennerlein, Katrin: Zur Einführung. In: Literarische Räume der Herkunft. Fallstudien zu einer historischen Narratologie. Hrsg. von dens. Berlin/Boston 2016 (Narratologia: Contributions to Narrative Theory 51), S. 1–17.

Bernreuther, Marie-Luise: Motivationsstruktur und Erzählstrategie im ‚Nibelungenlied' und in der ‚Klage'. Greifswald 1994 (Wodan 41).

Bloch, R. Howard: Genealogy as a Medieval Mental Structure and Textual Form. In: Grundriß der romanischen Literaturen des Mittelalters. Teilbd. 1: La litterature historiographique des origines à 1500. Hrsg. von Hans Ulrich Gumbrecht. Heidelberg 1986, S. 135–156.

Blume, Peter: Fiktion und Weltwissen. Der Beitrag nichtfiktionaler Konzepte zur Sinnkonstitution fiktionaler Erzählliteratur. Berlin 2004 (Allgemeine Literaturwissenschaft: Wuppertaler Schriften 8).

Blumenberg, Hans: Arbeit am Mythos. Frankfurt am Main 1979.

Böhm, Christoph: *heiden und kristen* – Worüber klagt die Nibelungenklage? In: ‚Nibelungenlied' und ‚Klage'. Ursprung – Funktion – Bedeutung. Symposion Kloster Andechs 1995 mit Nachträgen bis 1998. Hrsg. von Dietz-Rüdiger Maser/Marianne Sammer. München 1998 (Beibände zur Zeitschrift Literatur in Bayern 2), S. 201–242.

de Boor, Helmut: Die Bearbeitung m des Nibelungenliedes. In: PBB (Tüb.) 81 (1959), S. 176–195.

de Boor, Helmut: Die Schreiber der Nibelungenhandschrift B. In: PBB (Tüb.) 94 (1972), S. 81–112.

Brackert, Helmut: Beiträge zur Handschriftenkritik des Nibelungenliedes. Berlin 1963 (Quellen und Forschungen zur Sprach- und Kulturgeschichte der germanischen Völker 11 [135]).

Brandt, Marten: Gesellschaftsthematik und ihre Darstellung im Nibelungenlied und seinen hochmittelalterlichen Adaptionen. Frankfurt am Main 1997 (Europäische Hochschulschriften 1/1643).

Braune, Wilhelm: Die Handschriftenverhältnisse des Nibelungenliedes. In: PBB 25 (1900), S. 1–222.

Breuer, Dieter: Die Handschrift C des ‚Nibelungenliedes', ihr Status und ihr Schreiber. In: *Ze Lorse bi dem münster*. Das Nibelungenlied (Handschrift C). Literarische Innovation und politische Zeitgeschichte. Hrsg. von Jürgen Breuer. München 2006, S. 13–43.

Brommer, Peter: Ein unbekanntes Fragment der ‚Nibelungenklage' in Koblenz. In: ZfdA 135 (2006), S. 324–335.

Brüggen, Elke: Räume und Begegnungen. Konturen höfischer Kultur im ‚Nibelungenlied'. In: Die Nibelungen. Sage – Epos – Mythos. Hrsg. von Joachim Heinzle/Klaus Klein/Ute Obhof. Wiesbaden 2003, S. 161–188.

Brunner, Horst: Epenmelodien. In: Formen mittelalterlicher Literatur. Festschrift für Siegfried Beyschlag. Hrsg. von Otmar Werner/Bernd Naumann. Göppingen 1970 (GAG 25), S. 149–168.

Brunner, Horst: Strukturprobleme der Epenmelodien. In: Deutsche Heldenepik in Tirol. König Laurin und Dietrich von Bern in der Dichtung des Mittelalters. Beiträge der Neustifter Tagung 1977 des Südtiroler Kulturinstitutes. Hrsg. von Egon Kühebacher, Bozen 1979 (Schriftenreihe des Südtiroler Kulturinstitutes 7), S. 300–328.

Bumke, Joachim: Mäzene im Mittelalter. Die Gönner und Auftraggeber der höfischen Literatur in Deutschland 1150–1300. München 1979.

Bumke, Joachim: Untersuchungen zur Überlieferungsgeschichte der höfischen Epik im 13. Jahrhundert. Die Herbortfragmente aus Skokloster. Mit einem Exkurs zur Textkritik der höfischen Romane. In: ZfdA 120 (1991), S. 257–304.

Bumke, Joachim: Der unfeste Text. Überlegungen zur Überlieferungsgeschichte und Textkritik der höfischen Epik im 13. Jahrhundert. In: ‚Aufführung' und ‚Schrift' in Mittelalter und Früher Neuzeit. Hrsg. von Jan-Dirk Müller. Stuttgart/Weimar 1996 (Germanistische Symposien-Berichtsbände 17), S. 118–129. [Bumke 1996a]

Bumke, Joachim: Die Erzählung vom Untergang der Burgunder in der ‚Nibelungenklage': ein Fall von variierender Überlieferung. In: Erzählungen in Erzählungen: Phänomene der Narration in Mittelalter und Früher Neuzeit. Hrsg. von Harald Haferland/Michael Mecklenburg. München 1996 (Forschungen zur Geschichte der älteren deutschen Literatur 19), S. 71–83. [Bumke 1996b]

Bumke, Joachim: Die vier Fassungen der ‚Nibelungenklage'. Untersuchungen zur Überlieferungsgeschichte und Textkritik der höfischen Epik im 13. Jahrhundert. Berlin/New York 1996 (Quellen und Forschungen zur Literatur- und Kulturgeschichte 8 [242]). [Bumke 1996c]

Bumke, Joachim: Autor und Werk. Beobachtungen und Überlegungen zur höfischen Epik (ausgehend von der Donaueschinger Parzivalhandschrift G$^\delta$). In: ZfdPh 16 (1997), Sonderheft (Philologie als Textwissenschaft. Alte und neue Horizonte. Hrsg. von Helmut Tervooren/Horst Wenzel), S. 87–114.

Bumke, Joachim: Wolfram von Eschenbach. In: ²VL. Bd. 10. Berlin/New York 1999, Sp. 1376–1418. [Bumke 1999b]

Bumke, Joachim: Retextualisierungen in der mittelalterlichen Literatur, besonders in der höfischen Epik. In: ZfdPh 124 (2005), Sonderheft (Retextualisierung in der mittelalterlichen Literatur. Hrsg. von dems./Ursula Peters), S. 6–46.

Bumke, Joachim: Der ‚Erec' Hartmanns von Aue. Eine Einführung. Berlin/New York 2006 (de Gruyter Studienbuch).

Bumke, Joachim/Peters, Ursula: Einleitung. In: ZfdPh 124 (2005), Sonderheft (Retextualisierung in der mittelalterlichen Literatur. Hrsg. von dens.), S. 1–5.

Burkert, Walter: Mythos und Mythologie. In: Propyläen-Geschichte der Literatur. Literatur und Gesellschaft der westlichen Welt. Bd. 1: Die Welt der Antike. 1200 v. Chr.–600 n. Chr. Hrsg. von Erika Wischer. Berlin 1981, S. 11–35.

Calboli Montefusco, Lucia: Auctoritas. In: Historisches Wörterbuch der Rhetorik. Bd. 1. Hrsg. von Gert Ueding. Tübingen 1992, Sp. 1177–1185.

Cavalié, Ingeborg: Die umstrittene Episode in der dritten âventiure des ‚Nibelungenlieds'. Sifrits *widersage* an die Burgonden. In: ZdfPh 120 (2001), S. 361–380.

Cerquiglini, Bernard: Éloge de la variante. Histoire critique de la philologie. Paris 1989 (Des travaux).

Cormeau, Christoph: Hartmann von Aue. In: ²VL. Bd. 3. Berlin/New York 1981, Sp. 500–520.

Croenen, Godfried: Princely and Noble Genealogies. Twelfth to Fourteenth Century. Form and Function. In: The Medieval Chronicle. Proceedings of the 1st International Conference on

the Medieval Chronicle. Driebergen/Utrecht 13–16 July 1996. Ed. by Erik Kooper. Amsterdam/Atlanta 1999 (Costerus. Essays in English and American Language and Literature 120), S. 84–95.
Curschmann, Michael: Das Abenteuer des Erzählens. Über den Erzähler in Wolframs ‚Parzival'. In: DVjs 45 (1971), S. 627–667.
Curschmann, Michael: Dichtung über Heldendichtung. Bemerkungen zur Dietrichepik des 13. Jahrhunderts. In: Akten des V. Internationalen Germanisten-Kongresses Cambridge 1975. Heft 4. Hrsg. von Leonard Forster/Hans-Gert Roloff. Frankfurt am Main 1976 (Jahrbuch für Internationale Germanistik 2,4), S. 17–21.
Curschmann, Michael: The Concept of Oral Formula as an Impediment to our Understanding of Medieval Poetry. In: Mediaevalia et Humanistica 8 (1977), S. 63–76.
Curschmann, Michael: ‚Nibelungenlied' und ‚Nibelungenklage'. Über Mündlichkeit und Schriftlichkeit im Prozeß der Episierung. In: Deutsche Literatur im Mittelalter. Kontakte und Perspektiven. Hugo Kuhn zum Gedenken. Hrsg. von Christoph Cormeau. Stuttgart 1979, S. 85–119.
Curschmann, Michael: ‚Nibelungenlied' und ‚Klage'. In: ²VL. Bd. 6. Berlin/New York 1987, Sp. 926–969.
Curschmann, Michael: Zur Wechselwirkung von Literatur und Sage. Das ‚Buch von Kriemhild' und Dietrich von Bern. In: PBB (Tüb.) 111 (1989), S. 380–410.
Curschmann, Michael: Dichter *alter maere*. Zur Prologstrophe des ‚Nibelungenliedes' im Spannungsfeld von mündlicher Erzähltradition und laikaler Schriftkultur. In: Grundlagen des Verstehens mittelalterlicher Literatur. Literarische Texte und ihr historischer Erkenntniswert. Hrsg. von Gerhard Hahn/Hedda Ragotzky. Stuttgart 1992 (Kröners Studienbibliothek 663), S. 55–71.
Curschmann, Michael: Wort – Schrift – Bild. Zum Verhältnis von volkssprachigem Schrifttum und bildender Kunst vom 12. bis zum 16. Jahrhundert. In: Mittelalter und frühe Neuzeit. Übergänge, Umbrüche und Neuansätze. Hrsg. von Walter Haug. Tübingen 1999 (Fortuna vitrea. Arbeiten zur literarischen Tradition zwischen dem 13. und 16. Jahrhundert 16), S. 378–470.
Deck, Monika: Die Nibelungenklage in der Forschung: Bericht und Kritik. Frankfurt am Main u.a. 1996 (Europäische Hochschulschriften 1/1564).
Dinkelacker, Wolfgang: Ortnit-Studien. Vergleichende Interpretation der Fassungen. Berlin 1972 (PhSt 67).
Dinkelacker, Wolfgang: Nibelungendichtung außerhalb des Nibelungenliedes. Zum Verstehen aus der Tradition. In: *Ja muz ich sunder riuwe sin*. Festschrift für Karl Stackmann zum 15.02.1990. Hrsg. von dems./Ludger Grenzmann/Werner Höver. Göttingen 1990, S. 83–96.
Dinkelacker, Wolfgang: Spielregeln, Gattungsregeln. Zur literarischen Gestaltung des Nibelungenstoffes. In: Das Nibelungenlied und die europäische Heldendichtung. 8. Pöchlarner Heldenliedgespräch. Hrsg. von Alfred Ebenbauer/Johannes Keller. Wien 2006 (Philologica Germanica 26), S. 57–71.
Duft, Johannes: Die Nibelungen-Handschrift B in der Stiftsbibliothek St. Gallen. In: Nibelungenlied. Ausstellungskatalog des Vorarlberger Landesmuseums 86. Bregenz 1979, S. 93–110.
Dürscheid, Christa: Medienkommunikation im Kontinuum von Mündlichkeit und Schriftlichkeit. Theoretische und empirische Probleme. In: Zeitschrift für angewandte Linguistik 38 (2003), S. 37–57.

Düwel, Klaus: Werkbezeichnungen der mittelhochdeutschen Erzählliteratur (1050 bis 1250). Göttingen 1983 (Palaestra. Untersuchungen zur europäischen Literatur 277).

Ebenbauer, Alfred: Improvisation oder memoriale Konzeption? Überlegungen zur Frühzeit der germanischen Heldendichtung. In: Varieties and Consequences of Literacy and Orality/ Formen und Folgen von Schriftlichkeit und Mündlichkeit. Festschrift für Franz Bäuml. Hrsg. von Ursula Schaefer/Edda Spielmann. Tübingen 2001, S. 5–31.

Ehlich, Konrad: Text und sprachliches Handeln. Die Entstehung von Texten aus dem Bedürfnis nach Überlieferung. In: Schrift und Gedächtnis. Archäologie der literarischen Kommunikation. Hrsg. von Aleida Assmann/Jan Assmann/Christoph Hardmeier. München 1983 (Archäologie der literarischen Kommunikation 1), S. 24–43.

Ehlich, Konrad: Zur Genese von Textformen. Prolegomena zu einer pragmatischen Texttypologie. In: Textproduktion. Ein interdisziplinärer Forschungsüberblick. Hrsg. von Gerd Antos/ Hans P. Krings. Tübingen 1989 (Konzepte der Sprach- und Literaturwissenschaft 48), S. 84–99.

Ehlich, Konrad: Funktion und Struktur schriftlicher Kommunikation. In: Schrift und Schriftlichkeit/Writing and Its Use. Ein interdisziplinäres Handbuch internationaler Forschung/An Interdisciplinary Handbook of International Research. Hrsg. von Hartmut Günther/Otto Ludwig. Halbbd. 1. Berlin/New York 1994, S. 18–41.

Ehrismann, Gustav: Geschichte der deutschen Literatur bis zum Ausgang des Mittelalters. 2. Teil, 2. Hälfte: Schlußbd. München 1935.

Ehrismann, Otfrid: *ze stücken was gehouwen dô daz edele wîp*: The Reception of Kriemhild. In: A Companion to the Nibelungenlied. Ed. by Winder McConnell. Columbia 1998 (Studies in German Literature, Linguistics, and Culture), S. 18–41.

Ehrismann, Otfrid: *Ich bin ouch ein recke und solde krône tragen*. Siegfried, Gunther und die Spielregeln der Politik im Mittelalter. In: Ethische und ästhetische Komponenten des sprachlichen Kunstwerks. Festschrift für Rolf Bräuer zum 65. Geburtstag. Hrsg. von Jürgen Erich Schmidt/Karin Cieslik/Gisela Ros. Göppingen 1999 (GAG 672), S. 61–80.

Ehrismann, Otfrid: ‚Nibelungenlied': Epoche – Werk – Wirkung. 2., neu bearb. Aufl. München 2002 (Arbeitsbücher zur Literaturgeschichte).

Ehrismann, Otfrid: Kriemhild-*C. In: *Ze Lorse bi dem münster*. Das Nibelungenlied (Handschrift C). Literarische Innovation und politische Zeitgeschichte. Hrsg. von Jürgen Breuer. München 2006, S. 225–247.

Erdmann, Carl: Fabulae Curiales. Neues zum Spielmannsgesang und zum Ezzo-Liede. In: ZfdA 73 (1936), S. 87–98.

Fasbender, Christoph: Einleitung. In: Nibelungenlied und Nibelungenklage. Neue Wege der Forschung. Hrsg. von dems. Darmstadt 2005, S. 7–12.

Feicke, Bernd: Chroniken des protestantischen Hochadels aus dem 16. Jahrhundert und ihr Autor Cyriakus Spangenberg. In: Beiträge zur Geschichte aus Stadt und Kreis Nordhausen 28 (2003), S. 16–26.

Fichtner, Edward G.: *Rûmoldes Rât*. In: Monatshefte für deutschen Unterricht, deutsche Sprache und Literatur 59 (1967), S. 320–324.

Fludernik, Monika: Towards a ‚Natural' Narratology. London 1996.

Frank, Barbara: Zur Entwicklung der graphischen Präsentation mittelalterlicher Texte. In: Osnabrücker Beiträge zur Sprachtheorie 47 (1993), S. 60–81.

Frenz, Thomas: Urkunden und Kanzlei Bischof Wolfgers in seiner Passauer Zeit. In: Wolfger von Erla. Bischof von Passau (1191–1204) und Patriarch von Aquileja (1204–1218) als Kirchenfürst und Literaturmäzen. Hrsg. von Egon Boshof/Fritz Peter Knapp. Heidelberg 1994 (Germanische Bibliothek 20), S. 107–137.

Fromm, Hans: Der oder die Dichter des Nibelungenliedes? In: Colloquio italo-germanico sul tema: I Nibelunghi. Rom 1974 (Accademia nazionale dei lincei. Atti dei convegni Lincei 1), S. 63–74.

Fromm, Hans: Das Nibelungenlied und seine literarische Umwelt. In: Das Nibelungenlied und der mittlere Donauraum. 1. Pöchlarner Heldenliedgespräch. Hrsg. von Klaus Zatloukal. Wien 1990 (Philologica Germanica 12), S. 3–19.

Gärtner, Kurt: Zu den mittelhochdeutschen Bezeichnungen für den Verfasser literarischer Werke. In: Autor und Autorschaft im Mittelalter. Kolloquium Meißen 1995. Hrsg. von Elisabeth Andersen u.a. Tübingen 1998, S. 38–45.

Gärtner, Kurt: *tihten/dihten*. Zur Geschichte einer Wortfamilie im älteren Deutsch. In: Im Wortfeld des Textes. Worthistorische Beiträge zu den Bezeichnungen von Rede und Schrift im Mittelalter. Nationales DFG-Rundgespräch vom 15.–18.03.2004 auf Schloss Hirschberg/Beilngries. Hrsg. von Gerd Dicke/Manfred Eikelmann/Burkhard Hasebrink. Berlin/New York 2006 (TMP 10), S. 67–81.

Genette, Gérard: Fiktion und Diktion. Aus dem Franz. von Heinz Jatho. München 1992 (Bild und Text).

Genette, Gérard: Die Erzählung. Aus dem Franz. von Andreas Knop. München 1994 (UTB 8083).

Gillespie, George T.: ‚Die Klage' as a Commentary on ‚Das Nibelungenlied'. In: Probleme mittelhochdeutscher Erzählformen. Marburger Colloquium 1969. Hrsg. von Peter F. Ganz/Werner Schröder. Berlin 1972 (Publications of the Institute of Germanic Studies 13), S. 153–177.

Gillespie, George T.: A Catalogue of Persons Named in German Heroic Literature (700–1600). Including Named Animals and Objects and Ethnic Names. Oxford 1973.

Gillespie, George T.: Das Mythische und das Reale in der Zeit- und Ortsauffassung des ‚Nibelungenliedes'. In: Nibelungenlied und Klage. Sage und Geschichte, Struktur und Gattung. Passauer Nibelungengespräche 1985. Hrsg. von Fritz Peter Knapp. Heidelberg 1987 (Germanische Bibliothek), S. 43–60.

Gillespie, George T.: Wolframs Beziehung zur Heldendichtung. In: Studien zu Wolfram von Eschenbach. Festschrift für Werner Schröder zum 75. Geburtstag. Hrsg. von Kurt Gärtner/Joachim Heinzle. Tübingen 1989, S. 67–74.

Glauch, Sonja: Ich-Erzähler ohne Stimme. Zur Andersartigkeit mittelalterlichen Erzählens zwischen Narratologie und Mediengeschichte. In: Historische Narratologie. Mediävistische Perspektiven. Hrsg. von Harald Haferland/Matthias Meyer unter Mitarbeit von Carmen Stange/Markus Greulich. Berlin/New York 2010 (TMP 19), S. 149–185.

Glier, Ingeborg: Schatzkammer, Steinbruch, historisches Objekt. Aspekte der handschriftlichen Überlieferung als Zugang zum Textverständnis. In: Grundlagen des Verstehens mittelalterlicher Literatur. Literarische Texte und ihr historischer Erkenntniswert. Hrsg. von Gerhard Hahn/Hedda Ragotzky. Stuttgart 1992 (Kröners Studienbibliothek 663), S. 1–16.

Goetsch, Paul: Fingierte Mündlichkeit in der Erzählkultur entwickelter Schriftkulturen. In: Poetica. Zeitschrift für Sprach- und Literaturwissenschaft 17 (1985), S. 202–218.

Goetz, Hans-Werner: Die ‚Geschichte' im Wissenschaftssystem des Mittelalters. In: Schmale, Franz-Josef: Funktion und Formen mittelalterlicher Geschichtsschreibung. Eine Einführung. Mit einem Beitrag von Hans-Werner Goetz. 2., unveränd. Aufl. Darmstadt 1993 (Die Geschichtswissenschaft), S. 165–213.

Goffman, Erving: Rahmenanalyse. Ein Versuch über die Organisation von Alltagserfahrungen. Übers. von Hermann Vetter. Frankfurt am Main 1977 (Stw 329).

Göhler, Peter: Bemerkungen zur Überlieferung des Nibelungenliedes. In: Die Rezeption des Nibelungenliedes. 3. Pöchlarner Heldenliedgespräch. Hrsg. von Klaus Zatloukal. Wien 1995 (Philologica Germanica 16), S. 67–80.

Göhler, Peter: *Daz was ein not vor aller not.* Der Platz des ‚Nibelungenliedes' im literarischen Ensemble um 1200. Überlegungen zur literaturgeschichtlichen Stellung des ‚Nibelungenliedes'. In: Das Nibelungenlied und die europäische Heldendichtung. 8. Pöchlarner Heldenliedgespräch. Hrsg. von Alfred Ebenbauer/Johannes Keller. Wien 2006 (Philologica Germanica 26), S. 121–146.

Goller, Detlef: *Her Dietrîch und sîn Hildebrant* – die Unzertrennlichen? Aspekte von Herrschaft und Erziehung in einer langen literaturhistorischen Beziehung. In: PBB 131 (2009), S. 493–509.

Graf, Klaus: Heroisches Herkommen. In: Das Bild der Welt in der Volkserzählung. Berichte und Referate des fünften bis siebten Symposions zur Volkserzählung, Brunnenburg/Südtirol, 1988–1990. Hrsg. von Leander Petzoldt u.a. Frankfurt am Main u.a. 1993 (Beiträge zur europäischen Ethnologie und Folklore 4), S. 45–64.

Graf, Klaus: Ursprung und Herkommen. Funktionen vormoderner Gründungserzählungen. In: Geschichtsbilder und Gründungsmythen. Hrsg. von Hans-Joachim Gehrke. Würzburg 2001, S. 23–36.

Graus, František: Lebendige Vergangenheit. Überlieferung im Mittelalter und in den Vorstellungen vom Mittelalter. Köln/Wien 1975.

Green, Dennis H.: Orality and Reading. The State of Research in Medieval Studies. In: Speculum 65 (1990), S. 267–280.

Grimm, Wilhelm: Die deutsche Heldensage. 4. Aufl. unter Hinzufügung der Nachtr. von Karl Müllenhoff/Oskar Jänicke aus der Zeitschrift für Deutsches Altertum. Unveränd. fotomechan. Nachdr. der 3. Aufl. 1889 besorgt von Reinhold Steig. Darmstadt 1957.

Grubmüller, Klaus: Verändern und Bewahren. Zum Bewußtsein vom Text im Mittelalter. In: Text und Kultur. Mittelalterliche Literatur 1150–1450. Hrsg. von Ursula Peters. Stuttgart/Weimar 2001 (Germanistische Symposien-Berichtsbände 23), S. 8–33.

Grubmüller, Klaus: Überlieferung – Text – Autor. Zum Literaturverständnis des Mittelalters. In: Die Präsenz des Mittelalters in seinen Handschriften. Ergebnis der Berliner Tagung in der Staatsbibliothek zu Berlin – Preußischer Kulturbesitz, 6.–8.04.2000. Hrsg. von Hans-Jürgen Schiewer/Karl Stackmann. Tübingen 2002, S. 5–17.

Grubmüller, Klaus: Werkstatt-Typ, Gattungsregeln und die Konventionalität der Schrift. Eine Skizze. In: Texttyp und Textproduktion in der deutschen Literatur des Mittelalters. Hrsg. von Elizabeth Andersen/Manfred Eikelmann/Anne Simon unter Mitarbeit von Silvia Reuvekamp. Berlin/New York 2005 (TMP 7), S. 31–40.

Grundmann, Herbert: *Litteratus – illitteratus.* Der Wandel einer Bildungsnorm vom Altertum zum Mittelalter. In: Archiv für Kulturgeschichte 40 (1958), S. 1–65.

Gschwantler, Otto: Die historische Glaubwürdigkeit der Nibelungensage. In: Nibelungenlied. Ausstellung zur Erinnerung an die Auffindung der Handschrift A des Nibelungenliedes im Jahre 1779 im Palast zu Hohenems. Bregenz 1979, S. 55–69.

Gschwantler, Otto: Zeugnisse zur Dietrichsage in der Historiographie von 1100 bis gegen 1350. In: Heldensage und Heldendichtung im Germanischen. Hrsg. von Heinrich Beck. Berlin/ New York 1988 (Ergänzungsbände zum Reallexikon der germanischen Altertumskunde 2), S. 35–80.

Gschwantler, Otto: Die Heldensagen-Passagen in den Quedlinburger Annalen und in der Würzburger Chronik. In: Linguistica et Philologica. Gedenkschrift für Björn Collinder (1894–1983). Hrsg. von Otto Gschwantler/Károly Rédei/Hermann Reichert. Wien 1984 (Philologica Germanica 6), S. 135–181.

Gumbert, Johann Peter: Zur ‚Typographie' der geschriebenen Seite. In: Pragmatische Schriftlichkeit im Mittelalter. Erscheinungsformen und Entwicklungsstufen. Hrsg. von Hagen Keller/Klaus Grubmüller/Nikolaus Staubach. München 1992 (Münstersche Mittelalter-Schriften 65), S. 283–292 und Abb. 38–46.

Günzburger, Angelika: Studien zur Nibelungenklage. Forschungsbericht – Bauform der Klage – Personendarstellung. Frankfurt am Main u.a. 1983 (Europäische Hochschulschriften 1/685).

Haferland, Harald: Der auswendige Vortrag: Überlegungen zur Mündlichkeit des ‚Nibelungenliedes'. In: Situationen des Erzählens. Aspekte narrativer Praxis im Mittelalter. Hrsg. von Ludger Lieb/Stephan Müller. Berlin 2002 (Dresdner Arbeitsgespräch zur Institutionalität der Deutschen Literatur des Mittelalters 3), S. 245–282.

Haferland, Harald: Das Gedächtnis des Sängers. Zur Entstehung der Fassung *C des ‚Nibelungenliedes'. In: Kunst und Erinnerung. Memoriale Konzepte in der Erzählliteratur des Mittelalters. Hrsg. von Ulrich Ernst/Klaus Ridder. Köln u.a. 2003 (Ordo. Studien zur Literatur und Gesellschaft des Mittelalters und der Frühen Neuzeit 8), S. 87–138.

Haferland, Harald: Mündlichkeit, Gedächtnis und Medialität. Heldendichtung im deutschen Mittelalter. Göttingen 2004.

Haferland, Harald: Metonymie und metonymische Handlungskonstruktion. Erläutert an der narrativen Konstruktion von Heiligkeit in zwei mittelalterlichen Legenden. In: Euphorion 99 (2005), S. 323–364.

Haferland, Harald/Meyer, Matthias: Einleitung. In: Historische Narratologie. Mediävistische Perspektiven. Hrsg. von dens. unter Mitarbeit von Carmen Stange/Markus Greulich. Berlin/New York 2010 (TMP 19), S. 3–15.

Haferland, Harald/Schulz, Armin: Metonymisches Erzählen. In: DVjs 84 (2010), S. 3–43.

Hahn, Alois: Identität und Selbstthematisierung. In: Selbstthematisierung und Selbstzeugnis. Bekenntnis und Geständnis. Hrsg. von dems./Volker Kapp. Frankfurt am Main 1987 (Stw 643), S. 9–24.

Hasebrink, Burkhard: Die Ambivalenz des Erneuerns. Zur Aktualisierung des Tradierten im mittelalterlichen Erzählen. In: Fiktion und Fiktionalität in den Literaturen des Mittelalters. Jan-Dirk Müller zum 65. Geburtstag. Hrsg. von Ursula Peters/Rainer Warning. München 2009, S. 205–217.

Haubrichs, Wolfgang: Heldensage und Heldengeschichte. Das Konzept der Vorzeit in den Quedlinburger Annalen. In: Festschrift für Herbert Kolb zu seinem 65. Geburtstag. Hrsg. von Klaus Matzel/Hans-Gert Roloff. Bern u.a. 1989, S. 171–201.

Hauck, Karl: Haus- und sippengebundene Literatur mittelalterlicher Adelsgeschlechter von Adelssatiren des 11. und 12. Jahrhunderts her erläutert. In: Mitteilungen des Instituts für Österreichische Geschichtsforschung 62 (1952), S. 121–145.

Hauck, Karl: Heldendichtung und Heldensage als Geschichtsbewußtsein. In: Alteuropa und die moderne Gesellschaft. Festschrift für Otto Brunner. Hrsg. vom Historischen Seminar der

Universität Hamburg. Red.: Alexander Bergengruen/Ludwig Deike. Göttingen 1963, S. 118–169.
Haug, Walter: Die historische Dietrichsage. Zum Problem der Literarisierung geschichtlicher Fakten. In: ZfdA 100 (1971), S. 43–62.
Haug, Walter: Andreas Heuslers Heldensagenmodell. Prämissen, Kritik und Gegenentwurf. In: ZfdA 104 (1975), S. 273–292.
Haug, Walter: Literaturtheorie im deutschen Mittelalter. Von den Anfängen bis zum Ende des 13. Jahrhunderts. 2., überarb. und erw. Aufl. Darmstadt 1992.
Haug, Walter: Mündlichkeit, Schriftlichkeit und Fiktionalität. In: Modernes Mittelalter. Neue Bilder einer populären Epoche. Hrsg. von Joachim Heinzle. Frankfurt am Main/Leipzig 1994, S. 376–397.
Haug, Walter: Montage und Individualität im Nibelungenlied [1987]. In: Nibelungenlied und Nibelungenklage. Neue Wege der Forschung. Hrsg. von Christoph Fasbender. Darmstadt 2005, S. 13–29.
Haustein, Jens: Der Helden Buch. Zur Erforschung deutscher Dietrichepik im 18. und frühen 19. Jahrhundert. Tübingen 1989 (Hermaea. Germanistische Forschungen. Neue Folge 58).
Haustein, Jens: Siegfrieds Schuld. In: ZfdA 122 (1993), S. 373–387.
Haymes, Edward R.: Der Nibelungendichter – eine Werkstatt? In: The ,Nibelungenlied': Genesis, Interpretation, Reception (Kalamazoo Papers 1997–2005). Ed. by Sibylle Jefferis. Göppingen 2006 (GAG 735), S. 1–16.
Heger, Hedwig: Das Lebenszeugnis Walthers von der Vogelweide. Wien 1970.
Heinzle, Joachim: Mittelhochdeutsche Dietrichepik. Untersuchungen zur Tradierungsweise, Überlieferungskritik und Gattungsgeschichte später Heldendichtung. München 1978 (MTU 62).
Heinzle, Joachim: ,Laurin'. In: ²VL. Bd. 5. Berlin/New York 1985, Sp. 625–630.
Heinzle, Joachim: Gnade für Hagen? Die epische Struktur des ,Nibelungenlieds' und das Dilemma der Interpreten. In: ,Nibelungenlied' und ,Klage'. Sage und Geschichte, Struktur und Gattung. Passauer Nibelungengespräche 1985. Hrsg. von Fritz Peter Knapp. Heidelberg 1987, S. 257–276.
Heinzle, Joachim: Das Nibelungenlied. Eine Einführung. Überarb. Aufl. Frankfurt am Main 1994 (Fischer 11843).
Heinzle, Joachim: Konstanten der Nibelungen-Rezeption in Mittelalter und Neuzeit. Mit einer Nachschrift: Das Subjekt der Literaturgeschichte. In: Die Rezeption des Nibelungenliedes. 3. Pöchlarner Heldenliedgespräch. Hrsg. von Klaus Zatloukal. Wien 1995 (Philologica Germanica 16), S. 81–108.
Heinzle, Joachim: The Manuscripts of the ,Nibelungenlied'. In: A Companion to the Nibelungenlied. Ed. by Winder McConnell. Columbia 1998 (Studies in German Literature, Linguistics, and Culture), S. 105–126. [Heinzle 1998a]
Heinzle, Joachim: Zur Funktionsanalyse heroischer Überlieferung: das Beispiel Nibelungensage. In: New Methods in the Research of Epic/Neue Methoden der Epenforschung. Hrsg. von Hildegard L. C. Tristram. Tübingen 1998 (ScriptOralia 107), S. 201–221. [Heinzle 1998b]
Heinzle, Joachim: Einführung in die mittelhochdeutsche Dietrichepik. Berlin/New York 1999 (de Gruyter Studienbuch).
Heinzle, Joachim: Heldendichtung. In: RLW. Bd. 2. Berlin 2000, S. 21–25. [Heinzle 2000a]
Heinzle, Joachim: Mißerfolg oder Vulgata? Zur Bedeutung der C*-Version in der Überlieferung des ,Nibelungenlieds'. In: Blütezeit. Festschrift für L. Peter Johnson zum 70. Geburtstag.

Hrsg. von Mark Chinca/Joachim Heinzle/Christopher Young. Tübingen 2000, S. 207–220. [Heinzle 2000b]

Heinzle, Joachim: Die Handschriften des ‚Nibelungenliedes' und die Entwicklung des Textes. In: Die Nibelungen. Sage – Epos – Mythos. Hrsg. von dems./Klaus Klein/Ute Obhof. Wiesbaden 2003, S. 191–212. [Heinzle 2003a]

Heinzle, Joachim: Die Nibelungensage als europäische Heldensage. In: Die Nibelungen. Sage – Epos – Mythos. Hrsg. von dems./Klaus Klein/Ute Obhof. Wiesbaden 2003, S. 3–27. [Heinzle 2003b]

Heinzle, Joachim: Nibelungensage und ‚Nibelungenlied' im späten Mittelalter. In: Forschungen zur deutschen Literatur des Spätmittelalters. Festschrift für Johannes Janota. Hrsg. von Horst Brunner/Werner Williams-Krapp. Tübingen 2003, S. 15–30. [Heinzle 2003c]

Heinzle, Joachim: Von der Sage zum Epos. In: *Uns ist in alten Mären* ... Das Nibelungenlied und seine Welt. Hrsg. von der Badischen Landesbibliothek Karlsruhe und dem Badischen Landesmuseum Karlsruhe. Darmstadt 2003, S. 20–29. [Heinzle 2003d]

Heinzle, Joachim: Handschriftenkultur und Literaturwissenschaft. In: LJb 25 (2004), S. 9–28.

Heinzle, Joachim: Die Nibelungen: Lied und Sage. Darmstadt 2005. [Heinzle 2005a]

Heinzle, Joachim: Wiedererzählen in der Heldendichtung: zur Fassung n des ‚Nibelungenliedes'. In: ZfdPh 124 (2005), Sonderheft (Retextualisierung in der mittelalterlichen Literatur. Hrsg. von Joachim Bumke/Ursula Peters), S. 139–158. [Heinzle 2005b]

Heinzle, Joachim: Zu den Handschriftenverhältnissen des ‚Nibelungenliedes'. In: ZfdA 137 (2008), S. 305–334.

Heinzle, Joachim: Sankt Gallen 857, Hand IV. Beobachtungen zum Schreibbetrieb im 13. Jahrhundert. In: Grundlagen. Forschungen, Editionen und Materialien zur deutschen Literatur und Sprache des Mittelalters und der Frühen Neuzeit. Hrsg. von Rudolf Bentzinger/Ulrich-Dieter Oppitz/Jürgen Wolf. Stuttgart 2013 (ZfdA Beiheft 18), S. 1–17. [Heinzle 2013b]

Heinzle, Joachim: Traditionelles Erzählen. Beiträge zum Verständnis von Nibelungensage und Nibelungenlied. Stuttgart 2014 (ZfdA Beiheft 20).

Hellenbrand, Eugen: Anonymus Leobiensis. In: ²VL. Bd. 1. Berlin/New York 1978, Sp. 371–372.

Henkel, Nikolaus: Deutsche Übersetzungen lateinischer Schultexte. Ihre Verbreitung und Funktion im Mittelalter und in der frühen Neuzeit. München 1988 (MTU 90).

Henkel, Nikolaus: *Litteratus – illitteratus*. Bildungsgeschichtliche Voraussetzungen bei der Entstehung höfischer Epik in Deutschland. In: Begegnung mit dem Fremden. Grenzen – Traditionen – Vergleiche. Akten des VIII. Internationalen Germanistenkongresses Tokyo 1990. Bd. 9: Erfahrene und imaginierte Fremde. Hrsg. von Eijiro Iwasaki. München 1991, S. 334–345.

Henkel, Nikolaus: Kurzfassungen höfischer Erzähltexte als editorische Herausforderung. In: Editio 6 (1992), S. 1–11.

Henkel, Nikolaus: Kurzfassungen höfischer Erzähldichtung im 13./14. Jahrhundert. Überlegungen zum Verhältnis von Textgeschichte und literarischer Interessenbildung. In: Literarische Interessenbildung im Mittelalter. DFG-Symposion 1991. Hrsg. von Joachim Heinzle. Stuttgart/Weimar 1993 (Germanistische Symposien-Berichtsbände 14), S. 39–59.

Henkel, Nikolaus: Descriptio. In: RLW. Bd. 1. Berlin 1997, S. 337–339.

Henkel, Nikolaus: ‚Nibelungenlied' und ‚Klage'. Überlegungen zum Nibelungenverständnis um 1200. In: Mittelalterliche Literatur und Kunst im Spannungsfeld von Hof und Kloster. Ergebnisse der Berliner Tagung, 9.–11.10.1997. Hrsg. von Nigel F. Palmer/Hans-Jochen Schiewer. Tübingen 1999, S. 73–98.

Henkel, Nikolaus: Vagierende Einzelstrophen in der Minnesangüberlieferung. Zur Problematik von Autor- und Werkbegriff um 1200. In: Fragen der Liedinterpretation. Hrsg. von Hedda Ragotzky/Gisela Vollmann-Profe/Gerhard Wolf. Stuttgart 2001, S. 13–39.

Henkel, Nikolaus: Die ‚Nibelungenklage' und die *C-Bearbeitung des ‚Nibelungenliedes'. In: Die Nibelungen. Sage – Epos – Mythos. Hrsg. von Joachim Heinzle/Klaus Klein/Ute Obhof. Wiesbaden 2003, S. 113–133. [Henkel 2003a]

Henkel, Nikolaus: Nibelungen-Wandmalereien in Worms. In: Literatur – Geschichte – Literaturgeschichte. Beiträge zur mediävistischen Literaturwissenschaft. Festschrift für Volker Honemann zum 60. Geburtstag. Hrsg. von Nine Miedema/Rudolf Suntrup. Frankfurt am Main 2003, S. 137–148. [Henkel 2003b]

Henkel, Nikolaus: ‚Fortschritt' in der Poetik des höfischen Romans. Das Verfahren der Descriptio im ‚Roman d'Eneas' und in Heinrichs von Veldeke ‚Eneasroman'. In: ZfdPh 124 (2005), Sonderheft (Retextualisierung in der mittelalterlichen Literatur. Hrsg. von Joachim Bumke/Ursula Peters), S. 96–116.

Hennig, Ursula: Zu den Handschriftenverhältnissen in der *liet*-Fassung des Nibelungenliedes. In: PBB (Tüb.) 94 (1972), S. 113–133.

Hennig, Ursula: Wunderbares und Wundertaten in deutscher Heldendichtung. In: Das Wunderbare in der mittelalterlichen Literatur. Hrsg. von Dietrich Schmidtke. Göppingen 1994 (GAG 606), S. 15–35.

Hennig, Ursula: Christlichkeit im Nibelungenlied. In: Heldendichtung in Österreich – Österreich in der Heldendichtung. 4. Pöchlarner Heldenliedgespräch. Hrsg. von Klaus Zatloukal. Wien 1997 (Philologica Germanica 20), S. 77–88.

Hennig, Ursula: Die Nibelungenhandschrift n zwischen *nôt*- und *liet*-Fassung. Anläßlich der Edition von Göhler. In: PBB 122 (2000), S. 427–431.

Heuwieser, Max: Passau und das ‚Nibelungenlied'. In: Zeitschrift für bayerische Landesgeschichte 14 (1943), S. 5–62.

Hoffmann, Werner: Die Fassung *C des Nibelungenliedes und die ‚Klage'. In: Festschrift Gottfried Weber. Zu seinem 70. Geburtstag überreicht von Frankfurter Kollegen und Schülern. Hrsg. von Heinz Otto Burger/Klaus von See. Bad Homburg 1967 (Frankfurter Beiträge zur Germanistik 1), S. 109–144.

Hoffmann, Werner: Mittelhochdeutsche Heldendichtung. Berlin 1974 (Grundlagen der Germanistik 14).

Hoffmann, Werner: Das Nibelungenlied. 6., überarb. und erw. Aufl. Stuttgart/Weimar 1992 (SM 7).

Holtzmann, Adolf: Untersuchungen über das Nibelungenlied. Stuttgart 1854.

Hübner, Gert: Erzählform im höfischen Roman. Studien zur Fokalisierung im ‚Eneas', im ‚Iwein' und im ‚Tristan'. Tübingen u.a. 2003 (Bibliotheca Germanica. Handbücher, Texte und Monographien aus dem Gebiete der germanischen Philologie 44).

Hübner, Gert: Fokalisierung im höfischen Roman. In: Erzähltechnik und Erzählstrategien in der deutschen Literatur des Mittelalters. Saarbrücker Kolloquium 2002. Hrsg. von Wolfgang Haubrichs/Eckart Conrad Lutz/Klaus Ridder. Berlin 2004 (Wolframstudien XVIII), S. 127–150.

Hübner, Gert: *evidentia*. Erzählformen und ihre Funktionen. In: Historische Narratologie. Mediävistische Perspektiven. Hrsg. von Harald Haferland/Matthias Meyer unter Mitarbeit von Carmen Stange/Markus Greulich. Berlin/New York 2010 (TMP 19), S. 119–147.

Hundsnurscher, Franz: Das stilistische Potential der *inquit*-Formel. In: Formen und Funktionen von Redeszenen in der mittelhochdeutschen Großepik. Hrsg. von Nine Miedema/Franz Hundsnurscher. Tübingen 2007 (Beiträge zur Dialogforschung 36), S. 103–115.

Jahn, Bernhard: Genealogie und Kritik. Theologie und Philosophie als Korrektive genealogischen Denkens in Cyriacus Spangenbergs historiographischen Werken. In: Genealogie als Denkform in Mittelalter und Früher Neuzeit. Hrsg. von Kilian Heck/Bernhard Jahn. Tübingen 2000 (Studien und Texte zur Sozialgeschichte der Literatur 80), S. 69–85.

Jauss, Hans Robert: Alterität und Modernität der mittelalterlichen Literatur. In: Ders.: Alterität und Modernität der mittelalterlichen Literatur. Gesammelte Aufsätze 1956–1976. München 1977, S. 9–47. [Jauss 1977a]

Jauss, Hans Robert: Epos und Roman. Eine vergleichende Betrachtung an Texten des XII. Jahrhunderts [1962]. In: Ders.: Alterität und Modernität der mittelalterlichen Literatur. Gesammelte Aufsätze 1956–1976. München 1977, S. 310–326. [Jauss 1977b]

Jordan, Karl: Heinrich der Löwe. Eine Biographie. 2., durchges. Aufl. München 1980 (dtv 4601).

Kaiser, Reinhold: Die Burgunder. Stuttgart u.a. 2004 (Kohlhammer-Urban-Taschenbücher 586).

Kellner, Beate: Ursprung und Kontinuität. Studien zum genealogischen Wissen im Mittelalter. München 2004.

Kellner, Beate/Webers, Linda: Genealogische Entwürfe am Hof Kaiser Maximilians I. (am Beispiel von Jacob Mennels Fürstlicher Chronik). In: LiLi 147 (2007), S. 122–149.

Kelly, Douglas: The Conspiracy of Allusion. Description, Rewriting, and Authorship from Macrobius to Medieval Romance. Leiden u.a. 1999.

Kerth, Sonja: Gattungsinterferenzen in der späten Heldendichtung. Wiesbaden 2008 (Imagines Medii Aevi. Interdisziplinäre Beiträge zur Mittelalterforschung 21).

Keßler, Eckehard: Das rhetorische Modell der Historiographie. In: Formen der Geschichtsschreibung. Hrsg. von Heinrich Lutz/Jörn Rüsen. München 1982 (Theorie der Geschichte IV), S. 37–85.

Kiehl, Christina: Zur inhaltlichen Gestaltung einer Kurzfassung. Eine verkürzte ‚Nibelungen-Klage' als Fortsetzung des ‚Nibelungen-Liedes'. Frankfurt am Main 2008 (Hamburger Beiträge zur Germanistik 45).

Kiening, Christian: Gegenwärtigkeit. Historische Semantik und mittelalterliche Literatur. In: Scientia Poetica 10 (2006), S. 19–46.

Kiening, Christian: Medialität in mediävistischer Perspektive. In: Poetica. Zeitschrift für Sprach- und Literaturwissenschaft 39 (2007), S. 285–352. [Kiening 2007a]

Kiening, Christian: Präsenz – Memoria – Performativität. Überlegungen im Blick auf das Innsbrucker Fronleichnamsspiel. In: Transformationen des Religiösen. Performativität und Textualität im geistlichen Spiel. Hrsg. von Ingrid Kasten/Erika Fischer-Lichte. Berlin/New York 2007 (TMP 11), S. 139–168. [Kiening 2007b]

Kittler, Friedrich A./Turk, Horst: Einleitung. In: Urszenen. Literaturwissenschaft als Diskursanalyse und Diskurskritik. Hrsg. von dens. Frankfurt am Main 1977, S. 9–43.

Klemm, Elisabeth: Die illuminierten Handschriften des 13. Jahrhunderts deutscher Herkunft in der Bayerischen Staatsbibliothek. Text- und Tafelband. Wiesbaden 1998 (Katalog der illuminierten Handschriften der Bayerischen Staatsbibliothek in München 4), S. 220–225.

Klein, Dorothea: Studien zur ‚Weltchronik' Heinrichs von München. Bd. 3,1: Text- und überlieferungsgeschichtliche Untersuchungen zur Redaktion ß. Wiesbaden 1998 (Wissensliteratur im Mittelalter 31,1).

Klein, Dorothea: Amoene Orte. Zum produktiven Umgang mit einem Topos in mittelhochdeutscher Dichtung. In: Projektion – Reflexion – Ferne. Räumliche Vorstellungen und Denkfiguren im Mittelalter. Hrsg. von Sonja Glauch/Susanne Köbele/Uta Störmer-Caysa. Berlin/Boston 2011, S. 61–83.
Klein, Klaus: Beschreibendes Verzeichnis der Handschriften des ‚Nibelungenliedes'. In: Die Nibelungen. Sage – Epos – Mythos. Hrsg. von Joachim Heinzle/Klaus Klein/Ute Obhof. Wiesbaden 2003, S. 213–238.
Klein, Klaus: Die Parzivalhandschrift Cgm 19 und ihr Umkreis. In: Probleme der Parzival-Philologie. Marburger Kolloquium 1990. Hrsg. von Joachim Heinzle. Berlin 1992 (Wolframstudien XII), S. 32–66.
Knape, Joachim: ‚Historie' in Mittelalter und früher Neuzeit. Begriffs- und gattungsgeschichtliche Untersuchungen im interdisziplinären Kontext. Baden-Baden 1984 (Saecvla spiritalia 10).
Knapp, Fritz Peter: Historische Wahrheit und poetische Lüge. Die Gattungen weltlicher Epik und ihre theoretische Rechtfertigung im Hochmittelalter. In: DVjs 54 (1980), S. 581–635.
Knapp, Fritz Peter: *Tragoedia* und *Planctus*. Der Eintritt des ‚Nibelungenliedes' in die Welt der *litterati*. In: Nibelungenlied und Klage. Sage und Geschichte, Struktur und Gattung. Passauer Nibelungengespräche 1985. Hrsg. von dems. Heidelberg 1987 (Germanische Bibliothek), S. 152–170.
Knapp, Fritz Peter: Das Wunderbare im deutschen und französischen Heldenepos um 1200. In: Das Nibelungenlied und die Europäische Heldendichtung. 8. Pöchlarner Heldenliedgespräch. Hrsg. von Alfred Ebenbauer/Johannes Keller. Wien 2006 (Philologica Germanica 26), S. 197–210.
Knapp, Fritz Peter: Das Dogma von der fingierten Mündlichkeit und die Unfestigkeit heldenepischer Texte. In: Chanson de geste im europäischen Kontext. Ergebnisse der Tagung der Deutschen Sektion der International Courtly Literature Society am 23./24.4.2004 in Köln. Hrsg. von Hans-Joachim Ziegeler. Göttingen 2008 (Encomia Deutsch 1), S. 73–88.
Knapp, Fritz Peter: Kausallogisches Denken unter den weltanschaulichen und pragmatischen Bedingungen des 12. und 13. Jahrhunderts. In: Erzähllogiken in der Literatur des Mittelalters und der Frühen Neuzeit. Akten der Heidelberger Tagung vom 17.–19.02.2011. Hrsg. von Florian Kragl/Christian Schneider. Heidelberg 2013 (Studien zur historischen Poetik 13), S. 187–205.
Knapp, Fritz Peter: Hochmittelalterliche Literaturwerkstätten? In: ZfdA 144 (2015), S. 28–47.
Koch, Elke: Trauer und Identität. Inszenierungen von Emotionen in der deutschen Literatur des Mittelalters. Berlin/New York 2006 (TMP 8).
Koch, Peter/Oesterreicher, Wulf: Sprache der Nähe – Sprache der Distanz: Mündlichkeit und Schriftlichkeit im Spannungsfeld von Sprachtheorie und Sprachgeschichte. In: Romanistisches Jahrbuch 36 (1985), S. 15–43.
Koch, Peter/Oesterreicher, Wulf: Schriftlichkeit und Sprache. In: Schrift und Schriftlichkeit/Writing and Its Use. Ein interdisziplinäres Handbuch internationaler Forschung/An Interdisciplinary Handbook of International Research. Hrsg. von Hartmut Günther/Otto Ludwig. Halbbd. 1. Berlin/New York 1994, S. 587–604.
Kofler, Walter: Zu den Handschriftenverhältnissen des ‚Nibelungenliedes'. Die Verbindung zwischen den Redaktionen I, d, n und k. In: ZfdPh 130 (2011), S. 51–82. [Kofler 2011b]
Kofler, Walter: Töchter – Schwestern – Basen. Konkrete Verwandtschaftsbeziehungen zwischen Handschriften des ‚Nibelungenlieds'. In: Grundlagen. Forschungen, Editionen und Materialien zur deutschen Literatur und Sprache des Mittelalters und der Frühen Neuzeit.

Hrsg. von Rudolf Bentzinger/Ulrich-Dieter Oppitz/Jürgen Wolf. Stuttgart 2013 (ZfdA Beiheft 18), S. 19–30.

Kofler, Walter: ‚Nibelungenlied' n. In: PBB 136 (2014), S. 76–120.

Kornrumpf, Gisela: Strophik im Zeitalter der Prosa. Deutsche Heldendichtung im ausgehenden Mittelalter. In: Literatur und Laienbildung im Spätmittelalter und in der Reformationszeit. Hrsg. von Ludger Grenzmann/Karl Stackmann. Stuttgart 1984 (Germanistische Symposien-Berichtsbände 5), S. 316–340.

Kornrumpf, Gisela: Heldenepik und Historie im 14. Jahrhundert. Dietrich und Etzel in der Weltchronik Heinrichs von München. In: Geschichtsbewußtsein in der deutschen Literatur des Mittelalters. Tübinger Colloquium 1983. Hrsg. von Christoph Gerhardt/Nigel F. Palmer/Burghart Wachinger. Tübingen 1985, S. 88–109.

Kragl, Florian: Die Geschichtlichkeit der Heldendichtung. Wien 2010 (Philologica Germanica 32).

Kragl, Florian/Schneider, Christian: Einleitung. In: Erzähllogiken in der Literatur des Mittelalters und der Frühen Neuzeit. Akten der Heidelberger Tagung vom 17.–19.02.2011. Hrsg. von dens. Heidelberg 2013 (Studien zur historischen Poetik 13), S. 1–25.

Krogmann, Willy/Pretzel, Ulrich: Bibliographie zum Nibelungenlied und zur Klage. 4., stark erw. Aufl. unter Mitarbeit von Herta Haas/Wolfgang Bachofer. Berlin 1966 (Bibliographien zur deutschen Literatur des Mittelalters 1).

Krohn, Rüdiger: Zwischen Finden und Erfinden. Mittelalterliche Autoren und ihr Stoff. In: Fragen nach dem Autor. Positionen und Perspektiven. Hrsg. von Felix Philipp Ingold/Werner Wunderlich. Konstanz 1992, S. 43–59.

Kropik, Cordula: Inszenierte Sage: Überlegungen zum Traditionsverständnis des Nibelungenepikers. In: Nibelungenlied und Nibelungenklage. Neue Wege der Forschung. Hrsg. von Christoph Fasbender. Darmstadt 2005, S. 141–158.

Kropik, Cordula: Reflexionen des Geschichtlichen. Zur literarischen Konstituierung mittelhochdeutscher Heldenepik. Heidelberg 2008 (Jenaer germanistische Forschungen 24).

Küsters, Urban: Klagefiguren. Vom höfischen Umgang mit der Trauer. In: An den Grenzen höfischer Kultur. Anfechtungen der Lebensordnung in der deutschen Erzähldichtung des hohen Mittelalters. Hrsg. von Gert Kaiser. München 1991 (Forschungen zur Geschichte der älteren deutschen Literatur 12), S. 9–75.

Kuhn, Hans: Heldensage vor und außerhalb der Dichtung. In: Edda, Skalden, Saga. Festschrift zum 70. Geburtstag von Felix Genzmer. Hrsg. von Hermann Schneider. Heidelberg 1952, S. 262–278.

Kuhn, Hans: Der Teufel im Nibelungenlied. Zu Gunthers und Kriemhilds Tod. In: ZfdA 94 (1965), S. 280–306.

Kuhn, Hugo: Gattungsprobleme der mittelhochdeutschen Literatur [1956]. In: Ders.: Dichtung und Welt im Mittelalter. 2., unveränd. Aufl. Stuttgart 1969, S. 41–61.

Kuhn, Hugo: Versuch über das 15. Jahrhundert in der deutschen Literatur. In: Entwürfe zu einer Literatursystematik des Spätmittelalters. Hrsg. von dems. Tübingen 1980, S. 77–103.

Kühnel, Jürgen: Der ‚offene Text'. Beitrag zur Überlieferungsgeschichte volkssprachiger Texte des Mittelalters (Kurzfassung). In: Akten des V. Internationalen Germanisten-Kongresses Cambridge 1975, Heft 2. Hrsg. von Leonard Forster/Hans-Gert Roloff. Bern/Frankfurt am Main 1976 (Jahrbuch für Internationale Germanistik 2,2), S. 311–321.

Kunitzsch, Paul: Der Orient bei Wolfram von Eschenbach – Phantasie und Wirklichkeit. In: Orientalische Kultur und europäisches Mittelalter. Hrsg. von Albert Zimmermann/Ingrid Craemer-Ruegenberg. Berlin/New York 1985 (Miscellanea mediaevalia 17), S. 112–122.

Lachmann, Karl: Über die ursprüngliche Gestalt des Gedichts von der Nibelungen Noth. Berlin 1816.
Lähnemann, Henrike/Rupp, Michael: Erzählen mit Unterbrechungen. Zur narrativen Funktion parenthetischer Konstruktionen in mittelhochdeutscher Epik. In: PBB 123 (2001), S. 353–378.
Le Goff, Jacques: Geschichte und Gedächtnis. Aus dem Franz. von Elisabeth Hartfelder. Frankfurt am Main/New York 1992 (Historische Studien 6).
Lieb, Ludger: Die Potenz des Stoffes. Eine kleine Metaphysik des ‚Wiedererzählens'. In: ZdfPh 124 (2005), Sonderheft (Retextualisierung in der mittelalterlichen Literatur. Hrsg. von Joachim Bumke/Ursula Peters), S. 356–379.
Lieb, Ludger: Umschreiben und Weiterschreiben. Verfahren der Textproduktion von Minnereden. In: Texttyp und Textproduktion in der deutschen Literatur des Mittelalters. Kolloquium Durham/Newcastle 2001. Hrsg. von Elizabeth Andersen/Manfred Eikelmann/Anne Simon. Berlin/New York 2005 (TMP 7), S. 143–161.
Lienert, Elisabeth: Intertextualität in der Heldendichtung. Zu Nibelungenlied und ‚Klage'. In: Neue Wege der Mittelalter-Philologie. Landshuter Kolloquium 1996. Hrsg. von Joachim Heinzle. Berlin 1998 (Wolframstudien XV), S. 276–298.
Lienert, Elisabeth: Dietrich contra Nibelungen. Zur Intertextualität der historischen Dietrichepik. In: PBB 121 (1999), S. 23–46.
Lienert, Elisabeth: Perspektiven der Deutung des ‚Nibelungenliedes'. In: Die Nibelungen. Sage – Epos – Mythos. Hrsg. von Joachim Heinzle/Klaus Klein/Ute Obhof. Wiesbaden 2003, S. 91–112.
Lienert, Elisabeth: Die ‚historische' Dietrichepik. Untersuchungen zu ‚Dietrichs Flucht', ‚Rabenschlacht', ‚Alpharts Tod'. Berlin/New York 2010 (Texte und Studien zur mittelhochdeutschen Heldenepik 5).
Lienert, Elisabeth: Mittelhochdeutsche Heldenepik. Eine Einführung. Berlin 2015 (Grundlagen der Germanistik 58).
Lienert, Elisabeth: Aspekte der Figurenkonstitution in mittelhochdeutscher Heldenepik. In: PBB 138 (2016), S. 51–75.
Lienert, Elisabeth: Widerspruch als Erzählprinzip in der Vormoderne? Eine Projektskizze. In: PBB 139 (2017), S. 69–90.
von Liliencron, Rochus: Über die Nibelungenhandschrift C. Weimar 1856.
Lüdecke, Roger: Materialität und Varianz. Zwei Herausforderungen eines textkritischen Bedeutungsbegriffs. In: Regeln der Bedeutung. Zur Theorie der Bedeutung literarischer Texte. Hrsg. von Fotis Jannidis u.a. Berlin/New York 2003, S. 454–485.
Lugowski, Clemens: Die Form der Individualität im Roman. Mit einer Einleitung von Heinz Schlaffer. Frankfurt am Main 1976 (Stw 151).
Lutz, Eckart Conrad: Text und ‚Text' – Wortgewebe und Sinngefüge. Zur Einleitung. In: Text und Text in lateinischer und volksprachiger Überlieferung des Mittelalters. Freiburger Colloquium 2004. Hrsg. von dems. in Verbindung mit Wolfgang Haubrichs/Klaus Ridder. Berlin 2006 (Wolframstudien XIX), S. 9–31.
Maas, Albrecht: Die neuhochdeutsche Bezeichnung für ‚Verfasser literarischer Werke'. In: Zeitschrift für deutsche Wortforschung 9 (1907), S. 185–205.
Maître, Doreen: Literature and Possible Worlds. London 1983.
Malcher, Kay: Die Faszination der Gewalt. Rezeptionsästhetische Untersuchungen zu aventiurehafter Dietrichepik. Berlin/New York 2009 (Quellen und Forschungen zur Literatur- und Kulturgeschichte 60 [294]).

Marold, Edith: Wandel und Konstanz in der Darstellung der Figur des Dietrich von Bern. In: Heldensage und Heldendichtung im Germanischen. Hrsg. von Heinrich Beck. Berlin 1988 (Ergänzungsbände zum Reallexikon der germanischen Altertumskunde 2), S. 149–182.

Martínez, Matías: Authentizität als Künstlichkeit in Steven Spielbergs Film ‚Schindler's List'. In: Augen-Blick. Marburger und Mainzer Hefte zur Medienwissenschaft 36 (2004), S. 39–60.

Masser, Achim: Von Alternativstrophen und Vortragsvarianten im Nibelungenlied. In: Montfort. Vierteljahresschrift für Geschichte und Gegenwart Vorarlbergs 32 (1980), S. 299–311.

Masser, Achim: Von Theoderich dem Großen zu Dietrich von Bern. Die Wandlung der historischen Person zum Sagenhelden. In: Der Schlern 58 (1984), S. 635–645.

McConnell, Winder: The Problem of Continuity in Diu Klage. In: Neophilologus 70 (1986), S. 248–255.

McLintock, David: Dietrich und Theoderich – Sage und Geschichte. In: Geistliche und weltliche Epik des Mittelalters in Österreich. Hrsg. von dems./Adrian Stevens/Fred Wagner. Göppingen 1987 (Publications of the Institute of Germanic Studies 37/GAG 446), S. 99–106.

Meier-Oeser, Stephan: Wort, inneres; Rede, innere. In: Historisches Wörterbuch der Philosophie. Bd. 12. In Verbindung mit Günther Bien hrsg. von Joachim Ritter/Karlfried Gründer/Gottfried Gabriel. Basel 2004, Sp. 1037–1050.

Mertens, Volker: Hagens Wissen – Siegfrieds Tod. Zu Hagens Erzählung von Jungsiegfrieds Abenteuern. In: Erzählungen in Erzählungen. Phänomene der Narration in Mittelalter und Früher Neuzeit. Hrsg. von Harald Haferland/Michael Mecklenburg. München 1996 (Forschungen zur Geschichte der älteren deutschen Literatur 19), S. 59–69. [Mertens 1996a]

Mertens, Volker: Konstruktion und Dekonstruktion heldenepischen Erzählens. ‚Nibelungenlied' – ‚Klage' – ‚Titurel'. In: PBB 118 (1996), S. 358–378. [Mertens 1996b]

Meves, Uwe: Bischof Wolfger von Erla, *sîn schrîber, meister Kuonrat* und die Nibelungenüberlieferung. In: Montfort. Vierteljahresschrift für Geschichte und Gegenwart Vorarlbergs 32 (1980), S. 246–263.

Miedema, Nine: Die Gestaltung der Redeszenen im ersten Teil des ‚Nibelungenliedes': ein Vergleich der Fassungen *A/*B und *C. In: *Ze Lorse bi dem münster*. Das Nibelungenlied (Handschrift C). Literarische Innovation und politische Zeitgeschichte. Hrsg. von Jürgen Breuer. München u.a. 2006, S. 45–82.

Miedema, Nine: Gedankenrede und Rationalität in der mittelhochdeutschen Epik. In: Reflexion und Inszenierung von Rationalität in der mittelalterlichen Literatur. Blaubeurer Kolloquium 2006. Hrsg. von Wolfgang Haubrichs/Eckart Conrad Lutz/Klaus Ridder. Berlin 2008 (Wolframstudien XX), S. 119–160.

Miethke, Jürgen: Autorität I. Alte Kirche und Mittelalter. In: Theologische Realenzyklopädie. Bd. 5. In Gemeinschaft mit Horst Balz/Gerhard Krause hrsg. von Gerhard Müller. Berlin/New York 1980, S. 17–32.

Millet, Victor: Die Sage, der Text und der Leser: Überlegungen zur Rezeption Kriemhilts und zum Verhältnis der Fassungen *B und *C des ‚Nibelungenliedes'. In: Impulse und Resonanzen. Tübinger mediävistische Beiträge zum 80. Geburtstag von Walter Haug. Hrsg. von Gisela Vollmann-Profe u.a. Tübingen 2007, S. 57–70.

Mühlherr, Anna: Nicht mit rechten Dingen, nicht mit dem rechten Ding, nicht am rechten Ort. Zur *tarnkappe* und zum *hort* im ‚Nibelungenlied'. In: PBB 131 (2009), S. 461–492.

Müllenhoff, Karl: Zur Geschichte der ‚Nibelunge Not'. Braunschweig 1855 (Monatsschrift für Wissenschaft und Litteratur 12).

Müller, Jan-Dirk: Sivrit: *künec – man – eigenholt*. Zur sozialen Problematik des Nibelungenliedes. In: Amsterdamer Beiträge zur älteren Germanistik 7 (1974), S. 85–124.
Müller, Jan-Dirk: Wandel von Geschichtserfahrung in spätmittelalterlicher Heldenepik. In: Geschichtsbewußtsein in der deutschen Literatur des Mittelalters. Tübinger Colloquium 1983. Hrsg. von Christoph Gerhardt/Nigel F. Palmer/Burghart Wachinger. Tübingen 1985, S. 72–87.
Müller, Jan-Dirk: Das Nibelungenlied. In: Interpretationen. Mittelhochdeutsche Romane und Heldenepen. Hrsg. von Horst Brunner. Stuttgart 1993 (RUB 8914), S. 146–172.
Müller, Jan-Dirk: Der Spielmann erzählt. Oder: Wie denkt man sich das Entstehen eines Epos? In: Erzählungen in Erzählungen. Phänomene der Narration in Mittelalter und Früher Neuzeit. Hrsg. von Harald Haferland/Michael Mecklenburg. München 1996 (Forschungen zur Geschichte der älteren deutschen Literatur 19), S. 85–98.
Müller, Jan-Dirk: Spielregeln für den Untergang. Die Welt des Nibelungenliedes. Tübingen 1998.
Müller, Jan-Dirk: Aufführung – Autor – Werk. Zu einigen blinden Stellen gegenwärtiger Diskussion. In: Mittelalterliche Literatur und Kunst im Spannungsfeld von Hof und Kloster. Ergebnisse der Berliner Tagung, 9.–11.10.1997. Hrsg. von Nigel F. Palmer/Hans-Jochen Schiewer. Tübingen 1999, S. 149–166.
Müller, Jan-Dirk: Nibelungenlied und kulturelles Gedächtnis. In: Arbeiten zur Skandinavistik. 14. Arbeitstagung der deutschsprachigen Skandinavistik, 1.–5.9.1999. Hrsg. von Annegret Heitmann. Frankfurt am Main 2001, S. 29–43.
Müller, Jan-Dirk: Literarische und andere Spiele. Zum Fiktionalitätsproblem in vormoderner Literatur. In: Poetica. Zeitschrift für Sprach- und Literaturwissenschaft 36 (2004), S. 281–311.
Müller, Jan-Dirk: ‚Improvisierende‘, ‚memorierende‘, und ‚fingierte‘ Mündlichkeit. In: ZfdPh 124 (2005), Sonderheft (Retextualisierung in der mittelalterlichen Literatur. Hrsg. von Joachim Bumke/Ursula Peters), S. 159–181.
Müller, Jan-Dirk: Die Klage: die Irritation durch das Epos. In: Der Mord und die Klage. Das Nibelungenlied und die Kulturen der Gewalt. Dokumentation des 4. Symposiums der Nibelungenliedgesellschaft Worms e.V. vom 11.–13.10.2002. Hrsg. von Gerold Bönnen/Volker Gallé. 2., unveränd. Aufl. Worms 2007 (Schriftenreihe der Nibelungenlied-Gesellschaft Worms 3), S. 163–182. [Müller 2007a]
Müller, Jan-Dirk: Höfische Kompromisse. Acht Kapitel zur höfischen Epik. Tübingen 2007. [Müller 2007b]
Müller, Jan-Dirk: Einige Probleme des Begriffs ‚Metonymisches Erzählen‘. In: Poetica. Zeitschrift für Sprach- und Literaturwissenschaft 45 (2013), S. 19–40.
Müller, Jan-Dirk: Das Nibelungenlied. 4., neu bearb. und erw. Aufl. Berlin 2015 (Klassiker-Lektüren 5).
Müller, Jan-Dirk: Vulgatfassung? Zur Fassung *C des ‚Nibelungenliedes‘ und den sog. kontaminierten Fassungen. In: PBB 138 (2016), S. 227–263.
Müller, Jan-Dirk: ‚Episches‘ Erzählen. Erzählformen früher volkssprachiger Schriftlichkeit. Berlin 2017 (PhSt 259).
Müller, Stephan: Helden in gelehrten Welten. Zu Konzeption und Rezeption der Heldensagenpassagen in den ‚Quedlinburger Annalen‘. In: Theodisca. Zur Stellung der althochdeutschen und altniederdeutschen Sprache und Literatur in der Kultur des frühen Mittelalters. Hrsg. von Wolfgang Haubrichs u.a. Berlin/New York 2000, S. 364–386.

Müller, Stephan: Datenträger. Zur Morphologie und Funktion der Botenrede in der deutschen Literatur des Mittelalters am Beispiel von ‚Nibelungenlied' und ‚Klage'. In: Situationen des Erzählens: Aspekte narrativer Praxis im Mittelalter. Hrsg. von Ludger Lieb/Stephan Müller. Berlin/New York 2002 (Dresdner Arbeitsgespräch zur Institutionalität der Deutschen Literatur des Mittelalters 3), S. 89–120.

Müller, Stephan: ‚Cliffhanger'. Mittelhochdeutsche Epik als Serie am Beispiel der Aventiure-Enden des ‚Nibelungenlieds' in Handschrift C. In: Stimme und Performanz in der mittelalterlichen Literatur. Hrsg. von Monika Unzeitig/Angela Schrott/Nine Miedema. Berlin/New York 2017 (Historische Dialogforschung 3), S. 351–362.

Müller, Stephan/Saurma-Jeltsch, Liselotte E./Strohschneider, Peter: Einleitung. In: Codex und Raum. Hrsg. von dens. Wiesbaden 2009 (Wolfenbütteler Mittelalter-Studien 21), S. 7–10.

Müller, Wolfgang G.: Stil. In: Metzler Lexikon Literatur- und Kulturtheorie. Ansätze – Personen – Grundbegriffe. Hrsg. von Ansgar Nünning. 5., akt. und erw. Aufl. Stuttgart/Weimar 2013, S. 712–713.

van Mulken, Margot J. P.: Perceval and stemmata. In: Les Manuscrits de Chrétien de Troyes/The Manuscripts of Chrétien de Troyes. Ed. by Keith Busby. Amsterdam 1993, S. 41–48.

Nellmann, Eberhard: Wolframs Erzähltechnik. Untersuchungen zur Funktion des Erzählers. Wiesbaden 1973.

Nellmann, Eberhard: Kaiserchronik. In: ²VL. Bd. 4. Berlin/New York 1983, Sp. 949–964.

Nellmann, Eberhard: Der Schreiber IV des Codex Sangallensis 857 und die Fassung *C des ‚Nibelungenliedes'. In: ZfdPh 128 (2009), S. 125–127.

Nolte, Ann-Katrin: Spiegelungen der Kriemhildfigur in der Rezeption des Nibelungenliedes. Figurenentwürfe und Gender-Diskurse in der ‚Klage', der ‚Kudrun' und den ‚Rosengärten' mit einem Ausblick auf ausgewählte Rezeptionsbeispiele des 18., 19. und 20. Jahrhunderts. Münster 2004 (Bamberger Studien zum Mittelalter 4).

Nünning, Ansgar/Nünning, Vera: Von der strukturalistischen Narratologie zur ‚postklassischen' Erzähltheorie: Ein Überblick über neue Ansätze und Entwicklungstendenzen. In: Neue Ansätze der Erzähltheorie. Hrsg. von dens. Trier 2002 (Handbücher zum literaturwissenschaftlichen Studium 4), S. 1–33.

Obhof, Ute: Die Handschrift C. Karlsruhe, Badische Landesbibliothek, Cod. Donaueschingen 63. In: Die Nibelungen. Sage – Epos – Mythos. Hrsg. von Joachim Heinzle/Klaus Klein/Ute Obhof. Wiesbaden 2003, S. 239–251.

Oesterreicher, Wulf: Verschriftung und Verschriftlichung im Kontext medialer und konzeptioneller Schriftlichkeit. In: Schriftlichkeit im frühen Mittelalter. Hrsg. von Ursula Schaefer. Tübingen 1993 (ScriptOralia 53), S. 267–292.

Palmer, Nigel F.: Kapitel und Buch. Zu den Gliederungsprinzipien mittelalterlicher Bücher. In: Frühmittelalterliche Studien 23 (1989), S. 43–88.

Panzer, Friedrich: Vom mittelalterlichen Zitieren. Heidelberg 1950 (Sitzungsberichte der Heidelberger Akademie der Wissenschaften, Philosophisch-Historische Klasse 2).

Panzer, Friedrich: Das Nibelungenlied. Entstehung und Gestalt. Stuttgart/Köln 1955.

Parkes, Malcolm B.: The Influence of the Concepts of Ordinatio and Compilatio on the Development of the Book. In: Scribes, Scripts and Readers. Studies in the Communication, Presentation and Dissemination of Medieval Texts. Ed. by ibid. London/Rio Grande 1991, S. 35–70.

Peters, Ursula: Texte vor der Literatur? Zur Problematik neuerer Alteritätsparadigmen der Mittelalterphilologie. In: Poetica. Zeitschrift für Sprach- und Literaturwissenschaft 39 (2007), S. 59–88.

Plassmann, Alheydis: Herkunft und Abstammung im Frühmittelalter. In: LiLi 147 (2007), S. 9–39.

Platz-Waury, Elke: Figur₃. In: RLW. Bd. 1. Berlin u.a. 1997, S. 587–589.

Pörksen, Uwe: Der Erzähler im mittelhochdeutschen Epos. Formen seines Hervortretens bei Lamprecht, Konrad, Hartmann, in Wolframs ‚Willehalm' und in den ‚Spielmannsepen'. Berlin 1971 (PhSt 58).

Quast, Bruno: Wissen und Herrschaft. Bemerkungen zur Rationalität des Erzählens im ‚Nibelungenlied'. In: Euphorion 96 (2002), S. 287–302.

Reicher, Maria E.: Können wir aus Fiktionen lernen? In: Wahrheit, Wissen und Erkenntnis in der Literatur. Philosophische Beiträge. Hrsg von Christoph Demmerling/İngrid Yendrell Ferran. Berlin 2014 (Deutsche Zeitschrift für Philosophie, Sonderband 35), S. 73–95.

Rieger, Max: Zur Klage. In: ZdfA 10 (1856), S. 241–255.

Ruh, Kurt: Überlieferungsgeschichte mittelalterlicher Texte als methodischer Ansatz zu einer erweiterten Konzeption von Literaturgeschichte. In: Überlieferungsgeschichtliche Prosaforschung. Beiträge der Würzburger Arbeitsgruppe zur Methode und Auswertung. Hrsg. von dems. Tübingen 1985 (Texte und Textgeschichte: Würzburger Forschungen 19), S. 262–272.

Rupp, Heinz: ‚Heldendichtung' als Gattung der deutschen Literatur des 13. Jahrhunderts [1960]. In: Das deutsche Versepos. Hrsg. von Walter Johannes Schröder. Darmstadt 1969, S. 225–242.

Sahm, Heike: Harald Haferland, Mündlichkeit, Gedächtnis und Medialität. Heldendichtung im deutschen Mittelalter, Vandenhoeck & Ruprecht, Göttingen 2004, 480 Seiten. In: ZdfPh 127 (2008), S. 134–139. [Rezension]

Sahm, Heike: Unversöhnliche Motivierungen. Der Schatz als Hindernis kohärenten Erzählens im ‚Beowulf'. In: PBB 131 (2009), S. 442–460.

Sammer, Marianne: z'einen sunewenden der grôze mort geschach ...: ‚Nibelungenlied' und ‚Klage' zwischen Moraltheologie und Liturgie. In: Literatur in Bayern. Vierteljahresschrift für Literatur, Literaturkritik und Literaturwissenschaft 42 (1995), S. 6–21.

Schaefer, Ursula: Zum Problem der Mündlichkeit. In: Modernes Mittelalter. Neue Bilder einer populären Epoche. Hrsg. von Joachim Heinzle. Frankfurt am Main/Leipzig 1994, S. 357–375.

Schirok, Bernd: Ein rîter, der gelêret was. Literaturtheoretische Aspekte in den Artusromanen Hartmanns von Aue. In: Ze hove und an der strâzen. Die deutsche Literatur des Mittelalters und ihr ‚Sitz im Leben'. Festschrift für Volker Schupp zum 65. Geburtstag. Hrsg. von Anna Keck unter Mitarbeit von Volker Schupp. Stuttgart 1999, S. 184–211.

Schirok, Bernd: Der Untergang der Burgunden und seine christliche Deutung: ‚Nibelungenlied' und ‚Nibelungenklage'. In: Nibelungen-Schnipsel. Neues vom Epos zwischen Mainz und Worms. Hrsg. von Helmut Hinkel. Mainz 2004 (Neues Jahrbuch für das Bistum Mainz: Beiträge zur Zeit- und Kulturgeschichte der Diözese), S. 237–296.

Schmale, Franz-Josef: Funktion und Formen mittelalterlicher Geschichtsschreibung. Eine Einführung. Mit einem Beitrag von Hans-Werner Goetz. 2., unveränd. Aufl. Darmstadt 1993 (Die Geschichtswissenschaft).

Schmid, Florian M.: (De-)Konstruktion von Identität in der ‚Nibelungenklage'. Überlegungen zu einem intersektional-narratologischen Zugriff auf mittelalterliche Texte. In: Intersektionalität und Narratologie. Methoden – Konzepte – Analysen. Hrsg. von Christian Klein/Falko Schnicke. Trier 2014 (Literaturwissenschaft 91), S. 61–86. [Schmid 2014a]

Schmid, Florian M.: Dichterfehde zwischen Wirklichkeit und Fiktion. Skandal und Skandalisierung bei Gottfried von Straßburg und Wolfram von Eschenbach. In: Skandalautoren. Zu repräsentativen Mustern literarischer Provokation und Aufsehen erregender Autorinszenierungen. Hrsg. von Andrea Bartl/Martin Kraus. Würzburg 2014 (Konnex 10), S. 93–118. [Schmid 2014b]

Schmid, Florian M.: Erzählen von den Nibelungen. Narrative Strategien der Fassung *C von ‚Nibelungenlied' und ‚Klage'. In: Studies and New Texts of the ‚Nibelungenlied', Walther, Neidhart, Oswald, and Other Works in Medieval German Literature. In Memory of Ulrich Müller II (Kalamazoo Papers 2014). Ed. by Sibylle Jefferis. Göppingen 2015 (GAG 780), S. 161–208.

Schmid, Florian M.: Formen und Formationen von ‚Geschichte'. Dietrichsage und -dichtung als Quellen volkssprachiger Chroniken des Mittelalters und der Frühen Neuzeit. In: Formen des Wissens. Epistemische Funktionen literarischer Verfahren. Hrsg. vom Graduiertenkolleg Literarische Form. Heidelberg 2017 (Beiträge zur neueren Literaturgeschichte 360), S. 255–286. [Schmid 2017a]

Schmid, Florian M.: Stimme(n) des Klagens. Überlegungen zur Performanz der ‚Nibelungenklage' im Umfeld der höfischen Epik. In: Stimme und Performanz in der mittelalterlichen Literatur. Hrsg. von Monika Unzeitig/Angela Schrott/Nine Miedema. Berlin/New York 2017 (Historische Dialogforschung 3), S. 279–308. [Schmid 2017b]

Schmidt, Paul Gerhard: Probleme der Schreiber – der Schreiber als Problem. Frankfurt am Main 1994 (Sitzungsberichte der Wissenschaftlichen Gesellschaft an der Johann-Wolfgang-Goethe-Universität Frankfurt am Main 31,5).

Schmidt, Siegrid: ... so sêre klagete diu künigin: Brunhild vom ‚Nibelungenlied' zur ‚Klage'. In: The ‚Nibelungenlied'. Genesis, Interpretation, Reception (Kalamazoo papers 1997–2005). Ed. by Sibylle Jefferis. Göppingen 2006 (GAG 735), S. 61–76.

Schmidt, Ulrich: Otto von Freising. In: Biographisch-Bibliographisches Kirchenlexikon. Bd. 6. Hrsg. von Traugott Bautz. Herzberg 1993, Sp. 1373–1375.

Schmitz, Gerhard: Intelligente Schreiber. Beobachtungen aus Ansegis- und Kapitularienhandschriften. In: Papsttum, Kirche und Recht im Mittelalter. Festschrift für Horst Fuhrmann zum 65. Geburtstag. Hrsg. von Hubert Mordeck. Tübingen 1991, S. 79–93.

Schmitz, Silvia: Die Poetik der Adaptation. Literarische *inventio* im ‚Eneas' Heinrichs von Veldeke. Tübingen 2007 (Hermaea. Germanistische Forschungen. Neue Folge 113).

Schneider, Hermann: Germanische Heldensage. 2., durch einen Anhang erw., sonst unveränd. Aufl. Photomechan. Nachdr. 1928. Bd. 1. Berlin u.a. 1962 (Grundriss der Germanischen Philologie 10,1).

Schneider, Karin: Gotische Schriften in deutscher Sprache. Textbd. 1: Vom späten 12. Jahrhundert bis um 1300. Wiesbaden 1987.

Schnell, Rüdiger: ‚Autor' und ‚Werk' im deutschen Mittelalter. Forschungskritik und Forschungsperspektiven. In: Neue Wege der Mittelalter-Philologie. Landshuter Kolloquium 1996. Hrsg. von Joachim Heinzle/L. Peter Johnson/Gisela Vollmann-Profe. Berlin 1998 (Wolframstudien XV), S. 12–73.

Schöller, Robert: Die Fassung *T des ‚Parzival' Wolframs von Eschenbach. Untersuchungen zur Überlieferung und zum Textprofil. Berlin/New York 2009 (Quellen und Forschungen zur Literatur- und Kulturgeschichte 56 [290]).

Schröder, Edward: Spangenberg, Cyriacus. In: Allgemeine Deutsche Biographie. Bd. 35. Hrsg. von der Historischen Commission bei der königl. Akademie der Wissenschaften. Leipzig 1893, S. 37–41.

Schröder, Werner: Das Leid in der ‚Klage'. In: ZfdA 88 (1957/58), S. 54–80.
Schröder, Werner: Nibelungen-Studien. Stuttgart 1968.
Schröder, Werner: Zur Stellung der Donaueschinger Handschrift C in Überlieferung und Textgeschichte des ‚Nibelungenliedes'. In: *Der Nibelunge Liet und Diu Klage*. Die Donaueschinger Handschrift 63 (Laßberg 174). Mit einem forschungsgeschichtlichen Beitrag zu ihrer Bedeutung für Überlieferung und Textgeschichte des Epos. Hrsg. von dems. Köln/Wien 1969 (Deutsche Texte in Handschriften 3), S. X–XLII.
Schröder, Werner: Wolfram von Eschenbach, das Nibelungenlied und ‚Die Klage'. Mainz 1989 (Abhandlungen der Geistes- und Sozialwissenschaftlichen Klasse 5).
Schubert, Martin J.: Versuch einer Typologie von Schreibereingriffen. In: Der Schreiber im Mittelalter. Hrsg. von dems. Berlin 2002 (Das Mittelalter. Perspektiven mediävistischer Forschung 7), S. 125–144.
Schulz, Armin: Schwieriges Erkennen. Personenidentifizierung in der mittelhochdeutschen Epik. Tübingen 2008 (MTU 135).
Schulz, Armin: Fremde Kohärenz. Narrative Verknüpfungsformen im ‚Nibelungenlied' und in der ‚Kaiserchronik'. In: Historische Narratologie. Mediävistische Perspektiven. Hrsg. von Harald Haferland/Matthias Meyer unter Mitarbeit von Carmen Stange/Markus Greulich. Berlin/New York 2010 (TMP 19), S. 339–360.
Schulze, Ursula: Nibelungen und Kudrun. In: Epische Stoffe des Mittelalters. Hrsg. von Volker Mertens/Ulrich Müller. Stuttgart 1984 (Kröners Taschenausgabe 483), S. 111–140.
Schulze, Ursula: *Gunther sî mîn herre, und ich sî sîn man*: Bedeutung und Deutung der Standeslüge und die Interpretierbarkeit des ‚Nibelungenliedes'. In: ZfdA 126 (1997), S. 32–52.
Schulze, Ursula: Siegfried – ein Heldenleben? Zur Figurenkonstitution im ‚Nibelungenlied'. In: Literarische Leben. Rollenentwürfe in der Literatur des Hoch- und Spätmittelalters. Festschrift für Volker Mertens zum 65. Geburtstag. Tübingen 2002, S. 669–689.
Schulze, Ursula: Die *alten mæren* in neuer Zeit. Historisierung mythischer Elemente im Nibelungenlied. In: Heldenzeiten – Heldenräume. Wann und wo spielen Heldendichtung und Heldensage? 9. Pöchlarner Heldenliedgespräch. Hrsg. von Johannes Keller/Florian Kragl. Wien 2007 (Philologica Germanica 28), S. 159–176. [Schulze 2007a]
Schulze, Ursula: Mündlichkeit und Schriftlichkeit im ‚Editionsprozess' des ‚Nibelungenliedes'. In: Editio 21 (2007), S. 1–18. [Schulze 2007b]
Schulze, Ursula: Das Nibelungenlied. Durchges. und bibliogr. erg. Ausgabe. Stuttgart 2013 (RUB 17604).
Seng, Thomas: Autor. In: Historisches Wörterbuch der Rhetorik. Bd. 1. Hrsg. von Gert Ueding. Tübingen 1992, Sp. 1276–1280.
Schweikle, Günther: Minnesang. 2., korrigierte Aufl. Stuttgart/Weimar 1995 (SM 244).
Sommer, Emil: Die Sage von den Nibelungen wie sie in der Klage erscheint, nebst den Abweichungen der Nibelunge Noth und des Biterolf. In: ZfdA 3 (1843), S. 193–218.
Sommermeier, Hermann: Die Klage in der Handschrift J des Nibelungenliedes. Diss. Marburg 1905.
Splett, Jochen: Das Wortschatzargument im Rahmen der Gattungsproblematik des ‚Nibelungenliedes'. In: Nibelungenlied und Klage. Sage und Geschichte, Struktur und Gattung. Passauer Nibelungengespräche 1985. Hrsg. von Fritz Peter Knapp. Heidelberg 1987 (Germanische Bibliothek), S. 107–123.
Stackmann, Karl: Mittelalterliche Texte als Aufgabe. In: Festschrift für Jost Trier zum 70. Geburtstag. Hrsg. von William Foerste/Karl Heinz Borck. Köln/Graz 1964, S. 240–267.

Stackmann, Karl: Die Edition – Königsweg der Philologie? In: Methoden und Probleme der Edition mittelalterlicher deutscher Texte. Bamberger Fachtagung 26.–29.6.1991. Plenumsreferate. Hrsg. von Rolf Bergmann/Kurt Gärtner unter Mitwirkung von Volker Mertens/Ulrich Müller/Anton Schwob. Tübingen 1993 (Editio 4), S. 1–18.

Stackmann, Karl: Neue Philologie? In: Modernes Mittelalter. Neue Bilder einer populären Epoche. Hrsg. von Joachim Heinzle. Frankfurt am Main 1994, S. 398–427.

Stackmann, Karl: Joachim Bumkes Ausgabe der ‚Klage'. Notizen zu einer bemerkenswerten Neuedition. In: ZfdPh 120 (2001), S. 381–393.

Stanzel, Franz K.: Theorie des Erzählens. 8. Aufl. Göttingen 2008 (UTB 904).

Staub, Kurt Hans/Weimann-Hilberg, Birgitt: Johann von Würzburg (II), Wilhelm von Österreich. Ein neu aufgefundener Textzeuge in der Hessischen Landes- und Hochschulbibliothek Darmstadt. In: Miscellanea Neerlandica. Opstellen voor Jan Deschamps ter Gelegenheid van zijn zeventigste Verjaardag. Bd. 1: Bio-bibliografie, handschriftenkunde, miniatuurkunst. Hrsg. von Elly Cockx-Indestege. Leuven 1987, S. 263–271.

Steer, Georg: Das Fassungsproblem in der Heldenepik. In: Deutsche Heldenepik in Tirol. König Laurin und Dietrich von Bern in der Dichtung des Mittelalters. Beiträge der Neustifter Tagung 1977 des Südtiroler Kulturinstitutes. In Zusammenarbeit mit Karl H. Vigl hrsg. von Egon Kühebacher. Bozen 1979 (Schriftenreihe des Südtiroler Kulturinstitutes 7/Beiträge der Neustifter Tagung des Südtiroler Kulturinstitutes 3), S. 105–115.

Steer, Georg: Textkritik und Textgeschichte. Editorische Präsentation von Textprozessen. Das ‚Nibelungenlied'. Der ‚Schwabenspiegel'. Die ‚Predigten' Taulers. In: Methoden und Probleme der Edition mittelalterlicher deutscher Texte. Bamberger Fachtagung 26.–29.6.1991. Plenumsreferate. Hrsg. von Rolf Bergmann/Kurt Gärtner unter Mitwirkung von Volker Mertens/Ulrich Müller/Anton Schwob. Tübingen 1993 (Editio 4), S. 107–119.

Steinmetz, Ralf-Hennig: Bearbeitungstypen in der Literatur des Mittelalters. Vorschläge für eine Klärung der Begriffe. In: Texttyp und Textproduktion in der deutschen Literatur des Mittelalters. Hrsg. von Elizabeth Andersen/Manfred Eikelmann/Anne Simon unter Mitarbeit von Silvia Reuvekamp. Berlin/New York 2005 (TMP 7), S. 39–61.

Sternberg, Meir: Proteus in Quotation Land. Mimesis and the Forms of Reported Discourse. In: Poetics Today 3 (1982), S. 107–156.

Stock, Markus: Effekte des Authentischen? Selbstentwurf und Referenz in der Autobiographie Johanns von Soest (1504/05). In: Texttyp und Textproduktion in der deutschen Literatur des Mittelalters. Hrsg. von Elizabeth Andersen/Manfred Eikelmann/Anne Simon unter Mitarbeit von Silvia Reuvekamp. Berlin/New York 2005 (TMP 7), S. 267–283.

Stock, Markus: Figur. Zu einem Kernproblem historischer Narratologie. In: Historische Narratologie. Mediävistische Perspektiven. Hrsg. von Harald Haferland/Matthias Meyer unter Mitarbeit von Carmen Stange/Markus Greulich. Berlin/New York 2010 (TMP 19), S. 187–203.

Stocker, Peter: Figurenrede. In: RLW. Bd. 1. Berlin u.a. 1997, S. 593–594.

Störmer, Wilhelm: Die Herkunft Bischof Pilgrims von Passau (971–991) und die Nibelungen-Überlieferung. In: Ostbairische Grenzmarken. Passauer Jahrbuch für Geschichte, Kunst und Volkskunde 16 (1974), S. 62–67.

Störmer, Wilhelm: Nibelungentradition als Hausüberlieferung in frühmittelalterlichen Adelsfamilien? Beobachtungen zu Nibelungennamen im 8./9. Jahrhundert vornehmlich in Bayern. In: Nibelungenlied und Klage. Sage und Geschichte, Struktur und Gattung. Passauer Nibelungengespräche 1985. Hrsg. von Fritz Peter Knapp. Heidelberg 1987 (Germanische Bibliothek), S. 1–20.

Stolz, Michael: Begleitheft der CD-ROM ‚Die Sankt Galler Nibelungenhandschrift: Parzival, Nibelungenlied und Klage, Karl, Willehalm. Faksimile des Codex 857 der Stiftsbibliothek St. Gallen und zugehöriger Fragmente'. Hrsg. von der Stiftsbibliothek St. Gallen und dem Basler Parzival-Projekt. 2., erw. Aufl. St. Gallen 2005.

Strohschneider, Peter: Höfische Romane in Kurzfassungen. Stichworte zu einem unbeachteten Aufgabenfeld. In: ZfdA 120 (1991), S. 419–439.

Strohschneider, Peter: Einfache Regeln – komplexe Strukturen. Ein strukturanalytisches Experiment zum ‚Nibelungenlied'. In: Mediävistische Komparatistik. Festschrift für Franz Josef Worstbrock. Hrsg. von Wolfgang Harms/Jan-Dirk Müller. Stuttgart/Leipzig 1997, S. 43–75. [Strohscheider 1997a]

Strohschneider, Peter: Situationen des Textes. Okkasionelle Bemerkungen zur ‚New Philology'. In: ZfdPh 116 (1997), Sonderheft (Philologie als Textwissenschaft. Alte und neue Horizonte. Hrsg. von Helmut Tervooren/Horst Wenzel), S. 62–86. [Strohschneider 1997b]

Strohschneider, Peter: Joachim Bumke, Die vier Fassungen der ‚Nibelungenklage'. Untersuchungen zur Überlieferungsgeschichte und Textkritik der höfischen Epik im 13. Jahrhundert. In: ZdfA 127 (1998), S. 102–117. [Rezension]

Strohschneider, Peter: Institutionalität. Zum Verhältnis von literarischer Kommunikation und sozialer Interaktion in mittelalterlicher Literatur. Eine Einleitung. In: Literarische Kommunikation und soziale Interaktion. Studien zur Institutionalität mittelalterlicher Kommunikation. Hrsg. von Beate Kellner/Ludger Lieb/Peter Strohschneider. Frankfurt am Main u.a. 2001 (Mikrokosmos. Beiträge zur Literaturwissenschaft und Bedeutungsforschung 64), S. 1–26.

Szklenar, Hans: Die literarische Gattung der Nibelungenklage und das Ende *alter maere*. In: Poetica. Zeitschrift für Sprach- und Literaturwissenschaft 9 (1977), S. 41–61.

Thomas, Heinz: Dichtung und Politik um 1200. Das Nibelungenlied. In: Das Nibelungenlied und der mittlere Donauraum. 1. Pöchlarner Heldenliedgespräch. Hrsg. von Klaus Zatloukal. Wien 1990 (Philologica Germanica 12), S. 103–129. [Thomas 1990a]

Thomas, Heinz: Die Staufer im Nibelungenlied. In: ZfdPh 109 (1990), S. 321–354. [Thomas 1990b]

Tiefenthaler, Eberhard: Die Auffindung der Handschriften des Nibelungenliedes in Hohenems. In: Montfort. Vierteljahresschrift für Geschichte und Gegenwart Vorarlbergs 31 (1979), S. 295–306.

Toepfer, Regina: Höfische Tragik. Motivierungsformen des Unglücks in mittelalterlichen Erzählungen. Berlin/Boston 2013 (Untersuchungen zur deutschen Literaturgeschichte 144).

Unzeitig, Monika: Autorname und Autorschaft. Bezeichnung und Konstruktion in der deutschen und französischen Erzählliteratur des 12. und 13. Jahrhunderts. Berlin/New York 2010 (MTU 139).

Unzeitig, Monika/Schrott, Angela/Miedema, Nine: Einleitung. In: Stimme und Performanz in der mittelalterlichen Literatur. Hrsg. von dens. Berlin/New York 2017 (Historische Dialogforschung 3), S. 1–12.

Ursinius, Alfred: Die Handschriftenverhältnisse der Klage. Diss. Halle-Wittenberg 1908.

Voeste, Anja: Orthographie und Innovation. Die Segmentierung des Wortes im 16. Jahrhundert. Hildesheim 2008.

Vogt, Friedrich: Zur Geschichte der Nibelungenklage. In: Rektoratsprogramm der Universität Marburg. Marburg 1913, S. 137–167.

Voorwinden, Norbert: Lorsch im ‚Nibelungenlied'. Die Hs. C als Bearbeitung einer schriftlich fixierten mündlichen Dichtung. In: Stauferzeit. Geschichte, Literatur, Kunst. Ergebnis der

Karlsruher Staufertagung 1977. Hrsg. von Rüdiger Krohn/Bernd Thum/Peter Wapnewski. Stuttgart 1978, S. 279–294.

Voorwinden, Norbert: ‚Nibelungenklage' und ‚Nibelungenlied'. In: Montfort. Vierteljahresschrift für Geschichte und Gegenwart Vorarlbergs 32 (1980), S. 276–287.

Voorwinden, Norbert: Pilgrim und das Bistum Passau im Nibelungenlied. Grenzen und Möglichkeiten der Datierung und Lokalisierung aufgrund geographischer und historischer Bezüge. In: Das Nibelungenlied und der mittlere Donauraum. 1. Pöchlarner Heldenliedgespräch. Hrsg. von Klaus Zatloukal. Wien 1990 (Philologica Germanica 12), S. 139–156.

Voorwinden, Norbert: Nibelungen-Rezeption im Mittelalter. In: Die Rezeption des Nibelungenliedes. 3. Pöchlarner Heldenliedgespräch. Hrsg. von Klaus Zatloukal. Wien 1995 (Philologica Germanica 16), S. 1–15.

Voßkamp, Wilhelm: Gattungen als literarisch-soziale Institutionen. Zu Problemen sozial- und funktionsgeschichtlich orientierter Gattungstheorie und -historie. In: Textsortenlehre – Gattungsgeschichte. Hrsg. von Walter Hinck. Heidelberg 1977 (Medium Literatur. Studienbibliothek für Wissenschaft und Unterricht 4), S. 27–42.

Wachinger, Burghart: Studien zum Nibelungenlied. Vorausdeutungen, Aufbau, Motivierung. Tübingen 1960.

Wachinger, Burghart: Die Klage und das Nibelungenlied. In: Montfort. Vierteljahresschrift für Geschichte und Gegenwart Vorarlbergs 32 (1980), S. 264–275.

Weddige, Hilkert: Heldensage und Stammessage. Iring und der Untergang des Thüringerreiches in Historiographie und heroischer Dichtung. Tübingen 1989 (Hermaea. Germanistische Forschungen. Neue Folge 61).

Wehrli, Max: Die ‚Klage' und der Untergang der Nibelungen. In: Zeiten und Formen in Sprache und Dichtung. Festschrift für Fritz Tschirch. Hrsg. von Karl-Heinz Schirmer/Bernhard Sowinski. Köln/Wien 1972, S. 96–122.

Weißensteiner, Johannes: Cassiodor/Jordanes als Geschichtsschreiber. In: Historiographie im frühen Mittelalter. Hrsg. von Anton Scharer/Georg Scheibelreiter. Wien/München 1994 (Veröffentlichungen des Instituts für Österreichische Geschichtsforschung 32), S. 308–325.

Wenzel, Franziska: Textidentität und Überlieferungsvarianz. Überlegungen am Beispiel von ‚Wartburgkrieg'-Gedichten. In: Texttyp und Textproduktion in der deutschen Literatur des Mittelalters. Hrsg. von Elizabeth Andersen/Manfred Eikelmann/Anne Simon unter Mitarbeit von Silvia Reuvekamp. Berlin/New York 2005 (TMP 7), S. 347–370.

Wenzel, Horst: Autorenbilder. Zur Ausdifferenzierung von Autorfunktionen in mittelalterlichen Miniaturen. In: Autor und Autorschaft im Mittelalter. Kolloquium Meißen 1995. Hrsg. von Elisabeth Andersen u.a. Tübingen 1998, S. 1–28.

Wenzel, Horst: Die Stimme und die Schrift. Autoritätskonstitution im Medienwechsel von der Mündlichkeit zur Schriftlichkeit. In: The Construction of Textual Authority in German Literature of the Medieval and Early Modern Periods. Ed. by James F. Poag/Claire Baldwin. Chapel Hill/London 2001 (University of North Caroline Studies in the Germanic Languages and Literature 123), S. 49–74.

Wenzel, Horst: Der unfeste Held: wechselnde und mehrfache Identitäten. In: Unverwechselbarkeit. Persönliche Identität und Identifikation in der vormodernen Gesellschaft. Hrsg. von Peter von Moos. Köln u.a. 2004 (Norm und Struktur: Studien zum sozialen Wandel in Mittelalter und Früher Neuzeit 23), S. 163–183.

White, Hayden V.: Metahistory. The Historical Imagination in Nineteenth-Century Europe. Baltimore, Md. u.a. 1973.

Williams, Jennifer: *Etzel der rîche*. Bern u.a. 1981 (Europäische Hochschulschriften 1/364).
Wolf, Alois: Mythos und Geschichte in der Nibelungensage und im ‚Nibelungenlied'. In: Nibelungenlied. Ausstellungskatalog des Vorarlberger Landesmuseums 86. Bregenz 1979, S. 41–54.
Wolf, Alois: Die Verschriftlichung der Nibelungensage und die französisch-deutschen Literaturbeziehungen im Mittelalter. In: Montfort. Vierteljahresschrift für Geschichte und Gegenwart Vorarlbergs 32 (1980), S. 227–245.
Wolf, Alois: ‚Nibelungenlied' – chanson de geste – höfischer Roman. Zur Problematik der Verschriftlichung der deutschen Nibelungensagen. In: Nibelungenlied und Klage. Sage und Geschichte, Struktur und Gattung. Passauer Nibelungenliedgespräche 1985. Hrsg. von Fritz Peter Knapp. Heidelberg 1987 (Germanische Bibliothek), S. 171–201.
Wolf, Alois: Heldensage und Epos. Zur Konstituierung einer mittelalterlichen volkssprachlichen Gattung im Spannungsfeld von Schriftlichkeit und Mündlichkeit. Tübingen 1995 (ScriptOralia 68).
Wolf, Alois: *Ein mære will ich niuwen, daz saget von grôzen triuwen*. Vom höfischen Roman Chrétiens zum Meditationsgeflecht der Dichtung Wolframs [1985]. In: Ders.: Erzählkunst des Mittelalters. Komparatistische Arbeiten zur französischen und deutschen Literatur. Hrsg. von Martina Backes/Francis G. Gentry/Eckart Conrad Lutz. Tübingen 1999, S. 271–337.
Wolf, Alois: Literarische Verflechtungen und literarische Ansprüche des ‚Nibelungenliedes'. In: Die Nibelungen. Sage – Epos – Mythos. Hrsg. von Joachim Heinzle/Klaus Klein/Ute Obhof. Wiesbaden 2003, S. 135–159.
Wolf, Jürgen: Buch und Text. Literatur- und kulturhistorische Untersuchungen zur volkssprachigen Schriftlichkeit im 12. und 13. Jahrhundert. Tübingen 2008 (Hermaea. Germanistische Forschungen. Neue Folge 115). [Wolf 2008a]
Wolf, Jürgen: Jürgen Breuer (Hg.), *Ze Lorse bi dem münster*. Das Nibelungenlied (Handschrift C). Literarische Innovation und politische Zeitgeschichte, München: Fink 2006, 275 S., mit Abb. In: PBB 130 (2008), S. 528–532. [Rezension] [Wolf 2008b]
Wolff, Ludwig/Schröder, Wilhelm: Heinrich von Veldeke. In: ²VL. Bd. 3. Berlin/New York 1981, Sp. 899–918.
Wood, Ian: Ethnicity and the Ethnogenesis of the Burgundians. In: Typen der Ethnogenese unter besonderer Berücksichtigung der Bayern. Berichte des Symposions der Kommission für Frühmittelalterforschung, 27.–30.10.1986, Stift Zwettl, Niederösterreich. Teilbd. 1. Hrsg. von Herwig Wolfram/Walter Pohl. Wien 1990 (Denkschriften. Österreichische Akademie der Wissenschaften, Philosophisch-Historische Klasse 201/Veröffentlichungen der Kommission für Frühmittelalterforschung 12), S. 53–69.
Wood, Ian: Misremembering the Burgundians. In: Die Suche nach den Ursprüngen. Von der Bedeutung des frühen Mittelalters. Hrsg. von Walter Pohl. Wien 2004 (Denkschriften. Österreichische Akademie der Wissenschaften, Philosophisch-Historische Klasse 322/Forschungen zur Geschichte des Mittelalters 8), S. 139–148.
Worstbrock, Franz Josef: *Dilatatio materiae*. Zur Poetik des ‚Erec' Hartmanns von Aue. In: Frühmittelalterliche Studien 19 (1985), S. 1–30.
Worstbrock, Franz Josef: Wiedererzählen und Übersetzen. In: Mittelalter und Frühe Neuzeit: Übergänge, Umbrüche und Neuansätze. Hrsg. von Walter Haug. Tübingen 1999 (Fortuna vitrea. Arbeiten zur literarischen Tradition zwischen dem 13. und 16. Jahrhundert 16), S. 128–142.

Wurster, Herbert W.: Das ‚Nibelungenlied' und das Bistum Passau unter Bischof Wolfger von Erla (1191–1204). In: ‚Nibelungenlied' und ‚Klage'. Ursprung – Funktion – Bedeutung. Symposion Kloster Andechs 1995 mit Nachträgen bis 1998. Hrsg. von Dietz-Rüdiger Moser/Marianne Sammer. München 1998 (Beibände zur Zeitschrift Literatur in Bayern 2), S. 265–360.

Zarncke, Friedrich: Zur Nibelungenfrage: Ein Vortrag gehalten in der Aula der Universität Leipzig am 28. Juli. Nebst zwei Anhängen und einer Tabelle. Leipzig 1854.

Ziegeler, Hans-Joachim: Wirnt von Grafenberg. In: ²VL. Bd. 10. Berlin/New York 1999, Sp. 1252–1267.

Zimmermann, Günther: Der Krieg, die Schuld und die ‚Klage'. In: Helden und Heldensage. Otto Gschwantler zum 60. Geburtstag. Hrsg. von Hermann Reichert. Wien 1990 (Philologica Germanica 11), S. 513–536.

Zipfel, Frank: Fiktion, Fiktivität, Fiktionalität. Analysen zur Fiktion in der Literatur und zum Fiktionsbegriff in der Literaturwissenschaft. Berlin 2001 (Allgemeine Literaturwissenschaft: Wuppertaler Schriften 2).

Zöller, Sonja: Von *zwîfel* und *guotem muot*: Gewissensentscheidungen im ‚Guten Gerhard'? In: ZdfA 130 (2001), S. 270–290.

Zumthor, Paul: Essai de poétique médiévale. Paris 1972 (Collection Poétique).

Zumthor, Paul: Die Stimme und die Poesie in der mittelalterlichen Gesellschaft. Aus dem Franz. von Klaus Thieme. München 1994 (Forschungen zur Geschichte der älteren deutschen Literatur 18).

Internetquellen [letzter Zugriff am 07.02.2018]

Nibelungenhandschrift A: http://www.handschriftencensus.de/1483
Nibelungenhandschrift a: http://www.handschriftencensus.de/3625
Nibelungenhandschrift B: http://www.handschriftencensus.de/1211
Nibelungenhandschrift C: http://www.handschriftencensus.de/1482
Nibelungenhandschrift m: http://www.handschriftencensus.de/2182
Nibelungenhandschrift n: http://www.handschriftencensus.de/3520
‚Nibelungenlied': http://www.handschriftencensus.de/werke/271

Abbildungsverzeichnis

Abbildung 1:
Handschrift A, Übergang vom ‚Lied' zur ‚Klage' (München, Bayerische Staatsbibliothek, Cgm 34, fol. 94): http://daten.digitale-sammlungen.de/bsb00035316/image_98 [letzter Zugriff am 07.02.2018].

Abbildung 2:
Handschrift B, Übergang vom ‚Lied' zur ‚Klage' (St. Gallen, Stiftsbibliothek, Cod. Sang. 857, fol. 179ra [S. 416]): http://www.e-codices.unifr.ch/de/csg/0857/416/ [letzter Zugriff am 07.02.2018].

Abbildung 3:
Handschrift C, Übergang vom ‚Lied' zur ‚Klage' (Karlsruhe, Badische Landesbibliothek, Cod. Donaueschingen 63, fol. 89^r).

Orts-, Personen-, Sach- und Werkregister

abbreviatio 201, 332 siehe auch *dilatatio materiae*, Poetik, Rhetorik
Abschied 19, 167, 169, 205, 276, 356f.
Abschnittsgliederung siehe Textgliederung
Absicht, Intention, Movens 5, 6, 9, 28, 36, 40–44, 52, 57, 63, 67, 77, 99–101, 103, 114, 125, 130f., 138, 142, 151, 154f., 156–158, 161f., 180, 182f., 194, 198f., 203, 205, 209f., 218, 220, 227, 242, 252f., 262, 276, 286–288, 297, 300, 303, 312, 314–316, 325, 329–331, 335f., 345, 365
Adel, Adelskultur 14, 57, 125, 207f., 213, 262, 269, 277, 295, 343, 347, 354–357, 367 siehe auch Genealogie, Höfischheit, Rang, Sippe
Adelind 101
Adressierung des Rezipienten 89, 203, 206f.
Aegidius Tschudi 51
Affekt 180f., 256, 301, 315, 338 siehe auch Emotion, *zorn*
Aggression, Aggressivität siehe Gewalt
Aktualisierung, Anpassung 6, 13f., 19, 69, 71, 73f., 80–82, 87, 90, 96, 128–131, 133, 142, 164, 171, 178, 189, 206, 213, 234, 295f., 302, 332, 334, 338, 344f., 347, 349, 352, 355, 358, 363, 366–368 siehe auch Modernisierung
akustische Markierung 92, 146, 148f., 206f., 237, 306 siehe auch Metrik, Performanz, Rezeption
Alberich, Zwerg 170f., 175
Albrecht 20
– ,Jüngerer Titurel' 20
Alter, altertümliche Aura, Ehrwürdigkeit, 14, 16, 45, 48, 50, 53, 62, 91, 112, 128, 163, 191, 332, 334f., 338–349
,Ältere Nôt' 15 siehe auch ,Grundtext'
Alternativstrophe 196f.
Alphart 282
,Alpharts Tod' 239, 282
,Amadis' 68

Ambivalenz 31, 105, 110, 114, 128f., 148, 158f., 191, 211, 240f., 259, 262, 276f., 281, 313, 314, 316f., 363
amplificatio 332 siehe auch Poetik, Rhetorik
Angst, *angest* 205f., 211, 276, 282, 284f., 320 siehe auch Emotion
Ankunft 169, 183, 186, 188f., 218, 243, 262, 282, 284, 309
,Annolied' 340f.
Anonymität 14, 34, 41f., 72, 87f., 95, 136, 155 siehe auch Autor, Erzähler
,Ansippung' 357–359 siehe auch Genealogie, Herkommen, Regionalität, Sippe
Antike 5, 13, 66, 68–71, 73, 79, 84f., 133, 143, 164, 172, 178, 234, 255, siehe auch Rhetorik
Antikenroman 338
Apologie 310, 316
Apostasie siehe *vernôgieren*
Aquileia, Patriarchat 21, 365
Archaik, ,Archaisierung' 27, 48, 53, 256, 346f.
Archetypus 27, 29f., 43 siehe auch Edition, Stammbaum, Textkritik
Argumentation, Argumentationsstruktur 1, 4f., 9, 28, 31, 112, 115–117, 124, 234, 236, 245f., 248, 253, 303–305, 307, 311, 314, 317, 328f., 336, 364 siehe auch Textstruktur
Aristoteles 79, 358f.
– ,Poetik' 79
artifex, Wiedererzähler 38, 82, 84–91, 95f., 98, 136, 157, 352, 367 siehe auch Erzähler, Weitererzähler
artificium 79f., 82f., 88, 136, 157, 164, 256, 295, 302, 315, 332, 337, 349, 367f. siehe auch *discours*
Artus 20, 355
Artusepik 20, 88f., 189
Assimilation 338 siehe auch Sage
Ästhetik 17f., 45, 47, 66, 68, 128, 135, 158, 186f., 221, 335f., 338, 352

‚Atlakviða' 285
Attila 12, 214, 247, 272, 339, 350 siehe auch Etzel
auctor 84f. siehe auch Autor
auctoritas, Autorität 67, 72f., 74, 76, 78, 84f., 87f., 92f., 95, 112, 134, 177, 334f., 337, 356
Auftraggeber, Gönner, Mäzen 20f., 34f., 40, 44, 46, 53, 63, 76, 90, 94–96, 127, 136f., 357–359, 365
Augenzeuge, Augenzeugenschaft 18, 90, 95f., 113, 125, 340, 348, 353, 358 siehe auch *evidentia*
Augustinus 180
–, ‚De vera religione' 180
Authentizität 17, 65, 69, 72, 75f., 112, 125f., 186, 294, 348, 350–353, 356, 361, 365, 367
Autor, Autorschaft, Dichter, Urheber, Verfasser 1, 3–8, 17–19, 21f., 24, 28f., 33–36, 38, 40, 43f., 50, 61, 65–67, 69f., 71–73, 75f., 79–81, 83–93, 95–97, 101, 114, 116, 133f., 136f., 155, 179f., 182, 184–186, 189, 208, 234, 246, 255f., 270f., 315, 318, 326f., 329, 340f., 348, 352f., 356, 360f., 366, 368
Autorität siehe *auctoritas*
avaritia siehe Gier
Aventiure 11f., 18f., 21, 32, 39, 56, 122, 124, 141, 143–152, 165f., 172–174, 189, 199, 209, 215, 217–219, 246, 256f., 260, 262f., 334, 347
Aventiureeinteilung 50, 53, 58f., 117, 119, 121f., 124, 134, 141, 152, 163, 165f., 192–195, 202f., 217–236, 246, 285, 298, 309, 336 siehe auch Erzählabschnitt, Performanz, Schlussmarkierung, Textstruktur, Vortragseinheit
Aventiureinitiale 58f., 120, 142, 145f., 220f., 223, 226–230
Aventiureüberschrift 19, 32, 52, 56, 120, 122, 219, 221, 224–227, 239–242, 253, 309, 347
Azagouc 23

Bahrprobe 170f. siehe auch Wunder
Balmung, Schwert 167, 281

Bayern 22, 48, 54f., 213, 239, 247
Bearbeiter 3f., 6–8, 22, 29f., 34–36, 38–40, 44, 46, 51, 63, 66, 69, 71f., 75, 83, 86, 88, 90, 93, 97f., 101, 103–105, 107, 110, 122, 136–138, 142, 157–162, 164–169, 184, 191f., 194–197, 199, 201f., 216–219, 223–225, 228, 232f., 239, 241, 251, 260, 273, 276, 282, 285, 291, 295, 297, 312, 314–316, 322, 329–332, 334f., 337, 341, 348f., 359–361, 363, 366f.
Bearbeitung 8f., 28, 31–33, 36, 38, 41–44, 46, 63, 66f., 70f., 79, 81–83, 85–87, 95f., 98, 104, 110, 135–139, 155, 157–159, 166f., 170, 190, 194, 202f., 251, 263, 301, 315, 334, 337, 363, 368
Bechelaren 18, 107, 169, 198, 235, 243f.
Bedrohung, Gefahr 172, 176, 189f., 240, 263, 275f., 284, 316, 320, 322 siehe auch *gewalt*, Konflikt
Beglaubigung 22, 76, 78, 348, 350, 361 siehe auch *evidentia*, Legitimation
Begräbnis, Grabmal, Umbettung 35, 115, 154, 213, 232, 236, 243, 271, 297, 350, 355, 359f. siehe auch Christ, Sarg, Tod
Begründungen, Erklärungen 68, 72, 92, 109, 115f., 138, 167, 176f., 178, 182, 184, 206–209, 240f., 243, 261, 263f., 271f., 274, 277, 283, 288, 290, 294, 302–304, 309, 317–319, 322f., 325–330, 336, 342, 360 siehe auch Kausalität, Kohärenz
‚Beowulf' 177f.
Beschreibung, *descriptio* 18, 56, 81, 100, 107, 113, 163, 173f., 176, 184, 194–197, 206, 208f., 213, 225f., 242, 260, 264, 274, 284, 299, 309, 350, 359f. siehe auch Poetik, Rhetorik
Beschuldigung, Belastung 114, 167f., 196, 243, 263, 268, 274, 276, 279, 281, 285, 287, 290f., 294, 301f., 304, 309f., 318f., 323f. siehe auch Schuld
Besitz, *milte* 19, 165, 171f., 190, 196, 199f., 250, 259, 274, 283, 294, 351, 354, 357
Betrug, Täuschung, Verrat 11f., 175, 184, 199, 211f., 257, 259, 263, 275, 277,

281, 286, 298, 320f., 324 siehe auch Einladung, List, Mord
Bettszene, Brautgemach 175, 190, 204, 209, 211, 216, 242, 263 siehe auch Kampf
Bibel 53, 85, 308
Bildung, Erziehung, Lesefähigkeit, Schreibfähigkeit, 6, 22, 66, 68f., 71f., 83, 136, 231, 260, 366 siehe auch Geistlichkeit, Latein, *litteratus*, *septem artes liberales*
Binnenreim siehe Reim
Biographisierung 136f., 256, 260
Bischofssitz 20, 33f., 36 siehe auch Passau
‚Biterolf und Dietleib' 100–102, 239, 261, 355
Blatt, Seite 12, 40, 46–48, 50f., 54f., 83, 85, 94, 117–119, 192, 217, 233, 335 siehe auch Seitengestaltung
Bligger von Steinach 22
Boccaccio, Giovanni 84
– ‚De claris mulieribus' 84
Bloedelin 16, 222, 241, 272, 279, 290f., 294, 309f., 318, 325
Bonaventura 134
Boot, Schiff 165, 196, 206, 208, 214
Bote 18, 20, 95, 153f., 169f., 197, 200, 217, 221, 225, 231, 242f., 249, 359 siehe auch Swämmel, Wärbel
Brüche 125f., 185f., 188
Brünhild 17, 56, 115, 164–167, 169f., 173, 175, 177, 181f., 186f., 189–192, 197, 199f., 203–206, 208–211, 216, 223–225, 232, 240, 246, 258–260f., 262–265, 274–276, 282, 284, 304, 311, 313, 319, 321, 323, 325, 356, 359
Buch 15, 20f., 51, 68, 73, 75f., 91f., 95, 107, 112, 117, 119, 122, 133f., 136, 178, 186, 261, 336, 357, 365 siehe auch ‚Quelle', Wahrheit
Buchepik, buchliterarisch 17, 25, 51, 54, 61, 69, 74, 77, 104, 111–113, 115, 122, 187, 202, 333–337, 365
Buchschmuck 50, 53

Buchstabe 47, 54, 92, 118f., 121f., 124, 133, 136, 143, 150, 154, 221, 336, 356 siehe auch graphische Codierung
Burgonden, Burgunder 12, 17–19, 21f., 91f., 101, 107, 114f., 122, 126f., 143f., 149, 153, 165, 168, 175f., 183, 189, 195, 198f., 204–206, 208–210, 212–216, 218, 221, 223, 225f., 231, 237, 239–242, 244f., 249–252, 258, 260f., 264, 266, 268f., 272f., 276–281, 285, 287–290, 293f., 297, 299f., 302–304, 308–311, 319–326, 336, 339, 341, 350, 355, 357, 359, 364
Burgondenkönige 122, 196, 199, 210–212, 232, 239, 247, 258, 260, 277f., 283, 302, 308, 310, 312f., 317, 319, 321, 323, 357

Cassiodor 14
– ‚Historia Gothorum' 14
chanson de geste 93, 335
Chrétien de Troyes 29f., 80, 250
– ‚Erec et Enide' 80, 250
– ‚Perceval' 29f.
Christ, Christlichkeit 21f., 85, 101, 104, 111, 114f., 154, 163, 171, 182, 213–216, 229, 236, 244, 248, 250f., 269–274, 277f., 280, 298f., 307f., 313, 318f., 321f., 324, 326–330, 332, 336, 365
Chronik, Chronistik 6, 12, 22, 24, 34, 72f., 77, 80, 90f., 103, 112, 329, 339–341, 343, 347, 355
Chronologie, Datierung, zeitliche Einordnung 12, 14, 21, 23f., 28, 30, 33f., 37, 43, 49, 52, 54–56, 61f., 74, 80, 89, 95, 99, 103–105, 110, 117, 136, 172f., 202, 227, 248, 290, 316, 339–341, 344, 362
Cicero, M. Tullius 6, 178
– ‚De inventione' 178
– ‚De oratione' 6

Dänemark 238
Dankrat 247
Dankwart 144, 181, 190, 212, 226f., 239, 278, 291, 310
Depotenzierung 177, 190

descriptio siehe Beschreibung
desperatio 272f., 313 siehe auch Laster, Sünde
Deutungsmuster, Deutungsleistung, Deutungsrahmen 5, 21f., 114f., 137, 157, 167, 216, 270f., 273, 313, 319, 322, 326–329
Dichter siehe Autor
Dienst 57, 102, 108, 138, 176, 200, 212, 220, 274, 309, 321 siehe auch Stratordienst, Vasall
Diepold von Passau 357
Dietlind 101, 244
Dietmar 238
Dietrich von Bern 12, 16, 95, 101f., 109, 116, 136, 153, 168f., 181, 185, 198, 209, 215f., 226, 230–232, 238f., 243, 249, 251, 256–258, 260f., 265–268, 272, 280, 289, 298f., 301, 309f., 313, 316, 327f., 339f., 342, 350, 355 siehe auch Theoderich, Thidrek
Dietrichepik 12, 71, 101, 130, 134, 171, 185, 227, 256f., 260f., 339, 342f., 365 siehe auch Heldendichtung, Sage
‚Dietrichs Flucht' 20, 100, 130, 141, 227, 239, 257
‚Dietrich und Wenezlan' 100
Dignität 177, 348 siehe auch Alter
digressio 188 siehe auch Poetik, Rhetorik
dilatatio materiae 66, 210 siehe auch Poetik, Rhetorik, Wiedererzählen
discours 79, 86, 255 siehe auch *artificium*
Disjunktion von Stoff und Form 80–82, 97, 368
Distanz, Distanzierung 15, 53, 74, 78, 127, 129f., 142, 172, 178, 261, 266f., 334, 340, 343f., 348f., 351
Dom zu Passau 356, 358
Donautal 359, 361
Drache 16, 170, 172–174, 342, 362
Dramatisierung 17, 131, 181, 330
Drastik 167f., 191, 201, 209f., 216, 220f., 223, 227, 262, 269, 273, 300
Dynastie 223, 350, 355f., siehe auch Adel, Genealogie, Sippe

‚Eckenlied' 239

Eckewart 220
‚Edda' 17
Edition 1, 8, 30, 43, 45f., 60, 139, 141, 143, 220 siehe auch Textkritik
Ehre, *êre*, Reputation 102, 150, 164, 168, 182, 204, 299 siehe auch Ruhm
Eilhart von Oberg 20
– ‚Tristrant' 20
Einladung (, verräterische) 11, 23, 56, 154, 183, 242, 263, 268, 301, 303f., 313
Else 293
Emotion, Emotionalisierung 181, 184, 203, 212, 301, 313, 367 siehe auch Affekt, Angst, Jammer, Klage, Leid, Trauer, Weinen
Engel 115, 271
Enite 80, 295
Entlastung, Entschuldigung 31, 114, 163, 173, 246, 263, 268, 280f., 291, 298, 301, 303f., 307, 311–313, 317–319, 325f., 328 siehe auch Positivierung
Epilog 34, 69, 76, 92, 111, 207, 234, 236, 247f., 358f.
Epos, Epik 4, 11f., 14, 17f., 20, 23, 27, 34, 39, 43f., 49, 60f., 68–72, 77, 83, 88f., 99, 101, 111, 114f., 118, 130, 132–134, 149f., 165, 169, 171f., 177, 179, 185, 210, 212, 220, 248, 256f., 260f., 275, 281, 285f., 295, 328, 334f., 337f., 339, 342–344, 346, 355f., 365
Ereigniskern 13f., 74, 128, 338f. siehe auch Geschichte, Historizität, Sage
Erinnerung 5, 12f., 16, 22, 37, 40, 82f., 110, 113, 125, 127, 129f., 158, 203, 279, 305, 338, 341f., 345, 352–355, 359, 364f. siehe auch *memoria*
Erwartung, Erwartungshaltung 13, 15f., 22, 72, 94f., 116, 127–131, 136, 150–152, 158, 173, 185–188, 209, 221, 223, 227, 232, 284, 314f., 331, 334, 336, 352, 366–368
Erzählabschnitt 44, 58, 117f., 122, 124, 141, 197, 217–219, 223f., 227, 233 siehe auch Aventiureeinteilung, Schlussmarkierung, Textgliederung
Erzählduktus 75, 103, 113, 118f., 128, 345

Erzähleinsatz 107, 142, 165f., 220f., 223f., 227 siehe auch Aventiureeinteilung
Erzähler, Erzählerrolle, Sprecher 7, 12–15, 18, 65, 72, 75f., 78, 81f., 85–91, 95–97, 101, 106, 112, 115, 125f., 135, 156, 165, 171–174, 176–178, 184, 188, 199, 201, 203, 206–209, 215f., 232, 235, 240, 247, 251, 255–260, 263f., 266f., 270, 273f., 277f., 280, 283, 285–287, 291–294, 297–300, 304–311, 316f., 319f., 323, 326, 328, 352f., 368 siehe auch *artifex*, Sänger, Weitererzähler
Erzählerrede 110, 115, 136, 146f., 156, 179f., 199, 208, 218, 221, 225, 240, 243, 255–259, 260f., 264–266, 275, 279, 283, 298, 301–303, 309f., 317, 323, 325f., 358
Erzählerreflexion, Exkurs 9, 41, 43f., 69, 77, 88, 98, 100, 129, 131, 137f., 162f., 178, 194, 253, 291, 305f., 325f., 334f., 348, 365 siehe auch Epilog, Prolog
Erzählerkommentar 115, 216, 235, 240, 246, 259, 270, 273, 277f., 304, 315–318, 330f., 335, 362f.
Erzählkomplex, Erzähleinheit 4, 9, 38, 99–103, 116f., 126, 131f., 364
Erzählstrategie 2, 5f., 8, 15–17, 63, 76, 90, 98, 111, 142, 157, 159, 161, 165, 167, 177f., 184f., 192, 195f., 199–203, 209, 217, 229, 234, 246, 248, 251, 253, 288, 296, 301, 305, 315, 317, 322, 328f., 331, 336–338, 342, 350f., 358, 367 siehe auch Retextualisierung
Eskalation der Gewalt 183, 201, 205, 210, 242, 263, 265, 278, 288, 290, 298, 301, 311–313, 319, 321, 326 siehe auch Gewalt, Untergang
Etzel 12, 18, 76, 94f., 101f., 106, 108, 115, 154f., 163, 169, 182f., 196f., 205, 208–210, 212–216, 218f., 221, 226, 230–232, 236f., 242, 245, 247–251, 258f., 267–273, 276–279, 284f., 287–290, 293f., 299, 303f., 307–309, 311–313, 316f., 323, 325–328, 335f., 339f., 350, 352, 357, 359f.
Etzelburg 18, 23, 107, 183, 209f., 235, 247, 251, 257, 265, 281, 309f., 326

evidentia, Augenschein 18, 180, 184, 187, 235, 294, 301, 316f., 328, 348, 367 siehe auch Rhetorik

Fabliau 70
Fehler 29, 37, 48, 59f., 93f., 134, 138, 154, 158, 165f., 187, 194, 201, 208, 226, 228, 231, 236, 238f., 260, 266, 335
Fest, Festlichkeit 18, 154, 196, 210f., 218, 268, 297, 367
Festmahl 163, 213, 269, 299f.
Figur, Figurengestaltung, Figurenkonzeption 2, 7, 12, 18, 156, 181, 207f., 211, 227, 240, 246, 249, 253, 255–259, 280, 299, 313f., 316f., 319, 326, 329, 335f., 348, 363
Figurenrede (*adlocutio*) 76, 108f., 112, 115, 147, 175f., 178f., 197, 211f., 214, 222, 225f., 234f., 240, 244, 255, 258, 261, 265, 268, 270, 275, 277–279, 283, 285–287, 289f., 292f., 303f., 308, 311, 315, 317, 321, 323, 325f., 328, 330, 358
Fiktion, Fiktionalität 67f., 77, 96, 340, 342f., 350–352
Fiktivität 72, 77, 256, 343, 346, 350–352
Format von Handschriften 48, 52
Formel, Formelgebrauch, Formelhaftigkeit 16–18, 20, 41f., 101, 118f., 171, 223, 248, 335, 346, 358f., 360
Frankreich 19, 238, 347
Französisch 3, 19, 34, 70, 73, 76, 79, 84, 87, 93, 96, 250, 347, 355, 365
Frauenbild 295, 304, 323
Freude 91, 141, 209, 211, 218, 265, 268 siehe auch Emotion
Friede, Friedfertigkeit 163, 182f., 201, 209, 266, 268f., 285, 289, 300
Friedrich Barbarossa 352
Friedrich von Hausen 23
Friedrich von Sonnenburg 47, 51
– Sangspruchstrophen 47, 51
Frutolf von Michelsberg 339f.
– ‚Chronikon universale' 350
Funktion, Funktionalisierung 4, 8f., 13f., 18, 21, 37, 45, 57f., 65, 75, 77, 86, 95–97, 103f., 106, 111, 114, 116, 124, 126–

131, 136, 157f., 162–164, 166, 172f.,
175, 177, 179, 181f., 184, 189, 203,
206, 208, 220, 233, 253, 255–257,
269, 300, 331, 333, 337f., 342–346,
348, 350, 353f., 356, 361, 365
Fürbitte 271 siehe auch Christ, Glaube
Fürstenspiegel 271

Galfrid von Vinsauf 68
– ‚Documentum de modo et arte dictandi et versificandi‘ 68
– ‚Poetria nova‘ 68
Gast, Gastfreundschaft, Gastrecht 163, 169f., 212f., 245, 368f., 272, 279, 288, 311, 320 siehe auch Fest, Festmahl
Gebrauchssituation 37, 40, 75, 128, 135f., 346
Gedankenbericht siehe Psychonarration
Gedankenrede, Soliloquium (*locutio in mente, oratio mentalis*) 179–184, 205, 215, 282, 297, 300f. siehe auch Innensicht
Geistlichkeit 20f., 51–53, 77, 100, 136, 215, 328, 356f. siehe auch Kaplan, Kleriker
Gelpfrat, *Gelpfrât* 239, 293
Genealogie 209f., 222f., 239, 343, 354–356, 359
Gere 166
Gerichtsrede 5, 69f., 234 siehe auch Rhetorik
Germanen 13f., 111, 116, 189
Gernot 168, 176, 182, 189–191, 208, 210, 212, 218, 239, 243, 268, 273f., 276, 278, 289, 292, 296 siehe auch Burgondenkönige
Geschichte, *geschiht*, Geschichtsverständnis 3, 5, 14, 76, 114f., 128, 338–341, 343–345, 347f., 354, 358 siehe auch Heilsgeschichte, Historizität
Geschichtlichkeit 113, 127, 337f., 341–343, 345, 361
Geschichtsdichtung 6, 77, 111–113, 131, 368
Geschichtsschreiber, Historiker, Geschichtsschreibung, Historiographie 51, 55–57, 75, 77, 90, 103, 113, 126,

131f., 235, 259f., 340f., 343, 354f., 358 siehe auch Chronik
Geschlecht siehe Sippe
Gestus 77, 85f., 100, 103f., 143, 229, 249f.
Gewalt, *gewalt*, Aggression 132. 158f., 163, 171, 176, 183, 189, 199–201, 205, 207, 210f., 218, 241f., 257, 269, 273f., 283, 287f., 290, 297, 301f., 313, 319, 321, 324, 329, 367 siehe auch Eskalation, Held, Kampf, Kraft, Untergang
Gewissen 273f.
Gier, *avaritia* 204, 274, 280f., 283, 297, 313f., 324f. siehe auch Laster
Giselher 106, 144, 168, 176, 182, 199, 208, 210, 212, 218, 226, 249, 264, 267f., 273f., 276, 278f., 289, 292, 296, 305, 326 siehe auch Burgondenkönige
Glättung 111, 148, 158–161, 188, 190–192, 198–202, 223, 228f., 237f., 247, 250, 252f., 331 siehe auch Metrik
Glaube, Gläubigkeit 212, 214–216, 218, 269f., 272, 327, 357f.
Glaubwürdigkeit 18, 72, 77, 90, 179, 184, 235, 255, 348
Gnade 114f., 272, 306f., 327 siehe auch Gott, Heilsgeschichte
Goldrun/*Winelint* 101, 238
Gönner siehe Auftraggeber
Gott, *got, apgot* 85, 114f., 132, 145, 150, 153, 168, 213–216, 270, 272, 278–280, 289, 291–293, 298, 305–308, 319, 323, 325–327, 329 siehe auch Christ, Glaube
Gotelind 101, 244
Goten 14
Gottfried von Straßburg 39, 69, 77
– ‚Tristan‘ 39, 77, 233
Gottfried von Viterbo 133
Gradual 53
Gradualität 8, 28f., 42, 61, 74, 85, 88, 97, 129, 155, 295f., 337, 341–343, 345, 351, 368
Graphie 140, 149, 332 siehe auch Schreiben
graphische Markierung/Codierung

– Initiale 22, 47, 50, 52f., 55, 58f.,
117–124, 137, 142f., 145f., 154, 219–
223, 225–229, 232f. siehe auch Aventiure-initiale
– Lombarde 50, 58, 120f., 123, 233
– Majuskel 50, 52f., 120–122, 137, 233
– Minuskel 120
– Rubrizierung 50, 53, 55, 118–122, 124, 142, 145, 229
– Tinte 47, 55, 118–120, 229
siehe auch Seitengestaltung, Textgliederung, Aventiureüberschrift
Grimhild 310 siehe auch Kriemhild
‚Grundtext', ‚Passauer Lied' 15, 17, 22–25, 28, 30, 33–40, 42f., 81f., 86–88, 97, 105, 110, 136, 155, 157–159, 162, 177, 188, 202, 223, 315, 330, 333, 337, 349, 361f., 366f.
Gudrun 295
Gunther 23, 56f., 76, 101, 163f., 166–169, 171f., 175, 181–184, 189–192, 197–200, 203–205, 208f., 211–213, 215–218, 222–225, 243–245, 260, 262f., 267f., 275f., 278–280, 282, 285, 287f., 293–297, 300–302, 308, 311, 313f., 317, 320f., 324f., 355, 358 siehe auch Burgondenkönige
Gunther, Sohn Siegfrieds und Kriemhilds 213, 355f.
Gunther von Bamberg, Bischof 21
Gyburg 295

Hagen 16, 28, 101, 105, 108f., 114, 158, 163, 166–168, 171–173, 181, 183, 186, 188–191, 196, 198–201, 206, 208–212, 214–217, 222, 224, 226f., 232, 237–246, 250, 257–263, 267, 269, 273, 275–305, 307–315, 317–325, 330, 335f., 360
Hartmann von Aue 1f., 23, 39, 69, 73, 79f., 88f., 181, 219, 249f., 295, 346f.
– ‚Der arme Heinrich' 89
– ‚Erec' 1, 80, 181, 206, 219, 250, 295, 346
– ‚Gregorius' 69
– ‚Iwein' 2, 219, 347
– ‚Klagebüchlein' 69

Hass, *haz* 160, 241, 261, 279, 288, 290, 294, 306, 311, 323 siehe auch Emotion, Neid
Hawart 102, 238
Heide, Heidentum, Heidenmission 101, 108, 115, 154, 163, 212–215, 229, 236, 251, 269–271, 273, 299, 324 siehe auch Christ, *vernôgieren*
Heiligenleben 53
Heilsgeschichte 22, 115, 216, 273, 325f., 340, 354
Heimlichkeit, *tougenlîch* 175, 183, 241f., 287, 302, 322f., 241f. siehe auch Betrug, List
Heinrich der Löwe 34, 352
Heinrich Steinhöwel 84
Heinrich von Melk 324
– ‚Von des todes gehügede' 324
Heinrich von München 12, 34
– ‚Weltchronik' 12, 34
Heinrich von Veldeke 20, 23, 39, 69, 89, 182, 214, 272, 346
– ‚Eneasroman' 20, 39, 89, 182, 346
– ‚Servatius' 214, 272
Heirat 163, 169, 182f., 197, 213, 215, 222f., 269f., 275, 286, 325 siehe auch Werbung
Helche 101f., 245, 316
‚Heldenbuch' 1, 25, 46, 70, 239
Heldendichtung, Heldenepos, Heldenepik, Heldenlied 3f., 6, 12, 17, 19f., 34, 42, 44, 49, 71, 73, 78–81, 88, 100, 102f., 111f., 114, 127–132, 149, 192, 256f., 265, 327, 334, 337f., 340–345, 351, 354f., 365, 368 siehe auch Dietrichepik, Sage
Heldenwelt 338, 346, 351
Helfrich 212, 239
Held, *held*, Heldentum, Heros, Heroentum 16, 72, 83, 102, 114, 144, 147, 164, 166, 170–172, 185, 189, 195, 199, 203, 207, 209, 211, 217, 238, 240f., 244, 256f., 259–261, 267, 271, 277–280, 282–285, 289f., 322, 346f., 354f., 357
Herkommen 353–361, 367 siehe auch ‚Ansippung', Genealogie, Sippe
Herlind 101

Hermann von Polen 102
Heroik 13, 18, 68f., 104, 150, 173, 175, 188f., 207f., 214, 216, 257, 264, 268, 283f., 286f., 321f., 351
Herrat 227, 245
Herrschaft 18, 21, 176, 200, 211, 261f., 277, 343 siehe auch Macht
Herz, *herze* 180, 182, 204, 242, 263f., 295–297, 306f., 360
Herzeloide 295
‚Herzog Ernst' 20f., 77, 92, 271
Hildebrand 102, 106, 109, 138, 153, 176, 198, 239, 252, 258, 261, 267f., 272, 277–279, 289f., 293f., 298, 301, 309f., 313, 323, 325f., 340
Hildeburg 101
Himmel, *himel* 115, 168, 216, 292, 305f., 317
histoire 79, 315 siehe auch *materia*
historia, Historie 14, 68, 113, 339, 351, 358 siehe auch Geschichte
historiae antiquae 70
historiae novellae 70
Historiographie siehe Geschichtsschreibung
Historisierung, Rehistorisierung, Historisierbarkeit 5, 55f., 66, 74, 130, 177f., 256, 340, 342, 344, 349f., 352
Historizität, historisch 4f., 7, 12–14, 16, 56, 67, 74f., 78, 87f., 112, 125–132, 135, 142, 178, 269, 338f., 341–345, 348, 350–353, 355–358, 361, 365, 367f.
Hof 18f., 22, 33f., 51, 56, 144, 196f., 200, 275, 350, 367
Höfische Epik 19, 39, 42, 70f., 83, 134, 150, 169, 179, 181, 347
Höfischer Roman 3, 6, 18f., 22, 34, 41, 69f., 73, 77, 79f., 86–88, 95–97, 100, 112, 134, 170, 178f., 181, 184, 187, 240, 249f., 256, 260, 315f., 328, 332, 334, 343f., 346f., 365, 367f.
Höfischheit, ‚Höfisierung' 18f., 22, 27, 43f., 57, 100f., 131, 139, 148–150, 163, 169–173, 175–177, 188f., 208–213, 259f., 262, 264, 266, 269f., 272–274, 287, 295f., 312f., 320, 329f., 366f.

Hölle 305f.
Hören siehe akustische Markierung, Performanz
Hornhaut 16, 170, 174 siehe auch Wunder
Hort 16, 108f., 170, 172f., 175–177, 183, 186, 206–208, 210–212, 218, 240, 252, 261f., 273f., 276, 278, 280, 283, 285f., 290, 294, 297, 305, 310, 313f., 322f. siehe auch Wunder
hulde 182, 279, 306, 309, 324
Hunnen, *huinen* 23, 95, 101, 115, 198f., 205, 210, 212, 215, 221, 237, 241f., 244f., 251, 257, 266, 269, 271, 280, 284f., 287, 291f., 297–300, 305, 309, 311f., 322f., 341
Hugo von Trimberg 11f.
–‚Renner' 11f.
Hybridität 6, 14, 60, 128, 257

Identität, Identitätsstiftung, Identifikation 69, 182, 261, 281, 311, 338–340, 346, 353–355, 361
Illitteratus siehe *litteratus*
Inn, *In* 20
Individualität, Subjektivität 95, 181, 255, 258, 312
Initiale siehe graphische Markierung
Innensicht, Introspektion 18, 36, 178–181, 183f., 204, 253, 258, 264, 315, 320, 328f., 349, 367 siehe auch Gedankenrede, Inneres, Psychonarration
Inneres, Innenwelt 179–182, 184f., 205, 235, 242, 256, 258, 263, 275f., 284, 286, 303, 312f., 328, 367
Integration, Synchronisierung 16, 74, 223, 338, 344 siehe auch Sage
Intention, Intentionalität, Gestaltungswille 5, 9, 13, 28, 36, 40–44, 57, 63, 77, 99–101, 103, 125, 130f., 135, 138, 142, 151, 153–157, 161f., 180, 194, 198f., 218, 220, 227, 233, 252, 262, 312, 316, 329f., 335f., 345, 364
Interessen, literarische 13, 21, 46, 51, 69, 90, 125, 134–136, 181, 258, 332f., 343, 363, 367
Intertextualität, literarische Anspielung 24, 110, 166, 256, 261, 339

Iring, *Irinch* 102, 181, 217, 226, 238, 242f.
Irnfrid 102, 238
Isenstein, *Ysenstein*, 18, 163, 186, 190f., 200, 224
Isidor von Sevilla 85
Island 217, 224f., 262, 282
Isolierung Hagens, fehlgeschlagene 108f., 212, 246, 297f., 303, 307, 314, 322, 325

Jagd 18f., 166, 199, 208, 275, 319
Jammer, *jâmer* 138, 237, 264f., 271, 295, 300, 304, 306f., 321 siehe auch Angst, Emotion, Klage, Leid, Trauer, Weinen
Johansdorf 23
Jordanes 14
– ,De origine actibusque Getarum' 14

,Kaiserchronik' 77, 339f.
Kampf 16, 18f., 56, 155, 163, 168, 170, 172f., 175, 183, 196–199, 204–206, 208–211, 226, 237, 239, 246, 250f., 256f., 263, 265f., 269, 274, 279, 285, 287, 291, 299f., 307, 309f., 321–323, 341f., 362 siehe auch Kraft
Kämpfer 149, 164, 168, 172, 204, 211f., 279, 284, 287–289, 336, 346, 367 siehe auch Held
Kaplan, *kappelân* 212, 215, 217, 276, 284f. siehe auch Christ, Glaube
Kausalität, Handlungslogik 6, 70, 94, 108, 171, 184–189, 191, 200f., 203–205, 207–209, 218, 224–226, 228, 245, 257, 265, 275, 287, 290, 294, 299, 315, 322f., 329, 331, 335f. siehe auch Kohärenz
Klage 31f., 76, 102, 106f., 111, 113–115, 122, 130, 137f., 141, 154, 166, 196, 198, 204, 209, 213, 226, 229–232, 234–236, 243f., 246, 249f., 264, 266–268, 271–273, 275, 279, 282f., 285–287, 289, 291, 293, 299, 310, 313, 320, 350 siehe auch Angst, Emotion, Jammer, Leid, Trauer, Weinen
Kleidung 18, 167f., 171f., 213

Kleriker, *clericus* 20f., 24, 53, 68, 72, 77, 94f., 114, 125, 213, 270, 277 siehe auch geistlich
Kloster, *klôster* 20f., 210, 217, 252, 273, 314, 359f. siehe auch Lôrs
Kohärenz, Kohärenzbildung 14f., 19, 63, 69, 116, 129, 158, 185–192, 203, 220–222, 252, 255f., 275, 331 siehe auch Kausalität
Kommunikation 4, 13, 15, 37, 43f., 65, 69, 75, 125, 142, 179, 206f., 333–335, 342–344, 348 siehe auch Adressierung, Rezipient
Kompilator, *compilator*, Kompilation 12, 66, 73, 80, 85 siehe auch Autor, Erzähler, Chronik
Komposition, Kompositionsverfahren 19, 69, 88, 136, 187
Konflikt, Konfliktpotenzial 102, 163, 170f., 177, 181, 189–191, 199–201, 204, 288, 300, 314, 338 siehe auch Bedrohung
Königinnenstreit 191
,Koninc Ermenrîkes Dôt' 239
Konkretisierung 217, 231, 239–242, 245, 253, 287, 303
meister Kuonrât 20, 76, 95
Pfaffe Konrad, *phaffe Chunrat* 20, 76, 95
– ,Rolandslied' 72, 76, 101, 324
Konrad von Fußesbrunnen 47
– ,Kindheit Jesu' 47
Konrad von Heimesfurt 47, 51
– ,Unser vrouwen hinvart' 47, 51
Konrad von Würzburg 34, 72
– ,Engelhard' 72
– ,Partonopier und Meliur' 34
– ,Trojanerkrieg' 72
Kontrast, Kontrastierung 7, 16, 87, 148, 163, 167f., 190, 192, 200, 204, 209f., 212, 258, 262, 271, 273, 300, 304, 312f., 328f., 344, 356, 363, 367
Konvention, Konventionalität 5, 76, 90, 128, 134, 179, 255, 332f.
Koordination 338 siehe auch Sage
Kraft, Stärke 149f., 163, 170, 175, 209, 263, 277, 284, 313
Kreuzzug 269, 357f.

Kriemhild 11f., 14, 18f., 23, 31f., 56f., 101f., 105–107, 109, 114f., 118, 122, 143, 150, 155, 158, 163f., 165–172, 174f., 181–184, 186, 189–191, 195–197, 199, 201, 203–205, 210–221, 223, 225, 230, 232, 234f., 237–244, 246f., 250, 258–261, 263–265, 267–271, 274, 276f., 279–281, 283, 285–292, 294–323, 325–328, 330, 335f., 348f., 352, 355–357, 359f., 363
Kûdrûn 238
‚Kudrun' 11, 101
Kult 339, 355–357 siehe auch Sage
Kuss 170, 197, 204, 280 siehe auch Sühne, Recht

Pfaffe Lamprecht 69
‚Prosa-Lancelot' 34
Laster 273f., 278, 324 siehe auch Gier, Sünde, übermuot
Latein, latîne 5, 12, 20f., 34f., 52f., 66–72, 75–77, 81, 84, 91–97, 133, 137f., 214, 255, 332, 336f., 339–341, 348, 354, 356f.
‚Laurin' 100, 171, 224
Legende 170
‚Legende vom heiligen Georg' 347
Legitimation, Legitimierung 22, 75, 92, 111f., 114, 125, 303, 311, 317, 321, 336f., 340, 342f.
Lehnwörter siehe Wortschatz
Leid, leit, Schmerz: 109, 155, 172, 184, 195f., 205, 212f., 226, 231f., 237, 240, 249, 261, 264f., 271f., 279, 283, 288, 292f., 295–297, 300, 302, 306f., 310, 312, 325, 330, 360 siehe auch Angst, Emotion, Jammer, Klage, Trauer, Weinen
Lektüre, Vorlesen 61, 100, 185, 328, 336, 362 siehe auch Rezeption
‚Leobener Dominikaner Chronik' 340, 354
Leser siehe Rezeption, Rezipient
Lexik siehe Wortschatz
Liddamus 23
Liebe, minne 18f., 56, 91f., 107, 144–146, 162f., 168, 179, 181, 183, 189, 191, 204, 214, 220, 237, 272, 283, 298, 301, 306f., 311, 313f., 318, 322, 330, 348f., 358 siehe auch Emotion, triuwe
List, list 171, 242, 257, 259, 281, 303f., 307, 320 siehe auch Betrug, Held, Lüge
Literarisierung 2–4, 6, 12, 14, 17, 36f., 79f., 98, 127–131, 162f., 178, 185, 187f., 233, 253, 333–337, 343, 345, 349, 364, 366, 368 siehe auch Buchepik, Verschriftlichung
litteratus, illitteratus 68 siehe auch Bildung
Liudegêr, Sachsenkönig 238
Liudegêr von Vrancrîche 238
liute, Öffentlichkeit 237, 240, 251, 260, 267, 291f., 294, 310, 317, 325f.
‚Lohengrin' 20
Lombarde siehe graphische Markierung
Lorsch, Lôrs 35, 166, 210, 214, 217, 219f., 250–252, 297, 350, 359f.
‚Lucidarius', deutsch 34
Ludewîc von Ormanîe 238
Ludwig I. von Bayern 22
Lüge 76, 171, 177, 191, 200, 206, 208 siehe auch Betrug, List
Lyrik 23, 134 siehe auch Minnesang

Macht 165, 170, 175f., 210, 212, 250, 262f., 269, 271, 274, 288, 291, 299, 313, 319 siehe auch Bedrohung, gewalt, Herrschaft, Kampf, Kraft
Majuskel siehe graphische Markierung
mære 91
Märe 70
Marner 11f.
Martin von Troppau 133
Maß, mâze 76, 109, 267, 271f., 324, 326, 328
materia 65, 69, 71, 74, 79–88, 97, 129, 136, 194, 210, 256, 301, 315, 332, 337, 349, 366f. siehe auch histoire, Poetik, Rhetorik, Stoff, Wiedererzählen
Materialität 4, 7, 45, 54, 117, 360, 364 siehe auch graphische Markierung, Seitengestaltung, Textgliederung
Matthäus von Vendôme 68
– ‚Ars versificatoria' 68

Mäzen siehe Auftraggeber
Medialität 4, 8, 22, 26, 132, 333, 364
Mediensprung 3, 14f., 70, 127, 364–366 siehe auch Mündlichkeit, Schriftlichkeit
Medium 15, 17, 31, 35, 43, 45, 68, 345, 365
memoria 219, 350, 356 siehe auch Erinnerung
merewîp siehe Wasserfrau
Messe, *messe* 18f., 115, 160, 213, 215, 271
Metrik 23, 29, 50, 85f., 143, 145–151, 159–161, 222, 227, 229, 237f., 253, 296, 298, 335 siehe auch akustische Markierung, Performanz, Reim
milte siehe Besitz
minne siehe Liebe
Minnesang 136
Minuskel siehe graphische Markierung
Minusmaterial 4, 58, 70, 139f., 193f., 199, 202, 226f., 245, 364 siehe auch Textbestand
Mischkomplex, Mischredaktion 25f., 31, 36, 43, 58, 60f., 152, 217, 362f., 365
La mise en page siehe graphische Markierung, Seitengestaltung, Textgliederung
Modernisierung, Modernität 48, 52–54, 62, 234, 296, 331f., 334, 344f., 347–349, 363, 365 siehe auch Aktualisierung
Modifikation 13, 141, 338, 366 siehe auch Funktion
Mord, *mort*, Tötung, Mörder 11f., 16, 102, 159, 163, 166–168, 172, 189, 199, 204, 206, 208–210, 212, 217, 222, 237–240, 242–244, 261–264, 269, 273–276, 279–281, 283–288, 290–294, 296–302, 305, 307, 310–314, 317, 319–326, 359f.
Morgengabe, *morgengâbe* 175, 294, 297
Motiv, Erzählmotiv 11–13, 18, 24, 79, 101, 104, 108f., 170f., 176, 186, 189, 197, 199., 203f., 214f., 236, 246, 249–251, 263, 265, 270, 272f., 277f., 285, 289, 297–299, 303–307, 310, 321, 324, 336, 338, 342 siehe auch Schema

Motivierung, Handlungsmotivation 7, 17, 27, 109, 116, 158, 161, 171, 178f., 182, 184–188, 191f., 203–205, 218, 222–224, 227, 256, 269, 286f., 296f., 299–307, 314f., 322f., 329, 331, 334, 336, 338, 366, 368 siehe auch Innensicht, Kausalität, Kohärenz
Movens, Handlungsintention 181–184, 203, 205, 209, 218, 225, 242, 249f., 257, 263, 268, 276, 286f., 296f., 303, 307, 311, 313f., 318, 325, 327, 329f., 338, 367 siehe auch Innensicht, Psychonarration
Mündlichkeit 2–4, 8f., 11–18, 20–22, 28f., 31, 37, 39–42, 65, 67, 70, 72–75, 78f., 81f., 86–90, 92f., 95, 103, 112, 118f., 125–131, 135, 142f., 149, 158, 161, 166, 170, 186f., 261, 296, 305f., 322, 333–337, 340, 343f., 347–349, 351, 354, 361, 363–366, 368 siehe auch Formel, Mediensprung, Performanz, Schriftlichkeit
Mythen 13, 344, 354
Mythisches 56, 170f., 173–178, 262, 344 siehe auch Wunder

Namengebung, Namensliste, Autorname 20, 23f., 84, 86, 88f., 93, 96, 101–103, 136f., 168, 222, 232, 238–240, 260f., 272, 302, 304, 310, 349f., 353, 355f., 358f.
narratio-Lehre 5f., 70, 218, 234f., 315 siehe auch Rhetorik
Narratologie 4f., 65, 79, 86, 97, 255f., 364 siehe auch *discours, histoire*
Negativierung, negative Figurenkennzeichnung 12, 14, 181f., 199, 201, 204f., 211–215, 234, 240f., 259–262, 266, 270f., 273f., 277, 279f., 282–289, 293–297, 299, 302, 310, 312–316, 319f., 323f., 334, 348, 363
Neid, *nît* 144, 148, 199, 206, 261, 273f., 290, 294, 311, 317, 323, 325 siehe auch Emotion, Gier, Hass
Nibelung 207
Nibelungen 170, 195f., 206–208, 221, 230ff., 248, 280, 324, 359

Nibelungenburg 18
Nibelungenkomplex 2, 4, 6–8, 15–17, 21f.,
  25, 34, 37–39, 43f., 49, 54, 57, 69f.,
  73, 78f., 81–83, 87, 94, 97f., 111f.,
  117, 124f., 127–131, 133, 135–139, 155,
  176, 214, 233, 252, 255, 258f., 272,
  310, 312, 319, 327, 332f., 337–339,
  341, 343, 345f., 349–351, 353, 356f.,
  361f., 364–366, 368
Nibelungenland 18, 21, 26, 32, 79, 175–177, 359
Niderlant 223
Niklas von Wyle 67
Nîtgêre 101
noch-Formel siehe Formel
Norwæge 359 siehe Nibelungenland

Odenwald, *Otenwalt* 166, 206, 208, 350, 359
Öffentlichkeit siehe *liute*
Ohrenzeuge 298
Opfer 102, 280f., 285, 287, 295f., 299f., 312
Ordnungssystem 45, 118, 124 siehe auch Seitengestaltung
ordo 327
ordo artificialis 172
ordo naturalis, ordo temporis 113
Original, Originalität 27, 29, 43, 65f., 72, 133, 142
Ortlieb 16, 155, 186, 210, 213, 222, 226f., 237, 244f., 269, 271, 279, 284f., 288, 294, 299f., 305, 322f., 326
‚Ortnit' 44
Ortwin 144, 148, 190f., 201, 208, 293f., 350
Ottenheim, *Otenhein* 206, 208, 359
Otto Bischof von Freising 71f., 339f.
  – ‚Chronica sive Historia de duabus civitatibus' 72
Otto Bischof von St. Blasien 71f., 339

Palas, *palas* 213, 347
Parallelfassung 29, 37–44, 66, 70
Passau, *Pazzouwe* 18, 20–22, 24, 33–36, 76, 92, 115, 166, 169, 235, 292, 356–360

‚Passauer Lied' siehe Grundtext
Performanz, Vortrag 3, 11, 15, 22, 34, 37, 40f., 58, 74f., 86, 89f., 96f., 100, 125f., 128, 137, 158, 196, 218, 225, 227, 237, 255, 305f., 334–336, 366, 368 siehe auch Rezeption, Rezipient
Pergament 12, 47, 51, 54, 117, 119
Personalisierung 17, 131, 329, 338 siehe auch Sage
Perspektivierung 36, 114f., 125, 178, 185, 191, 200, 227, 257–259, 263, 266, 288, 292f., 296, 308–311, 314, 316f., 320, 334, 363 siehe auch Wissen
Pilgrim, Bischof 21, 356–358
Pilgrim, Bischof (Figur) 20f., 76, 92, 94f., 103, 249, 270, 277–279, 292, 308, 311, 323–325, 348, 350, 356–359
Pitten, *Püten* 350
Plattling 169
Plausibilität 17–19, 69, 72, 165, 167, 178–180, 182, 184f., 205, 208f., 218, 257f., 268f., 287, 302, 315, 323, 328–331, 349–352, 366f. siehe auch *evidentia*, Rhetorik, Wahrscheinlichkeit
Pledelingen, *Pledelingen* 169, 213, 359
Plusmaterial 2, 4, 9, 23, 26, 28, 30, 35f., 58, 61, 76, 92, 104, 107–109, 138–141, 148, 150–153, 159–163, 169f., 173–176, 182f., 188, 190, 192–195, 199, 202–219, 222–227, 236, 238–247, 249–252, 260–263, 265–269, 271–273, 275f., 278f., 282f., 285, 287–290, 292f., 296–300, 302–305, 309–311, 315–317, 319–322, 347, 350, 358–360, 364 siehe auch Textbestand
Poetik, Poetologie 5, 22, 37, 66–69, 79–81, 85, 89, 99f., 134, 158, 170f., 180f., 186, 188, 194, 202f., 256, 258, 330f., 337, 340, 344f., 352f., 357, 366, 368 siehe auch Rhetorik
Positivierung, positive Figurenkennzeichnung 163, 181f., 199, 212, 222, 239–241, 252, 259, 262, 266, 269f., 272f., 275f., 278, 280f., 284, 286f., 295f., 302, 309f., 312–317, 323, 327, 330, 348f.

Präzisierung 165-167, 174, 197, 205, 207, 229, 239-245, 253, 309, 327-329, 350, 358-361, 366
Priscian 178f.
– ‚Praeexercitamina' 178f.
Prolog, Prologstrophe 34, 53, 69, 73-75, 89f., 92f., 107f., 122, 125f., 130, 141f., 147, 151, 162f., 171, 192f., 206f., 217, 222f., 227, 234, 248, 255, 334f., 342, 347f., 353, 365
Prosa 34, 55-57, 70, 152, 219
Provenienz 51, 54
Provokation, Spott 105, 167f., 189, 191, 201, 260, 263, 265, 268f., 281, 285f., 299, 322f.
Prozess, Prozessualität 1-3, 8f., 29, 35-39, 66, 74, 91, 95, 98, 105, 124, 126, 130f., 133, 135, 154, 162f., 176, 193f., 202, 271, 306, 333, 336, 340, 343, 362, 364-366, 368
Psalter 53
Psychonarration, Gedankenbericht 179, 181, 184 siehe auch Innensicht
Publikum siehe Rezipient
Punktualität 39f., 61, 63, 74, 90, 142, 145, 151f., 156, 158f., 162f., 187, 191, 248, 301, 331f., 362, 364, 367f.
Püterich von Reichertshausen 75f.
– ‚Ehrenbrief' 75f.

Quelle, Quellentreue, Quellenverweis 7, 12, 14, 24, 43, 65, 71-80, 83, 90, 92f., 97, 101, 103f., 110, 112, 118f., 163, 214, 217, 219, 238, 272, 340, 343, 348, 351, 354, 359
Querverbindungen 33, 37, 59f., 104, 110, 132, 152, 339, 364

‚Rabenschlacht' 102, 130, 141, 227, 239
rache, Rache 109, 181, 183, 212, 216, 218, 234, 240, 242, 245f., 249f., 261, 263f., 268f., 273, 276, 285, 287-289, 291, 293, 296-299, 301-303, 305-308, 310-314, 317, 321f., 325f., 330, 348
Rahmung, Deutungsrahmen 21f., 114f., 313, 319, 322, 328

Rang, Status 169, 182f., 200, 211f., 231, 261, 263, 271, 283f., 320, 324 siehe auch Adel, Macht, Repräsentation
‚Rappoltsteiner Parzival' 34 siehe auch Wolfram von Eschenbach
Rat, Beratung, Ratgeber 23, 69f., 170, 172, 211f., 214, 217, 222, 225, 260, 263, 272, 275, 283, 293f., 298, 327
Rationalisierung 179, 184f.
Raum 15, 21, 25, 36, 75, 87, 105, 175, 213, 227, 263, 273, 284, 341, 350, 361 siehe auch Herkommen, Lokalanbindung, Referenz
Realität, Realitätsbegriff 19, 67, 73, 75, 77, 86, 164f., 177, 200, 256, 269, 275, 278, 285f., 328f., 339, 341, 344, 346, 349-353, 355-358
Recht, Unrecht 84, 166, 168, 170f., 177, 183, 204, 212, 257, 268f., 273, 288, 297, 305, 307f., 321f., 326
Rechtsbuch 80
Redaktor 4, 28f., 44, 70, 85, 134-138, 152, 219, 245
Reduktion 338 siehe auch Sage
Referenz, Referentialität 35, 129, 163, 256, 337f., 342, 349-353, 356
Regionalität, Regionalherkommen 35, 354f., 360f., 367 siehe auch Herkommen
Reim, Reimtechnik, Reimbrechung 23, 28, 34, 47f., 50, 55, 74, 85f., 107, 138, 142, 158f., 162-164, 177, 220, 232, 237, 243, 267, 271, 321, 335
Reimpaarvers 34, 47, 51f., 55, 100, 118-121, 123, 130, 137, 236, 267, 329
Reinmar der Alte 23, 308
Reise 18f., 56, 107, 169, 183, 197, 200, 205, 208, 213-215, 224f., 242, 247, 290, 293f., 357, 359f.
Relationen, Korrespondenz- und Kontrastrelationen 258, 312-314
Religion, religiös 48, 115, 213-216, 271, 308, 324, 328, 330 siehe auch Christ, Theologie
Repräsentation, Pracht 52-54, 136, 164, 167, 208, 213, 228, 284

Retardierung, Redundanz 195–199, 201f., 300
Retextualisierung 4, 9, 63, 66, 70, 98, 111, 157, 202, 296, 329, 332f., 337f., 366, 368 siehe auch Erzählstrategie, Wiedererzählen
Rezeption 3, 7, 11, 14, 16, 22, 25, 27, 44, 63, 89, 96f., 100, 105f., 127, 129f., 136, 185, 189, 207, 222f., 226f., 306, 345, 348, 352, 361–365, 368 siehe auch Performanz
Rezipient, Hörer, Leser, Publikum 3, 5f., 11f., 14–17, 20, 24, 28, 35f., 40, 44, 51, 72, 74, 87–89, 96, 107, 113, 125, 127, 130f., 135–137, 139, 142, 158, 161, 167, 173, 177, 182–186, 189, 200, 203–210, 218, 222f., 225, 231, 234, 240, 244–246, 253, 261f., 271, 285–287, 292, 297, 305, 307, 313, 320f., 326, 328–331, 334, 343, 345, 349, 352, 359–361, 363, 367 siehe auch Adressierung
Rhein 166, 177, 276, 290, 359, 361
‚Rhetorica ad Herennium' 178
Rhetorik 5f., 18, 22, 66, 69f., 79f., 83, 143, 161, 178, 180, 184f., 187f., 201, 203, 210, 234–236, 246, 253, 255, 274, 315, 328, 332, 348, 352, 366f. siehe auch *evidentia*, *narratio*-Lehre, Poetik
Rhythmik, Rhythmus 3, 28, 159–161, 296 siehe auch Metrik, Performanz
Riese, Riesenhaftigkeit 170, 174, 340, 342, 354f.
Rînfranken 101
ritter, Ritter 18, 101, 145, 171, 176, 196, 198, 284, 287, 335, 347
Ritual 43f., 115, 300, 319
Ritus 115, 213, 271, 350
‚Rosengarten' 11f., 239, 256, 261
Rothe, Johann 340
 – ‚Düringische Chronik' 340
Rubrikator 137, 225, 232
Rubrizierung siehe graphische Markierung
Rüdiger, *Rüedegêr* 101f., 107, 138, 168, 170, 181, 196–198, 212–216, 226, 243, 249–251, 258, 265–270, 272, 274, 280, 309, 313, 340, 352
Rudolf von Ems 20, 274, 347
 – ‚Alexander' 20, 347
 – ‚Der guote Gêrhart' 274
 – ‚Weltchronik' 347
 – ‚Willehalm von Orlens' 347
Ruhm, *fama* 16, 133, 163, 166, 173, 188, 214, 248, 256f., 283, 286, 321 siehe auch Ehre
Rumoldus von Münster, Bischof 24
Rumold, *Rûmolt* 23, 205, 240f., 261, 276, 286, 293f., 304, 311, 325
Rute, goldene 170, 176f. siehe auch Wunder

Saalbrand 309
Sachsenkrieg 56, 164, 210, 277, 321
Sage 9, 12–19, 26, 36, 75, 77–79, 82f., 86f., 100–102, 111, 116, 125–127, 129–131, 150, 166, 170, 173, 175–177, 186, 192, 214, 219, 238f., 247, 256f., 280f., 295, 299, 302, 306, 309f., 315f., 327–329, 331, 334, 337–346, 348–351, 354f., 361, 363f., 367f.
Sagenkenntnis 16, 24, 172, 201, 231f., 242, 303, 310, 344
Sagenschelte 343
Sänger 14, 36, 40, 357 siehe auch Erzähler
Sarg 167, 252, 297, 354, 359f. siehe auch Begräbnis
Saxo Grammaticus 11, 348f.
 – ‚Gesta Danorum' 11, 348f.
Schande 168, 215, 278
Schaubildtechnik 177, 186, 300, 347f. siehe auch *evidentia*
Schema, Erzählschema, Verhaltensschema 13f., 17f., 96, 234, 258, 338 siehe auch Motiv
Schicksal, Schicksalhaftigkeit 180, 184, 214, 243f., 283, 288, 304, 321, 324, 356f. siehe auch Geschichtsbild, Gott, Heilsgeschichte
Schilbung 207 siehe auch Nibelung, Nibelungen, Nibelungenland

Schild, Schildgabe, Schildwacht 164, 196, 198, 258, 284 siehe auch Kampf, Waffen
Schlussformel, Schlussmarkierung, Epenschluss 26, 32, 70, 94, 99, 114, 118, 141, 163, 183, 206–208, 217, 219, 222–227, 232, 246–248, 281, 300f. siehe auch Aventiureeinteilung, Textstruktur
Schmerz siehe Leid
Schönheit 57, 144f., 225, 260, 310
Schreibeinheit 51, 99, 124, 364
Schreiben, Schreibprozess, Einschreiben 3, 12, 16, 31, 46–52, 55, 59, 74–76, 80f., 88, 90–96, 101, 104, 106f., 114f., 117–122, 131, 133, 136, 153f., 183f., 188, 194, 204f., 207, 217f., 229, 238, 255, 268, 270f., 273, 300, 310, 313, 315f., 328, 352, 354, 358f., 365–367
Schreiber, schrîbære 4, 26, 34, 40, 44, 46–52, 54–56, 59, 61–63, 66, 75f., 85, 91–95, 107, 112, 119, 122, 134, 136–138, 145, 178f., 225, 331f.
Schreibfehler siehe Fehler
Schreibsprache 22, 25, 55, 62, 361
Schreibstube siehe Skriptorium
Schriftkultur 68, 77, 80f., 346
Schriftlichkeit 2–4, 6, 8f., 11–18, 20–22, 28f., 31, 33–35, 37, 40f., 65, 67, 69–79, 82, 84, 86–93, 95, 100, 103, 105, 111–114, 119, 125–131, 133–137, 140, 143, 173, 202, 247f., 253, 261, 296, 301, 333–337, 339, 341–344, 346, 348f., 351, 354, 356f., 361f., 365f., 368
Schriftsprachlichkeit 7, 40, 69, 91, 125, 142, 149, 151, 187, 335
Schrifttext, Schriftwerk 8, 15, 22, 74f., 128f., 135, 336, 349
Schuld, schult 28, 38, 96, 114f., 156, 163, 167, 173, 191, 199, 201, 211, 234, 237, 240, 243, 246, 253, 258, 261–265, 267, 273–281, 285–294, 296, 298, 300–303, 305, 307f., 310–313, 315, 317, 319–328
scriptor siehe Autor, Schreiber

Seele 115, 214, 271, 305f. siehe auch Christ, Glaube
Seitengestaltung, la mise en page, Texteinrichtung 45–55, 62, 70, 99, 117–124, 126, 137, 141, 143, 220, 226, 228f., 233 siehe auch graphische Markierung, Überschrift
septem artes liberales 68 siehe auch Bildung
Sermon 53
Sibote 12
– ‚Zornbraten' 12
Sichtbarkeit 175, 187, 196, 200, 205, 347
Siegfried, Sivrit 13, 16–19, 21, 56, 106, 108, 122, 150, 163, 165–170, 172–175, 177, 181–184, 186, 188f., 191f., 195–197, 199–201, 203f., 206–214, 216f., 219, 221–225, 231f., 239–242, 246, 252, 257–264, 269, 273, 275–277, 279–282, 284–287, 290, 292–294, 296–298, 302, 305, 307f., 311–314, 317, 319–323, 325, 330, 339, 354f., 359f., 363
Siegfried, Sohn Gunthers und Brünhilds 76, 205, 213, 264, 355f., 358
Sieghardinger 356
Siegmund 217, 221, 225, 240, 296
Sigeher von Walachen 102
Sigelind 101, 240
‚Sigurd-Dichtung' 189
Simulation 17f., 89, 125f., 187
Sippe, Familie, Geschlecht 14, 117f., 143, 182f., 195, 204f., 247, 269, 271, 273, 278, 285f., 295, 304, 308, 311f., 321, 324, 338, 354–357, 359 siehe auch Genealogie
Skriptorium, Schreibstube siehe auch Werkstatt 34, 46, 49f., 55, 94, 117
Soliloquium siehe Gedankenrede
Spangenberg, Cyriacus, evangelischer Theologe und Historiker 343
Spannung 200, 222f., 227, 350
‚Spielregel' 37, 269, 286, 319
Spott siehe Provokation
Sprecher siehe Erzähler
Stammbaum, Stemma 27, 29, 42, 59 siehe auch Textkritik

Stärke siehe Kraft
Stil, Stilistik 17f., 29, 53, 67f., 71, 74, 78, 80, 86, 136, 147–151, 161f., 197, 202, 222, 227, 247, 332, 342, 346, siehe auch Metrik
Stoff, Stoffgebundenheit, Stoffgeschichte 2–7, 9, 13, 16f., 19f., 22, 24, 29, 37, 39, 41f., 65, 74f., 78–82, 85–88, 90, 92, 96f., 99, 102f., 112, 115f., 128–131, 136, 170, 177f., 186, 196, 209, 234, 256, 295, 301f., 321, 330, 333f., 339, 341f., 344, 346, 348f., 355, 361f., 364–369 siehe auch *materia*, Verbindlichkeit
Strafe 102, 216, 272, 274, 278, 280, 288, 291, 306, 321, 326, 329 siehe auch Heilsgeschichte, *sünde*, Sühne
Stratordienst 200
Stricker 47, 72, 93, 347
– ‚Karl der Große' 47, 72, 93, 347
Strophik, Strophenform 15, 18, 58, 85f., 128, 130
Struktur siehe Textgliederung
Sühne 114, 163, 182f., 204f., 264, 267–269, 276, 280, 283, 296, 307, 319, 321f., 327 siehe auch Gnade, Heilsgeschichte, Vergebung
Sünde, Sündhaftigkeit 270, 272, 274, 276–278, 293, 306f., 322, 324, 326f., 329 siehe auch *avaritia*, *desperatio*, Heilsgeschichte, Laster, *übermuot*, *untriuwe*
superbia siehe *übermuot*
Swämmel 18, 95, 235, 241, 243f., 247, 251, 311, 358f.
Sympathiesteuerung 158f., 184, 204, 241f., 252f., 258, 310, 313–315
Syntax 50, 140, 233, 335, 346

Tageno, Domdekan 357
Tarnmantel 165, 170–172, 174–177, 187, 203f., 206, 208, 263, 225 siehe auch Wunder
Taufe 213 siehe auch Christ, Glaube
Teufel, *tiuvel*, *vâlant* 132, 182, 184, 216, 258, 263f., 267, 280, 283f., 289–291, 294, 298, 308–311, 313, 316, 319, 325f.
Textbestand 2, 31, 42f., 133f., 139–141, 143, 150, 152, 157, 164, 170, 173f., 192–195, 201–203, 209, 217–219, 236, 244f., 252, 312, 364 siehe auch Minusmaterial, Plusmaterial
Texteinrichtung siehe Seitengestaltung
Textfolge 2, 42, 139–141, 143, 152, 157, 164, 194, 236, 245, 252, 310, 312, 364
Textformulierung, Lesart 2, 28, 30–33, 59f., 107, 139–141, 143, 145, 148, 150–154, 157, 160–165, 167, 170, 174, 229, 237f., 245, 252, 260, 266, 312, 364, 366
Textgliederung, Textstruktur 18, 45, 50, 62, 110, 116f., 122–124, 137, 152f., 157, 168, 182, 185f., 192, 203, 223–230, 232–236, 245–248, 253, 263, 280, 306, 315, 328, 331, 335f., 342, 348 siehe auch Aventiureeinteilung, graphische Markierung, Textstruktur, Überschrift
Textkritik 2, 22, 29f., 58–60, 139 siehe auch Edition, Stammbaum
Textualität, Festigkeit des Texts 4, 11, 15, 22, 28, 40f., 44, 65f., 133–135, 256, 333, 337, 362
Textwelt, Erzählwelt, Sagenwelt, fiktive Welt 12, 14, 16, 18f., 56, 88, 142, 149, 170, 175, 177f., 181, 338f., 343–346, 351f., 361, 367f.
Theoderich der Große 12, 339, 350 siehe auch Dietrich von Bern, Thidrek
Theologie 69, 114, 180, 214–216, 306–308, 319, 322, 324, 328, 343 siehe auch Christ, Glaube, Heilsgeschichte, Religion, *übermuot*
Thidrek 310 siehe auch Dietrich von Bern
‚Thidrekssaga' 11f., 189, 310
tihtære, *tihten* 85, 89, 91–95, 107, 112 siehe auch Autor, Erzähler, Wiedererzählen, Wiedererzählen, Retextualisierung
Tinte siehe graphische Markierung
Tischordnung 213, 299 siehe Höfischheit

Tod, Toter 13, 16, 102, 106, 138, 155, 163, 167, 182f., 186, 189, 196, 209f., 212, 215, 217, 220, 226f., 230, 232, 235, 238, 240, 242–244, 246, 249, 260f., 266f., 271f., 274, 276f., 279–282, 285–290, 292–294, 296f., 299f., 302, 305–307, 310f., 319, 321f., 324, 326, 357f., 360, 364, siehe auch Begräbnis, Mord
Topos 44, 73, 75–77, 92, 101, 348
Tötung siehe Mord
Tradition, Traditionalität 3, 11–17, 20, 22, 24f., 29–31, 44, 58, 62, 68, 71, 73–75, 78–80, 83f., 86–89, 95–97, 100f., 103, 105, 112, 116, 126–131, 134, 139, 166, 170, 173, 186, 235, 238, 255, 295f., 302, 306, 315f., 318, 331–333, 335, 337–340, 343f., 348–351, 353f., 358, 362–366
Trauer 31, 171f., 210, 240, 249, 271f., 283, 296f., 313f., 325 siehe auch Emotion, Jammer, Klage, Leid, Schmerz, Weinen
Traum 118
Treysenmûre 107, 221, 357, 359
Treue, *triuwe* 153, 210, 214, 220f., 234, 243, 267, 269, 272, 275f., 278, 280f., 285–287, 296f., 301, 305–312, 314, 317, 321, 323–327
Trost 115, 280, 306
Tugend, Tugendhaftigkeit 210, 260f., 266, 278, 284, 308, 310, 319f.
Tulln 169
Tuonouwe 20

übel 168, 216, 264, 283f., 298, 311, 325
übermuot, hochvart, superbia 211, 240f., 260f., 267, 277f., 283f., 289f., 292–294, 313f., 317, 323–325
Überschrift siehe Aventiureüberschrift
‚Übersetzen' 67
Übertragung 3, 67, 73, 80, 87 siehe auch Wiedererzählen
Uda 359 siehe auch Ute
Ulrich von Zatzikhofen 347
– ‚Lanzelet' 347

Unsichtbarkeit 174f. siehe auch Tarnmantel, Wunder
Untergang, Katastrophe 7, 12, 17, 28, 107, 113–115, 126f., 158f., 171, 180, 185, 209f., 212, 215f., 218, 241, 249, 252, 258, 263–265, 268, 270f., 273f., 277f., 280f., 288, 290, 292–294, 296, 302, 304, 313, 316–319, 321–323, 325f., 329f., 336, 339, 350, 356, 360, 363 siehe auch Eskalation, Gewalt, Kampf
Unterlegenheit 211, 224, 282 siehe auch Kraft, Negativierung, Rang
untriuwe, Treulosigkeit 167, 183, 199, 206, 240, 243, 273f., 276, 280–286, 294, 298f., 308, 314, 317, 319f., 324f., 348 siehe auch Beschuldigung, Schuld, Verantwortlichkeit
Unüberwindbarkeit 211, 259, 262 siehe auch Kraft, Wunder
Ute 35, 107, 150, 167f., 197, 214, 219, 247, 250–252, 273, 350, 359f. siehe auch Uda

Vasall, Vasallität 118, 143, 182, 211f., 238, 269, 275f., 278, 308, 352
Verantwortlichkeit 7, 115, 201, 208, 212, 232, 279, 285, 290, 318, 323, 330 siehe auch Schuld
Verbesserung 17, 43, 138f., 158f., 165, 197, 202f., 253, 285, 331, 337, 362
Verbindlichkeit, historische 78f., 87, 128, 315, 327, 337–339, 341–344, 346, 348f., 353, 367 siehe auch Geschichte, Geschichtlichkeit, Historisierung, Historizität
Vereindeutigung 31, 110, 114, 126, 167f., 186, 205, 218, 239, 245, 259, 262, 302, 327
Verfasser siehe Autor
Vergil 69, 234
– ‚Aeneis' 69
Verknüpfung siehe Kohärenz
vernôgieren, Apostasie 108, 214f., 250f., 269f., 272, 313, 323, 336 siehe auch Christ, Glaube, *got*
Verstechnik siehe Metrik

Verschriftlichung 2, 8, 14, 17, 21, 71, 82, 86f., 95, 126f., 247, 253, 333f., 336, 339, 342f., 357, 361, 364–366
Versöhnung 114, 182f., 204, 218, 276, 280, 283, 296f.
Verwandtschaft siehe Sippe
‚Virginal' 20, 239, 256f.
Vogesen, *Waskenwalt* 166, 359
Vokalität 3f., 15, 37 siehe auch Mündlichkeit
Volker 198, 227, 239, 244, 268, 285, 289, 308
Völkerwanderungszeit 13, 338–340, 355
Volkssprache 2f., 5, 21, 41, 51–53, 66, 68–71, 77, 85, 92–95, 115, 133, 137f., 256, 332, 339f., 358, 365f.
Vorausdeutung 18, 97, 162f., 185, 189, 199–201, 209, 225, 227, 333 siehe auch Kohärenz
Vorlage 3, 9, 21, 24, 26, 28, 30f., 34, 46, 48, 50f., 54, 56, 59, 65f., 70, 72f., 79f., 83, 87–89, 93, 96f., 138, 158–160, 167, 172, 204, 250, 301, 316, 365f. siehe auch *materia*, Stoff, Wiedererzählen
Vortrag siehe Performanz
‚Vorzeitkunde' 12, 129, 328, 342 siehe auch Geschichte, Geschichtlichkeit, Historisierung, Historizität
‚Vulgata' 2, 30, 35f., 57–61, 158, 224, 362

Waffen 209, 211, 230, 249, 268f., 272 siehe auch Balmung
Wahrheit, *wârheit* 34, 67f., 73, 75, 77, 80, 84f., 90, 112, 127, 180, 235, 257f., 341, 343f., 348, 351
Wahrscheinlichkeit 178, 235, 359 siehe auch Plausibilität
Walber von Türkie 102
‚Waltharius' 20, 71, 92, 101
Walther von der Vogelweide 357
Wärbel 359
Wasserfrau, *merewîp* 170f., 215 siehe auch Wunder
Weinen 101, 141, 169, 237, 242, 249, 267, 272, 285 siehe auch Angst, Emotion, Jammer, Klage, Leid, Trauer

Weitererzählen 9, 38, 82, 88–90, 95–98, 113, 229, 364, 367f. siehe auch Wiedererzählen
Weitererzähler 38, 89f., 95f., 98 siehe auch *artifex*, Erzähler
Weltlichkeit, Laie 14, 21, 50f., 53, 68, 94f., 136, 277, 307f., 340, 357
Werbung 17, 56, 164, 167, 169, 175, 186, 189f., 200, 203, 210–212, 219, 223–225, 259f., 262, 274–276, 321, 359
Werkbegriff 26, 65, 73, 83, 85, 97, 99, 124, 230f., 248
Werkgenese, Textgeschichte 31, 33, 77, 86, 91, 93–96, 105, 118, 236, 336, 342, 353, 366
Werkstatt 33–38, 53, 105 siehe auch Skriptorium
widersage 188f.
Widersprüche 16f., 110, 116, 125, 128, 158, 178, 184–188, 229, 256f., 280, 328, 331, 368 siehe auch Kohärenz
Wiedererzählen 3, 7, 9, 16, 66f., 70f., 74, 78–80, 82, 90, 95–98, 164, 172, 229, 334, 344, 352, 364, 367f. siehe auch *artificium*, *materia*
Wiedererzähler siehe *artifex*, siehe auch Weitererzähler
Wien 1, 18, 30, 169, 221, 350, 357, 359f.
Williram von Ebersberg 133
‚Winsbekische Gedichte' 25
Winelint siehe Goldrun
Wirnt von Grafenberg 343
– ‚Wigalois' 343
Wissen von Figuren, Wissensgefälle 16, 90, 172, 175f., 178, 182, 184, 189, 192, 199f., 209f., 212, 245, 257f., 260, 266, 268, 275, 286, 307, 367
Witege 257
‚Wolfdietrich' 20f.
Wolfger von Erla, Bischof 21, 24, 35, 357f., 365
Wolfhart 106, 300, 309
Wolfram von Eschenbach 325
– ‚Parzival' 19, 23f., 34, 47f., 73, 89, 92, 136, 204, 219, 346 siehe auch ‚Rappoltsteiner Parzival'

– ‚Titurel' 75f.
– ‚Willehalm' 20, 47f., 105, 136, 325
Worms, *Wormz* 18, 23, 56, 143, 154, 163, 166, 169, 172, 186, 188–190, 197, 200f., 208, 213, 215, 217, 235, 243–245, 247, 263f., 274, 276, 293f., 296f., 325, 339, 354–356, 359
Wörtlichkeit 7, 22, 360
Wortschatz, Lehnwörter 19, 36, 202, 346–348
Wunder, *wunder*, Wunderbares 76, 106f., 141, 170–178, 188, 203, 269, 284, 356
‚Wunderer' 20
wunne 161, 213

Xanten 18, 56, 201

Zahlenangaben 164f., 176
Zäsurreim siehe Reim
Zazamanc, Stadt-/Ländername 23
Zeiselmauer 107, 221, 357, 359
Zeit, Zeitstruktur 14, 74f., 92, 95, 114, 172f., 177, 231f., 234–236, 256, 264, 270, 297, 327, 339–341, 343f., 346, 350–355, 360
Zorn, *zorn* 179, 207f., 278f., 289, 293, 304, 307f., 323, 326 siehe auch Affekt, Emotion, Gewalt, Gott, Held, *übermuot*
Zwerg 170f., 175, 342 siehe auch Alberich
Zyklusbildung 70, 99

www.ingramcontent.com/pod-product-compliance
Lightning Source LLC
Chambersburg PA
CBHW070747230426
43665CB00017B/2281